U0665357

《深圳改革开放研究丛书》
编　委　会

顾　　问　王京生　　黄书元　　辛广伟
主　　任　吴　忠　　乐　正　　乔还田
副 主 任　王世巍　　黄发玉　　王跃军
　　　　　乌兰察夫（执行）
编　　委　（以姓氏笔画为序）
　　　　　王世巍　　乌兰察夫　　王苏生　　尹昌龙
　　　　　王跃军　　方国根　　乐　正　　田启波
　　　　　乔还田　　李贵才　　吴　忠　　汤庭芬
　　　　　吴奕新　　杨宏海　　杨　建　　杨朝仁
　　　　　郭万达　　查振祥　　陶一桃　　海　闻
　　　　　徐海波　　黄卫平　　黄发玉　　谭　刚
联 络 人　乌兰察夫　刘红娟　　刘婉华　　魏甫华
　　　　　洪智明　　周修琦

深圳改革开放研究丛书

深圳之路

乐正 主编

黄发玉 副主编

人民出版社

总　序

王京生

　　从广义上讲，在人类历史长河中，改革开放是社会发展和历史前进的一种基本方式，是人类文明演进的一种基本逻辑，也是一个国家和民族兴旺发达的决定性因素。一方面，古今中外，国运的兴衰、地域的起落，莫不与改革开放息息相关。另一方面，从历史上看，各国的改革开放在实际推进中却不是一帆风顺的，力量的博弈、利益的冲突、思想的碰撞往往伴随着改革开放的始终，流血斗争在各国历史上也并不罕见。改革开放的实际成效并不会实现理想的"帕累托最优"或"帕累托改进"。就当事者而言，对改革开放的正误判断并不像后人在历史分析中提出的因果关系那样确定无疑。因此，透过复杂的枝蔓，洞察必然的主流，坚定必胜的信念，对改革开放来说就显得至关重要和难能可贵。

　　改革开放是深圳的生命动力，是深圳成长和发展的常态，是深圳迎接挑战、突破困局、实现飞跃的基本途径。改革开放铸造、发展了深圳特区，形成了深圳特区的品格秉性、价值内涵和运动程式，培育了深圳的城市机能和整体结构，展示了深圳的品牌形象、素质能力、体制机制、活动方式和环境风尚,推动深圳特区跨越了一个个历史屏障。特区初建时缺乏建设资金,就通过改革开放引来了大量外资;发展中遇到瓶颈压力,就向改革开放要空间、要资源、要动力。深圳的每一步发展都源于改革开放的推动,深圳30年的发展奇迹是深圳30年改革开放的结果。同时,改革开放又是深圳矢志不渝、坚定不移的命运抉择。改革开放作为当代中国的一场新的伟大革命,不可能一帆风顺,也不可能一蹴而就。深圳作为改革开放的探索者、先行者,向前迈出的每一步都面临着一个十字路口的选择。从特区酝酿时的"建"与"不建",到特区快速发展中的姓"社"姓"资",从特区跨越中的"存"与"废",到新世纪初的"特"与"不特",每一次挑战都考验着深圳改革开放的成败进退,每一次挑战都把深圳改革开放的"招牌"擦得更亮。30年来,深圳正是凭着坚持改革开放的赤胆忠心,在汹涌澎湃的历史潮头上劈波斩浪、勇往向前,经受住了各种风浪的袭扰和摔打,闯过了一个个关口,成为锲而不舍的改革开放"闯将"。

深圳的改革开放是没有止境的。随着经济社会的迅猛转型,深圳已进入综合配套改革和全方位开放的历史新阶段。在这个阶段,改革开放更加迫切地需要突出以人为本,展现全面、协调、可持续性,大幅降低经济社会发展失衡的成本和风险,鼓舞全国人民建设中国特色社会主义的信心和决心。当前,全国各地群雄并起、千帆竞发,形势逼人,时不我待,改革开放的质量、水平和力度已远远超出了以前的套路、标准和要求,只有以"杀出一条血路"的精神开拓进取,拿出深圳改革开放的精品和力作,才能"走出一条新路",在全国的改革开放中发挥示范推动作用。

改革开放是深圳的永恒话题,而当下探讨深圳的改革开放,却有着特殊的意义。在全市上下隆重迎接深圳经济特区建立30周年这个历史节点上，回顾深圳改革开放历程，总结深圳改革开放的历史经验，研究深圳改革开放的未来走向，无疑是为深圳的改革开放增添新力量的最好契机。为此，深圳社科理论界着力推出了《深圳改革开放研究丛书》，包括综合、经济、社会、文化四类，既有宏观总揽，也有个案分析，既有理论阐述，也有实践探求，是总结深圳30年改革开放历史经验、探索深圳未来发展的研究成果，也是了解和探讨特区改革发展的重要工具书。

书的文字是静止的，但精神是跃动的。如果通过这套丛书，能够使读者达到"天变不足畏，祖宗不足法，人言不足恤"的境界，那无疑是所有编撰者的最大心愿。

（作者为深圳市委常委、宣传部部长）

目 录

导　言
一个时代与一座城市

在开始深圳历史的回溯之旅时,诸多的疑问充斥着我们的脑海:为什么是深圳而不是其他城市成为中国最早的改革试验区?为什么深圳在几个经济特区当中能够脱颖而出,成为当代中国改革开放的一个象征符号?在中国的社会主义市场经济制度基本形成后,经济特区是否还要继续办下去?深圳的经验能否在中国其他地区复制并取得同样的成功?

尽管此前已经有许多人做过类似的"旅行"并给我们指点迷津,但是我们仍然觉得难言轻松,生怕在匆匆之间就错过了细节。细节不是大纲,但也许更具有标本意义。在中国改革开放的大局中,深圳不过只是其中一个节点,但要想了解昨天的中国何以成为今天,却不能忽略深圳。

一、中国符号

中国的深圳与美国的贝拉克·奥巴马总统有什么联系?在总统先生2009年11月首次访华的行程表当中,深圳并不是其中一站,但是这位政治明星同父异母的弟弟马克·奥巴马自2002年开始就在深圳工作与生活,还娶了一位中国妻子。事实上,深圳与奥巴马的联系还不只是这一点,比方说总统先生非常喜欢的 Blackberry(黑莓)手机,包括锂电池在内的不少配件就是深圳出产的。再比方说总统先生十分关心的中国对美国出口数据,就有相当的比例出自深圳,2009

年中国对美国出口总额 2208 亿美元①,其中深圳对美国外贸出口总额 262.95 亿美元②;另外,深圳对香港出口中的一部分最终还是去了美国。

在金融危机影响仍未完全消减的当下,奥巴马有理由更加关心中国对美国的出口数据。据《环球时报》援引英国 BBC 公司 2010 年 2 月 4 日的报道称,奥巴马 2 月 3 日向参议院民主党议员发表讲话,在谈及贸易协定时,奥巴马透露,他将向中国等国家"持续施压",但他同时强调不愿对中国采取贸易保护主义,并警告那样做"将会使自我孤立,无助于打开当地市场的做法是错误的"。

奥巴马的演讲和深圳的出口数据,可以说是我们所处时代的一个注脚。在全球化的浪潮当中,自我孤立将被吞噬,开放和包容才能争取"双赢"。但要真正做到开放和包容并不容易,当 1978 年中国决定向西方世界打开国门时,国内反对的声音一度十分高亢,而"门外"的资本主义国家也在观望,这种观望并没有设定一个截止日期,事实上,直到本书完稿的时候,美国仍然没有承认中国是一个市场经济国家,这足以说明建立互信是多么艰难的事情。

逢山开道,遇水搭桥。当初中美两国的乒乓球队可以作为双方建交的友谊使者,在重新拥抱世界的时候,中国自然也可以选择一个地方作为与外界沟通的桥梁。1980 年,当中国人开始为现代化的追求而打开国门的时候,深圳经济特区就是一个对外开放的"窗口"。

看看这个"橱窗"究竟都展示了一些什么? 2009 年,深圳的外贸进出口总额达到 2701.55 亿美元,而且这个数字还是在国际金融危机引发世界经济衰退的背景下取得的。在 2008 年,这项数据是 2999.55 亿美元③,它占全球出口总额的 1.2%,超过大部分国家的出口额。与北京奥运会开幕式相比,单看数据,也许并不会让你觉得惊讶。在人口众多的社会主义中国,集中精力办大事是一大

① 参见国家统计局:《中华人民共和国 2009 年国民经济和社会发展统计公报》,《人民日报》2009 年 2 月 27 日。

② 参见深圳市科技工贸和信息化委员会:《2009 年 12 月份对外贸易统计月报》,www.szsitic.gov.cn,2010 年 3 月 2 日。

③ 参见深圳市统计局:《深圳市 2008 年国民经济和社会发展统计公报》,www.szsitic.gov.cn,2009 年 3 月 24 日。

特色,打造一个口岸,并不是十分困难的事,但是当我们仔细推敲数字背后的国际合作与交流,就不能不感佩"深圳与世界没有距离"①。如果我们再把这些数据放入深圳短暂的历史中来考察,印象就更为深刻了:1980 年,也就是深圳经济特区成立那年,深圳的进出口总额不过 1751 万美元。② 不只是进出口,在过去的 30 年里,深圳的本地生产总值以年均 26% 的速度增长,从 1979 年的 1.96 亿元跃升到 2009 年的 8201.23 亿元,人均生产总值也从 1979 年的 606 元跃升到2009 年的 92771 元③,在中国内地大城市中率先突破 1 万美元;工业总产值从1979 年的 6061 万元增长到 2009 年初的 16283.76 亿元;地方财政一般预算收入从 1979 年的 1721 万元跃升到 2009 年的 880.82 亿元,累计创造了 46622.77 亿元的生产总值。深圳已经形成了海陆空全方位开放的城市,口岸出入境人员和车辆分别占中国的 50% 和 80%。④ 30 年间深圳的用电量增长了 2082 倍。

30 年的巨大变化,是深圳快速发展的写照。在改革开放初期,以"三天一层楼"、"一天一层楼"为标志的"深圳速度",让许多中国人记住了深圳。而在经济特区成立前,不少中国人还不知道"圳"字如何发音。这种对深圳的认识也符合国际社会对中国最近 30 年来发展的一个重要评价:就是快!

我们还可以在深圳找出不少与"中国形象"高度"契合"的特征:

深圳人口众多吗?是的,美国《福布斯》杂志 2010 年 1 月公布的"世界人口最稠密城市排行榜"中,深圳仅次于孟买、加尔各答、卡拉奇、拉各斯,以 17150人/平方公里的人口密度名列世界第五位。⑤ 深圳的统计部门显然对《福布斯》

---

① "深圳与世界没有距离"(Shenzhen Embraces the World)是深圳申办 2011 年第 26 届世界大学生夏季运动会的申办口号。北京时间 2007 年 1 月 17 日,经国际大学生体育联合会执委投票,深圳获得赛事举办权。

② 参见深圳市史志办公室编:《深圳改革开放纪事 1978—2009》,海天出版社 2009 年版,第 783 页。

③ 参见深圳市统计局:《深圳市 2009 年国民经济和社会发展统计公报》,http://www.szsitic.gov.cn,2010 年 4 月 26 日。

④ 参见深圳市史志办公室编:《深圳改革开放纪事 1978—2009》,海天出版社 2009 年版,第 24 页。

⑤ Cf. Shenzhen Daily,SZ world's 5th most crowded,2010 年 1 月 18 日,第 3 页。

的人口调查数据有不同看法。深圳市统计局 2010 年 3 月 17 日公布数据显示：截至 2009 年底，深圳常住人口为 891.23 万人，人口密度 4564 人/平方公里。深圳市统计局官员表示，"深圳采用的是以常住人口为基数，而《福布斯》的数据估计是加上了庞大的流动人口数来测算"。不过，他认为，无论以哪种基数为标准测算，深圳人口密度也不可能达到 17150 人/平方公里。① 不论是 17150 人/平方公里也好，还是 4564 人/平方公里也罢，深圳成为中国人口密度最高的城市已经毋庸置疑。要知道在 1979 年，深圳的常住人口只有 31.41 万人②，30 年间，这个城市的常住人口增加了 859.82 万人。

深圳创造了超高速发展的经济奇迹吗？是的——不久前 4 名深圳女工作为中国工人的代表登上美国《时代》周刊，成为"2009 年度人物"亚军，《时代》评价称，中国经济顺利实现"保八"，在世界主要经济体中继续保持最快的发展速度，并带领世界走向经济复苏，这首先要归功于中国千千万万勤劳坚韧的普通工人。

在 2010 年 3 月 12 日英国伦敦金融城发布的"全球金融中心指数"报告中，深圳位居全球第九位。③ 在英国品牌咨询公司 Brand Finance 2010 年 2 月发布的"全球最有价值 500 强品牌排行榜"中，公司总部位于深圳的就有 3 家。在美国《福布斯》杂志评选的"2009 中国潜力企业榜"④上，上榜的 200 家企业中，有 27 家位于深圳。在美国商业杂志 Fast Company 评选的"2010 年全球最具创新力公司"50 强中，来自深圳的两家公司榜上有名。2008 年 10 月，万事达卡国际组织发布的"新兴市场指数"中，深圳位列全球第十位。⑤ 2008 年 10 月，英国 FDI Intelligence（国外直接投资信息）机构统计显示，深圳的创意产业竞争力指数位列伦敦、纽约、巴黎、洛杉矶之后，全球排名第五位。在全球集装箱枢纽港口

① 《深圳人口密度全国第一》，《深圳晚报》2010 年 3 月 18 日。
② 参见深圳市史志办编：《深圳市各时期国民经济和社会发展统计指标总量及年均增长速度》，《深圳改革开放记事 1978—2009》，海天出版社 2009 年版，第 779 页。
③ Cf. CITY of LONDON, THE GLOBAL FINANCIAL CENTRES INDEX 7(2010).
④ 《福布斯》中文版，"2010 中国潜力企业榜"，http://www.forbeschinamagazine.com/rich_list/qlb.htm。
⑤ 参见"全球 65 个新兴经济城市排行榜"，北方网 2008 年 10 月 31 日。

吞吐量的排行榜上，深圳连续 12 年居世界第四位。

深圳创造了超高速发展的城市奇迹吗？是的——1979 年，深圳还是一个标准的农业地区，县城的建成区面积不过 3 平方公里。到 2009 年，深圳的建成区面积已经达到 813 平方公里。2009 年 11 月 5 日，世界资本学会，一家致力于推动"知识城市"建设的研究机构，授予深圳"杰出的发展中的知识城市"称号，评委之一的雷夫·艾德文森教授称，"深圳是一个前沿城市，经过近 30 年的发展，积累了丰富的物质基础和应对快速变化的经验"①。2008 年，深圳被联合国教科文组织授予了"设计之都"称号。1992 年，深圳市住宅局获得了"年度联合国人居荣誉奖"。在一家评选"世界最佳天际线"的网站，深圳被评为第 10 名，统计数据称深圳超过 90 米的建筑有 240 栋，数据的统计截止时间是 2009 年。但是做这个排名的人显然对深圳没有足够的了解，它把深圳的蛇口半岛也作为一个城市列入了排名，位列这个榜单的第 219 位。②

在惊叹这个城市跨越式发展的同时，一些关于中国发展路径的质疑，也与深圳不无关联。2006 年 12 月 19 日，《纽约时报》发表的一篇题为《中国的成功故事因自己的增长而窒息》的文章，认为：深圳是中国经济奇迹实际上和象征意义上的心脏；深圳的成功＝廉价土地＋积极、顺从的工人＋宽松的环境标准。非常明显，当资源压力增大、要素成本增长、社会矛盾增加、发展不平衡等众多现实问题等待中国政府作答的时候，相似的问题更早地摆在了深圳的面前。2004 年，深圳市政府提出了发展面临四个"难以为继"：一是土地、空间难以为继；二是能源、水资源难以为继；三是城市已不堪人口重负，难以为继；四是环境承载力难以为继。30 年来，除去填海造地增加的数十平方公里，深圳的版图并没有扩大多少，而人口密度却已经位列中国大城市的第一位，建成区面积的大幅增加则大大地改变了原有生态，环境问题日渐突出，至于发展不平衡问题，贫富分化、区域发展的不平衡在这个小小的城市当中也显现了出来，特区外 1557.02 平方公里的

---

① 参见《深圳荣膺"杰出的发展中的知识城市"》，《深圳特区报》2009 年 11 月 6 日。

② Cf. The World's Best Skylines, http://homepages. ipact. nl/~egram/skylines. html, 2009.

区域,其规划、建设与管理水平明显低于特区内395.82平方公里的城区。

上述"深圳"与"中国"之间的种种"契合",正是深圳成为当代中国表征符号的一个重要原因,也是我们选择从深圳出发开展这次历史回溯之旅的缘故。

我们希望通过"解剖"深圳来观察中国。

中国在过去30年的发展对世界影响巨大,这种影响在全球化的背景下尤其明显:尽管今天的中国还是一个发展中的大国,没有汉唐那样的显赫,但是来自中国的产品对全球的市场具有重要影响;来自中国的文化和思想不再像过去那样只是消遣的读物,而是成为解决今天问题的一个重要因素。中国的发展路径和英美、东欧国家的选择是如此不同,既不是市场新教旨主义的"新自由主义",也不是东欧式的"休克疗法",解读中国不仅有趣而且有益。选择一个管道来观察中国这个大国在过去30年的"华丽转身"——与中国其他大城市相比,深圳在1980年前的历史几乎乏善可陈,这是一座因改革开放而生,为改革开放而长的新城。没有改革开放,就没有深圳这座城市。而深圳被挑选出来做试验场,这本身就是中国改革开放的一个特征:以开放促改革,以改革促发展,以和谐促稳定。从这个意义上来说,将深圳视为当代中国的一个符号,将其作为观察的管道,实在是再合适不过。

二、改革的需求

对于国家而言,新建一座城市并不是一件困难的事情。在中国的不同年代,总有一些区域因为某种需要被纳入国家的建设计划。比方说从1964年到1978年,在中国中西部的13个省、自治区进行了一场以战备为目的的大规模国防、科技、工业和交通基本设施建设,即"三线建设"。政府刻意追求在恶劣的地理环境中建设新的工业项目,甚至将缺乏"战略纵深"的东部地区工业项目迁移到中西部山区,以防备可能的战争对国家工业体系带来的重创。在这次产业布局的调整当中,十堰、攀枝花等一批城市迅速发展了起来。

但是深圳显然不符合"三线建设"的需要。深圳毗邻香港,在1840年鸦片战争爆发前,深港同属一个县治,归属广东省管辖,两地之间陆地相连,水路相通,甚至在香港被英国实行殖民统治后两地之间还建有一条"中英街",小小的街面,一步就可以从深圳跨到香港地界去。这样的"国边省角"区位,不符合经济建设的需要,如果说有什么特别之处让决策层注意到这个边境区域,那就是香港因素。由于深港经济的巨大差距(1978年,深圳农民的年收入是134元,一河之隔的香港新界农民的年收入却是1.3万港元,深圳地区普遍流传"内地劳动一个月,不如香港干一天"①),在改革开放前,大量深圳乃至珠江三角洲其他地区的居民选择偷渡到香港,这让中国政府头疼不已。1951年3月,中央政府决定加强深港边防,拉起了边防线,但是"逃港"的边民仍然络绎不绝。据统计,从1952年至1977年,深圳原住民有偷渡外逃行为的达62305人,其中逃出去的40598人,占全县人口的18.7%,占劳动力13.5万人的29.3%。②

"逃港"现象从一个侧面反映了改革开放前中国面临的困局。在经历了多年的内部"阶级斗争"之后,经济增长、社会稳定都令人担忧,国家的发展缺乏活力,相较发达国家和地区,中国已经远远落到了后面。1979年11月26日,邓小平在会见美国不列颠百科全书出版公司编委会副主席吉布尼和加拿大麦吉尔大学东亚研究所主任林达光时说:"中国60年代初期同世界上有差距,但不太大。60年代末期到70年代这十一二年,我们同世界的差距拉得太大了。这十多年,正是世界蓬勃发展的时期,世界经济和科技的进步,不是按年来计算,甚至不是按月来计算,而是按天来计算。"③

如何推进中国的现代化?这是30年前中国面临的最大问题。打开国门后,国人意识到:中国的社会生产力已经大大落后了,人民的生活水平已经大大落后了,中国的现代化进程更是严重滞后了。因此,"发展是硬道理","以经济建设为中心"很快取代"以阶级斗争为纲"成为国人的共识。但是,关于如何发展却有着不同的看法:是与过去诀别?还是继续计划经济体制?有人提出,过去的体

---

① 参见卢荻:《勇当改革开放的"排头兵"(一)——广东省原省长刘田夫访谈录》,《百年潮》2007年第10期。

② 参见卢荻:《勇当改革开放的"排头兵"(一)——广东省原省长刘田夫访谈录》,《百年潮》2007年第10期。

③ 中共中央文献研究室编:《改革开放三十年重要文献选编》,中央文献出版社2008年版,第95页。

制没有问题,中国之所以民生凋敝、民怨沸腾,全因"林彪集团"和"四人帮"的折腾,如果改革现有体制,必然会削弱计划经济,削弱社会主义公有制。

改革开放之前,中国经济的增长一直处于一种摇摆状态。计划经济体制阻碍了跨行政区之间的流通,城乡之间、工农之间、区域之间存在着壁垒,国家所蕴涵的潜力没有得到发挥。在一些国外学者看来,中国和苏联的计划经济模式强调产品数量,却以牺牲质量和种类为代价;是集中生产投资品而不是消费品;忽略创新和消费者的需求;过多的垂直整合;计划引起了产量和投资的季节性波动和大量的囤积储货。①

对于中国普通民众而言,过去体制的一个弊端就是分配方面采取了"铁饭碗"和平均主义,干多干少一个样,无法提升生产和创造的积极性。而在社会财富的二次分配中,国家则侧重于投入社会再生产,公共产品投入严重不足。在产业方面,政府投资主要集中在工业,而在工业方面,又集中于重工业。为了加快工业发展,国家通过工农产品的"剪刀差",以牺牲农业资源来支持工业发展,农业发展极度落后。在这种情形下,邓小平决意走出过去的体制,1979 年他就指出:"说市场经济只存在于资本主义社会,只有资本主义的市场经济,这肯定是不正确的。社会主义为什么不可以搞市场经济,这个不能说是资本主义。"②

如何才能解放和发展中国的社会生产力? 显然,以邓小平为代表的中国共产党第二代领导人选择了改革开放和发展现代市场经济。

考察历史,人们聚焦的往往是某些重要时刻,因而不免忽视了它的连续性。我们知道,党的十一届三中全会被普遍认为是中国从计划经济走向市场经济,从"自力更生"走向对外开放的分水岭。从那时开始,市场化改革、跨越式发展成为中国的代名词。在新的时代,从农村到城市,从经济到科技、教育、文化,各个不同领域的重大变化纷至沓来。这些变化看上去与过去是如此的不同,以至于

---

① 参见[美]劳伦·勃兰特、托马斯·罗斯基主编:《伟大的中国经济转型》,格致出版社、上海人民出版社 2009 年版,第 5 页。

② 中共中央文献研究室编:《改革开放三十年重要文献选编》,中央文献出版社 2008 年版,第 98 页。

让人产生"制度的变化似乎毫无连贯性可言"的印象。但只要我们稍微梳理一下过去，便知道今天与昨天的分手实在是一个历史性的告别。但变化的过程，并不是在一夜之间发生的。

传统制度和过往意识形态的束缚，几乎是新的改革挥之不去的阴影，这一点在此后深圳的发展过程中表现得淋漓尽致。深圳经济特区甫一诞生，便有人问姓"社"姓"资"，在多项改革出台的前后，关于"特区变天"之类的质疑总是不绝于耳。诚如新制度经济学家道格拉斯·C.诺斯所言：历史总是重要的，它的重要性不仅仅在于我们可以向过去取经，而且还因为现在和未来是通过一个社会制度的连续性与过去连接起来，今天和明天的选择是由过去决定的。

中国的改革，普遍认为有一种渐进式的特点，从点到面，从量变到质变。比如说国家的物价改革，在一段时间内实行的是"双轨制"，行政定价和市场定价同时存在，其后主要产品的价格才交由市场决定。增量改革而非"休克疗法"，除了有过去制度和意识形态抗拒改变这一原因外，另一方面则是在改革开放初期，关于"如何改"的问题，中央政府似乎没有完全达成共识。

长期以来，市场经济被贴上了资本主义的标签，被社会主义中国拒之门外。市场经济实践经验的缺失，让国家在设计改革方案时必须小心翼翼。这种供给不足是冷战时期意识形态尖锐对立的结果，美国等国家一度实施贸易禁令，限制中国企业进入全球市场。中国的生产者无法接触和了解国际市场规则，而一些掌握公共权力的人则对市场经济强烈排斥，甚至阻碍对这方面的学术研究，比如开展对"资产阶级法权"、"唯生产力论"的多次批判运动，导致多数中国人对市场经济十分陌生，甚至"谈虎色变"，这种意识形态的影响不容忽视。总之，如何在坚持社会主义制度下实行市场经济，这对中国的决策者来说是一个全新的革命性命题。

在这种情形下，改革只能采取务实的"摸着石头过河"，"白猫黑猫抓着老鼠就算好猫"的策略了。邓小平在1984年提道："中国的经济开发政策，这是我提出来的，但是如何搞开发，一些细节，一些需要考虑的具体问题，我就懂得不多了。"①在1992年视察南方的时候，他也谈道："恐怕再有三十年的时间，我们才

---

① 《邓小平文选》第三卷，人民出版社1993年版，第77页。

会在各方面形成一整套更加成熟、更加定型的制度。"①关于中国在改革初期对整体和细节都缺少整体方案,我们还可以从一个与深圳有关的例子当中看出:

1987 年,深圳在全国首次以公开拍卖方式拍卖国有土地使用权,此举被誉为新中国土地买卖的"第一槌"。中央政府在深圳试验前并没有给予直接指示,土地拍卖实际上是香港商人提出的建议。在这项改革前,拍卖土地使用权在中国是"违宪"行为。尽管深圳的"违宪"行为一度引发了巨大争议,甚至有人认为这会导致"新租界"的出现,但是此举让土地这一重要的生产要素开始进入市场,符合市场化改革的方向,推动了深圳市场经济的发展,其后被决策层所肯定。1988 年 4 月 12 日,七届全国人大一次会议通过《中华人民共和国宪法修正草案》,决定"土地使用权可以依照法律规定转让"。

总之,没有一个成熟的方案,学习成为改革者的一项重要工作。在将市场经济从西方引到东方之前,同是社会主义阵营的前南斯拉夫、匈牙利在 20 世纪 60 年代实施过"市场社会主义"改革,因为种种原因并不是非常成功,中国无法直接复制其经验。因此,为了进一步了解市场经济,在改革开放初期,中国派出了多个考察团到西欧、拉美和东南亚进行学习。

从地理区位上看,深圳的最大特点是毗邻香港。在中国闭关时期,这是个制约发展的劣势因素,但到了打开国门的改革开放年代,深圳则有着优先开放的先天优势。

无疑,香港有着世界上最典型的市场经济体制,最自由的国际化资源,有着东西方政治、经济和文化交融的成功经验,有着亚洲"四小龙"外向型、追赶性现代化的成功实践,有着与珠三角密不可分的人脉关系。

在深圳办经济特区,一方面可以"近水楼台先得月",方便利用国际资源优先发展,也方便学习借鉴;另一方面则是出于政治考虑,毕竟深港之间经济社会发展差距较大,需要加快发展以体现社会主义的优越性,并为此后香港的顺利回归提供保障。邓小平 1991 年在上海视察时就明确指出了这点:"那一年确定四

---

① 《邓小平文选》第三卷,人民出版社 1993 年版,第 372 页。

个经济特区,主要是从地理条件考虑的。"①

过往的贫瘠让深圳在与计划经济体制告别时毫无留恋,这在其后的改革当中显露无遗。匈牙利经济学家雅诺什·科尔奈曾经提出"体制之间的相互协调"问题②,如果体制之间相互无法协调,那么效率将会受到破坏。但是,深圳这个过去的"计划经济弃儿"因为国有经济十分薄弱,因而在引进和转化体制外因素时"不协调成本"要小得多。另一个关于成本的考虑是,深圳底子薄,白手起家,改革不必"投鼠忌器",即便失败,对于国家来说,损失也是可以控制的。

出于区位、政治以及成本的考虑,1980 年 8 月 26 日,全国人大常委会审议通过《广东省经济特区条例》,深圳等地成为中国最早的经济特区。

与以往"三线城市"以及世界上其他"出口加工区"不同的是,国家对经济特区最大的"投资"除了优惠的税收政策和具体项目外,更重要的是给予了"试错权"——只要是对改革有益的尝试,都可以先行先试,这实际上带有"全方位改革"的色彩,在 1992 年 7 月 1 日全国人大授予深圳"特区立法权"后,我们认为这种"色彩"更为凸显。对珠三角经济颇有研究的美国学者傅高义(Ezra Vogel)在访问深圳之后认为:"特区不像在其他国家一样只是简单的工厂所在地,而是更大的地理区域,具有更广泛的政治、文化、教育、技术以及经济功能。"③

我们简单回溯这段历史,可以看出深圳的命运从一开始就是与国家发展方向的转折、现代化发展战略的改变紧密联系在一起的。国家需要经济特区对一些重大的现实和理论问题作出回答。因为有传统体制、意识形态的束缚,缺乏现成的改革设计方案,包括对改革成效的担忧,改革的决策者在试验成功前,很少以法律的形式给予"事前保护",更多时候是以"视察"等非正式的方式进行肯定。因此,深圳的实践,需要超人的勇气与过人的技巧。这是理解当代中国的一个关键,也是深圳的价值所在。

这种分散试验的一个好处在于,改革变得更有灵活性。德国学者韩博天

---

① 《邓小平文选》第三卷,人民出版社 1993 年版,第 366 页。

② Cf. Janos Kornai, *The Socialist System: The Political Economy of Communism*, Princeton, N. J. : Princeton Univesity Press, 1992.

③ 黄树森主编:《深圳九章》,花城出版社 2008 年版,第 59 页。

（Sebastian Heilmann）就认为："通过分散试验和中央干预相结合使地方试验有选择地被整合进国家政策当中，这是理解中国特有的政策制订过程的一个关键，这个过程对中国经济起飞作出了贡献。"①

如果我们仅从成就一个城市的角度出发来考虑中国的选择，那我们就低估了中国寻求改变的决心，更是忽视了深圳的意义。深圳之于中国，最为重要的不是贡献了多少税收，创建了多少企业，生产了多少产品，而是在于它要为中国整体的改革开放探索道路、提供经验和借鉴，努力为现代化"中国方案"的形成和发展提供实证，让国人对改革方向和路径的认识逐步一致，进而形成制度创新的基础。

三、深圳的试验

如我们前面所言，创设经济特区是中国改革开放的一个重要步骤，是一项事关全局的政策试验。不同的样本、不同的实验计划自然会有不同的结果。同样，不同的评价体系也会得出不同的结论。在对深圳的"实验报告"进行解读前，我们首先需要了解国家对经济特区的设计定位。

在邓小平的设计当中，经济特区要在建设社会主义市场经济体制这个问题上先行先试，作出回答；经济特区要坚持对外开放，学习发达国家和地区的经验，成为"技术的窗口，管理的窗口，知识的窗口，也是对外政策的窗口"②；经济特区要以经济建设为中心，尽量搞快一点，追赶亚洲"四小龙"；经济特区"可以实行自由港的某些政策"③，适当给予特殊优惠待遇；当然，经济特区不是政治特区，"在整个改革开放的过程中，必须始终注意坚持四项基本原则"④，"特区姓'社'不姓'资'"⑤。

---

① Sebastian Heilmann：《中国经济腾飞中的分级制政策试验》，《国际发展比较研究》2008 年第 1 期。
②《邓小平文选》第三卷，人民出版社 1993 年版，第 51—52 页。
③《邓小平文选》第三卷，人民出版社 1993 年版，第 52 页。
④《邓小平文选》第三卷，人民出版社 1993 年版，第 379 页。
⑤《邓小平文选》第三卷，人民出版社 1993 年版，第 372 页。

在全国初步形成社会主义市场体制后,江泽民要求经济特区"增创新优势,更上一层楼",经济特区要为香港顺利回归和繁荣稳定作出特殊贡献。中国发展进入新的阶段后,胡锦涛在 2003 年视察深圳时,要求深圳加快发展、率先发展、协调发展,在制度创新和对外开放方面走在前面。在党的十七大报告中,胡锦涛强调,"更好发挥经济特区、上海浦东新区、天津滨海新区在改革开放和自主创新中的重要作用"。

2008 年 12 月 31 日国务院批准的《珠江三角洲地区改革与发展规划纲要》,明确将深圳发展目标定位为:要继续发挥经济特区的窗口、试验田和示范区作用,增强科技研发、高端服务功能,强化全国经济中心城市和国家创新型城市的地位,建设中国特色社会主义示范市和国际化城市。国务院随后批准的《深圳市综合配套改革总体方案》提出,深圳要争当科学发展的示范区、改革开放的先行区、自主创新的领先区、现代产业的集聚区、粤港澳合作的先导区、法治建设的模范区,强化全国经济中心城市和国家创新型城市地位。

我们梳理不同时期中央领导对经济特区的要求,基本可以归纳为五个方面:一是要在探索社会主义市场经济体制方面先行先试;二是要为国家扩大对外开放创造经验;三是要在解放社会生产力、推进国家产业转型、推进自主创新创造经验;四是要为维护港澳地区长期繁荣稳定作出贡献;五是要加快发展、率先发展,提升自身综合实力,带动国内其他地区共同发展。

根据上述要求,可以认为,如果经济特区没有在改革开放中先行先试,探索经验和道路,那么它就只是一个失败的试验,"泯然于众人";如果经济特区的改革跳出了社会主义的制度,那么它只是一条异质的"鲇鱼",即便对国家其他地区有刺激作用,其经验也难以在其他地方复制;如果经济特区未能实现又快又好的发展,并带动其他地区发展,那么它同样不能算做成功。

我们把视线从 20 世纪 70 年代末的中国历史舞台背景转移到深圳来,在国家作出了选择之后,深圳必须要有所回答。

20 世纪 80 年代初期的深圳和整个中国一样,面临着人才技术等高级生产要素不足,社会资源配置低效的问题。不仅如此,深圳甚至连必要的资金和劳动力等都严重不足。邓小平就说过:"中央没有钱,可以给些政策,你们自己去搞,杀出一条血路来。"①

拮据的试验者除了向中央求助外,其他可行的办法是寻找合伙人或者向银行借贷。事实上深圳就是如此。通过积极争取,深圳向国家要来了 3000 万元的启动资金,其后也积极向国有银行借贷,但是对于一个城市而言,这远远不够,而且还遭人诟病——经济特区全然依赖国家。

引进外资成为一个好方法,不仅可以带来资金,还可以带来技术、管理、市场经济知识和竞争机制。

"三来一补"②是经济特区初期引进利用外资的最主要形式。这是一种比较灵活的利用外资的贸易方式,外商提供原料或部分生产资料,按合同规定的加工规格、质量和交货日期,进行指定的商品生产,制成品由客商负责外销,经济特区只收取加工费以及土地、厂房的使用费。"三来一补"属于外商间接投资,是利用外资的低级形式。收取外汇少,资源消耗大,弊端显而易见。但是稍作分析,我们就知道,要承接外商直接投资,开发高新技术项目,20 世纪 80 年代初期的深圳显然还缺少这种条件。

FDI(外国直接投资)溢出效应理论告诉我们,溢出的幅度受到东道国的基础设施、制度环境、控制政策、国内企业竞争力和职员水平的影响。要使 FDI 流入产生正的外溢效应,促进 FDI 流入对东道国企业的生产率的提高,那么东道国必须在引进外资政策上予以倾斜,加快市场化改革,建立向前链和向后链的产业基础配套能力,加强人力资本积累和研发能力等基础设施的建设,形成有利于外商直接投资技术外溢效应的制度环境和良性机制。

总之,现实的选择是明智的选择。过去的贫瘠,使深圳少了对传统路径的依赖,外资运作的规则开始深刻地影响了这个城市。

香港商人对于深圳的发展具有不可替代的作用。20 世纪 80 年代中期,随着成本的上升,香港的制造业开始向毗邻的深圳转移。港商提出了劳动用工合

---

① 引自陶一桃主编:《深圳经济特区年谱 1978—2007》,中国经济出版社 2008 年版,第 7 页。

② "三来一补"即来料加工、来样加工、来件加工和补偿贸易。

同制,提出要有法律保障自身的权益,提出要有便捷的交通和国际通信设施,要有厂房、港口,要有土地及其他生产资料市场,便于产业的发展。深圳的市场观念的养成正是从港商带来的冲击开始。

"三来一补"的微薄利润,全然要靠密集的劳动投入和低廉的地租来保障。尚待开发的深圳,正好满足了港资的需求。产业的发展促使了原住民与原有职业的分离。他们很快就发现,进厂务工的收入比种植和养殖要高。不久,因为产业的快速发展,大量的人口开始涌入深圳,并为这个城市其他行业的发展带来了机遇。原住民发现,出租土地、建造厂房、出租房屋的收益更高,这样,尽管在户籍上他们仍然是农民,但是从职业而言,他们显然已经转变为工人或是商人了。大量的厂房开始出现在深圳,而且是以一种非线性的方式发展。城市的布局迅速得以打开。道格拉斯·C.诺斯指出:"只有当资源相对于社会需要变得日益短缺时,才会出现改变所有权的压力。"①当工业迅速发展之后,财税解决了政府缺少资金的问题,土地开始成为有限的资源,政府逐步有偿征收农民的土地(在完成社会主义改造后,土地所有权已经收归国家或集体),这促使经济特区进一步城市化(在这个过程中,给农民保留了相当的宅基地)。

开放带来了改变和发展,这成为深圳贡献的一条的重要"经验"。不久之后,在1984年,国家决定在继续办好经济特区的同时,开放沿海14个城市。

改革同样也促进了开放与发展。产权的确立与分配制度的改革,鼓励了民营企业的发展,激励了生产者的积极性。1980年,交通部四航局承建深圳蛇口港,当时为了调动工人的积极性,决定实行定额超产奖励制度,实施新制度后,生产效率提升到之前的3—6倍。新制度经济学家们早就论证过,有效率的经济组织是经济增长的关键。有效率的组织需要在制度上作出安排和确立所有权以便造成一种刺激,将个人的经济努力变成私人收益率接近社会收益率的活动。②

---

① [美]道格拉斯·诺斯、罗伯斯·托马斯:《西方世界的兴起》,华夏出版社2009年版,第30页。

② 参见[美]道格拉斯·诺斯、罗伯斯·托马斯:《西方世界的兴起》,华夏出版社2009年版,第4页。

技术创新、资本投入自然是经济增长的动力,但是人均的收益如果没有一种制度安排,却未必会在这样的增长当中收益,这两点在1949年至1978年中国的发展历程当中已经可以说明。在同样的资源禀赋条件下,因为制度不同效果就如此不同。

现在,我们对深圳的改革发展历程亦可以说是它的"试验报告内容"进行三个方面的考察:(1)实验结果(深圳改革开放与现代化发展的成就);(2)实验方法(深圳试验路径的选择);(3)效果评估(深圳改革发展对中国其他地区的影响)。

关于深圳的改革与发展成就,我们将在后面的篇章当中分领域进行分析,这里仅作摘要式的概述:

一是基本建立起了社会主义市场经济体制,率先在国内形成了产权主体多元化格局,基本建立起了现代企业制度,建立了商品、要素等市场体系,形成了较为完善的市场规则和法律体系,市场形成开放式的竞争格局,政府、企业、社会总体而言富有活力,市场在资源配置中发挥了基础作用。

二是经济规模和经济效益居全国前列。2009年经济总量位居国内大中城市第四位,每平方公里GDP产出4.2亿元,GDP能耗、水耗持续下降,领先全国大中城市水平,化学含氧量排放总量完成年度减排目标,二氧化硫排放总量累计降幅提前一年完成"十一五"规划目标。①

三是初步建立开放型经济体系。外贸出口连续17年居全国大中城市首位,超过90个国家和地区的外商在深圳投资,截至2009年底,世界500强有166家在深圳投资,实际使用外商直接投资金额41.60亿美元,全年对外承包工程、劳务合作新签合同金额73.90亿美元,完成贸易营业额71.50亿美元。全年旅游住宿设施接待过夜游客2840.31万人次,其中海外游客896.36万人次。②

① 参见深圳市发展和改革委员会、深圳市统计局:《2009年深圳国民经济平稳健康发展》,"深圳政府在线"。
② 参见深圳市统计局:《深圳市2009年国民经济和社会发展统计年报》,2010年4月26日。

　　四是走上以自主创新来推动产业升级转型的道路。2009 年高新技术产品产值 8507.81 亿元,其中具有自主知识产权的高新技术产品产值 5062.10 亿元,占全部高新技术产品产值比重 59.5%。2009 年末拥有各类专业技术人员 98.58 万人,其中具有中级技术职称及以上的专业技术人员 34.38 万人,R&D 经费支出 296.56 亿元,全市累计认定高新技术企业 3086 家,三项专利申请受理量 42279 个。2009 年 PCT 全球专利申请量 3800 件,位居全国第一。

　　五是普通民众生活水平显著提高。2009 年居民人均可支配收入 29244.52 元,在中国内地大中城市中处于领先地位。居民人均消费性支出 21526.10 元,恩格尔系数为 35.0%。① 在全国率先实现"全民医保"。

　　六是城市功能渐趋完备。2008 年,开通国内航线 112 条,国际航线 23 条;2009 年机场旅客吞吐量 2448.64 万人次,是国内第四大空港,罗湖口岸是中国最大陆路口岸,皇岗口岸是中国最大陆路货运口岸,盐田港是全球最大集装箱港区。固定电话用户达 469.20 万户,移动电话用户 1856 万户,每百人拥有电话(含移动电话)261 部,国际互联网宽带用户 247.58 万户。城市建成区绿化覆盖率 45.0%,人均公园绿地面积 16.3 平方米,全市饮用水源水库水质达标率 100%,全年达到Ⅰ级和Ⅱ级空气质量天数 364 天,先后获得全国文明城市、国家生态园林城市、国家环保模范城市、联合国人居环境奖、全球环境 500 强等荣誉。

　　从发展形态上看,30 年的深圳具备了四个特征:赶超型的经济增长、市场型的发展动力、混合型的经济体制、开放型的社会结构。

　　赶超型的经济跃进不仅是深圳的经济成就,亦是其发展战略的基本特征。在第二次世界大战结束后,日本就实行了赶超型的经济战略,各项政策措施制度都紧紧围绕着追求更快的经济成长这一目标进行设计,通过日美之间的系列协议,接受了美援,运用了国家政策性干预、经济手段和法律手段,推动经济快速发展。邓小平对亚洲"四小龙"的快速发展给予了充分关注,并要求经济特区等先发地区实施"追赶战略"。在 1992 年南方谈话中,他指出:"从国际经验来看,一

————————

① 参见深圳市统计局:《深圳市 2009 年国民经济和社会发展统计年报》,2010 年 4 月 26 日。

些国家在发展过程中,都曾经有过高速发展时期,或若干高速发展阶段。日本、南朝鲜、东南亚一些国家和地区,就是如此。现在,我们国内条件具备,国际环境有利,再加上发挥社会主义制度能够集中力量办大事的优势,在今后的现代化建设长过程中,出现若干个发展速度比较快、效益比较好的阶段,是必要的,也是能够办到的。"①

在深圳,经济发展战略带有明显的"追赶主义"色彩。在 30 年的过程中,政府制定了数以百计的经济规划和产业政策,指导和协调城市的经济活动,减少发展的盲目性。政府注意将市场机制与行政指导紧密结合,一方面以市场规律、经济利益诱导企业,另一方面又通过政府规划引导企业,双管齐下。在经济手段上,在税收、土地、金融方面,政府都积极提供了激励措施,这一点在发展高新技术产业时十分明显,政府给予了高新技术企业以税收优惠,实行"两免三减半",在用地上予以低价出让使用权甚至零地价出让。在法律手段上,则制定了一系列鼓励和保障性的特区法律。这种赶超型的战略,不仅让深圳充分利用外资和技术,在制度设计上也实行了"拿来主义",跟随与模仿的痕迹一度十分明显。总之,在 30 年时间内,深圳同时开始了市场化、工业化、城市化和国际化的起飞,迅速缩短了与发达地区的差距。

我们可以以邻近的香港作为参照系来说明这种变化:创立经济特区前的 1979 年,深圳本地生产总值仅为 1.96 亿元,香港 GDP 是 1075.45 亿港元,按当年汇率折合计算,深圳约为香港的 0.36%,深港 GDP 的比值约为 1∶549;2000 年,深圳本地生产总值增至 1665 亿元,香港 GDP 增至 12717 亿港元,两地比值跃为 1∶8;到了 2009 年,深圳本地生产总值增至 8201.23 亿元,香港 GDP 增至 16335.35 亿港元,深圳本地生产总值已相当于香港 GDP 的 57%。② 深圳的支柱产业已经有较强的国际竞争力,并与香港形成良性互补。

直到今天,"追赶"仍然是深圳发展的一个重要主题。2008 年 4 月,深圳市委、深圳市政府发布了《关于进一步解放思想学习追赶世界先进城市的决定》,

---

① 《邓小平文选》第三卷,人民出版社 1993 年版,第 377 页。
② 数据来源于深圳市统计局及香港政府统计处网站。

提出近期以新加坡、中国香港、首尔为主要学习追赶目标,在经济发展、自主创新、城市管理、法制水平、文化软实力、生态建设、民生福利等方面积极学习追赶世界先进城市,重点发展高新技术、现代金融、国际贸易、国际航运、文化创意等领域,与香港紧密合作,共同建设具有国际影响力的航运物流中心、国际金融中心、科技创新中心、商贸会展中心和人文创意中心,力争用10年左右的时间,在优势领域取得向新加坡等亚太地区先进城市看齐的历史性突破。

市场型的发展动力是深圳快速崛起的重要原因,尽管国家在最初的设计上给予了深圳一些优惠政策,也包括一些具体项目,但这不是深圳发展的最主要动因。事实上,国际上的产业分工与转移一直都没有停止,国内的资源与市场也足够充沛,但是,如何能更有效地激发人们的经济活动潜能,如何能更有效率地配置各种要素资源,这是中国长期未解决好的问题。新制度经济学家们早就论证过,有效率的经济组织是经济增长的关键。有效率的组织需要在制度上作出安排和确立所有权以便造成一种刺激,将个人的经济努力变成私人收益率接近社会收益率的活动。① 技术创新、资本投入自然是经济增长的动力,但是人均的收益如果没有一种合理的制度安排,却未必会在这样的增长当中收益。这在1949年至1978年中国的发展历程中已经充分得到证明。在同样的资源禀赋条件下,因为制度不同效果就如此不同。而改革和对外开放后,深圳很快将自己纳入全球的产业和市场体系,获得了自身缺乏的资金、技术、人才、信息、管理等高级资源,这些资源的配置当然有国家的支持,但是从总体来看,政府、企业、社会都是推动者,这三者之间的协调互动,则是通过市场经济体制及其法律体系进行安排的。

混合型的经济制度,"社会主义+市场经济"、"世界潮流+中国因素",这是深圳新经济体制的基本特征。有学者认为社会主义市场经济体制是一个"伪命题",因为社会主义是建立在公有制基础上的,市场经济则以私人产权的明确为前提。如果用苏联的社会主义标准来看待今天的中国或深圳,那么无疑和过去

---

① 参见［美］道格拉斯·诺斯、罗伯斯·托马斯:《西方世界的兴起》,华夏出版社2009年版,第4页。

大不一样。在所有制结构上,深圳早已是公有制为主体、多种经济成分并存,实际上深圳的非公经济企业从数量上、产值上看已经远远超出国有和集体所有制企业。但是这并不意味深圳姓"资"不姓"社",它仍然是在共产党的领导下,体现着中国社会主义基本经济制度的特色。

我们从前面的深港 30 年经济数据对比中,就已经可以看到深圳发展之迅猛。当然,在市场化的迅猛发展下,社会贫富差距拉大自然是一个不容回避的问题。近些年来,深圳在构建和谐社会,实现社会公平方面做了很大的努力,政府在外来劳务工中推行"居住证"管理,让更多的流动人口能够享受到基本的公共服务产品,将劳务工也纳入到医疗保障系统,大力构建公共文化服务体系,满足户籍人口和外来人员的文化需求,这是这个城市在扩大二次分配上所做的努力。如我们前面所说,实行按劳分配与按生产要素分配相结合的分配方式,尽管有一部分人暂时不能从中获益,但是整体而言,仍然达到了"卡尔多—希克斯改进"(即一部分人的收益足以补偿另一部分人的损失),这种改革无疑是进步的。因为利益关系的调整,改革的成效总是难免引起争议,但我们从前后的对比来看,深圳显然已经从单一的所有制,平均主义的分配制度走向了混合型的经济制度。

我们在考察深圳的制度变迁时也必须看到,市场的利益诱导是经济改革的一大动因,但是,政府强有力的主导和调控作用同样不可忽视。这些变化如同一直关注中国的劳伦·勃兰特和托马斯·罗斯基等经济学家对中国的一个评价:"30 年的改革重新将中国经济塑造成一个混合体。这个混合体里尽管有一些部分比如资本市场和投资支出留有计划的后遗症,但它对国内外市场反应越来越灵敏。"①

开放型的社会结构,这同样是对深圳现状的描述,也是发展战略的安排。人口的变迁是一个强有力的说明。1979 年,全市常住人口 31.41 万人,2009 年,常住人口达到 891.23 万人。② 深圳是继北京之后中国第二个聚集 56 个民族人口

---

① [美]劳伦·勃兰特、托马斯·罗斯基主编:《伟大的中国经济转型》,格致出版社、上海人民出版社 2009 年版,第 16 页。
② 参见深圳市统计局:《深圳市 2009 年国民经济和社会发展统计年报》,2010 年 4 月 26 日。

的城市,深圳也会聚了世界各大洲的友人,例如马克·奥巴马。因为一开始就通过承接国际产业转移而融入全球经济体系,深圳与国际产业的对接上更为顺畅,外资和民营资本都在此蓬勃发展。因为经济的跨越,这个城市提供了充足的就业机会,吸纳了众多的外来人口,成为一个移民社会。深圳开放型社会的形成,一方面是因为大跃进式的工业化和城市化为外来人口提供更加充分的就业和创富机遇,"市场化生存"造就了流动性的就业模式;另一方面也与政府的较为宽松的社会人口政策有关。在一段时间内,在深圳购置物业就可以迁入户口,此后人口入深的限制更是进一步降低,只要是重点大学的本科毕业生,即便暂时没有在深圳找到工作,亦可以迁入户口。在就业安排上,政府鼓励不分地域和出身,有能力者上。这为移民拓宽了上升通道,培育了一种"崇尚创新,宽容失败"的城市精神。

不难发现,深圳从起步开始,就以市场化、国际化、工业化、城市化的四大作用力,同时推动着这个城市的发展,成为深圳特有的"解体方程式"。

市场化——深圳的市场经济体制试验是经济特区肩负的最重要的历史使命,时至今天已经基本成型。

我们大略可以将深圳的社会主义市场经济试验进程分为三个部分:一是注重引进和培育市场主体。深圳抓住20世纪80年代国际产业转移的时机和毗邻香港的优势,大力引进外资特别是港资企业。外资的引进不仅引入了市场经济的知识和信息,同时也是引入了一个"体制外"的利益群体。外商为了确保自身的发展,采取了"游说政府"等方式,将市场规则带入到体制内。深圳顺势发展以外资企业为主的外向型经济,同时,积极发展民营中小企业,鼓励本土非公有制经济发展,为混合所有制经济的发展奠定了基础。这些经济成分成为对抗传统既得利益集团的新生力量,深圳还着力推行国有企业股份制改革,扩大企业自主权,确立了股份有限公司的法律地位,探索国有资产管理模式改革,首创国有出资人制度,实现了资产所有者职能与公共管理职能的分离。

二是建立了较为完备的要素市场体系,实行土地使用权拍卖,通过市场配置生产要素;进行价格改革闯关,打破僵化的计划价格管理体制,发挥了市场价值规律的作用;改革劳务工用工制度,实行劳动合同制,打破"铁饭碗"就业制度,实行劳资双方双向选择,建立了市场化用工机制,首开劳动力商品化先河。率先发行股票和创办证券市场,丰富和推动了多层次资本市场的建设与发展。深圳较早开展了产权制度、分配制度改革,政府对外来投资者的利益予以保护,在分配上则实行按劳分配与按生产要素分配相结合的改革。这两项具有基础性意义的改革完成后,深圳经济的生产效率开始大大提升,正如道格拉斯·C.诺斯所言,在决定一个国家经济增长和社会发展方面,制度具有决定性的作用。

三是注重转变政府职能,完善市场经济法律体系,先后八次进行行政管理体制改革,减少经济领域的政府审批职能,开放了市场准入和企业自主经营;推动投融资体制改革,建立重大政府投资项目评议制度和后评估制度,规范政府对市场的干预;推进财税体制改革,逐步形成公共财政体系。

国际化——通过承接各种外资投资企业,深圳的国际化解决了自身资金、技术人才、管理经验等要素禀赋严重不足的问题,通过发挥劳动力、土地、原材料成本低廉的比较优势,加入国际分工的产业链,成为重要的加工贸易基地。随着对外贸易的逐步扩大,越来越多的跨国公司前来设立地区总部、研发中心、采购中心和生产基地,充分利用国际国内两种资源,构建起一个高度国际化的开放型经济体系。深圳本土的企业也开始积极"走出去",参与国际产业合作与竞争,扩大自身在国际经济中的影响。从改革开放初期引入港资伊始,深圳就注意学习和借鉴市场经济规则,引入外部完善市场经济法律体系,不断推进与国际规则接轨的市场体系建设。

深圳还注意广泛吸收和借鉴世界发达城市建设的优秀成果,特别是从近邻香港那里学习国际都会的成功经验,初步形成了与国际接轨的都市文明。在"一国两制"的框架内,30年来,深圳逐步加深了与香港的深度融合,从产业合作,到共同发展高新科技、总部经济、商贸会展、金融物流,逐步建立深港优势互补、利益共享的先进产业体系,搭建与香港经济同轨运行的新平台,构造趋同的市场经济运行机制、操作规则和服务标准,为市场要素自由流动提供便利。深港之间的多层次合作交流,已由经济领域扩大到科技、文化、卫生、教育、社会、行政、司法、环保、城市管理和跨境基础设施等更广泛的领域。

工业化——深圳的工业化大略可以分为两个阶段:第一个阶段主要是发挥

土地、劳动力廉价等比较优势,完成工业化的起飞,政府、乡村均兴办工业厂区,政府在产业政策、财政安排上均侧重于工业,通过吸收外资,吸引国内劳动力,大力发展"三来一补",开始融入全球产业分工,很快完成了从农业文明过渡到工业文明的跨越。第二个阶段主要是自主创新渐显后发优势,推动产业升级,从"深圳制造"向"深圳创造"迈进。从20世纪90年代中期开始,深圳高科技企业的自主创新开始发力,深圳通过相对内地其他城市的体制和政策的优势,吸引了大量国内技术和管理人才;通过对外开放,较早掌握了国际产业发展和技术革新的信息;通过吸收外资、发展资本市场、集聚了资金、人才、信息等高级生产要素;通过技术引进和创新,优化管理来提升产业竞争力,深圳开始向工业化的高级阶段和创新经济的初级阶段迈进,部分电子技术产品占据了世界市场主要份额,先进制造业方面具有较强的国际竞争力。

城市化——深圳的城市化是其工业化的"影子"。凭借工业化对人口的"推拉力",有两种力量联合完成了深圳从一个农业小镇向现代化都市的跨越。第一种力量是本土原住居民洗脚上田,实现了就业人口的就地转型,由农业经济的主体转变为工业经济的主体,由农民变成了市民。第二种力量是一大批云集深圳的内地农民工,他们背井离乡,追逐新生活的梦想,实现了乡村人口的异地转型,成为深圳的新市民。

深圳在1992年通过征地和改变原村民户籍身份等方式,完成了经济特区内的农村城市化。2004年,则完成了全市的农村城市化,经济特区外的全市所有农村建制城镇全部改为街道办事处,村民委员会改为社区居委会,260平方公里农村集体土地全部收归国有,27万农民全部改为城市户籍居民,由政府提供社会保障,深圳成为中国首个无农村、无农民的城市。通过工业化带动城市化的方式,吸纳大量外来劳务工并完成其职业转换。当然这个过程也并非全然顺利。过快的城市化和人口增长,使深圳的基础设施、公共服务明显不足,而由原住民建造的"城中村"则因为一定程度上弥补了城市住房供给的不足问题,而散布在城市的各个地段的大量"城中村",使城市面貌呈现出一种城市化过度与城市化不足的"夹生感"。

回溯深圳的发展历程,我们可以把30年来深圳对中国发展的影响归结为两个方面。

一是试验作用。在我们前面的论述中已经指出,制度安排对于经济有效率地增长具有决定性的意义。同样的资源禀赋在不同制度的配置下,显然会有不同的产出。但制度建设是一项复杂而庞大的工程,需要有长远的目标、合理的程序以及持续的努力。对于欠发达地区来说,发挥"后发优势",移植制度无疑是一种方便操作的方式,但是移植之后是否会"水土不服"这是一个问题,特别是引进的正式制度与本土的正式制度存在冲突时,必须进行本土化的转化。这种转化就是一个再创造的过程,它必定含有不可测的风险,因而试验是重要和必需的。

由于本身的制度框架以及意识形态等的路径依赖,通过自然演进的形式进行变迁的过程将是一个非常缓慢的过程。深圳市政府在这其中发挥了积极的作用,通过宣传教育、政策引导等方式,将这一过程大为缩短。这种强制性的制度变迁,在中国的转轨过程当中十分必要。世界银行高级副行长林毅夫就指出,为了一个经济的发展,有必要冒超一般化的风险去建立一种鼓励个人生动活泼地寻求并创造新的可获利的生产收入流的系统,和一种允许用时间、努力和金钱进行投资并让个人收获他应得好处的系统。具有这种特征的制度安排——更确切地讲,在产品、生产要素和思想方面清楚界定并良好执行的产权系统——本来就是公共货品。它不可能由诱致性制度创新过程建立。没有政府一心一意的支持,社会上不会存在这样的制度安排。①

深圳在推进社会主义基本经济制度与现代市场经济相结合、公有制为主体与多种所有制经济相结合、按劳分配为主体与按生产要素分配相结合等方面发挥了先行先试的作用,从单项改革突破到综合配套改革推进,从经济领域改革到其他领域改革,在将体制外的制度纳入到体制内这一过程中发挥了移植—转化和创新等作用,凸显其试验价值。

二是示范效应。从一个后发地区崛起成为新兴发达地区,深圳的成功给中

---

① 参见[美]科斯、阿尔钦、诺斯等著:《财产权利与制度变迁——产权学派与新制度学派译文集》,上海人民出版社 1994 年版,第 402—403 页。

国其他地区作出了榜样。国家有选择地对经济特区的成功经验进行推广,引发全国各地的模仿学习,深圳成为中国市场经济的一所大学校。全国统一市场的建立和经济特区的对外投资、产业转移,在内地其他地区引起竞争,形成产业关联,经济特区通过转移技术、管理,提高了承接地当地劳动者素质,传递了市场最新的信息,在运作上打破传统的经济运行机制,促成当地市场体系形成,将市场经济的观念和规则植入内地,从而将经济特区的效应放大,进而带动全国范围的体制转轨和经济发展。此外,按照共同富裕的要求,通过国家的转移支付,将经济特区上缴的利税投入到欠发达地区,带动各地共同发展。

到此,我们似乎可以给深圳改革与发展进行一个总体的评价。

对于国家而言,30年的深圳发展历程说明:在中国的现代化进程中,社会主义与市场经济是可以结合的,世界潮流与中国因素是可以融合的,中国独创的改革开放道路是正确的,中国特色社会主义是成功的。深圳经济特区的实践不仅达到了中国决策者当年的设计要求,而且为人类现代化的历史增添了许多出人意料的创新成果。对于普通的深圳建设者而言,不仅在收入上都有明显提升,而且在特区的成长中实现了人生的自我创新价值,达到了福利经济学所说的"帕累托改进"(即在总资源不变的情况下,如果对某种资源配置状态进行调整,使一些人的境况得到改善,而其他人的状况至少不变坏),因此这种改革在一个阶段无疑也受到了普通民众的欢迎。

四、深圳模式

任何一种模式都是独一无二的,都具有某种不可复制性。世界上也不存在可以被百分之百地照搬采用的社会发展模式。但是,人们对模式的研究和讨论始终不断。"蝴蝶效应"告诉我们,事物发展的结果,对初始条件具有极为敏感的依赖性,初始条件的极小偏差,将会引起结果的极大差异。

在探寻深圳经验的时候,我们不能忽视成就深圳的特殊因素。

一是特殊的政策优势。如我们前面所言,在对经济特区最早进行设计的时候,国家就允许深圳享有一定的优惠政策、灵活措施,享有高配的计划单列的经济地位,享有与众不同的特区立法权,这种安排,赋予了深圳改革的试错权,开放的优先权,促使深圳相对中国内地其他城市先行一步,最早学习试验世界各种先进的发展模式。

二是特殊的区位优势。深圳毗邻香港,使深圳有一个近在咫尺的市场经济和国际化运作的天然老师。香港的模式,无孔不入地影响到深圳发展的方方面面,让深圳少交了很多"学费",相对发达地区具有"后发优势"。不可忽视的是,深圳背靠珠江三角洲这片中国经济最活跃发达的地区。这个在中国改革开放后较早发展,让深圳有一个很好的区域经济支撑点。另外,深圳是一个滨海城市,拥有令人羡慕的天然良港,发达的海陆空交通设施和17个出入境口岸,成就了深圳庞大的流量经济和加工贸易。

三是特殊的人口优势。深圳是中国少有的外来人口多于本土人口的城市。人口结构倒挂,既是问题,同样也是优势。因为是高起点发展的新城市,深圳集聚了一大批受过高等教育的人才,这些人成为城市创新的核心力量。此外,深圳拥有世界上规模最大的城市外来人口。一大批来自各省市的青年劳务工,让深圳城市和产品可以实现低成本竞争,国外无法找到如此低价位的合格劳动力。上优下廉的青年人的聚合,也许就是深圳经济竞争力的秘密武器。

四是特殊的城市精神。因为承接着国家的创新使命,源于特殊的政策和人口结构,深圳具有一种与生俱来的市场意识、国际意识和强烈的创新意识,这三种意识构成了城市精神的内核,让城市不断地创新和转型,引领中国的城市发展。近千万被市场推动不停流动的新市民,年富力强,渴望财富,敢于创新,整个城市形成了一种"崇尚成功,宽容失败"的创业精神。

尽管深圳的发展具有不可忽视的特殊因素,但是,我们并不能因此将深圳的成功完全归结于上述因素(事实上有些因素也是深圳努力在后天形成的,比如人口和城市精神因素),并将深圳视为个案。我们认为,深圳的发展路径,对于其他区域特别是发展中地区具有重要的借鉴意义。

在这里我们试着对深圳之路的发展特点进行一个小结:

(1)对于一个发展中的地区来说,解放和发展生产力始终是发展的第一要务。在我们看来,只要是发展中的国家或地区,不论是实行什么制度,始终都要将生产力的发展放在第一位,这是一个根本性的问题。一个生产力水平低下的国家或地区,不仅在国际舞台上缺乏竞争力,而且,也难以满足人民日益增长的物质和文化需求。

将发展作为第一要务,正是深圳以及整个中国取得巨大成就的一个关键。因此,我们必须走出制度或是模式的迷思,不以是否符合某种制度作为决策的依据,而是要坚持以是否有利于推动地区发展、增加民众福祉为标准。任何制度的好坏不在于主观认定而是取决于实际效果,生产力决定生产关系,如果生产力水平低,再好的社会制度也无法实现。

(2)市场化和国际化都是实现现代生产力发展的重要手段。市场经济实现了生产要素商品化、经济关系市场化、产权关系独立化、生产经营自主化、经济行为规范化,极大地调动了生产者的积极性,提高了生产效率。市场经济不是推动国家和地区发展的充分条件,但是从深圳过去30年的历史来看,却是解放生产潜能的一个必要条件。在高度集中的计划体制内,资源的流动基本由行政手段主导,无法实现效益的最大化。但是市场经济同样存在其局限性与盲目性,容易造成重复建设和扩大贫富差距。如果仅仅由市场来配置资源,没有计划的辅助与修正,那么深圳就不可能在较短时间内实现从加工制造业为主导向高新技术产业和第三产业为主导的转型。纯粹的计划手段或市场手段,都可能出现盲目性,只有将两者有机结合才能互为补充,扬长避短。

深圳的发展还证明,人类文明的成果和社会发展的资源应合理地为全人类共享,对于一些发展中国家和地区来说,由于发展相对不足或是自身资源短缺,在起步阶段采取开放的国际化方式来形成"资源高地"或是"投资洼地",有助于实现后发地区的高速发展,在起步后引入市场经济机制,则有助于保持市场活力,并推动资源优化配置。国际化是调度资源的有效方式。对于发展中国家而言,资金、技术、人才等高级要素必然是稀缺的,实施国际化战略,不仅有助于拓宽视野,在国际上学习借鉴成功经验,拓宽思路,节省前期研究成本,发挥后发优势,而且更有利于在全球范围内利用国际资源来发展自己,通过国际化,纳入全球产业分工体系,进入国际市场,盘活调度自身资源,特别是优势资源,发挥比较优势,实现较快的发展。

(3)构建和谐社会与加快经济发展同等重要。维护社会公平,促进社会和谐,让更多人能够分享发展带来的成果,实现卡尔多—希克斯改进①,避免市场经济带来的过度贫富分化,避免社会因为利益链条的断裂而出现剧烈的社会动荡,对于保持发展的稳定性合理性是极为重要的。在发展市场经济的同时兼顾社会公平,确保市场经济发展不走向市场型社会,确保政府能够有效提供公共产品与公共服务,这有助于巩固发展成果,这也是社会主义本质的应有之义。

(4)中国共产党的领导和发展型政府的重要作用是实现中国现代化跨越式发展的关键因素。第一,新自由主义认为政府干预得越少越好,甚至推崇"零干预"。但是由于中国的国情,如果没有共产党对国家发展方向的正确引导,没有国家政治大局的稳定,没有中央的战略决策和特区政策的指导支持,没有深圳市委、市政府在实践中对特区发展走向的正确把握,以及强有力的规划引导和财政支持,仅靠市场的配置,深圳根本不可能在30年的时间内顺利实现两次产业转型(农业主导向工业主导转型,加工制造业主导向高新技术产业和第三产业共同主导转型),实现工业化和城市化的双重飞跃。第二,政府在重大基础设施建设和产业布局等领域具有不可替代的优势,通过政府投资、规划和政策制定等方式,有助于在较短时间内集聚更多资源,推动快速发展。第三,政府在社会财富的二次分配上注重保障多数人利益,构建相对公平合理的分配制度,维护了社会安定,促进了社会和谐,提升了市民的幸福感。第四,政府在转轨过程中要注重加快核心价值体系建设,在深圳过去30年的发展历程中,以"开拓创新、诚信守法、务实高效、团结奉献"为核心内容的"深圳精神"一直是政府倡导的内容,也是广大深圳建设者的价值取向,这有助于确保凝聚社会共识,夯实制度创新的基础。

从发展策略的角度看,深圳之路也有四个鲜明的特色:

(1)以开放促改革。深圳是中国打开国门办特区的典型,香港因素和外资因素对深圳的成长有着全面的影响。在内生变量增长缓慢的时候,引入外部资源,直接促成了深圳市场经济和外向型经济的建立。深圳通过模仿、移植香港的

---

① 如果一种变革使受益者所得足以补偿受损者的所失,这种变革就叫卡尔多—希克斯改进。

经验,将体制外的因素带入到体制内部,通过政府主导等方式,将引进的制度加以转换和推广,降低了体制之间的不协调,逐步夯实新制度的基础。对于后发地区而言,资源禀赋有所欠缺是可以想见的。通过开放,有助于发挥比较优势,弥补自身不足,从而带动发展。深圳通过开放,解决了自身发展所欠缺的资金、技术、管理等要素,从而赶上了时代前进的节奏,走上了跨越式发展的道路。通过交换的方式来进一步获取外部资源来推动自身发展,对于发展中地区是具有普遍意义的。

(2)以改革促发展。道格拉斯·C.诺斯早已证明,有效率的经济组织是经济增长的关键。有效率的组织需要在制度上作出安排。对束缚生产力发展的现有制度进行改革,是有效促进发展的关键。在我们前面的论述中,我们描述了深圳是如何甩开计划经济体制走向市场经济的,但是,这并不意味着计划的价值完全丧失,应该完全摒弃。深圳的发展主要是因为确立了市场对要素资源的基础性配置作用,同时,尊重市场选择的政府也在积极引导经济发展的路向,弥补市场失灵和市场空缺的部分。在深圳早期的发展中,国家的政策设计、项目建设和人力资源安排等显然为深圳的起步提供了动力。显然,深圳乃至中国的改革方向,正是带有"两只手"——"看不见的手"与"看得见的手"——共同作用的特点。政府除了必要的规划、财政和金融干预手段外,主要还是依靠市场的力量推动经济的发展。

(3)以创新促转型。对于后发地区而言,如果沉湎于既有的比较优势,则在国际产业分工中无法获得不断的升迁,在国际竞争中将一直处于弱势地位。深圳是中国经济跨越式发展的典型,走着一条高度浓缩的现代化旅程,跨越式发展使深圳经济30年来不断处在转型升级的产业变动中,由于市场产生的竞争压力和外资带来的技术转移,使深圳形成了中国最有利于创新的社会环境。经验告示人们,市场经济越发达的地方,越是制造时尚的中心,也越能萌发对创新的不竭需求,因此,市场永远是创新的引擎。同时,市场将深圳与跨国公司和欧美国家经济联系在一起。参照FDI外溢效益实现的幅度理论,后进国在引进外资先进技术的同时,一方面,应该提高国内企业的技术能力、研究与开发能力(R&D)以及人力资源的开发,以此提高承接方的技术学习和吸收能力,促进FDI公司的技术向东道国公司的扩散;另一方面,外资的较高所有权将有可能产生对承接地行业的垄断,甚至威胁到经济安全等。因此,发展中地区应该加强对外资的政策管理,积极发展内源型经济,开展自主创新,来提升自身竞争力。

(4)以和谐促稳定。尽管对这一点我们着墨甚少,但是纵观深圳30年的发展总体平稳,整个中国也没有发生重大的社会震荡。这种稳定不仅体现在国家的独立自主上,还有重要的一方面就是制度的转轨上,整个中国都呈现出一种渐进式的策略特点,高度重视改革、发展和稳定三者之间的平衡,强调对任何重大改革都要先多点试验,然后逐步推广;强调存量稳定、增量改革,避免动荡过大。在以市场为核心的经济体制改革取得较大进展之后,以和谐为核心的社会体制改革顺势展开。尽管追求和谐与国情的特点有关,但它确保了中国不因制度的更迭发生社会剧变,这点在与东欧社会主义国家以及苏联改革的比较中更为明显。稳定的环境有助于提升投资者的信心,有助于经济的增长,同时也有利于整个系统的平衡。

深圳的发展路径是中国改革开放普遍性与特殊性相结合的产物。深圳之路向世人昭示着中国特色社会主义的本质特征,昭示着社会主义市场经济的创新价值,昭示着中国式现代化大都市建设的独创经验,昭示着一种全新的现代化文明形态正在创造和成长之中。

当然,目前世界上还没有一种完美的模式,也没有一种固定不变的"模式",更没有一种模式可以解决所有的发展和转轨问题。这一点深圳人从来就不曾迷信。在过去30年里,深圳的发展是成功的,但远非没有问题。深圳有过惨痛的失误和教训,深圳人习惯于通过不断反思和责问自己,不断地学习和创新,为自己的未来寻找答案。

今天,深圳人的头脑越来越清醒。只要有利于人类的进步发展,只要符合中国发展基本国情,只要有利于民众福祉的改善提高,任何发展方式可以学习借鉴,任何模式也可以批判怀疑。没有最好的,只有更好的。我们只选择更适合自己的道路。

在开放中学习,在学习中创造,在创造中前行——这就是改革者的价值观,这就是深圳之路的启示。

深圳之路虽然有一个好的开端,但它远未完结,这座城市还在开拓的路上。

第一部分

国门的开放与特区的创立

第一章

中国改革开放的启动

> "只有思想解放了,我们才能正确地以马列主义、毛泽东思想为指导,解决过去遗留的问题,解决新出现的一系列问题,正确地改革同生产力迅速发展不相适应的生产关系和上层建筑,根据我国的实际情况,确定实现四个现代化的具体道路、方针、方法和措施。"
>
> ——邓小平

有一首脍炙人口的歌曲唱道:1979 年那是一个春天,有一位老人在中国的南海边画了一个圈,神话般地崛起座座城,奇迹般地聚起座座金山。春雷啊唤醒了长城内外,春晖啊暖透了大江两岸。啊,中国,中国,你迈开了气壮山河的新步伐,走进万象更新的春天……

春天的故事就发生在仅有 30 年历史的深圳,一个创造了无数经济奇迹的地方,一个写下辉煌诗篇的地方。

中国共产党自从 1921 年 7 月诞生以来,已经举行过 17 次全国代表大会。九大的《党章》规定:党代会每 5 年召开一次。但实际上,并没有严格按照党章的规定去执行,正是从十一届三中全会之后,党的全国代表大会非常规范地每 5 年召开一次。每一次全国代表大会所选举出来的中央委员会,都会根据实际召开中央全会。从 1978 年 12 月到 2008 年 10 月,中共召开了六次全国代表大会、一次全国代表会议和 45 次中央全会。

在近 80 次的中央全会中,中共十一届三中全会是一次具有巨大历史影响的全会。这次会议,实现了新中国成立以来中国共产党历史上具有深远意义的伟大转折,开启了中国改革开放新时期。

党的十一届三中全会的历史意义首先体现在它强调解放思想,强调要从"两个凡是"中解放出来,转变到实事求是的思想路线上来。《党的十一届三中全会公报》明确指出:"会议高度评价了关于实践是检验真理的唯一标准问题的讨论,认为这对于促进全党和全民解放思想,端正思想路线,具有深远的历史意义。一个党,一个国家,一个民族,如果一切从本本出发,思想僵化,那它就不能前进,它的生机就停止了,就要亡党亡国。"1978 年 5 月 11 日,《光明日报》刊登题为《实践是检验真理的唯一标准》的特约评论员文章。当天,新华社转发了这篇文章。5 月 12 日,《人民日报》、《解放军报》予以转载。由此引发了波及全国的真理标准大讨论。这篇文章的主要观点就是:任何理论都要接受实践的检验,实践是检验真理的唯一标准;任何思想、理论,即使是在一定的实践阶段上被证明为真理,在其发展过程中仍然要接受新的实践检验而得到补充、丰富和纠正。真理标准问题的讨论从一开始就得到邓小平等老一辈无产阶级革命家的大力支持。1978 年 5 月 19 日,邓小平同志在接见文化部核心领导小组负责人时指出,《光明日报》发了文章,当时没注意,后来听说反得厉害,才找来看了看。文章符合马克思主义,扳不倒嘛。经过争鸣与讨论,"实践是检验真理的唯一标准"这一观点成为全党全国人民的共识,它从根本上否定了"两个凡是"的思想方针,从根本上恢复了党的实事求是的思想路线,为党实现工作重心的转移和正确评价毛泽东思想以及毛泽东同志的历史地位奠定了思想基础。正是由于"真理标准"问题的讨论具有重要的历史作用,《党的十一届三中全会公报》予以充分肯定。这就进一步促进了全党的思想解放。

正是由于有了思想解放,邓小平同志从 20 世纪 70 年代末就强调战争可以延缓,我们要抓住这一和平发展时期吸收国外的资金、技术等。1977 年 12 月 28 日,在中央军委全体会议上的讲话中,他一方面指出:我们要防备别人早打、大打;另一方面又指出:"国际形势也是好的。我们有可能争取多一点时间不打仗。……可以争取延缓战争的爆发。"①1978 年 9 月 16 日在听取吉林省委常委

①《邓小平文选》第二卷,人民出版社 1994 年版,第 77 页。

汇报工作时,邓小平说:"经过几年的努力,有了今天这样的、比过去好得多的国际条件,使我们能够吸收国际先进技术和经营管理经验,吸收他们的资金。这是毛泽东同志在世的时候所没有的条件。"①要真正高举毛泽东思想,就应当从实际出发,研究新问题。

十一届三中全会的历史意义其次体现在它确定了改革和开放的发展战略。这一点,邓小平同志在 1988 年 6 月 22 日会见埃塞俄比亚总统门格斯图时讲:"一九七八年我们党的十一届三中全会对过去作了系统的总结,提出了一系列新的方针政策。中心点是从以阶级斗争为纲转到以发展生产力为中心,从封闭转到开放,从固守成规转到各方面的改革。"②《党的十一届三中全会公报》指出:实现四个现代化,要求大幅度地提高生产力,也就必然要求多方面地改变同生产力发展不适应的生产关系和上层建筑,改变一切不适应的管理方式、活动方式和思想方式,因而是一场广泛、深刻的革命。这历史性地开启了中国社会主义建设的新时期。新时期最鲜明的特点是改革开放。从农村到城市、从经济领域到其他各个领域,全面改革的进程势不可当地展开了;从沿海到沿江沿边,从东部到中西部,对外开放的大门毅然决然地打开了。这场历史上从未有过的大改革大开放,极大地调动了亿万人民的积极性,使中国成功实现了从高度集中的计划经济体制到充满活力的社会主义市场经济体制、从封闭半封闭到全方位开放的伟大历史转折,实现了快速发展。中国经济从一度濒于崩溃的边缘发展到经济总量跃至世界第三、工业总产值和进出口总额位居世界第二、外汇储备世界第一,人民生活从温饱不足发展到总体小康并向全面小康迈进,农村贫困人口从两亿五千多万减少到两千多万,政治建设、文化建设、社会建设取得举世瞩目的成就。中国的发展,不仅使中国人民稳定地走上了富裕安康的广阔道路,而且为世界经济发展和人类文明进步作出了重大贡献。今天,一个面向现代化、面向世界、面向未来的社会主义中国巍然屹立在世界东方。

党的十一届三中全会作出改革开放的部署是有扎实基础的。1978 年这一

①《邓小平文选》第二卷,人民出版社 1994 年版,第 127 页。
②《邓小平文选》第三卷,人民出版社 1993 年版,第 269 页。

年,中国有 12 位副委员长、副总理以上级别的领导人先后 20 次访问了 51 个国家。这些出访中,具有重要作用的就是国务院副总理谷牧为团长的赴西欧五国(法国、瑞士、比利时、丹麦、西德)代表团。西欧五国团于 1978 年 5 月 2 日出发,6 月 6 日回国,行程 36 天。这是改革开放前夕一次重要出访,不单是外交事务,更是开眼看世界,了解西方经济发展情况、探索经济技术合作新方式的极重要的考察交流活动。临行前,邓小平约见谷牧,叮嘱考察团什么都要看。他们成功的路子要看,他们失败的路子也要看,究竟这个资本主义世界现在的发展情况是怎么样,最好应该弄清楚。在一个多月的访问中,代表团在西欧五国到了 25 个主要城市,共参观了 80 多个工厂、矿山、港口、农场、大学和科研单位,看到了在第二次世界大战后五个国家社会各方面的变化,也看到了中国的现代化与他们的巨大差距。法国戴高乐机场一分钟起落一架飞机,一小时 60 架,而北京首都国际机场半小时起落一架,一小时起落两架。回到北京,在谷牧的亲自主持下,经过全体团员的认真讨论研究,向中央写了一份考察报告。报告详细介绍了访问情况,提出了值得我们学习借鉴的经验,提出了改进我们的经济工作、科技工作和对外工作的建议,供中央参考。1978 年 6 月 1 日、3 日、30 日,中央政治局三次开会,专门听取了访日团、港澳团和西欧五国团的汇报。6 月 30 日,中共中央政治局在人民大会堂东大厅,听取谷牧访问欧洲五国情况汇报。在汇报过程中,代表团向中央提出建立特区。谷牧后来回忆说:"访问回来后,由我亲自向中央汇报,当时所有的老帅都参加了。我汇报中提到了国外利用搞'加工区'、'自由贸易区'等形式引进外资,发展工业和外贸出口。叶帅、聂帅、徐帅听后发言说:'谷牧同志到国外也看了,也说清楚了,过去我们只知道说自力更生,为什么外国能搞加工贸易,引进外资,而我们就不能搞呢? 我看我们也应该搞。'几个老帅都很支持,中央领导人大多数人赞成,包括华国锋。"谷牧还说:"特区这个名称是邓小平提出来的。当时有几种提法:自由贸易区,出口加工区,还有免税区、开发区等。邓小平说:就叫特区吧。邓小平还说过,我不管其他人怎么说。"①

---

① 何立波:《改革开放前的西欧五国行》,《检察官风云》2009 年第 1 期。

十一届三中全会的历史意义还体现在它确立了以邓小平同志为核心的党的第二代领导集体。邓小平在 1989 年 6 月 16 日的讲话中说："党的十一届三中全会建立了一个新的领导集体，这就是第二代的领导集体。在这个集体中，实际上可以说我处于一个关键地位。"①他在这次谈话中还特别强调："任何一个领导集体都要有一个核心，没有核心的领导是靠不住的。第一代领导集体的核心是毛主席。因为有毛主席作领导核心，'文化大革命'就没有把共产党打倒。第二代实际上我是核心。因为有这个核心，即使发生了两个领导人的变动，都没有影响我们党的领导，党的领导始终是稳定的。"②正是由于有了这样一个核心，中国的改革开放才能够大力推进，特区才能迅速建立。

1978 年，邓小平本人不顾 74 岁高龄，风尘仆仆，4 次出访了缅甸、朝鲜、日本、新加坡等 7 个国家。4 次出访中，令他最触动的是 10 月份出访日本和 11 月份访问新加坡。在日本，邓小平对社会党委员长飞鸟田一雄说：听说日本有长生不老药的故事。我这次来日本，就是要寻找长生不老药。他解释说，就是要寻求日本现代化建设的丰富经验。为此，他饶有兴趣地参观了四家大型企业。在日产汽车公司参观时，邓小平讲出了那句著名的话："我懂得什么是现代化了。"为了实现现代化，他指出："要有正确的政策，就是要善于学习，要以现在国际先进的技术、先进的管理方法作为我们发展的起点。首先承认我们的落后，老老实实承认落后就有希望。再就是善于学习。这次到日本来，就是要向日本请教。我们向一切发达国家请教。向第三世界穷朋友中的好经验请教。相信本着这样的态度、政策、方针，我们是有希望的。"③在新加坡，邓小平了解到，外商在新加坡设厂使新加坡得到三大好处。他十分赞赏新加坡引进外资的成功经验，决心把新加坡利用外资的"经"借鉴过来。他说："我到新加坡去，了解他们利用外资的一些情况。外国人在新加坡设厂，新加坡得到几个好处……我们要下这么个决

---

① 《邓小平文选》第三卷，人民出版社 1993 年版，第 309 页。
② 《邓小平文选》第三卷，人民出版社 1993 年版，第 310 页。
③ 王泰平：《1978 年邓小平访问日本学到了什么？》，《政府法制》2009 年第 2 期。

心,权衡利弊、算清账,略微吃点亏也干。"①一个月之后,"努力采用世界先进技术和先进设备"被正式写进了中共十一届三中全会公报,利用外资的政策得以确立。不仅如此,邓小平参观裕廊工业区时,还详细了解了这一新兴工业中心的建设情况。受此启发,中国后来在广东沿海地区建立了"特区"。

---

① 言咏:《国门初开的激情岁月》,《经济观察报》2009 年 4 月 3 日。

第二章

经济特区的由来

　　"要把发展经济特区贯穿于社会主义现代化建设的整个过程,我国基本实现现代化要搞多久,经济特区就搞多久。对这一点,不能有任何动摇。就是说,经济特区不仅要继续办下去,而且要办得更好;对经济特区实行的基本政策要坚持下去;经济特区不仅要继续发挥窗口作用、试验作用、排头兵作用,而且要发挥得更充分。"

——江泽民

　　党的十一届三中全会召开后,中国面临的问题就是从哪里改革,如何改革?从哪里开放,如何开放? 要回答这个问题,世界上一种新的经济发展的模式呈现在我们面前,这就是经济特区。

　　所谓经济特区,就是由一个国家或地区划出一定范围,在对外经济活动中,采取比其他地区更加开放的政策,用减免关税等优惠办法,以及提供建厂的方便条件,吸引外商或外资,促进经济的发展。经济特区名称不一,如称"自由港"、"自由关税区"、"自由加工区"、"对外贸易区"、"促进投资区"等。大体可分为两类:一类是以促进对外贸易和转口贸易为主的"自由贸易区";一类是以利用外资发展加工出口工业为主的"加工出口区"。

　　从世界上看,经济特区的历史是非常悠久的。随着各国商品经济和国际贸易的发展,自16—17世纪开始,就在一些地中海国家中陆续出现了一些经济特区。这些特区首先以自由贸易港、自由贸易区的形式出现。世界上第一个自由贸易港是 1547 年建立在意大利西北部热那亚湾里窝那港。第二次世界大战前，全世界有 26 个国家和地区设立了 75 个自由贸易区。第二次世界大战后到 20 世纪 80 年代初，全世界有 70 多个国家设立了 300 多个各种形式的经济特区，这些特区中进行的自由贸易的贸易量约占世界贸易总量的 10%。更重要的是，第二次世界大战之后很多国家和地区的经济腾飞都得益于自由贸易区、自由关税区等特殊经济政策，如中国台湾地区早在 20 世纪 60 年代就在高雄、蛹梓、台中三个市设立了三个加工出口区；韩国政府也在同期实施"出口第一主义"的方针，立志推动产业面向世界市场，建立了自由贸易区。

中国的经济特区谁来搞？怎么搞？历史把这一划时代使命交给了广东人。几千年的积累，不同文化的交融，形成了岭南文化特有的品质，诸如开放性、兼容性、务实性、冒险性等。其开放历史由来已久。广州在三国时期就已是中国海上丝绸之路的起点，唐代已成为世界著名商埠，元代时已与 140 多个国家有贸易关系，近代以来商贸更为发达。商业文化的长期熏陶，形成了广东特有的崇尚实干、力戒空谈、大胆拼搏、进取开拓、开放宽容等文化传统。广东在中国近现代史上有着重要地位，诸如鸦片战争抵抗英国侵略者，洪秀全领导太平天国农民运动，康有为、梁启超的变法维新，孙中山先生领导的辛亥革命，国共两党联合进行的北伐战争，中国共产党领导的武装起义，新时期改革开放事业的启动等近现代中国的重大事件和中国革命的重要阶段，大多都首先从广东开始。

在时任广东省委常委、第二书记、省革命委员会副主任的杨尚昆同志的主持下，敢于领先的广东省委 1979 年 4 月初讨论了给中央的报告，要求允许广东"先走一步"。报告明确提出要在深圳、珠海、汕头划出一定范围的地方，进行试验，但名称一时还定不下来：叫"出口加工区"，会与台湾的名称一样；叫"自由贸易区"，又怕被认为是搞资本主义；叫"贸易出口区"，却又不像。想来想去，只好临时称为"贸易合作区"，写了报告给党中央和国务院。

1979 年 4 月 5 日至 28 日，中央在北京召开各省、市、自治区党委第一书记及主管经济工作的负责人和中央党政军负责人参加的中央工作会议。会上，广东省委主要领导向中央提出一个建议：可以利用广东毗邻香港、澳门，商品经济较为发达，海外粤籍华侨众多的有利条件，在对外开放上做点文章；同时"希望中央给点权"，在深圳、珠海、汕头划出一些地方实行单独管理，作为华侨、港澳同胞和外资的投资场所，按照国际市场的需要组织生产，初步定名为"贸易合作区"。邓小平同志对此建议表示赞成和支持。他兴奋地说：可以划出一块地方来，叫特区，陕甘宁就是特区。

根据邓小平同志的倡议，中共中央和国务院派出工作组赴广东、福建考察，研究创办特区的问题。对此，时任国务院副总理的谷牧同志回忆讲："我从5月11日至6月5日带领国务院进出口领导小组办公室（甘子玉）、国家计委（段云）、外贸部（贾石）、财政部（谢明）、建委、物资部等部门同志组成的工作组，前往广东、福建做调查。在广东的18天时间里，同习仲勋、杨尚昆、刘田夫、吴南生、王全国、曾定石、梁湘等同志座谈讨论，先后看了广州、深圳、珠海和佛山、中山、新会、汕头等地，还约见时任港澳工委书记的王匡同志到广州交换了意见。当时，叶帅在广东，我专门去作了汇报，听取他的指示。在福建调研了8天，除在福州与廖志高、马兴元、郭超、毕际昌等同志讨论外，在从广东去福建途中还看了漳州、厦门、泉州等地。沿途与地方同志一道分析那里的经济发展条件，研究规划目标和重要措施，讨论如何改革经济体制，增强地方经济活力，加强对外经贸工作，增收外汇，增加先进技术的引进。""一路走来，集中大家的意见逐步形成的大体思路是：第一，广东、福建两省经济发展潜力大，但解放后30年间不是国家建设的重点省份，工业和基础设施与京、津、沪、辽比较，相对落后，优势未能很好发挥。要让它们上得快些，适应新形势的要求，光靠中央不够，还需调动地方的积极性。这就是扩大两省管理经济的权限，可以在中央统一领导下实行大包干。第二，这两省都是重要侨乡，具有发展对外经贸活动的优势条件，在拓展外贸、吸收外资、引进技术等方面，应给两省以机动余地，在国家计划中单划一块，使其发挥地缘、人文优势，先行一步。第三，两省加速建设所需资金，主要由地方自筹，国家给予照顾支持，办法可以采取在一定年限内，对两省新增的收益，国家多留一些给地方安排建设。第四，在毗邻香港的深圳、珠海和海外华人众多的侨乡汕头（海外的'潮州帮'人数多、影响大），还有面对台湾的厦门，各划一块地方，实行更优惠的政策，吸收外资，发展对外加工装配，举办出口基地，以扩大对外出口贸易，加快建设速度。按这个思路，分别帮助两省起草了向中央请示的政策性报告。"①

　　党中央随即接到广东省委《关于发挥广东优越条件,扩大对外贸易,加快经济发展的报告》和福建省委的《关于利用侨资、外资,发展对外贸易,加快福建社会主义建设的请示报告》。1979 年 7 月 15 日,中共中央、国务院批转了广东省委、福建省委的报告,提出特区可先在深圳、珠海两市试办,待取得经验后,再考虑在汕头、厦门设置。1980 年 8 月 26 日,全国人大常委会通过决议,批准《广东省经济特区条例》、《福建省厦门经济特区经济条例》。中国的经济特区由此起步,开始大踏步地前进。

---

① 谷牧:《谷牧回忆录》,中央文献出版社 2009 年版,第 347—349 页。

第三章
中国决策者的特区构想

　　"在新的形势下，深圳要在对外开放、加快改革、完善社会主义市场经济体制等方面继续探索，进一步增创新优势，为加快发展创造更好的体制环境，形成新的强大动力。"

——胡锦涛

　　经济特区的发展凝聚着党的第二代、第三代领导集体以及以胡锦涛为总书记的党中央的智慧与心血。

第一节　邓小平：杀出一条血路来

　　以深圳为代表的经济特区创建之后，邓小平一直给予特别的关注和支持。邓小平十分关注经济特区，从根本上讲，是因为经济特区肩负着改革开放的历史重任。也正是因为如此，邓小平于1984年和1992年两度亲临深圳特区，在关键时刻推动了中国改革开放的发展。

　　首先，经济特区肩负着解放思想的重任。经济特区刚创办不久，一些"左"的观念就席卷而来，"深圳除了九龙海关门口仍挂着五星红旗，一切都已经资本主义化了！"甚至北京某机关权威《内参》刊出题为《旧租界的来由》重头文章，把特区比做是"旧租界的复活"或是"资本主义的复活"。内地某位老同志,从来没到过深圳,但他听风就是雨,竟然伏在床头一把鼻涕两行泪地痛哭:"流血牺牲几十年,一朝回到解放前!"诸如"经济特区成了走私通道"、"特区不是社会主义,是国家资本主义"的议论纷纷出现。1982年4月22日到5月5日,在北京有一次专门为广东深圳而召开的会议,主持人最后讲话时说:"坚持计划经济为主,市场调节为辅,必须进一步统一认识。我认为深圳搞这么大的规划是不现实的。不是一般的大,而是大得无边。深圳特区面积327平方公里,比全世界的特区的总面积还要大,这么大的一块特区面积,全面搞起来不是简单的事情。"①1982年12月,一位领导到深圳视察,谈到深圳时讲:"特区的性质问题,恐怕不能说是社会主义的,因为如果说是社会主义的,那么全中国都可以建立特区了。特区要按特区的口径,那是区别于社会主义的,不然就不叫特区,恐怕还是国家资本主义,是社会主义国家里面的一小片国家资本主义。"②针对这些观点,邓小平在1992年1—2月在视察南方谈话中指出:"对办特区,从一开始就有不同意见,担心是不是搞资本主义。深圳的建设成就,明确回答了那些有这样那样担心的人。特区姓'社'不姓'资'。"③

其次,经济特区肩负着探索社会主义市场经济的重任。早在1980年5月特区还在筹备的阶段,党中央转发的《广东、福建两省会议纪要》就提出:"经济特区的管理,在坚持四项基本原则和不损害主权的条件下,可以采取与内地不同的体制和政策,特区主要是实行市场调节。"应该说,这种市场调节是在实践邓小平同志在1979年11月所讲的"社会主义也可以搞市场经济"的思想,为中国搞社会主义市场经济做了有益的探索。这一点,邓小平同志有系统论述,1992年6月12日在同江泽民谈话时,邓小平赞同使用"社会主义市场经济体制"这个提法,他说:"实际上我们就是这样做的,深圳就是社会主义市场经济,不搞市场经

---

① 全国政协文史和学习委员会编:《经济特区的建设》,中国文史出版社2009年版,第94页。

② 杨剑、关山、卢荻等:《解析广东经济特区酝酿过程:邓小平定下特区名》,http://news.CCTV.com/China/20080409/10004.shtml,2008年4月9日。

③《邓小平文选》第三卷,人民出版社1993年版,第372页。

济,没有竞争,没有比较,连科学技术都发展不起来,产品总是落后的,也影响消费,影响到对外贸易和出口。"①

最后,经济特区肩负着中国改革开放试验田的重任。深圳等经济特区试验的成功为中国的进一步改革开放探明了方向。正是从这个意义上,邓小平始终高度关注经济特区、支持经济特区。1984年1月24日上午,邓小平一行到达广州火车站,广东省委领导准备把他接去珠岛宾馆休息,但他要先去深圳。他说:办经济特区是我倡议的,中央定的,是不是能够成功,我要来看一看。看了深圳后,邓小平在多个场合不断推介经济特区的战略意义及价值。1984年2月24日,邓小平同志在视察广东、福建、上海等地回京后同几位中央负责同志谈话时讲:"我们建立经济特区,实行开放政策,有个指导思想要明确,就是不是收,而是放。""这次我到深圳一看,给我的印象是一片兴旺发达。""特区是个窗口,是技术的窗口,管理的窗口,知识的窗口,也是对外政策的窗口。"②1984年6月,在会见阿尔及利亚民族解放阵线党代表团时,邓小平讲:"深圳经济特区是个试验,路子走得是否对,还要看一看。它是社会主义的新生事物。搞成功是我们的愿望,不成功是一个试验嘛。""这是个很大的试验,是书本上没有的。"③同年7月,在会见特立尼达和多巴哥总理时,邓小平讲:深圳对我们来说是个试验,深圳的发展还是很快的,但毕竟是个试验。1985年8月在会见日本公明党第13次访华代表团时,邓小平讲:"现在我要肯定两句话:第一句话是,建立经济特区的政策是正确的;第二句话是,经济特区还是一个试验。这两句话不矛盾。"④1987年5—6月间,邓小平两次高度赞扬深圳的建设成就。他说:最近深圳技术比较高的产品可以打入国际市场。开放政策的成功就要看这一条,这是真正的成功。"深圳的同志告诉我,那里的工业产品百分之五十以上出口,外汇收支可以平衡。现在我可以放胆地说,我们建立经济特区的决定不仅是正确的,而且是成功

---

① 转引自樊纲等:《中国经济特区研究》,中国经济出版社2009年版,第47页。
② 《邓小平文选》第三卷,人民出版社1993年版,第51—52页。
③ 《邓小平文选》第三卷,人民出版社1993年版,第130页。
④ 《邓小平文选》第三卷,人民出版社1993年版,第133页。

的。所有的怀疑都可以消除了。"①这就从多个层面肯定了经济特区在中国改革
开放全局中的地位。

第二节 江泽民：增创新优势，更上一层楼

经济特区从诞生之日起，不仅凝聚着党中央领导集体的心血，还凝聚着党中
央、国务院各部门和有关省市领导同志的智慧，江泽民同志就是其中的一员。
1980 年 5 月，江泽民就任国家进出口管理委员会、国家外国投资管理委员会副
主任不久，便来到广东汕头，对汕头经济特区的筹建、规划进行考察和指导。同
年 8 月上旬，他来到深圳，随后又去了珠海，对深圳、珠海经济特区的筹建，进行
全面考察，并为《广东省经济特区条例》说明作充分的准备；8 月下旬，江泽民受
国务院委托，在第五届全国人大第十五次常委会上作关于《广东省经济特区条
例》的说明，为经济特区的诞生作出了特殊贡献。1980 年 9 月下旬至 11 月上
旬，江泽民奉命率团考察了世界上包括斯里兰卡、马来西亚、新加坡、菲律宾、美
国、墨西哥、英国、日内瓦等国家的"出口特区"、"自由贸易区"等，回北京后起草
了《出口加工区考察报告》，为创办好中国经济特区收集、积累了第一手资料。
从 20 世纪 80 年代起，江泽民同志先后十多次考察深圳。

1992 年邓小平视察南方谈话发表后，尤其是党的十四大召开后，中国经济
改革从局部试验性的阶段向普遍改革推进，全国各地普遍掀起了解放思想、更新
观念的热潮，特区的命运自然为国人所关注，特区的特殊政策是否有必要继续存
在就成为人们关注的焦点。尤其是从 20 世纪 90 年代开始，中国加快了加入世
界贸易组织（WTO）的步伐，特区的特殊政策似乎与 WTO 要求的公平性、普惠性
的原则发生了冲突。在这个时候，1994 年 3 月，经济学家胡鞍钢撰写了一份报
告以内参的形式递给高层。这份报告称，特区不能再"特"了，不能再无限制享

---

① 《邓小平文选》第三卷，人民出版社 1993 年版，第 239 页。

受优惠政策。中国必须对经济特区的政策进行彻底调整,坚决取消各种减免税和优惠政策,取消不利于缩小地区差距、优惠于某些地区的经济特区。因为公平竞争是现代市场经济制度的基本原则之一,中央政府是市场竞争规则的制定者和监督者,不能带头破例对某些地区实行优惠政策或提供垄断,任何地方都不得享有法律和制度之外的经济特权。

　　经济特区在这个时候遇到了新的挑战。在这个重要时刻,1994 年 6 月 19 日至 21 日,江泽民同志视察了广州、深圳、珠海等地,并代表党中央、国务院发表了重要讲话,为经济特区的进一步发展指出了方向。江泽民同志特别强调,中央对发展经济特区的决心不变,中央对经济特区的基本政策不变,经济特区在全国改革开放和现代化建设中的历史地位和作用不变。他希望经济特区的广大干部群众遵循邓小平同志指引的方向,在已经取得的成就和经验的基础上,通过深化各项改革、调整经济结构、加强全面管理、提高人员素质、完善投资环境、增进经济效益、健全民主法制、搞好精神文明,使经济社会发展的总体水平再上一个新台阶。他还强调,要把发展经济特区贯穿于社会主义现代化建设的整个过程,我国基本实现现代化要搞多久,经济特区就搞多久。1995 年 12 月,江泽民同志再度到深圳视察。他指出,深圳和其他经济特区的确起了探路和示范作用,为推进全国的改革开放作出了历史性贡献。希望深圳的广大干部和群众继续发扬大胆探索、实事求是的精神,更好地发挥深圳经济特区对外开放的"窗口"作用,经济体制改革的"试验场"作用,对内地的示范、辐射和带动作用,对保持香港繁荣稳定的促进作用。江泽民同志还为深圳经济特区亲笔题写了"增创新优势,更上一层楼"。2000 年 2 月 22 日,江泽民同志专程来到深圳市龙岗区布吉镇南岭村看望村民,考察农村基层的党建工作。他说:在新的历史条件下,我们中国共产党应该怎么前进? 现在我们这里都致富了,我就想,致富了要思源,这是一个重要的课题。他提出:要致富思源,富而思进。"致富思源"之"源"就是邓小平理论;"富而思进"之"进"就是要求特区与时俱进。2000 年 11 月 14 日,江泽民同志在出访期间专程来到深圳,为矗立在莲花山顶的邓小平塑像揭幕,出席深圳经济特区成立 20 周年庆祝大会。江泽民同志高度评价经济特区的辉煌成就。他指出,经济特区创立发展的 20 年,是沿着有中国特色社会主义道路开拓前进的

20 年,是认真贯彻党的十一届三中全会以来的路线方针政策不断发展的 20 年,是经济特区广大干部群众解放思想、实事求是、敢于实践、大胆创新的 20 年。

经济特区要增创新优势,更上一层楼,要抓住五个方面:第一,经济特区要为加快建立全国的社会主义市场经济体制,继续积极探索和创造更多的经验;第二,经济特区要通过深化改革和扩大开放,保持经济又快又好地向前发展;第三,经济特区要继续发展外引内联,为带动和促进全国其他地区的共同发展、共同繁荣作出新的贡献;第四,经济特区尤其是深圳、珠海特区要继续为国家对香港、澳门恢复行使主权和保持香港、澳门长期繁荣,作出更多的贡献;第五,要大力加强经济特区的社会主义精神文明建设,加强和改善党对特区工作的领导。江泽民指出,随着全国改革开放的深入,社会主义市场经济体制的建立和现代化建设的发展,经济特区的特色也要相应地随之发展,原来特区实行的某些优惠政策和措施会有所变化。要通过增创和发展特区的新优势来发展特区。

第三节　胡锦涛:加快发展、率先发展、协调发展

胡锦涛同志也一直关注着经济特区的建设与发展。

1994 年 11 月 9 日至 16 日,时任中共中央政治局常委、书记处书记的胡锦涛同志先后到汕头、潮州、深圳、珠海等地进行考察,并听取了汕头、深圳、珠海三个经济特区市委的工作汇报。胡锦涛同志强调,兴办经济特区是邓小平同志为推进我国改革开放和现代化建设事业作出的一项具有全局意义和长远意义的战略决策,也是我们在建设有中国特色社会主义全过程中必须长期坚持的一项基本政策。在新的形势下,经济特区的地位和作用不仅没有改变,而且将在实践中进一步显示出它的重要地位,发挥出更大的作用。他说,经济特区所走的道路,是一条成功之路,希望之路。特区的同志要更加自觉地担负起时代赋予的历史使命,增强光荣感、责任感和紧迫感,继续沿着这条道路坚定不移地走下去,把有中国特色、中国风格、中国气派的经济特区建设得更快更好。

时隔 9 年,2003 年 4 月 11 日下午到 12 日上午,胡锦涛总书记又一次考察深圳。这一次深圳的发展又处在重要的历史关头。

2002 年 11 月,一篇网文颇受关注。它的题目是《深圳,你被谁抛弃》,作者是"我为伊狂"。据说,此文在网数天点击超数万。深圳市的领导看了两三遍,说"很有感触"。这篇文章讲:"显然,越来越多的优秀企业和人才正把目光抛向上海、北京、广州等地。在这场关于 21 世纪经济话语权的竞争与高级人才的争夺之中,深圳显然已经落于下风。没有了政策优势,又受制于经济地理条件,深圳的这种劣势在竞争中越来越明显。深圳,曾经是中国改革开放的前沿阵地,曾经是中国最具活力的城市,曾经创造了诸多奇迹的经济特区,曾经是光芒四射的年轻城市,但到现在似乎已黯然失色。"

胡锦涛总书记似乎了解深圳人的困惑,他希望今后深圳还要加快发展、率先发展、协调发展,继续走在全国的前列,这样深圳经济特区的历史作用才能更充分地得到发挥。他进一步指出,在新的形势下,深圳要在对外开放、加快改革、完善社会主义市场经济体制等方面继续探索,进一步增创新优势,为加快发展创造更好的体制环境,形成新的强大动力。希望深圳的同志们增强居安思危的忧患意识,保持永不懈怠的奋斗精神,发扬真抓实干的工作作风,永葆人民公仆的政治本色,在全面建设小康社会、加快推进社会主义现代化的进程中更好地发挥排头兵作用,努力在社会主义物质文明、政治文明、精神文明建设方面都交出优异的答卷。其他中央领导同志也非常关心深圳的发展。

2003 年 7 月 1 日,温家宝总理视察了深圳。温家宝说,在我国进入全面建设小康社会、加快推进社会主义现代化的新的发展阶段,要继续办好经济特区。经济特区要进一步当好改革开放和现代化建设的排头兵、发挥示范作用。办好经济特区,必须贯彻"三个代表"重要思想,关键在坚持与时俱进,核心在坚持党的先进性,本质在坚持执政为民。深圳特区要站在新的起点,开创新的局面。一要与时俱进,开拓创新。要努力实现制度创新、科技创新和其他各方面创新。通过深化改革,率先建立比较完善的社会主义市场经济体制。加强技术创新体系建设,提高技术创新能力。二要抓住机遇,加快发展。充分利用现有基础,发挥比较优势。推进产业结构优化升级,提升高新技术产业和先进制造业的档次和水平,加快发展现代服务业,使整个经济迈上新台阶。三要扩大开放,拓展空间。适应经济全球化和我国加入世贸组织新形势,继续把对外开放作为特区的立身之本,在更大范围、更宽领域和更高层次上参与国际经济技术合作和竞争,充分利用两个市场、两种资源,以开放促改革促发展。四要统筹兼顾,协调发展。坚持全面的发展观,促进经济社会协调发展、城乡协调发展、人与自然和谐相处,实现可持续发展。要注意解决当前特区经济社会发展中的一些突出矛盾,努力提高群众的物质文化生活水平和健康水平,不断促进社会主义物质文明、精神文明和政治文明的协调发展。

6年来,深圳一直在努力贯彻科学发展观的精神。科学发展观为深圳的发展注入了新的活力和动力。

2004年2月18日,深圳市三届人大常委会第三十次会议审议并通过了该市"十五"规划有关基本实现现代化指标体系及相关指标的调整方案,将深圳基本实现社会主义现代化的时间表由2005年推迟至2010年。深圳似乎在进行"退却"。其实,这种"退却"是完全必要的,因为科学发展观的提出为现代化注入了新的内涵,以人为本的现代化内容更加丰富了,实现的难度大大加大了,实现的质量更高了。2006年8月,经过精心酝酿,深圳率先在全国推出"效益深圳"指标体系,由"经济效益"、"社会效益"、"生态效益"、"人的发展"等四个方面20项指标和效益指数构成,改变了长期以来单纯以GDP数字为刻度的统计模式。2006年12月底,深圳制定了民生净福利指标体系,通过包括"收入分配与公平"、"安全水平"、"社会保障水平"、"公共服务水平"、"人的全面发展水平"五大类21个指标,来反映深圳人的生存、生活和福利状况。体系的建立,使深圳"可持续发展"的理念有了具体可考的量化依据。

2005年9月12日到13日,温家宝总理第三次考察深圳工作,对于深圳在贯彻科学发展观方面所作出的贡献给予了充分肯定。他说:第一,发展经济特区是建设中国特色社会主义的重要组成部分,要把发展经济特区贯穿于社会主义现代化建设的全过程。在新的历史条件下,经济特区的地位和作用不能削弱,更不能消失。经济特区不仅要继续办下去,还要办得更好。第二,在改革方面先行先试,是中央赋予深圳等经济特区光荣而神圣的使命,这一使命不仅远没有结束,而且要求更高、任务更重、责任更大。深圳等经济特区要进一步把改革创新作为立身之本,全面推进综合配套改革,努力在重点领域和关键环节率先取得经验,为全国重大体制改革取得实质性进展探索经验。第三,经济特区要继续走在全国前列,最关键、最重要的在于创新。要把创新作为新的历史条件下经济特区发展的生命线和灵魂。要进一步解放思想,坚持与时俱进,把"特别能创新"作为经济特区之"特"的基本内涵。创新意识强弱和创新能力大小直接决定着经济特区未来的发展历程。要永葆蓬勃向上的朝气、敢闯敢试的锐气、开拓进取的勇气,努力完成新时期赋予的新任务。

第四章
经济特区的创新历程

　　"新时期最鲜明的特点是改革开放。从农村到城市、从经济领域
到其他各个领域,全面改革的进程势不可当地展开了;从沿海到沿江沿
边,从东部到中西部,对外开放的大门毅然决然地打开了。这场历史上
从未有过的大改革大开放,极大地调动了亿万人民的积极性,使我国成
功实现了从高度集中的计划经济体制到充满活力的社会主义市场经济
体制、从封闭半封闭到全方位开放的伟大历史转折。"

——党的十七大报告

　　特区的政策框架是与整个国家发展的大背景紧密相连的。特区的制度创新
在 30 年的演进中可以分为以下几个阶段。

第一节　起步阶段 (1980—1992):艰难的探索

　　从 1979 年 4 月举行的中央工作会议上提出"试办出口特区"和对广东、福建
两省实行特殊政策和灵活措施开始,到 1980 年 8 月 26 日五届全国人大常委会
第十五次会议正式批准设置经济特区为止,一年零 4 个月的时间中,一共有 6 份
重要的文件构成了经济特区基本的政策框架。这 6 份文件是:

（1）1979年4月，中央工作会议讨论通过了《关于大力发展对外贸易增加外汇收入若干问题的规定》（以下简称《规定》），正式决定在深圳、珠海、汕头和厦门划出一定区域单独进行管理，作为华侨和港澳商人的投资场所，深圳和珠海可以先行试办出口特区。在这个《规定》的"要充分发挥广东、福建两省的有利条件"一节中指出："广东、福建两省邻近港澳，华侨众多，发展对外贸易的条件十分有利。中央规定，对这两省要采取特殊政策和灵活措施，让他们在开展对外贸易，增加外汇收入，加速发展地方经济方面有更广阔的活动余地，为国家四个现代化作出更大的贡献。"

（2）1979年5月5日，中共广东省委向中央提出《关于试办深圳、珠海、汕头出口特区的初步设想》，提出了12条关于特区的构想。

（3）1979年6月6日，广东省正式向中央提出《关于发挥广东优越条件，扩大对外贸易，加快经济发展的报告》。这个报告包括以下五个方面的内容：一是扩大对外贸易，加快经济发展的优越条件；二是初步规划设想；三是实行新的经济管理体制；四是试办出口特区；五是切实加强党对经济工作的领导。同年6月9日，福建省向中央提出《关于利用侨资、外资，发展对外贸易，加速福建社会主义建设的请示报告》，报告对特区规划以及管理体制、特殊政策也提出了一些要求。

（4）同年7月1日，五届全国人大二次会议通过《中华人民共和国中外合资经营企业法》，这一法规为经济特区利用外资提供了法律支持。

（5）1979年7月15日，中共中央、国务院批转广东省委、福建省委的两个报告的文件出台，即《中共中央、国务院批转广东省委、福建省委关于对外经济活动实行特殊政策和灵活措施的两个报告》，这就是中央50号文件。中央指出："对两省对外经济活动实行特殊政策和灵活措施，给地方以更多的主动权，使之发挥优越条件，抓住当前有利的国际形势，先走一步，把经济尽快搞上去。"

（6）1980年8月26日五届全国人大常委会第十五次会议通过《中华人民共和国广东省经济特区条例》。

这些制度安排给了经济特区比较大的自主发展的空间。经济特区的建设者们充分利用制度提供的发展机遇，大力进行制度创新：

首先,建立工程招投标制度,开创城市建设的深圳速度。1981年夏天,深圳特区要兴建第一座高层建筑楼宇——20层高的国际商业大厦。经过复杂的思想斗争,包括与"越轨论"、"出格论"、"国家主权论"的交锋等,国际商业大厦的建设采取了工程招投标的方法。从1982年7月起,深圳特区把基建工程招投标作为一项制度坚持下来。到1985年6月底,计有500多项工程实行了招投标,占在建工程项目的90%以上。通过招投标,节约了15%的投资,使工期平均缩短2—5成,工程质量还大大提高。①

其次,建立市场化的劳动用工制度。1980年深圳特区在中外合资企业试行劳动合同制,1981年广东省人大颁布《经济特区企业劳动工资管理暂行规定》将这一制度用地方法规的形式固定下来,1982年在国营企事业单位推行。到1985年之前,深圳形成了比较完整的适应市场要求的劳动用工制度,包括劳务市场建设、社会保险基金统筹制度。这些制度促进了深圳的发展,也给全国探索了经验。

再次,建立经济管理新制度,实行政企分开。用经济实体代替原来政企合一的职能局,如交通局改为交通运输公司、商业局改为商业总公司、物资局改为物资总公司等;同时深圳打破原来按照行业设置经济管理机构的模式,建立以系统、综合性为主的经济管理机构。

这一时期,国家采取了一系列推动经济特区发展的政策措施:

(1)1984年4月17日,国务院批准国家计委等单位《关于进一步开放的沿海港口城市外汇使用额度的请示报告》(以下简称《报告》)。该《报告》中指出,为了充分发挥这些城市的优势,开创利用外资、引进先进技术的新局面,拟在3年内,从国家拨出一笔外汇,增强这些城市对外经济贸易活动的活力。

(2)1986年2月7日,国务院批转《经济特区工作会议纪要》并发出通知,要求各有关方面共同努力,把我国的经济特区办得更快更好。

(3)1987年2月6—10日,全国经济特区工作会议在深圳召开,会议认为,

---

① 参见全国政协文史和学习委员会编:《经济特区的建设》,中国文史出版社2009年版,第285页。

改革是特区向前发展的内在动力,会议要求特区以发展外向型经济为中心,以搞活企业、完善特区市场体系,改进行政经济管理为重点,锐意改革,精心探索,努力走在全国的前头。

(4)1988年10月16日,国务院批准深圳市实行计划单列。国务院批复指出,深圳市是我国的经济特区,又是毗邻香港的重要沿海城市,在实行对外开放、发展外向型经济中占有重要地位,为了进一步搞活深圳市在国家计划中包括财政计划实行单列,并赋予其相当于省一级的经济管理权限。国务院要求深圳市实行计划单列后,广东人民政府要继续加强领导,国务院有关部门要积极给予支持。

(5)1990年2月5—8日,国务院在深圳召开经济特区工作会议。会议的中心议题是:经济特区深入贯彻党的十五届五中全会精神,认真抓好治理整顿和深化改革,进一步发展外向型经济,充分发挥对外开放的窗口和基地作用,更好地为国家的经济发展服务。

(6)1992年1月18至2月21日,邓小平视察武昌、深圳、珠海、上海等地,并发表重要讲话。

这些政策变化给深圳的制度创新带来了更大的空间。深圳经济特区大胆改革,取得了一系列成果。

首先,建立符合市场经济要求的土地使用制度。1987年5月深圳出台了《深圳经济特区土地管理改革方案》,提出对土地实行商品化经营,全面推行土地有偿使用,允许土地在一级市场政府垄断的条件下进行流通、转让、买卖和抵押,引入竞争机制,使土地的商品性得到充分体现。1987年12月1日,深圳首次举行国土有偿使用权拍卖会,以525万元拍出了罗湖区一块面积8588平方米土地的使用权,开创了中国土地拍卖的先河。

其次,推进企业股份制改造。1986年10月,深圳市政府颁布了《深圳经济特区国营企业股份试点暂行规定》,这是新中国第一份关于国营企业股份制改造的政府文件,它对股份有限公司的内部组织机构和体制作出了比较规范化的规定。1987年政府又出台了股份制企业的登记注册办法;1988年又下达文件对股份制企业的管理体制进行规范。到1989年,深圳已有股份公司189家,推动了深圳经济的快速发展。

再次,建立现代金融服务制度。金融是现代经济的血液,深圳人深知它的极端重要性。第一,引进外资银行,1985 年 10 月 31 日,香港上海汇丰银行深圳分行在国贸大厦隆重开业,这是新中国成立以来第一家获准在内地开业的外资银行;第二,鼓励企业办银行,1987 年 4 月 8 日,由招商局独资创办的地区性——银行招商银行在深圳成立;第三,发展综合金融服务集团,1988 年以保险为核心、融政权、信托、银行、资产管理、企业年金等金融业务为一体的中国平安保险股份有限公司在深圳成立。这些金融服务的发展促进了现代金融制度的创新。

第二节　提速阶段（1993—2002）:跨越式发展

这一时期影响经济特区发展的重大事件与政策包括:

(1)1992 年 10 月,党的十四大提出建立社会主义市场经济体制的目标。

(2)1993 年 4 月 14—20 日,中共中央总书记、国家主席江泽民在海南省考察期间指出,经济特区作为对外开放的"窗口"要办得更活、更实、更富生机、更有成效。继续当好"排头兵",为全国的改革进一步发挥试验、探路和积极推进的作用。

(3)1994 年 6 月 15—21 日,江泽民在广东考察时要求经济特区要增创新优势,更上一层楼。

(4)1996 年 4 月 1—3 日,国务院经济特区工作会议在珠海召开,国务院总理李鹏到会并发表重要讲话。他指出,今后经济特区必须把自己的思想和工作重点真正从主要依靠优惠政策转到依靠两个根本性转变上来,以二次创业的精神,充分利用现有基础,增创新优势,更上一层楼。

(5)2001 年 11 月 10 日,中国加入世界贸易组织。

适应社会主义市场经济体制建立的要求,深圳经济特区开拓创新,在一系列制度建设上走在全国前列。

首先,改革国有资产管理体制,建立"国有资产委员会—资产经营公司—企业"三个层次的国有资产监管和运营新体制,由 3 家市级国有资产经营公司代表国家从事国有资产的资本经营和产权运作,负责国有资产的保值增值。1992年 9 月,成立了市国有资产管理委员会;1993 年 10 月,成立了国有资产管理办公室。这样就实现了政府的社会经济管理职能与国有资产所有者职能的分离,国有资产监管职能与国有资产经营职能的分离以及国家终极所有权与企业法人财产权的分离,有效实现了政企分开,解决了国有资产出资者主体缺位问题,理顺了产权关系,加强了国有企业的外部监督约束机制。与此同时,深圳改革国有企业领导干部管理体制,使企业的自主性不断增强。1996 年深圳市制定了《市属国有企业领导人员管理暂行办法》,市委只管 3 家市级资产经营公司、地方金融机构及驻香港深业集团等 9 家企业的领导班子。其余市属企业领导人员的管理权限下放到资产经营公司,按照下管一级、管事与管人相结合的原则逐级管理,将总经理的任免权真正交给企业的董事会。

其次,深入推进政府审批制度改革。深圳从 1997 年开始至 2001 年先后两次对行政审批制度进行了大刀阔斧的改革。第一次改革将政府审批(核准)事项由原有的 1091 项减少到 628 项,减幅 42.4%;第二次改革在第一次改革的基础(加上国家和省下放的 44 项)上再减少 277 项,减幅 41.2%。两次改革共减少审批(核准)事项 740 项,减幅 65.4%。而且第二轮改革,市、区、镇(街道)三级同时进行。在大刀阔斧减少审批事项的同时,也大幅度减少了行政事业性收费,将全市 55 个部门(单位)261 项行政事业性收费项目,减少了 112 项,减幅42.9%,收费金额从 35 亿元减少了 15.73 亿元,减幅 45%。每年为企业和社会减负 15.73 亿元。现有收费项目 192 项,收费金额 19.27 亿元,比国家新收费目录公布的 313 项和广东省收费项目 409 项都大大减少。① 这些措施促进了深圳经济的发展。

再次,推进投融资体制改革。为了进一步深化深圳投融资体制改革,广泛筹

---

① 参见梁世林:《深圳政府审批制度改革要解决的问题》,《特区理论与实践》2002 年第 6 期。

措社会资金,建立投资风险约束机制,确保我市国民经济持续、快速、健康发展,2001 年 9 月 12 日,深圳市人民政府印发了《深圳市深化投融资体制改革指导意见》(凡下简称《意见》)。该《意见》计 9 章 34 条,从多个方面力求尽快实现以下目标:适应经济体制与经济增长方式两个根本性转变和扩大开放的要求,实现投资主体多元化、融资渠道商业化、投资决策程序化、项目管理专业化、政府调控透明化以及中介服务社会化,建立以市场为导向的新型投融资体制。

第三节　转型阶段（2003 年至今）：走向科学发展

党的十六大以来,以胡锦涛为总书记的党中央立足于新世纪新阶段的实际,提出了科学发展观等重大战略思想,这些思想直接决定着经济特区的发展方向:

(1)2002 年党的十六大提出全面建设小康社会的目标。

(2)2003 年 10 月党的十六届三中全会通过《完善社会主义市场经济体制若干问题的决定》,提出"坚持以人为本,树立全面、协调、可持续的发展观,促进经济社会和人的全面发展"。

(3)2004 年 1 月 1 日零时,备受海内外关注的《内地与香港关于建立更紧密经贸关系的安排》(CEPA)和《内地与澳门关于建立更紧密经贸关系的安排》(CEPA)正式实施,标志着内地与香港、澳门经贸关系进入一个崭新的阶段,是内地与香港、澳门经贸合作的新起点和里程碑,为内地与香港、澳门的经济融合和发展提供新的动力和空间。

(4)2004 年 9 月,党的十六届四中全会通过《中共中央关于加强党的执政能力建设的决定》,把构建社会主义和谐社会作为我们党的执政目标,在党的文件中第一次把和谐社会建设放到同经济建设、政治建设、文化建设并列的突出位置,提出了以人为本的科学发展观和构建社会主义和谐社会的战略指导思想,努力把中国全面建设小康社会的发展目标建立在科学与和谐的坚实基础上,实现经济、社会和生态的健康协调发展。

这一时期的特点就是市场经济体制已经在全国普遍建立,对外开放也已经普及全国,经济特区如何有新的创造,值得人们关注。

深圳特区不负众望,积极推进经济发展方式和产业结构的升级转型,进行了落实科学发展观的制度探索。

首先,用科学发展观统领经济社会发展全局,从"深圳速度"转向"效益深圳"、"和谐深圳",实现经济增长方式的根本性转变。2003年,深圳市委三届六次全会确定了建设"生态城市"的目标。2005年,深圳市委三届十一次全体会议上明确指出深圳的发展受到"四个难以为继"的制约,深圳市委提出要下决心,实现从"速度深圳"到"效益深圳"的历史跃进,提出了"四个下降、三个提高"的控制要求,制定了《深圳市落实科学发展观调控指标体系》。2007年,深圳市委一号文件《关于加强环境保护建设生态市的决定》,确立了"生态立市"的城市发展战略。2008年,深圳市委在《关于坚持改革开放,推动科学发展,努力建设中国特色社会主义示范市的若干意见》中提出,要"创建生态文明示范城市"。2010年1月,在深圳市委四届十三次全体会议上,提出"切实提升民生福利,努力建设民生幸福城市"。从2005年到2010年,深圳市政府及学术机构相继推出城市文明指数、"效益深圳"统计指数体系、和谐深圳评价体系、民生净福利指标体系等一系列与社会和谐相关的测量指标,使得效益深圳、和谐深圳从一种理念变为一系列可操作、可测评的实践载体。

其次,扩大公共服务的覆盖面,提高公共服务均等化、普惠化程度,构建和谐深圳。2003年12月开始的关爱行动,七年来共开展近万项活动,以动员社会各界积极参与奉献爱心、扶贫帮困为基本形式,使一大批外来务工人员和困难群众得到有效帮助。2006年6月1日,深圳正式颁布实施了全国首个劳务工医疗保险办法《深圳市劳务工医疗保险暂行办法》,在全国率先探索建立了"低缴费、广覆盖、保基本"的劳务工医疗保险制度,成为全国劳务工参保覆盖面最广、参保人数最多、参保比例最高的城市。2007年6月18日《深圳市少年儿童住院及大病门诊医疗保险试行办法》(草案)出台,自当年9月1日起正式开始实行少儿医保制度,标志着深圳在全国率先实现了"全民医保"。2006年到2007年,相继推出"居家养老"、"老有所乐"、"老有所学"等针对深圳老年人的服务项目,让老年人生活得更有尊严。2008年8月1日起,深圳市全面推行居住证制度,为非户籍人口提供全方面的公共服务,缩小流动人口与户籍人口之间的差距。从2008年秋季开学起,在深圳义务教育阶段学校就读并取得学籍的所有内地非深圳户籍学生,可享受义务教育免费政策,免收义务教育杂费和书本费。2010年春,深圳在所有公办学校暂停收取借读费的基础上,全面取消义务教育阶段的借读费。这些措施让广大来深建设者享受到市民待遇,成为构建和谐深圳的重要组成部分,成为新时期吸引外来移民的主要因素。

再次,为改革创新制定法律支持。2006年3月《深圳经济特区改革创新促进条例》正式获市人大审议通过。自此,国内首部改革创新法正式出台,也即意味着从此深圳改革创新出现失误,只要符合三个条件就可免予追究责任:一是改革创新方案制定程序符合条例有关规定;二是个人和所在单位没有谋取私利;三是没有与其他单位或个人恶意串通。这为改革创新提供了必要法律的支撑和保障。

最后,分步推进事业单位改革。2006年7月,确定事业单位范围的分类改革悄然启动,揭开了深圳事业单位全面改革的序幕。改革后深圳保留的市属事业单位共有338家,占现有市属事业单位数量的65%;涉及编制33500名,占现有市属事业单位总编制41726人的80%;实有在编22671人,占现有市属事业单位实有编制28281人的79%。这也表明,改革的第一步顺利实现。在2007年10月26日举行的深圳市传达贯彻党的十七大精神会议上,时任深圳市委书记的李鸿忠正式宣布,深圳新一轮事业单位改革正式启动。这一涉及取消事业单位行政级别、财政拨款"以事定费"、事业单位推行理事会治理结构、推行法定机构试点等多项"大刀阔斧"改革举措的共计7项改革方案。深圳的改革将使事业单位今后全面告别行政级别,实行"职员制"和"雇员制",推行职级制。这意味着事业单位从行政化走向市场化,成为市场主体,使其更好地提供公共服务,提高服务效能。

第五章

以开放为动力的
特区发展特征

> *"发展可以看做是扩展人们享有的真实自由的一个过程。聚焦于人类自由的发展观与更狭隘的发展观形成了鲜明的对照。"*
>
> ——阿玛蒂亚·森

经济特区从一开始就体现出以开放促改革和发展的基本特征。当然在不同的阶段和时期,所体现出来的方面与侧重点是非常不同的。深圳经济特区在创建早期坚持扩大对外开放和外向型经济发展战略,发挥毗邻港澳的区位优势,积极利用国内国际两个市场、两种资源,率先通过中外合资、中外合作、外商独资等形式,积极吸收和利用外商投资,引进先进的技术和管理经验,扩大出口,开展国际交流与合作,逐步建立起适应外向型经济发展的经济运行机制,为确立我国对外开放的格局和实施沿海地区发展外向型经济的战略,进行了有益的探索,成为我国对外开放、走向世界的重要窗口。

第一节　以开放促发展观念的转变

观念转变首先体现在对待经济效率的态度上。"时间就是金钱,效率就是生命"这句话从改革开放之初流传至今,解放了无数人的思想,更新了无数人的观念。这句话出自深圳的蛇口,出自蛇口的创始人袁庚。1982 年,这句话被制作成巨型广告牌矗立在蛇口开发区最显眼的位置。1984 年 1 月 26 日,邓小平来到蛇口考察。袁庚在汇报时说:"我们有个口号,叫'时间就是金钱,效率就是生命'。"邓小平的女儿邓榕接着说:"我们在进来的路上看到了。"邓小平讲了一个字:"对。"1984 年 2 月 24 日回到北京,在与中央负责同志谈话时,邓小平讲:"这次我到深圳一看,给我的印象是一片兴旺发达。深圳的建设速度相当快,盖房子几天就是一层,一幢大楼没有多少天就盖起来了。那里的施工队伍还是内地去的,效率高的一个原因是搞了承包制,赏罚分明。深圳的蛇口工业区更快,原因是给了他们一点权力,五百万美元以下的开支可以自己做主。他们的口号是'时间就是金钱,效率就是生命'。"①邓小平同志非常艺术地肯定了这一口号的价值。从历史的长河中我们可以看出,这句口号的提出恰恰是由于对外开放力度的加大。人们的思想解放了,可以也能够借鉴西方国家一些好的观念。其实,时间就是金钱这句话来自于美国立国之父之一本杰明·富兰克林。他是这样总结资本主义精神的:第一,切记,时间就是金钱;第二,切记,信用就是金钱;第三,切记,金钱具有孳生繁衍性;第四,切记,善付钱者是别人钱袋的主人。然后,他讲,诚信、守时和勤奋,都是一种美德,它们都很有用。

第二节 以开放促市场经济的创立

特区的使命主要是探索社会主义市场经济,这其中自然离不开资本市场建设,而股票交易所的建设又是关键的一个选择。深圳建设股票交易所的思路恰恰是来自于对外开放。

20 世纪 80 年代末要建立股票交易所很不容易。《深圳特区报》记者苏荣才曾经采访了时任深圳市委书记的李灏。李灏回忆说,当时,对许多人来说,股票

---

① 《邓小平文选》第三卷,人民出版社 1993 年版,第 51 页。

是很陌生的东西,甚至有人认为股份制就是资本主义的代名词,股票交易就意味着投机和风险,与社会主义格格不入。有一次他到北京出差,一位朋友拉着他的手说:"李灏同志,股票那个东西不能搞,风险太大啊!"还有人甚至把电话打到市政府,质问"为什么搞资本主义市场",把资本市场与资本主义等同起来。

面对思想的樊篱和多方面的非议,当时的市委、市政府一班人不畏险阻,决心先行试验。

"下决心办股票交易所,是在 1988 年 7 月访问欧洲期间。"李灏回忆说。那一年,他率深圳市代表团赴英、法、意三国访问。在伦敦期间,英国有关方面为他举行了一个招待会,邀请一些证券投资和基金的负责人举行座谈。席间,这些券商和基金负责人对深圳表现出了浓厚的兴趣。李灏当即发出邀请,然而对方却面露难色说:"按基金会的章程,我们不能直接投资企业,只能买你们的证券。"

"那时我还不清楚外资能否直接进入中国股市。"李灏爽朗地笑着说,"但是通过这次考察,办交易所的决心我是下定了。"

由欧洲返回深圳途中,李灏在香港径直找到新鸿基公司,请该公司负责人担任金融顾问,请他们协助深圳制定证券市场发展的总体规划和有关证券交易的法规文件,并帮助培训人员。1988 年 11 月,深圳市政府成立了资本市场领导小组,并着手进行证券交易所各项筹建工作。

1990 年 12 月 1 日,我国改革开放后第一个投入运作的证券交易所——深圳证券交易所终于诞生了!

第三节　以开放促政府机构的改革

2009 年 5 月国务院批准了《深圳综合配套改革总体方案》。此次的方案中,深港合作占据了相当的分量。与深圳市政府递交国家发改委的初稿相比,最终审批稿讲:"在粤港澳共同打造亚太地区最具活力和国际竞争力的城市群中发挥主力军作用,为粤港澳成为全球最具核心竞争力的大都市圈之一提供强有力的支撑。"深圳要成为粤港澳合作的先导区,全球性物流中心、全球性贸易中心、全球性创新中心、国际文化创意中心,以深港紧密合作为重点全面创新对外开放和区域合作的体制机制。

为了创新对外开放机制,就必须对行政体制进行深度改革,探索建立决策权、执行权、监督权既相互制约又相互协调的运行机制。2009年7月31日,深圳公布了《深圳市人民政府机构改革方案》,并明确改革计划于10月1日前基本完成。改革后将设置31个工作部门,减少15个机构改革方案提出,市政府机构统称为工作部门,并根据部门职能定位作出区分。主要承担制定政策、规划、标准等职能,并监督执行的大部门,称为"委";主要承担执行和监督职能的机构,称为"局";主要协助市长办理专门事项、不具有独立行政管理职能的机构,称为"办"。通过相关职能及其机构的整合,合理配置和运用决策权、执行权、监督权,以解决某些方面权力过于集中且缺乏有效监督以及执行不力等问题。这一改革具有全局性意义,具有为全国的行政体制改革探路的意义。在行政体制改革的同时,公务员队伍管理体制也进行着深入改革。2008年8月,深圳被确定为全国唯一的公务员分类管理改革地方试点城市。2009年2月,深圳市人大四届六次会议上,《政府工作报告》提出,积极推进公务员分类改革试点和聘任制公务员制度试点;2010年1月,深圳市委常委会原则通过了《深圳市行政机关公务员分类管理改革实施方案》(凡下简称《方案》)及有关配套制度。《方案》提出,改革将把公务员原来"大一统"管理模式划分成综合管理类、行政执法类、专业技术类,69%的公务员将被划入行政执法类和专业技术类中,69%公务员的"官帽"将被摘掉,"铁饭碗"变成"瓷饭碗",待遇与行政职务级别脱钩,每年新增千名聘任制公务员。深圳市行政机关公务员分类管理改革大踏步向前。

李岚清同志为纪念改革开放30周年出版的《突围:国门初开的岁月》一书。他在书中讲道:"近30年来,经济特区作为改革开放的'窗口'和'排头兵',在对外开放、体制创新、产业升级等方面发挥了重要的辐射和带动作用。实践充分证明,创办经济特区的决策是完全正确的。"①深圳的发展正印证了这一点。

---

① 李岚清:《突围:国门初开的岁月》,中央文献出版社2008年版,第157页。

第二部分

深圳经济的奇迹

第六章

中国式市场经济的探索者

"只有在预期的净收益超过预期的成本时,一项制度安排才会被创新。只有当这一条件得到满足时,我们才可望发现在一个社会内改变现有制度和产权的企图。"

——D. C. 诺斯和 L. E. 戴维斯

第一节　创造市场经济的一场革命

在中国的改革开放进程中,深圳经济特区格外引人关注。"宝安只有三件宝,蚊子苍蝇沙井蚝,十室九空人离去,村里只剩老和少。"这首民谣是改革开放前深圳的真实写照。深圳的前身是宝安县,隶属于惠阳地区。改革开放以前宝安县是典型的农业县。1978 年宝安全县的工业企业,省属 5 个,市属 1 个,县属 60 个,村属 185 个,这些工业基本上都是封闭型的县镇工业,设备陈旧,技术落后,主要是农机厂、石灰厂、砖瓦厂等与农业配套的粗加工型小厂,工业总产值只有 6042 万元。① 经过短短 30 年的发展历程,深圳已经从一个边陲小县发展成为初具规模的现代化城市,人均 GDP 位居国内第一,创造了世界城市化、工业化

---

① 参见宝安县志编委会编:《宝安县志》,广东人民出版社 1997 年版,第 149 页。

和现代化的奇迹。2009 年初,深圳全市共有工业企业法人单位 29473 个。其中,国有企业及国有独资公司 77 个,集体企业 84 个,民营企业 20762 个,港澳台商投资企业 5240 个。实现工业生产总值 16283.76 亿元。①

深圳经济奇迹的取得在于深圳走出了一条具有中国特色的社会主义市场经济道路。深圳经济特区从成立伊始就走"以市场调节为主"的路子,坚持对各种要素由市场进行基础性配置。1982 年,深圳提出了"以调为主,调放结合,分步理顺价格体系与价格体制"的改革方针。1984 年,深圳率先将副食品全部敞开供应,价格放开,取消一切票证和国家对粮、油、肉、布等商品的补贴。到 20 世纪 80 年代末期,深圳绝大多数的商品价格已由市场调节,形成了以市场调节为主的价格体系。1985 年,深圳成立全国第一个外汇调剂中心,开辟了市场分配外汇的新途径。1987 年,深圳在全国首次以公开拍卖方式拍卖国有土地使用权,被誉为新中国土地拍卖的"第一槌"。由于此项土地管理体制改革涉及《中华人民共和国宪法》相关内容的修改,1988 年 10 月,全国人民代表大会通过了《中华人民共和国宪法修正案》,规定"土地使用权可以依照法律的规定转让"。经过一系列改革,深圳在国内率先建立起商品、货币、外汇、土地、建筑与房地产、劳动力、技术与产权市场等,由政府直接控制的资源大大减少,要素资源快速实现了市场化。到 20 世纪 90 年代中后期,深圳以商品市场为主体的各种要素市场已相对完备,统一开放、有序竞争的市场体系初步形成,市场在资源配置中的基础性作用明显增强。

一、价格改革闯难关

"中秋节,我吃饺子想买醋都买不到,你这财贸是怎么管的?"②这是 1981 年秋天,深圳市委书记、市长梁湘对分管供销、商业的副市长周溪舞的一句玩笑话,

---

① 参见深圳市统计局:《深圳市第二次全国经济普查主要数据公报》,2009 年 2 月 25 日。

② 深圳市政协文史和学习委员会编:《深圳文史第八辑》(周溪舞回忆录),海天出版社 2006 年版,第 16 页。

但却真实地道出了深圳当年商品供应的困难。

在计划经济体制下，全国所有的商品分为三类：一类商品如粮、棉、油等由国家统一收购、统一销售，国家制定价格，销售是按常住人口凭证定量供应；二类商品如猪、禽、蛋等，国家按计划收购、计划销售，价格由国家制定，国家完成收购任务后，生产单位可以上市销售，价格由买卖双方议定，由国家实行监控；三类商品如农民自留地的农产品和农民完成收购任务后的农产品等，可以自由上市，价钱可以随行就市，但必须由国家监控。

深圳最初由县改市时，全市人口只有 35 万人，但随着经济特区的建设，到了 1982 年人口已经超过了 50 万人，而且那时深圳经济特区的人口是每时每刻都在快速增长的。在计划经济体制下，商品分配基本上按照常住人口数量、消费水平、消费习惯来分配。在这样的分配体制下，本来商品就短缺的深圳，在人口急剧增长之后，商品就更加短缺了。

深圳盛产荔枝，南山荔枝更是闻名遐迩。但是，在价格改革之前，荔枝的出口收购价格是由省外贸部门与物价部门商定，即使是最为优质的荔枝每斤价格也不超过 3 角钱，而香港市场上的荔枝每斤价格则达 20 元港币。在这种情况下，荔枝的价格根本无法反映供求关系，农民根本不愿管理荔枝园，更不愿意将荔枝卖给外贸部门。为了增加荔枝的出口，换取更多的外汇，1981 年，深圳市提高了荔枝的收购价格，不仅超额完成了收购任务，而且当年出口荔枝利润高达几十万元，这在当时是一笔非常可观的收入。但是这一举动得到的不是来自上级的表扬，恰恰是接连不断的批评。所幸的是，深圳顶住了压力坚持这一价格体制改革，不仅使深圳所有老荔枝果园都复垦了，而且新增荔枝种植面积一下子就超过了 2 万多亩，同时也带来了可观的经济收益。3 年之后，广东省不但不再批评深圳的做法，而且还号召全省学习深圳经验。

解决荔枝生产的问题还是小事，如何解决吃饭问题才是大事。价格改革前，粮食是按户籍人口凭证定量供应的，这就导致了大量深圳暂住人口、流动人口无法得到粮食供应的保障。这样的情况非常不利于深圳经济特区的发展。面对严重的吃饭问题，1984 年深圳市决定取消粮票，放开粮食价格，敞开供应，此举一下子解决了深圳人的吃饭问题，也让粮票从此退出了深圳的历史舞台，这比

1994 年全国全部取消粮票制度整整提前了 10 年。

从荔枝到蔬菜，到放开了粮食、布匹、家电、各类百货的价格，价格不断放开管制，深圳市场上的商品价格逐渐都是由市场调节的了。开放价格之后，深圳的市场经济体制改革取得了实质性的进展。

深圳价格改革打破了僵化的计划价格管理体制，发挥了市场的价格调节作用。1993 年国家计委在深圳召开会议，向全国推广深圳的价格改革经验。1992 年初，邓小平视察深圳时曾这样评价深圳价格改革："物价是'禁区'，物价是'难区'，物价是个'险区'，苏联没有解决，东欧没有解决，你们闯过来了，很好嘛。"①

深圳在全国率先进行价格改革意义非同小可。

首先，价格改革为新生的特区奠定了市场经济发展的坚实基础。通过价格改革，瓦解了过去由国家高度集中管理、统得过多过死、生产经营者无权定价的僵化价格管理体制，建立起市场调节为主的价格体系。价格杠杆迅速调动起生产者和经营者的积极性，各种各样的商品犹如泉水般喷涌而出，物资短缺的问题很快得到了解决。

其次，价格改革为整个国家推进价格改革积累了宝贵的经验。从中国实行计划经济体制起，物价就一直是个神圣不可侵犯的禁区，在新中国成立后的将近 40 年时间里，都是由国家牢牢地控制。那时，物价全国统一，违反者就是扰乱社会主义经济秩序。当时特区政府要改革物价，由市场来引导价格，是冒着极大的政治风险和经济风险的。物价不仅仅是经济问题，也是政治问题。价格改革在本质上是对整个经济运行机制的挑战。国家在价格改革方面一直十分谨慎，并将物价改革称为"闯关"，表明了对这一改革结果的担忧。当时国家对价格改革采取的策略是以"调"为主，从 1979 年到 1983 年，国家先后进行了 6 次大规模的价格调整。但对于放开价格始终顾虑重重，担心市场化之后，价格猛涨，引起通货膨胀，引发社会动荡。深圳充当改革尖兵，率先突破，迈出取消票证、放开价格的关键一步，并探索出了一条"在政府宏观计划控制下，以市场调节价格为主，

---

① 深圳市地方志编纂委员会编:《深圳市志》(经济管理卷)，方志出版社 2007 年版，第 352 页。

以间接控制为主,开放式、可控性的价格模式",尤其难得的是深圳在放开价格的同时,能稳得住价格,为整个国家的价格改革积累了宝贵的经验。

深圳价格改革的成功实践,有力地支持了全国的价格改革,增强了中央政府在全国范围内推进价格改革的决心和信心。1984年以后,中国价格改革的步伐明显加快,力度明显增强,价格改革的重心从"以调为主"转到"以放为主"。如1984年开始推行生产资料价格双轨制;1985年放开城市蔬菜、肉类等主要副食品价格;1986年放开自行车、黑白电视机、电冰箱、洗衣机等七种工业消费品的价格;1988年全国进行价格闯关,市场价格体系由此逐步建立起来。

二、创建外汇调剂中心

深圳特区成立之初,就确立了走外向型经济之路。但是当时的外汇双轨制严重制约了进出口市场的正常发展。1.5元人民币的公开牌价,2.8元的内部结算价,大大刺激了进口,严重阻碍了出口。为了赚取进口贸易的高额利润,深圳很多企业绞尽脑汁想办法搞外汇,与此同时,很多贸易公司根本不用做生意,完全靠倒卖外汇挣钱,致使外汇黑市此起彼伏。外汇黑市的不断涌现,引起了中纪委的注意,并且派出了近百人的队伍来到深圳专门打击外汇黑市买卖;要将当时深圳最大的公司——特区发展公司的总经理孙凯风和副总经理张西甫立案审查。

不改变当时的外汇制度,无法从根本上解决外汇黑市的问题,更不能改变鼓励进口、压制出口的局面,深圳的外向经济也无法搞成。在这种情况下,深圳市政府毅然作出改革的决定。

虽然深圳市政府改革的决心很大,但是在当时计划经济思维模式下,这项改革举措却经历了曲曲折折的过程,甚至被人说成是"违反了国家的外汇管理规矩",是"不正当的越轨行为",是"借开放进行投机"。外汇调剂中心筹办之初中国人民银行深圳经济特区分行行长罗显荣到北京汇报,当时的中国人民银行总行分管外汇管理的领导曾苦笑说,调剂中心的做法是违法的。① 最初由人民银

---

① 参见深圳市政协文史和学习委员会编:《一个城市的奇迹》(李灏回忆录),中国文史出版社2008年版,第57页。

行深圳经济特区分行提出的"外汇交易"被改为"外汇调剂"。随后拟定的《深圳经济特区留成外汇调剂管理暂行办法》几经修改,1985 年 11 月 9 日,深圳市政府终于正式颁发了《深圳经济特区外汇调剂办法》。也是在同日,全国第一个外汇调剂中心——深圳经济特区外汇调剂中心挂牌成立。从深圳经济特区外汇调剂中心挂牌成立到正式开业相隔不到一个月,然而,从深圳经济特区外汇调剂中心挂牌到拿到国家外汇管理局下发的正式经营许可证却用了将近三年的时间。从 1990 年开始,深圳经济特区外汇调剂中心借鉴国际外汇市场运作的惯例,确立公开市场运作的新模式,实行会员制和外汇调剂经纪人制度,按照价格优先、时间优先的原则,竞价确定成交价格和数量,交易币种设有美元、港币和美元额度。1998 年,深圳经济特区外汇调剂中心正式更名为中国外汇交易中心深圳分中心。

深圳经济特区外汇调剂中心的成功运作得到了国家外汇管理局的充分肯定,1987 年 11 月在成都召开的专门会议上对深圳经济特区外汇调剂中心的经验进行了介绍。中国人民银行也于 1988 年 3 月 10 日下发了《国家外汇管理局〈关于外汇调剂的规定〉的通知》,决定在各省、自治区、直辖市和计划单列市设立外汇调剂中心。自此深圳外汇调剂中心的做法开始得到全国各地的效仿。深圳经济特区外汇调剂中心的成功运作也引起了国外的广泛关注。当时美国驻广州领事馆叶莺女士还专门参观了外汇调剂中心,并对其感到大为新奇。[1]

深圳经济特区外汇调剂中心在高度集中的外汇计划管理体制之外,开辟了市场分配外汇的新途径,率先为境外机构调剂外汇余缺,为稳定深圳金融秩序,繁荣深圳金融市场,改善深圳投资环境,促进深圳经济发展作出了重大的贡献。与此同时,深圳经济特区外汇调剂中心为全国各地外汇调剂中心的建立提供了经验,推动了中国外汇市场走上市场化道路,为银行间外汇市场的建立打下了坚实的基础。

---

[1] 参见深圳市政协文史和学习委员会编:《一个城市的奇迹》(周溪舞回忆录),中国文史出版社 2008 年版,第 80 页。

三、土地拍卖第一槌

"土地拍卖开始!"这是从深圳会堂土地拍卖现场传来的声音,时间是1987年12月1日下午4点。随着主持人话音的落下,来自44家的企业法人代表争先叫价:"400万!"……"450万!"……"500万!"经过17分钟的轮番叫价,当价格叫到520万元的时候,会场迎来了短暂的沉静,就在大家都认为叫价即将结束的时候,"525万!"打破了寂静,引来了会场不小的骚动,但很快就平静了下来。随着主持人一槌敲下,拍卖完成。①

这是编号为H409—4的8588平方米土地的拍卖过程。这块土地紧靠深圳水库,风景秀丽,是使用年限为50年的住宅用地。拍卖会吸引了44家企业,其中有9家外资企业。此外,本次拍卖会还引来了中央政治局委员李铁映、中国人民银行副行长刘鸿儒、17个城市的市长、28位来自香港的企业家和经济学家,更有60多名记者来记录这一历史时刻。"深圳卖地"成为当时很多报刊的头条新闻,媒体皆将此举称为"中国经济体制改革的里程碑",在海内外引起了极大的关注。

虽然拍卖会只有短短的20分钟,但是土地使用制度改革的过程却是漫长而曲折的。深圳土地使用制度改革最初始于1981年,当时为了科学合理开发和利用土地资源,广东省人民代表大会常务委员会颁布了《深圳经济特区土地管理暂行规定》,规定了各类用地的使用年限及各类用地每年必须缴纳的土地使用费标准。这是在全国率先推行的土地有偿使用制度。随后,1982年深圳经济特区开始采取利用外资合作开发、租赁土地给外商独资开发、成片土地委托开发等多种灵活用地政策,率先实行按年收取土地使用费用的有偿使用土地使用制度。但是,此时土地使用仍然以无偿划拨为主,土地使用市场还远未形成,土地配置效率极其低下。

1986年,在多次考察香港和国外的土地使用办法的基础上,深圳市政府提

---

① 参见深圳市政协文史和学习委员会编:《一个城市的奇迹》(叶本统回忆录),中国文史出版社2008年版,第272页。

出了以土地所有权和使用权两权分离的土地管理制度改革方案。1987年9月9日,深圳获批全国首批土地有偿出让的试点城市。同年9月深圳借鉴香港经验,首次在国内使用楼面面积计算土地价格的方法,以协议方式出让面积为5321.8平方米的土地给中国航空技术进出口总公司深圳工贸中心。11月25日深圳市政府又首次以招标的方式出让面积为46355平方米的土地给深华工程开发公司。12月1日敲响了新中国历史上拍卖土地的"第一槌"。这一槌被誉为新中国土地使用制度的"第一次革命"。2001年3月6日,深圳市政府发布了国内第一部关于土地交易的地方性法规《深圳市土地交易市场管理规定》。《规定》设立了土地交易市场和土地房产交易中心,允许二、三级土地使用权进行交易,政府经营性土地的出让,以及所有土地使用权的转让都必须在土地交易市场公开"进行交易",经营性土地由多轨制变为单轨制。

深圳这项重要的土地管理改革措施,确保了土地使用权交易的合法性和安全性,突破了国家法律关于"空地不得转让"的规定,为国内土地有形市场的建立起到了示范作用,被誉为新中国土地使用制度的"第二次革命"。2005年12月20日,深圳市首次以挂牌形式成功出让龙岗区的2块工业及工业配套用地,此举被誉为新中国土地使用制度的"第三次革命"。

以土地拍卖为核心的深圳土地有偿使用制度改革直接推动了1988年《中华人民共和国宪法》和《中华人民共和国土地管理法》相关内容的修改。1988年4月12日,第七届全国人民代表大会第一次会议通过《中华人民共和国宪法修正案》,将原宪法第10条第4款"任何组织或个人不得侵占、买卖、出租或者以其他形式非法转让土地"一句中的"出租"删除,并在其后增加了"土地使用权可以依照法律规定转让"一句。1988年12月29日,第七届全国人民代表大会常务委员会第五次会议讨论并修改了《中华人民共和国土地管理法》,在第2条中增加了"国有土地和集体所有土地可以依法转让,⋯⋯国家依法实行国有土地有偿使用制度"等内容。

这些法律条文的修改与制定结束了土地无偿划拨、无限期使用的历史,建立了土地有偿使用制度,体现了土地资源的独立价值,对于城市建设节约用地、加快开发建设、促进经济发展、创造良好的投资环境、提高城市综合经济效益等都起到了积极作用。

四、砸破"铁饭碗"

这是一个阳光和煦的日子,这里没有巴士,没有的士,只有一片一片的土地。他骑着自行车,风尘仆仆来到深圳市政府的临时办事处。这天是1980年的元旦,故事中的他就是香港妙丽集团的董事长刘天就。刘天就此行的目的是想与深圳合作开一家宾馆。刘天就真是不虚此行,中午洽谈后,下午政府批文就下来了。不久之后,坐落于深圳市商业区——罗湖区东门北路2079号的深圳第一家与港资合作的宾馆就开张营业了。这家宾馆就是载入史册的竹园宾馆。

在1981年,竹园宾馆是当时设备最好的宾馆。开业不久,许多外商到深圳都希望入住竹园宾馆,生意之好大大超出了刘天就的预期。可是,好景只让刘天就高兴了几个月就消失了,留给刘天就的只有灰心与丧气。于是刘天就又一次找到深圳市政府,这次可不是来合作的,相反是来撤资的。深圳市政府刚做好收获这家合资宾馆胜利果实的准备,得到却是港方的撤资要求。出了什么问题?深圳市政府也迫切想知道这是为什么。一番调查之后,发现了问题的原因。

刘天就在开业之初对员工的服务态度与标准做了规定,还聘请了香港颇有酒店管理经验的陈怡芳对员工进行培训,并组织部分员工到香港酒店参观学习。但是在当时国营企业作风的影响下,员工依然作风散漫,迟到早退,甚至不来上班,服务态度更是令人难以接受。一些员工不仅不执行宾馆的相关规定,还对宾馆的规定百般地嘲笑讽刺,甚至认为是资产阶级的作风。

为了挽留刘天就,深圳市政府不仅为此撤换了中方总经理,而且答应港方提出的要求,其中最为值得一提的是,竹园宾馆的用工制度改革。一是实行员工考核制度,按照工作能力和表现认定职务,从总经理到普通员工都要签订任职合同,制定员工违纪处罚规定,最为严重地将解雇。二是工资由过去按资格发放改为按职务高低发放,奖金由过去平均发放改为按表现发放,工资与奖金各占一半。

在坚决执行规定的情况下,竹园宾馆产生了新中国第一批被解雇的6名员工。经此一番改革,竹园宾馆员工面貌发生了巨大的变化,服务水平得以大幅提高。从此竹园宾馆走上了快速发展的轨道,连续多年被评为广东省和全国的先进企业。

深圳劳动用工制度的改革并非出于偶然,两个原因决定了深圳市用工制度改革必然发生。一个原因是内部因素。改革开放前,深圳与全国各地一样实行的也是以固定工为主体的用工制度,就是平常所说的"铁饭碗"、"大锅饭"。这种制度实质上是一种"终身制"与"平均主义",在客观上打击了先进、保护了落后,造成了职工不求上进、作风散漫,严重地束缚了生产力的发展。这样的用工制度非常不利于经济的发展,改革势在必行。另一个原因是外部因素。随着改革开放的启动,招商引资力度的加大,越来越多的外商来到深圳投资办厂,尤其是深圳河对岸的港商不断地跨过罗湖桥来到深圳开工设厂。这些含有外资成分的企业迫切希望能够按照国际惯例的做法使用合同用工制,拥有灵活的用工自主权。在内外因素共同的作用之下,终于爆发了竹园宾馆的"炒鱿鱼"事件。

竹园宾馆用工制度改革的成功,取得了较好的示范作用。由此也揭开了在"三资"企业中进行劳动合同制试点的序幕,此后各试点单位相继根据各自的生产特点和企业的管理条件,采取了多种多样的工资制改革。1983年8月26日,深圳市在总结用工制度改革经验的基础上,颁布了《深圳市实行劳动合同制暂行办法》,率先以政府规章的形式突破了固定工的传统体制,这也标志着深圳从此建立了以市场为导向的劳动用工制度。1986年8月,国家以深圳市劳动用工制度改革为经验,由国务院发布改革劳动制度四项规定,在全国范围内推行劳动合同制。1986年6月18日开始,深圳在全市推行全员劳动合同制,对企业干部职工实行合同化管理,在国内率先打破了企业干部和工人的身份限制,进一步确立了劳动者择业自主权和企业的用人自主权。1994年8月4日出台的《深圳经济特区劳动合同条例》,标志着劳动合同制成为深圳企业最主要的用工形式。

劳动用工制度的改革彻底打破了"铁饭碗"、端掉了"大锅饭",冲破了"统招"、"统配"、"统包"的用工体制的束缚,克服了以固定工为主体的用工制度的弊端,赋予了企业用工的自主权,做到了人尽其才,调动了职工的积极性,大大提高了生产效率,为社会主义市场经济的快速发展奠定了基础。在这场改革的过程中,竹园宾馆功不可没。竹园宾馆用工制度改革的成功,曾经受到了国家高度的重视。中组部曾专门派人到深圳总结竹园宾馆的经验。为了纪念竹园宾馆的特殊历史意义,表达深圳人对竹园宾馆的特殊感情,深圳市政府专门发文明确指出:"无论今后如何改制,竹园宾馆的名字不能改,因为它开我国餐饮服务业用工制度和工资制改革的先河,载入深圳改革开放史册。"[1]

五、开创资本市场

这是一只张开翅膀、伸开利爪,在空中翱翔的大鹏鸟。这只大鹏鸟是新中国第一张股票的主画面。这张股票诞生于 1983 年 7 月,是由宝安县联合投资公司发行的。

深圳经济特区成立以后,特区之外成立新宝安县。新的宝安县建县之初,资金短缺,百业待兴。为了解决资金短缺的问题,快速发展经济,宝安县政府决定成立一个联合投资公司,向全社会招股集资。公司成立后,宝安县联合投资公司在《深圳特区报》上刊登了招股启事:"欢迎省内外国营集体单位、农村社队和个人(包括华侨、港澳同胞)投资入股,每股人民币 10 元。实行入股自愿,退股自由,保本付息,盈利分红。"宝安县联合投资公司发行股票的消息传开后,来自全国二十多个省市的企业和个人不断入股,一些华侨、港澳同胞也不断入股投资。仅仅一个月的时间就认购了 29.8 万股,募集资金 298 万元。[2] 股份制给宝安县联合投资公司带来了巨大的活力,1991 年宝安县联合投资公司更名为宝安企业(集团)股份有限公司,6 月 25 日,宝安企业(集团)股份有限公司在深圳证券交易所正式挂牌上市,成为新中国最早在深圳上市的企业之一,目前宝安集团的业务涵盖了高科技、生物医药、房地产等领域,并且仍然在不断地发展壮大。

宝安县联合投资公司股票的公开发行,掀开了新中国股份制经济的新篇章,股份制企业从此陆续成立起来。

深圳证券交易所的诞生并非偶然,它是股份制改革的必然产物。股票需要

---

[1] 深圳市政协文史和学习委员会编:《一个城市的奇迹》(李定回忆录),中国文史出版社 2008 年版,第 180 页。

[2] 参见《新中国第一张股票:深宝安》,《深圳特区报》2008 年 12 月 4 日。

流通,流通就需要市场。道理虽然如此,但是最初人们对于股票这个陌生的东西却是望而生畏,最初公开发行的股票根本无人问津,深圳市政府为了支持改革,不得不大力推销股票,经过两年的实践,人们开始认识到上市公司股票不仅可以升值并有股利发放,而且可以通过交易股票赚钱,于是人们开始接受股票这个"资本主义的东西"。只经过不到两年的时间,深圳原有的一家特区证券公司和三个营业部就已无法容纳大量的交易活动,场外交易开始泛滥,黑市开始猖獗,逐渐到了无法控制的地步。面对如此混乱的局面,深圳市政府认识到,股票交易一定要规范化,建立规范的证券交易市场势在必行。1989 年 11 月 15 日,深圳市政府下达了《关于同意成立深圳证券交易所的批复》,并成立了深圳证券交易所筹备小组。1990 年末,深圳证券交易所的准备工作就绪,12 月 1 日试营业。这个日子比上海证券交易所正式开业早了半个月,却比深圳证券交易所拿到正式批文晚了 5 个月。因此也造成中国证券市场史上的一大悬案。1991 年 4 月 3 日,"深发展"在深圳证券交易所挂牌上市。这是国内最早在交易所挂牌上市的股票。深圳发展银行作为国内首家公开上市的股份制商业银行,对旧有体制提出了挑战,开始了对新体制的追求与探索。深交所历经坎坷,2004 年 5 月 17 日开启中小企业板。2009 年 10 月 26 日,创业板在深圳证券交易所正式开板,重新点燃了深交所建设中国纳斯达克的激情。

深圳证券交易所的建立,为培育健康、有序的股票交易市场迈出了关键的一步,为资本市场的健康发展打下了坚实的基础,同时也为深圳金融产业的崛起、金融中心的形成奠定了基础。2009 年末,深圳证券交易所上市公司 830 家;上市股票 872 只,其中,A 股 818 只,B 股 54 只;总发行股本 3907.56 亿股;总流通股本 2601.08 亿股;上市公司市价总值 92626.66 亿元;上市公司流通市值 38017.08 亿元。全年证券市场总成交金额 198733.87 亿元,其中,A 股总成交金额 188446.14 亿元,B 股总成交金额 1028.72 亿元;总成交股数 17427.36 亿股。①

---

① 参见深圳市统计局:《深圳市 2009 年国民经济和社会发展统计公报》,2010 年 4 月 26 日。

深圳资本市场的发展极大地扩展了企业的融资渠道,大大便利了资本的流动,从而也大大地便利了在市场竞争作用下通过股价的波动和资源的流动、公司间的收购兼并和优胜劣汰使资源的配置得以优化。资本市场的形成不仅提高了金融市场的效率、扩展了融资渠道、优化了资源配置,而且对于完善社会主义市场经济体制,加快国有经济结构调整起到了巨大的推动作用。

改革开放30年来,经济的快速发展与资本市场的迅速成长为深圳金融市场的发展、金融中心的形成提供了基础。深圳金融中心与北京、上海金融中心的形成模式有着很大的不同。北京、上海金融中心的形成在很大程度上依靠金融央企的主导,集中了最多的国有金融资源;而深圳金融中心地位的确立则更多的是依靠市场化催生的土生土长的资本市场。深圳依靠高速的经济增长、成熟的市场化程度,经过30年的发展已经成为国际上认可的金融中心城市。2009年9月22日,伦敦金融城公布的第六期全球金融中心指数(Global Financial Centres Index,GFCI)显示,深圳金融中心首次上榜就表现出极强的竞争力,位居第5,领先于上海(第10)和北京(第22),成为中国内地城市中排名最为靠前的金融中心。这些成绩的取得无不归功于深圳高效的市场经济体制与市场化运作模式。目前,深圳市已经初步形成了福田金融中心区、蔡屋围金融中心区、龙岗金融后台服务基地、南山科技园金融技术创新服务基地四大金融产业园格局,建立起了比较完善的资本市场体系,并取得了丰硕的成绩。

1979年深圳经济特区创立之初,整个深圳地区只有中国人民银行宝安县支行、中国农业银行宝安县支行、中国建设银行宝安县支行、中国银行宝安县办事处所属的8个营业网点,以及乡村零星分布的农村信用社。随着改革开放的深入,深圳银行业开始突飞猛进,1980—1982年,中国人民银行、中国农业银行、中国建设银行先后升格为深圳分行。与此同时,深圳出现了首家信托投资公司——广东国际信托投资公司深圳分公司。1982年出现了新中国第一家外资银行——南洋商业银行深圳分行。1984年,深圳经济特区4大专业银行在全国率先冲破条块分割,实行业务交叉,允许客户与银行双向选择,实现银行之间相互竞争。这一突破极大地刺激了深圳银行业务的发展和服务质量的提高,推动了金融规模的迅速扩大。1986年,中共中央、国务院相继赋予深圳经济特区4

项特殊金融政策:实行信贷资金切块管理,自行制定利率档次和厘定利率水平,自行制定各专业银行的存款准备金,授予中国人民银行深圳分行对部分金融机构的审批权。

这4项政策加快了深圳金融机构创新的步伐,增加了金融业务的种类,建立了新的金融市场门类。1987年4月8日,新中国第一家完全由企业法人持股的股份制商业银行——招商银行成立,这是国内第一家采用国际会计标准的上市公司。1987年12月28日,新中国第一家面向社会公众公开发行股票并上市的商业银行——深圳发展银行成立。2009年初,深圳共有银行业金融机构63家,其中银行业法人金融机构15家(中资股份制法人银行4家,外资法人银行4家,非银行金融机构法人7家),营业网点1215家,从业人员44973人;深圳市银行业金融机构资产总额20605.05亿元,各项存款余额14260.94亿元,各项贷款余额11234.05亿元。2008年深圳市银行业金融机构实现税前利润411.16亿元,不良贷款率仅为1.99%。①

1987年,深圳出现国内第一家证券公司——深圳经济特区证券公司,率先实现证券营业机构与银行业分离,证券市场专业中介机构开始起步,迈出了深圳证券市场成长的重要一步。1988年4月7日,深圳经济特区证券公司正式开始经营股票柜台交易。1990年7月,深圳市成立深圳证券登记公司,11月26日正式运作,对公司发行股票进行集中登记过户。1991年5月15日,深圳市政府发布《深圳市股票发行和交易管理暂行办法》,标志着深圳证券市场进入了法制化、规范化管理的新时期。2008年初,深圳市17家证券公司全部完成了综合治理目标,在这17家证券公司中中信、国信、招商、平安、国都、中投、第一创业7家属于创新类证券公司,长城、五矿、联合等3家属于规范类证券公司。深圳A类证券公司有6家占全国比重的35%,数量全国第一,其中,国信证券为全国仅有

---

① 参见深圳市统计局:《深圳市第二次全国经济普查主要数据公报》,2009年2月24日。

的两家 AA 级证券公司之一。①

　　1991 年,深圳市率先在国内开创基金业,成立了深圳南山风险投资基金。经过不足 20 年的发展时间,到 2008 年初,深圳市辖区共有 16 家基金管理公司,管理 126 只基金,基金规模达到了 8590.98 亿份,基金净值为 12653.87 亿元,占全国基金总规模、总净值的 39%,居全国第一。博时基金公司、南方基金公司、大成基金公司、景顺长城基金公司分列全国最大规模基金公司的第二、四、六、九名。全国管理社保基金的 9 家基金管理公司中深圳占了 6 家,全国管理企业年金的 9 家基金管理公司中深圳占了 4 家。② 根据深圳创业投资同业公会的数据,2009 年初,深圳创业投资同业公会共有会员 252 家,其中创业投资机构 132家,中介机构 19 家,创业投资管理机构 101 家,创业投资资本总额 600 多亿元(包括注册资本和管理创投资本),累计投资项目超过 1000 项,投资金额近 400亿元。深圳作为私募基金发源地之一,在全国一直处于领先地位。据深圳金融顾问协会提供的数据,深圳有私募股权基金 300 多家,管理规模达到 3200 亿元人民币,约占全国规模的 35%。规模以上,私募证券基金 500 多家,管理规模4300 亿元人民币,约占全国的 50%。深圳已成为国内私募基金管理机构最多,管理规模最大、最活跃的城市。

　　1988 年 3 月 21 日,是中国保险史上具有历史意义的一天,中国第一家股份制保险公司——平安保险公司在深圳诞生。此后一大批海内外知名的保险公司也陆续登陆深圳,其中比较著名的有中国人寿海外股份公司、都邦财险深圳分公司、平安养老金公司深圳分公司、中德安联人寿深圳分公司、安诚财险深圳分公司、三星火灾海上保险深圳分公司、生命人寿深圳分公司、中意人寿深圳分公司、中国人民人寿保险深圳分公司、金盛人寿深圳保险营销服务部、中美大都会人寿深圳保险营销服务部等。2006 年,中国保险监督管理委员会确定在深圳市创建全国保险创新发展试验区。同年 8 月,深圳市政府出台了《深圳市人民政府关于

---

① 参见深圳市史志办公室编:《深圳市改革开放纪事 1978—2009》,海天出版社 2009年版,第 339 页。

② 参见深圳市史志办公室编:《深圳市改革开放纪事 1978—2009》,海天出版社 2009年版,第 339 页。

加快保险业改革创新发展建设全国保险创新试验区的若干意见》，为保险试验区建设创造了良好的制度环境。2009 年末，深圳保险机构（含外资机构，下同）保费收入 271.59 亿元，其中，财产险 97.07 亿元，人身险 174.53 亿元；各项赔款和给付支出 73.34 亿元，其中，财产险支出 54.51 亿元，人身险 18.82 亿元。[①]

深圳民营企业众多且以中小企业居多，对国民经济贡献非常大。然而，无论是从直接融资还是间接融资上看，中小企业都存在很大资金缺口。中小企业通过股权和债券进行直接融资的很少，绝大多数只能在间接融资方面寻找突破。由于目前中小企业与银行的信息不对称所导致的道德风险和逆向选择的现实，使金融机构存在较大的放贷风险，而金融机构为了防止道德风险和逆向选择引起信贷风险的发生，便采取"慎贷"甚至"拒贷"的做法，从而产生信贷市场的两难选择。一方面，中小企业急需资金进行经营却无处寻觅；另一方面，金融机构又积压大量存款贷不出。如何破解这一难题，单靠金融机构和中小企业自身的努力难以奏效，必须建立中小企业信用担保体系，以解决因信贷双方信息不对称而诱发的两难选择。

深圳中小企业信用担保行业已经走过了十余年的历程，为中小企业解决贷款担保难的问题，促进中小企业的成长与发展作出了巨大的贡献。2009 年初，深圳共有注册担保机构 314 家（含分公司及代表处 41 家），注册资本总额 164.47 亿元，其中注册资本 1 亿元（含 1 亿元）以上的担保机构 68 家，注册资本额 107.29 亿元，占总额的 65%。[②] 2008 年 9 月，在第九届全国中小企业信用担保机构负责人联席会议上，深圳中小企业信用担保中心、高新技术投资担保公司、中科智担保公司 3 家机构跻身"中国担保 500 亿上榜机构"十强之列。

此外，深圳的金融电子结算中心、征信公司、小额贷款公司等也是遍地开花。

深圳金融市场在改革开放 30 年的发展历程中，建立了较为完善的机构体

---

① 参见深圳市统计局：《深圳市第二次全国经济普查主要数据公报》，2009 年 2 月 24 日。

② 参见深圳市统计局：《深圳市第二次全国经济普查主要数据公报》，2009 年 3 月 24 日。

系、市场体系和服务体系。30 年后,深圳将在自我丰富和完善的基础上,与香港携起手来取长补短共同打造全球性的国际金融中心,为中国经济的快速发展作出更大的贡献。

六、成长中的产权市场

"1430 万元一次,1430 万元两次,1430 万元成交!"2008 年 8 月 18 日上午 10 点 30 分,在深圳国际高新技术产权交易所的拍卖大厅里,在经过数轮与 258 号竞争者的竞价之后,169 号海南永金制药股份有限公司最终以 1430 万元获得深圳罗岗医院整体资产产权。①

2008 年 7 月 9 日,龙岗区布吉下属非营利性医疗机构深圳罗岗医院正式在深圳国际高新技术产权交易所进行公开挂牌。为了吸引更多的投资者竞买罗岗医院,确保公有资产的保值增值和交易过程的透明度,深圳国际高新技术产权交易所及时通过网站及市内主流媒体刊登了转让公告,吸引了二十多家企业争相申购。经过激烈的公开竞价之后,深圳罗岗医院整体资产产权被海南永金制药股份有限公司以 1430 万元购得。

值得注意的是,在这场产权拍卖中,标的深圳罗岗医院是一家集体企业,而所有竞购企业均为民营企业。这不仅是第一宗深圳集体企业以拍卖方式转让产权的案例,而且是深圳市集体企业改制探索出的一条切实可行的新途径。

深圳产权市场的历史最早可追溯到 1989 年。为了建立企业产权转让和企业破产制度,深圳市政府于 1989 年 4 月 23 日发布了《深圳市国营企业产权转让暂行规定》,规定了产权转让的范围和形式、产权转让的程序、产权转让的强制性措施。1989 年底,深圳出现了首批 4 家进行产权整体转让的公司。这 4 家公司的产权转让标志着深圳市产权市场的初步形成。1993 年 2 月 8 日,深圳出现了国内第一家跨地区的产权交易机构——深圳市产权交易所。深圳市产权交易所的成立与运行让企业产权转让正式进入了市场化操作阶段。1996 年 1 月,深

---

① 参见广东信息网 www.gdnet.com.cn;《深圳集体企业产权交易"第一槌"——1430 万成交》,2004 年 8 月 20 日。

圳开始试点非上市公司股权交易市场运作,极大地推动了产权交易的市场化程度,对优化资源配置起到了巨大的作用。

2000年10月14日,是深圳市产权交易市场建设中有纪念意义的一天。这一天深圳国际高新技术产权交易所成立,这是国内首家以公司制形式创建的产权交易所,主要交易对象为高新技术成果、项目以及成长型企业产权。深圳国际高新技术产权交易所的成立为深圳及全国高新技术产权交易提供了平台。深圳市产权交易中心建立的"阳光管理体系"对产权信息发布、公开挂牌、交易转让等进行了规范化管理,极大地推动了国有企业的深层次改革,为防止国有资产的流失起到了重要的作用。为了进一步规范国有和集体产权交易,加强国有和集体产权转让管理,防止国有和集体资产的流失,从源头上预防和治理腐败,深圳市政府于2001年1月19日发布《深圳市人民政府批转市监察局、工商局、国资办、集体办关于加强对企业国有、集体产权管理有关问题的意见和通知》,规定在深圳注册的国有和集体企业以及包含有国有和集体资产成分的混合制企业,只要发生产权变动,都必须通过产权交易机构公开交易。2004年深圳在产权交易中心开展知识产权交易业务。2005年11月底,中国(华南)国际技术产权交易中心在深圳成立,极大地推动了深圳高新技术产业的发展与多层次资本市场体系的建设。

2009年10月,深圳率先成立全国首家区域性非公开科技企业柜台交易市场——深柜市场,为中小企业和科技成果转化提供包括私募融资在内的综合金融服务,为创业板、中小企业板培育更多上市资源。为了解决深圳产权交易市场分割、规模偏小、辐射力和影响力不足等问题,深圳市决定整合深圳市产权交易中心和深圳国际高新技术产权交易所资源,组建深圳联合产权交易所,建设统一的综合性产权交易市场。2009年11月16日,深圳联合产权交易所和深圳文化产权交易所同时挂牌成立,17日深圳联合产权交易所、深圳国际能源与环境技术促进中心及RESET(香港)公司签署合作备忘录,以中国为中心的亚太区初级排放权交易市场建设正式启动。至此,深圳联合产权交易所拥有国资交易、知识产权、深柜市场、文化产权和排放权等五大业务平台,提供股权登记托管和股权转让见证等基础业务,并进一步提供企业改制、私募基金交易、拍卖、小额贷款和综合金融服务等增值业务,为完善多层次资本市场,加快深圳建设区域金融中心,增强城市辐射力和竞争力打下了坚实的基础。

在产权市场尚未建立以前,在国有和集体企业产权转换过程中,由于监管制度、手段的不完善和信息不对称,经常出现国有和集体资产流失的案例。产权市场完善以后,通过市场化的竞价产权转让价格确定机制,通过市场竞价确定价格,通过价格发现最优的投资者,很好地保证了国有和集体资产的保值增值,有效地促进国有和集体企业改制进程的健康发展。

深圳市金沙湾大酒店有限公司的全部股份分别由龙岗区大鹏镇投资管理有限公司和龙岗区投资管理公司持有,前者占70%,后者占30%。开业以来,公司一直处于亏损状态,5年总计亏损7700万元。迫不得已,2003年7月初,深圳市金沙湾大酒店有限公司的100%产权在深圳产权交易中心公开挂牌转让,转让信息发布后,很快就吸引了5个买家。挂牌结束后,转让方确定采用竞投方式实现交易。经过激烈的28轮叫价之后,最终深圳市金沙湾大酒店有限公司的100%产权由深圳市一家民营企业——深圳市汉利宏投资发展有限公司以1亿元的价格买下,比最初确立的7500万元标底整整高出了2500万元,增值幅度高达33.3%,有效地实现了国有资产的保值与增值。①

第二节　市场主体的成长

在市场经济条件下,企业是最重要的市场主体,是市场机制运行的微观基础。离开企业以及企业之间、企业与其他经济组织之间的经营活动,市场就成了无源之水、无本之木。在市场经济体制建立的过程中必然伴随着企业自身的改革。改革开放之初,当中国内陆还在围绕着"放权让利"进行国有企业改革的时候,深圳经济特区就开始了股份制改革的探索。在股份制改革的过程中,深圳市

---

① 参见《深圳市产权交易中心两则典型案例》,《产权导刊》2003年第11期。

率先创造出了国有出资人制度,实现了国有资产所有者职能与公共管理职能的分离,为全国深化国有资产管理体制改革开辟了一条新的途径。

1986年10月15日深圳颁布了国内第一份国营企业股份化改革的政府规范文件和地方性法规《深圳经济特区国营企业股份化试点暂行规定》,为《中华人民共和国公司法》的制定积累了宝贵的经验。深圳的股份制改革直接催生了现代企业制度的建立,为企业建立科学的公司治理结构找到了正确的突破口。经过大规模的股份制改造,深圳市多数国有企业建立了产权主体多元化的新型企业组织形式,确立了企业法人财产权,完善了公司法人治理结构。股份制改革创造出了新中国新的经济体制,完善了"自主经营、自负盈亏、自我发展、自我完善"的企业法人治理结构,建立了"产权清晰、权责明确、政企分开、管理科学"的现代企业制度。进入20世纪90年代,为了促进企业转换经营机制,深圳大力推进企业内部改革。1992年制定了《深圳市贯彻〈全民所有制工业企业转换经营机制条例〉实施办法》,并在全国率先颁发了《深圳市股份有限公司暂行规定》,为落实企业经营自主权奠定了基础。1994年,深圳市先后选择28家企业进行建立现代企业制度试点。现代企业制度的建立使企业成为了名副其实的独立法人实体,成为了真正的市场主体。2006年底,深圳市基本上实现了各类企业的股份制改造的目标,进一步明晰了产权,进一步完善了现代化企业制度,进一步优化了公司治理结构,在市场经济竞争中体现出了强大的生命力。

一、外资——带来市场规则

在中国社会主义市场经济体制建立的过程中,外资的作用居功至伟。外资带来的不仅仅是资金、产品与技术,更为重要的是外资的经营理念、管理方式、运作模式直接向计划经济体制的运行模式发起了挑战,开始从点到面突破计划经济体制的束缚,在中国发展社会主义市场经济的进程中发挥了积极作用。

从霍英东的一句"钱,可以从这里来!"①催生了深圳的土地使用权改革制

---

① 徐明天:《春天的故事——深圳创业史》(上),中信出版社2008年版,第171页。

度,到刘天就"炒鱿鱼"①带来的劳动用工制度改革,无不体现了外资在社会主义市场经济体制建设中的巨大推动作用,就连劳动保险制度这样的保障性制度也是由外资企业带来的。② 而深圳外资企业的发展过程,更是一幅中国市场经济成长的浓缩画卷。改革开放之初,来自深圳河对岸的香港人,给深圳带来了大批的"三来一补"加工厂,由此也成就了中国"世界加工厂"的称号。随着深圳土地、工资成本的不断上涨,深圳产业升级的迫切需要,"三来一补"企业或是转移外地或是依靠创新与研发转变企业发展方式。"三来一补"企业在深圳的衰落,创新型企业的崛起也预示着中国经济开始由"世界加工厂"向"中国创造"的转型。

富士康不是最早来深圳的外资企业,相比深圳第一个"三来一补"的上屋电业厂,它整整晚了将近十年,但是比起"上屋",富士康的成长历程更能映射出中国经济发展模式的转变过程。

与其他早年来深圳的外资一样,富士康也是一个"三来一补"的加工厂。富士康的老板郭台铭当时在台湾并不是知名的企业家,1988 年的时候,他在台湾的企业规模非常小,年销售收入只有区区 3 亿元人民币。1988 年,富士康在深圳西乡崩山脚下建立了富士康海洋精密电脑插件厂,规模只有 150 名工人。凭借着大陆成本和制造优势,富士康用了不到 20 年的时间成长为全球代工企业之王,仅在深圳就有 40 万员工,真正成为了"世界最大的加工厂"。但是富士康并没有因此满足,止步于"世界最大的加工厂"。随着代工利润的不断下降,富士康开始从"加工厂"阶段向科技研发阶段转变。如今的富士康科技集团正处于从"制造的富士康"向"科技的富士康"迈进,将纳米科技、热传技术、纳米级量测技术、无线网络技术、绿色环保制程技术、CAD/CAE 技术、光学镀膜技术、超精密复合/纳米级加工技术、SMT 技术、网络芯片设计技术等作为重点发展领域,以图在精密机械与模具、半导体、信息、液晶显示、无线通信与网络等产业领域的

---

① 参见深圳市政协文史和学习委员会编:《一个城市的奇迹》(李定回忆录),中国文史出版社 2008 年版,第 179 页。

② 参见徐明天:《春天的故事——深圳创业史》(上),中信出版社 2008 年版,第 74 页。

产品市场领先地位,进而成为光机电整合领域全球最重要的科技公司。

富士康只是深圳外资企业从"三来一补"向"科技研发"成功转型的一个代表,从最早的上屋电业厂到最大的富士康都在经历着从"加工厂"阶段到"科技研发"阶段的转变。外资的这一转变正是深圳产业升级的见证,同时也是中国经济发展模式转变的一个缩影。

二、民企——充满市场活力

根据 2009 年 2 月 24 日深圳市第二次全国经济普查公布的数据显示,2008 年末,全市共有从事第二、三产业的企业法人单位 97850 个。其中,国有企业、国有联营企业、国有独资公司共 1211 个,集体企业、集体联营企业、股份合作企业共 1337 个,民营企业 74213 个,港澳台商投资企业和外商投资企业 11656 个。①仅从企业数量这一项统计结果来看,深圳的民营企业占了 76%。

在深圳,民营企业不但占据着数量上的绝对优势,而且也是深圳经济中最为活跃的市场主体。深圳的高科技企业产值在 GDP 中所占比例超过了 90%,可以说深圳是名副其实的科技创新型城市。成就深圳科技创新型城市的正是为数众多的民营企业。深圳科技研发人员的 40% 以上集中在民营企业,64% 的民营科技企业拥有自己的知识产权,由自主知识产权产品创造的产值占深圳民营科技企业总产值的 88%。②

深圳的民营企业在短短的 30 年时间里经历了从无到有、从小到大、从弱到强的过程,当初无数的手工作坊、代理商经过了 30 年在风雨中漫漫求索的过程,成长为今天中国企业界的行业领跑者,更为值得称赞的是成长为世界同行业中的佼佼者。华为、万科、金蝶、腾讯、迅雷……这些只是无数个深圳土生土长的民营企业的代表而已。

虽然深圳民营企业成绩斐然,但是深圳民营企业的发展之路却是坎坷的、辛

① 参见深圳市统计局:《深圳市第二次全国经济普查主要数据公报》,2009 年 2 月 24 日。

② 参见深圳市统计局:《深圳统计年鉴》(2009),中国统计出版社 2009 年版。

酸的。改革开放初期,在长期的计划经济体制的影响下,政府总会自觉不自觉地对国有资本有所厚爱。在改革开放的大环境中国家对外资又给予相当的优惠政策,相比之下,民营企业就显得受到很多冷落。但是,深圳的民营企业靠着不断的自我拼搏,闯出了自己的天地。深圳民营企业今天的成就,不仅说明了深圳市场经济制度的完善,而且体现出深圳市政府对待各类性质的企业一视同仁的政府立场。深圳民营企业的成长历程见证了深圳市场经济的发展历程,见证了深圳经济的传奇。华为、万科的故事是典型的代表,除去它们仍然能够写出金蝶、比亚迪、健康元……在此,仅以后起之秀腾讯为例,从一个故事中让更多的人了解深圳经济的传奇。

提起马化腾和腾讯,有很多人可能会感到陌生,但是提到"QQ"大家却是无人不知,无人不晓。"QQ"是腾讯公司的产品,马化腾是腾讯公司的创始人。1998年11月12日,马化腾和他大学时的同班同学张志东正式注册成立"深圳市腾讯计算机系统有限公司"。当时公司的主要业务是拓展无线网络寻呼系统。在公司成立之初主要业务是为寻呼台建立网上寻呼系统,这种针对企业或单位的软件开发工程可以说是几乎所有民营中小型网络服务公司的最佳创业模式选择。"QQ"的前身是英文版的ICQ,经过腾讯公司开发,最终设计出了中文版的在线聊天工具——OICQ,就是如今的"QQ"。腾讯公司就凭借着"QQ"这一款网络聊天软件,一举垄断了中国的网络在线聊天市场,绑定了广大的中国网民。腾讯公司依托"QQ"这个平台,不断拓展新业务,包括QQ游戏、门户网站腾讯网(QQ.com)、拍卖、QQ空间(Qzone)、QQ邮箱、SOSO搜索、短信、互联网增值业务、移动通信增值服务、广告等领域,经过短短几年的发展,腾讯已经从一个单纯的即时通信服务商发展成为集休闲游戏、资讯门户、搜索等为一体的网络巨头。2010年3月5日,腾讯QQ同时在线用户数突破1亿,QQ游戏的同时在线人数突破10万,腾讯网(QQ.com)已经成为了中国浏览量第一的综合门户网站,电子商务平台拍拍网也已经成为了中国第二大的电子商务交易平台。2009年,腾讯总营收为124.4亿元,超过中国互联网公司第2—4位的百度(44.5亿元)、阿里巴巴(38.8亿元)、网易(38亿元)三者的总和。2009年9月8日,腾讯市值折合约300亿美元。这一数字高于同日纳斯达克收盘时,雅虎市值的

203.35 亿美元、eBay 市值的 281.7 亿美元,紧随 Google 的市值 1451.86 亿美元、亚马逊的市值 349.33 亿美元之后,跃居全球网络股的季军。2009 年,在全球 500 强中,中国只有 3 家典型民营企业,腾讯就是其中之一(另外两家是茅台和万科),并且腾讯是唯一一家上榜的高科技企业。

腾讯从成立到成为全球网络公司的季军,仅仅用了 11 年的时间,不能不说是一个传奇。腾讯的传奇也正是深圳经济的传奇,深圳还有无数个腾讯一样的民营企业已经崭露锋芒,还有更多的像腾讯一样的企业正在成长。深圳已经成为民营企业的乐土,同时民营企业也给深圳经济带来了活力。

三、国企——顺应市场要求

在改革开放之前,深圳几乎没有一家严格意义上的国有企业,深圳的国有企业是改革开放的产物,为了适应改革开放的要求,深圳市一方面将原有的一些经济职能部门转制成立了一批国有企业,另一方面深圳在对外开放的同时,大力吸引国内的国有企业到深圳投资办企业。这样深圳才有了一批国有企业。

深圳的国有企业在改革开放之初,为深圳的经济发展立下了汗马功劳。其中最有名的当属赛格集团,电子产业能够占据今天深圳 GDP 的半壁江山,形成庞大而完整的产业体系,就是赛格集团在改革开放之初打下的坚实基础。但是在当时的时代背景下,深圳的国有企业也同整个中国其他地方的国企一样,存在着制度上的缺陷、亏损,深圳的国有企业曾一度处境困难。深圳也曾有过发展壮大国有企业的宏大计划,还曾将 13 家国有企业列入百亿企业规划之中,可是终究难以克服国有企业体制上的缺陷,一些国有企业还是未能走出困境。

2001 年深圳开始对国有企业进行了彻底性的改革,国有资产开始大规模撤出经营领域,只在基础设施、公用事业和关系国计民生的重要领域保留了少数大型与公用基础设施领域的国有企业。在保留的国有企业的内部一方面通过引入外资战略投资者完成产权多元化的改革;另一方面采取直接购股、虚拟股份、授权经营等方式,根据各企业的实际情况,建立国有企业经营的长效激励机制。经此一轮大刀阔斧的改革,深圳市直管的国有企业只剩下了 25 家,而且主要集中在基础设施、公用事业和关系国计民生的重要领域。2006 年底,深圳市基本上实现了国有企业的股份制改造的目标,进一步明晰了产权,进一步完善了现代化企业制度,进一步优化了公司治理结构。至此,深圳经济的市场化程度空前提高,市场经济体制基本上得以完善。

在深圳经济的大军中,还有另外一类国有企业——央企。这类企业在深圳这块市场经济体制最完善、市场化程度最高的土地上,经营的也是风生水起。无论是金融、电信、石化等垄断性行业,还是港口、物流、一般制造等行业,央企的深圳分公司都是最为优质的资产。

改革开放之初,深圳与全国各地一样,所有政府机构都办企业,挂上国有企业的牌子,一旦出事或者亏损都要政府买单。由于没有专门的资产管理部门,全市有多少国有企业,有多少资产,负债多少都是一本糊涂账,谁也说不清。

为了有效管理国有资产,提高国有资产的利用率,深圳于 1987 年率先成立了深圳市投资管理公司,负责深圳国有资产的投资与管理。深圳市投资管理公司是市属国有控股公司,具有企业法人资格。深圳市投资管理公司成立后,在投资管理公司与财政局之间实行税、费、利分收分管制度,实现了政府所有者职能与公共管理职能的初步分离。深圳市投资管理公司的成立在国内首创国有出资人制度,实现了国有资产的所有权、国有资产的经营权、企业生产经营管理权相对分离的国有资产管理体制,对国有资产的保值增值起到了重要的作用。

2004 年 10 月,在深圳市投资管理公司、深圳市建设控股公司和深圳市商贸投资控股公司的基础上,组建了深圳市投资控股公司,主要职能是:对部分市属国有企业行使出资人职责;作为深圳市国有企业和行政事业单位改革、调整中剥离资产的整合处置平台;承担对市属国有企业的贷款担保业务;按照市国资局要求进行政策性和策略性投资;等等。

深圳市投资控股公司成立后,在借鉴国内外经验的基础上,围绕战略发展目标,综合运用产权管理、资本运作、战略投资等经营管理手段,切实推进以转变经营机制为核心的各项改革,把公司发展成为管理规范、运作高效的具有较强控制力、竞争力的综合型国有控股公司,使国资局平台公司的功能和作用得到更好的发挥。到 2009 年底,公司共完成 25 家一级企业、177 家二级企业的改制工作,基本完成所属一般竞争性领域劣势企业的国有资本退出工作,初步形成经营资源向金融、证券、保险、房地产、高新技术等领域集中的战略格局。公司所属全资、控股企业 79 家,主要参股企业 5 家,经营范围涉及证券、金融、保险、房地产、建筑设计、产品包装、高新技术投资与服务、交通运输、纺织、公用事业等众多领域。其中证券、担保、保险、建筑设计、产品包装、会展等行业市场竞争力位居全国前列。2009 年,实现营业收入 176.49 亿元;利润总额 83.33 亿元;净利润 67.58 亿元;国有净利润 31.12 亿元。

中集集团是中国国际海运集装箱(集团)股份有限公司的简称,始创于 1980 年 1 月。中集集团最早是由招商局轮船股份有限公司与丹麦宝隆洋行合资成立于深圳蛇口,由宝隆洋行全权负责管理。但由于经营不善,1986 年濒临破产,被迫于 1987 年邀请中国远洋运输总公司(简称中远)加入,并对企业进行重组,由招商局和中远各持 45% 的股份,丹麦宝隆洋行只保留了 10% 的股份,并且丹麦宝隆洋行管理人员全部撤出,改由中方管理人员全权管理。从此中集成为了名副其实的国有资产控股公司。由于中远的加盟,中集集团在国际市场上找到了突破口。从 1991 年开始,中集经过一系列的并购,逐步建立起了华南、华东、华北的生产布局。1994 年在深圳证券交易所成功上市。1995 年,中集集团的集装箱产量已经跃居世界第一。到了 2000 年,中集集团的全球市场占有率超过了50%。经过二十多年的发展,中集集团已经成为根植于中国本土的全球交通运输装备制造与服务业的领先企业。2007 年 9 月,"CIMC 中集"牌集装箱被国家质量监督检验检疫总局评选为"中国世界名牌"产品称号,"中集"商标被国家工商总局正式认定为中国驰名商标。2008 年,中集集团被列为"2008 最具全球竞争力中国公司"第 49 位,"中国国有上市企业社会责任榜"第 39 位,中国 500 最具价值品牌第 40 位。目前,中集集团总资产 345.58 亿元,净资产 134.17 亿元,2008 年销售额 473.27 亿元,净利润 14.07 亿元。在中国以及北美、欧洲、亚洲、澳洲等国家和地区拥有 100 余家全资及控股子公司,员工近 5 万人,已经成为世界上唯一能够提供三大系列、100 多个品种集装箱产品的对所有品种提供设计、制造、维护等"一站式"服务的企业,初步形成跨国公司运营格局。

中集集团的崛起代表了今日深圳的国有企业的崭新面貌,也代表了今日中国国有企业的巨大转变。如果说中石油、中石化、四大国有银行靠的是行业垄断地位取得的世界 500 强称号,那么中集集团的海外称雄,则代表了今天中国国有经济在市场经济竞争中的实力。中集集团的成功更是证实了今天中国社会主义市场经济体制建设取得的成果。

四、商会——市场经济的中介人

作为改革开放的窗口,深圳市场体系发育早、比较成熟,民营经济非常活跃。改革开放 30 年来,伴随着深圳经济的蓬勃发展,各类行业协会不断涌现,从最初1986 年在全国范围内首批设立的 8 家行业协会开始,发展到 2008 年初,数量已经超过了 210 家,几乎涵盖了包括高新技术、金融、物流、文化四大产业在内的所有行业。与市场经济发展相协调,深圳市行业协会市场化程度高,自主运作空间大,在国内一直保持着领先的地位。经过 30 年的发展历程,深圳市行业协会已经实现了"民间化"的转变。2005 年以后深圳市新成立的行业协会大都是自下而上的,根据企业的发展要求,按照市场经济的需求模式建立起来的,彻底结束了过去"政府推动、自上而下"的建立模式,改变了协会和政府的依附关系,真正实现了按社团法人方式独立运作,在经济社会发展中的作用也越来越明显。

伴随着深圳经济的快速发展,市场经济体制的不断完善,政府在市场资源配置中的作用也越来越小,资源配置功能逐步让位于市场,并且政府对社会经济事务的管理方式也由直接管理逐渐过渡到间接管理。这就对行业协会提出了更高的要求,需要搭建起企业与政府对话、沟通的互动平台,在政府与企业之间起到"传导器"的作用。一方面为企业分忧解难、提供服务,表达行业发展的利益诉求;另一方面协助政府实现管理工作。

深圳国际贸易货主协会成立于 2006 年 9 月,2007 年 4 月就开始了一场市场秩序、货主权益的保卫战。

2007 年 3 月 27 日,四家国际班轮运价组织 IRA(非正式运价协议组织)、ISAA(非正式南亚运价协议组织)、IRSA(非正式红海运价协议组织)、IADA(亚洲区域内运协议组织)分别致函中国对外贸易经济合作企业协会,声明从 2007年 5 月 15 日起,向华南四省(广东、广西、海南、云南)的进出口贸易货主企业增收 THC(码头操作费),增幅高达 197% 至 340%。

国际班轮公司已经有几百年的历史,力量强大,在中国占有 90% 的市场份额,形成了事实上的垄断地位。船东协会在中国收取 THC 一向说加就加,没有商量的余地。更为重要的是,华南地区货主企业行业跨度大且中小企业居多,组织性不强,不够团结,难于有组织地表达自己的声音。在深圳国际贸易货主协会成立以前,整个华南地区货主行业协会力量薄弱,一直缺乏有效的组织与其对抗。因此,造成整个华南地区的货主饱受船公司的欺凌。

深圳是世界吞吐量第四、全国吞吐量第二的大港。此次的加价将会严重影响深圳外贸企业的竞争力,据初步测算,一旦此次加价成功将造成深圳外贸企业每年增加 30 多亿吨的额外物流成本。更为严重的是,还会影响深圳地区进出口货量的增长,破坏深圳港的发展与建设,降低深圳的城市综合竞争力。

面对国际班轮运价组织的霸王加价行为,深圳国际贸易货主协会挺身而出,向国际班轮公司发起了正义的抗战,坚决反对国际班轮公司增收 THC,在中国外经贸企业协会的帮助下,发起了声势浩大的货主维权行动。

2007 年 4 月 3 日,深圳国际贸易货主协会收到通知后马上投入到了维权行动中。4 月 3 日距离 5 月 15 日只有不到一个半月的时间,这对于刚刚成立不久的"深圳国际贸易货主协会"来说无疑是巨大的考验。4 月 9 日,只用了短短 6 天的时间,在彻底摸清了此次加价会给华南货主带来的损失以及加价的违规证据之后,深圳国际贸易货主协会马上召集紧急会议制定维权行动方案。4 月 10 日,深圳国际贸易货主协会上书深圳市政府,通报四家国际班轮运价组织在华南地区违规增收 THC。4 月 11 日,深圳国际贸易货主协会赴深圳市贸工局汇报 THC 问题,寻求支持;同日,向深圳各大企业行业协会、商会、各大进出口贸易货主发出倡议书,号召贸易货主携起手来,积极维护深圳的贸易加工环境,共同促进深圳的经济稳步快速发展,坚决抵制 THC 加价行为;4 月 12 日,深圳国际贸易货主协会就维权行动与香港工业总会达成共识,并获得全力支持;4 月 13 日,深圳国际贸易货主协会秘书长拜见深圳市原副市长、深圳市外商投资企业协会会长郭荣俊,希望政府给予支持与帮助。同日,深圳市交通局马勇致副局长主持召开了关于抵制 THC 的紧急办公会议,盐田港码头、蛇口码头等代表列席会议,获得了政府与媒体的大力支持。4 月 16 日,深圳市交通局就华南四省调高 THC 上报国家交通部,建议交通部对相关国际班轮运价组织就 THC 的提价行为是否违规进行调查。4 月 20 日,联合广东省货主协会、香港付货人协会以及深圳多家协会、商会和进出口商贸企业联名上书交通部水运司,请求交通部紧急停止四家国际班轮运价组织的加价行为,并立案调查。4 月 25 日,向国家交通部、国家发改委、国家工商总局等中央部委领导汇报 THC 加价事件,交通部明确表示迅速彻查,并出文制止此次 THC 加价行为。

2007 年 4 月 28 日,交通部公布关于对四家国际班轮运价协议组织在中国华南地区提高 THC 收费标准问题的处理意见。鉴于上述几个运价组织未依法备案或备案材料不齐备,交通部认定国际班轮运价组织提高 THC 收费标准的协议无效,各成员公司不得提价,并依照《中华人民共和国国际海运条例》第 48 条规定,对 ISAA 和 IRSA 各成员公司分别予以行政处罚。至此,由深圳国际贸易货主协会发起的华南货主集体维权行动宣告全面胜利。这场胜利的取得,对于维护深圳市场正常运行和投资环境作出了重大贡献。①

第三节 市场经济制度的培育者

发展市场经济,一方面要改革传统的计划经济体制;另一方面,市场的培育与发展,又要求政府改革传统的管理模式,加强对经济的宏观调控和服务功能,以适应市场化发展的需要。改革开放 30 年来,作为社会主义市场经济建设的"排头兵"和"试验场",深圳在积极进行经济体制改革的同时,大胆打破计划经济下的传统行政管理体制,通过八次机构改革,初步建立了适应深圳经济社会发展需要的行政管理体制。

---

① 参见深圳国际贸易货主协会:《深圳国际贸易货主协会 2007 年度分析报告》,《深圳行业状况及行业协会·2007》,《大地》行业状况与行业协会专刊 2008 年,第 170 页。

一、政府衙门变公司

20 世纪 70 年代末,深圳虽然只是一个边防地区的比较落后的普通小县,但麻雀虽小,五脏俱全,政府经济主管部门一个也不少。建立特区和成为深圳市以后,在政府机构及其职能的设置基本上沿用了计划经济体制时代的传统模式。按照传统架构设立了多个经济主管部门,如电子工业局、轻工业局、商业局、物资局、机械工业局等。在这样的计划经济体制下,非常不利于招商引资。因为外商来到中国寻求合作、合资的机会,首先是找对口的企业,没有对口企业的就需要跟政府洽谈,但是政府又不能与外商签订合作、合资协议。将行政局改为公司则可以解决这一矛盾,于是催生了深圳市的第一次政府机构改革。

1981 年 8 月 21 日,广东省发布《关于深圳领导班子配备等问题的会议纪要》,11 月深圳市正式颁布改革方案,并作出改革的决定:改革政府领导体制,减少不必要的审批环节;撤销、合并职能重叠、交叉的专业主管局(办),压缩各类行政管理人员;撤销业务主管局,改组建为企业公司。

根据这一改革方案,深圳从此开始了大规模的政府机构改革,为建立适应市场经济体制要求的行政管理体制进行了许多大胆探索。其中最为重要的是大规模撤销、合并职能重叠、交叉的政府专业经济主管部门,并在削减之后将它们真正转变成自负盈亏的企业公司。改革后,原来的物资局、粮食局、外贸局、商业局、供销社及商贸流通管理部门都变成了经营性企业,建立包括深圳特区发展公司、深圳特区建设公司、深圳市物资供应公司、深圳市航运公司、深圳市对外贸易公司、深圳市商业贸易公司、深圳市旅游公司等为主的数十家企业公司。

这是深圳市为适应市场经济发展作出的第一次改革,在国内率先突破了按行业、产品门类设置政府管理机构的旧模式,为引进外资创造了有利的条件。

二、工业发展委员会诞生

在改革开放初期,深圳的政府办事流程与内地是一样的。一方面是程序繁杂;另一方面是办事周期长、效率低。曾有深圳一家集团负责人描述过当时政府办事过程:一个房地产项目从报建到开工,至少要过政府的 38 道关,盖 38 个章。

这38个章全部盖完少则需半年,多则需一两年。① 这样的政府办事效率,令外商"望而生畏",极不利于招商引资,严重制约了经济的发展步伐。

为了扭转这种情况,1983年深圳市政府考察团到新加坡学习裕廊管理局在招商引资方面的经验。② 回来之后,马上成立了工业发展委员会。为了保证工业发展委员会能够很好地发挥作用,深圳市政府赋予了工业发展委员会非常大的权力,只要是经过工业发展委员会批准的项目,工商登记、银行开户、划拨用地等审批环节都由工业发展委员会承办。这样一来就加快了审批速度,大大缩短了办事时间,提高了办事效率。

工业发展委员会的成立彻底扭转了"公文旅游"的局面,树立了良好的政府形象,大大激发了国内外投资厂商的投资热情,为深圳经济的快速发展铺平了道路。

三、审批制度为市场经济让路

行政审批制度本来是政府进行行政管理的一个重要手段,在经济管理领域也曾发挥了重要的作用。但是随着改革的深化、开放的扩大,旧有的审批制度也逐渐暴露出了弊端:首先,政府对企业的审批事项过多、过繁,加上审批程序复杂,环节多,耗时长,严重影响了企业的正常经营与发展。其次,有些部门借审批之机"吃、拿、卡、要",甚至搞权钱交易,违纪违法,不仅令企业不堪重负,而且严重败坏了政府形象,严重损坏了国家的政治与经济利益。改革开放初期的深圳也不例外。

为了从根本上清除原有审批制度的弊端,深圳市率先进行了审批制度改革。1998年1月25日,深圳市委、市政府颁布了《深圳市政府审批制度改革实施方案》,启动了第一轮行政审批制度改革。紧接着,1999年2月13日,市政府颁布了《深圳市审批制度改革若干规定》,率先在国内用政府规章形式对行政审批行

---

① 参见倪振良:《深圳传奇》,海天出版社1994年版,第481页。

② 参见深圳市政协文史和学习委员会编:《深圳文史第八辑》(周溪舞回忆录),海天出版社2006年版,第126页。

为进行规范。经过这一轮的审批制度改革,审批事项由原来的 723 项减少到了 305 项,核准事项由原来的 368 项减少到 323 项。

从 2001 年开始,深圳市进行了第二轮的审批度改革,这次改革突出了四方面重要调整:一是下放审批权,避免多头审批;二是将原来各部门、各环节的串联审批改为并联审批;三是调整优化一站式服务和窗口式办文方式,对一些重大投资项目提供全程式服务、保姆式服务;四是大力推进承诺制、首问责任者。通过这次改革深圳市政府的办事效率再次得以大幅提高。为了进一步为市场放权让路,深圳市政府于 2006 年又先后发布了《深圳市重大投资项目审批制度改革方案》和《深圳市重大投资项目审批制度第二阶段改革方案》,进一步削减审批环节,加强为投资服务的能力。

深圳市审批制度改革开创了全国审批制度改革的先河,为企业的投资和发展创造了良好的服务平台,受到了深圳市企业和社会各界的称赞,获得了国家和广东省的高度评价,在国内外取得了很好的反响。

经济特区成立 30 年来,深圳在社会主义市场经济日益完善的同时,也见证了一个不断成长的现代政府。随着经济转型,政府淡出市场,政企分开、政社分开,深圳市政府的角色和职能发生了深刻的变化,在理念上实现了从全能政府到有限政府的转变。政府与市场和社会的边界不断调整,不断理顺,一个公共服务型政府逐渐形成。

四、积极作为的政府

深圳市政府进行自身的革命,为企业放权让利,并非是在甩包袱、推责任,而是为了给企业创造自主发展的环境。深圳市政府不仅不是无为的政府,恰恰是有着强烈发展经济愿望的有为政府。就在放权让利的同时,深圳加强了政府为企业服务的责任。2003 年,深圳市人民政府颁发了《关于为我市大企业提供便利直通车服务的若干措施》,要求"市政府有关职能部门应设立大企业'直通车'服务窗口,为大企业提供业务申请、咨询、指导、督办及投诉受理等服务。大企业的各项申报手续原则上由市级有关职能部门直接受理,对能在基层职能部门受理的事项,市级有关职能部门应督促基层单位在规定的时限内办理完毕"。"大企业需报国家审批的限上项目,市外经贸局和发展计划局应指派专人到商务部与国家发展和改革委员会等部委,协助企业办理相关审批手续。"

在金融危机爆发时期,深圳经济也受到了巨大的冲击。为了应对危机,2009年1月,深圳市委、市政府将2009年确定为全市的服务之年,要求各级各部门牢牢树立为企业、为基层服务的意识,把时间、精力等真正用于为企业服务和提供便利上,真正为企业发展提供一个宽松的环境,为应对金融危机、扩大内需、调结构、保增长提供一个良好的环境。

为了经济能够取得更为辉煌的成就,深圳市政府一方面为企业提供周全的服务,另一方面积极制定产业政策,引导深圳经济的升级换代。2001年、2004年和2008年先后出台了《关于加快发展高科技产业的决定》、《关于完善区域创新体系推动高新技术产业持续快速发展的决定》和《深圳市人民政府印发关于加强自主创新促进高新技术产业发展若干政策的通知》,大力推动深圳高科技产业的发展。2007年1月4日,深圳市政府发布了政府一号文件《关于加快我市高端服务业发展的若干意见》。2008年4月1日,深圳市颁发了《深圳经济特区金融发展促进条例》。这些政策文件、条例的出台,显示了深圳市政府发展经济的强烈愿望与决心,显示出深圳市政府在推动经济发展中的巨大作用。

第四节　为市场经济立法护航

市场经济的核心是商品交换的契约关系。因此,市场经济是法治经济,成熟的市场经济一定要有完善的法制体系,一定要有依法办事的社会氛围。改革开放以前,在计划经济年代,一切都由国家统一包办,整个中国几乎没有什么关于经济领域的立法。改革开放以后,随着外商投资的增加,经济的快速发展,一方面需要将改革开放的政策法制化,保证外商的合法权益,吸引外商放心大胆地来中国大陆投资;另一方面,随着经济的发展,市场迫切需要法律来维持秩序,解决经济纠纷。从1992年取得特区立法权起,深圳不断制定完善市场经济的法律、法规,从而保障市场体系的发展和完善。

一、开启特区经济立法之路

随着股份制改革的不断深入,深圳的公司如雨后春笋一样的出现。由于缺乏法律规范,这些大量涌现的公司之中鱼龙混杂,甚至出现了很多"皮包公司"。与此同时,在公司内部也是混乱不堪。面对如此的情况,急需法律法规来规范公司的经营行为。

在取得特区立法权之后,深圳积极采用法律的形式来规范公司的行为。1993 年 4 月,深圳率先颁布了两个关于公司制度的地方性法规,即《深圳经济特区股份有限公司条例》和《深圳经济特区有限责任公司条例》。这两个条例的颁布不仅为自然人成立股份有限公司与有限责任公司提供了法律依据,而且对有限责任、筹资方式等的规定既鼓励了私人投资者的投资行为,又保障了私人投资者的合法权益,更为重要的是,这两个条例规范了责任有限公司和股份有限公司的组织形式和行为,有利地维护了市场秩序。

二、政府依法规范行政行为

在市场经济中,价格机制是市场机制的核心。在完全竞争的市场经济中,价格反映各种社会资源的稀缺程度,真实、灵敏、迅速的价格信号可以引导生产者、经营者进行正确决策,调节市场供求,促进社会资源合理流动。但现实的市场往往不是充分竞争的,在不充分竞争的情况下,价格就不能反映资源的稀缺程度,也不能真实地反映市场的供需情况。当价格机制失灵的时候,就需要政府有效的管理。

随着深圳价格改革范围的不断扩大,保证价格体制发挥积极的作用,同样需要政府的有效管理。在经历了直接管理、间接管理的阶段之后,为规范价格管理及价格行为,维护市场价格秩序,保护国家利益及经营者和消费者的合法权益,深圳市政府意识到价格也需要通过法律来规范。为此,1995 年 11 月 3 日在深圳市第二届人民代表大会常务委员会第四次会议上,通过了深圳经济特区第一部地方性价格管理法规——《深圳经济特区价格管理条例》。

自此,深圳市对市场的管理从"直接管理"开始向"依法管理"转变。先后制定了《深圳经济特区严厉打击生产、销售假冒伪劣商品违法行为条例》、《深圳经济特区计量条例》、《深圳经济特区内部审计办法》、《深圳经济特区产品质量管理条例》、《深圳经济特区国有资产管理条例》、《深圳经济特区统计条例》、《深圳经济特区商品条码管理办法》等市场管理法律条例与办法。到了1997年,深圳市的经济管理法制体系基本上已经初步形成。

三、构建深圳要素市场法律体系

深圳市在国内率先实行了房地产商品化,为了培育和规范房地产市场,在房地产市场立法方面不断地探索、完善。1993年7月,《深圳市经济特区房地产转让条例》获得通过,使深圳在全国率先确立房地产的商品性质,可以依法转让。1994年7月,深圳市人大常委会又审议并通过《深圳经济特区住宅区物业管理条例》,在国内率先引入物业管理的概念,并以法律的形式培育和规范了物业管理市场。同时推出《深圳经济特区土地使用权出让条例》,确定了土地有偿使用的原则。1995年12月26日颁布的《深圳经济特区房地产行业管理条例》对当时深圳经济特区范围内房地产开发与房地产中介服务的发展和规范,维护深圳特区房地产市场秩序,发挥了积极作用。为了确立土地征用和收回制度,1999年深圳市颁布了《深圳市土地征用与收回条例》,详细规定了土地征用、收回、补偿的程序。2000年11月,深圳市人民代表大会常务委员会审议通过了《深圳市年地租条例》(草案),率先在全国以立法的形式推出"年地租"体系,大大优化了土地资源的配置效率,创造了深圳市房地产市场公平竞争的市场环境,极大地促进了房地产市场的健康发展。为了适应新的需要,建立物业管理的和谐秩序,2007年10月,深圳市又出台了《深圳经济特区物业管理条例》。至此,深圳市房地产市场已经建立起了完备的法律体系,适应了房地产市场的发展要求。

从房地产市场立法体系的建设过程,可以窥探出深圳市依法治理要素市场,完善要素市场的法制环境,培育要素市场发展的一般轨迹。深圳各类要素市场的发育几乎都是全国最早的。为了规范和完善各要素市场,深圳市都较早地针对要素市场及其管理制定了相对完善的法律规范,涵盖包括消费品市场、生产资料市场、信息市场、劳动力市场、金融市场、房地产市场、技术市场等在内的所有要素市场。目前,深圳各类要素市场的法律体系都已十分健全,有效地维护了各类要素市场的正常运行。

第七章

开放型经济的中国样板

"坚持对外开放的基本国策,把'引进来'和'走出去'更好结合起来,扩大开放领域,优化开放结构,提高开放质量,完善内外联动、互利共赢、安全高效的开放型经济体系,形成经济全球化条件下参与国际经济合作和竞争新优势。"

——党的十七大报告

第一节 打开国门创办经济特区

一、试步中国外向型经济

1979 年 1 月 6 日,香港招商局向中国国务院提交了一份《关于我驻香港招商局在广东宝安建立工业区的报告》(凡下简称《报告》)。该《报告》说:"为了更好地贯彻党中央的批示,香港招商局要求在广东宝安蛇口公社建立工业区,这样可以利用国内较廉价的土地和劳动力,又便于利用国外的资金和先进技术,对实现我国交通航运现代化和促进宝安边防城市工业建设,以及对广东省的建设都将起到积极作用。"

香港招商局起草的这份《报告》,摒弃了"一无外债,二无内债"的传统观念,突破了"不用西方世界资金"的思想禁区,郑重提出"多方吸引港澳与海外资金"

等大胆设想。"面向海外"、"冲破束缚"、"来料加工"、"跨国经营"、"适应国际市场特点"、"走出门去做买卖"等提法,在当时都是陌生的,既令人耳目一新,又令人触目惊心。来自地方基层的建议,引起了上至中央、下至省一级层次的重视和关注。邓小平等中央领导人、广东省委的主要领导,都是"文化大革命"后复出的老干部,时代的变迁和民族的兴衰使他们共同产生出一种强烈的发展经济、振兴中华的历史使命感。

1979 年 1 月 31 日,中央政府决定在深圳成立蛇口工业区,并由隶属中国交通部的香港招商局负责组织实施。就这样,蛇口成为中国第一个外向型经济开发区。这里最早按照市场经济模式与国际惯例发展经济;最早更新思想观念、发展理念和经济动力;最早成功地建立全新的劳动用工制、干部聘用制、薪酬分配制、住房制度、社会保险制、工程招标制及企业股份制,蛇口被视做中国改革"试管",开放的"窗口"。蛇口工业区的诞生,标志着中国经济重入现代世界经济体系。

二、深圳经济特区的创办

就在蛇口开发"第一声炮响"的同时,中央正酝酿另一项更大的开放举措。1979 年 4 月下旬,中央召开专门讨论经济建设的工作会议。当时的广东省委提出:希望中央下放若干权力,让广东在对外经济活动中有较多的自主权和机动余地,允许在毗邻港澳的深圳和珠海及属于重要侨乡的汕头举办出口加工区。中央领导同志对这个设想表示赞同。

1979 年底,正是中央决策创办特区工作的关键时刻,广东省委和省政府邀请港澳人士召开了关于广东改革开放及创办特区的座谈会。由于思想上条条框框多和缺乏经验,广东省最初拟定的特区相关文件中限制多、管卡牵制多,但如何按国际惯例办事,给外商让利和优惠,营造良好投资环境,却提得很少。当时,广东省在研究特区政策时,准备将特区企业所得税率定为 30%。不少港澳人士提出,香港税率才 17%,如果特区税率比香港还高,会严重影响外商投资的积极性。当时参加座谈会的爱国港商庄世平先生更是直言:我们办特区的现有优势,仅仅在于众多的廉价劳动力和低廉的厂房租金。所以在法规的规定上,特别在税收上,一定要显得比其他国家和地区更加宽松和优惠,让外商感到有吸引力,有利可图。否则,由于我们在整个环境上的劣势,我们将难以在竞争中取胜。

按照中央赋予的特殊政策和灵活措施的精神,特区要给投资者比周边国家和地区所设立的出口加工区更优惠的条件,为投资办厂提供尽可能多的方便。经过反复研究、权衡,1980 年 8 月 26 日,第五届中国人民代表大会常务委员会第十五次会议正式批准施行《广东省经济特区条例》,规定设在经济特区的外商投资企业、在经济特区设立机构、场所从事生产、经营的外国企业和设在经济技术开发区的生产性外商投资企业,按 15% 的税率征收企业所得税,略低于香港。

中央给予深圳特区的"特殊"政策,主要的内容可以概括为四条:一是特区的经济发展,主要靠吸收和利用外资,产品主要供出口。特区经济是在社会主义经济领导下,以中外合资和合作经营企业、外资独资经营企业为主,多种经济并存的综合体。这不同于内地以社会主义国营经济为主。二是特区内的经济活动,以市场调节为主。这不同于内地以计划指导为主。三是对于来特区投资的外商,在税收、出入境等方面给予特殊的优惠和方便。四是经济特区内实行不同于内地的管理体制,有更大的自主权。用当时的话说,叫做"跳出现行体制之外"。

随着《广东省经济特区条例》的实施,一个面积比蛇口更大的经济功能区——深圳经济特区正式建立,8 月 26 日这一天也成为了深圳经济特区正式成立的纪念日。

第二节　港资北上的大潮

一、近水楼台先得月

纵观世界各国对外开放的历史,大多首先从地理接近、交通方便、人缘亲近的边境地区,以当时最方便、最灵活、最易被人接受、费用成本最低的方式开始。深圳与香港仅一河之隔,山水相连、语言相通、风俗习惯相融、交通便捷,港商来深投资具有天时、地利、人和的优势。港商在深投资,香港居住,来往方便。物料今天在深圳加工,明天就可把产品运抵香港的码头运往世界各地,完全能满足国际采购商的产品交货期的要求。在深圳吸引的所有外资中,港商为什么投资最早、项目最多、资金最大、排名最前,就是地缘因素起了关键作用。

香港是全球著名的自由港,具有世界最好的市场环境、国际资源、法制环境和港口条件。20世纪50年代初,香港开始大力发展出口加工业。在出口的带动下,香港经济持续高速增长。到70年代,制造业在香港国民生产总中所占的比重已达23%,成为香港经济的支柱产业。其中服装、玩具、钟表、收音机、首饰等十多种产品的出口已居世界前列,成为亚太地区重要的轻工业制造中心,被誉为"东方明珠",是亚洲"四小龙"之一。但由于香港的工业结构相对单一,主要工业部门是劳动密集型的轻工制造业,并且中小企业占绝对多数,生产是属于订单型的出口加工型制造业。

同时,香港又是一个高度商业化的社会,制造企业通常以追求短期效益为目标,缺乏技术升级的动力,产品技术含量较低,这就使香港工业发展受到局限,并存许多隐忧。至70年代末,香港出现了高地价、高通胀、高利率的"三高"局面,其工资水平仅次于日本,居亚洲第二位,并出现劳工短缺,营商成本高企,由此导致其劳动密集型产品在国际市场的竞争力开始下降。在这种情况下,如果不加速工业结构的调整、进行产业优化和升级,香港的制造业就难以维持生存。

二、港商跨过罗湖桥

此时的中国内地正值"四人帮"刚刚被粉碎,全国的工作重心逐步转移到经济建设上来。中国改革开放的总设计师邓小平审时度势,以非凡的智慧和远见提出了建立经济特区,推动改革开放的重大战略。港商是天生的经济动物,他们有着极其敏感的市场嗅觉,极其勤奋的拼搏精神,极其大胆的投机意识。一部分目光敏锐的香港商人率先感受到了内地的这种变化,他们被内地开放的政策和低廉的土地、劳动成本所吸引。他们首先把目标投向了与香港仅一河之隔的深圳,深圳成为香港商人进入中国内地的第一站。

从一些资料的对比中,可以看出深圳与香港的劳动力成本相差甚远。深圳有个贫穷的小村,名叫罗芳村,深圳河对岸的香港新界也有个罗芳村。不过,1978 年的深圳罗芳村的人均年收入是 134 元,而香港新界罗芳村的人均年收入达到了 13000 元。当时深圳一个农民劳动的日收入为 0.7—1.2 元,而香港 1 个农民劳动的日收入为 60—70 港元,两者差距悬殊。

香港著名实业家马介璋就属第一批选择跨过罗湖桥,成为早期到深圳投资的港商。很多中外媒体记者,都曾经问过马介璋同一个问题:您当时为什么会做这样的选择? 马介璋的回答很简单,就是对国家的未来发展有憧憬。从 1985 年开始,马介璋在深圳投资 500 万元设服装厂,第二年就增资到 3000 万元,继而他又参与了制鞋、旅馆、娱乐业等投资,在深圳宝安县开发了面积达 30 万平方米的工业村等。在他的带动下,一批港商跨过罗湖桥来到深圳"掘金"。

随着内地改革开放的深入,港商在深圳的投资领域不断拓展,由过去集中在电子、轻纺等工业发展到能源(深圳大亚湾核电站、沙角 B 电厂)、交通(盐田港、广深高速公路等)、房地产、旅游(不少高级酒店是由港商经营的,华侨城"锦绣中华"、"中华民族文化村"、"世界之窗"、"欢乐谷"等旅游景点是由香港中旅集团投资开发的)、金融保险、电讯(深圳与香港英国大东电报局公共有限公司合资组建"深大电话公司")等第三产业。港资除在深圳投资办实体之外,还在科技、信息、劳务输出、人才交流等方面,有着大量的、多层次、多形式的合作关系。香港的投资已由传统的以劳动密集型为主的制造业转向金融、科技、大型基础设施等领域,由过去以制造业为主转向后来的制造业和服务业的并存。

港商在深圳投资领域不断扩展的同时,投资规模越来越大,大项目明显上升。一些香港财团,如香港长江实业、日本(香港)熊谷组集团、新鸿基集团等,加大了投资深圳基础设施项目的力度。其中,1987 年兴建的深圳大亚湾核电站是中国改革开放初期最大的合资项目,也是中国大陆第一座大型商用核电站。当时整个中国的外汇储备仅有 200 亿美元,而一个大亚湾总投资需要 40.72 亿美元,这对刚刚起步的中国经济来说的确是难以承受。为此,大亚湾核电项目采取了一个借贷建设、安全发电、售电还贷的办法,即利用香港充足的电力市场,与香港中华电力有限公司共同斥资组建广东核电合营有限公司,贷款建设大亚湾核电站;等大亚湾核电站安全发电后,将大部分电力输往香港,达到按期偿还外债的目的。① 此外,香港首富李嘉诚的和记黄埔与深圳盐田港集团于1994年共同合资成立的盐田国际集装箱码头有限公司(盐田国际),一、二期总投资达港币72亿元。这是当时深圳经济特区最大的一个合资项目。

香港加工业的持续北上在1987年达到一个质的转折点,它由此而成为亚洲"四小龙"里唯一以工业转移代替工业升级的地区。统计资料显示:香港制造业占GDP的比重从1987年的21.1%迅速下降到1992年的10.4%。短短6年时间,降幅达10.7个百分点,显示20世纪80年代末港资北上已呈现出加速发展之势。② 当然,也有香港研究机构提出,若从居民角度(即GNP)看,香港制造业北移,只是把生产环节和加工基地延伸到深圳和珠三角。虽然香港本土的制造业比重大幅下降,但若计入香港外发深圳和珠三角加工创造的增加值,则1999年香港扩大了范围的制造业增加值占GDP的比重约为21.3%,与80年代初相差无几。从GNP的角度来说,改革开放以后香港制造业北移不但没有削弱工业生产活动,反而是利用内地的优势进一步强化了工业在香港经济中的基础地位。③

根据深圳统计部门公布的数据,截至2008年年底,港商实际投资累计322.99亿美元,占深圳全市吸引外资总额的61.96%。④ 最新的资料显示,2009年1—11月,深圳实际利用港资金额27亿美元,约占深圳全部实际利用外资(41亿美元)的66%。⑤ 根据香港工业总会委托香港大学于2007年公布的调查结果:港资企业及其他合同形式的港资企业在珠三角成立了约55200家制造企业,工厂数目估计有57500家。其中,港资企业在珠三角以外商投资企业或港澳台投资企业的登记类型成立了约22900家制造企业,工厂数目估计有23700家。其他合同形式的港资企业在珠三角以集体企业、私营企业或其他内资登记类型,

① 参见邓小昆、雷晓:《邓小平播下的一颗种子——大亚湾核电站》,广东核电集团网站(见 http://www.cgnpc.com.cn/n1093/n14628/n14959/n16434/n1413969/1759911.html)。
② 参见香港政府统计处:《按经济活动划分的本地生产总值——占以当时要素成本计算的本地生产总值百分比》,1980—2008年(见 www.censtatd.gov.hk)。
③ 参见中银香港:《新工业化——香港经济转型的出路》,《中银经济月刊》2001年。
④ 根据《深圳年鉴》(2008年和2009年)数据整理。
⑤ 参见《2009年11月份深圳外商直接投资统计月报》,深圳科技工贸和信息化委员会网站(见 http://www.szsitic.gov.cn/Index22/372.shtml)。

以其他合同形式投资成立的企业,估计约有 32300 家,工厂数目估计约有 33800 家。调查结果还显示,深圳及东莞是港商投资最多的城市,分别成立了 11500 家及 14300 家企业,设立了 13500 及 14300 家工厂。①

三、"香圳"大都会回望

随着香港的生产环节和资金、技术等要素通过不断转移的方式扩散到广东珠三角地区,香港和珠三角地区之间的"前店后厂"模式也逐步成型。所谓"前店后厂",即香港主要承担两地产业分工体系中"店"的角色,具体负责生产的融资和管理、产品的设计和销售等高端环节;深圳等珠三角城市主要承担着两地产业分工体系中"厂"的角色,具体负责工厂的建设和运营、产品的生产和组装等低端环节。这种"前店后厂"的产业分工模式在港商进入深圳和珠三角的二十多年里取得了巨大成功,珠三角迅速成长为全球闻名的加工制造业基地,香港则成为全球最发达的生产性服务业中心之一。而港资北上的同时,香港经济也因此延伸到深圳。

港资北上对深圳的意义非同小可。正是在港商的引领下,深圳的产业得以迅速切入到国际产业链的分工当中,使深圳的工业化从一开始就带有浓郁的市场化和国际化的基本特色。甚至可以说,没有港资,就没有深圳工业化的起飞。

深圳与香港之间的经济联系如此之紧密,从两地相接的陆路口岸通关情况可窥见一斑。罗湖口岸是深圳与香港之间最早的口岸,1976 年以前,每天从罗湖桥进出境的旅客只有几千人。随着改革开放大潮的兴起,罗湖桥上的客流量与日俱增。1979 年,从罗湖桥出入境的人数约为 590 万人次。随着深圳经济特区的开放,罗湖桥上的出入境人数到 20 世纪 80 年代初已激增至上千万人次,罗湖口岸从此成为中国内地客流量最大的陆路边境口岸。今天,连接深圳和香港之间的陆路口岸已有六个,无论是人流和车流都是改革开放之初难以想象的数字。根据香港运输署的统计资料:人员流动方面,2009 年经深港六大口岸往返

---

① 参见香港工业总会:《珠三角制造——香港工业的挑战与机遇》,2007 年 4 月(见 www.industryhk.org)。

两地之间的旅客共计 1.67 亿人次,平均每天有 45.7 万次往返于深港口岸;车辆流动方面,2009 年经深港六大口岸往返两地之间的车辆共计 1473 万架次,平均每天有 40357 架次往返于深港口岸。①

美国学者理查德·佛罗里达(Richard Florida)和地理学家合作,以卫星观测夜间城市灯光并惊异地发现,地球上目前夜间灯光最亮的地方之一就是中国华南地区的香港和深圳,并且断言这是一个新的特大城市将要出现的先兆,他甚至给了灯光连成一片的两个城市取了一个名字叫"Hong-zhen"(香圳)。② 显然,在国际观察家看来,深圳和香港这两个城市已经成为不可分割的一个大都会。香港特别行政区中央政策组首席顾问刘兆佳教授也认为,香港与深圳连为一体,不仅经济规模加起来稳执全国牛耳,而且功能齐备,设施完善,内引外联都最具备独特的优势。展望到 2020 年,两地整合为拥有 3200 平方公里、1500 万人口的亚洲首要国际都会,与广大腹地和海外市场紧密联系;其经济总量、人均 GDP、进出口贸易和服务输出,都将跻身于世界级大都会的前列,与北美与西欧的大纽约、大伦敦相媲美。③

第三节　将深圳植入世界经济

一、"三来一补"的低端起步

1978 年,中国的国门重新打开之后,"出口创汇"成为对外开放的重要目标。围绕"出口创汇"这个目标,中国一方面大力引进出口导向型的外商直接投资,政府采取了多种措施,包括建立经济特区、完善基础设施、对外资实行超国民待

---

① 参见香港运输署:《二零零九交通运输资料月报》,2009 年 12 月(见 www. td. gov. hk)。

② Cf. Richard Florida, "Thinking Big for Florida", September 2008 (www. floridatrend. com).

③ 参见刘兆佳:《在第一届深港合作论坛上的致词》,2006 年 8 月 3 日。

遇的税收优惠政策;另一方面中国则采取出口退税等鼓励措施刺激本土企业扩大出口。其中最为重要的政策措施之一,就是实行加工贸易政策,即企业用于加工复出口的进口料件,进口时免征关税和进口环节税。这一政策消除了中国的高关税壁垒对使用进口料件的阻碍。随着加工贸易在中国国内产业增值链条的不断延伸,海关、检验检疫等监管部门在通关政策方面也不断优化调整,使得加工贸易在中国获得了长足的发展。中国的加工贸易进出口总额从 1981 年的 25 亿美元,增长到 2009 年的 9093 亿美元,增长了 360 倍以上。

中国实行对外开放政策之际,正值世界政经局势发生重大变化,经济全球化和区域经济一体化成为时代的潮流。两次石油危机和世界经济危机的爆发,严重打击了西方发达国家的重化工业,迫使这些国家大力推进技术创新,发展高附加值、低耗能的技术密集和知识密集型产业,而将劳动密集型和部分资本密集型产业进一步向国外转移。与此同时,亚洲"四小龙"的劳动力成本迅速上升,廉价劳动力的优势迅速丧失,并将已经失去比较优势的劳动密集型产业向中国等成本更低的国家转移。

深圳作为中国第一批经济特区,凭借良好的区位优势及所得税优惠政策,吸引大批港商来到深圳投资办企业。深圳从当时生产力水平极低的实际出发,在较差的投资环境制约下,引进外资主要采取"三来一补"形式,最先实践的就是放开手脚大量引进"三来一补"企业。所谓"三来一补"就是来料加工、来样生产、来件装配和补偿贸易。办厂的资金由外商筹集,设备、原料或元器件由外商购进,工厂技术管理由外商负责,产品由外商在境外市场销售;中方则派出适量工作人员协助管理,提供劳力、土地或厂房、生活设施,搞好供水、供电、邮电通信、道路交通等投资环境建设和境内后勤服务,收取加工费、管理费、服务费、厂房租金、土地使用费,产销盈亏由外商负责。

中国第一家"三来一补"企业就诞生在深圳。这张协议书签订于 1978 年 12 月 18 日,也就是十一届三中全会开幕的那一天。落款的双方分别是宝安县石岩公社上屋大队和香港怡高实业公司。这家工厂于 1979 年春节正式开工,生产的唯一产品是吹风机发热器里的线圈。目前,这份合作协议还保存在深圳市博物馆。

"三来一补"这种模式,使深圳获得了大量的廉价技术、设备和部分资金,迅速提高了人民的收入,稳定了人心。同时也为面临窘境的港资制造企业带来了新生,港商通过把劳动密集型产业转移到深圳,避免了香港经济不景气和高生产成本的打击,而遭致破产倒闭的厄运。深港产业优势互补、互利互惠的合作,使双方都尝到甜头。这使得"三来一补"企业在深圳迅速发展,并带动了深圳城市基本建设和其他事业的发展,大面积兴建厂房,完善工业区设施,呈现出"路通厂立"的兴旺局面。到 20 世纪 80 年代末,深圳几乎所有的行政村都办起了工业区,拥有不断增多的工厂群。

在 20 世纪 90 年代中期以后,随着中国改革开放的深入和中国对外贸易的发展,来样加工、来件装配和补偿贸易业务日趋减少或消失,"三来一补"当中只剩下"来料加工"还保有一定的规模。这时候,中国引进外资的形式也从"三来一补"发展成为合作、合资、独资等多种形式。同时,从国家到地方层面,来料加工占加工贸易的比重也呈现明显的下降态势,比重越来越低。以"三资"或者"独资"形式存在的进料加工的比例则不断提高,逐渐成为加工贸易的主要方式,最具代表性的企业就是台湾的富士康。来自海关的统计数字显示,2009 年深圳市进料加工进出口 1289.3 亿美元,占同期深圳市加工贸易进出口总值的86.6%;其中,进料加工出口 794 亿美元,进料加工进口 495.3 亿美元。① 同期,来料加工进出口 199.1 亿美元。"来料加工"加上"进料加工",就构成了当前中国加工贸易的主要内容。②

在改革开放中率先发展起来的"三来一补"贸易方式,是中国沿海地区加工

---

① 参见林培忠、李论:《深圳加工贸易进出口下跌趋缓,持续发展面临三大威胁》,深圳海关网站(见 http://shenzhen.customs.gov.cn/publish/portal109/tab37316/info211542.htm)。

② 根据中国《加工贸易审批管理暂行办法》([1999]外经贸管发第 314 号文),加工贸易指从境外保税进口全部或部分原辅材料、零部件、元器件、包装物料,经境内企业加工或装配后,将制成品复出口的经营活动。加工贸易包括来料加工和进料加工。其中,来料加工属于受托性质的加工贸易业务,是指进口料件由外商提供,即不需付汇进口,也不需用加工费偿还,制成品由外商销售,经营企业收取加工费的加工贸易。进料加工属于境内企业自主经营性质的加工贸易业务,是指进口料件由经营企业(包括"三资"企业和内资企业)付汇进口,制成品由经营企业外销出口的加工贸易。

贸易的雏形。"三来一补"作为一种由外商控制需求市场、技术水平不高的加工工业,是中国沿海地区发展外向型经济初期积累资金和经验的一个重要过渡阶段和初级形式,对中国对外贸易发展起到非常大的促进作用。特别是对于中国成为吸收外资大国发挥了不可替代的作用。① 至今,中国国内仍有许多"三来一补"企业。而20世纪90年代以后,进料加工企业的大规模发展,是外商经过一段时期熟悉中国投资环境的必然结果。在深圳,一些较大的进料加工企业都是由"三来一补"企业转型发展起来的,比如康佳公司、中华自行车、嘉年印刷厂、家乐家私、华强三洋等。

二、加工贸易推动经济国际化

回顾深圳对外开放30年历程,有一个明显的特点,那就是加工贸易是深圳对外贸易起飞的基点,并始终占有主体的位置。在深圳经济特区建立初期,发展加工贸易是优惠政策下效益最快最好的形式。深圳的加工贸易起步于20世纪80年代初期,当时主要集中在传统的劳动密集型行业,产品的技术含量低,附加价值少的来料加工业务。进入20世纪90年代,特别是1994年后,深圳加工贸易开始从来料加工为主向进料加工为主转变,这标志着深圳加工贸易从早期的单一受托加工方式,已经向自营生产、自主面向国际市场转变,部分企业步入由原材料技术和市场的"两头在外"的模式转变为原材料技术内外结合、市场在外的新的模式发展轨道。这一时期以技术和资本密集为特征的高新技术产业加工贸易取得了突飞猛进的发展,加工贸易出口领域中的高新技术产品份额大幅度上升,加工贸易产品的增加值明显上升。1998年高新技术产业加工贸易出口额占全部加工贸易出口额的37.2%,占深圳全市高新技术产品出口总额的95%以上。从出口产品结构来看,主要集中在计算机及其相关、信息通信、广播视听产品、光学仪器领域,四个领域的出口总额占高新技术产业加工贸易出口总额的96.25%,出口地主要集中在美国、欧洲、中国香港、日本、新加坡等国家和地区。

随着参与国际产业链分工的深化,深圳逐步形成了较为完善的加工贸易产

---

① 参见隆国强:《加工贸易转型升级之探讨》,《国际贸易》2008年第12期。

业链体系,产业分工格局也开始从以加工装配为主的低附加值环节向研发设计、品牌、关键设备、关键零部件、中间产品生产和物流配送等高增值产业链环节延伸。同时,加工贸易方式使深圳已经发展成为中国高新技术产业的一个重要加工基地。从出口产品结构来看,2007年加工贸易高新技术产品出口576.7亿美元,占深圳加工贸易出口额的54%;加工贸易机电产品出口950.5亿美元,占深圳加工贸易出口额的88.9%。这其中,外商主导的加工贸易企业发挥了重要的作用。统计资料显示,2008年深圳规模以上外商投资企业实现工业增加值达2260.2亿元,占深圳全部规模以上工业增加值的64%。① 2009年,深圳市加工贸易项下外商投资企业出口802亿美元,占同期深圳市加工贸易出口总值的86%。

正是由于发展出口加工业,深圳经济得以迅速切入国际产业分工体系。这种高度国际化的外向联系,使得深圳比较好地抓住了国际产业转移的机遇,通过大力发展加工贸易,深圳迅速实现了经济起飞和工业化的目的,并在中国对外开放过程中走在了前列。深圳出口的产品从开始的自行车、纺织、服装、钟表、珠宝、印刷、家具、玩具等行业的企业群、产业链形成,到后来计算机、通信、电子元器件、光电、芯片等现代高科技产业链、企业群的形成,使得深圳和周边的珠三角地区成为享誉全球的"世界工厂"。

从"三来一补"加工贸易到"三资"企业的自产产品贸易,从劳动密集型产品贸易到高新技术产品贸易,从依托港澳的间接国际贸易到多元化直接国际贸易,从引进一般制造业企业到引进跨国公司,从引进外资到对外投资,从引进技术到技术输出,深圳实现了外向型经济由小到大、由弱到强,对外开放水平由低到高的历史性跨越,而深圳也从一个名不见经传的边陲小县跃身中国大中城市前列。

---

① 参见深圳市统计局:《深圳市2008年国民经济和社会发展统计公报》,www.szsitic.gov.cn,2009年3月24日。

表 7－1 深圳加工贸易在中国的地位（2009 年）

单位:亿美元

项目	中国	深圳	深圳的比重（%）
加工贸易进出口额	9093	1488	16.36
加工贸易出口额	5870	932.3	15.88

不过,在经济迅速崛起的同时,深圳也开始面临亚洲"四小龙"在 20 世纪 70 年代遇到的成本上升难题。在进入 21 世纪的头几年,深圳发现自己正在面临土地、资源能源、人口和环境等"四个难以为继"瓶颈的掣肘。第一,土地、空间方面,深圳市剩余可开发用地不足 200 平方公里,且绝大部分集中于特区外,按照传统土地开发速度,深圳很快将面临无地可用的局面。第二,水资源、能源方面,深圳市是全国七大严重缺水城市之一,但自 2004 年起,深圳市用水每年以约 7000 万立方米的速度增长。深圳没有一次能源,全部能源需市外进口。近几年,深圳市电力供应高峰负荷和总用电量增长速度为 15%—20% ,均高于每年 GDP 的增长速度。深圳电力短缺已经成为一个常态。第三,人口方面,深圳市实际管理人口已超过 1200 万,其中约 1000 万为暂住人口。按实际管理人口计算,深圳人口密度约为 5500 人/平方公里,远远高出其他大中城市,城市已经不堪人口重负。第四,环境容量已经严重透支,水环境污染严重,陆域水体已无剩余环境容量,造成水体水质严重恶化。

"四个难以为继"形势的出现,表明经过 30 年的发展,深圳的要素禀赋和比较优势已发生了根本性的变化,深圳的资源环境负荷量已近饱和,原有的成本比较优势逐步削弱,深圳城市不断增长的发展需求与资源有效供给不足的矛盾在这一阶段开始逐步"爆发"。这将迫使深圳产业层次偏低的加工贸易产业向成本更低中国其他地区转移,以腾出空间承接和发展新的高附加值产业。如何推动加工贸易转型升级成为深圳未来一段时期内面临的重要任务。

第四节　中国外向型经济的先行者

回顾深圳 30 年引进外资的历程,不难发现,这是一个数量由少到多、规模由小到大、档次由低到高的过程。在初期,引进的外资以香港资金为主,在全部境外投资中,来自香港的资本占 80% 以上。而港商也是从开始的"投石问路",慢慢了解中国内地改革开放的决心及有关政策,到大胆地投入更多的资金和设备,不断扩大生产规模。从办小厂到办大厂,从办一个厂,到办几个厂,从办来料加工厂到办合资厂、合作厂或独资厂(简称"三资"企业)。港资一动,又带动了美、英、日等外资。外商投资企业在带来资金、先进技术的同时,带来了先进的管理方法和运行机制,促进了深圳市经济市场化的进程。

一、经济开放雏鹰起飞

从引进外资起步,深圳经济发展从一开始就参与到全球经济一体化进程当中,充分利用比较优势,持续扩大对外开放,形成了各种国际要素资源的快速聚合。20 世纪 80 年代初,深圳顺应香港等亚洲"四小龙"加工业向低成本地区转移的趋势,大力发展"三来一补"和加工贸易。从 1979 年到 1983 年底,深圳与外商签订各种协议合同约 2500 项,其中"三来一补"占总项目的 81%。20 世纪 80 年代中期,深圳经济特区制定了艰苦爬坡、实现工业经济向外向型转变的计划。据统计,到 1984 年底深圳全市累计引进项目总计 3493 项,其中"三来一补"2695 项,占 77%;累计实际利用外资 60869 万美元,其中"三来一补"11259 万美元,占 18.5%。这些"三来一补"项目遍及轻工、食品、纺织等劳动密集型等行业,为深圳外向型经济的腾飞打下了牢固的基础。

不过,深圳工业化的腾飞应该是 1985 年以后。在此之前,深圳经济主要还是基础建设和全民经商的格局。前深圳市委书记李灏回忆道:"那时候内地有一个说法,深圳就会赚内地的钱,只知道从外国进口点洋货比如计算器等等这种轻工产品,拿到内地去卖,结果搞得一塌糊涂,深圳那时候名声很不好。"经过深入的分析,深圳最初的主政者认为把以工业为主发展外向型经济作为关键来抓,才能推动整个综合性经济特区加快发展。时任深圳市委书记的李灏也广泛宣传发展"轻、小、精、新"的工业。1985 年 11 月,中国国务院在深圳召开了"深圳经济特区发展外向型工业座谈会"。在这次会议上,时任深圳副市长的周溪舞代表市政府作了题为《加强内部经济联合,促进深圳工业外向型发展》的汇报发言。

1986 年 1 月,原国务院副总理谷牧在深圳主持召开第二次全国特区工作会议,会议明确中国经济特区建立外向型经济的发展目标和工作重点,并按小平同志要求的那样努力建成为"技术的窗口,管理的窗口,知识的窗口,对外政策的窗口"。2 月 7 日,国务院批转《经济特区工作会议纪要》,要求特区产业结构应以具有先进技术水平的工业为主,工业投资以吸引外资为主,引进应以先进技术为主,产品以出口为主。随着产业结构的不断调整,深圳高新技术产业发展进入起步阶段。第二次全国特区工作会议之后,深圳正式确立发展以工业为主的外向型经济。这个转机确立了深圳外向型经济的基本发展思路。

下面这一组数据可以清晰地反映上述事实。1980—1984 年,深圳引进外资的投向主要集中于房地产业、交通运输、邮电通信业和商业、饮食、仓储业,工业项目实际利用外资仅占 39.6%。1985 年开始,深圳市引导和鼓励投资工业项目,围绕发展外向型经济利用外资,工业项目迅速发展。1985 年工业项目利用外资所占比重上升到 65%,其后 10 年中,工业行业实际利用外资基本在 60% 以上。到 1989 年,深圳出口总值中工业产品的出口比重超过 70%,深圳自产产品出口占出口总值的 63%,初步建立起以工业为主的外向型经济体系。①

二、外资涌入,高潮迭起

到 20 世纪 90 年代,深圳对外开放进入了一个新的发展阶段。很明显地,在

---

① 参见周溪舞:《深圳以工业为主发展外向型经济的轨迹》,《特区理论与实践》2008 年第 4 期。

1992 年邓小平南方谈话以后，美、日、欧等国家和地区的外资开始加快进入深圳的步伐，深圳引进外资的来源呈现多样化的格局。

重新检视深圳引进外资的历程，不难发现，大致经历了下面三个阶段：

第一阶段主要是由 20 世纪 80 年代初期开始的承接香港制造业的产业转移，这次转移的方式主要是"三来一补"，所带动的产业主要包括纺织、服装、鞋帽、玩具、日用品等技术含量低的劳动密集型产业。香港产业转移主要采取"前店后厂"的模式，以"两头在外"的加工贸易出口工业为主，研发、采购、储运、融资、市场营销均在香港，只有产品加工环节留在深圳。

第二阶段主要是始于 20 世纪 80 年代后期，来自台湾地区传统制造业和电子产业的转移。其转移方式主要是投资办厂和贴牌生产相结合，转移的产业主要为电子电器、精密仪器等资本和技术密集型产业。此外，与港资比较，到中国内地投资的台资企业产业链关联性强，注重相互配套和产业链的搭建。往往一个大型台资企业，在一个地方投资，都能带动许多与之配套的上下游企业尾随而至，形成完整的产业链。著名的"代工大王"——富士康于 1988 年在深圳建立首个工厂之后，目前已在深圳的龙华片区建立起一个巨大的产业群。

第三阶段始于 20 世纪 90 年代初欧美和日本制造业的产业转移。主要涉及电子通信设备制造业、交通运输设备制造业、化学原料及制品业、仓储和邮电通信业、房地产、物流、批发和零售贸易、餐饮业等行业，相对集中于技术密集型产业和资本密集型产业。

事实上，在 20 世纪 90 年代初期，随着深圳引进来自台湾、日本的资金逐年增多，尤其是欧美资金进入深圳步伐的加快，港资占深圳吸引外资的比重有所下降。统计显示，1987—1994 年深圳实际利用港资的年均增长率为 21.51%；1995—2001 年深圳实际利用港资的年均增长率仅为 9.1%，引进港资的增长速度明显降低。① 在外资多样化的同时，深圳引进外资的形式则从最初的"三来一补"、"三资"企业发展到对外借贷、国际租赁、创办保税区等，投资规模和行业技术水平也有了显著的提高。

---

① 参见深圳市统计局：《深圳统计年鉴》2002，中国统计出版社 2002 年版。

表7-2　深圳实际利用外资情况(1980—2008年)①

单位:亿美元

年份	实际利用外资	实际利用FDI	第二产业		第三产业	
			实际利用外资	占全部外资比重	实际利用外资	占全部外资比重
1980	0.33	0.28	0.14	42.00%	0.18	56.00%
1985	3.29	1.80	0.65	19.89%	2.63	79.89%
1986	4.89	3.65	3.19	65.16%	1.69	34.55%
1990	5.19	3.9	3.23	62.31%	1.95	37.64%
1995	17.35	13.10	12.11	69.79%	5.20	29.96%
2000	29.68	19.61	22.81	76.84%	6.86	23.11%
2005	—	29.69	18.18	61.24%	11.49	38.71%
2006	—	32.69	18.91	57.85%	13.76	42.10%
2007	—	36.62	18.14	49.54%	18.47	50.43%
2008		40.3	15.3	37.97%	24.98	61.98%

表7-3　深圳实际利用外资的来源(1986—2008年)②

年份	中国香港(含澳门)	中国台湾	日本	美国	法国	英国
1986	78.86%	—	14.32%	5.23%	1.02%	0.03%
1988	63.47%	0.71%	32.79%	0.66%	1.13%	0.01%
1992	64.49%	0.66%	22.09%	2.84%	4.51%	1.55%
1993	64.56%	3.16%	14.54%	10.15%	2.20%	0.04%
1998	71.69%	1.36%	3.51%	1.69%	9.64%	3.53%
2001	53.91%	3.47%	2.27%	1.65%	7.75%	2.29%
2005	53.05%	1.79%	2.22%	3.05%	0.49%	2.87%
2008	63.75%	1.13%	0.72%	1.89%	0.22%	0.23%

①　参见深圳市统计局:《深圳统计年鉴》(2009),中国统计出版社2009年版。
②　参见深圳市统计局:《深圳统计年鉴》(2002),中国统计出版社2002年版;深圳市统计局:《深圳统计年鉴》(2009),中国统计出版社2009年版。

20 世纪 90 年代以后,跨国公司逐渐成为了国际产业投资的主体。它们依靠雄厚的资金、先进的技术和管理优势,实行全球投资,进行跨国、跨地区、跨行业的生产和经营,推动全球资源的优化配置。根据联合国贸发会议(UNCTAD)的估计,2008 年全世界跨国公司总数达 8.2 万家,这些跨国公司的附属企业总数达到了 81 万家。这些跨国公司控制着 50%—60% 以上的国际贸易额,90% 以上的海外直接投资,国际技术贸易的 60%—70%,产品研究和开发的 80%—90%。① 跨国公司已成为国际贸易、国际投资和国际研发的主要承担者。这些公司在世界经济中发挥着主要作用,且作用愈来愈大。

在以跨国公司为主导的经济全球化背景下,深圳凭借毗邻香港,拥有海陆空众多的口岸,基础设施完备,城市功能齐全,引进来和走出去都很便利,不仅适合发展制造业,也适合发展服务业和各项社会事业,经济活跃度大,产业关联度较高,配套优势明显,市场发育比较成熟,生产要素能够得到合理、有效的配置,投入产出比较高,有利于资本流入等诸多有利条件,积极吸引跨国公司进入。因此,从 20 世纪 90 年代开始,深圳引进外资的规模快速扩大、技术含量越来越高,世界 500 强纷纷开始到深圳投资,深圳外贸出口持续高速增长。

三、深圳出口蝉联冠军

与此同时,深圳面临的国内外环境也在悄悄地发生改变。在国际市场竞争、营商成本上升、资源环境承载力下降,以及中国内地全方位开放等多方面因素的叠加影响下,以深圳加工型经济原来的一些优势开始逐渐丧失。面对这种情况,深圳密切注视全球经济格局的变化,追踪产业结构调整的潮流,把调整优化产业结构特别是发展高新技术产业列入重要议程。大力发展高新技术产业,推动高科技产品出口,是深圳从外向型经济向开放型经济转型的一大标志。根据深圳科技部门的统计,1992 年深圳高新技术产品的出口额仅有 1.92 亿美元,1995 年增加到 17.10 亿美元,1999 年已达 51.33 亿美元,平均每年增长 31.63%,高新技术产品出口逐步成为推动深圳对外出口的重要动力。

---

① Cf. UNCTAD:World Investment Report(2001－2009).

　　进入 21 世纪,特别是中国加入世界贸易组织(WTO)之后,深圳进入对外开放新阶段。开放型经济的地位更趋稳顾,与国际经济的融合也达到前所未有的高度。到 2008 年底,在深圳投资的世界 500 强跨国公司总数累计达 164 家,引进了一批高新技术产业大项目和研发机构。例如,英特尔公司在深圳设立应用及设计中心,甲骨文公司和爱立信公司在深圳设立研发中心,杜邦公司在深圳建立薄膜太阳能电池生产线;沃尔玛、索尼、IBM、阿尔卡特等十多家跨国公司来深设立了采购中心;吉之岛、百安居等一批外资商贸企业进入深圳。截至 2008 年底,深圳共批准外商直接投资项目 4 万多个,累计实际利用外商直接投资414.61 亿美元。① 即便在国际金融危机深化发展的 2009 年,深圳实际利用外资仍然达到了 41.6 亿美元。

　　外商投资企业和跨国公司在深圳的迅速发展,带动了深圳对外贸易的超常规发展。1979 年,深圳外贸进出口额为 0.17 亿美元,其中出口额仅 0.09 亿美元。2009 年,深圳外贸进出口额达 2701.55 亿美元。其中,出口额为 1619.79 亿美元,占中国 2009 年出口总额的 13.5%;高新技术产品出口额达 850.48 亿美元,占中国 2009 年高新技术出口总额的 22.57%。开放成就了深圳,外向型经济也成为深圳的最大优势和特色。自 1993 年深圳的出口总额(83.3 亿美元)跃居中国大中城市首位以来,迄今深圳已连续 17 年蝉联中国大中城市对外出口之冠。统计资料的对比可以发现,深圳的出口总额约占全球出口总额的 1.1%,这一比例甚至高于印度、巴西、挪威等国家。② 可以说,深圳已成为名副其实的中国对外开放的门户。

---

① 参见深圳市统计局:《深圳统计年鉴》2009,中国统计出版社 2009 年版,第 327 页。
② 根据联合国 Comtrade 统计数据计算。

表7-4　深圳外贸出口在中国的地位① 　　　　　　　　单位:亿美元

类别	2000 年			2009 年		
	深圳	中国	深圳比重	深圳	中国	深圳比重
机电产品	214.30	1053	20.35%	1243.50	7131	17.44%
高新技术产品	66.33	370	17.93%	850.48	3769	22.57%
外贸出口总额	345.60	2492	13.87%	1619.79	12017	13.48%

表7-5　深圳的主要出口市场(**2000、2008 和 2009 年**)②

国家和地区	2000 年	2008 年	2009 年
中国香港	33.40%	39.30%	37.82%
日本	8.90%	—	3.39%
美国	28.90%	17.10%	16.23%
东盟	6.20%	7.33%	—
欧盟③	13.10%	13.80%	13.28%

四、民企抢占国际市场

在与外商投资企业和跨国公司的竞争中,深圳对外经济的另一个重要力量——民营企业(包括集体企业、私营企业和个体工商户)开始迅速崛起,这是深圳由外向型经济的新亮点。20 世纪 80 年代,深圳率先放开外贸经营权,是中国最早将出口经营权由审批制向备案制改革的城市,在外贸出口经营权领域先

---

① 根据《中华人民共和国 2000 年国民经济和社会发展统计公报》,《中华人民共和国 2009 年国民经济和社会发展统计公报》,《深圳市 2000 年国民经济与社会发展统计公报》,以及"2009 年 12 月份深圳对外贸易统计月报",深圳科技工贸和信息化委员会网站(见 http://www. szsitic. gov. cn/Index22/376. shtml)数据整理。

② 根据《深圳市 2000 年国民经济和社会发展统计公报》,《深圳市 2008 年国民经济和社会发展统计公报》以及"2009 年 12 月份深圳对外贸易统计月报",深圳科技工贸和信息化委员会网站(见 http://www. szsitic. gov. cn/Index22/376. shtml)数据整理。

③ 2008 年和 2009 年的"欧盟"系指欧盟 27 国。

行先试,为一大批民营企业突出重围、抢滩国际市场创造了得天独厚的条件,对深圳出口的持续增长起到了重要作用。比亚迪公司 2003 年起,开始以加工贸易方式生产出口产品,并实现了计算机联网监管模式,当年出口即翻了一番,达到 2.1 亿美元;2005 年出口再上新台阶,达到 5.5 亿美元。作为深圳民营企业的新秀,比亚迪通过加工贸易实现了自身的跨越式发展。

深圳越来越多的民营企业,通过深加工结转方式,为跨国公司进行配套生产,加入到国际产业分工的链条中参与国际竞争,有效促进了深圳外向型经济的发展。根据深圳海关网站公布的数据:2008 年上半年,深圳的外贸出口出现历史性拐点:民营企业出口首次超过国企,成为拉动深圳出口持续、高速和效益性增长的重要力量。2009 年,深圳民营企业出口 423.66 亿美元,占深圳出口总额的 26.2%;而同期国有企业出口只占深圳出口总额的 15.1%,民营企业出口超过国有企业出口 11.1 个百分点。①

值得一提的是,深圳民营高科技企业在 2008 年以来的国际金融危机中表现出了良好的抗跌性和顽强的生命力,在深圳总体出口下滑的趋势中保持逆势增长,在抑制经济下滑、吸纳就业人口等方面作出突出贡献,成为深圳外贸出口的一大亮点。更重要的是,外商投资企业主要拉动的是深圳加工贸易的增长,而民营企业出口对一般贸易出口增长贡献巨大。深圳 2008 年一般贸易出口同比增长达七成以上,不仅对拉动深圳出口总额增长功不可没,更重要的是对于提升外贸出口效益起到了关键作用,对深圳由出口大市发展成为出口强市意义深远。

第五节 深圳企业在"狼群"中成长

国际投资理论认为,跨国公司进入东道国后,会对当地企业产生正面的外部

---

① 参见《深圳市 2009 年国民经济和社会发展统计公报》,2010 年 4 月 26 日。

效应。① 这种外部效应主要表现在:跨国公司与当地供应商、分包商、客户的实质性交易可产生关联溢出效应;跨国企业进入东道国后,当地供应商企业为了满足跨国公司对产品质量、可靠性、交货时间等方面的要求而不断改进这些方面的管理与技术;跨国公司对当地员工进行业务培训会提高当地公司劳动生产率;跨国公司进入东道国之后,会对当地企业形成示范与竞争溢出效应的作用等。无论如何,外资企业进入东道国之后,必然伴随本土资本与外资的互动,这种竞争对于原本相对弱小的本土企业可能是激烈的,但在经历了与外资企业的竞争考验之后,依然屹立在中国乃至国际市场的本土企业必定是中国企业的佼佼者。

深圳就有这样一批在外资"狼群"中成长的企业。

一、国际巨头来深圳扎寨

1992 年 7 月,为了谋求尽快加入世界贸易组织,中国国务院作出《关于商业零售领域利用外资问题的批复》,正式拉开了中国商业零售领域对外开放的序幕。中国同意在北京、上海、天津、广州、大连、青岛六个城市和深圳、珠海、汕头、厦门、海南五个经济特区试办一至两家中外合资或合作经营的零售企业。自此,中国的零售业开始出现外资零售巨头的身影。1996 年 8 月 12 日,全球规模最大的零售商沃尔玛正式进入中国市场,它的第一站就选择了深圳。

根据当时中国法律的有关规定,零售业引进外资受到严格控制,并禁止设立外商独资的零售企业。因此,1996 年沃尔玛在深圳的两间门店均以中外合资形式设立。两家颇有实力的深圳国有企业分别与沃尔玛签署了合作协议,一家为深圳国际投资信托公司,另一家为深圳特区发展公司。为了最大限度保持经营的独立性,沃尔玛在合资公司的比重要达到当时中国法律规定的最高限度即65%;同时,合资公司的经营管理全权委托沃尔玛负责,合资公司须向沃尔玛支

---

① 经济学理论认为,外部效应是指在实际经济活动中,生产者或者消费者的活动对其他生产者或消费者带来的非市场性影响。这种影响可能是有益的,也可能是有害的,有益的影响被称为外部效益,外部经济性,或正外部性;有害的影响被称为外部成本外部不经济性,或负的外部性,通常指厂商或个人在正常交易以外为其他厂商或个人提供的便利或施加的成本。

付管理费。这种做法,可能接近国际惯例,但对中方来讲,似欠公平。不管怎样,为了引进这家全球最大的零售商,深圳给予了积极的配合。

沃尔玛进入深圳的手笔非常大,同时设立了两间颇具规模的商店,一间位于深圳福田区的沃尔玛山姆会员店,面积近 2 万平方米;另一间为位于深圳蛇口的沃尔玛购物广场,经营面积约 1.5 万平方米。两间店在业种业态上有所区别。山姆会员店是仓储式折扣商场,采用会员制;购物广场则是大型的超级市场。但这两间店都具备了沃尔玛的主要特点:一是价廉物美,其商品价格普遍低于其他商家,这一点已为深圳市民所公认;二是商品丰富,商品品种接近 3 万种;三是拥有先进的零售经营方式和组织形式,同时非常注重服务殷勤。

沃尔玛一经开业,就在深圳商业同行与消费者之间产生了巨大的反响。消费者的热情大大超出了预料,逛沃尔玛成为当时深圳居民休闲的一项重要内容。面对 1996 年沃尔玛的开业,以及 1997 年另一大全球零售巨头家乐福的进入,深圳商业领域出现了空前激烈的竞争局面,深圳本地的零售业惊呼"狼来了"。在全球零售商业"航母"面前,深圳本地商家无论在实力、规模、经营管理经验等方面都相距甚远,有业界人士甚至认为本土零售业将面临毁灭性的打击。事实上,的确有一些曾经令深圳市民记忆犹新的商场,诸如千百意商场、中百惠商场、金轮百货等,均在与沃尔玛和家乐福的竞争中相继倒闭。①

二、本土企业在"狼群"中成长

不过,面对沃尔玛咄咄逼人的气势,深圳更多的零售企业选择了迎战。价格、服务和找准自己的市场位置成为深圳本土商家关注的焦点。更有趣的是,这一时期,在一些本土商场倒闭关门的同时,另外一些却"明知山有虎,偏向虎山行",相继开业了一批规模更大的大中型商场。以万佳百货② 1994 年 7 月入驻深圳华强北商圈为开端,这家百货店创造性地把国外成功的现代零售模式与中

---

① 参见颜安生:《过度竞争的深圳商业亟待引导与规范》,《特区经济》1999 年第 1 期。
② 2002 年 2 月,华润集团全面收购万佳百货,并于 2003 年 10 月将其正式更名为"华润万家有限公司"。

国的具体国情相结合,成为国际先进零售业态本土化的成功典范。此后,茂业百货、岁宝百货、人人乐集团、新一佳超市等本土优秀零售企业相继诞生,成立于较早之前(1984年)的天虹商场也在危机中成功转型。时至今日,深圳本土零售业并没有由于外资进入而萎缩,相反它们在竞争中变得更加强大。

一组数字的对比或许更能说明这种变化。1996年以前,深圳零售业呈小和散的特征,大型零售企业仅有22家,最大一家的零售额尚没有进入全国100名行列。沃尔玛进入深圳之后,内资企业万佳百货、天虹商场、茂业百货纷纷开设分店扩大经营规模,尤其是香港华润集团收购万佳百货之后,在很短的时间里,深圳出现了具有区域影响力的零售业巨头。根据2010年3月公布的中国连锁百强榜,包括华润万家(第5位)、新一佳超市(第18位)、天虹商场(第33位)、人人乐(第37位)、海王星辰(第70位)、岁宝百货(第84位)等9家总部位于深圳的企业进入榜单。[①] 可以说,正是由于深圳本土企业经历了世界一流企业的竞争压力,以及随之而来的国际先进的经营理念、零售业态、经营管理技术,造就了深圳一大批优秀的零售企业,才有了今天中国零售业的"深圳军团"。今天回过头来看,沃尔玛、家乐福进军深圳的1995年前后,是深圳零售业发展从量变到质变,也是奠定深圳零售企业未来在全国地位的重要阶段。

再回到沃尔玛。截至2010年,沃尔玛已经在深圳开设了17家商场,包括沃尔玛购物广场、山姆会员商店、沃尔玛社区店、惠选折扣店等四种经营业态。以深圳为基地,沃尔玛迅速向广东省拓展。根据沃尔玛中国网站公布的资料,到2010年初广东省已有48家沃尔玛商场。[②] 相比之下,沃尔玛在中国华东地区,特别是上海的布局就显得不那么顺利了。上海其实一直是沃尔玛进入中国后的重要目标,直到2003年,沃尔玛才正式进入上海,其选址落在偏离市区的杨浦区五角场。

沃尔玛在中国华东地区布局受阻的原因众说纷纭,其中一个原因认为:上海

---

① 参见中国连锁经营协会:《2009年中国连锁百强》,2010年3月25日(见 www. ccfa. org. cn)。

② 参见沃尔玛中国网站(见 http://www. wal-martchina. com/walmart/wminchina. htm)。

的中心城区多数是已经成熟并且有着明确定位的商圈,特别是像徐汇区这样的商圈留给沃尔玛这样业态的空间本身已经不多了。① 不过,值得推敲的一个深层次原因,则是上海的本土大型零售企业多为具有国资背景的企业,这些企业除了因为扎根上海时间长,占据了较好的商业地段外,在外资进入的过程中也往往容易得到当地政府的大力扶持。一些知名的上海国有企业在政府的支持与推动下,通过资产重组发展良好,在上海零售领域仍保持着龙头作用。例如,位于2009 年中国连锁零售百强第三名的上海百联集团曾于2004 年4 月通过股权行政划拨方式,获得第一百货、华联商厦、华联超市、友谊股份、物贸中心等中国5 家上市公司的相关股权,并成为这5 家公司的实际控制人。

相比而言,在深圳,国有企业本身相对薄弱,也不容易得到来自政府层面的特别支持。而且某种程度上,深圳的主政者更愿意让市场解决市场的问题。因此,目前深圳发展得比较好的零售企业,多数为在市场中摸爬滚打成长起来的民营企业。当然,也正是因为深圳的市场化程度高,深圳连锁零售企业虽然发展速度快,导致投资主体分散,深圳民营企业在资本运作方面实力就略逊色于上海的国有企业,使得深圳零售业集约化和规模化的程度落后于上海。可以看到,进入中国连锁百强的深圳9 家企业,排名靠前的华润万家、沃尔玛中国,都不是民营企业。不管怎样,外资企业特别是跨国公司进入深圳的确带来了示范效应,其引发的良性竞争效应更是直接提升了深圳企业的整体素质。

第六节　中国民营跨国公司的摇篮

一、深商"走出去"

建立深圳经济特区是邓小平实施对外开放的启动点和突破口。他将经济特

---

① 参见《沃尔玛华东布局面临瓶颈》(见 http://sh. sina. com. cn/news/20030310/11187096. shtml)。

区誉为改革开放的"窗口"和"基地",期望通过经济特区的示范效应,带动中国全方位、多领域、多形式的对外开放。如果说深圳在对外开放前 20 年为中国示范的是"引进来"战略,那么最近十年深圳已开始探索从"引进来"到"走出去"的跨越。深圳把发展空间瞄准国际市场,在海外投资与跨国经营,参与国际分工与竞争;同时,积极参与国内市场的国际竞争,在国内市场与国际品牌一较高下。相比较而言,显然"走出去"是一种更积极、更主动、深层次、高水平的对外开放,这也是深圳对外开放进入新阶段的一条必由之路。

20 世纪 90 年代中后期以来,深圳一批本土企业大胆"走出去",瞄准国际国内两个市场,参与国际竞争,开展跨国经营。目前,深圳企业业务已遍布世界九十多个国家和地区,经营层次不断提高,从设立海外销售网点和营销机构,逐渐发展到以境外生产、研发、服务、资源开发、资本运作等某一形式为主,或多个形式的混合。越来越多的深圳民营企业通过对外投资、境外资源开发、承包工程与劳务合作、境外上市融资等方式,利用国内外两个市场两种资源,逐渐成长为"走出去"生力军。截至 2007 年,深圳共有 436 家境外企业和机构,对外投资协议金额超过 21 亿美元。对外承包工程和劳务合作也逐年增长,1993 年至 2007 年,深圳对外承包工程和劳务合作累计合同额 158 亿美元、营业额 131 亿美元。其中,2007 年深圳的对外承包工程和劳务合作两项指标均占全国的 10%。

在国际市场的打拼过程中,深圳涌现出以华为、中兴通讯等为代表的世界级新兴企业,深圳无可争辩地成为"中国民营跨国公司的摇篮"。华为公司作为全球领先的电信解决方案供应商,其产品和解决方案已经应用于全球一百多个国家海外市场,并在美国、德国、瑞典、俄罗斯、印度等世界各地设立了多个研究所。根据华为公布的业绩报告:2009 年华为实现销售额超过 300 亿美元,其中海外收入的比例占 53.5%。而据中兴通讯发布的 2008 年度业绩公告,当年营业收入约为人民币 442.93 亿元,其中海外收入占 60.6%。

表 7－6　近期华为的全球足迹（2010 年 1—4 月）①

2010 年 4 月 7 日	华为获得 IETF 标准组织 IAB 与 AD 职位 华为近日宣布，在 2010 年 3 月 21 日到 29 日美国 Anaheim 举行的 IETF(Internet Engineering Task Force)标准组织第 77 次会议上，华为两名专家 Spencer Dawkins 和 David Harrington 分别获得 IAB(互联网架构委员会)和 Transport AD(领域主席)职位
2010 年 4 月 1 日	华为在澳成功交付全球领先的 WiMAX 商用网络 华为今日宣布，为澳大利亚领先的无线宽带运营商 Wireless Broadband Australia 部署的首期 WiMAX 商用网络已经成功完成交付并在珀斯投入商用运营
2010 年 3 月 26 日	华为 SingleRAN 助力加拿大 SaskTel 部署 HSPA+网络 华为今日宣布获得了加拿大综合电信运营商 SaskTel 授予的合同，采用领先的 SingleRAN 解决方案和第四代基站为后者部署 HSPA+移动宽带网络，为 SaskTel 的用户提供速率达 21Mb/s 的高速移动宽带体验
2010 年 3 月 24 日	华为在北美演示 1.2Gb/s LTE-Advanced 技术，刷新移动宽带速率纪录 华为今日宣布，在拉斯维加斯举行的 2010 年 CTIA 无线展会上，华为演示了全球领先的 LTE-Advanced 技术，将全球最快移动宽带速率纪录刷新至惊人的 1.2Gb/s
2010 年 3 月 23 日	华为携全系列解决方案亮相 2010 中国国际广播电视信息网络展览会 2010 年 3 月 23 日至 25 日，中国国际广播电视信息网络展览会在北京举行，华为携全系列解决方案亮相
2010 年 3 月 19 日	华为与柬埔寨最大运营商 CamGSM 签署通信合作协议 3 月 18 日上午，在金边柬埔寨首相府华为与柬埔寨最大的移动通信运营商 CamGSM Co. Ltd. 签署了为期三年的通信设备框架合作协议
2010 年 2 月 12 日	华为 FTTx 进驻世界第一高楼哈利法塔 华为凭借全球领先的 SingleFAN FTTx 解决方案，携手阿联酋电信成为第一高塔的通信设备提供商，为进驻第一高塔的全球客户提供了高品质、高可靠、全业务的超宽带业务体验
2010 年 1 月 28 日	华为助力 Cox 在美国部署 LTE 网络 华为今日宣布，美国第三大有线电视运营商 Cox 公司的子公司 Cox 通信选择华为为在美国圣地亚哥部署 LTE 试验网，并在这张试验网上成功实现了语音呼叫和高清视频传输等 LTE 典型业务
2010 年 1 月 25 日	新加坡 M1 选择华为部署基于 ATCA 平台的 IMS 解决方案 华为近日宣布，新加坡领先移动运营商 MobileOne 选择华为为独家提供基于 ATCA 的 IMS 解决方案

---

① 华为公司网站(见 http://www.huawei.com/cn/news/list.do? id=86)。

二、决战全球市场

除了华为、中兴通讯这样的世界级企业,深圳还有一批将目光瞄准国际市场的高科技企业。深圳以高新技术产业立市,自主创新活跃,目前有一千多家经认定的高新技术企业活跃在各个行业,这些企业具有明显的技术优势,在"走出去"中发挥了重要的龙头作用。一个重要的事实是,深圳科技型企业在近年的境外投资、海外承包工程中占有重要比例。据深圳贸工部门的统计2003—2005年,深圳开展的对外投资项目50%以上由高新技术企业实施。深圳在海外拥有研发性质的企业超过20家,这些企业通过技术合作和研发工作,追踪世界前沿科技,提升母公司的技术实力和水平。

深圳迈瑞医疗国际有限公司就是这样一个典型的例子。这家在纽约证券交易所上市的企业(纽交所交易代码:MR)在2008年3月宣布与美国Datascope公司(纳斯达克交易代码:DSCP)签署了收购其生命信息监护业务的最终协议。迈瑞在中国监护仪市场已连续多年稳居第一,在国际市场也表现卓越,在收购Datascope生命信息监护业务之后,将给迈瑞带来直接的销售额增长,使迈瑞成为在全球生命信息监护领域的第三大品牌。

迈瑞看中的这家美国公司成立于1964年的Datascope公司具有四十多年的技术积淀,在美国300床以下中小医院监护市场占据50%的份额,在欧美拥有高效的直销及服务网络,这些营销网络可以帮助迈瑞开拓更广阔的国际市场。新加盟迈瑞的Datascope研发团队有八十多名资深研发工程师,他们熟知欧美市场的用户需求,具有丰富的系统开发经验,双方优势互补、协同研发可以更快更多地开发出满足市场个性化需求的精良产品。同时,迈瑞拥有丰富的产品线,除监护产品之外,B超等影像产品都可以通过Datascope的销售平台进行交叉销售,使迈瑞系列产品能够更快速有效地进入欧美市场。

另一家深圳的高科技企业研祥集团(EVOC)则期望通过赞助世界一流球会——曼联(Manchester United)来扩大它在欧洲的知名度,并借此打开欧洲的市场。研祥集团成立于1993年,是中国第一大、世界第三大特种计算机制造商。目前,研祥的市场分配80%以上在国内,一直以来研祥的海外知名度并不令人满意。从长远来看,研祥集团期望海外市场占到整个公司未来收入的80%。这家目标欲打造世界级企业的中国行业龙头将目光投向了曼联。

2008年12月2日,英超豪门曼联官方代表专程赶赴深圳研祥集团进行考察及友好访问。主要就研祥集团在曼联球队主场老特拉福德体育场的广告位、商业比赛、队服标志、双边人才往来等细节问题进行了磋商,同时曼联也希望研祥集团能够与曼联进行更加长期的战略合作,计划开展更加深入的新一轮谈判。研祥集团希望曼联的主场体育馆所使用的自动票检设备中能全部使用集团的特种计算机,真正做到"EVOC Inside"。这已经是曼联官方第二度与研祥集团商谈合作事项。在此之前,研祥集团得知曼联与主赞助商美国AIG集团的合约即将到期,而且在金融危机的影响下并无继续赞助的意愿,遂打算斥资超过5000万英镑与曼联进行商务合作,借此打开欧盟市场。研祥集团和曼联的谈判持续了数月,最终未能达成一致。"这次赞助曼联受挫梦犹在。我们的梦不是别的,而是研祥集团成为世界一流企业的宏伟目标!"研祥集团董事长陈志列对媒体这样说。

在深圳本土跨国公司"走出去"的同时,深圳市政府层面开始酝酿到海外重点建设1—2个经贸合作试验区,为深圳为数更多的中小企业搭建海外发展平台。2008年4月,越南—中国(深圳)经济贸易合作区项目在深圳正式签约,由此揭开了深圳实施"走出去"发展战略的新篇章,也标志着深圳在构建开放型经济体系更加注重将"引进来"和"走出去"较好地结合起来。

第七节　开放引领深圳走向未来

一、中国改革与现代化的"绿洲"

兴办经济特区的目的之一就是让经济特区成为改革开放的"试验场",为全国的改革开放探索道路,积累经验。按照这一指导方针,深圳经济特区先行先试,打破传统的计划经济体制框框,开创了一项又一项具有全局性的改革,这也使深圳经济特区的发展走出了一条独特的道路,创造深圳经济增长的奇迹。深圳的成功本身是在借鉴国外出口加工区、自由港和工业园区成功经验的基础上,建立并发展起来的,是实施中国对外开放战略的重要内容。而深圳也用自己的实践证明,深圳经济特区是世界开放型经济的一个鲜活范本。

2008 年,在柏林召开的第 25 届德国物流业大会上,全球知名的物流业地产商普洛斯(ProLogis)介绍了一份由该公司撰写的研究报告,向业界同行全面介绍与分析了中国的经济特区和经济技术开发区。报告阐述了经济特区和经济技术开发区在中国经济发展中扮演的重要角色,并形象地将它们形容为中国改革与现代化的"绿洲"。中国实行改革开放 30 年来,经济特区和经济技术开发区吸引了大量外国企业与资本到中国投资,为中国经济的起飞作出了巨大贡献。报告指出:中国在 30 年前还是个发展中国家,当时中国经济处于崩溃的边缘;如今,中国已经发展成为一个充满活力的生产基地,是世界最大的经济体之一,成为 20 国集团(G20)中的一位重要玩家。①

目前中国有 5 个经济特区和 54 个国家级经济技术开发区②,外国企业可以在这些特区和开发区里享有种种特殊待遇,如优惠的税收、低于市价的租金、海关手续减免、在培训和招聘上的国家补助等。对于外国企业,最为关键的是它们可以将利润返回母国。普洛斯撰写的这篇研究报告认为,中国的经济特区和经济技术开发区特别适合那些生产型外国企业和物流企业,因为那里有着优越的进出口便利条件。报告还说,中国的经济特区和经济技术开发区的成功经验表明,它也可以成为其他发展中国家学习的样板。

二、"新特区时代"的开始

事实正是这样。过去 30 年,深圳经济特区的功能是按照改革开放、先行先试的模式设置的。"人无我有、人后我先"的政策优势和由此产生的体制优势曾

---

① Cf. ProLogis: "China's Special Economic Zones and National Industrial Parks —Door Openers to Economic Reform", *ProLogis Research Bulletin*, Spring 2008.

② 参见《中国开发区审核公告目录》(2006 年版),2007 年第 18 号公告。

是经济特区最基本的优势,所谓"窗口"、"试验场"、"排头兵"的提法,都是这种优势的产物。因此,深圳经济特区从一开始就体现出以开放促改革和发展的基本特征。当然在不同的阶段和时期,所体现出来的方面与侧重点是非常不同的。深圳经济特区始终坚持扩大对外开放和外向型经济发展战略,发挥毗邻香港的区位优势,积极利用国内国际两个市场、两种资源,率先通过中外合资、中外合作、外商独资等形式,积极吸收和利用外商投资,引进先进的技术和管理经验,扩大出口,开展国际交流与合作,逐步建立起适应外向型经济发展的经济运行机制,为确立中国对外开放的格局和实施沿海地区发展外向型经济的战略,进行了有益的探索,成为中国对外开放、走向世界的重要窗口。

经过 30 年的发展,中国改革开放的破冰时代已经结束,上海浦东开发、中国加入 WTO、中国西部开发全面展开以及各种区域发展规划的铺开,全国上下千帆竞发、百舸争流的发展局面已经形成。而深圳经济特区原先"人无我有、人后我先"的政策优势迅速消失,建立在此基础上的体制先行优势开始弱化,经济特区在中国改革开放和现代化建设的示范功能和改革开放风标的政治功能只能建立在自我突破、不断创新的基础上。要发挥所谓"窗口"、"试验场"、"排头兵"的作用,难度加强了。这一切使经济特区在中国改革开放的新进程中面临着严峻的考验。

从某种意义上说,经济特区的改革开放就是一个对旧体制不断"违规"的过程。过去,为了打破计划经济的条条框框,中央默认甚至鼓励经济特区不断以"违规"来推进改革,但今后这种违规的授权不再有了,在全国一盘棋、一视同仁的情况下,经济特区的所有"违规"行为将受到限制。因此,经济特区的名虽无更改,但其实质意义已发生巨大变化。这个变化的关键在于:经济特区的改革不再享有中央对改革的特别授权,而是与其他地区一样,自主自为地进行改革。应该说,全国发展新格局的形成和"新特区时代"的开始,是中国改革开放和现代化建设获得成功渐入佳境的结果,是一种历史的必然。今天的深圳人,既不必为"一枝独秀"的局面被"百花齐放"所代替而伤心失落,迷失自我,更不能对这种时代变迁视而不见,依然故我。另一个绕不开的事实是,深圳已由过去单纯的经济特区变成一个大城市,其社会功能已由过去单项的经济功能向多元化的城市功能转化,现在的主要任务是促进经济、社会、文化和生态的综合协调发展,其社会功能明显扩大。总之,成立 30 年之际,深圳经济特区再次处于历史选择的十字路口。对于这一点,深圳人必须正视现实,与时俱进地思考下一个 30 年经济特区的路向和定位。

第八章

创新型经济的追赶者

> "创新型城市,我的理解,不一定全面,应该既有思想解放,但更重要的是制度创新。二者具有一定的因果关系,只有在思想上解放了,才敢于在制度上去创新,如果只有思想解放而不敢在制度上去创新,那就相当于纸上谈兵。科学技术,本身会有一个创新发展过程。科学技术为什么能发展? 如果讲为什么能做到这一点,着眼点是制度、体制、机制创新。制度创新是实现技术创新最重要的基础。"
>
> ——李灏

第一节 世界电信产业的"中华双子星"

谈到深圳的创新型经济,就必须提及深圳的两家高科技企业:华为技术公司和中兴通讯股份有限公司。这两家位于深圳的企业,以庞大的规模和领先的技术实力以及近年来良好的发展势头,频频在世界级的电信展会上"出双入对",被誉为世界电信产业界的"中华双子星"现象。

一、华为和中兴通讯的诞生

更为巧合的是,华为和中兴通讯均诞生于 1987 年前后。1984 年,一家中国内地的国有机构——中国航天系统的 691 厂决定到深圳经济特区寻找合作伙伴,并派出当时厂里的技术科长侯为贵到深圳经济特区进行联络筹备工作。经多方奔走和洽谈,与香港运兴电子贸易公司和航天系统的长城工业公司深圳分公司达成共同投资建立合资企业意向。1985 年,深圳中兴半导体有限公司正式成立,注册资金为 280 万元人民币,其中 691 厂占总股本的 66%,这就是中兴通讯的前身。两年后的 1987 年 9 月,一位 43 岁的前解放军退役干部任正非以 2 万元人民币注册成立了华为公司。1988 年,华为正式营业,成为一家生产用户交换机(PBX)的香港公司的销售代理。

中兴通讯成立之初原想从事微电子产品生产,但合资各方都没有现成的产品和市场,又引进不了技术,于是就从开展来料加工业务起步,先后加工过电子表、电子琴、电话机等产品,通过赚取微薄的加工费来支撑企业的发展。而刚刚成立的华为,则主要经营小型程控交换机、火灾报警器、气浮仪开发生产及有关的工程承包咨询。在 20 世纪 80 年代,中国国内在程控交换机技术上基本是空白。与此同时,中国电信业的飞速发展为本土通信企业的成长提供了良好的土壤。新成立的华为和中兴通讯不约而同地瞄准了这个市场,并且双双在 90 年代初中国的程控交换机市场取得了突破。或许没有人会想到,接下来的 20 年,这两家企业将发展成为改变中国通信产业甚至全球通信产业格局的超级玩家。

二、走遍世界的"中华双子星"

1986 年,中兴通讯在扩展来料加工业务的同时,为寻求企业自己的产品和市场,摆脱来料加工的被动地位,决定成立研发部门,研制 68 门模拟空分用户小交换机。不到一年时间,成功研制出 ZX-60 程控空分交换机。1987 年 6 月,上述产品通过中国管理部门的测试鉴定,并取得了进网许可证。这是中兴通讯拥有的第一个自己开发的产品,也是这家企业进入通信产业领域的初步尝试。到 2009 年,中兴通讯从事研发和技术服务工作的员工高达 4 万多名,并拥有一支专业化的知识产权团队。作为中国研发投入比例最高的企业之一,中兴通讯即使在金融危机最严重的 2008 年,研发投入增速仍然超过了收入增速。发布的数据显示,2008 年中兴通讯以占总收入 9.8% 的研发投入比例,居中国电子百强之

首,全年研发投入总计达 40 亿元。① 根据世界知识产权组织统计,中兴通讯
2009 年国际公开专利申请为 502 件,增长 52.58%,增幅居全球企业第一。②

　　1990 年,华为在代理香港产的交换机的同时,开始研制自己的数字交换机。
华为的开拓者们在简陋的工厂里,开始了自主研制。C & C08 交换机是华为于
90 年代初开发成功的电信级数位程控交换产品,作为中国通信网的核心设备,C
& C08 交换机在网络的各个层面获得应用。难能可贵的是,华为持续提升围绕
客户需求进行创新的能力,长期坚持研发投入不少于销售收入的 10%,成为中
国研发投入最高的企业。时至今日,华为在基础通信网络、业务与软件、终端和
专业服务等四大领域都确立了端到端的全球领先地位,华为的产品和解决方案
也已经应用于全球一百多个国家,被全球运营商 50 强中的 45 家所采用,服务全
球 1/3 的人口。同样是在由中国工业和信息化部发布的榜单中,华为是中国电
子信息百强企业中研发投入金额最高企业,达到 100 亿元,占其营业收入的比例
超过 8%。③ 据世界知识产权组织统计,2008 年华为共递交 1737 件 PCT 专利申
请,在当年全球专利申请公司(人)排名榜上排名第一,这也是中国公司首次雄
踞全球 PCT 申请量排名的榜首。④

　　凭借强大的研发实力,华为和中兴通讯在全球电信领域的竞争中,尤其是在
欧美高端市场的竞争中,正逐渐显现出优势。随着整体实力的增强、在移动产品
等研发上的高投入,使得华为和中兴通讯迅速跻身中国乃至全球最具创新能力
的知名电信企业行列。根据这两家公司披露的年报业绩:2009 年,中兴通讯实

①　参见中兴通讯:《中兴通讯连续两年"研发投入比例"居百强之首,年研发投入 40 亿
　　元》,2009 年 7 月 22 日(见 http://www. zte. com. cn/cn/press _ center/news/
　　200907/t20090722_173889. html)。

②　参见世界知识产权组织:《2009 年国际专利申请量在全球经济衰退中锐减》,2010
　　年 2 月 8 日(见 http://www. wipo. int/portal/zh/news/2010/article_0002. html)。

③　参见中国工业和信息化部:《保增长,调结构,做大做强——2009 年(第 23 届)电子信
　　息百强企业发展情况》,2009 年 7 月 14 日(见 http://www. miit. gov. cn/n11293472/
　　n11295057/n11298508/12456302. html)。

④　参见世界知识产权组织:《全球经济减缓影响 2008 年国际专利申请量》,2009 年 1
　　月 27 日(见 http://www. wipo. int/pressroom/zh/articles/2009/article_0002. html)。

现营业收入 602.73 亿人民币(折合 88 亿美元)。而华为在 2009 年则实现销售收入 1491 亿人民币(折合 218 亿美元)。① 根据市场调查机构 Gartner Inc. 发布的数据,华为和中兴通讯在全球网络基础设施市场的占有率分别从 2008 年的 11.5% 和 4.1% 上升至 2009 年的 14.2% 和 6.7% , 与排名第一的爱立信之间的差距有所收窄。② 正是有了华为、中兴通讯这样的科技企业的成功,中国国务院总理温家宝自豪地说:在世界级的创新竞争中,中国人是可以走在前列的。

第二节　深圳创新型经济的崛起

一、世界高新技术产业版图中的深圳

　　华为和中兴通讯仅仅是深圳实现自主创新飞跃的其中两个典型例子。"说实话,在深圳创办企业有不少偶然的因素……",中兴通讯的创始人侯为贵先生在一篇回忆录中这样说道,"之所以选择深圳,主要因为当时国外的技术、理念等进入中国的渠道还很少,香港是非常重要的一个,深圳是离香港最近的地方。此外,在深圳,信息沟通的渠道也相对更加畅通。"③不过,侯为贵先生的话只讲了一半。深圳不仅有毗邻香港的区位优势,更有着良好的市场体制环境和宽松的创业创新环境。作为中国改革开放的前沿阵地,深圳准确把握了中国改革开放、从传统的计划经济体制向社会主义市场经济转轨的有利时机,大胆先行先试,在全国率先通过体制机制创新,努力克服人才、大学和科研机构等科技资源缺乏的不利条件,在开展自主创新方面抢得先机,并成为亚太区域创新型经济的追赶者。

---

① 参见中兴通讯 2009 年年报(见 http://www.zte.com.cn/cn)以及华为 2009 年年报(见 http://www.huawei.com/cn)。

② 《中国电信设备商与爱立信的市场占有率差距收窄》,《华尔街日报》2010 年 3 月 27 日(见 http://chinese.wsj.com/gb/20100327/tec100450.asp)。

③ 侯为贵:《回顾中兴通讯的创业历程》,深圳高新技术产业发展轨迹课题组约稿,2009 年 11 月。

截至 2008 年底,深圳共拥有超过 3 万家科技型企业。经认定的国家高新技术企业 624 家,市级高新技术企业 3086 家,全市自主创新企业群体已形成了良性发展的梯队。其中,华为、中兴通讯已成为国际领先的通信设备制造商和解决方案提供商,在若干领域占据业界制高点;中集、比亚迪、迈瑞等已成为具有一定国际影响力的跨国经营企业;腾讯在即时通信互动娱乐服务,赛百诺在基因药物生产,金蝶在财务软件开发,微芯生物在医药研发,大族激光在激光设备制造等领域,均已成为国内有影响的龙头企业。

目前,深圳的高新技术产业已形成了计算机及其设备制造、通信设备制造、充电电池、平板显示、数字电视、生物制药等 6 大高新技术产业链,随着中芯国际、世纪晶源等集成电路项目的引进,深圳的半导体产业集群也将逐步壮大。在庞大的产业规模和密集的本土创新型企业群的强力支撑与拉动下,深圳已成为领跑全国的高新技术产品基地和电子信息产业重镇,一大批电子信息产品在全国首屈一指,手机、程控交换机、通信基站、彩电、计算机、嵌入式软件等产量位居全国乃至全球前列。

2008 年 12 月,在美国《商业周刊》杂志评选出的全球十大最具影响力公司当中,总部位于深圳的华为公司赫然在列,并成为中国唯一入选企业。《商业周刊》在解释华为的上榜原因时说:"除中国人外,很多人曾经从未听说过华为。但是,这家位于中国深圳的网络设备、无线通信设备及其他电信设备的公司正在使得全世界以新的方式关注中国。"由世界品牌实验室独家编制的 2009 年度《世界品牌 500 强》排行榜当中,华为同样位列其中。无独有偶,在 2010 年 2 月刚刚结束的西班牙巴塞罗那世界移动通信大会上,华为荣获"全球移动大奖",这一奖项目前被业界认可的最高荣誉。另一家高科技企业中兴通讯在美国《商业周刊》发布的 2009 年度全球 IT 企业百强榜中,排名也从 2008 年的第 45 位升至第 39 位,该榜单是从全球 3 万多家公开上市的 IT 企业中展开调查,根据标准普尔统计的总营收、营收增长、每股回报率和股东回报率等 4 大指标进行综合排名得出,具有非常高的参考价值。

欧盟 2009 年公布的统计数据表明,2006 年中国高新技术产品出口的全球份额达 16.9%,超越欧盟,首次占据全球高新技术产品出口市场份额第一位。

而在中国的高新技术产业版图中,深圳无疑占据重要一席。在2006年,深圳高新技术产品出口额为613.5亿美元,占中国高新技术产品出口总额(2815亿美元)的21.79%。来自中国科技部和深圳统计局的资料显示,2008年深圳全市共实现高新技术产品产值8714亿元,占中国高新技术产业总产值(58322亿元)的14.9%。其中,深圳具有自主知识产权的高新技术产品产值5418元,占全部产值的59.1%。研发(R&D)支出方面,2008年深圳的研发经费支出为260.39亿元,占GDP的3.34%,这一比例大大高于中国的平均水平(1.52%)。① PCT国际专利方面,2008年深圳为2709件,占中国当年申请总量(6089件)的44.5%②;2009年深圳的申请量进一步提升到3800件,占中国全部申请总量(7946件)的47.8%③,连续六年居中国各大中城市第一位。

表8-1 主要国家和地区高新技术产品占全球出口份额的比重(2006年)④

欧盟(27国)	美国	日本	中国	其他国家和地区	世界
15%	16.80%	8%	16.90%	43.30%	100%

表8-2 主要国家地区及深圳高新技术产品在出口总额中的比重⑤

单位:%

年份	欧盟(27国)	美国	日本	中国	深圳
1995	15.681	25.874	25.325	—	—

---

① 参见中国科技部:《2009中国科技发展报告》,2010年3月3日(见 http://www.most.gov.cn/mostinfo/xinxifenlei/kjtjyfzbg/kxjsfzbg/201003/t20100318_76333.htm)。

② 参见世界知识产权组织:《全球经济减缓影响2008年国际专利申请量》,2009年1月27日(见 http://www.wipo.int/pressroom/zh/articles/2009/article_0002.html)。

③ 参见世界知识产权组织:《2009年国际专利申请量在全球经济衰退中锐减》,2010年2月8日(见 http://www.wipo.int/portal/zh/news/2010/article_0002.html)。

④ Cf. Tomas MERI:"China passes the EU in High-tech exports",Eurostat Statistics in focus,2009(25)。

⑤ 根据Eurostat Website:http://ec.europa.eu/eurostat公布的数据,以及中华人民共和国和历年深圳市国民经济和社会发展统计公报的相关数据整理。

续表

年份	欧盟(27 国)	美国	日本	中国	深圳
2000	21.400	29.950	26.997	14.85	19.20
2005	18.740	26.149	21.145	28.64	46.40
2006	16.647	26.126	20.040	29.05	45.10
2009	—	—	—	31.36	52.51

二、深圳走向国际创新型城市

深圳创新型经济的崛起,引起了中国领导人的重视。2008 年,国务院总理温家宝在深圳视察时指出:"面对当前这场金融危机的冲击,在整个珠江三角洲企业生产经营普遍比较困难的时候,深圳为什么相对要好一些? 就是因为产业升级抓得早,自主创新抓得早。因此,应对金融危机就有了准备,也有了能力。这是一条极为重要的经验。一个地方资源是有限的,但是人的创新能力是无限的。深圳发展的基本经验就是解放思想,调动人的积极性,发挥人的创造能力。"

同样是在 2008 年,中国国家发改委正式批复同意深圳建设国家创新型城市的总体设想,要求深圳建设创新体系健全、创新要素集聚、创新效率高、经济社会效益好、辐射引领作用强的国家创新型城市。由此,深圳成为全国第一个建设国家创新型城市的试点,这是深圳开展自主创新的一个新的里程碑。根据深圳建设国家创新型城市的中长期发展规划①,到 2020 年,深圳期望全社会研发投入占全市生产总值 7% 以上,城市创新能力大幅提升,拥有一批国际化创新型领军人才,聚集一批高水平研发机构,形成一批跨国创新企业,建成国际级创新中心和高技术产业基地,成为具有国际竞争力的创新型城市。

---

① 参见中共深圳市委、深圳市人民政府:《关于加快建设国家创新型城市的若干意见》,(深发[2008]8 号)2008 年 9 月 19 日。

第三节　从贴牌代工到自主创新

一、贴牌代工在深圳兴起

说到深圳的自主创新,不得不提深圳兴旺一时的贴牌代工。

"代工",又称为"生产外包"(Manufacturing Outsourcing)。习惯上,将其称为"生产外包"时,多数是站在委托制造企业的角度;称之为"代工"时,多数是站在代工企业的角度。生产外包是指客户将本来是在内部完成的生产制造活动、职能或流程交给企业外部的另一方来完成。其中,"客户"是指采购的一方,通常称为委托制造企业;"企业外部的另一方"是指负责生产的制造商或供应商,通常称为代工企业。

按照涉及产品研发的程度,生产外包可区分为 OEM(Original Equipment Manufacturer)和 ODM(Original Design Manufacturer)两种形式。OEM 通常翻译成"贴牌生产"或"原始设备制造"。原指由采购方提供设备和技术,由代工企业提供人力和场地,采购方负责销售,代工企业负责生产的一种现代流行生产方式;但是经常由采购方提供品牌和授权,允许代工企业生产贴有该品牌的产品。ODM 指由采购方委托制造方,由代工企业从设计到生产一手包办,而由采购方负责销售的生产方式,采购方通常会授权其品牌,允许代工企业生产贴有该品牌的产品。OEM 和 ODM 共同的特点在于,代工企业所生产的产品最终都使用采购方的品牌出货,因此均属于"贴牌代工"范畴。

与跨国生产外包有着紧密联系的概念是加工贸易。从字面意思看,加工贸易可定义为以加工为基础的贸易方式。而跨国生产外包正是一国代工企业向国外委托方提供生产加工服务,最终以贸易的形式将产品出口到委托生产国。从国际分工的角度看,加工贸易是国际分工日益深化的产物,表现为发达国家和发展中国家在部门之间,尤其是部门内部的分工。跨国生产外包则是对这一分工形式的进一步深化,由产业内部部门之间的分工发展到产品内部的分工。

深圳是中国加工贸易发展最早、规模较大的地区之一,也是中国较早实现加工出口一般工业品向加工出口高新技术产品转变的地区。深圳经济特区成立初期,由于缺资金、缺技术、缺项目、缺人才,就必须充分利用区位优势、政策优势和灵活措施,先引进一批"三来一补",尽快打开对外开放局面,这样既可以收取工缴费,扩大出口,赚取外汇,获取经济特区发展的"原始积累",又能安置大批农村剩余劳动力,促进经济特区工业化和城市化,为特区发展准备人才、技术、管理条件。对外商来说,利用深圳廉价劳动力、土地和特区优惠政策与灵活措施,可降低生产成本,提高产品国际竞争力。这个时期深圳的外贸主要靠是"三来一补",出口产品还主要集中在传统的劳动密集型产品,技术含量低,附加价值少。到 20 世纪 90 年代中期,深圳加工贸易就开始从来料加工向进料加工转变,这标志着深圳加工贸易从早期的单一受托加工方式,已经向自营生产、自主面向国际市场转变,部分企业步入由原材料技术和市场的"两头在外"的模式转变为原材料技术内外结合、市场在外的新的模式发展轨道。

二、自主创新的深圳案例

加工贸易方式可谓深圳高新技术企业形成自主开发能力和建立独立品牌的一条捷径。深圳的企业通过加工贸易方式,在技术跟踪与开发领域探索出了一条捷径:通过技术和市场的不断渗透,本土高新技术企业可以在前期基础上,加快技术研究开发能力,建立自己的国际营销网络,形成自主知识产权,占领国际市场。前面曾提到,深圳高新技术产业加工贸易领域的企业不少是从传统的"三来一补"型企业发展起来的,在促进劳动密集传统产品向高新技术产品转化的过程中,形成各自不同的发展模式,比较有代表性的企业包括以代工硬盘设备闻名的深圳科技开发公司,以及长城计算机深圳公司等。

深圳开发科技公司成立于 1985 年,前身是蛇口开发科技公司,最初主要从事硬盘磁头等高科技产品开发,采用加工贸易方式,由外方负责提供先进技术并承担外销全部产品。开发科技公司是深圳较早从事贴牌代工的中外合资企业,目前已发展成为全球主要的硬盘和相关产品专业制造商,同时也是中国国内主要的电表制造商。硬盘磁头客户为国际硬盘大厂希捷公司(Seagate Technology)、日立环球(Hitachi Global)及西部数据(Western Digital);同时,开发科技公司也为知名内存品牌金士顿(Kingston)代工内存模块,以及为韩国三星、中兴通讯等代工手机相关产品。拥有多年的代工服务经验,开发科技公司在同行业的部分技术领域内已达致国际先进水平,并随时紧跟国际最新潮流。根据开发科技公司网站的资料,该公司90%的磁头产品实现了自动化或半自动化生产,磁头制造处于国际同行领先水平;公司还是中国电表行业标准的制定者之一,自主研发的远程控制电表及系统和防窃电电表达到国际领先水平,远程电表还被认定为国家级重点新产品;主导产品硬盘磁头占全球市场份额的10%以上,是全球第二大磁头专业制造商;电表产品遍布欧洲、南亚和东南亚,累计出口近2000万台,成为中国最大的远程控制电表及系统研发制造商。① 开发科技公司通过加工贸易方式占领国际市场,扩展了信息渠道,更多地了解了国际市场,提高了产品竞争力,使产品技术紧紧跟上了世界先进水平。

长城计算机深圳公司(简称"长城电脑")成立于1987年,隶属中国规模最大的一家计算机集团公司,产品开发能力、技术力量和生产设备在国内均属一流水平。中国第一台高级中文计算机"长城0520CH"就诞生于长城计算机深圳公司。1994年,美国国际商用机器公司IBM为打入庞大的中国市场,决定与长城电脑共同组建成立长城国际信息产品有限公司(简称"长城国际",IIPC)。在此后的十多年间,长城电脑相继与IBM、日立、艾科泰、金士顿等国际巨头合作,成立了ISTC、海量存储、长科国际、金长科、IBM租赁等大型合资企业,有力地提升了长城电脑在全球IT产业制造环节的地位。同时,长城电脑也没有放弃自有品牌,使自有技术水平与国际先进水平保持同步。目前,长城电脑的主营业务包括计算机整机代工和销售,液晶显示器的代工和销售,各类电源的生产和销售以及消费类电子产品生产和销售,业务范围覆盖自主品牌、ODM和OEM三大领域。2009年6月,长城电脑通过对中国长城计算机(香港)控股有限公司(简称"长城香港")的收购,以直接和间接的方式共持有全球最大的显示器代工厂商——冠捷科技27.02%的股权,成为冠捷科技的实际控制人。通过贴牌代工和与跨国

---

① 参见深圳长城开发科技有限公司简介(http://www.kaifa.cn)。

公司的紧密合作,长城电脑站在较高水平上,不但形成了稳固的客户群,而且提高了公司的技术创新水平,最终转化为长城电脑在 IT 市场竞争中的品牌综合优势。①

　　自从 20 世纪 70 年代末中国实行加工贸易政策以来,中国的加工贸易进出口总额从 1980 年的 16.66 亿美元增加到了 2009 年的 9093 亿美元,增长了 550倍。加工贸易在中国对外贸易中的比重则从 1980 年的 4.4% 提高到 2009 年的41.2%,是中国对外经济的重要组成部分。加工贸易对中国工业化进程的贡献,在于它帮助中国迅速形成了强大的制造业能力,并迅速切入国际产业链分工,分享来自经济全球化和区域经济一体化的成果。与以往中国在封闭环境中推进进口替代战略的一个明显的不同,就是加工贸易所形成的制造能力从一开始就是面向国际市场的,因而具有强大的国际竞争力。正是有深圳开发科技公司和长城电脑这样一大批加工贸易企业的存在,中国的加工贸易得以获得"爆炸式"的增长,进而加速了中国工业化的进程。

三、高新技术产业快速崛起

　　而以深圳为代表的"珠三角"经济发展奇迹,是中国工业化 30 年快速推进的缩影。由中国国务院批复、中国国家发改委起草的《珠江三角洲地区改革发展规划纲要(2008—2020 年)》中写道:"改革开放 30 年来,珠江三角洲地区充分发挥改革'试验田'的作用,依托毗邻港澳的区位优势,抓住国际产业转移和要素重组的历史机遇,带动广东省由落后的农业大省转变为中国位列第一的经济大省,经济总量先后超过亚洲'四小龙'的新加坡、中国香港和台湾,奠定了建立世界制造业基地的雄厚基础,成为推动中国经济社会发展的强大引擎。"

　　经济学理论认为,加工贸易除直接构成东道国国民经济的重要组成部分外,还可以通过促进专业化劳动分工、实现全球范围内的资源优化配置、获取规模经济收益,带动当地上下游产业发展和技术进步,形成一定的产业关联和技术进步效应,并带来正面的外部经济效益。由加工贸易带来的产业关联效应主要包括

---

① 参见长城计算机集团公司简介(http://www.greatwall.com.cn)。

两个方面:其中,后向关联效应(Backward Linkages)源于东道国配套企业为外资企业(跨国公司)提供生产所需的原材料、零部件和各种服务;前向关联效应(Forward Linkages)则源于东道国配套企业为外资企业提供成品市场营销服务、半成品、零部件或原材料的再加工和各种服务。

加工贸易带来的技术进步效应同样包括两个方面:一类是出口部门自身要素生产率的提高,即出口部门自身结构的优化、技术含量的增强能够直接提高出口部门的全要素生产率;另一类是出口部门通过对当地企业的技术示范和竞争等途径,形成对国内部门的技术外溢、技术扩散效应。

世界经济发展的历史也证明,通过引进外资和发展对外贸易,发展中国家可以融入全球产业链,从最低端的加工组装环节做起,经过不断的资本积累和技术进步,逐步向上游的制造、研发和下游的营销、物流等高附加值环节提升,发展中国家的制造、研发和商务服务等部门可以借此加速规模增长和竞争力培育,由此构成全球化背景下发展中国家产业成长和升级换代的崭新路径。20世纪70年代起,亚洲"四小龙"正是通过全球价值链的融入和在全球价值链上的升级换代,加速了工业化进程,实现了经济繁荣。

改革开放以来,深圳的"三来一补"企业和"三资"企业的大量兴起,"贴牌代工"为深圳的工业化起飞和结构升级打下了有利的初始基础,深圳的高新技术产业也由此开始萌生。由贴牌代工起步,深圳自主创新能力不断增强,一大批技术含量高、产品附加值高的先进装备制造业、高新技术产业、名牌企业等迅速崛起。到2009年,深圳加工贸易进出口额达1488亿美元,占整个城市外贸进出口总额的55.1%。而经过30年的发展,深圳的工业经济结构也实现了"两大转变":一是实现了从传统产业为主导到高新技术产业为主导的转变,2008年高新技术产品产值占全市规模以上工业总产值的比重达到了54.9%;二是实现了从受托加工到自主生产的转变,2009年深圳外贸出口额中"三来一补"所占比重已不足10%。目前,深圳加工贸易已涵盖大部分工业行业,并形成了良好的产业配套生态。加工贸易的发展和不断升级也促成了深圳高新技术产业的壮大成长和工业竞争的大幅提升,也为深圳的产业结构升级作出了重要贡献。

第四节　比亚迪们诠释的深圳式创新

一、"比亚迪式模仿"

2009 年 4 月 27 日,美国《财富》杂志在当期封面文章将股神巴菲特和一家深圳的电池、手机和电动汽车制造公司——比亚迪(BYD)联系在一起。文章宣称,巴菲特从来不肯打破自己制定的投资原则,向自己并不熟悉的行业投资。但这一次,巴菲特却打破了一贯遵循的原则,于 2008 年秋季以 2.3 亿美元购入了比亚迪的 10% 股份。这家深圳企业成立于 1995 年,是一家具有民营企业背景的香港上市公司,现拥有 IT、汽车以及新能源三大产业,是一家集研究、开发、生产、销售为一体的高新技术企业。截至 2008 年底,比亚迪总资产额近 329 亿元人民币,净资产超过 133 亿元人民币。

比亚迪近年来为外界所关注的一个原因可能在于它飞速增长的汽车产业。比亚迪于 2003 年进入汽车制造领域,从最初年产销 5 万辆到 2009 年突破 40 万辆,连续 5 年 100% 的跨越式增长,2009 年销售量已位列中国汽车市场的前 10 名。然而,巴菲特看好这家深圳企业的真正原因却是比亚迪尚未开始赢利的新能源业务,包括电动汽车和储能电站。2010 年 3 月,比亚迪与德国汽车制造业巨头戴姆勒公司签署了《关于在中国建立电动汽车技术伙伴关系的谅解备忘录》,双方将在中国共同设立一个技术中心,共同开发、设计和测试电动汽车。此项合作的达成,同样源于德国合作方对比亚迪在新能源技术领域的充分信任。

这样一家令全球产业界侧目的深圳企业,当年却是从模仿竞争对手、生产电池产品起步。比亚迪的第一条电池生产线就是通过"拆解改装"和"逆向开发"建立起来的。20 世纪 90 年代中期,日本是电池市场的主导者。当时一条最先进的三洋全自动镍镉电池生产线需数千万元,而比亚迪全部创业资金只有 250 万元。由于没有足够的资金购买设备,比亚迪决定自己动手做一些关键设备,然后把生产线分解成若干个人工完成的工序以尽可能地代替机器,最终只花费了

100多万元就建成了自己的第一条生产线。由于使用了大量相对廉价的劳动力,比亚迪电池产品的成本明显比日本厂商和国内以数千万资金引进生产线的企业有更大的成本优势,而且性能也丝毫不比日本同行的产品差。

1997年,比亚迪开始研发蓄电池市场具有核心技术的产品镍氢电池和锂电池。为此,比亚迪投入了大量资金购买最先进的设备,并且聘请了一批业内最前沿的人才,建立了中央研究部,负责整个技术的攻关以及生产流程的改进。比亚迪在引进国外技术的同时,也完成了对国外技术的消化吸收和管理上的变革,通过不断的人力资本深化和持续的技术投入,比亚迪由此跨越了中国广大中小企业所面临的最难的核心技术关,逐渐地由中国制造迈向中国创造。美国 *Fast Company* 杂志评选的2010年度世界最具创新力公司50强中,比亚迪位列第16位。这正是多年来比亚迪秉承"技术为王,创新为本"的发展理念,不断创新实践的成果。

2005年,比亚迪的第一款新车F3正式在中国西安的生产基地下线。F3由于酷似丰田的产销车型"花冠",被外界质疑是"抄袭之作"。比亚迪的创始人王传福先生并不回避"复制、模仿"等说法,他向媒体透露了他的造车发展思路时表示:"日韩汽车企业造车,都是一开始COPY(复制)、接下来做局部的CHANGE(改变),然后积累到一定的阶段,才开始做全面的DESIGN(设计),最后都取得了成功。比亚迪也将吸取这些成功路径的经验。"

然而,"比亚迪式模仿"在给这家企业带来迅速成功的同时,也带来一些烦恼。事实上,比亚迪的模仿曾经给这家企业带来数起专利官司。全球知名代工企业——富士康两次将比亚迪告上法庭,理由均是"涉嫌在IT方面抄袭自己的专利"。日本索尼公司也曾经起诉比亚迪其两项锂离子充电电池专利,但最终被日本法院判定败诉,这也是中国企业首次在境外申请外国企业专利权无效案件中胜出。因此,在企业迅猛发展的过程中,比亚迪的决策者越来越意识到知识产权保护对于这家迈入国际市场参与国际竞争的重要性,在知识产权保护方面也一直走在中国企业的前列。

二、怡亚通创造的全新商业模式

值得一提的是,除了科技型创新,深圳不少企业在商业模式的创新方面也走在中国的前列。深圳市怡亚通供应链股份有限公司(怡亚通)就尝到了这种创新的甜头。这家公司自1997年成立以来,业务规模从5亿元人民币跃升至2009年的200亿元人民币,入选2009年度中国物流百强企业第14位以及10家"中国最佳商业模式"企业之一。① 怡亚通的定位是搭建"一站式供应链服务平台",专业承接客户企业非核心业务的外包——物流外包、商务外包、结算外包、信息系统及数据处理外包等,并提供以采购执行、分销执行为核心的多样化服务产品,帮助客户提高供应链效益,推动企业供应链创新。怡亚通提供的具体服务有进出口通关、国内物流及流通加工(增值)、仓储、保税物流、国际采购、供应链结算服务、供应商管理库存(VMI)、虚拟制造/协助外包、国际维修中心(RMA)、B2B供应链联盟、供应链解决方案咨询等。客户既可以购买上述服务的一项,也可以购买若干项。简而言之,怡亚通是一家为其他企业提供供应链外包服务的企业。怡亚通的客户大都是跨国公司,包括通用电器GE、国际商用机器公司IBM、惠普HP、飞利浦PHILIPS、思科CISCO、戴尔DELL、松下PANASONIC等世界500强企业,也包括人保财险、清华同方、方正、海尔、康佳、海信、TCL、浪潮等中国大型企业。

怡亚通的商业模式独特之处就在于"整合、共享、创新"。与传统的物流企业相比,怡亚通不仅提供物流配送服务,而且提供采购、收款及相关结算服务,比如信用支持等。同时,怡亚通并不想组建自己的运输车队,它选择依托深圳发达的运输市场和细化的分工,继续把运输的业务外包出去。与传统的商贸企业(经销商、采购商)相比,怡亚通一般不保有大量存货,因此几乎没有存货成本。这正是怡亚通独特的地方。从2005年以来,飞利浦在中国市场的电脑显示器有一半左右是通过与怡亚通的合作推向市场的。飞利浦中国负责人表示,通过与怡亚通的合作,飞利浦节省了2%以上的成本。② 目前,怡亚通在全球拥有近五十家分支机构,建立

---

① 参见2009年度中国物流百强企业名单(http://www.56top100.com/bqpb.asp? ID = 1795)和21世纪中国最佳商业模式评选(http://bm2009.21cbr.com)。

② 参见《深圳物流业:用供应链推平世界》,《深圳商报》2007年12月27日(见 http://paper.sznews.com/szsb/20071227/ca2866358.htm)。

了遍布中国 32 个城市的配送中心及全国保税物流平台,作为中国第一家上市的供应链企业,怡亚通正致力于发展成为"全球最优秀的供应链服务商"。

第五节　谁会是下一个华为

一、深圳创新型经济的后备军

在深圳,以"引进—消化—吸收—再创新"模式推进自主创新的高手绝非只有比亚迪和中集。这一点由国际著名会计事务所——德勤公司最近几年推出的"高科技、高成长中国 50 强"榜单可窥见一斑。[①]

德勤中国于 2005 年推出"高科技、高成长中国 50 强"排名活动,到 2009 年已成功举办四届。这项榜单根据过去三年的平均收入增长率,为领先的科技、传媒及电信行业公司排列名次,被誉为"全球高科技、高成长企业的基准"。2008 年"德勤中国高科技、高成长 50 强"的评选结果显示,朗驰、怡亚通、华测检测、微芯生物、中国信息安全技术(深圳)、大富(深圳)、翰宇药业、宇星科技、深信服、市茁壮网络、中国无线科技(深圳)等 11 家深圳高科技企业入围,占全部入围中国企业总数的 18%。这 11 家深圳企业过去三年收入增长率最低的为 261%,最高的达到了 3680%。

其中,朗驰公司在 2008 年"德勤中国高科技、高成长 50 强"当中位列第五,其三年平均收入增长率为 3680%。朗驰公司的全称为"深圳市朗驰欣创科技有限公司",该公司是中国网络视频监控领域领先的产品提供商之一,是专业从事嵌入式网络硬盘录像机、网络视频服务器、网络摄像机以及网络监控软件系统的产品研发、生产、销售和服务的高科技企业,其产品广泛应用于政府、公安、金融证券、军队、能源、交通、学校、小区、环保等诸多行业。作为一家年轻而优秀的技术研发型企业,朗驰公司以研发创新打造核心竞争力为战略方针,公司超过

---

① 参见德勤中国网站报道(www.deloitte.com)。

50%的员工为研发人员,目前已被遴选为中国的"国家级高新技术企业"。

根据德勤中国最新公布的 2009 年"德勤中国高科技、高成长 50 强"排名,包括宜搜科技等在内的 8 家深圳企业再次入围。其中,宜搜公司位列第四名,过去三年收入增长率高达 2400%。值得一提的是,这个成绩是在 2008—2009 年全球金融危机影响继续深化发展的背景下获得的,能取得如此之高的收益增长殊为不易。宜搜是一家从事新媒体行业的企业,于 2005 年成立,目前已是全球最大的中文无线搜索服务提供商。根据《中国移动搜索市场年度综合报告 2009》,宜搜占 2008 年移动搜索行业市场份额的 37%,位列行业第一。宜搜总部设在深圳,并在北京建有研发中心,员工规模已达到三百多人,目前拥有过百人的专业产品研发团队,拥有当今最先进的无线数据应用技术和强大的智能搜索系统,其无线搜索产品处于中国领先水平。

二、不可忽视的"山寨企业"

在深圳,除了有朗驰、宜搜这样小有名气的新兴高科技企业,还有一批默默无闻但却极具活力的中小企业。这些企业被外界称为"山寨企业"。在深圳的华强北活跃着一大批电子行业的"山寨企业",这些企业多为小型加工企业、没有品牌或没有品牌知名度的厂家,以模仿生产为主要特征,它们的市场竞争特点是:下手要快,功能要新,成本要低,市场为王。一段时期以来,手机、U 盘、上网本、平板电脑、电子书、照相机乃至游戏机等被冠以"山寨"之名的消费电子产品异军突起,在中国乃至全球市场攻城略地。由于少数"山寨企业"刻意抄袭深圳,甚至全盘复制、仿制物的品牌标识和全部功能,引发中国市场监管部门的一系列严查行动。一时间,"山寨企业"和"山寨产品"似乎成为冒仿的代名词。

严格地说,"山寨企业"的发展的确存在着鱼龙混杂、竞争无序的现实情况,它们的产品缺少合法的"准生证"。政府对于那些层出不穷的走私产品和侵犯其他品牌知识产权的高仿产品,坚决地予以打击。然而,"山寨企业"的发展,并非简单地以市场搅局者形象出现。多数的企业是在仿制物原有的基础上加以在功能、外观等上改造和创新组合,使之以适应市场,和一般简单的抄袭、剽窃还是有区别的。不少"山寨企业"并不仅限于模仿复制品牌机,而是尽可能超越品牌机,它们善于与品牌产品打时间差和价格战,有错位夺食的市场战略,许多山寨新产品周期短,技术更新快,外形功能时尚,生产成本低,销售链条短,常常迫使品牌机在市场攻略上自叹不如。事实上,深圳的许多"山寨产品"已经包含了部分的改造创新,甚至出现了不少令国外大品牌侧目的技术创新、外观创新和工艺创新。"山寨企业"的这种创新是站在巨人肩膀上的创新,不但能降低创新成本,缩短创新周期,而且可以发挥后发优势,提高对技术的利用程度,因此"山寨企业"还有其生存之道和创新之处。

来自原深圳市科技局的统计资料显示,2008 年深圳电子信息产业中的高新技术产品产值达到 7839.15 亿元,占全市高新技术产品产值的比重为 90.0%。从上游原材料供应,到加工集成,再到组装销售,在深圳及周边的东莞一带形成了一条完整的电子产品配套产业链,深圳已成为中国乃至全球消费类电子产品的集散地。长期的贴牌代工为深圳加工业提供了难得的学习和锻炼机会,也为深圳中小企业实现"引进—消化—吸收—再创新"提供了一条捷径。而这正是深圳"山寨产业"得以发展壮大的产业背景。华为的早期成长也是从学习借鉴先进产品起步的,但不同的是,华为很快走出了山寨式的模仿阶段,在快速完成资本积累的同时,迅速转入自主研发,从而成就了一个世界级企业的诞生。某种意义上,"山寨企业"的崛起恰恰反映出深圳加工制造业在新技术、新产品模仿方面的敏捷制造能力,它在客观上推动了中国手机等消费电子品市场的规模化发展,并带动了包括电子元器件、批发销售、快递业等一大批上下游产业的发展。对于今天这些被冠以"山寨"之名的企业,假以时日,在深圳这样活跃的创新氛围下,谁又敢保证它们不是下一个华为,下一个比亚迪呢?

第六节 "华人硅谷"的展望

一、深港创新缘

从 20 世纪 90 年代开始,深圳以高科技产业为主要特征的创新型经济迅速崛起,而香港也面临着经济转型的压力,由此带来了深港双方彼此依赖与合作需求的不断加强,特别是深港两地围绕着科技合作开展了大量的工作。进入21世纪,一方面,深圳在发展过程中遇到土地、资源、人口、环境等"四个难以为继"的问题,并且产业发展缺乏原创性,这驱使深圳寻求新的发展模式;另一方面,香港也日益重视科技创新对经济发展的推动作用,科技创新不仅要为香港本地企业服务,也要为香港在深圳、珠三角、内地的企业服务,促进其转型升级。如何更加有效地整合两地资源,发挥两地优势,增强区域未来整体竞争力,已经成为深港两地政府共同关注的焦点。以科技合作为核心,推动深港合作向更宽领域发展,促进深港地区在更高层次的互动双赢,遂成为深港双方政府的共识。在这种情况,探讨如何有效地整合深港两地科技创新资源,发挥各自的比较优势,增强两地整体竞争力,就成为深港两地政府关注的焦点。

香港方面的优势在于:拥有广泛的国际市场网络和敏锐的市场触觉、亚洲一流的高校师资和人才资源、国际金融中心的强大融资能力,以及较强的科技成果商品化意识和能力。其中,值得一提的就是香港拥有多家亚洲一流的大学,这些大学完全可以在深港创新合作中扮演重要而积极的角色,有助于培养高层次人才及进行高水平的研究。此外,2006年香港政府拨款二十多亿元资助建立香港汽车零部件研发中心、资讯及通信技术研发中心、物流及供应链管理应用技术研发中心、纳米科技及先进材料研发中心及纺织及成衣研发中心等5个研发中心。加上香港赛马会于2001年设立的中药研究院,香港目前拥有6所高水平的研发中心,可为香港与深圳以及珠三角地区的科技合作提供一个平台,包括为业界提供最新的市场信息,致力提升本地及珠三角企业的生产技术,以及为两地培养相关专业人才,协助企业把创新意念转化为产品,并向香港、深圳和内地其他地区推广应用。但是,香港基本没有自己的制造能力,高校的科研成果难以迅速转化为产品。

深圳方面的优势在于:拥有相对较低的营商成本、强大制造能力和产业配套能力、成规模的研发机构群体和企业高端人才,政府对科技研发的强力支持,以及沟通国内市场和吸引国内人才的便利性。其中,值得一提的是深圳强大的产业配套能力。目前,深圳及其周边地区已形成国内最大的计算机、通信、微电子等产业配套市场,产业配套优势明显。表现为"高新技术产品制造所必需的零部件和材料完全可以能实现本地采购和周边采购,有助于企业降低物流成本和保证交货时间;大量供应商聚集在深圳形成外部效应,供应商之间的有效竞争,有助于提供物美价廉的零部件和材料供应。以计算机制造为例,深圳能实现从机箱、板卡、接插件、显示器到磁头、硬盘驱动器等几乎所有计算机部件的即时配套。但是,深圳的不足使本地科研力量和原创资源非常贫乏。

二、深港创新圈

应当说,深港两地在创新资源、研发机构、创新产业与服务上各有所长,具有很强的互补性。正是基于这样的背景以及推动科技创新发展的共同目标,深港这两个相互毗邻的城市走到了一起。2005 年 7 月,深圳市官方层面首次提出"深港创新圈"概念。2006 年初,中国科技大会召开后,深圳方面的倡议得到香港方的积极响应。2007 年 1 月,"与深圳建立更紧密的合作,研究建立'深港创新圈'的具体措施"写入香港正式文件。此后,深港双方经过多次沟通协商,就"深港创新圈"的主要内容达成共识,共同起草了《"深港创新圈"合作协议》(以下简称《合作协议》),并先后报请广东省和国务院相关部门批准。经中国政府批准,深圳与香港于 2007 年 5 月 21 日正式签署《香港特别行政区政府、深圳市人民政府关于"深港创新圈"合作协议》,标志着"深港创新圈"已经进入由概念到开始实践的新阶段。

"深港创新圈"合作协议签署两年多来,在 CEPA 和粤港合作的大框架下,建立了协商督导、项目管理、共同资助和联合招商的工作制度。根据《合作协议》,深港双方确定了工作机制——深港创新及科技合作(深港创新圈)督导会议,统筹及督导两地在深港合作上的工作安排,审议有关合作计划的进度。2007年 10 月,在第九届高交会上,深港双方首次设立了"深港创新圈"展区。2005 年到 2007 年,深港双方有关部门联合成功举办了三届"深港创新圈高层论坛",邀请中国有关部委,粤、港、深专家学者和官员就"深港创新圈"有关工作进行研讨,扩大了"深港创新圈"的影响。从 2007 年开始,深港双方每年从各自的科技研发资金中各安排 3000 万元的专项资金用于支持"深港创新圈"的建设。此外,深圳市高新技术企业与香港有关单位之间的交流互动频频,为深港科技合作创造了良好的机会和条件。通过深港两地政府不断完善政策措施,实现了两地创新及科技全面、深入、务实、高效的合作,取得了可喜的成就。其中,2008 年,杜邦太阳能光伏电科技项目成功落户深港地区,是"深港创新圈"战略构想提出后,双方共同面向全球、面向跨国企业争取的结果。

美国的硅谷地区被称为目前世界上最具创新能力的高科技研发聚集地,其全球领先的技术包括生物技术、网络信息技术、半导体、通信等,集聚了一大批如微软、英特尔、苹果、甲骨文、雅虎等世界知名企业。"深港创新圈"的提出和实施,就是要以美国硅谷等世界级研发聚集地为标杆,引领中国高科技研发潮流。相信,经过深圳和香港两方面的共同努力,一个集合了深港两种制度的优势,整合了深港两地的创新资源,对全球科技创新要素特别是高端人才具有较强吸引力,在国际上具有较大影响力的"华人硅谷"完全有可能出现在深港湾区。

第七节 深圳创新力的源泉

一、创新型经济的基石

在中国 30 年的改革开放过程中,所有制改革无疑是最大的难点之一,也是最大的看点之一。从逐步确立以公有制为主体、多种所有制经济共同发展的所有制结构,到 2007 年中国共产党十七大报告提出"坚持平等保护物权,形成各种所有制经济平等竞争、相互促进新格局",非公有制经济在中国得到空前发展,并极大地促进了中国生产力的释放。长期以来,因为社会负担重、历史包袱大,尤其是产权不明晰的原因,中国的国有企业一直缺乏活力。由于产权界定不清晰,就导致了权责不明确,政企很难分开,难以实现科学管理。根据经济学经典的科斯定理,在交易费用大于零的世界里,不同的产权界定,会带来不同效率的资源配置。更进一步阐释,只有将产权界定给有利于促进效率的一方,才会形成更有效率的资源配置。科斯的产权理论正是强调产权界定对于提高微观效率的作用,这恰好与中国明晰产权的改革需求相符。因此,中国的改革要能获得突破,就必须向产权制度变革这一改革的深层次拓展。

回到当年的深圳。1979 年,中央和广东省撤销宝安县设立深圳市,当时深圳的前身宝安县只是一个贫困的农业县,深圳全市能和科技两个字沾上边的仅有中国水产科学院南海水产研究所盐田试验站,以及市属的农科、林科、水产、农机等 5 个科研机构,主要为农业生产服务,工业及其他领域科研则是空白。"一个农机站,两名工程师",这就是深圳发展创新型经济的全部家底。可以说,改革开放之初的深圳是一个创新资源十分贫乏的城市。就是这样一个创新资源极度贫乏的城市是如何走向创新型城市的呢?

20 世纪 80 年代,发展高新科技已成为世界潮流,欧洲推出了"尤里卡"(Eureca Program)计划,美国在信息科技方面更是走在全球前列。面对这种趋势,深圳以承接发达国家和地区国际产业转移为契机,抓住中国改革开放、从传统的计划经济体制向社会主义市场经济转轨的有利时机,利用经济特区的特殊政策大胆先行先试,在全国率先通过体制和机制创新,充分发挥市场配置资源的作用,同时注重产业政策的导向作用,努力克服人才、大学和科研机构缺乏等不利因素,营造了一个适于高新技术企业和人才聚集和快速成长的"栖息地"和创业文化氛围。最为重要的是深圳一大批极富创新和冒险精神的企业家,使深圳迅速成长为中国的创新先锋城市。

前深圳市委书记李灏先生回忆道:"现在大家很奇怪,深圳这个地方没有什么基础,中国科学院一个分支机构都没有,深圳大学有一定科研力量,但主要不在工程技术方面;深圳建市之初的时候只有两名技术人员,为什么能够成为创新型城市。创新型城市,我的理解,不一定全面,应该既有思想解放,但更重要的是制度创新。二者具有一定的因果关系,只有在思想上解放了,才敢于在制度上去创新,如果只有思想解放而不敢在制度上去创新,那就相当于纸上谈兵。科学技术,本身会有一个创新发展过程。科学技术为什么能发展? 如果讲为什么能做到这一点,着眼点是制度、体制、机制创新。制度创新是实现技术创新最重要的基础。"①

---

① 李灏:《关于深圳发展高新技术产业的若干回忆与思考》,深圳市高新技术产业发展轨迹课题组约稿,2009 年。

二、科技创业的春天

"(20 世纪)90 年代中期我已在全国人大工作,有一次陪同国家体改委的党组书记安志文,还有高尚全、王全国,中央党校的教授王珏等参观华为,他们问负责接待的同志一年的销售额是多少? 说 40 亿人民币,安志文觉得大为惊讶,一个企业 40 多亿的销售额,国家给你多少投资? 他说没有,省里给你多少投资,他也说没有,那市里总会给你投资了吧? 他说也没有。国家又不投资,省、市也不投资,哪里有那么多钱,怎么发展的? 华为的负责人任正飞就诙谐地说没有人投资,怎么做起来的,就凭一个'红头文件'。大家都很惊讶,什么'红头文件'? 他笑了,就是市里制定的那个关于鼓励科技人员发展民间科技企业的文件。"

李灏先生所说的"制度创新"和"红头文件"指的就是 1987 年深圳在国内率先出台的《关于鼓励科技人员兴办民间科技企业的暂行规定》。时间回到 20 世纪 80 年代中期,当中国内地计划经济还占主要成分,民营经济普遍受到歧视之时,深圳已着手探索所有制改革,大力鼓励民间创办科技企业。1987 年 2 月,深圳市政府颁发了《关于鼓励科技人员兴办民间科技企业的暂行规定》(凡下简称《暂行规定》),并责成市科技发展中心负责组织、协调、管理和指导科技人员兴办民间科技企业的工作。鼓励科技人员兴办民间科技企业是科技改革的组成部分,是一项政策性很强的重要工作,也是深圳市在改革中的新鲜事物。为此,当时的深圳科技部门(科委)还特别召开了"市民间科技企业座谈会",围绕在深圳特区兴办民间科技企业的意义、设想、意见以及面临的各种具体问题进行座谈。1989 年深圳还成立了"科技创业服务中心",对民间科技企业实施指导、协调、管理并提供综合服务。

自 1987 年 2 月颁布《暂行规定》起,到当年 5 月初已经有 48 家民间科技企业申报注册。① 这些申报注册的民间科技企业有这样一些特点:一是来自四面八方,面广点多。从 48 家企业负责人原工作单位来看,分别来自北京、上海、广州、西安、武汉、成都、昆明等十几个省市。二是中高层科技人员多。48 个申报

---

① 参见《深圳特区经济动态》,《特区经济》1987 年第 6 期。

企业负责人中,有教授、高级工程师等高级职称的 8 人,有讲师、工程师等中级职称的 31 人。许多科技人员都是带着自己的最新科技成果来办企业的。比如原河北承德自动化计量仪器厂总工程师刘宗奇辞去职务,与其他 3 名股东各出资 2.5 万元,在深圳办了五岳电子技术股份有限公司。类似的情况还有很多。到 1989 年底,深圳共批准成立民间科技企业 162 家,其中已登记注册 152 家。到 1990 年,深圳民营科技企业产值超 1000 万元的有 3 家,超百万元的有 17 家。其中,华为公司产值、销售额均超过 3500 万元。

这些民营科技企业以科研人员为主体,以市场为导向,以高新技术及外向型为目标,以科技成果商品化为重点,实行自筹资金、自由组合、自主经营、独立核算、自负盈亏,在国内外市场的激烈竞争中显示出旺盛的生命力。在一篇题为《充满活力的一株幼苗:对深圳民间科技企业的考察》的报道中,华为掌门人任正非提到:"我们这些辞职或停薪留职的科技人员,离开国营单位,自己出来找饭吃,大家都有背水一战的危机,人人奋力拼搏,没有内耗,没有扯皮现象。在一个国营企业里,厂长、经理往往要用 60% 的时间去处理人际关系,想干成一件事是很难的。兴办民间科技企业,能在一生中搞出一两个市场需要的拳头产品,这一生也就算没白过!"①

20 世纪 90 年代初,原国家科委的一个调研组在深圳做的一项调查报告中②也显示,深圳民科企业中的科技人员 80% 以上来自内地大专院校、科研单位、军工部门,这些科技人员基本上是 50—60 年代培养出来的大学生,他们都有一定的政治觉悟和较好的技术基础,其中不少是在内地担任过科、处级以上行政职务的人。20 世纪 80 年代新毕业的大学生、研究生也占一定比例。内地来的科技人员,绝大部分都是看中深圳优越的环境,想到特区干出一番事业。此外,当时深圳的民间科技企业约有 7000 家属于电子和计算机行业,其他分属轻工、化工、

① 转引自徐明天著:《春天的故事:深圳创业史》(上),中信出版社 2009 年版,第 179 页。

② 参见谢绍明:《特区建设中一支不可忽视的科技力量——深圳市民间科技企业调查报告》,《科技进步与对策》1991 年第 6 期。

机械及生物技术等行业。约有 60% 的企业主要从事高新技术领域的开发和生产工作,拥有近百项专利技术。

按照《暂行规定》,深圳特区科技人员可以以现金、实物、个人专利、专有技术、商标权等投资入股创办民营企业,这实际上就是明确了民营科技企业的产权。由于当时深圳的体制灵活多样,在发展高新技术产业中鼓励搞股份制,动员社会力量,厂房入股、资金入股、技术入股,高新技术企业还可以利用外资或请外国专家的"头脑"来入股。这就大大调动了科技人员从事开发及其有关的生产、销售、咨询服务的积极性,吸引了内地大批有知识、有成果和有冒险精神的企业家来深圳创办科技企业。实践证明,《暂行规定》的出台对后来深圳发展高新技术产业具有里程碑意义,促成了深圳创新型经济发展过程中一个奇特的"1988"现象,即目前深圳最具影响力的几家企业,比如华为、中兴通讯大多创立于这一年前后,甚至包括目前中国金融行业最具影响力的招商银行、中国平安也是在 1988 年前后创立。而华为、中兴通讯这一批高科技民营企业目前已成为深圳创新型经济的主导力量。

第八节　为什么是深圳

一、健康的市场机制

在 2009 年举行的"世界知识城市峰会"(第二届)上,英国的曼彻斯特、西班牙的瓦伦西亚获"最受尊重的知识城市"称号,西班牙的巴塞罗那、美国的波士顿获"最受尊重的知识都会"称号。而年轻的深圳则荣膺"杰出的发展中的知识城市"称号,显示出深圳的创新环境和创新能力已经得到了国际学术界的肯定与嘉许。创新型经济为什么会在深圳这样一个工业基础十分薄弱、创新资源高度缺乏的年轻城市取得如此巨大成功呢? 原因有很多方面,但其中最重要的原因有下面几点,即深圳市场化的环境和市场化的运作方式,强大的加工制造能力和产业配套环境,中国一流的高素质人才队伍和廉价的蓝领劳务工群体,以及深圳决策层面发挥的积极引导作用。

深圳较为成熟的市场环境和全社会尊重市场选择和企业自主经营的基本共识,是形成健康市场的原因之一。作为中国经济体制改革的试验场,深圳经济特区从成立伊始一直坚持市场取向的改革。中国共产党第十四次代表大会提出建立社会主义市场经济体制目标之后,深圳经济社会改革全面推进,并在中国率先建立起社会主义市场经济体制,实现了从传统计划经济体制向社会主义市场经济体制的根本性转变,率先进入完善社会主义市场经济体制的新阶段。深圳市场化程度比较高,早已得到全国的公认。根据中国社科院组织编写的《2009 中国城市竞争力报告》,深圳的综合竞争力仅次于香港,居中国内地城市榜首。其中,深圳的结构竞争力、文化竞争力和开放竞争力三项都排在全国第一位。这些竞争力要素,在一定程度上反映了深圳市场化程度在全国的地位。

在深圳这种高度市场化的环境下,企业采取市场化的运作方式成为深圳自主创新取得优异表现的重要途径。一般而言,高新技术产业的发展,是一个从基础应用研究到实现产业化的连续过程。产业化是它的最终目的,高新技术的科研成果只有转化为生产力,才能对整个社会的发展作出贡献,也才能形成自我良性循环的可持续发展模式。在市场经济条件下,推进高新技术产业化要以企业为主体,更要依靠市场的力量。

深圳得益于作为全国改革的试验场,率先建立起市场经济体制的框架,高新技术产业的主要资源都是通过市场配置的。例如,深圳较早建立获得技术成果的市场渠道,如科技成果交易中心、南方国际技术交易市场、技术市场促进中心等,特别是一年一度的高新技术成果交易会,搭起了企业与高等院校、科研机构之间的桥梁,成为全国重要的科技成果交易中心。深圳探索建立风险投资市场体系,吸引了国内外的风险投资机构,风险资金规模约占全国的1/3。深圳加大了保护知识产权的力度,成立了专司此项工作的知识产权局。深圳还先后建立了专利、科技创业、科技开发交流、技术市场、科技成果交易、技术经济行、无形资产评估、技术合同仲裁、科技顾问委员会、生产力促进中心等科技中介服务机构,形成了相对完善的中介服务体系。"需求是创新之母",这个发达国家的创新经验,在深圳得到了很好的验证,资源由市场配置,技术研发的方向由市场确定,创新路径也从市场出发逐步向创新链的上游推进。实践证明,市场化的运作方式是深圳高新技术产业获得持续快速发展的最佳途径,具有最大的经济合理性。

二、完整的产业配套

深圳强大的电子信息技术业的制造能力和产业配套环境,是深圳发展的又一原因。深圳地理位置优越,是联系香港、辐射内地的重要桥梁。凭借具有得天独厚的区位优势,深圳通过中外合资、中外合作、外商独资等形式,积极吸收和利用外资,引进先进的技术和管理经验。对外开放方面,即由单纯推进外贸出口,到建立工贸结合的外向型经济结构,到用知识资金密集型和高科技提升产业结构,再到全面建立开放型经济结构。在对外开放的同时,对内开放也是深圳外向型经济发展的一个重要组成部分。深圳经济特区所具有的独特区位实际是为国内外的商品、劳动力、资本、技术等生产要素提供了一个自由流动、相互结合、嫁接的平台,深圳正是充分运用了"外引内联"这一重要策略,迅速集聚起各类生产要素。

在参与国际产业链分工过程中,深圳逐步开始从以加工装配为主的低附加值环节向研发设计、品牌、关键设备、关键零部件、中间产品生产和物流配送等高增值产业链环节延伸。长期的贴牌代工为深圳加工业提供了难得的学习和锻炼机会,也为深圳企业引进消化吸收再创新提供了一条捷径。目前,深圳加工业已走过进口零部件的简单装配生产阶段,具备了大规模的整机生产能力和部分的研发设计能力。与此同时,深圳的加工贸易产业本身也在不断壮大、升级。不少加工贸易企业已由OEM(贴牌加工)向ODM(委托设计生产)、OBM(自主品牌加工制造)转型,技术含量不断提升。其结果就是,在加工贸易企业的带动下,深圳的加工制造能力不断增强,产业配套环境日益优化,现已发展成为中国高新技术产业实力最强、产业布局最重和最具投资吸引力的创新型城市。

三、特殊的人力资本

原因之三,深圳拥有一大批中国一流的高素质人才队伍和廉价的蓝领劳务工群体。人才是发展高新技术产业的首要条件,而创新人才密集是一个创新型城市的最根本特征。以 1987 年深圳出台《关于鼓励科技人员兴办民间科技企业的暂行规定》为标志,深圳聚集了一批又一批中国一流的人才。多年来,为吸引更多的人才,深圳坚持自我培养与引进相结合的方针,在技术政策上实行自主开发与引进并重的方针。先后制定了各种优惠政策,创办人才市场、完善人才流动机制,人才配置的效率不断提高,吸引了大批人才。为进一步保障高新技术产业发展的人才和技术来源,深圳与中国科学院合作建立科技工业园、先进技术研究院,与清华大学合作创办了深圳清华大学研究院,与北京大学、香港科技大学合作建立深圳产学研基地,与哈尔滨工业大学合作建立了深圳国际技术创新研究院,与国内外 33 所著名大学合作建立了虚拟大学园,为这些高校在深圳进行科研成果的产业化和高级人才培养免费提供办公场所和各方面的支持。同时,深圳还率先成立了全国第一家企业化管理的人才服务公司,成立了常设型人才智力市场和高级经理人才评价推荐中心,形成了相对完善配套并且市场化的人才劳动力市场,为高新技术产业凝聚了大量的宝贵人才。

除了带着科技成果和管理智慧来到深圳的人才之外,深圳还拥有一大批改革开放后培养起来的蓝领劳务工队伍,特别熟练的技术工人等各种各样的人才。深圳加工贸易企业在聚集全球最大的电子信息制造产能的同时,也为吸引了中国大量的农业剩余劳动力,并且培养了大批熟练产业工人。以深圳市加工贸易最发达的宝安区为例:2008 年,宝安区总人口约 563 万,其中 520 万人口为外来人口。这 520 万外来人口中,年龄以青壮年为主(21—40 岁占 78.2%),来自全国各地,籍贯以广东(20.5%)、湖南(16.4%)、四川(9.8%)、湖北(9.8%)、广西(9.7%)等地区为主,80% 为农村户籍。其中劳务工约 414 万,大部分在"三来一补"和加工贸易企业从业,占广东省加工贸易吸纳就业量的 1/4 以上。①位于深圳宝安区的富士康集团,一家企业 2008 年用工就超过 40 万人(约 42万)。这些蓝领劳务工队伍对于维持深圳制造业的成本优势发挥了至关重要的作用。

---

① 参见《广东省实现加工贸易转型升级的调研报告》,2008 年。

四、有效的政府支持

原因之四,还在于深圳决策层面发挥了积极的引导和扶持作用。深圳之所以在中国率先发展起颇具竞争力的高新技术产业,与深圳历届主政者正确的战略抉择和主动服务的意识密切相关。20世纪90年代初,深圳决策层适时作出了转变产业发展战略方向的抉择,当时的战略转型决定有计划地收缩了深圳发展势头很好的"三来一补"企业,把发展的重点转向以电子信息、新能源、新材料和生物技术为代表的高新技术产业,不仅在人力、财力、物力上给予倾斜,而且着力于营造良好的综合环境。深圳先后颁布了三百多个有关高新技术发展的地方性法规和条例,其中无形资产评估管理办法、企业技术秘密保护条例、计算机软件著作权保护条例等,均是在全国率先推出的。1998年出台的《关于进一步扶持高新技术产业发展的若干规定》(简称"22条"),在优惠政策、税收、土地使用、户口人籍等方面为高新技术企业打开方便之门,其扶持力度之大为全国所罕见。深圳还成功地举办了中国国际高新技术成果交易会,迄今成功已举办11届,被誉为"中国科技第一展"。

与此同时,深圳决策层在把握机遇,因势利导抓创新的同时,能找准自身定位,即不越位,也不错位,把着力点始终放在营造良好的发展环境上。特别是最近几年,深圳决策层意识到面临"四个难以为继"的困境,不敢有丝毫的懈怠。从深圳内部来说,自主创新能力还存在明显不足,一是由于缺少高水平的大学和科研机构,高素质领军人才十分匮乏,公共研发不足,基础研究、前沿技术研究严重滞后;二是企业的创新能力主要体现在为数不多的大型企业上,而大量的中小型企业创新能力较弱;三是多层次资本市场不够完善和发达,中小科技企业融资难问题没有从根本上解决;四是电子通信产业一业独大从而使产业风险加大的问题有待逐步解决。总之,历经多年努力,深圳已经形成包括政策环境、法制环境、人才环境、金融环境、产业配套环境、城市功能环境等在内的良好的综合环境,这种环境使科技人才和高新技术企业得以尽情发挥其能量,这些都是深圳创新型经济迅速崛起的有力支撑。

第三部分

"一夜城"的传奇

第九章

古老国度的年轻都会

"城市既是一个景观、一片经济空间、一种人口密度;也是一个生活中心和劳动中心;更具体点说,也可能是一种气氛、一种特征或者一个灵魂。"

——潘什梅尔

自 18 世纪中叶的工业革命以来,在工业化带动下,城市人口迅速聚集,城市数量和规模也急剧增加。使城市化迅速从英国、欧洲向全球蔓延,带来世界范围内的城市化浪潮。在后工业化时期,发达国家城市的产业结构出现转移,高新技术产业和服务业成为城市新的增长点,再加上城市人口高度聚集,过度城市化、城市问题和"城市病"随之出现,城市发展从单一中心城区聚集向城市郊区化、"逆城市化"转变,从单一城市发展向城市群、卫星城方向发展。

但无论哪种类型、哪个阶段的城市化,都需要一定的阶段和条件,或是交通便利,或是经济发达,或是官府聚集。然而,在短短 30 年的时间就从一个仅 30 万人的农业县发展为上千万人口规模的现代化都市还是绝无仅有的。

深圳就是如此。她是一座在历史瞬间崛起的一夜新城。

深圳是现代中国经济发展的一个奇迹,也是世界城市建设史上一个看得见摸得着的神话。当 30 年前来过深圳的人故地重游时,怎么都无法把这个初步国际化的现代大都市,同当年那低矮破旧的小渔村联系起来。对于很多长期居住在深圳的市民来说,每一天你可能都会有新的发现。这就是深圳,一个超越世界城市化发展常识和改变世界城市建设史的"中国经济特区"。

"深圳"一词在中国汉语里的解释是深水沟的意思。30 年前,它还只是广东省惠州地区的一个县。1979 年的宝安县城面积只有 3 平方公里,建筑面积 29 万平方米,镇内居民 2 万多人,全县人口仅 30 万人,仅有"猪仔街"、"鱼仔街"两条小巷和一条 200 米长的小街,建筑主要以低矮平房为主,最高楼房也只有五层楼。[①] 据说,走完整个街道,还花不了抽一支烟的工夫。30 年后的深圳却已经是中国南海边的一个面积达 1953 平方公里,建成区面积 813 平方公里,人均 GDP 生产总值位居内地大中城市首位,常住人口 891.23 万[②],实际管理人口上千万的现代化大都市。

在深圳,你能看到和纽约、伦敦、东京几乎不相上下的中国最具现代化的城市景象:炫目密集的高楼大厦,绿郁葱葱的城市公园和活力四射的主题公园,整洁、宽阔而管理现代化的马路,丰富而动感的购物中心,高科技高效率高产出的"硅谷",时尚个性的国际创意社区,充满青春激情的大学校园和浪漫大气的山海景观……当你意识到你所穿越的城市只有 30 年的历史时,你就会知道,要理解它的城市建设奇迹实在是一件费劲的事。

第一节　工业化带动城市化

快速城市化经常发生在经济高速增长的发展中国家,而不是发达国家。在 1920—1960 年间,欧洲的城市人口只增长了 60%,而第三世界的城市人口增长到 9 倍,1920 年,第三世界城市人口仅占世界的 25%,到了 1980 年该比重则上

---

① 参见深圳市史志办公室编:《中国经济特区的建立与发展》(深圳卷),中共党史出版社 1997 年版,第 7 页。

② 参见 http://www.sz.gov.cn/cn/zjsz/szgl/200708/t20070824_92777.htm。

升到51%。① 当欧美国家的城市化已经走向与渐进的创新体制和经济社会发展相互依赖时,甚至部分发达城市已经出现产业"空心化"情况,发展中国家还在继续着发达国家早期工业化带动城市化的道路,深圳也不例外。

短短30年,深圳的建成区面积几百倍的膨胀,依靠的主要是工业化以及投资推动下的快速城市化过程。改革开放刚开始时,深圳建成区面积仅为3平方公里,大片土地还处在未开发状态。而同时期的香港因为经过上百年的市场经济发展,土地价格和劳动力成本较高,经济资源的利用效率已经达到极限,客观上要求产业结构进一步升级,把加工贸易型产业向外转移。港资同深圳的土地、劳动力等生产要素的结合是一种历史的必然。

资金和规划管理经验的缺乏是深圳城市建设的一大难题。与北京、南京等有着千百年历史的城市不同,深圳的城市建设基础薄弱,基本上是在一个农业地区建设一个新城市,最初的建设资金主要来自于中央政府的少量输血、国内银行贷款和内地省市支持,自我造血能力不足。走工业化带动城市化道路不仅可以有效解决建设资金问题,而且后续的税收和溢出效应可以充分满足城市发展需要。

由于特殊的区位优势和廉价的生产成本,再加上在中国政府的支持下,深圳成为香港劳动密集型产业外迁的集中地,加工贸易企业在深圳范围内遍地开花,带来了城市化的迅速扩张,由于本地人口不足以支撑快速城市化的发展需求,大量外来人口涌入,人口集聚膨胀。高度密集的人口需要城市基础设施建设和配套服务,深圳大规模的城市建设由此而发。

深圳的城市空间布局伴随着工业区的转移而不断拓展。上步、沙头角、蛇口是深圳市最早的工业区,而城市空间布局也以此为基础形成沙头角—盐田、罗湖—上步、南头—蛇口三个组团,采用带形多中心组团式结构布局。而随着产业从特区内向特区外转移,从深圳市向东莞、惠州、中山、江门等地区转移,在整个珠三角地区也催生了一大批城市和中小城镇,也带来了城市景观在空间上的拓

① 参见[美]布赖恩·贝利:《比较城市化——20世纪的不同道路》,商务印书馆2008年版,第78页。

展。同很多发展中国家"首位城市"一家独大的情况不同,由于产业从沿海向内陆转移,珠江三角洲地区城市依次发展,只是工业化和城市化的水平不同,逐渐形成特大城市—大城市—中等城市和小城镇的城市群。受工业化影响,各城市间存在着一定程度的同质性竞争,中心城市的核心地位并不明显。

深圳的城市人口增长与工业扩张的速度基本保持一致。根据深圳市统计局历年统计资料,可以将深圳的人口增长分为三个阶段:第一阶段为1979—1982年。特区发展伊始,开发强度不大,主要在特区内,特别集中于罗湖与上步工业区。第二阶段为1983—1994年。随着改革开放的逐渐深入,"三来一补"企业被大量引进,工业带动的外来人口成为人口增长的主要部分。从表9-1可以看出,这一时期,深圳常住人口基本保持两位数的增长,大部分年份的工业产值增长在50%以上。第三阶段为1995—2000年。邓小平南方谈话发表后,深圳市改革开放进入新的发展时期,特区内一些规模较小、污染较为严重的加工贸易型企业向外转移,工业产值增加值有所降低,与之相应的是,人口机械增长幅度也控制在10%以内。第四阶段为2000年以后。受产业升级和城市管理方式转变影响,深圳的城市建设已逐步从投资拉动型向创新拉动型方向发展,人口机械增长得到有效控制,非户籍人口增长速度首次低于户籍人口增长,并于2007年首次出现非户籍人口负增长。

表9-1 1980—2008年深圳市常住人口与工业产值①增长情况表

年份	常住人口	工业产值增长	年份	常住人口增长	工业产值增长
1980	5.99%	49.30%	1995	8.83%	17.32%
1981	10.21%	151.89%	1996	7.51%	18.45%
1982	22.51%	45.32%	1997	9.29%	18.75%
1983	32.41%	95.88%	1998	9.96%	18.70%
1984	24.55%	126.45%	1999	9.00%	13.27%
1985	18.91%	43.35%	2000	10.86%	25.70%
1986	6.14%	37.90%	2001	3.33%	22.01%

① 根据原始数据计算,与上年同比,未考虑可比价格。

年份	常住人口	工业产值增长	年份	常住人口增长	工业产值增长
1987	12.70%	64.11%	2002	3.04%	24.94%
1988	13.94%	81.39%	2003	4.24%	45.18%
1989	17.86%	45.90%	2004	2.89%	26.35%
1990	18.49%	49.05%	2005	3.37%	18.46%
1991	35.15%	43.22%	2006	2.26%	20.68%
1992	18.20%	37.82%	2007	1.79%	16.99%
1993	25.35%	58.66%	2008	1.77%	13.36%
1994	22.84%	59.69%			

资料来源:深圳市统计局:《深圳市统计年鉴》(2008),中国统计出版社 2008 年版。

深圳的城市建设随着交通体系的不断完善而拓展。深圳早期的产业发展以加工贸易和出口导向型为主,大部分是"三来一补"企业,其独特性在于,虽然生产在深圳,但是控制中心和销售市场都在海外,对交通的依赖程度较高,工业布局多集中在交通发达地区,从而带动城市空间布局的变化。虽然说罗湖、皇岗、沙头角和深圳湾等口岸的开通运行打通了深圳与国际市场之间的连接,但原材料和劳务工的需要同样要求将工业布局在交通较为便利的地方。综合性的交通运输体系对城市空间有明显的推动和引导作用,以 107 国道、广深高速为例,作为连接香港与广东,乃至内地的重要交通枢纽,沿线的新安、西乡、福永、沙井、松岗、常平、虎门等街道分别成为深圳和东莞重要的工业重镇,也成为城市化水平较高的地区之一。

然而,同为工业化带动城市化发展模式,深圳走出一条与长江三角洲地区截然不同的道路。长三角地区先后经历过两次城市化高潮:第一次是内生型的城市化,乡镇企业遍地开花。本地农民是工业化的推动力量,也是工业化的主体之一,最初的经济发展和城市建设资金来自于本土乡镇企业的积累,可以说这是一种农民参与工业化、主动融入城市化的城市发展之路,工业化作为重要的社会化因素,有助于培养农民的市场经济意识和市民精神,所以说伴随着城市化扩张的是本地农民的市民化。第二次是扩张型城市化道路。在城市化发展的后期,由于城市化的扩张速度超过农村工业化的速度,本地人口不足以支撑工业化发展需要,大量外来人口融入,走与珠三角类似的扩张型城市化道路。

而深圳的城市化自始至终都依靠外部力量,虽然城市化的速度高于长三角地区,但其城市化是建立在外来资本(包括境外资金和国内资金)和外来移民的基础之上,本地农民主要通过修建厂房和配套设施参与城市化过程,依靠出租经济为生,虽然从身份上完成了农村城市化的过程,本身并没有经过工业化和市场经济的洗礼,社会化准备不足,仍然过的是农民生活。

回眸深圳30年的城市建设史,始终坚持以改革开放和市场经济的思路,走的是以规划为先导,以产业为动力,主体多元化,以工业化带动城市化的快速城市化发展道路。

在这一过程中,香港因素起到了至关重要的作用。

第二节　城市建设中的香港因素

在深圳的城市建设中,香港始终是一个绕不开的话题。很少有哪两个城市像深圳和香港这样在历史长河中患难相依、休戚相关,也很少像她们这样一水相隔却在政治制度、经济和城市发展水平上存在这么大的差距。香港不仅是深圳工业化道路的推动者和参与者之一,而且其本身也成为深圳城市建设的重要标杆。事实上深圳城市的设立,也与香港因素有关,一是因为在改革开放初期,中国政府希望把深圳作为"试验田",充分利用市场经济较为完善的香港的经验、资源和平台,探索发展有中国特色的市场经济模式;二是希望深圳能充当香港的服务基地,作为在香港回归中国后支持其保持繁荣稳定和加强与之密切联系的力量的一部分。就这样,深圳从建市开城之日起,香港就是这座城市发展的重要因素之一。深圳的前世、今生和未来都与香港紧密地捆绑在一起,编制修订中的《深圳市城市总体规划(2007—2020)》更是将深圳未来的发展定位确定为"与香港共同发展的国际大都会"。

一、城市发展受口岸因素影响

在工业化带动城市化的过程中,香港是深圳城市建设资金的重要来源之一,也是其参与国际分工体系的重要连接点,大部分深圳制造的产品途经香港走向全世界。

回顾深圳30年的城市发展史,在城市建设方面,深圳的城市规划走向总是沿着深港的口岸轴线进行,与香港通关的罗湖口岸、皇岗口岸、深圳湾口岸几乎基本能划分深圳城市主要部分的纵向城市格局。与罗湖口岸对应的是深圳最早的罗湖中心区,与皇岗口岸对应的是现在的城市中心——福田中心区。与深圳湾口岸相对应的则是未来的前海深港现代服务业合作区,前海地区也将发展成为深圳未来的双中心之一。工业建设也从罗湖—上步工业区、沙头角工业区向各工业组团推进。目前深圳与香港之间已经拥有罗湖、沙头角、文锦渡、福田、皇岗和深圳湾六个陆路通道,深港之间的经济联系越来越紧密。通关口岸就像一颗颗纽扣,把深圳和香港连接在一起,也把社会主义和资本主义之间的各自优势连接在一起。

深圳建市前已经有了两条连接深港的通道,一个是建于20世纪初的罗湖口岸,一个是未通汽车的文锦渡口岸,规模较小,满足不了通关需要。1985—1986年,深圳市先后开通和扩建了沙头角口岸和罗湖口岸。沙头角是大陆唯一与香港有陆路相通的地区,中英街以"一国两制"的独特政治历史闻名于世,在长不到250米、宽不到4米的街道上,留下了深港合作的最初记忆。由于地理位置优越,中英街成为了闻名中国的"购物天堂",只要办理特殊通行证,来自五湖四海的商品都可以在这里流通。20世纪80年代,中英街每天接待近万名游客,最高人流量可以达到七八万人次。20世纪90年代以后,随着深港间通关口岸的逐步增加,深港之间的联系越来越紧密和方便,城市的中心发生转移,沙头角的经济地位也在逐渐下降,现已成为记载深圳历史的重要文化旅游景点。

罗湖口岸的联检大楼是经济特区城市建设的第一个出发点。随着联检大楼的更新,深港罗湖口岸的查验通道从137条增加到173条,现已成为中国内地客流量最大的陆路边境口岸。

20 世纪 80 年代深圳市工业发展和城市建设就是从罗湖开始。早在 1982 年,深圳市就提前布局,建立了罗湖—上步工业区,从最早的爱华大厦、京华大厦、华发大厦,到诞生了中国不同时期的三个第一高楼——国际商业大厦、国贸大厦和地王大厦,只用了十几年的时间。虽然有着后发优势的福田区规划更为完善,但单从建筑密度上来说,罗湖区堪比香港中环,弹丸之地聚集如此众多的高层建筑。在不久的将来,位于地王大厦旁边还将诞生新的深圳第一高楼——京基大厦,进一步巩固罗湖蔡屋围作为深圳市金融中心的地位。

皇岗口岸的通关开创了福田中心区时代。1989 年通车的皇岗口岸是为了配合广深高速公路建设而新开设的口岸,是内地唯一全天候通关的口岸,是亚洲最大的陆路口岸,一直保持着中国货柜车出入境的最高纪录;同时,皇岗口岸也是继罗湖、珠海的拱北口岸之后的内地第三大客运口岸。皇岗口岸与 2007 年启用的福田口岸一起成为深港间的重要交通枢纽,大大缩短了福田区与香港之间的距离。皇岗口岸与广深高速公路的开通,促进深圳中心城区向新规划建设中的福田中心区转移和空间拓展。福田中心区现已发展成北片行政区(市民中心、图书馆、音乐厅、少年宫、中心书城)、南片中央商务区(国际会展中心和一大批高档办公楼)以及莲花山公园的"两片一翼"式空间格局,集行政、商务、文化、会展、旅游于一体的国际性城市中心,正在引领深圳向国际化城市迈进。

如果说深圳城市发展的前 20 年属于罗湖时代,中间 20 年(2000—2020 年)属于福田中心区时代,那么 2007 年深圳湾大桥的建成通车,将促使前海地区引领深圳未来 20 年的发展。前海地区位于珠三角的咽喉位置,处于对整个珠三角地区发展具有至关重要作用的"穗港澳"经济主轴线的核心位置上。可开发土地十几平方公里,拥有海陆空铁齐全的交通网络优势,综合交通条件发达,有着较大的土地开发潜力、突出的区位优势和良好的发展基础,是珠三角区域发展和全面推进深港合作的重要战略节点,为深港现代服务业的对接与融合提供了最佳平台。2007 年,《深圳市城市总体规划(2007—2020)》中,将前海与福田、罗湖并列为城市双中心之一,《珠三角地区改革发展纲要(2008—2020 年)》更是将前后海地区的开发上升到国家战略。2010 年 2 月,深圳市在前海地区成立了前海深港现代服务业合作区管理局,正式将前海区的规划建设提到制度化层面,前海合作区有望同香港建立更深层次的合作创新平台,将香港自由港的制度资源同深圳开放型经济的制度资源加以整合,发挥制度差异和互补的综合效应,建成面向新时期发展的城市新中心区。"前海中心"带来的将不仅仅是城市格局的简单扩张,它还意味着城市形象的升级和改善,将引领深圳市的城市功能升级,提升深圳的国际化水平。

从沙头角、罗湖到皇岗、深圳湾,形成由西至东"四点一线"的城市空间布局,随着深港合作的逐渐深入以及产业分布和产业转移的影响。以蛇口、沙头角、罗湖为起点,城市建设不断向外蔓延,从蛇口工业区到南头、科技园、华侨城,从沙头角到盐田,从罗湖到上步工业区,到福田中心区,从关内到关外,从小渔村到现代化大都市,深圳的城市建设逐渐向外蔓延,城市功能不断完善。

二、香港为深圳树立起标杆

与香港类似,深圳同样是一个土地匮乏和人口密集的城市。深圳地形东西狭长,南北受制于海岸线和山脉分布,相当一部分土地为生态脆弱地区,这就决定着深圳绝不能简单地走"摊大饼"式的空间扩张路线,更不可能像美国的小城镇那样低密度发展,必须走可持续发展的紧凑型城市路线,在这点上,香港为深圳树立起城市建设的标杆。

所谓的"紧凑型城市",就是采用混合使用和密集开发的方式,使人们居住得更靠近工作地点和日常生活所必需的服务设施,通过对集中设置的公共设施的可持续性综合利用,有效减少交通通勤距离、废气排放量并促进城市发展。[①]紧凑型城市并不是简单地通过增加容积率,建设高楼大厦来实现,而是要通过公共设施的完善,改善区域范围内服务水平,减少出行距离,甚至将就业机会和一些公共设施、住房保障配置在步行可以达到的范围之内。这就要求在横向上,要让各种设施尽可能的紧凑和相对快捷;在纵向上,采用商住相结合的形式建设多功能建筑群,达到节地、节水、节能和可持续的发展目标。

---

① 参见[英]迈克·詹克斯等编著:《紧缩城市——一种可持续发展的城市形态》,中国建筑工业出版社2004年版,第5页。

　　由于土地资源匮乏,纽约、东京、香港等城市纷纷采用紧凑型的城市发展路线。作为世界上最紧凑的城市之一,香港维多利亚两畔集中了全香港最多的人口,这里可以随处看到超高的楼层,超短的楼间距,多层的地下停车场,甚至学校都是建设在裙楼之上的,以至于有人开玩笑地说:"香港的人口流动不是水平的,而是垂直的。"但虽然地方小,但每一个地块都拥有完善的交通系统,公共交通的通达率达到100%,轨道交通也覆盖到较为偏远的农村地区,完善的交通体系使得公共交通的利用率很高,几乎在香港看不到大堵车的情况。虽然香港的高层建筑很多,但并不会觉得特别的拥挤和压抑,因为通常在建筑和建筑之间利用地下空间或者地面多层之间的连接桥串起来,人们可以在建筑间自由行走,同时也形成特殊的公共空间,增加人际交往的频次。紧凑型城市是可持续发展的城市,虽然经过上百年的开发利用,香港仍然预留大片的可利用土地,为未来提供了充足的发展空间。

　　同香港类似的是,深圳同样面临土地紧缺、人口密度大等问题。在不到广州1/3、北京1/8 的面积上却集中了一千多万人口,迅速城市化给深圳带来同样的危机,如环境污染、土地和水资源短缺、交通拥挤等。对于横向扩张空间不足的深圳,无疑建立相对密度较高的紧凑型城市更为适宜,从城市建设的横向扩张向垂直方向发展,通过混合利用土地、优先发展公交,通过立体空间的开发实现城市可持续发展。走在深南大道上,你可以看到一个特殊的景观,摩天大厦与现代化交通体系构成一个巨型的城市空间,高层建筑林立,从东面的罗湖国贸大厦、世界金融中心、地王大厦、新闻大厦、科技大厦、赛格广场、中段的凤凰大厦、市民中心、大中华广场、报业大厦、高交会馆;西段的招行大厦、华侨城景区、科技工业园高层建筑群,集中了深圳最多的高层建筑。深南大道、滨海大道、北环大道横贯城市东西,多条快速路纵横捭阖,已经形成以公交、地铁、出租、自驾车等多层次的城市交通网络,一小时生活圈初见雏形。不仅在城市建设的向度方面,香港提供了良好的支持,而且在城市建设的形态方面,香港同样起到了标杆作用。

　　当然,紧凑型城市同样可能是一个过度拥挤的城市,为了缓解市民的紧张情绪,需要建设充足的公共空间,同香港类似,深圳市所有的公园都对市民免费开放,让市民能够在紧张的工作之余能够放松身心,这在内地各大城市中也极其少见。

第三节 城市建设的"铁三角"

西方工业化道路和城市建设通常是从市场化开始的,先有市场领域的革命,才有工业领域和城市建设领域的革命,自由放任的市场经济以其较高的经济效率开启了欧美国家的腾飞之路。由于市场遵循的是资金和效率的原则,常常会发生不能有效配置资源的情况,也就是人们常说的"市场失灵"——收入和财富分配不公、公共产品供给不足、公共资源过度使用、竞争失败和市场垄断出现,需要政府通过宏观调控调整。改革开放之后,虽然中国引入了市场经济体制,但在城市建设与管理上仍始终坚持政府主导方针,深圳也不例外。在工业化带动城市化的过程中,政府通过城市规划、基础设施建设、公共空间设计以及公共服务提供等方式有效促进城市转型。但与很多内地城市不同的是,由于资源占有不足,深圳市政府在城市建设过程中只扮演"有限政府"的角色,市场与原住村民成为另外两个重要的供给主体。市场化改变了城市的资源获取途径和方式,间接推动城市政府职能转移以及城市转型,"找市场不找市长"成为真实写照。

同很多中国内地城市相比,在深圳的城市建设中,政府的资源存在着三个不足:一是政府的土地储备不足。发达国家主要依靠市场进行土地流转,通过几百年的城市发展才逐步解决土地储备问题。深圳的城市化过程只有短短30年,再加上大部分土地属于农村集体所有,虽然经过两次大规模的城市化,但土地流转过程并不彻底,大量土地仍然存在于股份合作公司和原住村民手中,再加上过半土地被划定为生态保护区,政府手中的土地储备严重不足。

二是政府的建设资金不足。改革开放伊始,深圳建成区面积不足10公里,在一穷二白的基础上,面对的却是300多平方公里的特区内和1000多平方公里的特区外建设任务,资金严重匮乏,只能发挥市场的资源调配作用解决建设资金。

三是现代城市建设与管理的经验不足。深圳城市建设从模仿香港开始,但毕竟两个城市在政治制度和发展水平等方面存在较大差异,不可能生搬硬套,深圳的城市建设和市政管理还处在探索阶段。从城市形态就可以看出,这个城市既有中央 CBD 的繁华,同时也存在城中村的脏乱差;既有紧凑发展的福田中心区,也有以环境优美、低密度著称的华侨城。

正是因为政府在资源占有上的缺陷和不足,客观上造成了城市建设相当一部分资源需要让位于企业和原村民,使后者有机会成为城市建设的重要主体。在城市建设上,政府、企业与原村民形成互补效应,以房地产开发为例,政府主建微利房和廉租房,开发商建商品房,而原住村民则建起了规模庞大的城中村农民房,满足不同群体需求。但是,这三个主体在微观上仍有一定的利益冲突和博弈。从这个意义上说,这三个主体的合作、互补和博弈的历史,就是深圳的城市发展史。

一、城市规划理念的转变

在深圳城市建设的过程中,政府主要做了四件事情:一是城市战略性总体规划的制定,以规划控制城市土地利用和空间布局。因为企业和原村民都是市场主体,城市建设多受利益驱动而非公共利益出发,政府必须通过"法定图则"保证城市功能的稳定和执行。如公园、广场、林荫大道、城市雕塑等具有排他性的公共设施就必须由政府完成。二是重大基础设施建设。也就是人们常说的"七通一平"——水电、交通、通讯、油气和场地平整,这是招商引资的前提条件。但在实际操作过程中,由于政府缺乏建设资金,企业和原村民仍然发挥举足轻重作用,如蛇口工业区的开发完全由香港招商局一手操办,特区外相当一部分基础设施建设由村股份合作公司提供。在城市化3年过渡期之后,股份合作公司仍然负担着庞大的社区管理费用。三是提供城市必需的公共服务设施,如学校、医院、剧院、图书馆、体育馆等。四是提供城市规划建设的法规制度,通过土地管理体制改革、工程招投标制度改革、城市规划的法定图则等制度建设保持市场公正。

城市规划和市场驱动同时发挥引导作用。深圳从建市开始走的就是边规划、边建设的道路,从这个意义上说,深圳这座城市的一夜崛起正是在不同时段,根据地域结构、土地利用模式、经济社会发展水平及时调整规划战略的结果。自

1979 年以来,先后多次制定城市发展总体规划,每一个阶段的规划都是基于对前一规划的总结和反思,以及对当时经济社会发展形势的判断。2003 年深圳市更是制定了《深圳市总体规划检讨与近期建设规划》,对总体规划实施绩效进行评价和检讨,对当前城市面临的机遇和挑战进行分析,以确定未来城市建设目标与发展规模。一方面,针对快速城市化的现实状况以及不断面临的新情况新问题,深圳市注重近期规划和远景规划的结合,几乎每 5 年就定期对城市总体规划作出修订,并于 2005 年高瞻远瞩地制定了《深圳 2030 城市发展策略》,进一步优化城市组团式网状空间结构。另一方面,经济与人口的过快增长,市场的强大驱动力,也是影响城市发展走向的重要因素,政府的规划与市场的利益驱动始终在激烈博弈,各不相让。从某种意义上说,深圳的城市发展是理性力量与市场力量折中的结果,三大建设主体既是功能互补的合作伙伴,又是利益博弈的竞争对手,它们各施魔法,共同造就了这座年轻的都城。

建市 30 年来,深圳的城市规划经历了三个阶段:第一阶段为明显的产业发展主导阶段,城市规划相对滞后于产业发展和快速城市化进程,市场的资源配置作用不断推动城市规划更新。第二阶段为城市规划引领城市转型阶段。随着城市化的逐渐深入,深圳的城市建设已经基本成型,城市规划以高标准、国际化视野出发,带动产业结构调整和城市功能提升阶段。第三阶段为公众民主参与和社会发展主导阶段。城市规划由单纯的服务政府决策向多元利益协调功能转变,通过专家参与、公开听证、社会公示等方式,充分考虑各主体利益,公众参与使社会建设与公共服务、公众利益越来越多地影响着城市发展的基本走向。

1979 年 3 月,当中央明确在深圳试办"出口特区"时,深圳市委、市政府认为深圳可能只会建成一个面积 10 平方公里,有 10 万居民工作和生活的小型城市。1980 年 5 月,深圳在有关部门的大力支持下,编制了《深圳市城市建设总体规划》。根据当时的设想,作为地级市的深圳,发展目标以工业为主,同时发展农业、贸易等,城市规划面积仅 50 平方公里,人口 50 万(1990 年目标)。在工业方面,规划了罗湖—上步工业区和八卦岭工业区。①

---

① 参见深圳博物馆编:《深圳特区史》,人民出版社 1999 年版,第 48—49 页。

然而,规划永远赶不上变化。时隔不到两年,深圳市在原《深圳市城市建设总体规划》的基础上着手编制新的发展规划。1982 年拟定了《深圳市经济特区社会经济发展大纲》,对特区建设的指导思想作了原则性的规定。规划大胆提出了特区建设的新目标,人口到 2000 年达到 100 万人,特区可建设土地面积118.6 万平方公里,共分为东、中、西 3 片共 5 个组团,其中中片由沙头角、罗湖、上步 3 个组团组成,而特区也从单一的出口加工区变成一个工业为主,农牧业及其他商贸服务业同步发展的综合经济特区。①

在当时来说,这个规划相当大胆,然而进入 20 世纪 80 年代后期,深圳市的工业发展以临近香港的罗湖、蛇口、沙头角为起点不断向外拓展,原有的城市规划已经不适应经济社会发展需要。1985 年,由中国城市规划设计院参与编制的《深圳经济特区总体规划(1986—2000)》正式编制完成,这也是深圳市第一部城市总体规划,在交通、供水、供电、能源、市政设施等方面向国际化看齐,采用高于内地城市低于发达城市标准,拟定 2000 年城市人口规模为常住人口 80 万人,暂住人口 30 万人,总人口 110 万人,城市建设用地规模 123 平方公里。② 城市空间分布上也因地制宜,采用国际上流行的"网状组团式布局",避免类型化的建筑风格,而是根据地势变化合理安排城市功能,并在不同组团之间安排便捷的交通联系,组团的功能也有所分化,罗湖组团主要以商贸为主,上步组团以工业和行政中心著称,华侨城则主打旅游休闲牌。

1987 年土地使用制度改革和 1989 年住房制度改革之后,深圳的城市发展获得了制度和资金上的双重保障,城市建设进入突飞猛进阶段。1988 年,针对新的发展问题,深圳市建设局和中国城市规划设计院对这次总体规划进行修订,2000 年城市人口规模进一步提高到 150 万人,其中暂住人口 30 万人,城市用地规模 150 平方公里。

大胆假设,小心求证。在城市规划和建设过程中,深圳市不断摸索经验,在

---

① 参见深圳博物馆编:《深圳特区史》,人民出版社 1999 年版,第 52—53 页。
② 参见深圳市史志办公室编:《中国经济特区的建立与发展》(深圳卷),中共党史出版社 1997 年版,第 172—173 页。

度过最开始的彷徨期之后,逐渐走出一条具有国际视野、以规划引导城市转型的城市规划之路。20世纪90年代之后,随着产业转移影响,深圳市特别是特区外,出现了一大批缺少规划、无序、分散的工业区,土地、水、电、能源等资源的集约化利用不足。将全市范围纳入到城市规划之中,以城市规划带动城市转型成为深圳市面临的主要问题。深圳市相继出台《深圳市城市总体规划(1996—2010)》和《深圳市城市更新办法》,将规划范围从特区扩大到了整个市域范围,延展了深圳的发展空间。①

经过十多年的经验积累,深圳在城市建设管理上已经拥有了与内地城市不同的国际视野,公众参与性也独树一帜。深圳是中国最早建立规划委员会的城市,早在1986年5月深圳市就举行城市规划委员会第一次全体成员会议,当时规划委员会除了有深圳市的各部门参与外,邀请当时的中国城乡建设部副部长周干峙任首席顾问,还吸收包括英国皇家规划学会、日本东京大学、堪培拉规划局的专家在内的三十多名中外城市规划界的权威人士担任规划委员会顾问,以提高城市规划决策的科学性。深圳市规划委员会现由29名委员组成,其中公务人员不超过14名,其他成员由专家和社会人士组成,让艺术家、学者、专业人士、公众和官员一起对城市规划事务开展讨论和作出决策。

城市建设征求市民意见,已经成为深圳市的一大传统。城市总体规划和各种专项规划在经过政府和专家的充分论证后并非最终定稿,必须充分征求市民意见。在规划国土部门、市民中心、各区政府、各专项规划涉及部门的行政大厅和网站上,都可以看到城市规划的展示,市民可以通过电话、电子邮件或书面递交等方式提出自己的宝贵意见。从每一条街道的建设、每一个公园的规划、每一个地铁和公交线路的铺设,无不凝聚着全市人民智慧的火花,无不照顾到各类群体的利益。

二、城市建设的市场运作

同政府相比,市场是在有限的范围内为城市提供功能性配套。发展伊始,深

---

① 参见深圳市规划国土局:《深圳市城市总体规划1996—2010》,1996年12月。

圳市财政投资总额的近一半用于城市基础建设,这些钱用于小城镇建设还行,但当从10平方公里的建设用地,到118平方公里,到150平方公里,再到400多平方公里,并随着一条条管道的铺设和道路的延伸,资金缺口越来越大。银行贷款已经不能够满足建设需要,在1985年前后中国银根紧缩后,贷款更是一度陷入困境。大跃进式的城市发展将最初的城市规划抛在后头,规划远远赶不上变化。深圳市的决策者清醒地认识到,单单依靠政府力量,不可能完成这么大的建设任务,必须引进新生力量。可新生力量从何而来,不仅深圳纳闷,河对岸的香港同样纳闷。深圳纳闷的是,钱从何而来;香港纳闷的是,深圳脚下踩着"黄金",却要抱着金饭碗要饭吃。香港从一个不毛之地,变成了具有重要影响力的国际化都市,对土地的利用最大化。深圳有这么多成片土地,单是收取土地使用费就相当可观。

土地使用费实际上就是地租。这在当时的大陆虽然不是一个新概念,马克思早就对地租的产生与使用有过深刻阐述,但对很多人来说,仍然是一个"雷区"。为了加快城市建设步伐,深圳人又一次率先"吃螃蟹"。早在1980年1月,深圳市就和港商签订了第一份中外合作经营房地产的合同书,深圳和香港合作建设的东湖丽苑的第一批108套房子甚至还没有建好就被抢购一空。1981年广东省人大常委会第六号公告颁布《深圳经济特区土地管理暂行规定》,正式以法规的形式对土地使用费作出规定,规定任何单位和个人对其所用的土地只有使用权,没有所有权,并明确规定了土地使用费标准。随后,深圳采用利用外资合作开发、租赁土地给外商独资开发、成片委托开发等多种用地形式,率先实行按年收取土地使用费的有偿使用土地制度。[①] 土地的有偿使用制度不仅有利于吸引外资,成倍扩大建设规模,而且收取的土地使用费又可以继续用于特区开发与建设,缓解了资金紧张难题。

从土地使用费上深圳市初步尝到甜头,但也仅仅是一点甜头而已。没过多久,传统行政审批用地的弊端就暴露出来了,市场力量还无法真正展现,因为能

---

① 参见深圳市史志办公室编:《深圳改革开放纪事:1978—2009》,海天出版社2009年版,第133页。

够拿到地的通常还是国有企业,违规拿地和不正之风不断蔓延,很多单位以低价拿到土地后却囤积起来,造成大面积的土地闲置。再加上土地使用权不能够自由流动,难以发挥商品化作用。显然这与土地使用费的初衷相违背,超额利润大都被企业获得,政府除了获得少量的土地使用费外,城市建设进展缓慢,居民日益增长的住房需求仍然得不到解决。土地管理体制改革势在必行。

最开始的土地使用改革从协议出让开始,1987年,深圳市第一次公开协议出让土地,改革出现成效后,深圳市迅速作出土地拍卖的准备。1987年12月1日,又一个永载史册的日子,底价为200万元的H409—4的土地最终以525万元的价格被深圳经济特区房地产公司拍得,掀开了房地产开发建设的新浪潮。此后的年度,成百上千亿的土地使用费被投入到城市建设中去,由企业直接投资的开发建设项目如同雨后春笋一般,在深圳的大地上遍地开花。市场运作推动城市建设的模式也为其他城市效仿,一场轰轰烈烈的城市建设浪潮迅速在内地各大中城市蔓延。①

深圳最大的优势并不在于悠久的历史传统,也不在于巨额的国家投资,深圳的成功靠的是社会主义制度下,杀出一条市场经济发展的血路来。优惠的政策会逐渐普及、悠久的历史可以失去、优越的区域环境难以保持,但市场经济的传统不会丢。

由于人口城市化和人口增长速度过快,如此规模巨大的建设投入都难以满足住房需要。在蛇口工业区职工住房商品化探索的基础上,1988年,深圳启动住房制度改革,制定了中国第一个地方性房改制度——深圳市经济特区住房制度改革方案,"形成福利房、微利房、商品房'三驾马车'的住房模式,深圳市还提出福利房30%、微利房40%、商品房30%的比例构成"②。

事实上,企业参与城市建设不仅仅体现在房地产开发上,基础设施建设也是

---

① 参见深圳市史志办公室编:《深圳改革开放纪事:1978—2009》,海天出版社2009年版,第133页;参见南翔、陈以沛等:《青春的城市:深圳》,中国青年出版社2008年版,第55—73页;参见倪振良:《深圳传奇》,海天出版社1994年版,第77—85页。

② 参见李咏涛:《大道30年——深南大道上的国家记忆》(上),深圳报业集团出版社2009年版,第178页。

吸引社会资本较多的行业。中国的 BOT 模式就是诞生在深圳。BOT 模式就是 Build(建设)、Operate(经营)和 Transfer(转让),这是一种特殊的基础设施建设融资模式,在国际上比较流行,但中国还很少使用。深圳沙角 B 电厂项目建设和融资安排,就是我国第一个按照 BOT 融资模式进行基础设施项目资金安排的成功案例。项目总投资 42 亿港币,由香港的合和公司负责筹集全部资金和进行电厂建设,同时负责合同期内的经营管理。双方合作期为 10 年,深圳方面承诺每年购买其不低于 60% 的电力,合作期满后,合和方应保证将运行良好的电厂设备移交给深圳方,并退出项目。① BOT 模式的实施有效弥补政府建设资金不足的困境,在尝到甜头之后,更多的基础设施建设由政府与企业共同投资完成,这其中就包括盐田港、广深高速、地铁四号线、大铲湾港区等重大基础建设项目。

住房体制改革和基础设施建设的新型融资模式在一定程度上加快了深圳市的城市化进程,但仍然无法满足不断膨胀的人口对住房的需求,特别在深圳市住宅局并入国土资源与房产管理局之后,福利房和微利房的建设停滞不前,商品房完全占据主导地位,导致了房地产价格一路飙升。

在满足中低收入居民住房需求方面,有一个群体扮演着特殊的作用。这个群体甚至建设了深圳市近一半的住宅,在深圳市的城市建设过程中发挥了独特作用,这就是深圳的原住村民。

三、原住村民的历史转型

"我家有 6 口人,才建了六层半,别人建七层、八层的多了去了。"在谈及村民自建房问题时,黄志威不无警惕地说,生怕笔者是有关部门过来调查违法建筑的。黄先生有三个儿子,大儿子中学毕业后去了一个港资企业上班,二儿子去了香港,"当时他一头硬,我不让他过去(香港),和他说,深圳已经开放了,你不要再去香港了,否则我就当没有你这个儿子,但他还是没有听。"虽然说黄志威极力反对儿子去香港,但不可否认的事实是,黄一家还是从逃港的二儿子那里获得

① 参见深圳市政协文史和学习委员会编:《深圳——一个城市的奇迹》,中国文史出版社 2008 年版,第 110—133 页。

实惠。和村里很多人一样,黄志威建第一套房子的钱来自于二儿子。随着外来人口的聚集,几年后,黄志威在旧房子的基础上建起了现在的六层半出租房,自己则搬进围合式小区。

改革开放初期,深圳引进大量"三来一补"企业,由外来投资者负责接海外订单和资金投入,厂房、宿舍等基础设施建设需要深圳提供。但政府的建设资金有限,常常配套设施建设由村集体和原村民完成。原村民主要有四种资金来源:第一,劳动收入所得。因为大部分农民文化程度不高,很难找到理想工作,又不愿意吃苦,所以劳动所得有限。第二,亲属馈赠。与内地很多城市不同的是,深圳出现了几次规模庞大的"逃港潮",不少家庭都有亲属逃到香港,甚至有些村的逃港居民超过了留守居民,逃港亲属馈赠的金钱成为原村民建房的先期资金。第三,港商融资。深圳的地理位置优越,与香港衣水相连,廉价土地和劳动力吸引大批港商投资,然而由于资金有限,深圳市的基础设施建设跟不上,厂房配套设施不完善,村民和集体经济组织也无钱可用,不少村民与港商合作建设,村民提供土地,港商提供资金,项目完成后固定分成。第四,征地和拆迁赔付资金。随着城市化进程的突飞猛进,集体土地向国有土地的转制逐渐加快,在深圳全市范围内出现大规模的土地征收和拆迁浪潮,拆迁补充费用成为原村民重要的资金来源。时至今日,在城市更新的关键时期,旧城改造所制造的已经不仅仅是一笔笔建设资金,而是一个个百万富翁、千万富翁、亿万富翁。

于是,短短30年,深圳出现了一轮又一轮建设热潮,也制造了中国历史上罕见的违法建筑群。据2007年深圳市国土局的住宅调查显示,深圳"城中村"有农民房或其他私人自建房超过35万栋,总建筑面积约1.2亿平方米,占全市住房总量的49%①,大大满足了高速城市化中的住房需求水平。

与人们耳熟能详的"深圳速度"相比,深圳的原村民创造了另一个深圳速度,在深圳城市建设历史上写下重重的一笔:

第一,大大加快了深圳的城市化进程。深圳不仅是特区的深圳,而且是全体

---

① 参见孙颖等:《旧改诞生十几个亿万富翁,探秘深各区小产权房》,《南方日报》2009年7月8日。

市民的深圳。在城市化的早期阶段,政府的建设中心在特区内,特区外的城市建设投入不足,在某种意义上,原村民恰好弥补了这一不足。

第二,加快了城市基础设施建设。特区外的基础设施落后,不仅缺少规划,而且标准参差不齐,由原村民自我投资建设的市政设施为全市的城市建设节省了大笔建设资金,更不用说每年巨额的市政设施管理费用。2004 年,深圳市在完成全市范围内的城市化之后,约定 3 年过渡期,期满后原村委会建设和管理的市政公共设施的维护和管理由区政府统一负责,但时隔 5 年之后,原村民和村集体仍然负担着庞大的管理费用。

第三,加快了城市的工业化进程,降低了城市运营成本。除了自住房之外,原村民还为深圳的工业化进程提供了规模巨大的厂房、宿舍楼和出租房。尽管城中村的环境、安全遭人诟病,但廉价的租金、完善的服务设施还是吸引了大批农民工,廉价租金也降低了工人的工资诉求和生活成本。在某种意义上,城中村的出现大大降低了整个城市的运营成本,提高了"深圳制造"的成本和价格优势。

改革开放之后,中国的迅速崛起成为新的"世界奇观",国内外不少学者都试图破解中国发展之谜,特别是基层社会在经济发展中的作用探讨。丘海雄、徐建牛把市场转型过程中地方政府角色的研究概况为 8 个方面:地方法团主义、地方政府即厂商、地方性市场社会主义、村镇政府即公司、谋利型政权经营者、中间扩散型制度变迁模式、市场行动者、政府的特殊功能论。[1] 各理论的共同点是,中国经济之所以保持高速增长,在很大程度上是地方政府的推动作用,在中央政府放权让利的过程中,地方政府有意愿扮演积极角色,甚至市场行动者角色,推动市场化,弥补不完全计划经济和不完全市场经济的缺陷。与地方政府作用类似的是,原住村民有参与市场化的动力,长三角地区有悠久的经商传统,改革开放带来乡镇企业的异军突起和遍地开花,在提高工业化水平的同时,也解决了城市建设的资金问题。邓小平曾把乡镇企业称为农村改革中"完全没有预料到的

---

[1] 参见丘海雄、徐建牛:《市场转型过程中地方政府角色研究述评》,《社会学研究》2004 年第 4 期。

最大收获"。而深圳原村民世世代代以农副业为主,缺乏经商经验和传统,乡镇企业裹足不前,只能走"种房"收取租金的路线。然而正是这群只占深圳市人口不到 1/10 的原住村民创造了深圳建设史上的奇迹。

第四节　城市发展史上的"深圳速度"

一万年太久,只争朝夕。1992 年邓小平南方视察离开深圳的时候,再次叮嘱:"你们要搞快一点。"其实早在 20 世纪 80 年代,深圳人就已经创造了举世闻名的"深圳速度"。

一、工程兵首创深圳奇迹

基建工程兵是担负基建和国防工程的专业兵种。改革开放初期,深圳的城市建设不仅缺钱,而且缺人,国务院、中央军委决定调集 2 万基建工程兵支援深圳基建工作。2 万基建工程兵,对于 30 年后实际管理人口超过千万的深圳来说可能微不足道,但在 30 年前,总人口只有 30 多万的情况下,这批人却是特区建设的中坚力量。

1982 年 5 月,国务院、中央军委决定撤销基建工程兵,将其改编为地方施工企业。让很多基建工程兵没有想到的是,这竟会是他们军旅生涯的终点,不用多久,他们就会迎来另外一个身份,同时迎来人生的新起点。1983 年 9 月 15 日,深圳市政府下发《关于基建工程兵 2 万人集体转业改编为我市施工企业的通知》,对基建工程兵进行改编。改编完成后,部队从计划经济过渡到市场经济时期,物质上也从军队供应变成了自负盈亏、自寻出路。

由基建工程兵部队改建而成的深圳市第五建筑工程公司转制后争取到的第一个项目是为雅园宾馆挖土方。雅园宾馆是港商投资,投资商当时要求 10 天完工,由于地形限制,施工难度较高,不仅有塌方,还要面临流沙河沼气的危险。时间短、难度高,没有哪家工程队愿意干这种吃力不讨好的工作,但对于五公司来说，是其转制之后揽到的第一个活，在技术装备缺乏的情况下，五公司员工硬是凭借肩挑、铁锹甚至手挖等手段，仅仅用了5天时间就提前完成了工程，这就是军人铸就的深圳速度。

深圳后续的建设同样离不开基建工程兵。深圳经济特区成立10周年的时候，当时的市委书记李灏在谈到深圳取得的成绩时，特别强调："深圳之所以取得这样辉煌的成果，是与两万基建工程兵及其转业企业的奉献分不开的。"2003年，在基建工程兵集体转业建设深圳20周年之时，深圳特区18层以上的高层建筑中，有1/4由基建工程兵完成，其开发的深圳世纪村获得人居环境奖；星海名城成为深圳最大的社区之一；长城大厦成为国内单体建筑最长之一……一栋栋高楼大厦，一条条宽阔的马路，一座座雄伟的立交桥，一串串中国建筑史上的奇迹，一个个响当当的建筑工程公司，都铭刻着基建工程兵的名字。①

二、速度成就深圳优势

与"深圳速度"联系在一起的还有国贸大厦和中国建筑第三工程局第一建筑安装工程公司，它们创造的深圳速度不仅永留深圳史册，而且成为这座城市的发展"名片"。

1981年5月，深圳市政府决定在罗湖商业区兴建国际贸易中心大厦，规划建设53层，高160米，比改革开放后中国的最高建筑——南京金陵饭店高一层。中国建筑三局副局长兼一公司党委书记、经理张恩沛亲自从武汉来到深圳招标，为此放弃了香港人投资的5栋25层的金城大厦工程建设。凭借着"滑模施工"中标后，中建三局一公司于1982年10月动工，用了一年时间完成地基和地下室工程建设，并用"内外筒同步整体升滑"的技术建造主楼，1983年8月，大厦从主楼第三层开始采用滑模技术，为了达到高速度、高效率，施工人员经常从入夜开始一口气干到凌晨。从开始阶段第5至10楼的7天一层楼，到第11至20楼的5天一层，到第21至30楼的4天一层，再到30楼以上的3天一层，最快时仅两

---

① 参见南翔、陈以沛、梁兆松、王鹏飞等：《青春的城市：深圳》，中国青年出版社2008年版，第35—40页。

天一层。50 层楼的地面主楼工程,只用了 10 个月的时间封顶,打破了美国、香港曾创造的 4 天一层楼的纪录,创造了"深圳速度"。① 早在地下室施工期间,中建三局一公司就与甲方签订了合同,工期 90 天,提前一天完工,奖励 5 万元,延迟一天完工,罚 5 万元。进入主体工程之后,又与甲方签订类似合同,提前一天完成奖励 2 万元,延迟一天罚 2 万元,当工程完工时,一公司先后从甲方拿到 200 多万元奖金。②

国贸大厦建成后不仅是当时中国内地最高建筑,也是特区深圳的标志性建筑,1992 年,邓小平同志视察深圳,在这里发表著名的"南方谈话"。

1996 年诞生的地王大厦,是中国首次对境外招标拍卖,由美籍华人设计,香港公司负责投资和承建的,它以"九天四层楼"的新深圳速度将建筑高度纪录拔高到 383.95 米,创造了第二个深圳速度。

深圳速度的诞生离不开工程招投标制度的改革。深圳市早在 1981 年兴建国际商业大厦时就采用了工程招投标制度,当时由于省内一家建筑公司漫天要价,不到一个星期先后三次上涨工程报价,达到 580 元每平方米,而且要求特区提供基建材料的供应指标。在谈判未果,工程难以开展的情况下,深圳市决定采用公开招标的方式,在克服有关部门的阻力后,最终择优选取了有着大型混凝土工程经验的第一冶金建设公司,报价仅要每平方米 398 元,比特区有关部门测算的价格还低了 5 元。③ 择优选用的公开招投标制度不仅减少工程项目双方的扯皮,保证了工程质量,而且市场竞争的格局也有利于改善技术条件,提高了工程速度。深圳特区从 1982 年 7 月开始,就把基建工程招投标作为一种制度坚持下来,单是 1982—1985 年间就进行过 500 多项工程招标投标。④ 在 1983 年深圳市

---

① 参见深圳市史志办公室编著:《深圳改革开放纪事:1978—2009》,海天出版社 2009 年版,第 108—109 页。

② 参见南翔、陈以沛、梁兆松、王鹏飞等:《青春的城市:深圳》,中国青年出版社 2008 年版,第 50—51 页。

③ 参见深圳市政协文史和学习委员会编:《深圳——一个城市的奇迹》,中国文史出版社 2008 年版,第 172—177 页。

④ 参见深圳市政协文史和学习委员会编:《深圳——一个城市的奇迹》,中国文史出版社 2008 年版,第 176—177 页。

的全优工程中,公开招标的工程占了90%,国际贸易中心大厦同样采用了工程招投标技术,中标的单位并不是本土企业,而是在有着辉煌历史的中国建筑第三工程局第一建筑安装工程公司。

深圳速度的诞生离不开打破收入分配的"大锅饭"格局。虽然同样的公开招标,但由第一冶金建设公司承建的国际商业大厦的初期施工并不顺利,当时的市建委负责人给这家公司提出工资改革的建议,建议把每个职工得到同样补贴的"大锅饭"改掉,试行基本工资加浮动工资的做法。一公司根据该意见,实施各个施工分队分层分段进行经济承包,提前完成任务者奖励,拖延则罚款的办法。结果提前两个月完成了封顶任务,质量达到"全优工程",获得了深圳特区嘉奖的60万元超产奖金。深圳国际贸易中心大厦工程建设从一开始就采用这种激励方式,在内部进行层层经济承包,把原来的公司、工程处、施工队、班组四级管理体制改成公司、工地、班组三级管理,工地向公司承包,班组向工地承包,同时又对所有的施工人员实行分片包干。在工资制度上,从最早实行的"保本计件"法,改为"计件奖励法",后发展到"项目承包制",多劳多得,上不封顶,下不保底。工资激励政策彻底调动了工人前所未有的积极性,50层的地面主楼工程仅用了10个月时间就已完成,一公司为此拿到了200多万元奖金,而主体工程期间,职工的月平均收入高达250元,比内地职工高出五六倍。[①] 3 三天一层楼的消息也通过中央人民广播电台传向全世界。可以说劳动用工制度的改革,彻底打破了收入分配"大锅饭",奠定了深圳速度的基础。

深圳速度的诞生离不开改革创新意识。任何高速度和奇迹都不太可能建立在墨守成规的基础上,而是要不断创新,国贸大厦创造的深圳速度就是不断开拓创新的典型表现。为了加快建设速度,中建三局一公司决定采用以前从来没有实际使用过的大面积整体同步滑模工艺,即先用钢结构搭建模板,再往里浇灌水泥,等到水泥大体凝固时,再往上提升模板,这种技术当时在国外比较流行,大面积的滑模施工在国内尚属首次。连续两次实验都以失败告终,公司认为必须从

---

① 参见南翔、陈以沛、梁兆松、王鹏飞等:《青春的城市:深圳》,中国青年出版社2008年版,第50—51页。

国外引进先进设备,确保能够用混凝土输送泵不断输入水泥。在没有经过中国有关部门批准的基础上,为了赶工期,中建三局决定贷款从德国购买 4 台混凝土输送泵及其他先进设备应对难题。在试验成功的基础上才最终有了后来的深圳速度。

深圳的改革开放走过了 30 个年头,城市化进程不断向纵深化推进,城市发展已不仅仅是物质形态的建设,也不仅仅是"深圳速度"的维持,而是城市功能的全面提升。面对新的机遇和挑战,深圳市已调整好方向,向着新的航道迈进:在城市发展上,从单一城市建设向城市群方向发展;在经济发展形态上,从"速度深圳"向"效益深圳"转变;在城市规划上,从技术性规划向"设计城市"转变;在房地产开发上,从单纯的住房建设向"优质生活圈"建设转变;在城市化形态方面,从物质、身份的城市化向人的城市化和生活方式的现代化转变,从"浅层城市化"向"深度城市化"转变。

第五节　成长中的国际化都市

一、现代魅力的活力城市

徜徉在深圳街头,随处可见的是高楼大厦,现代化气息扑面而来。国贸大厦创造了三天一层楼的深圳速度,地王大厦同样创造多个第一,雄踞中国第一高楼若干年;素有深圳城市"坐标"之称的上海宾馆见证深圳城市发展的辉煌历史;赛格广场曾经是世界上最高的钢管混凝土架构大厦;位于城市中轴线上的深圳会议展览中心是一个集展览、会议、商务、娱乐等多种功能为一体的超大型公共建筑;建筑面积达 21 万平方米的市民中心,如大鹏展翅,象征着深圳市向国际化城市迈进。

现代建筑主义大师认为建筑应该随时代发展变化,应该同工业化时代的条件相适应,积极采用新材料和新结构,以促进建筑技术革新,创造新形式和能够反映时代特征的新建筑。

创新一直都是深圳的品牌,国际化也是其一直孜孜以求的目标。在经过30年的快速发展后,深圳已走出简单城市规划的樊篱,向着国际化、现代化的方向迈进,一座座匠心独具的建筑融入了国际上流行的设计理念和建筑风格,构成一张张鲜活的城市名片。在深圳的中轴线上,成为了最密集的跨国公司所在地,集中了最密集的现代化建筑,融合了最先进的设计理念。

"重视城市规划和引入'设计城市'理念是早期深圳区别于中国其他城市的地方,这在某种程度上保证了深圳的城市建设水平和效率"。中国城市规划设计研究院深圳分院院长朱荣远在回答关于深圳城市开发建设特质的问题时如此评价。

深圳是中国最早引入"设计城市"理念的城市。早在1994年,深圳市规划局就设立了城市设计处,这在当时的中国是首家。其实,这只是行政架构上的体现,而意识的萌发和设计城市理念的运用却要比这个机构的建立时间要早得多。早在1986年,深圳就已经把未来的市中心确定在福田区。深圳向国际发出了邀请。当世界大都市都以建筑高度来表现自己的时候,深圳决定用创意来构筑自己城市的风格,不仅突出设计建筑,更突出设计城市。1996年8月,深圳就福田中心区的规划设计请来了世界级的大师对来自美国、法国、新加坡和中国的四个设计机构提交的中心区城市设计方案进行了评议。最后,美国李名仪/廷丘勒建筑事务所的方案被一致推选为优先方案:在中心区设一条由南向北蜿蜒起伏两公里的中央绿化带、一座造型别致的水晶岛、外型如大鹏展翅的市民中心和两个构思新颖的购物公园,以及对称排列在南片区中央绿化带两侧的商务中心区……1997年全球知名的日本建筑师黑川纪章提出了"生态加信息"的城市理念,为中心区中轴线赋予了灵魂;1998年,美国芝加哥的SOM建筑事务所、德国的欧博迈业都参与了对中心区的规划和设计;之后,世界当代建筑大师雷姆·库哈斯还为中心区的地标性建筑——深圳证券交易所亲自主持设计了名称为"飘浮的平台",这个充满都市浪漫情怀的建筑尽管目前还没有建成,但却已经引发了有着都市审美情结的人士的遐想。早前由日本著名建筑设计师矶崎新设计的图书馆和音乐厅,黑川纪章设计的中心书城,如今都成为了深圳人重要的精神场所。

整个深圳中心区的城市设计简直可以被称做是一场"联合国军"的"集体作战"。当近几年来以北京和上海为代表的中国城市被称做是世界建筑师的试验场的时候,其实,十几年前的深圳就已经是全球规划精英们在中国施展才华的舞台了。

二、意识超前的城市规划

城市建设方面,原深圳市委书记梁湘的口号是:"50 年不落后!"

深圳人已经能够认识、习惯和接受深圳政府超前的城市设计理念和行为!深圳要建一个中国版的"纽约中央公园"？这是 2008 年 1 月 24 日的一条被公众广泛传播和议论的消息。饶有趣味的是,决计要建设这个项目的竟然是地处深圳中心区西边 100 公里以外的一个还近似于农村的工业化郊区——光明新区。这个面积约为 156.1 平方公里,人口约 80 万的地区是深圳市的归侨侨眷最为集中之地,是现代化城市的深圳目前最为偏僻的一角。这里刚刚被深圳确定为要开展高速城市化、建设新市镇的地方,尽管它在形态上还不太像一个真正的城市。

规划中的光明新区中央公园初步划定面积 2.37 平方公里。地方官员一开始就决心不做一般意义上的公园,而是要融合生态、绿色交通等多种功能的新城"绿心"、"绿肺"。来自荷兰的该项专案评审主席维尼·马斯认为,光明新区中央公园与纽约中央公园面积接近,完全有能力向国际叫板,打造成与纽约中央公园相媲美的"世界名园"。

与中国内地很多城市不同的是,这个地处偏远,并且可能会耗资巨大的项目,并没有被公众批评为"政绩工程"、"形象工程"和"面子工程"。知名的"因特虎三剑客"成员老亨在谈到这个问题时认为,深圳人已经很能认识、习惯和接受深圳政府超前的城市设计理念和行为了。这句话几乎说出了深圳这个成长中的国际都会在很短的时间里跨越一个城市正常的成长周期,并还能保持具有国际水准的城市建设水平的核心价值。国际视野、超前思维、理性布局,这是深圳发誓要建成一个现代化先锋城市时就已经具备了的理念。

深圳最大的城市主干道——深南大道的建设决策说明了这个城市的建设者超乎寻常的预见性。1983 年底,当时的市长梁湘率队赴新加坡学习考察,回到深圳后决定在深南大道两侧各留出 30 米的绿化带,并在深南大道中间的绿化带预留 16 米以备今后修建城市轻轨。这个在今天看来没有什么大不了的决策在当时的中国却是一个罕见的创举。当年,深南路的道路基础实际长度只有 2.1 公里、宽度只有 7 米,城市的绝大多数地方还是农田,大多数城市管理者还在一些简易的临时建筑,甚至狭小的铁皮房里办公,在这样的情况下修建一条超越当时中国人基本常识的街道,是需要非凡的智慧和勇气的。30 年来,深南大道已经成为了这个东西狭长城市的轴心主干道。目前,深南大道被延长至 60 公里,道路中央花团锦簇,绿草如茵,其宽阔的气势和美丽的景观超过了北京长安街,堪称中国城市第一路。今天的深圳人在回想这条迎宾大道的发展历史的时候,无不交口称赞第一代深圳决策者的超前眼光。如果没有深南大道,深圳的城市布局一定会乱成"一锅粥"。如果没有深南大道和它对空间的预留,深圳今天修建地铁时,将会付出高几倍的代价。

三、法定化的城市规划

没有规矩,无以成方圆。城市规划不是纸上谈兵,艺术家可以在画纸上挥洒自如、纵横捭阖,很难想象没有约束和制度化的城市规划会是什么样子。如果随意地修改城市规划,则不仅城市建筑杂乱无章,而且会损害大部分人的利益。当很多城市还处于摸索阶段的时候,深圳已经制定了城市规划的相关标准。

深圳虽然年轻,却是中国最早定期制定《城市总体规划》的城市,无论是一年期的行动计划,还是中短期的五年规划,还是长达几十年的城市策略,每一步都稳打稳扎,有条不紊。深圳还是中国最早发布《法定图则》的城市,它使城市规划具有法规效力,不得随意变更和破坏,这在某种程度上强化了城市规划的法治精神,增强了城市规划的执行刚性。深圳是出台地方规划标准与准则的第一个城市。2008 年,深圳还在城市规划中推行了"橙线"、"紫线"、"黄线"、"蓝线"、"绿线"的"五线"管理法,把涉及 1948 公里的深圳地理空间中的所有生态保护区、文化保护区、水资源保护区、危险设施区、城市基础设施区等进行全面规划和标注。

有着浓郁的中国湖南地方语音,却总是能表现出真知灼见的城市规划和建筑学博士贺承军评价说:"在某种程度上这既能给公众带来明确的指引,同时通过法定意义上的城市设计,还能减少中国城市传统的管理模式中领导动态式的行政命令干预城市规划的可能性。"贺博士进一步说:"这就像为城市铺设了一个轨道,让城市很有方向感地运行,而不至于让城市建设走一步看一步,而最终导致城市的杂乱无章,并且还容易浪费城市的时间和空间。"

第六节　不一样的城市化

深圳的城市建设有几大特点:一是城市建设的多元主体并存。政府、企业、原住村民在城市建设过程中各自发挥着独特作用,共同铸造城市辉煌。二是城市建设的模仿性和本土性并存。在城市规划过程中,香港、新加坡是最主要的模仿对象,但又不完全走"复制"路线,反而根据特殊的地形地貌和工业化发展的特征构成网络式组团结构。三是"紧凑型"城市发展与"田园式"城市建设并存。深圳既有万科式的工业化生产和福田中心区的紧凑型布局,透视都市里的繁华;同时也有华侨城的安静与随意。四是现代化的中央 CBD 设计同脏乱差的城中村并存。五是先进的规划设计理念与杂乱无章的城市化建设并存。快速城市化的特征较为明显,显现出的是多元与混搭风格。深圳是各种先进城市理念的试验场,华侨城的造城运动与桃源居的社区经营理念是其中城市化建设的佼佼者,与未来城市发展的某些理念不谋而合。

一、华侨城的造城运动

建筑大师理查德·迈耶考察完华侨城后,兴奋地告诉别人:"没想到中国有这么好的地方……我到过世界许多地方,这里的社区景观是做得最好的。"[1]很多人感慨地说,只有你来过华侨城,你才算真正来过深圳。深圳华侨城先后荣获"国家5A 旅游景区"、"全国文化产业示范基地"、"国家级文化产业示范园区"等殊荣。

---

[1]《上海苏河湾:华侨城再造城市新地标》,参见华侨城集团网站,http://www. chinaoct. com/news/detail. aspx? id＝724&ModuleNo＝3201。

而深圳东部华侨城也先后赢得首个"国家生态旅游示范区"、"中国十大休闲文化基地"、"深圳市循环经济标兵单位"、"全球人居环境示范社区"等多个殊荣。历史的诡秘在于,以"静、慢"著称的华侨城却成为以深圳速度闻名世界的新坐标。

当你走进华侨城,你俨然走进了另外一个城市,你很难想象在快节奏、高效率、工业化生产、崇尚高速度高效率的深圳市,居然有这么一片世外桃源。以意大利小镇"波托菲诺"风格为主题的"旅游+地产"式开发模式营造了一个独具文化内涵和浓郁异国情调的住宅小区,成为中国旅游地产的开创者。

华侨城与万科同为深圳乃至中国房地产业的佼佼者,一个是中国规模最大的房地产开发商,一个首创旅游地产概念;一个是房地产工业化的典型代表,强调标准化与工业化,一个在追求速度的城市里追求高规格规划和以"慢"著称;一个宣称不开发利润率超过25%的楼盘,依靠房地产开发的高速度和短工期以"滚雪球"的方式实现企业的快速扩张,一个强调精雕细琢,以规划带动建设,以主题文化旅游概念带动房地产利润,旅游地产的毛利润甚至达到50%以上。

华侨城是一个文化旅游之城。在近4.8平方公里的土地上,被人称为"中国主题公园之父"的马志民先生用一种全新的理念建设这座具有里程碑意义的旅游城。华侨城有四大主题公园:锦绣中华、中国民俗文化村、世界之窗和欢乐谷。锦绣中华开创中国主题公园这一新型的旅游景区模式,而1991年建成的中国民俗文化村将中国21个民族的24个村寨按照1:1的比例建造,吸引了大量游客。1994年华侨城再次以大手笔,汇集世界奇观、古今名胜,建设占地面积48万平方米,共118个经典的世界之窗,创造了旅游的商业开发奇迹。欢乐谷则完成从"静"的主题公园向"动"的主题公园的变化。2009年东部华侨城的亮相更是以"动静结合",实现自然生态环境与主题酒店、度假胜地的完美结合。

华侨城是一个独特的地方,可以说是"早期深圳市大规模建设区域中唯一没有实现'深圳速度'的地方"①。早在20世纪80年代中期,华侨城集团就花重金从新加坡聘请华人建筑师担任华侨城规划总设计师,将新加坡花园城市的设

---

① 李咏涛:《大道30年——深南大道上的国家记忆》(上),深圳报业集团出版社2009年版,第162页。

计理念贯穿到华侨城的整个规划建设中去。在这里没有隆隆的开山炮的声音，没有浩浩荡荡的推土机，有的只是根据尊重自然，保持原始地貌；这里没有宽阔、现代化的马路，有的只是蜿蜒曲折的小径；这里没有高楼大厦，有的只是亭台楼阁；这里没有喧闹和压抑，有的是都市里的安静与平和。当万科用了不到两年时间就完成一个楼盘的"拿地—建房—卖房—回笼资金—再开发全"过程的时候，华侨城仍然在 4.8 平方公里的地方不断成长。华侨城不追求所谓的"深圳速度"和快速销售模式，不追求短期利益，更看重项目开发的战略意义和未来的发展潜力，依靠旅游和文化创意，华侨城是在经营一座城市。

二十多年来，华侨城秉承"在花园中建城市"的理念，一如既往地打造"优质生活"的城中城。在华侨城里，你可以在世界之窗体验异国风情，在民俗文化村欣赏少数民族的歌舞，在锦绣中华园里感受祖国的壮丽山河，在欢乐谷里消除一周的疲劳，在华夏艺术中心听音乐，在何香凝美术馆欣赏字画，在雕塑长廊中与艺术家亲密接触，可以在威尼斯水景主题酒店享受休闲生活，在高尔夫俱乐部"挥斥方遒"。就在深圳市民为了优质学位趋之若鹜时，华侨城悄然建起了从幼儿园到大学的全程教育系统，其中华侨城小学、华侨城中学更是省一级学校。华侨城俨然已经形成一个集旅游、文化、教育、购物、娱乐、体育、休闲于一体的旅游之城。然而，谁也无法忘记，就在华侨城的旁边，诞生了深圳第一个知名品牌——康佳，工业和旅游在这块神奇的土地上也得到完美结合。

深圳东部华侨城、北京华侨城、上海华侨城、上海浦江华侨城、成都华侨城、江苏泰州华侨城、云南华侨城、天津华侨城、武汉华侨城、西安华侨城，华侨城"优质生活圈"的造城运动在中国范围内迅速蔓延。

二、桃源居优质生活圈的实验

造城运动并不仅限于华侨城。桃源居是另外一种造城方式，它营造的并不仅仅是一个花园式的小城镇，而是一种生活方式和态度，是在营造一个社区，体现着更多的是社区建设和管理的理念。

桃源居位于深圳市宝安区西乡街道，占地面积 1.16 平方公里，建筑面积180 万平方米，居住人口 5 万人，由澳大利亚万丰公司全额投资，按照卫星城镇的功能进行规划,功能定位集生活、文化、教育、体育、娱乐、医疗、商业等为一体,目前已经形成"一个社区、一个学校、二个市民广场、三大公园、四大功能分区、五个社区会所①"。桃源居社区 2004 年摘得"影响中国的 30 大社区"奖;2005年 8 月,作为中国内地唯一代表参加澳洲举办的"首届国际参与型社区管理大会",9 月,获得联合国环境规划署认可的"中国国际花园社区"称号以及中国大陆地区唯一由联合国颁发的"全球理想人居社区奖",同年 11 月,获得"联合国最适合人类居住社区"金奖。在国内获得的"安全文明小区标兵单位"、"平安家庭示范社区"、"学习型社区"、"绿色社区"、"健康示范社区"等更是不计其数,更是被广东省委省政府深圳市唯一的"红旗示范社区"。2007 年,桃源居获得了由中国环保总局颁发的"全国绿色社区",这也是该年广东省唯一获此殊荣的社区。联合国副秘书长莫瑞斯先生在考察桃源居社区后,感慨地说:"桃源居取得的成就令世人震惊!桃源居虽汲取西方 40 个国家的先进社区经验而建设,但今天的桃源社区要令西方人来好好学习。"②

如此多的殊荣,桃源居成为了一个谜。

为了完善城市功能,充分考虑和满足各方利益诉求,桃源居社区先后 9 次进行规划调整,在合同之外不断增加公共服务设施,开发商建设了女子学校、社区工作站、社区党委用房、社区居委会用房、业委会用房等,同时在合同用地外申请用地,建设了中华商贸城公交首末站、体育公园、体育会所等基础设施,最大限度地满足了市场和居民生活所需。桃源居的规划建设充分体现了以人为本的发展理念,城市规划不仅仅是华丽的技术指标,而必须同居民的利益诉求紧密结合,才能焕发勃勃生机,赋予城市建设以灵魂。

2009 年,为期十多年的桃源居社区建设工程顺利完成,同传统商业开发模

---

① 一个社区指的是桃源居社区;一个学校是清华实验学校;两个市民广场是东段广场和西段广场;三大公园是山体森林公园、生态公园、体育公园;四大功能分区指的是居住区、教育区、商贸区和旅游生态区;5 个社区会所分别是女子会所、老人会所、儿童中心和儿童泛会所、体育会所、文化会所。

② 深圳市民政局:《桃源居社区因和谐而美丽——来自桃源居社区建设的实践》,《桃源居社区管理模式报告》,第 2 页。

式不同的是,但桃源居社区开发不再是简单的拿地、建设、圈钱、走人,而是致力于建立一个功能完善、管理有序的社区,即使在开发商开发完毕退出项目时,社区仍然能够有序运行。经过 15 年的发展,桃源居社区终于形成了以商业为龙头、以教育为特色、以环境为依托、以文化为内涵的综合性国际化社区。

教育有助于提供生存所需技能,培养合格公民,同时也是实现社会流动和社会地位提升的最佳手段。桃源居在开发建设中将社区教育建设作为公建设施的重点,秉承"关注儿童、关注妇女、关注老人、关注国际化"的社区教育理念,致力于建设社区终身教育体系。桃源居社区在学历教育上,投资 2.8 亿元,建设清华实验学校,涵盖幼儿园、小学、初中、高中的国内学历教育体系以及海外部的预科课程、IB 国际文凭教育体系;建设社区儿童中心,开发 0—6 岁儿童智能,培训小学在校生,并开展中外儿童交流,同时兴建儿童泛会所,为儿童提供午休以及放学后的看护服务;建设女子学校,首开中国社区妇女教育之先河,通过学历技能培训和素质教育培训两种方式帮助妇女更好地融入社会,并以点带面,提升家庭、社区乃至整个社会的文明程度;建设老人会所,实现老有所学、老有所乐、老有所为的目标。

社区公共服务体系的完善是桃源居社区的另一大亮点。政府资源有限,有限的财力也满足不了人们日益增长的公共服务需求,社会力量参与可以作为最好的补充。桃源居社区公共服务体系最大的特点是建立了公建设施的营运体系,通过界定公建设施的权属,使得社区内的公建设施产权分明,形成了社区公建设施营运的合理机制,并借助现代企业组织形式,成立非营利性的社区经济服务中心,使之成为社区公建营运的主体。在此基础上,桃源居建成包括社区就业、居家养老、儿童福利、义工组织等在内的公共服务体系。

社区管理上,桃源居建立了"六位一体"的管理模式,即社区党委、社区工作站、社区发展服务中心、物业公司、社区居委会和社区业主委员会等多元主体参与,这其中最大的亮点在于居民自治和公民社会的初步形成。从规划建设到完善的经营管理,桃源居模式走过了 15 个年头,有学者将其概括为四个发展阶段①:第一阶

---

① 参见刘铎:《社区何以可能——桃源居社区组织体系的框架及其作用》,《桃源居社区管理模式报告》(内部资料)。

段是开发商独立开发阶段,1992—2002 年,开发商完成了住宅、文化休闲广场、山体公园、体育公园和清华实验学校的开发建设;第二阶段是物业管理阶段,世外桃源物业公司成立后履行物业管理职能;第三阶段是政府进驻阶段,随着社区人口增长,物业管理难以满足管理需求,政府正式进驻社区,在社区成立党委和社区工作站,开发商和物业管理公司逐渐退出,成立社区发展服务中心,仅仅负责社区公建配套设施的运营;第四阶段是社区居民自治阶段,开发商开发完成后,只留下物业公司和社区发展服务公司,分别负责物业管理服务和社区公建设施的运行管理,以业主委员会和居民委员会为代表的居民自治成为社区管理的重要主体。

市民是城市的主人,是城市建设的主体。传统的社区治理模式多采取国家主导型发展战略,国家权力通过乡镇政府、居委会延伸到社区管理的末梢,牢牢地控制着城市社会生活的各个角落和方方面面。尽管这种行政主导型模式能够在短时间内有效调动资源,但也是以压制人的自由,压抑了市民参与社会建设的积极性,窒息了市民的创造性为代价,也加重了政府管理负担。在很多情况下,由于不了解居民需求,政府投入了大量财力、物力用于社区建设,却成效甚微,而只有市民真正把城市当做自己的城市,把社区当做是自己的社区,积极主动的参与到城市建设和社会治理中去,"善治"才有可能实现。在桃源居的"造城运动"中,深圳又一次意识到培育公民社会的重要性,城市功能只有在居民积极投入、社会组织有序参与的情况才能得到真正意义上的提升。

同华侨城不同的是,桃源居没有主题公园作为支持,迟早会面临开发完毕离开的情况,然而相同的是,桃源居的开发商并没有一走了之,而是留下持续经营的种子。2008 年 7 月 16 日,经国务院批准,由深圳桃源居集团捐资 1 亿元人民币发起成立的非公募基金会——桃源居公益事业发展基金会正式被民政部批复成立,成为中国首个社区型公益基金会。该基金会采取资助社区内公益性社会组织的方式,以培育社会组织来完善社区公共服务体系,在一定意义上起到培育公民社会、完善城市功能的作用,这在深圳的城市建设史势必翻开新的一页。桃源居的整体开发、多元治理、居民自治模式被社会充分认可,还将在新的城市建设中掀起新的波澜。2008 年,桃源居的开发模式成功移植重庆,首期总建筑 100

万平方米的社区规划已获审批,这种经营城市的概念还在继续和复制。

三、走向深度城市化

　　深圳市坚持以工业化带动城市化的原则,以及规划先行、产业支撑、市场运作、多方参与的发展路线,短短 30 年,就经历了特区内外两个不同类型的城市过程,创造了一夜新城的奇迹,在古老的东方国度迅速崛起。但毕竟只有 30 年的发展历史,同中国香港、纽约、新加坡、东京等城市相比,城市功能上的缺陷显而易见,"被动城市化"也导致城市化的不彻底。如果说改革开放的前 30 年,深圳创造了市场经济和"深圳速度",以工业经济带动城市建设,造就中国城市建设上的奇迹,那么,后 30 年深圳正通过转变发展方式,通过深度城市化和再城市化,完善城市功能,以城市建设带动经济发展。

　　在深度城市化的过程中,深圳已经起步。

　　深度城市化的浪潮发源于城市更新。原村民除了修建深圳市近一半的住房外,还建设了大量经营性厂房,在为改革开放、招商引资、促进经济发展作出贡献的同时,也留下一系列社会问题。改革开放初期,特区外缺乏统一规划,中国采用放权让利的方式调动原住村民参与建设的积极性,出现"镇镇点火、村村冒烟、户户招商"的奇观,但每户村民拥有的土地和资金有限,建成的旧工业区星罗棋布,规划差、规模小、分布散、设施落后,集约化利用水平低,只能吸引规模较小的加工贸易型企业,不利于区域产业结构升级和经济增长方式转变。"贴面楼"、"握手楼"既容易带来防火等安全隐患,也因其易于"藏污纳垢",给社会治安带来沉重压力。

　　旧城、旧工业区改造涉及面广,既有规划上的限制,同时也面临权利人积极性不大、政策不允许等问题,一度改造陷入困境。2009 年 10 月 22 日,深圳市颁布了《深圳市城市更新办法》,掀起深度城市化新的高潮。《深圳市城市更新办法》把全市范围内的城市更新分为综合整治类、功能改变类和拆除重建类,并规定,改造项目并不需要一定由开发商实施,鼓励原权利人在符合城市规划、环境保护、建筑设计、消防安全等前提下自行改造。这种鼓励城市综合体改造的战略思路会引发新一轮的城市建设浪潮,通过盘活现有土地存量,向现有土地要效益,深圳的城市发展将由以增量土地为主向存量土地"再开发"为主转变,未来十年,每年有望释放上百万平方米的住宅规模。有利于改善非成熟区域,特别是特区外偏远地区的城市面貌和基础配套设施,有助于完善城市功能,拓展城市发展空间。

无独有偶,深圳市在加快城市更新速度的同时,严格控制新增土地供应,探索减量增长的土地利用战略,坚决走向存量土地"再开发"要效益的发展路线。

虽然城市开发只有 30 年,但由于建设用地增长过快,深圳已经严重透支未来的可建设用地,未来基本生态控制线外新增建设用地潜力不足 150 平方公里。《深圳市土地利用总体规划 2006—2020》中首次提出"建设用地规模减量增长"的理念,规划期内,建设用地净增长率控制在 3.9%,规划期末实现建设用地微增长,最终实现"零增长"或"负增长"。新增土地重点保障城市,特别是特区外市政基础设施和公共配套设施的用地需求,以带动特区外城市功能全面提升。

减量增长的土地利用策略,立足于通过集约化利用,向现存土地要效益,强化生态建设,既有利于生态安全,建设优质生活圈;同时可以保障深圳未来发展所需建设空间,走可持续发展道路。

深度城市化的关键在于以城市功能提升带动城市发展。现代城市历史地理学认为,城市功能变迁是城市兴衰的决定性因素。短短 30 年,深圳从一个小渔村一举成为有影响力的大都市,与其作为改革开放的先锋城市,探索市场经济的使命密不可分。上海强大的经济能力和便利的水、陆、空交通运输条件使其成为中国唯一可称得上国际化的城市;云南丽江因悠久历史、文化传统,以及保持较好的古代建筑群,从默默无闻的边城小镇变成世界文化遗产,成为世人最梦想前往的城市之一。前 30 年,深圳可以凭借区位优势、优惠政策、成熟的市场经济环境迅速崛起,后 30 年深圳的城市功能定位在哪里?城市发展靠的是什么?发展动力又在何方?

改革开放之初,深圳市走的是工业化带动城市化的发展路线。有外商和企业投资,就需要建厂房,政府、市场和原村民组成的"铁三角"阵营在短时间内使工业区遍地开花,然而当国内各大城市纷纷向现代化、国际化都市大步迈进的时候,深圳已不满足遍地开花式的"村镇经济"。国内诸如苏州、天津等后发城市的经验也表明,在工业化后期,工业化带动城市建设的发展战略有致命的缺陷,短视性和功利性较强的企业常常破坏城市发展的长期性和可持续性,更应该走规划先行,以城市功能提升带动经济发展的道路。

无疑,未来30年,深圳首当其冲面对的是城市功能提升的压力和动力。改革开放以来,由于二线关的存在,特区内外城市功能差距较大。特区内的基础设施建设主要是政府与企业参与投资兴建,硬件上基本达到国际先进城市发展水平。然而城市化之前,特区外村镇的基础设施多是原住村民和集体经济组织所建,存在着标准低、水平参差不齐等问题,与特区内的差距较大。2008年宝安区由区长牵头的市政基础与公共服务设施调研表明,依据《深圳市城市规划标准与准则》(以下简称《深标》),宝安区在各类基础设施上均存在较大缺口。①

在现实差距面前,深圳早已未雨绸缪。早在1990年,深圳市就制定了《深圳市城市规划标准与准则》(以下简称《深标》),在中国大陆地区开创了地方规划标准先河,1997年根据中国有关规划进行修订。但这两个版本的《深标》,无论在公共教育、公共医疗、公共道路,还是人均建设用地,特区外的标准远低于特区内。2004年,深圳市在全市范围内完成城市化之后,根据经济社会发展现状,历时一年再次修订了《深圳市城市规划标准与准则》,不仅提出深圳市在土地利用、道路规划以及公共配套设施上向国际化迈进,而且首次提出特区内外统一规划、统一建设、相同标准的思想,特区内外一体化进程全面展开。2008年3月,深圳市出台《综合配套改革三年实施方案》,将经济特区范围延伸至深圳全市被提上了日程,给深圳城市功能提升插上新的引擎。

---

① 教育方面,幼儿园学位缺口10万座,小学学位缺口0.9万座,初中学位缺口3.3万座,高中学位缺口更是达到7.4万座;医疗卫生方面,床位缺口10075床;社区文化设施方面,缺少115个文化活动室、20个社区图书馆、115处文化长廊、105个文化广场;体育设施方面,根据"十一五"规划,缺口322万平方米的体育设施;道路方面,干道缺口454.4公里。此外,在给排水设施、电力通信设施、环境卫生设施、公园绿地设施等方面均存在不同程度的缺口。参见2008年《深圳市宝安区市政基础与公共服务设施调研报告》。

第十章
开放多元的移民社会

> "城市是社会的多面镜,通过人口的分析和筛选,对多元化的元素
> 进行隔离和分类。文明的整个过程是一个多元化的过程,而城市正是
> 多元化的制造者。"
>
> ——马克斯·韦伯

美国城市规划学家沙里宁曾经说过这样一句话:城市是一本打开的书,从中可以看到它的抱负。让我看看你的城市,我就能说出这个城市居民在追求什么。从城市的历史形成和发展过程来看,任何城市都有个性,有个性和魅力的城市才是最有生命力和最有竞争力的城市。华夏大地孕育着不同的城市个性:大气的北京、奢华的香港、繁华的上海、悠闲的成都、精致的苏州……但没有人能清楚地概括深圳,这是一个极度开放多元的移民社会,这是一个说不清、道不明、让人爱恨交加的城市。有人到这里追逐梦想,有人却发出"天堂在左,深圳在右"的感慨。

那到底这是一个什么样的城市?

第一节　最独特的人口结构

一、人口规模大、密度高

2009 年,深圳市常住人口数达到 891.23 万,实际管理人口 1400 万,人口总量仅次于北京、上海、广州等城市,按实际面积 1953 平方公里计算,常住人口密度达到 4490 人/平方公里,远超北京、上海、广州等城市,与香港、新加坡等城市相当。深圳已成为中国人口密度最高的城市之一,在《福布斯》的世界人口最稠密城市排行榜上,深圳甚至仅次于孟买、加尔各答、卡拉奇、拉各斯等城市名列全球第五位。[①]

二、人口机械增长较快

人口增长有两种方式:一种是建立在出生、死亡基础上的自然增长;一种是建立在人口迁移基础上的机械增长。深圳走的是以工业化带动城市化的发展道路,人口增长主要以迁移人口的机械增长为主。从 1980—2009 年,深圳的常住人口从 33.29 万人增长到 891.23 万人,增长了 26.77 倍,其中:户籍人口从 32.09 万人增长到 241.45 万人,30 年仅增长了 7.5 倍;非户籍人口从 1.2 万人增长到 649.78 万人,增长了 541.48 倍。

深圳市的人口流动速度较快。根据 2007 年深圳市委、市政府重大调研课题的调研数据[②],2007 年深圳非户籍劳动者中,居深时间在 2 年以下的占 59.4%,

----

① 《福布斯》统计的深圳人口密度为 17150 人/平方公里,而深圳市统计局的数据却显示,2009 年的人口密度仅为 4564 人/平方公里,两者相差 3 倍以上,可能的原因有二:一是《福布斯》统计的是实际管理人口,而并非常住人口;二是《福布斯》统计的是特区内的人口密度,而非整个深圳市的人口密度。

② 2007 年 7—8 月,深圳市委、市政府重大调研课题《深圳农民工基本情况调研与分析》课题组专门对全市六区非深圳户籍劳动人口的就业情况进行调研,调研有效问卷 16000 余份。该报告的主要撰写人为高兴民、钟若愚、杨光辉等。

3 年以下的占 80.8%,在深工作 10 年以上的仅占 4.56%。宝安区出租屋管理办公室的调查发现,出租屋里的人员变动率高达 70% 以上,大量人口在各区之间甚至市内外流动。

"铁打的营盘,流水的兵"。深圳是铁打的城市,流水的市民。每年都有上百万人口在深圳市内外不断流动,人口的快速流动性保障了这个城市的年轻化和活力,凝聚成这个城市的特质。

三、非户籍人口比例大

虽然国内有很多移民城市,但没有哪一个城市像深圳这样人口严重倒挂。户籍人口有 241.45 万人,仅占常住人口比重的 27.1%①,如果按实际管理人口计算,比例更低。1980 年,非户籍人口仅占全部人口的 3.6%,2000 年则占到全部人口的八成以上,深圳是名副其实的迁徙之城。

表 10 - 1　深圳历年非户籍人口所占比重表(1980—2008 年)

年份	非户籍人口所占比例	年份	非户籍人口所占比例
1980	3.6%	1995	77.9%
1981	9.0%	1996	78.6%
1982	21.1%	1997	79.3%
1983	31.9%	1998	80.3%
1984	41.3%	1999	81.1%
1985	45.7%	2000	82.2%
1986	45.0%	2001	81.8%
1987	47.3%	2002	81.3%
1988	49.9%	2003	80.6%
1989	54.2%	2004	79.4%
1990	59.1%	2005	78.0%

---

① 参见《深圳市 2009 年国民经济和社会发展统计公报》,2010 年 4 月 26 日。

续表

年份	非户籍人口所占比例	年份	非户籍人口所占比例
1991	67.7%	2006	76.7%
1992	70.1%	2007	75.3%
1993	73.9%	2008	74.0%
1994	77.2%		

资料来源:深圳市统计局:《深圳市统计年鉴》(2008),中国统计出版社 2008 年版。

　　从社会构成来看,原住居民只在户籍人口中占据较小部分,大部分人口是各种形式的移民。深圳的户籍人口主要由三部分构成:第一,原住居民的自然增长。改革开放初期,深圳的原住居民只有 31 万,虽然经过 30 年的自然增长,但在户籍人口中所占的比重仍然有限。第二,因工作调动而入户的市民。改革开放初期,中央不仅给了深圳物质上的援助和制度创新上的自主权,而且提供人力资源上的支持,2 万基建工程兵和大批援深干部就是在这种背景下进入深圳,成为第一批拥有深圳户籍的外来移民,之后深圳采取多种人才引进计划①,大规模引进高学历、高技能人才,经过 30 年的发展,这部分人的子女也相继在深圳出生、成长,成为户籍人口增长的主力军。第三,购房、随迁以及其他形式的入户居民。1995—2003 年在宝安、龙岗两区实施的购房入户政策②,对改善深圳人口结构,促进经济发展起到了积极作用,而随迁入户也成为户籍人口的另一种重要来源。

　　人口严重倒挂再加上短暂的城市历史,甚至大部分政府工作人员也来自移

---

① 先后制定颁布《深圳市政府关于鼓励出国留学人员来深创业的若干规定》(深府[2000]70 号)、《关于引进国内人才来深工作的若干规定》(深府[2002]5 号)、《深圳市关于加强和完善人口管理工作的若干意见》及五个配套文件(深府[2005]125 号)、《深圳市引进人才实施办法》(深人规[2008]6 号)。

② 1995 年,深圳市颁布《关于促进我市房地产市场发展的若干规定》(深府[1995]239 号),决定在宝安、龙岗两区实行购房入户政策,2003 年 4 月,深圳市颁布《关于停止执行宝安区龙岗区购房入户政策问题的通知》,决定从 2003 年 4 月 30 日开始不再享受购房入户政策。

民,这就直接决定着深圳不可能成为本地居民"唱主角"的城市,"客强主弱"的多元移民文化将取代本地文化和传统成为社会的主流文化,移民社会的特征将决定这座城市的社会结构走向。

四、人口结构年轻化

伴随着经济高速增长和快速城市化的是人口的集聚扩张,短短 30 年,仅仅 30 万本地人口的深圳市聚集了 1000 多万外来人口,这其中又以年轻人为主。2005 年中国 1% 人口抽样调查显示,深圳市的常住人口中,0—14 岁的人口比例为 8.79%,15—64 岁的人口比例为 89.61%,65 岁以上的老年人比例仅为 1.6%。2008 年深圳市社会科学院对 18 岁以上人群进行调查发现,18—29 岁占 56.2%,30—39 岁占 29.8%,40 岁以上群体仅占 14%。

深圳是一个追梦的城市,是年轻人的自由城。作为经济社会开放度最高的城市之一,作为最临近香港——这个被称为时尚之都、动感之都、自由之都的城市,深圳同样吸引着这个社会上最富有开放精神和自由传统的青年人。年轻的城市同时也决定着这座城市的较强的创新能力、较快的工作生活节奏。

五、人口素质两极化

虽然早在 20 世纪末,深圳市战略性提出产业结构调整与升级的思路,并在高新技术产业、高端物流业、文化产业、总部经济等方面取得一定成绩,但总体来说仍处于工业化的中级阶段,仍然以一般劳动密集型产业为主,对劳动者的素质要求不高。受其影响,深圳市的外来人口总体素质较低,以初中及以下学历为主。根据 2005 年 1% 的抽样调查结果,全市常住人口中,大专以上学历仅占 12.7%,高中程度人口比例为 23.6%,初中及以下学历者占 63.7%。[①] 人口的低素质在为这座城市提供成本价格优势和廉价劳动力的同时,也与深圳市未来的产业和城市定位不符。对于外来移民来说,在生活成本不断上升,高收入的比

---

① 参见《深圳市 2005 年全国 1% 人口抽样调查主要数据公报(第一号)》,http://www.sztj.com/main/xxgk/tjsj/tjgb/pcgb/200605181682.shtml。

较优势不再明显的情况下，是走还是留，成为始终困扰的一大难题。同样对于深圳市来说，这批素质相对较低的外来移民在为深圳经济社会发展作出突出贡献的同时，却与深圳的产业升级和城市转型相悖，是逼走还是挽留？同样考验着这座城市。

深圳的人口宛如"潘多拉的魔盒"，承载着这座城市所有的幸运和不幸！

第二节　拥堵的迁徙之城

开放、多元、时尚、动感、包容、自由、紧张……深圳所有的城市特征都是由这个城市的区位环境、历史渊源和特殊的人口结构直接决定。临近香港直接决定着这个城市的开放性；白手起家、历史传统薄弱突出这个城市较高的自由度；而作为中国大陆市场经济最发达的城市之一，自由市场本身的开放性也直接影响到整个社会的开放度；中央政府在深圳的大手笔开发建设也增加了这座城市的魅力和吸引力；以工业化带动城市化，以"三来一补"加工贸易型产业发家的深圳决定了这座城市里人口的集聚度和流动性。

首先，这是一个移民城市，一个最完全的移民城市。

一、彻底的移民城市

学界对于移民的定义并不统一，有人认为移民就是从一个地方到另一个地方的人口流动，也有人认为定居必须伴随着定居和户籍改变才可以称为移民。但由于户籍制度限制，中国的大部分人口流动并没有伴随户籍制度改革，但同样会对流入地的社会结构产业深远影响，所以本书主要采用广义的移民概念，把在流入地居住过一定时间的人口统称为移民。从这个意义上来说，深圳市的移民主要分为两类：一类是伴随着户籍改变的永久性移民；一类是临时性移民，主要构成人员是农民工及其亲属。

提起移民城市，相信很多人的脑海里会蹦出一连串的名字，如北京、上海、广州、深圳、南京、成都等。北京作为中国几百年的政治、经济、文化中心,经历过无数次政治移民、文化移民和改革开放之后的经济移民,作为移民城市无可厚非,更何况,所谓的京城文化本身就是融合的结果;上海作为中国规模最大、城市化水平最高和综合实力最强的城市,不仅吸纳大量务工人员,同时也是海外人士在中国的重要聚集地,被誉为"东方巴黎"之称;广州作为最平民的大城市,随处可以在街上看见川菜馆、湘菜馆、粤菜馆、鲁菜馆,西餐厅、泰国菜馆、东南亚菜等外国菜系更是不计其数,"吃在广州"本身就是一种移民文化融合的产物;成都作为兵家必争之地,历史上经历过无数次战争,也经历过无数次人口的迁入迁出。

但如果说最完全、最彻底、规模最大的移民城市,毫无疑问,只有深圳。深圳是中国继北京之后第二个聚齐 56 个民族成分的大城市,891.23 万常住人口中,汉族人口占 97%,少数民族 55 个,其中人数超过 1000 人的少数民族有 17 个,超过 1 万人的有 4 个;另外在深圳居住的外国人有 15000 人。然而同北京不同的是,深圳既不是中国的文化中心,也不是经济中心,更谈不上政治中心,充其量只能说是区域性的中心城市。既不存在因政治中心聚集而形成的政治移民,也不存在大规模的文化移民,深圳的文化吸引力还没有发展到这一步,深圳靠的就是完善的市场经济体制、海纳百川的城市胸怀、多元平等的就业机会。深圳的人口流动可以说是市场化配置劳动力资源的典型表现。

走在大街上,也许在北京你听到最多的是"京腔",或是"京式普通话";在广州听的最多的是"白话",在成都听到的除了普通话外,大都是浓浓的川音。而在深圳,普通话基本上可以畅通无阻。在北京、上海等大城市,如果你没有本地户口,很多公司都会将你拒之门外,北京的出租车司机几乎都是一口的"京片子"。广州很多公司招工时虽然没有明确需要本地户口,但大都要求粤语和普通话流利。在深圳,没有人会因为你不懂"白话"、"客家话"而另眼相看,甚至在同等条件下,企业更愿意招收能够吃苦耐劳、社会关系较为简单的外来移民。

但随着移民的大规模增加,社会融合成为新的社会热点问题,形成了一批依靠血缘、地缘和业缘等关系为纽带而自发形成的流动人口聚集区,在北京等移民城市,相继出现"浙江村"、"河南村"、"安徽村"、"新疆村"等,以此为依托,便于更多外来人口融入城市。在流动人口规模更大的深圳,虽然你仍然可以听到诸如"湖南村"、"江西村"、"四川村"、"湖北村"的称号,但已经很少有人对其另眼相看,因为这些人已经变成城市的一部分,是这座城市的主人之一。

二、富有移民传统的城市

2010 年,恰好是"深圳"作为地名见诸史籍 600 周年。深圳历史文化中可供论道的主题不多,但移民和迁徙绝对可以说是深圳历史的主题之一。

深圳共经历过 5 次大规模的移民。

第一次移民来自于秦汉时期。公元前 219 年,秦国派 50 万大军进攻岭南,并设南海、桂林、象三郡,时属南海郡的深圳,开始融合中原文化。第二次移民是两晋南北朝期间,八王之乱,五胡乱华,中原士族相率南迁。第三次移民来自于宋代。南宋末年,文天祥等人扶宋抗元最后失败,公元 1278 年,随宋王室南迁进入广东,临近宝安地区。宋代南迁带来了大量移民和先进的经济与文化,促进了宝安地区的发展。第四次移民高潮来自于清朝前期。顺治年间,郑成功在小金门起兵反清复明,在福建、广东等地屡破清兵,为了防止沿海人民支援郑成功,满清政府多次下迁海令,强迫沿海地区居民内迁 50 里,临海的深圳地区也受其影响,人口锐减。雍正年间,清政府采取优惠政策招募外地农民前来开垦土地,大量客家人迁入今深圳市龙岗地区,出现第四次移民高潮,同时带来富有特色的客家语言和文化。① 第五次移民高潮是 1978 年改革开放之后,特别是特区成立以来,在市场经济驱动下形成的以劳务工流入为主的移民高潮,也是历史上规模最大的一次。与前几次移民形式不同的是,改革开放后的深圳外来移民既不是因生活面临生存危机而逃离家乡的难民,也不是政策性的强制移民,而是市场经济调节下的自由流动居民。

深圳市虽然历史上形成了西部广府人聚居的广府文化,以及东部客家人聚居的客家文化。改革开放之后新移民高度聚集,数量庞大,占据人口的绝对优势。目前,与新移民文化相比,深圳的广府文化和客家文化所占比例较少,影响

---

① 参见深圳百科全书编委会编:《深圳百科全书》,海天出版社 2010 年版,第 11—12 页。

力有限,无法形成主流文化,深圳反倒是形成了客强主弱的"普通话"语系的移民主流文化。从这个意义上来说,深圳是一个缺乏强势历史文化传统的城市。但这并不意味着深圳是一个没有传统的城市,深圳最大的传统就是代代相传的移民、创业和创新。所不同的是,古代的移民创业是与农耕时代的自然经济联系在一起,而现在的移民创业是与工业时代的市场经济联系在一起。

三、开放包容的城市

2007 年,带着疑虑和不安,中国人民大学硕士毕业的安徽女孩张怡紧跟着老公的脚步来到深圳,老公王军是广东河源人,两人在三年前华东政法大学毕业后结了婚,王军考上了深圳的公务员,张怡则去了中国人民大学继续读研究生。毕业后张怡曾经一度想留在北京,如果在北京工作的话,她可以进一个不错的律师事务所,凭借着导师和师兄师姐们的关系网络,以后的工作应该会顺风顺水,更何况是首都,但在老公执意的劝说下,张怡带着满腹的疑惑和不愿意去了深圳。

"我现在一点都不后悔来深圳,这是一个包容的城市",两年后在咖啡厅访谈张怡时,她兴奋地说,"以前在上海时,常常受到本地人的白眼;在北京时,又受到那些'假北京人'的歧视,但是在深圳,我却丝毫感觉不到陌生感,我父母也很喜欢,因为不存于语言问题"。

张怡的话代表了很多来深创业者的心声。深圳是一个让人又爱又恨的城市,你可以不喜欢这个城市巨大的生活压力、紧张的生活节奏、高昂的房价、功利的生产生活方式、冷漠的人际关系,但是你必须承认,这是一个极具包容胸怀的城市,海纳百川,任何人来到深圳都可以找到自己的位置。

在上海和广州,你可能会遇到语言上的障碍,生活中随处可以听到的上海话和广东话会让外地人晕头转向,不知所云。北京等城市虽然没有语言上的障碍,但仍会遭遇"假北京人"的困扰。地域歧视是一个较为敏感的话题,影响到外来移民的社会适应和社会认同,地域歧视并不完全来自于是原住居民,相当一部分来自于早期移民。

同很多内地城市相比,深圳的城市包容度很高。一般情况下,原住居民和早期移民是影响后期移民社会融合的重要因素。对于原住居民来说,对社会融合造成障碍的因素有二:第一是高度的文化自豪感。这通常存在于历史上在政治、经济、文化等方面有着巨大影响力的城市,如政治文化中心北京、经济中心上海、六朝古都南京等;第二是外来移民所带来的竞争危机。同原住居民相比,外来移民由于生存在一个陌生的环境里,具有更强的忧患意识、创新意识和吃苦耐劳精神,相当一部分移民的文化素质也较高,在市场经济环境下,其在劳动市场竞争中占据绝对优势。

而早期移民同样可能是社会融合障碍的制造者:第一,出于对流入地城市的强烈认同感,早期移民有着强烈融入本地社会的愿望,虽然其拥有本地户籍、住房和稳定的工作,但文化、传统等方面的巨大差距仍然在其与原住居民之间形成一道无形的社会隔绝壁垒。在这类群体看来,只有摒弃自己原有的传统,同自己的过去和历史割裂,才有助于充分融入本地社会。与后期移民者划清界限,同样是显示自身优越感的一种姿态,换句话说,这种歧视其实是其想方设法融入本地社会而不得法的文化自卑感的表现。第二同样来自于竞争压力。同原住居民相比,早期移民和后期移民的同质性更高,既没有土地,也没有本地居民特殊的优惠政策,存在同质性竞争。

虽然深圳同样存在原住居民和早期移民,但并没有影响到这个城市的包容度。主要原因有三:第一,原住居民并没有强烈的自我优越感。同北京、上海、南京等城市不同的是,深圳在历史上从来不是任何意义上的中心城市,并没有悠久而引以自豪的历史和文化传统可供凭吊。正因如此,不仅本地居民没有形成强烈的自豪感、优越感,早期移民也无法形成对这个城市和本地文化的认同感。第二,深圳市的生存空间巨大。深圳原住居民所占的比例较小,为外来移民提供巨大的生存空间,各群体不需要相互排挤。第三,在深圳现代市场经济和工业文明的塑造过程中,原住居民不仅不占据优势,反倒是新移民后来者居上。深圳原住居民无论是"种楼出租"还是集体经济分红,都严重依赖人口增长带来的土地收益,并不掌控城市发展的话语主导权。在生存空间上的差异和相互依赖关系,不断激发原住居民和外来移民的合作关系,而非生存空间上的竞争。

第三节　永恒的动感之都

　　很多从内地来到深圳的人很是纳闷，"怎么这个城市很难见到老年人，在广州的公交车、地铁上频繁给老人让位的情景在深圳不会出现，倒是随处可以见到孕妇和儿童"。这就是深圳，一座年轻的城市！深圳的年轻不仅仅表现在这个城市的历史只有 30 年，而且表现在这个城市的人口结构年轻化。在经过 30 年的发展后，在第一批来深建设者步入"知天命"之年的时候，深圳仍然可以保持这么年轻。青年人不断进入深圳寻找梦想，在步入中老年之后又带来沉甸甸的收获离开这座城市，"挥一挥衣袖，不带走一片云彩"。

　　"深圳梦"造就了这座城市的年轻和动感。

一、创业者的竞技场

　　"当火车开入这座陌生的城市，那是从来就没有见过的霓虹……看不见雪的冬天不夜的城市，我听见有人欢呼有人在哭泣。"2007 年的快乐男声冠军陈楚生在一首脍炙人口、风靡中国的歌中这样描述深圳。改革开放的浪潮，不仅翻开了中国历史崭新的一页，也为无数人提供了追逐梦想的机会，改变了千千万万普通人的命运。深圳是一个追逐梦想的城市，无数劳动者在这里追逐梦想，实现人生价值，这其中有成功有失败，有欢乐也有艰辛，在实现自己梦想的同时，也为这座城市的发展作出自己的贡献。

　　葛剑雄将中国历史上的移民分为生存型和发展型。所谓生存型，就是为维持自身的生存而不得不迁入其他地区定居的人口，或者说是以改变居住地点为维持生存的手段的迁移行为，如遇到自然灾害、战争动乱、政治迫害等。发展型移民是为了物质生活或精神生活状况的改善而迁入其他地区定居的人口。① 作

---

① 参见葛剑雄、曹树基、吴松弟：《简明中国移民史》，福建人民出版社 1993 年版，第 505 页。

为市场配置劳动力的结果,毫无疑问,深圳的外来移民都是发展型移民,是贫穷落后家乡的推力以及市场经济发达的深圳的拉力共同作用下的产物。

　　改革开放初期,作为中国为数不多的开放城市,深圳依靠良好的就业环境、丰厚的工资待遇和开放的市场环境成为珠三角地区,乃至中国吸引外来务工人员最多的城市。从1980年的30多万到2009年的过千万人口,深圳只用了30年,而同为移民城市的香港从1931年的80万到2009年的702.6万①却用了整整78年。短短30年,深圳从一个名不见经传的小城镇发展成现代化大都市,本身就提供了一夜暴富的财富欲望和可能性,人们期望着从这个城市的发展中攫取财富,实现自己的"暴发梦"。

　　淘金成了最开始的主题,毫无疑问,的确有不少人在深圳的发展中挖了第一桶金。在很长一段时间内,深圳的就业机会和工资待遇远高于内地其他城市。1984年中国对城镇户籍管理制度进行初步改革,允许农村人口自理口粮到城镇务工经商,掀起了农村人口大量进城务工经商的序幕。20世纪80年代末期,由于对社会治安、社会融合等因素的担忧,中国加强了对进城务工人员的控制,甚至一段时间内有关文件还将农村流动人口称为"盲流"。在中国范围内的城市化和人口流动陷入低潮,乃至出现流动人口从城市返回"逆城市化"的情况下,深圳仍然以其巨大的劳动需求和占据绝对优势地位的工资待遇吸引了无数追梦人。

　　北京大学社会学博士、中国零点研究咨询集团董事长袁岳在自己的博客中写道:"我喜爱深圳,因为它是一个让我感到有'在路上'的感觉的城市。因为这个城市不属于任何特别的一个来源地的人又属于所有愿意进来的人;它没有很古老传承的传统文化,但它有一股自己的创新与拓展为核心的城市文化;它没有老街旧巷,而特有自己万物皆新的氛围。有文化根底但只是来深圳游历的很多人把深圳看做是没有文化的地方,而很多觉得深圳有文化的人恰恰是创造或者

① 参见 http://www.censtatd.gov.hk/gb/? param=b5uniS&url=http://www.censtatd.gov.hk/hong_kong_statistics/key_economic_and_social_indicators/index_tc.jsp#pop。

参与创造深圳发展的人。"①

二、年轻人的自由城

深圳是一个自由开放的城市,靠近香港,容易受外来思想影响,思想开放程度比较高,不少深圳人收看香港电视节目的时间远远超过大陆电视台。绵延上百公里的边防线也挡不住人们追逐自由和尊严的梦想。在这里,无论是达官贵人还是平民百姓,无论是阳春白雪还是下里巴人,无论是单身妈妈还是同性恋者,别人都会对你熟视无睹,给予充分的个人自由空间。

学校是自由开放思想最容易传播的地方,虽然从学术成就上来说,深圳大学并不是中国的一流学校,但其开放办学、自由发展的理念却独树一帜。当你带着孩子想要去瞻仰北京大学、武汉大学等一流高校时,可能在门卫处就会面临资格审查,甚至购票才能进入的尴尬,你可能无法想象有这么一个高校居然十来年没有大门和围墙,这就是深圳大学。深圳还没有到没钱修墙的地步,没有大门意味着所有人都可以自由地进进出出,追求自由的梦想,没有围墙意味着学校的边界无限,与这座城市融合在一起。虽然出于治安考虑,深圳大学后期修建了大门和围墙,但自由办学的思想依然保存下来。有人回忆深圳大学时,用了这样的口吻:"图书馆的藏书全部开架,可以方便地借阅到港台和外版书籍;从来没有开过全校大会,没有全校广播,没有关灯制度,也没有铁门和门卫老太太;必修课只占全部课程的一半,学生可以自由选课;学校对学生是一种放牧式的管理。"②深圳大学是中国第一个毕业不包分配的大学,也是第一个由教授委员会决定教师是否调入的学校。新组建的南方科技大学更是取消了行政级别,在内地首创在全球范围内选聘校长。

深圳大学的自由办学思想和这个社会的自由开放之风一脉相传,很多外来移民来到深圳并不是简单的"淘金",在国家一盘棋,体制机制僵化、官僚主义盛

---

① http://blog.sina.com.cn/s/blog_489548eb0100fkd2.html。
② 李咏涛:《大道30年——深南大道上的国家记忆》(上),深圳报业集团出版社2009
年版,第84页。

行的时候,还有深圳这块"桃花源"不断散发自由气息,在受到家庭管教、学校束缚,放不开手脚的时候,还有这么一块地方可供逃避。市场经济本身就是不断冲破各种束缚和藩篱,市场经济最为发达的深圳恰好提供了这么一块自由净土。"鸡生蛋,蛋生鸡",深圳提供了自由开放的氛围,而正是这么多追逐自由移民的聚合更增加这座城市的自由度。

深圳是一个高密度、规模大的移民城市,人与人之间的互动较为频繁而短暂。美国社会学家沃思在《城市化作为一种生活方式》一书中认为:"规模越大的城市,社会接触较多,由于个人之间的依靠会涉及很多人,很少会依赖于特定的某个人,因此交流具有非个人特征、肤浅性和瞬息万变性,也就决定了一个快节奏的城市。"①快节奏的生活方式和短暂性的人际交往形式使人们应付自己的生活尚且自顾不暇,无暇再去刨根问底别人的隐私生活。追求自由本身就是年轻人的特质之一,为别人预留生存空间同时也是保障个人自由的重要手段。

三、"市场化生存"的大学堂

社会化是由自然人向社会人的转变过程,每个人必须经过社会化才能掌握一定的生活技能,才能使自己的思想价值观念、行为举止符合社会要求。社会化不仅对个人的生存发展至关重要,也决定着这个社会的正常运转与否,与儿童阶段的初始社会化不同,成人的继续社会化并不是形成个性和气质的过程,而是学习新的社会规范。

深圳并不只是一个"淘金地",同样是社会化的大学堂,迟书君等人2003年的一次调查发现,人们来深圳的目的,只有42.1%为了赚钱,最多的人是为了实现自己的价值,占47.1%,开阔视野的也占到近四成。深圳是一个年轻的城市,对于很多年轻人来说,在经历了几年淘金生涯,完成原始积累后最终还是会回到家乡创业就业。学习市场化运作规则和生存本领,进行第二次社会化,成为比赚钱更重要的目标。

---

① [美]布莱恩·贝利著:《比较城市化——20世纪的不同道路》,商务印书馆2008年版,第15页。

在深圳,很多人最早的市场经济意识和契约精神形成并非来自于商场的打拼,而是因"吃饭"问题引起。"AA 制"是"Algebraic Average"的缩写,字面意思是"代数平均",也就是按照人头平均分担账单的意思。早在 16—17 世纪,"AA制"起源于市场经济和商品意识比较发达的荷兰和威尼斯,是契约精神的表现。受香港影响,改革开放之后深圳将这种契约精神的理念引入大陆,然而很多内地人并不习惯于这种消费方式,对他们来说这也是一种冷漠、生疏的表现,他们早已经习惯了争着买单时的热闹场景,即使当时并不心甘情愿。

争抢买单和"AA 制"并没有孰优孰劣之分,适应于不同的文化环境和社会背景。"熟人社会"有较为稳定的交往圈,人与人之间的交往可以预期,争抢只是表现热情的一种形式,其实是"熟人社会"中受道德、宗族等观念约束下的"轮流买单"制。然而在深圳、香港等"陌生人城市",社会的流动性很强,一个人请别人的客,被请的人可能这辈子再也无法碰到,如果采用轮流买单制,很容易出现"搭便车"现象,社会交往很难维持。从这个意义上来所,"AA 制"因为对所有人都要求有同样的权利和义务,既可以保持现有交往关系,也有利于扩大交际圈。很多移民正是通过"AA 制"学到了市场化生存的第一步,具备最初的契约精神。

回顾特区 30 年,深圳从来都在扮演"市场化生存"——第二次社会化大学堂的角色,作为中国最年轻的城市,却源源不断地向内地输出各种改革经验,如劳动用工制度、工资福利制度、土地使用制度、房地产开发制度改革都是最早在深圳试验并推广到各地去。在深圳社会化的大学堂里,学生中既可能来自于北京、上海、广州、南京等老牌城市,也可能来自于偏远山区和落后农村,各取所需,将市场经济的规则和逻辑带到内地的每一个角落。

第四节　社会结构与阶层认同

一、社会结构与阶层认同的倒挂

华灯初上,王守成和朋友从深圳东部华侨城下来后,去了盐田区愿望岛酒吧街。王守成是一家地产公司的总监,酷爱旅游,周末约上朋友一家去东部华侨城度假,住在号称七星级的茵特拉根酒店,晚上驾车到愿望岛酒吧街。由于交通不便,消费水平较高,来东部华侨城和愿望岛酒吧街的基本都是自驾车一族,独自享受着寂寞的美丽。夜幕降临,工厂下班后,王强在路边的小餐厅饭饱茶足后,直奔网吧而去,继续着每晚和QQ好友"小龙女"的"网上传情"。王强去过大梅沙,去过盐田,可与大梅沙一路之隔的愿望岛风情酒吧街却从没有到访过。当王守成在格调优雅的环境下喝着50元一杯的咖啡时,王强窝在乌烟瘴气、每小时收费仅1.5元的"黑网吧"喝着冰镇矿泉水;当王守成在KTV包房一掷千金时,王强却投了5元钱硬币在路边的K厅点了一首歌;当王守成用十头牛的价格,买小半张牛皮做的包包送给老婆时,王强周末加了两天班后,在餐厅特地叫了一碗红烧牛肉犒赏自己。

冰火两重天,却各有各的精彩。

深圳是一个开放多元的移民社会,上千万的外来移民不仅有性别之分、年龄之分、地域之分、户籍之分、民族之分、宗教信仰之分,同样存在社会阶层上的区分。社会分层是依据一定的标准,将社会成员划分为高低有序、等级不同的多个社会群体的一种方法,分层的标准各不相同,分层结果也各异。① 马克思从权力关系将社会划分为统治阶级和被统治阶级,按照生产资料占有情况划分为资产阶级和无产阶级;韦伯则将一元分层标准扩展到多元分层,从财富、权力和声望三个维度进行分析。而收入和职业因为关系到人们日常生活的方方面面,作为最常用的社会分层标准。然而和很多城市社会分层不同的是:深圳市民的自我阶层认同度和客观收入分层存在着巨大差异。

在中国"社会结构与社会分层"课题组的统一组织下,2001年深圳市在特区内四区开展大规模的社会分层问卷调查,根据职业构成状况,将深圳社会阶层划分为九大社会阶层。② 课题组将社会阶层的自我认同分为上、上中、中中、中下、

---

① 参见汪开国主编:《深圳九大阶层调查》,社会科学文献出版社2005年版,第7页。
② 分别是国家及社会管理者阶层;经理阶层;私营企业主阶层;专业技术人员阶层;办事人员阶层;个体化阶层;商业、服务业劳动者阶层;产业工人阶层;不在业者阶层。

下等 5 个等级,发现大部分特区内居民的自我认同趋中,认为自己在社会中居于中中地位的占 53.8%,认为自己是上等社会地位的占 3.7%,下等社会地位的占 9.4%,中上与中下等比较接近,分别是 16.1% 和 17%。① 2001 年的调查主要针对特区内人口,2008 年深圳市社会科学院在全市范围内(含特区内外)开展第二次《深圳市民幸福感调查》,调查发现,1.9% 的市民认为自己是上等阶层,7.2% 的认为自己属于中上阶层,44.2% 的市民认为自己属于中等阶层,认为自己属于中下和下等阶层的分别有 34.9% 和 11.1%,社会等级认同呈现中间大、两头小②的"橄榄形"结构。

从数据上看,深圳市民的自我阶层认同高于实际收入分层。2008 年的《深圳市民幸福感调查》中,月收入 1000 元以下者占 16.2%,1000—3000 元之间的占 49.7%,月收入 3000—5000 元、5000—10000 元、10000—20000 元、20000 元以上群体分别占 16.2%、11.2%、5.2% 和 1.7%。如果将月收入 3000 元以下者作为低收入,月收入 3000—10000 元者作为中等收入,月收入 10000 以上作为高收入,则低、中、高所占比例分别为 65.9%、27.4% 和 6.9%。如果从收入进行划分的话,深圳的社会分层结构则是典型的"金字塔形",收入越低的群体规模越大。

通常情况下,中国城市公众的自我阶层认同表现出明显的"向下偏移"倾向,即人们的阶层自我评价常常会低于自己的实际地位。③ 有学者认为,深圳出现的这种向上偏移的倾向有两种原因:"一是中国人倾向于认为自己在社会中处于中间地位,害怕'枪打出头鸟';二是人们对目前出现的社会经济等级分化结构认同的程度较低,客观社会经济地位上升的人不敢承认自己是社会上层,而下降的人们则不能接受自身地位下降的事实。"④

这种分析有一定道理,但并没有紧扣深圳的移民社会结构特征。深圳是一

---

① 参见汪开国主编:《深圳九大阶层调查》,社会科学文献出版社 2005 年版,第 11 页。
② 参见乐正、邱展开主编:《2009 年深圳社会发展报告》,社会科学文献出版社 2009 年版,第 347 页。
③ 参见汪开国主编:《深圳九大阶层调查》,社会科学文献出版社 2005 年版,第 112 页。
④ 汪开国主编:《深圳九大阶层调查》,社会科学文献出版社 2005 年版,第 112 页。

个移民社会,是一个淘金的城市。很多人来到深圳可能只是为了赚钱①,深圳只是其漫漫人生路的一段旅程,对深圳户籍的渴望并不强烈。再加上与本地居民巨大的收入和生活境遇差距,使其根本就没有将户籍人口作为自己的参照群体,更多的是打工之前的自己或是家乡没有外出的村民作为参照,同自己的过去相比,同自己身边的人群相比,没有明显的"被剥夺感",生活满意度和对阶层的认同度较高。从这个意义上来说,虽然在同一个城市,虽然王守成们和王强们生活境遇差异很大,但同时这也是两个平行的世界,并行不悖、互不交叉。

一般认为,"橄榄形"的社会结构更有利于社会稳定,两头小中间大,最高收入和最低收入者较少,有庞大的中产阶层作为稳定的力量。虽然从收入进行划分,深圳属于金字塔式的社会结构,有着庞大的低收入群体。但正是因为各阶层之间的利益纠葛较少,心理上对社会阶层的认同度更高,中下阶层有"向上偏移"倾向,客观上形成了心理上的"橄榄形"社会结构,从而维持着社会的稳定和谐。

二、地域上的"二元分层结构"

根据不同的分层标准,社会分层会呈现不同的特征。收入、职业是最常见的社会分层标准。除此之外,作为移民城市,除了人口上的差别外,深圳还存在居住形态上的社会分层。

小涛和老婆小丽是高中同学,江西九江人,大学毕业后两个人来到深圳打拼,小丽考上宝安区公务员,小涛在福田一家广告公司工作,2009年底两人结了婚,选择在离小丽工作更近的宝安区居住。小丽喜欢特区内更好的环境、公共服务、购物场所,用她的话来说,"关外太乱,感觉就像是农村,不看经济,其他的比我们老家也好不了哪里去,关内才像是真的城市"。虽然工作在福田,可小城镇出身的小涛更喜欢宝安,"宝安让我觉得很熟悉,人与人之间没有那么冷漠。我

---

① 2008年深圳社会科学院在全市范围内开展的《深圳市幸福感调查》发现,有意长期在深圳发展的市民仅占46.1%,只有21.9%的居民认为自己会短暂居留,31.9%的居民尚不清楚自己以后会在哪里发展。

喜欢打篮球,但篮球是一项集体运动,我一个人打不起来,在宝安篮球场,我可以随意地加入别人的队伍里打球,不会被拒绝,就像以前在老家一样。可是在关内,每次我都会被异样眼光所拒绝,很难融入那个社会。"

作为经济特区,深圳有特殊的二线关,从而形成独特的分层结构。二线关是中国设立的一种特殊边境管理区域线,深圳经济特区批准成立以来,在东起小梅沙、西至宝安的南头安乐村,架设一条长达 84.6 公里、高 2.8 米的铁丝网,将深圳分割为两部分:300 多平方公里的经济特区和 1600 多平方公里的宝安、龙岗。二线关对于深圳人来说,不仅是物理上的阻隔,还是心理上的隔阂。长期以来,深圳的建设重点在特区内,而特区外主要依靠村镇经济和以原住居民为主的集体合作公司。在人口构成上,特区内以城市人口为主,特区外城市化之前以农村人口和外来务工人员为主,无论是在基础设施建设、生活环境还是就业机会,特区内有明显优势。2009 年深圳市社会科学院所作的《深圳社会和谐度调查》发现,特区内外居民在社会和谐状况、收入分配、机会均等、社会保障、公共服务、社会治安、社会冲突调解和处理机制、社会法治状况、诚信状况、友爱状况、城市活力、环境治理情况等方面的满意度均有不同程度的显著性①,体现出区域之间较大的差异性,而在所有指标中,特区内居民的满意度更高。无独有偶,在深圳市社会科学院 2008 年所作的《深圳市民幸福感调查》中也发现,特区外居民除了在"精神紧张状况"、"最近快乐程度"、"幸福预期"上的满意度略高于特区内居民外,在其他方面②的满意度均小于特区内居民。生活环境的相对落后并不意味着特区外没有任何吸引力。相比特区内,特区外的房价更便宜、生活节奏更慢、压力更小、人与人之间的关系更为紧密、和小城镇更为相似、社会的陌生感更小,吸引了很多像小涛这样的群体。2008 年深圳市社会科学院所作的《深圳市民幸福感调查》发现,虽然和特区内相比,关外在收入、社会保障、公共服务等方

---

① 方差分析显示,这几项指标的 sig 值均小于 0.05,有明显的显著性,其中公共服务、社会治安、社会法治状况、环境治理情况等指标的 sig 值为 0,体现出较强的显著性。
② 包括经济状况、居住状况、家庭生活、人际交往关系、自由选择生活的能力、工作状况、社会保障、医疗条件、教育状况、社会治安、交通出行、业余生活、深圳人认同。

面差距较大,但居民的幸福感、生活的快乐程度反而略高。①

　　作为移民社会,深圳社会的开放多元性不仅表现社会阶层之间,同样存在于居住地域之间,特区内外的差异非但没有成为影响社会融合的巨大沟壑,反而因其各自特有的魅力吸引了不同类型的群体,共同为深圳的建设作出自己的贡献。

　　2004 年特区外城市化以来,深圳市加大对宝安、龙岗两区的建设力度,在社会保障、基础设施建设、劳务工医疗保险等方面推出了一系列政策,特区内外的差距进一步缩小。同时,随着特区内城市更新的步伐加快,一些旧的城中村被拆除,在其基础上建设更为现代化、配套和生活环境更好,但租金也更高的社区,特区内的生活成本大幅度上升。关内上班、关外居住甚至成为一种新的置业时尚,甚至部分市民出现逃离北上广深等大城市的风潮。这种基于地域分割基础上的社会分层可能出现新的发展趋势。

第五节　流动与不流动的生活形态

一、不流动的生活形态

　　对于移民社区的研究,有学者从村落聚集的角度进行分析,提出"准自己人社区"的观点②、项飙③、刘林平④等人认为外来移民带着综合性资源进入城市,并在流入地的大城市中形成一个基本属于自己的准社区,与国外的"唐人街"类似。也有学者认为移民社区表现为一种"二元社区",周大鸣在研究移民社会的

---

① 参见乐正、邱展开主编:《2009 年深圳社会发展报告》,社会科学文献出版社 2009 年版,第 354—355 页。

② 比如,"浙江村"、"平江村"、"湖南村"、"安徽村"等。

③ 王汉生、刘世定、孙立平、项飙:《"浙江村":中国农民进入城市的一种独特方式》,《社会学研究》1997 年第 1 期;项飙:《跨越边界的社区:北京"浙江村"的生活史》,三联书店 2000 年版。

④ 刘林平:《外来人群体中的家庭与家族网络支持——深圳"平江村"的调查与分析》,《广东社会科学》2005 年第 5 期。

居住形态时提出了"二元社区"的概念,"所谓的二元社区即指在现有户籍制度下,在同一社区(如一个村落和集镇)外来人与本地人在分配、就业、地位、居住上形成不同的体系,以至心理上形成互补认同,构成所谓'二元'"①。

"准自己人社区"主要认为外来移民在流入地常常以地缘、血缘为基础形成稳定的聚集区,不仅可以有效增强社会适应能力,而且建立在地缘、血缘、业缘基础上的社会资本可以增强移民的社会竞争力,克服个体的不足。"二元论"主要从外来移民同本地人口的关系上进行分析,认为即使在一些城中村,外来人口与本地居民混住,也完全是两种截然不同的生活状态,社会交往较少。

虽然说两种理论在深圳社会都有不同的表现,深圳也有类似浙江村的"平江村",也有多元人口混居却彼此老死不相往来的情况。但深圳移民社会的最大特征还在于它的流动性。与北京、上海、广州等城市相比,深圳不仅移民规模最大,而且流动的速度最快。每年都有上百万的新移民流入,也有上百万的移民流出,更不用说在深圳市内的频繁人口流动。

如前所述,深圳是中国人口倒挂最为严重的城市之一,在实际管理人口中,移民所占的比例达到八成以上。快速流动的人口既无法形成类似"唐人街"属于移民自己的准社区,也无法形成稳定的异质性人际交往关系。"流动社区"并不意味着外来移民没有自己的认同,与"准自己人社区"和"二元社区"不同的是,深圳的外来移民不拘泥于社区,因为他们总是处在不断流动之中;不拘泥于单位或企业,因为深圳市建市刚满 30 年,还没有单位制的阴影,他们认同的是这座城市的特质。2009 年深圳市社会科学院所作的《深圳社会和谐度调查》发现,高达 41.3% 的非户籍居民认为自己是深圳人,流动的只是居住形态,不变的是他们对于"深圳梦"的追逐。

二、开放城市的社会流动

社会流动是社会分层中的一类,是社会成员从一种社会地位向另一种社会

---

① 周大鸣:《外来工与"二元社区"——珠江三角洲的考察》,《中山大学学报》(社会科学版)2002 年第 2 期。

地位转变,是社会结构中改变自己以适应不断变化中的条件的过程。① 从流动的方向来看,可以将社会流动分为垂直流动和水平流动,垂直流动是一个人从较低的社会地位向较高社会地位的流动;水平流动是一个人在同一社会阶层内的横向流动,多是地区间的流动。从流动的参照系进行划分,可以将社会流动分为代内流动和代际流动。代内流动主要是社会成员一生中职业和社会地位的水平或垂直流动,是探求人生中的一条运动曲线;代际流动则是研究父辈和子辈两代人之间社会地位的继承和变动情况。② 社会流动,特别是垂直流动和代际流动更能够反映一个社会的开放度和社会变迁的过程与方向。开放的社会才允许个人通过个人努力打破社会阶层的边界,获得向上流动的机会。

从这个意义上来说,深圳是一个开放的城市。伴随着一夜新城崛起的是无数人深圳梦的实现以及社会地位的提高。改革开放后,特别是邓小平南方谈话以来,大批的知识分子、政府官员、退伍军人、普通劳动者南下深圳创业,出现了历史上奇特的"下海潮"。1983 年的王石放弃了在广东省外经委的"铁饭碗"来到深圳创业,其所领导的万科成为中国房地产业的佼佼者;1988 年的任正非从部队转业之后,来深圳创办了华为技术有限公司,现已经与北方电讯、朗讯科技、阿尔卡特、思科等跨国公司在同一水平线上竞争;而 1987 年不满 16 岁的张佐娇在避过母亲拦截,偷偷离开江西平江的村庄来到深圳,刚开始只是在一家酒店做服务员,14 年后,身价亿万的她被特邀参加上海 APEC 会议……

企业家仅仅是这座城市垂直流动群体的冰山一角。而从农村到城市,从务农到做工,成千上万的农民工实现着这座城市最大的社会流动。农民工的打工收入不仅改善了家庭生活,而且为子女教育提供了充足的资金保障,有利于实现代际之间的社会流动。深圳市统计局的数据表明,"2000 年以来的十年间,深圳人累计通过邮政向各地累计汇款总额达 2203 亿元,其中,外来工作人员累计汇款总额达 1452 亿元,占全市累计汇款总额的 65.9%"③。从这个意义上说,深圳

---

① 参见[美]布劳:《不平等和异质性》,中国社会科学出版社 1991 年版,第 12 页。

② 参见许欣欣著:《当地中国社会结构变迁与流动》,社会科学文献出版社 2000 年版,第 4 页。

③ 深圳市统计信息网,http://www.sztj.com/main/xxgk/ywgz/tjfx/201004025603.shtml。

社会的开放性并不仅表现在市场经济的完善,同样在社会方面表现为社会阶层的可流动性。

然而改革开放进入到第30个年头,社会阶层间的利益分割愈发明显,客观上阻碍了人口向上流动的渠道,以至于有学者发出社会阶层固化的倾向。① 从农村向城市的区域间的社会流动依然存在,但城市内部向上的社会流动阻力不断增大,阶层之间的贫富差距在拉大。在某种意义上,部分先富起来的人并没有起到带动后富的示范效应,而是因为资金的聚集效应,出现强者愈强、弱者愈弱的"马太效应",对后来者形成一种障碍。2009年深圳市社会科学院的所作《深圳社会和谐度调查》发现,高达35.4%的市民对收入分配不满意,满意率仅为18.7%,在九大指标②的满意率排名最后。上千万的外来农民工很难通过自己的努力成为这个城市的一员,永远地留在这座城市。

当外来移民从一个工厂流动到另一个工厂,从一个社区流动到另一个社区的时候,只是工作的地点和工种发生变化,工作性质和生活形态并没有发生变化。当这个城市的精英从香蜜湖搬到华侨城的时候,庞大的来深建设者还在不同的城中村之间徘徊,为的是能够离工厂近一点或租金少一点;当城市精英的子女在国际化学校接受教育、在钢琴室里纵横捭阖、在图书馆里博览群书、在音乐厅里陶冶情操的时候,来深建设者的子女还在城中村,白天在农民工子弟学校上课、晚上和父母一起在路边"练摊"、周末瞒着父母跑到黑网吧玩上几个小时网络游戏。城市住房结构的分层导致生产关系和社会阶层的再生产,人与人之间的社会关系已经被物与物之间的社会关系所代替。当在这个城市向上流动无望时,只有转投他乡,寻找生命中的另一种梦想。随着二三线城市的成长,一些身背"新三座大山"的白领开始逃离北上广深等大城市,开始向着更加宜居的二线城市的"被流动"之旅。

---

① 参见孙立平著:《转型与断裂——改革以来中国社会结构的变迁》,清华大学出版社2004年版,第271—283页。

② 分别是机会平等、收入分配、社会保障、社会救助、公共服务、社会冲突调解、家庭和谐、人际交往情况、个人心理调适机制。

第六节　多元社会支持网络

任何移民社会都是社会支持①网络较为发达的社会。在美国、中国香港等移民社会中,宗教与发达的公民社会和社会组织为外来移民提供了强大的社会支持。在宗教信仰匮乏、移民规模众多、人口结构倒挂、社会快速流动的深圳,社会支持以多元化的形式出现,既有制度化的社会支持网络,同时也不乏民间社会支持体系。

一、"强关系"社会支持的延续

早在 1973 年,格兰诺维特在《美国社会学杂志》上发表了《弱关系的力量》一文,把人与人之间的关系分为强关系和弱关系,认为强关系存在于同质性群体的内部,如血缘、地缘和业缘关系;弱关系存在于不同的群体之间,认为弱关系因为异质性强,存在信息的非重复性、异质性,能够传递更多的信息,对个人的发展更为重要。边燕杰等华人学者经过研究发现,在华人世界里,强关系往往比弱关系更为重要。

其实早在 20 世纪上半叶,费孝通先生在《乡土中国　生育制度》中就已经提出"熟人社会"和"陌生人社会"的概念,认为中国传统社会是一个熟人社会,人与人之间依靠着私人关系联系起来,构成一张张关系网,社会关系逐渐从一个一个人推出去。② 一般来说,熟人社会由血缘关系和地缘关系组成,人们之间相

---

① 社会支持最早是社会心理学的概念,强调的是社会关系具有潜在的调节或缓冲心理紧张或情绪压抑、低落等对身体健康的不利影响。社会学引入该概念之后,不仅指对缓冲压力的影响,还表现为对社会整合直接或间接的维护作用,能够帮助个人融合到社会的网络之中。参见蔡禾主编:《城市社会学:理论与视野》,中山大学出版社 2003 年版,第 130—131 页。

② 参见费孝通:《乡土中国　生育制度》,北京大学出版社 1998 年版,第 30 页。

互熟悉,道德自律和社会信用比较高,有较强的社会约束机制。法国社会学家涂尔干在《社会分工论》中同样提出了机械团结的概念①,当同一团体的成员彼此相近或相似时,因为有同样的感情,赞成同样的道德准则,承认同样的神圣事物,称之为机械团结。无论是熟人社会还是机械团结,通过小范围的私人关系维持着社会整合。

然而当移民进入到新的社会中时,势必会与过去的传统断裂,面对新的陌生人社会。在没有宗教传统和制度化的社会支持网络的情况下,移民在"心理上有一种结构性紧张和危机,他们首先能够依托和寻找到的就是初级社会关系,正是这种初级社会关系,把人们按照差序格局和关系的距离黏合在一起,逐步形成农民工在城市社会中生存、竞争、整合以及进一步发展的基础"②。这样以强关系作为基础,形成一个个基于血缘或地缘基础的聚集区,这就是遍布各地的"浙江村"、"河南村"、"安徽村"。中山大学的刘林平教授在对深圳的湖南平江人进行研究时发现,众多湖南平江人在深圳从事汽车运输业务,因为家族成员间更容易形成利他主义行为取向,易于建立信任,他们以核心小家庭为基本组织单位,家族网络在借钱、提供货源、处理事故和情感依赖等方面提供支持,形成了深圳的"平江村"③。从这个意义上说,建立在血缘、地缘基础上的"强关系"社会支持网络为深圳移民提供了最初的"避风港"。

二、"弱关系"社会支持的生成

市场经济不断扩大人们的交往空间,改变人们的交往方式,促使"熟人社会"向"陌生人社会"的转变。血缘、地缘等强社会关系网络在对移民的社会融合有积极促进作用的同时,需要注意的是,频繁的小群体交往会强化劳动力移民

---

① 参见[法]埃米尔·涂尔干:《社会分工论》,生活·读书·新知三联书店2000年版,第89—103页。

② 柯兰君、李汉林主编:《都市里的村民——中国大城市的流动人口》,中央编译出版社2001年版,第28页。

③ 参见刘林平:《外来人群体中的家庭与家族网络支持——深圳"平江村"的调查与分析》,《广东社会科学》2005年第5期。

生存的亚社会生态环境,阻碍其对城市的认同和归属。① 同时,因为强社会关系提供的信息趋于同质化,不利于社会交际网络的扩大以及生活境遇的拓展。因此,急需要在"强关系"社会支持之外建立"弱关系"社会支持网络。

"在家靠父母,出门靠朋友",在陌生人社会中,为了生存,人们必须互相帮助和扶持,在帮助别人的时候客观上也促进个人生活环境的优化。移民社会容易形成志愿精神,一百多年前,托克维尔在《论美国的民主》中对美国社会下了一个结论:美国是一个充满着志愿精神的国家,而这种志愿精神直接来自于移民社会。深圳同样如此,当外来移民来到深圳时,面对的是一穷二白的城市建设,政府提供的公共服务难以满足移民日益增长的需求,必须建立志愿服务和社会组织,作为政府和市场之外的重要补充。

正是在移民社会的基础上,深圳打下了公民社会的坚实基础。深圳是中国最早开展社会义工服务的城市。1989 年,深圳市团委首次组织 19 名热心人士组成义工队伍,开通"为您服务"热线电话,为遇到困难的来深创业者提供帮助。1990 年,由 46 名义工组成的"深圳市青少年义务社会工作者联合会"在民政局注册成立,成为中国内地第一个义工组织。2005 年 7 月 1 日,中国内地第一部规范义工工作的地方性法律《深圳市义工服务条例》出台,从法理上进一步明确义工服务概念,使志愿服务制度化、规范化,保证了义工组织的可持续发展。截至 2007 年 12 月 31 日,深圳市共有团体义工单位 1537 个,注册义工 168058 名,其中个体义工 69262 名,团体义工单位下属义工 98796 名。累计组织超过 300 万人次参加义工服务,平均每位注册义工每年服务时间超过 30 小时。义工在深圳已经成为家喻户晓的名字,"参与、互助、奉献、进步"的义工精神深入人心,鲜艳的"红马甲"已经成为深圳市大街小巷一道亮丽的风景线,以丛飞为代表的深圳义工成为深圳的城市名牌之一。志愿服务为移民社会提供了新的交流平台,吸引越来越多的市民参与,既有退休职工、学生、公务员、企业员工,也有广大的外来务工人员。

移民社会通常也是社会组织较为发展的社会。深圳的社会组织发展迅速,

---

① 参见朱力:《论农民工阶层的城市适应》,《江海学刊》2002 年第 6 期。

从2000年到2008年,社会组织从968家增长到3343家,平均每年增长速度达30.7%。社会组织涵盖工商服务业、科学研究、教育、社会服务、文化、体育、卫生、生态环境等各个领域,成为推动深圳市经济和社会发展的一支重要力量。深圳的社会组织认同度较高。2009年深圳市社会科学院的《深圳社会和谐度调查》发现,高达36.6%的市民满意社会组织在构建和谐社会中的表现,满意度高达65.6%,超过对政府、企业和市民等主体的评价。

慈善、义工、社会组织……,深圳已逐渐建立起"弱关系"的社会支持网络。

三、制度化的社会支持网络

无论是"强关系"还是"弱关系"的社会支持网络都具有一定的偶然性和局限性,社会支持的强度取决于网络的规模、烈度和强度。① 而制度化的社会支持网络可以提供稳定性的社会支持,深圳市在社会建设上取得的成就,促使从农民向市民的转变作为制度化社会支持网络的典型体现。

近年来,不少城市流行赋予农民工新的称谓,"新莞人"、"新市民"、"新珠三角人",尽管深圳也赋予"来深建设者"的称谓,但深圳市始终清醒地认识到,比"农民工"这个称谓更重要的是如何改变这一群体在城市的生存发展权,如何保持他们的尊严。当很多学者和地方政府纷纷抛出户籍制度改革的橄榄枝时,深圳始终认识到,改变依附在户籍制度上的公共服务和社会福利更为重要,如果没有后者的支撑,户籍毫无意义。

农民市民化,深圳已迈出关键性的一步。

进入21世纪以来,随着改革开放的浪潮在中国各地遍地开花,凭借着后发优势,在北京、上海、天津、浙江、江苏、山东等省市先后建立较为完备的工业体系,"深圳模式"已经在中国各地复制。当很多人在为深圳的高工资优势不再,特区的种种优惠政策在中国大陆地区已经普惠化,特区不特担忧时,深圳却以另外一种形式回归——赋予外来移民市民待遇,从"财富梦"到"市民梦",深圳继

---

① 网络的规模主要是出于该社会支持网络上的成员多少;烈度指的是该支持网络上有没有特别重要的人物;如精英人物,强度指的是被支持者与支持者之间的关系。

续着它的"梦想"制造者角色。

早在 1999 年 5 月,深圳就制定最低工资标准,特区内每月 430 元,特区外每月 330 元;2008 年深圳市再次将特区内最低工资标准提高到每月 1000 元,特区外最低工资标准提高到 900 元每月,分别是 1999 年的 2.3 倍和 2.7 倍。非全日制用工小时最低工资也随之提高,特区内提高到 8.8 元/小时,特区外提高到 8 元/小时,标准均为当时中国大陆地区最高。此外,为了保证劳务工的合法权益,深圳市早在 1997 年就借鉴香港经验,制定《深圳经济特区欠薪保障条例》,规定用人单位每年缴纳欠薪保障费,专款专用,当用人单位发生欠薪时用以垫付。① 从法律上保障了外来劳务工的劳动权、工作权。

针对外来务工人员子女入学难的问题,2005 年,深圳市出台《深圳市关于加强和完善人口管理工作的若干意见及五个配套文件》(简称"1+5"文件),明确将暂住人口子女义务教育纳入城市社会年度发展计划。2008 年,深圳市教育局出台《关于我市义务教育免费资格审核中若干问题的解释及处理办法》,将义务教育免费政策惠及所有符合条件和免费资质的内地非深户学生,政府为免费义务教育所支出的财政补助经费中,有一半以上将用于非深户籍学生。

深圳还是中国内地为数不多的建立劳务工医疗保险的城市,劳务工每人每月只需缴纳 4 元医疗保险费,可以报销大半门诊和住院医药费。2008 年,深圳市劳务工医疗保险参保人数达 610.2 万人,农民工养老、工伤和医疗保险参保数量均名列内地大中城市之首,初步实现了全民医保。②

为了使更多公共服务惠及非深户籍人口,2008 年 5 月,深圳市发布《深圳市居住证暂行办法》,明确规定,取得居住证的居民可以享有包括房屋出租、劳动社保、计划生育、公共教育、公共交通等公共服务,并在同等条件下优先办理入户手续。

在权益得到保障的同时,循序渐进地吸纳非户籍居民参与政治生活也被提

---

① 参见《深圳经济特区欠薪保障条例》,www.sztv.com.cn,2008 年 4 月 24 日。

② 参见许宗衡:《2009 年深圳市人民政府工作报告》,2009 年 3 月 2 日,www.sina.com.cn。

到了日程上。2008 年深圳市第五届居委会换届选举工作中,首次吸纳非户籍选民,全市有 999 名非户籍人员登记为选民,参加投票的有 247 名,当选为新一届居委会委员的有 31 名,其中当选主任 4 名。①

养老保险、医疗保险、工伤保险、最低工资、欠薪保障、义务教育、教育培训……深圳市外来务工人员不断享有市民待遇,成为新时期吸引外来移民的主要因素。

第七节 融合、共生、聚变

一、户籍真的那么重要吗

同西方国家不同,户籍成为中国移民社会绕不开的话题。清华大学李强教授认为,社会排斥来自户籍制度,这是一种社会屏蔽制度,势必会增加农民工在身份和职业等方面与移入地社会实现融合的困难。②

深圳虽然是一个移民社会,而且是中国移民规模最大、所占比重最高的城市,但大部分移民并没有深圳户籍。在实际管理人口中,只有 200 多万户籍居民,而北京 1755 万人口中,户籍人口占 71%,上海 1888.46 万人口中,户籍人口占 72.6%。外来务工人员并不以获得深圳户籍作为奋斗目标,因为选择城市户口,就意味着放弃其在农村的集体土地和宅基地,在社会保障机制尚未健全,劳动用工制度尚不稳定的情况下,这无疑是一种巨大风险。以外来务工人员的收入,尚可以在工厂宿舍或是城中村维持较低生活标准,在生活成本居高不下的情况下很难过有尊严的生活。深圳大规模的城市移民只是城市的过客,是流动的

---

① 参见乐正、邱展开主编:《2009 年深圳社会发展报告》,社会科学文献出版社 2009 年版,第 13—14 页。

② 参见中国社会科学院社会学研究所编:《2002 年:中国社会形势分析与预测》,社会科学文献出版社 2003 年版,第 133—143 页。

群体,迟早还是要回到户籍所在地,他们不会在这个城市待得太久,也不会和这个城市发生较长久的关系,户籍对他们来说太过遥远,还没有到这一个需求层次上去。

同是否拥有户籍相比,深圳移民更关心的是这座城市的就业机会是否稳定、公共服务是否健全、自己在深圳工作生活期间,能否获得充分的市民待遇。2009年,深圳市社会科学院开展的《深圳社会和谐度调查》发现:在对深圳市在构建和谐社会中的期望中,在 14 个选项①中,市民对户籍制度的关注度仅仅排在第 10 名,而社会治安、社会保障、劳务工待遇、公共医疗、公共交通、公共教育等公共服务选项名列前茅。

人们之所以重视户籍制度,更多是因为同户籍相挂钩的是一系列优厚的市民待遇,当市民待遇逐渐普及时,对于移民来说,户籍并不那么紧要。

二、"我是谁"

李建生是一家 IT 企业的工程师,1996 年华中理工大学②毕业后来到深圳,入户后 2002 年在南山区购买住房一套,当被问及"您认同您的深圳人身份"这个问题时,李建生迟疑了一下说"我是湖北人"。

20 年前,高中毕业的陈峰曾经是大冲村学历最高的村民,在奋斗了 20 年发现,自己曾经努力争取的职位被更勤奋的外地大学生占据,陈峰不得不继续回到村里,在股份合作公司做了一名水电工。但水电工每月不到两千的收入只是陈峰众多收入中微不足道的一部分,股份合作公司每年有数万元的分红,家里还有不少物业出租。于是"晚上开着豪华轿车出入深圳各大酒店和高级会所一掷千金的'陈总',白天却是身背电工包,在村里敲敲水管、修修电线的'峰哥'"③。

---

① 分别是社会治安、社会保障、劳务工待遇、公共医疗、生态环境、经济发展、公共交通、公共教育、政府效能、户籍制度、特区内外一体化、文化发展、民主法治、城市认同。

② 现为华中科技大学。

③ 参见《南方周末》2010 年 2 月 3 日版,网络地址 http://www.infzm.com/content/41166。

　　"1988 年的冬天,刚刚初中毕业的祝日生提着简单的行囊,来到了当时在内地名头最响亮的特区——深圳。三年以来,积攒了一万多块钱,他用这笔钱在安徽老家建了新房。1997 年,祝日生结婚,有了两个儿子,他在深圳的年薪维持在三万元上下,出去开销,每年都'至少攒下两万元',因为能挣到钱,他没有按照原先的预计回到老家,一直停留在这个城市,祝日生已经卖掉家里的房产,打算加上十几年的积蓄在宝安买套房子。"①可不久后,深圳的房价一路上扬,宝安中心区的房价已经超过 1.5 万元/平方米,祝日生的购房梦越来越遥远。

　　我是谁?

　　每一个移民都会面临社会融合的问题,我是否认同这个社会,我是否要融合这个社会,又怎么样融合? 与很多移民城市不同的是,深圳的原住村民同样有着"我是谁"的呐喊。

　　外来移民步入深圳,有的甚至从农村走进城市,从熟人社会迈入陌生人社会,工作方式、生活方式、价值观念、人际交往关系也随之改变。城市的生活环境不断消解原有的生活圈和集体记忆,如何连接历史与现实,沟通乡村与城市,成为摆在外来移民面前的一大难题。

　　在与当地人接触的过程中是被本地人同化,摒弃原有的生活习惯和文化传统,接受当地人的生活方式和价值观念,还是维持原有的文化价值观念,甚至是在本地文化和外来文化间相互融合,形成新的移民文化。早在 18 世纪,托马斯和兹纳涅茨基就在《身处欧美的波兰农民》一书中对跨国文化移民和社会融合作出经典性的解释,他们发现,在波兰农民向美国迁移的过程中,不是被动地接受美国文化的单向过程,而是也将自己的文化带入了美国社会。相互团结、与家人书信联系使得波兰农民能够迅速适应美国社会,并自发形成了一个较为规范有序的社区管理系统。慢慢地,波兰农民也从最初的单纯去美国"淘金"演变为核心家庭的整体迁移。②

----

①　参见张国栋:《深圳:迁徙之城》,《小康》2007 年第 12 期。
②　参见[美]托马斯、[波兰]兹纳涅茨基:《身处欧美的波兰农民》,译林出版社 2002年版。

美国是一个以移民为主导地位的国家,在积极吸收移民文化的同时,也丰富了本土文化,从而形成独特的多元文化,从这个意义上说,美国的发展与其多元的移民文化密不可分。虽然同为移民社会,深圳之所以没有形成美国式的多元文化和社会认同,主要有三个原因:一是本地文化的特征不明显,影响力较小,难以同化或融合外来文化。二是深圳建市晚,较短的时间不足以形成完善的社会融合机制。三是深圳的移民以短期流动为主,停留的时间较短,缺乏主动社会融合的积极性。

深圳是一个缺乏骄人历史和传统的城市,较高的收入待遇、完善的市场经济成为吸引外来移民的主要因素。正是在这个意义上,深圳还只是一个"淘金"的城市,大部分移民是这个城市的过客,是流动的群体,当其他城市有着更好的"淘金"机会时,他们可能会迁移,当家乡建设需要他们时,他们可能会回到户籍所在地。2009年深圳市社会科学院开展的《深圳社会和谐度调查》发现,30%的深圳户籍受访者并不认同自己是深圳人,而在受访者中,只有43.6%的市民认为自己会在深圳长期发展。

有学者对上海新移民社会融合的研究发现,城市新移民的社会融合包括文化融合、心理融合、身份融合和经济融合,其中心理融合和身份融合相对较高,而文化融合和经济融合较低,反映了上海的城市魅力较大,而且为新移民的社会经济地位提升创造了较大的发展空间,而城市文化的多元化以及城市生活成本迅速增长却带来融合上的障碍。① 深圳同样如此,以"淘金梦"为目的,移民的身份融合和心理融合较高,但在文化和生活传统上与当地人格格不入,经济上也因为本地高昂的生活成本而与其他群体差距较远。

外来移民不主动融入当地社会时,通常会依赖自己原有的关系网络,形成一个个基于血缘或地缘基础的聚集区,这就是遍布各地的"浙江村"、"河南村"、"安徽村"。血缘、地缘等关系网络对移民的社会融合有积极促进作用,但是频

---

① 参见张文宏、雷开春:《城市新移民社会融合的结构、现状与影响因素分析》,《社会学研究》2008年第5期。

繁的小群体交往会强化劳动力移民生存的亚社会生态环境,阻碍其对城市的认同和归属。①

与此同时,深圳本地人也并不主动接纳外来移民。甚至本地人和外来移民之间的接触本身就微乎其微,原住村民占全部人口的比例不足 1/10,因为大都有稳定的集体经济分红和租金收入,就业率较低,为数不多的就业也集中在股份合作公司,或驻地企业的名誉厂长。② 在他们的印象中,外来移民除了给其带来稳定收入外,还带来了环境上的脏乱和社会治安的恶化。

深圳只有短短 30 年的历史,在较短的时间内,本地文化与外来文化之间的融合,不仅没有走本地文化同化外来文化、外来文化入侵本地文化的路线,也没有走共同融合的路线,而是走相互承认、相互兼容的路线。

与很多移民城市不同的是,深圳的本地居民同样遇到身份认同上的危机。与本地人相比,外来移民的教育水平更高、更勤奋努力、更吃苦耐劳,在同一岗位的市场竞争能力更强。在外来人口的冲击下,一方面,本地居民退居二线,依靠高额的土地收入为生;另一方面,他们也充分意识到,没有外来移民,就没有租金收入和集体经济分红,工作上的冲击并没有造成本地居民对移民的敌视和歧视关系。

何清涟在《现代化的陷阱》中写道:"在富裕的珠江三角洲和深圳特区原农村,不时可以看到一些富裕却无所事事的农民在游荡。用当地人自己的话来形容,这些人是三不像:没种田,不是农民;没有生活技能,也不从事某一职业谋生,不是工人;生活上保持浓厚的农村色彩,也不是城市居民。以深圳市罗湖区的农民为例,该区 16—40 岁的原村民(在农村城市化以后成为农村集体股份公司的股民)的失业率高达 42.6%,政府虽多方劝导他们工作,但他们根本就没有工作欲望,因为对他们来说,千来元钱工资只好当作'茶钱'。"③同长三角地区不同

①　参见朱力:《论农民工阶层的城市适应》,《江海学刊》2002 年第 6 期。
②　为了保证村民就业,不少股份合作公司同外来的企业签订合同,约定工厂的厂长为股份合作公司指派。
③　何清涟:《现代化的陷阱:当地中国的经济社会问题》,今日中国出版社 1998 年版,第 99 页。

的是,深圳的原住村民虽然成身份上变成了城市居民,但没有经历主动融入城市化的过程,价值观念、行为方式仍然和都市生活格格不入。

三、二代市民的梦想

李建生的女儿李婷婷在深圳出生,一直在深圳长大、读幼儿园、小学,平均几年才会回一次襄樊老家。在李婷婷的眼里,深圳才是自己的家,对襄樊老家的一切都很陌生,每次李婷婷回家的时候都是在寒假过年时,冬天的襄樊是那么的冷,尤其让婷婷受不了的是,老家人冬天去澡堂洗澡,而且一个礼拜才洗一次。

黄世荣是20世纪90年代出生的深圳原住村民,毕业后想找一份工资福利高,又不辛苦的工作,可只有大专学历的黄世荣屡屡碰壁,和陈峰那一代人不同的是,黄世荣并没有在股份合作公司做水电工或保安,他觉得很丢脸,而是窝在家里整天打游戏,不愿意就业。

王小帅来自于河南,刚满19岁,这位3年前来到深圳宝安打工的小伙子,已经在十多个工厂工作过,现在在一家电子厂做保安,父亲是电焊工,母亲在工厂区的路边摆摊卖菜。王小帅在村小学就读二年级的时候,爷爷因病去世,父母去杭州打工,因为奶奶一个人没有办法照顾,就把王小帅带在身边,在打工附近收费便宜的私立学校就读。四年级的时候,在老乡介绍下,父母去了深圳市宝安区,王小帅跟着转校,13岁那年,小帅一个人回到老家,在镇中学就读,但成绩一直不好。班上几乎所有同学的父母都有打工经历,有些同学是"留守儿童",有些也同王小帅一样,随着父母去了很多地方,学习风气很差,很多同学鼓动着要去打工赚钱。受到同学影响,王小帅也吵着要和父母一起去打工,由于年龄太小,父母坚决反对。初三上学期的时候,在父母不知情的情况下,王小帅和同学跑到临近深圳的东莞打工,因为不足16岁,很多工厂都不敢要,只能找到一些小作坊的工作。父母没有办法,只能回老家帮他办了个身份证,带到宝安找工作,从宝安到福田,到龙岗,再到宝安,两年时间,王小帅已经换了十多家企业,但一直都不满意,觉得工作太苦太累,收入又低,还没有发展前途。19岁的王小帅很是迷茫,没有技术找到的都是又脏又累的体力活,做保安虽然没那么辛苦,但只是青春饭,"我现在很后悔当初不读书就跑回来,我很想去读书,或是学个什么技术,做普工学不到东西,还经常被老板欺负,还不如学点技术,有真本事,老板不敢随便就赶我们走。如果岗位有前途,即使从学徒做起,不给钱,我都愿意干,我很想留在城市"。

李婷婷、黄世荣、王小帅都是二代居民,其中李婷婷和黄世荣都是在深圳出生的户籍居民,王小帅虽然在老家出生,但并没有干过农活,在城市所待的时间远远多于乡村生活。因为生于斯长于斯,随着时间的推移,第一代拥有深圳户籍的移民子女逐渐形成了对深圳的认同感。而第二代原村民的困惑却越来越大,不愿意像父辈那样工作和生活,却没有办法在残酷的就业市场竞争中脱颖而出,很多沦为了"啃老一族"。虽然生存不成问题,但当经济增长方式发生变化,集体股份合作公司效益受到影响,租金收入难以维持的情况下,这些人又当何去何从? 当农村城市化基本完成,新生儿已不再拥有分红权的情况下,这些人又当何去何从? 以王小帅为代表的第二代农民工对城市的认同逐渐超过对家乡生活的认同,但在城市住房价格一路攀升、城市生活成本急剧上升的情况下,城市化梦好像离他们更远。然而习惯了城市的繁华与喧闹,他们已经没有回头路!

2010年中央1号文件继续关注"三农"问题,文件提出,鼓励有条件的城市将有稳定职业并在城市居住一定年限的农民工逐步纳入城镇住房保障体系,着力解决新生代农民工问题,统筹研究农业转移人口进城落户后城乡出现的新情况新问题。然而在寸土寸金的深圳,将外来工纳入城市住房保障体系仍然有很长的路要走。

作为农民,原住村民和非深户籍居民同样面临身份地位的彷徨。原住村民在主动城市化和被动城市之间游走,"拉郎配"的快速城市化进程使他们在"种楼"抽取租金、饱尝城市化甜头的同时,也出现"被剥夺感"的心态,依靠集体经济组织分红和收租为生,难以融入城市生活。当原住村民还在迷茫时,外来务工者虽然仍在城市与乡村之间徘徊,但仿佛找到了自己的定位。特别对于新生代农民工,习惯了城市生活,对城市的认同远远大于对农村的认同。原住村民的被动城市化与二代农民工的主动城市化意愿形成了鲜明对比。

第十一章
村中城、城中村

"充满活力、多样化和用途集中的城市,孕育的是自我再生的种子,即使有些问题和需求超出了城市的限度,它们也有足够的力量延续这种再生能力并最终解决那些问题和需求。"

——简·雅各布斯

第一节　大都会中的乡村

一、城市与村落的错位

在短短的 30 年间,深圳迅速崛起为一座中国乃至世界级的大都市。1979 年,深圳的城市建成区面积大约为 3 平方公里,主要限于原深圳镇。如今,深圳的建成区面积已经达到了 813 平方公里,实际人口超过千万。在原阡陌纵横的水田旱地上,已经耸立起了一座座高楼。在短短的 30 年间,深圳已经变成一座现代化的大都市,被称为高速城市化的"一夜城"。

"一夜城"为深圳带来了林立的高楼,也留下了一个个原住居民的村落。在城市化过程中,这些农村村落基本上没有经过深度城市化而被保留了下来,成了一个个城中村。

在特定的经济社会条件下,在深圳 30 年城市化这一有限的时空范围内,既有先进的城市区域和工业文明的引入,也有几千年传统的村落社区和文化的沉积。急剧的、狂飙突进的城市化,使得这些传统与现代、先进与落后、城市与乡村的各种因素激烈地交织、碰撞,演绎出了深圳城市化特有的乐章。这一特征,使得深圳这座城市充满了多样性与活力,也带着青涩与懵懂,就像一个精力充沛而有些冲动的少年。

城市与村落混搭,先进与落后交织的不均衡的城市化,城市化过度(人口高度密集和建成区面积过度膨胀)与城市化不足(法律意义的乡村土地和社会非都市文明的大量存在)交织在一起,构成了深圳城市化的一个基本特征,因此,深圳的城市化仍是一种夹生的城市化,而不是一种完全成熟的城市化。深圳作为一个新兴城市,并没有完成城市化进程,它仍然在成长中。

按行政村计算,目前,深圳全市范围内共有城中村 309 个;若按自然村计算,则有 1725 个城中村。

在特区内,由于原村落被征用的土地面积较大,留给原村落集体使用的土地面积较少,城市建成区面积较大,在城市形态上主要表现为城市包围村落。特区内土地面积共有 395.81 平方公里,91 个行政村级的城中村使用的土地面积约 44.30 平方公里,其中,合法用地 37.48 平方公里,占实际使用土地面积的 84.59%,合法外占有土地 6.82 平方公里,占有实际使用土地面积的 15.41%。它们散布在从中心城区到边缘城区的各个城市区域。

在特区外,共有 218 个行政村级的城中村。这些村落被征用的土地面积较小,原农村集体和村民实际使用的土地面积较大,在很多区域,村落实际建成区面积超过城市建成区面积,在城市形态上表现为村落包围城市。

穿行在深圳经济特区内的大街小巷,在鳞次栉比的高楼间,时不时地会有一片片缺乏规划、密密匝匝的建筑群落突兀地映入眼帘;而在特区外,常常是在经过了大片规划形态混乱的聚落后,会看到一排排整齐优美的住宅区或工业区,这就是特区内外的城中村分别赋予给人们的"城市意象"。

二、城中村之谜

作为创造了经济和城市化奇迹的深圳,为什么会在城市化过程中出现比较严重的城中村现象？这既有制度、政策和监管方面的原因,也有经济和社会方面的原因。

从制度方面讲,城中村形成的原因与中国特有的土地制度、城市制度、户籍制度和经济制度有关。

集体土地所有制和宅基地政策。土地制度方面,中国城市和农村实行不同的土地制度,在城市实行土地国有制,在农村实行土地的农民集体所有。两种土地的使用权的法定权利内容是不同的。《中华人民共和国土地管理法》规定,国有土地使用权可以转让、抵押、出租,但集体建设用地使用权原则上不能转让、出让、出租和抵押,只有在出资入股、联营等特定情况下才能发生权利转移。农民集体所有的土地依法由土地所有者集体经营、管理;集体经济组织经过批准可以使用乡(镇)土地利用总体规划确定的建设用地兴办企业或者与其他单位、个人以土地使用权入股、联营等形式共同举办企业。对于农村住宅用地,《中华人民共和国土地管理法》规定:"农村村民一户只能拥有一处宅基地,其宅基地的面积不得超过省、自治区、直辖市规定的标准。"各地根据《中华人民共和国土地法》的规定,制定了实施办法和相应规定。如广东省 1999 年颁布的《实施〈中华人民共和国土地管理法〉办法》规定的一户一处宅基地的标准是:平原地区和城市郊区 80 平方米以下;丘陵地区 120 平方米以下,山区 150 平方米以下。上海市 1992 年通过的《农村个人住房建设管理办法》对不同区域、不同人口的农村建房分别做了规定,其中宅基地总面积分别为 150—250 平方米不等,建筑占地面积为 44—125 平方米不等,并对房屋间距、高度做了规定。河北省政府 2002 年通过的《河北省农村宅基地管理办法》规定,"本省依法实行农村村民一户一处宅基地制度",并规定不同地区宅基地面积从 200—467 平方米不等。

这些规定在城市化发展缓慢的时期,不会出现什么问题,集体土地和国有土地也都可以按各自的规定运作。但是,一当城市化迅速发展,矛盾就显露出来。一方面,在城市迅速发展过程中,地方政府一时无力征收包括村落土地在内的所有集体所有的土地,并且为了加快征地步伐,采取不变更土地性质,给被征地村落留用部分建设用地的做法,甚至继续给村民发放住宅用地,这样就使村落在城市化过程中完整保留。另一方面,被征地的村集体和个人利用"自己"手中的土地,大肆开发建设,导致城中村问题。同时,由于这些土地属于集体所有,不能转让,也使土地及其建筑物就固化在村落的范围内,构成难以分解的城中村外部物质形态。

集体所有的经济制度。中国的村落都是从人民公社时期的生产队、大队脱胎而来。队、社的组织和集体财产成为现今村落的重要组织和经济基础。城市化后,这些队社的集体财产经过清产核资,改造成社区性股份合作公司,村民成为股民,并从股份公司集体财产的收益中获得分红,使村民通过经济组织联结起来,成为一个个密不可分的"村落单位"。

户籍和城市制度。中国实行城乡分割的二元体制,城乡在行政体制、土地制度、户籍制度、社会福利和公共设施建设上存在很大差别。城市的基层组织是"街道办事处——居民委员会",农村的基层组织是"乡镇——村民委员会";城市的土地是国有土地,国有土地的使用权可以进入市场;农村的土地是集体土地,集体土地的使用权不能进入市场;城市的市政设施和市政管理由城市政府负责投资建设,农村的公共设施建设等基本由村落自己投资建设。由于二元体制的存在,造成城中村在市政设施和管理上与城市其他区域构成强烈落差,"城不像城,村不像村"。也由于户籍和体制的分割,使得一些人口和产业完全非农化,人口规模达数万甚至数十万人的地区,仍然是农村建制,不能完全实现由农村向城市的转化。

从社会方面讲,城中村的产生与密集的村落分布、快速的城市化、巨大的利益驱动和传统的文化心理有关。深圳市面积为1952.84平方公里,可建设用地面积为900多平方公里,有行政村309个,自然村1725个,按总面积算,平均每平方公里土地有一个自然村,按可建设用地计算,平均每平方公里有2个自然村。村庄如此密集,致使城市扩张很难绕开农村村落,导致城中村产生(见图11-1深圳经济特区内城中村分布图)。

虽然城市化很难绕过村落,但如果城市化进程较慢,原住居民和城市建设可以渐次地融入城市,也不会引致城市因素与村落因素之间的紧张和对立,因而也不会产生体现城乡对立的城中村。而深圳的城市化是一个狂飙突进的过程,在短短的30年间,建成区扩大了200多倍,这样,就把绝大多数村落社区包围了进

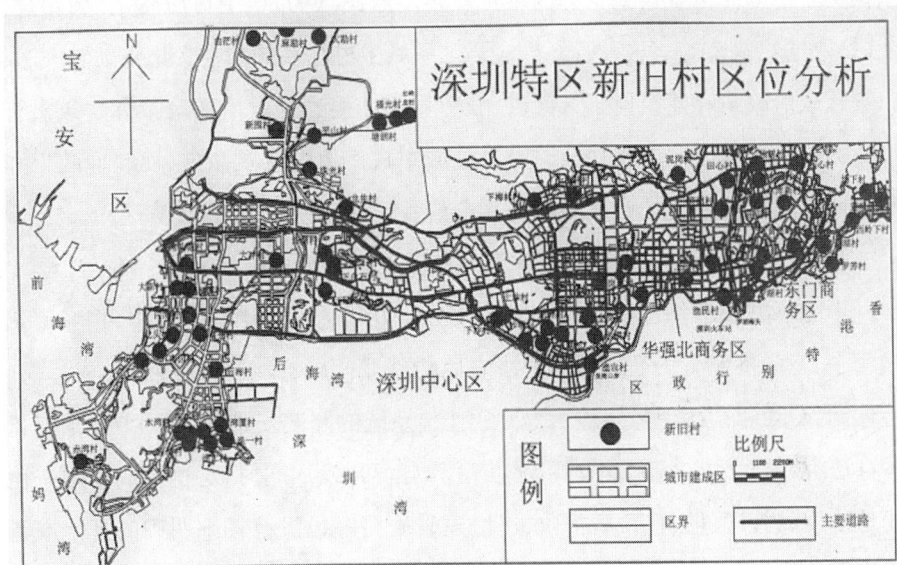

图 11－1 深圳经济特区内城中村分布图

图片来源：王如渊：《深圳特区城中村更新改造研究》，北京大学博士学位论文，2002 年 5 月。

来，形成了一个个城中村。

　　导致城市范围的急剧扩张是工业经济和流动人口的持续增长。1979 年末，深圳国内生产总值为 1.96 亿元，人均为 606 元；常住人口为 31.41 万人（其中特区内户籍人口为 9.41 万人，暂住人口 1 万人），到 2009 年，常住人口达 891.23 万人，全市生产总值达 8201.23 亿元。经济和人口的快速增长，使得住房需求和住房价格也大大提升。特区内建设一栋楼房一年的收入就有 10 万甚至数十万元。巨大的利益驱动，使得城中村各类建筑拔地而起，如雨后春笋般地蔓延开来，极大地扩张了城中村的建筑规模。

　　传统的居住和思想观念也是城中村产生和发展的心理基础。虽然城中村的产生主要是利益驱动，但城中村居民的血缘、地缘纽带和宗亲观念对城中村的维系仍起着重要作用，因为城中村是以血缘和地缘等初级关系为基础形成的社区，居民的乡土观念较重。目前，在深圳很多城中村村口，都有村落的牌坊；在城中村的中心位置，都有村落的宗祠；在城中村，很多建筑都被拆除了，但唯有家族的宗祠仍然得以保留并得到很好的维护。很多居民认为,城中村房屋是他们的祖业,是要世代留传的。这种观念也成了维系城中村存在的社会文化基础。

从政府政策和建筑监管方面讲,城中村的产生也与政府的政策和建筑监管方面的原因有关。制度和社会原因只是城中村产生的客观条件,而政府政策和政府监管则对城中村的产生及状况具有重要影响。

政府政策和监管方面的问题主要有如下几个方面:

不能解决城市化过程中的土地和社会政策问题。由于财力有限,在城市化过程中,不能按照有关征地政策解决农民的就业问题,没有对城中村的人口、社会体制、劳动和社会保障及住房等问题作出系统的制度安排,而是采取留地安置的办法,留给村民一些建设发展用地,由其自行开发。同时,对这类尚未国有化土地使用的管理、监督、税费征收、违法建设处罚等也没有详细明确的规定或者没有严格执行,导致失控。

对城中村问题认识不足,对违法建筑处理不力。本来,政府部门对城中村房屋占地和楼层都做了规定,按照有关规定,城中村是不会出现目前混乱局面的。如广州的珠江新城,1992 年曾编制了"小桥流水田园牧歌式的规划",结果,"7 年后,都市村庄成为都市'肿瘤'"。当初规划保留的猎德村、冼村,没有形成"城中有村,村中有城"的岭南田园风光,反而成为违法建设的"集散地"。① 这些都是对城中村发展估计不足,对违法建筑处理不力造成的。

没有为外来人口提供必要的廉租房。一方面,外来务工人员不断涌入,城市人口不断增加,对出租屋提供了巨大的市场需求;另一方面,城市政府又没有采取必要的措施为这些外来人员提供合法的廉租或微利出租住房,导致由城中村大量违法建筑弥补了这一市场空缺。

总之,社会和制度背景为城中村的产生提供了条件,而政府在城市化整个过程中没能采取相应的措施预防和制止城中村的膨胀,是导致城市化进程中城中村产生的主要原因。

---

① 参见易颖:《"城中村"靠什么拥有未来》,《南方周末》2002 年 10 月 31 日。

三、城中村发展的过程

深圳特区内城中村的发展大致经历了四个时期。

起步时期(1980—1986年)。在20世纪80年代前期,随着"三来一补"企业的发展,富裕起来的农民开始建造新房。起初缺乏统一的规划,后来,政府按照留用土地标准,渐次给每个村落划分了一定范围的工商用地和建设用地,形成了一个个农民新村。

稳定增长时期(1987—1989年)。因前一时期内已基本划定了农村新村,本时期内新村在数量上没有大的增加,但农民加高楼层的趋势明显,红线外建筑也比前期有所增加。由于房屋租赁市场开始发育,拆庭院式建筑建方柱式建筑(建筑基底面积向外拓宽)的现象开始出现,违法建筑开始规模化。

快速膨胀时期(1990—1999年)。这一时期由于住宅租赁市场需求持续增加,新村庭院式建筑开始普遍改为方柱式建筑,建筑层数增加,间距显著缩小,许多建筑间距在1—2米之间,红线外的违法建筑也大量增加。1992年特区内城中村实现城市化后,没有土地也告别了农民身份的村民,更加迫切地认识到出租屋对他们利益的重要性,不断翻建楼房,加高楼层,普遍建到了5层以上。

稳定成型时期(1999年至今)。那些没有扩建加建的宅基地,在这一时期基本上完成了加建改建到7层以上,并且出现了为数不少的小高层带电梯的楼房,高的已经建到18层。据估计,在2002年前后至2004年,深圳共涌现了几万栋违法建筑。

深圳罗湖区的罗湖村和渔民村是最早进行新村建设的两个村落。位于深圳罗湖口岸的罗湖村,是最早征地开发建设的地区之一。该村原有土地1700多亩,其中600多亩位于深圳对面的香港,1000多亩位于深圳罗湖区。1980—1982年,罗湖村的1000多亩地即被征用殆尽,现罗湖口岸、深圳火车站、香格里拉大酒店、罗湖商业城、国贸中心以及嘉里中心等著名建筑,都位于原罗湖村的土地范围内。由于无法全部解决村民的就业和住房问题,深圳市政府决定重新划出一块5.94万平方米的土地,作为居住及工商用地,用于另建罗湖新村,罗湖村原600多年的传统村落,也实行了整体搬迁,旧房按照55平方米以上赔偿两套的原则在新建的建筑中进行实物赔偿。

1982年,罗湖新村落成,由92栋三层高的楼房构成,每户一栋。每栋楼房由粉红色瓷砖做外装饰,这在当时是非常高档美观的建筑。

渔民村也是当时最早建设新村的村庄。1980年,当时的渔民村大队即开始为村民建造新村。到1982年,共建造了32栋别墅式的小楼,都是同一规格、同一形状,上下两层。每栋占地180平方米,建筑面积130平方米,包括6个房间,2个客厅,2个储物室,外加厨房、卫生间。楼上前有阳台,后有凉台,楼房四周,外有围墙,内有庭院,庭院里种着花木,阳台上摆着盆景,一派花园别墅的样子。

渔民新村主体建筑总投入约120万元,由大队统一垫付工程款,村民不用自己掏钱,都是大队从分给各户的年终分配中扣除。室内装修则由村民家庭自行负责。除了新村主体工程,大队还投入约三十万元用于修路、安装水电等公共设施。

作为在20世纪80年代初建成的最早的一批农村小洋楼,渔民新村成了改革开放后农民生活水平大幅提高的象征,引起了各方面的重视。多位党和国家领导人,如邓小平、胡耀邦、邓颖超等,都先后视察了渔民村。1984年1月,邓小平视察了渔民村,看到农民生活富裕,非常欣慰,说了这样一句话:"从今天的情况来看,证明我们党的改革开放政策是正确的。"

然而,随着人口大量增加,对出租屋的需求大幅增加,建设住房出租成为一本万利的营生,1986年前后开始,渔民村一些村民开始在自家的楼房上加层;1992年前后,居民开始对旧楼实行加宽、加高、改建;到1999年前后,原来宽敞优美的花园小区基本上变成了7、8层高的密密麻麻的握手楼。至此,渔民村基本上走完了在这一条件上的整个发展过程。

第二节 "城乡混搭"的聚落

一、城市与乡村

城市与乡村,分别代表着两种不同风格的地域:一提起城市,人们头脑中往往会浮现出高楼大厦、车水马龙；一提到乡村，人们往往会想到阡陌交通、鸡犬相闻、田园牧歌。

这只是关于城市和乡村最直观的意象。其实，城市和乡村的区别，不仅仅在于二者不同的形象，还在于其不同的社会特征。在中国城乡二元制度背景下，城市和乡村的区别包括了更为丰富的内容。如城市的主要产业是非农业，农村的主要产业是农业；城市人口属于城市户籍，享受城市户籍的社会福利，农村人口属于农村户籍，不享受城市人口的社会保障；农村土地属于村集体所有，没有国有土地的财产权利，城市土地属于国有；农村是以初级社会关系为纽带的，城市是以契约关系为基础形成的；城市是按照城市规划的标准建设的，有较为完善的基础设施，农村是不是按照城市规划的标准建设的，没有完备的基础设施；等等。在中国，城市和乡村的具体区别如表 11－1：

表 11－1　中国城市与乡村的区别

项目	城市	农村
土地性质	实行国有土地制度，城市居民家庭没有土地所有权	实行农村集体土地所有权制度（含宅基地），每个农村人口均有权从集体获得份额相同的耕地
住宅	商品房或国有土地上分配给城镇居民家庭居住的公房	以户为单位分配宅基地建造的私房，不能私自转让
建筑形态	按城市规划标准进行建设	以家庭、宗族为基础自然形成
公共和市政设施	由城市政府按城市要求进行建设和管理，比较完善	由乡镇或村落自行建设和管理，无完善的基础设施
产业形态	非农业	农业
人口身份	非农业户口（城镇户口）	农业户口
社会福利	城市居民享有较完整的医疗、社会保障和教育等社会福利	非城镇居民没有完善的医疗、社会保障和教育等社会福利
行政体制	街道——城市社区	乡（镇）——村
社会关系	社会分工基础上以契约型为主的次级社会关系	以血缘、地缘关系为核心的初级社会
管理形态	较重视正式制度的城市型社会管理	较重视非正式制度的村落型管理

可见,城市和乡村不论在物理形态还是在社会形态,都存在着很大的区别。

二、城乡混合体

城中村是城市因素和村落因素的混合体,城中村既不是典型的城市区域,也不是典型的农村区域,既有一些城市的特征,也有一些农村的特征,是介于农村和城市之间的一种聚落形态。

城中村位于城市区域,在产业方面已经实现了非农化,原住居民也不再以农业为生。并且,城中村的生活方式也大多城市化了。但是,城中村仍然保留了诸多农村村落社区的特点,比如,本地居民仍然是一种以传统地缘、血缘关系为基础的传统社会,而不是以契约关系为主导的现代社会;仍然以土地为生而不没有深入融入城市社会的职业分工;土地仍然是集体所有而不是按中国法律的规定实现国有化;没有按照城市规划的标准进行规划和建设,市政设施和基础设施配套不完善;等等。这使得它们无论在物理形态还是在社会形态上都仍然具有传统村落社区的特征。

三、城中村的特征

土地利用特征。深圳特区内城中村用地一般包括三个部分:(1)农村城市化时由政府分配的一户一块用于建房的宅基地,分时期平均每户 100—180 平方米不等;(2)留给村集体的工商用地,一般按 15 平方米每人划给;(3)未被征用的本地村民原居住房屋的土地。这些土地多是村集体所有的土地,在城市化过程中也没有完成土地的国有化。由于村民更倾向于建造私房,因此工商用地的比例不高,深圳特区内城中村的建筑主要由住宅组成;早期特区内城中村大多建有厂房供"三来一补"的企业租用,随着产业结构的调整,现在城中村剩余的厂房已不多,代之以写字楼、酒楼和商品房等高价值物业。城中村还有一定比例的空地,但随着股份公司的开发,空地会日益减少。

私房建筑特征。城中村建筑大多是利用宅基地建设,也有一些是利用村留用土地擅自建设的住房。为了充分利用宅基地,城中村的建筑大都往外扩张,导致建筑高度密集,很多地方建筑密度高达 90% 以上。即便如此,很多楼房从第二层开始,楼面再向外扩展 1 米多,形成所谓"一线天"、"握手楼",甚至干脆墙和墙就连在一起。

城中村建筑另一个发展方向是纵向发展,即长高。由于高度密集,通风采光很差,而向高空发展可以获得阳光和空气,所以,导致楼房拼命地向上发展。正像自然界的植物,为了争夺阳光,只能拼命向上生长一样,向外扩展(长大)和向上生长(长高)也是城中村建筑的生存法则。城中村房屋还有一个生存法则是不断翻新,因为旧房价格相对较低且难以出租,于是房主就不时地翻新自己的房屋,如重新装修,改变房间的结构和式样,直至拆除重建,这也类似植物品种的进化,城中村住房长高、长大、翻新的边界是其边际收益趋零。

由于底楼作为住房较难出租,作为店铺房租较高且容易出租,几乎所有城中村主要道路两边住房的一楼都是铺面,有的一栋房屋底层分隔的小铺面多达 8 间以上。因此,城中村里各种店铺,如杂货店、美容美发店、餐馆、影吧、网吧比比皆是。

从房屋结构和质量来看,不同地区不同时期的城中村有所区别。在外来人口相对较少、房屋租金不高的地方,城中村的建筑最初都是为了自己家庭居住,多是平房或 2—3 层高的小楼,建筑材料一般都是混砖,房间一般都是套房。在外来人口众多,房屋租金较高的地区,住房逐步向 3—5 层以至高层发展,建筑材料也从混砖结构向框架结构发展,房型也向适宜出租的单房、一房、二房转移,以单房和一房一厅为主,内设厨卫设施。

景观特征。由建筑上的特征决定,城中村的景观特征与城市其他区域形成了强烈反差。从外面看,密密麻麻,纵横交错,各种门店、摊档横七竖八,主要通道上人流如织,像一个集市,走进里面,小巷幽深,由于公共设施差,各种管线任意搭建,地面卫生状况较差,垃圾和油污随处可见,空气质量较差。当然,不同区域城中村在景观上也有差异,城市中心区和较发达地区的城中村一般楼层更高,密度更大,而城市边缘及经济不够发达区域的城中村,楼层相对就较低,密度也较低些。

组织和社会特征。城中村的社会组织主要有党组织、股份合作公司和居民委员会(在没有改制的城中村则主要是村民委员会和经济合作组织)。股份合作公司是经济组织,但是在城中村社区中发挥着比居民委员会更大的作用,本地居民往往更认同股份公司。股份公司下面一般有物业部或者物业公司,有环卫队、保安队或民兵联防队,负责村落的卫生、治安。居民委员会承担计划生育及街道交办的其他社会事务。在组织上,城中村居委会存在着对股份公司经济上、工作上的依赖关系,存在实际运作中的从属关系。有的城中村还存在宗族性的组织和活动。从社会结构来看,城中村是一个由本土居民和外来人口构成的二元型社区①,本土居民的联系纽带仍然是血缘和地缘关系,而外来居民的构成则各有不同。在外来人口与本土居民之间,存在的只是房东和租客的关系,之间很少往来。

城中村是从自然村演变而来的,仍然保留了传统宗族血缘和地缘等初级关系的很多特点。在多半的城中村里,我们都看到,很多村落的牌坊仍然耸立在城市的主城区内。城中村的住宅已经经历了多次变动,但宗祠依然作为村落的精神支柱保留在村落的中央,成为城中村本族居民举行活动的场所。很多宗祠都排斥外来者,有的宗祠门外在醒目位置摆放着"外人非请毋入"的牌子。本来,真正乡村社会的宗祠,外人是可以参观的。这一来是因为真正的乡村的淳朴风气;二来也是因为城中村公共空间的狭小,宗祠成了村民们日常公共活动的场所,更加增强了宗祠的内部性质。

总体来讲,宗族关系及其与地缘关系的结合,使得城中村社区仍然具有初级关系社区的特征。而初级关系社区所表现出来的礼俗性而非法理性的思想观念与行为特征,在城中村也仍有不同程度的存在和表现,因此,在城中村起作用的不单是正式组织和正式权力,还有非正式组织和非正式权力。这些非正式组织和权力,如宗族关系,在城中村的社会政治生活中的作用不尽相同。有的城中村宗族关系在政治生活中具有较大的作用,有的则较为有限。这取决于村落的历史传统和经济社会现实。

城中村社区虽然带有初级关系社区的特征,但并不是说城中村社区仍然是

---

① 参见周大鸣:《外来工与二元社区——珠江三角洲的考察》,《中山大学学报》2000年第2期。

传统的乡村村落。它在经济活动和生活方式上已经注入了诸多城市的特点,只是作为一种过渡形态,城中村兼具城市和乡村社区的双重特征。从人际关系上看,城中村本地的居民虽然多是同村、同宗、同族,都有这种不可选择、先天决定的血缘地缘纽带。但由于日常生活的原子化,他们之间的联系也有不同的变化,总体上呈疏远的趋势。

中国传统的乡村社会,是一种熟人社会。费孝通在《乡土中国　生育制度》中曾经讨论了中国传统中等聚落的自然村,由于累世累居形成的熟人社会的情形:每个孩子都是在大家眼中看着长大的,在孩子眼里,周围的人也是从小就看惯的,这是一个"熟悉"的社会,没有陌生人的社会。"我们大家都是熟人,打个招呼就是了,还用得着多说什么?""乡土社会里从熟悉得到信任。""乡土社会的信用并不是对契约的重视,而是发生于对一种行为的规矩熟悉到不假思索似的可靠性。"①

在农村人民公社时期,社员(村民)们共同劳动,见面和联系的机会很多,彼此非常熟悉。公社体制解体后,由于不再共同劳动,熟人社会的情形发生了改变。村民们之间的接触减少,彼此之间的了解也相对减少,但对于小型和较为封闭的村庄,村民之间还是熟悉的。但较大的村庄,彼此之间完全了解就不一定了,尤其是中国改革开放以后,人口的流动性强,村民的对外联系和交往加强,削弱了村落内部的联系。使得目前中国一些较大的自然村,也不一定是传统意义上的熟人社会,而是一个半熟人社会了。

城中村居民居住在同一个社区内,同属于一个股份公司以至于同一个居(村)民委员会,村民之间大致是认识乃至熟悉的,但也有不同的情形。随着工作关系和生活方式的改变,工作圈子(是否同在一起工作)、生活圈子(是否经常在一起游玩)、利益圈子(是否具有密切经济联系)、年龄圈子不同,其熟悉程度不同。而不同的圈子间,可能存在几乎没有联系甚至互不认识的情况。尤其是城中村各家独门独户,在房屋建设、租赁和其他经济关系上存在着或明或暗的利益矛盾,互相提防和猜忌的现象多有存在,导致了村民关系的隔阂。总体上,村

---

① 费孝通:《乡土中国　生育制度》,北京大学出版社1998年版,第10页。

民之间关系逐渐生疏,各种社会的圈子出现分化,只有在举行公共活动(如股东大会、村内集会、社区公益活动、宗族活动等)时,他们才能被较广泛地联系到一起。上述种种情况,使得城中村从过去的熟人社会变成半熟人社会。城中村的初级社会关系,也不再是农业社会时代淳朴的乡村社会关系了。

第三节　原住居民的生活场域

城中村以前都是传统的农业区域,千百年来,除了深圳镇的部分居民,多数城中村居民世世代代都是以农业为生。城市化的浪潮迅速而激烈地冲击着这些传统村落,改变了他们千百年来的生产生活方式,使他们被动地适应城市的生产生活方式和城市文化。但是,城中村原住居民也是城市化最直接的受益者,城市化使他们的资产升值,成为中国最先富裕起来的农民。而城中村及其股份合作公司,是他们利益得到实现的物质和组织基础。

一、从农民到市民

深圳原住居民生活的变化开始于 1978—1979 年。在深圳市博物馆里,陈列着据称是深圳市也是全国第一家"三来一补"企业的办厂协议。据深圳市宝安区上屋社区党委书记叶富松回忆,当时"文化大革命"刚刚结束,宝安县的领导希望利用香港的资本、技术和管理优势发展宝安的经济。而与此同时,亚洲"四小龙"之一的香港经过多年的发展,劳动力成本过高的问题已经凸显出来,其许多劳动密集型企业迫切希望向劳动力成本低的内地转移。应宝安县政府的邀请,香港怡高发热线圈厂决定在当时的宝安县石岩公社上屋大队办厂。1978年,广东省二轻局以 1978[001]号文件形式,正式批准这家香港企业在深圳投资办厂。同年 12 月 18 日,上屋大队与香港怡高发热线圈厂正式签订合作办厂协议。这一天,正是中国共产党第十一届三中全会在京召开的日子。

对外资的开放和经济特区的建立,深刻地影响到深圳本地居民的工作和生活。

香港怡高发热线圈厂是来中国大陆办厂的第一家"三来一补"企业,位于现在的深圳宝安区上屋社区。上屋社区居民叶富松回忆,1979 年初,在第一份"三来一补"企业办厂协议签订后不久,一栋两层高的白色小楼落成,这是当时宝安县石岩公社最具现代化的标志性建筑。工厂招聘了 25 名上屋村村民作为工人,世世代代务农的村民第一次成为产业工人。[①]

村民回忆,"那时工资按天计算,每天 9 元"。这与当时城镇居民每个月几十元的工资相比,是一个巨大的数字,随着"三来一补"企业的增多,很多原住居民在早期都进入了"三来一补"企业工作。

深圳大规模的城市建设,也创造了大量就业机会,本地农村居民除了进工厂做工外,还有很多村集体和村民都投入到了热火朝天的特区建设中。

49 岁的吴耀辉,现在是深圳市渔民村渔丰实业股份有限公司的董事,改革开放时,正好二十来岁,他的生活经历代表了很多当时深圳本地居民的生活面貌。

吴耀辉话不多,仍然保留了本地居民的那份务实和质朴。说起 1978 年以来的变化,他显得比较平静,是历经火热岁月和商海沉浮之后的那种淡定。1977年,吴耀辉高中毕业,回到渔民村大队,从事的第一份工作是养鱼,这是渔民村当时的主要业务。1979 年,大队买了推土机,当时主要是做鱼塘,在深圳罗芳村那边推土做了几个鱼塘。1980 年,深圳罗湖村、渔民村这一带已经开始征地,土地被征用后农民无地可种,开始洗脚上田。与此同时,这些被征用的土地由于大规模建设成了一个大工地,有大量的施工任务,同时也需要大量的建筑材料。1980年底,大队成立了车队、船队,村里的年轻人又开始进入车队、船队搞运输,现任渔丰股份公司董事长吴惠权就是当时的车队长。国贸大厦、京城大厦、罗湖大厦、体育馆、香格里拉饭店所用的河沙,很多都是他们车队拉来的。当时深圳河边摆满了抽沙机、抽沙船,沙子抽上来成本一元多,卖出去十多元,利润很高,还

---

① 参见张清华等:《全国首家劳务工博物馆月底开馆》,《深圳商报》2008 年 4 月 22日。

供不应求。后来,深圳河的河沙没有了,就从东莞、石龙、东江那边买,利润就少多了。1986 年,大队开始搞承包,车队也停了,就没再跑运输。

1987 年开始,吴耀辉在本村的渔发公司做贸易,主要是做棉纱出口,做了一年。1988 年,他出来自己做,主要是挂靠当时的汽车贸易工业公司做汽车配件进口贸易,做了一年多。1989—1991 年,改做服装进口,从香港进货,到东门这边的服装店销售。当时,人民桥、东门路一带商业已经很繁荣了。1992 年后,又开始做汽车配件生意,开了一个门市部,一直做到 1999 年。2001 年,渔民村开始进行旧城改造,作为村民选出的工地监理进入村旧城改造班子。2002 年进入村股份合作公司董事会,担任董事,现在担任村股份合作公司下属的物业管理公司的经理。

与吴耀辉同龄或者比吴耀辉稍微年轻的村民,很多早年都有与吴相似的经历。参加过生产队的劳动,跑运输、做生意、进厂做工等。目前,这批人除了有的还在股份公司上班或者做生意外,很多都赋闲在家。他们文化程度不高,高中毕业的都不多,到外面找不到很好的工作,又不再愿意从事包括进厂做工等收入不高但又劳累的工作,如果没有找到合适的活计,就主要待在家里管管自家的出租屋。

比吴耀辉年长的村民,大多已经退休,过着衣食无忧的退休生活。家里有小孩的老人会给照顾小孩,接送小孩上学,其余时间就到村里的活动室打打牌、聊聊天,或者帮助看管自家的出租屋。不照看小孩的老年人则参加晨练,或邀上三五相好去吃早茶,边吃边聊到中午,然后到村里的活动室消遣消遣。周末,是全家团聚的时间,在外面上学、上班的孩子都回到家里,一家人才全部聚在一起。因此,周末一般都是自家人活动的时间。

城中村年龄较大的村民,由于总体上受教育程度较低,大多没有固定的工作。而那些在改革开放以后长大的村民,一般都接受了更多的教育,在就业和生活方面都表现出与父辈不一样的特点。除部分在村股份公司上班外,在村股份公司外从事需要较高文化的职业的人数大大增加。吴耀辉的两个女儿,就都在银行工作,没有在村股份公司工作。当然,也有部分年轻人没有正式工作,做点生意或者炒炒股票,甚至也有部分人无所事事。

随着土地陆续征用,深圳特区内本地村民从 20 世纪 80 年代开始即不再从事农业,但是,很长一段时间内他们在身份上仍然是农民,而没有成为城市居民。1992 年,特区内农村集体所有的农业土地已经所剩无几,农村的生产、生活方式基本上已经非农化、城市化。这一年的 6 月 18 日,深圳市委、市人民政府发布了《关于深圳经济特区农村城市化的暂行规定》,作出了将特区内原农民全部一次性地转为城市居民,并对农村城市化后的管理体制,集体经济组织,农村土地、房屋和公用设施,就业,社会保障与福利等具体规定。按照这一规定,1992 年一年间,深圳市一次性地将特区内的农民转变为具有城市户籍的居民,实现了特区内农民在身份上向城市居民的真正转变。

在深圳特区外的宝安和龙岗区的村落,仍然实行 1992 年前特区内农村的政策,其生产生活方式也与 1992 年前特区内村落的情形相似。2004 年,深圳市在特区外 218 个行政村都实行了城市化转型,将特区外 27 万农民一次性转变为城市居民。至此,深圳本地所有的农民都在身份上转变为城市居民,完成了由农民向市民的转型。

二、股份合作公司

除了农民身份及其生产生活方式的变化,传统村落组织也在城市化的浪潮中发生了变化,最突出的变化是村落的公司化。

在城市化之前,深圳农村的组织是村民委员会和村民小组,再之前是生产大队和生产队,在城市化过程中,深圳各个村落在集体共同资产的基础上,都成立了股份合作公司,原住居民成为股份合作公司的股民,每个股民原则上平等地拥有公司的一份股份,共同拥有公司的资产,并享有公司股份的分红。在行政体制上,深圳的村落则在城市化过程中经历了从村民委员会到居民委员会的转变,实现了村落的再组织。

较早建立股份合作经济的是深圳罗湖区。1982 年 9 月开始,深圳各地农村撤销了"人民公社",生产大队和生产队转变为村民委员会和村民小组,村民委员会下设经济合作社。1982 年底到 1983 年初,罗湖区原农村社区的土地被大量征用,农民开始脱离农业生产。适应城市化的需要,各村开始大力兴办集体企业。由于村里的土地是村集体所有的,而集体土地是按人头分配的,于是按人入股,按股分红的股份合作经济成为当时集体经济发展的最自然的形式。1983年前后,罗湖区各行政村都建立了社区型股份合作企业。随后,深圳其他城区也都先后建立了股份合作制企业。

脱胎于农村集体经济组织的股份合作经济,在管理上还带有过去生产队的一些特征,在分配上也很不规范。随着集体经济的发展壮大,其中的利益关系越来越大。为了促进集体经济的健康发展,规范集体经济的经营和收益分配,1992年深圳市在实行特区农村城市化时,发布了《关于深圳经济特区农村城市化的暂行规定》,对集体经济组织的股份制改造作出了规定;1994年,深圳市人大常委会又制定通过了《深圳经济特区股份合作公司条例》(凡下简称《条例》)。《条例》对股份合作公司的设立,股权设置与分配,股东与股东代表大会,经营管理机构,监事会,财务与会计,变更、解散与清算等方面作出了具体规定。深圳城中村股份合作公司的设立都是按照深圳市的有关规定进行的。

《条例》规定:(城中村)股份合作公司是指依照本条例设立的,注册资本由社区集体所有财产折成等额股份并可募集部分股份构成的,股东按照章程规定享受权利和承担义务,公司以其全部资产对公司债务承担责任的企业法人。但集体所有的土地不能直接用以抵偿债务,公司可以采取折股方式或者折股和募集股份结合的方式设立。折股设立,是指将集体所有财产折成股份,组建公司。折股和募集结合设立,是指在折股的同时募集股份组建公司。

《条例》规定,公司设置集体股和合作股,并可以设置募集股。

集体股是指设立公司时由集体财产折股后留归合作股股东集体享受股利利益的股份。集体股的股东即资产代表人,为村集体资产管理委员会。集体股占集体财产折股股份总额的比例由市人民政府规定。集体股的管理办法由公司章程规定。村集体资产管理委员会由所在区政府集体资产管理部门核准成立。

合作股是指设立公司时由集体财产折股后分配给股东的股份。按照《条例》的规定,合作股根据户籍关系在村民或村民小组之间进行分配。分配的原则有:(1)男女平等;(2)保护老人、儿童和丧失劳动能力的人的合法权益;(3)保护现役军人的合法权益;(4)保护在校学生的合法权益;(5)促进股东履行应尽的义务。《条例》同时规定,合作股具体分配办法由公司章程规定。但各股份公司在具体操作过程中有所不同。在确认股民资格时对年龄、居本村时间、出嫁女、入赘郎等都有不同的规定。如有的股份公司规定成立股份公司时 16 岁以下的人口享受 1/2 股份,有的股份公司规定在某个时间之后来到本村的享受股份的比例也不尽相同,有的股份公司规定出嫁女(有的未退田)不可以享受股东待遇,纯女户的只有一个女儿及其配偶可以享受完全的股东待遇等等,在现实中也造成不少纠纷。

募集股是指公司通过募股形式由公司合作股股东和员工认购的股份。募集股不得超过公司股份总额的 30%。以折股和募集结合方式设立公司的,其募集对象仅限于本村村民和公司员工。公司不得成为其他公司的无限责任股东或者合伙组织的合伙人。公司成为其他公司的有限责任股东时,除出于控股需要外,其出资额不得超过本公司净资产的 50%。

在实际实施的过程中,多数股份合作公司设置的股份主要为集体股和合作股,基本没有设置募集股。

从股权设置和股份管理可以看出,城中村股份合作公司主要是社区内部成员基于集体资产(主要是土地)联结起来的经济组织形式,它的股权并不向社会开放,不能向全社会募集资金,也不能完全参与市场竞争,这种封闭型的非市场化的股权公司,与现代企业制度有本质的区别。它只是一种社区型的带有集体福利性而不是完全经营性的企业。

村落公司化使村落的集体资产在城市化过程中得到了保值增值,也维护了村民在村落共同财产中的权益。如罗湖区从 1992 年特区农村城市化以来,城中村股份合作公司总资产增长 1200%,净资产增长 680%,固定资产增长 730%,年总收入增长 130%,年纯收入增长 50%,上缴税金增长 530%,年人均分红增长 80%。① 宝安区共有 416 家股份合作公司,与 2004 年相比,2009 年总资产为 484 亿元,增长 72%;净资产 269 亿元,增长 53%;总收入 61 亿元,增长 53%;分红

---

① 参见万鸿涛、王斗天等:《罗湖股份合作经济为农村城市化添彩》,《深圳商报》2008 年 8 月 26 日。

15.7 亿元,增长 94%;人均分红 1.57 万元,增长 91%。①

　　作为社区型企业,城中村股份合作公司最主要的资产是土地及其附着物,形成了城中村股份合作公司以物业出租为主的经济结构。城中村股份公司也曾尝试兴办了一些实业,但由于缺乏人才、技术和管理经验,很多企业都难以为继。于是,转向基本依赖风险较低的物业开发和出租为主。《福田区集体股份合作公司产业发展规划》(2009—2020)的数据表明,全区股份合作公司积累的 36.16亿元的总资产中,61.69% 为物业固定资产;规划更指出,股份合租公司的主要问题是只有同质化的物业租赁及租金收入,没有差异化的自由产业经济及经营利润,只有引进他营经济的实业投资企业,没有合营经济及自营经济的实业投资企业。② 目前,深圳几乎所有城中村股份合作公司的主要收入都来源于物业出租收入,比如,福田区城中村股份合作公司物业收入普遍占总收入的 70% 以上。③

　　单纯地依赖土地和物业收入,不利于城中村股份合作经济的持续增长,因为土地是有限的,一旦土地开发完毕,城中村经济的增长就会趋于停滞,因此,拓展股份合作公司的经济发展空间,是每个股份合作公司都面临的问题。

　　目前,有的股份合作公司在政府的引导下,进行了积极的尝试,主要是自办实业、拓展投资渠道、产业升级、改善公司治理等,有的已经收到了效果,如福田区的上沙村、田面村适应深圳产业升级的需要,对工业区进行了改造,成立了新的产业园区,收到了良好效果。

　　作为社区物业型的企业,股份合作公司不是一个纯粹的经济组织,还是一个社会管理组织。它除了企业的经营管理机构和职能外(主要是房地产开发与租售),还设立了大量专门的社会管理机构。一个典型的股份合作公司由股东代表大会、董事会、董事长、总经理、监事会组成,内设部门包括办公室、人事部、财

---

① 参见李文生:《宝安股份合作公司 416 家占全市近半》,《深圳特区报》2010 年 2 月 9日。

② 参见福田区集体经济发展专家咨询委员会等:《福田区集体股份合作公司产业发展规划》(2009—2020),2009 年 9 月。

③ 参见福田区集体经济发展专家咨询委员会:《福田区集体股份合作公司社会管理职能剥离研究》,2010 年 3 月。

务部、发展部、工贸部、基建部、水电部、物业部、武装部、治保会(负责治安保卫)、创建办(环境卫生)、安委办等部门。股份公司实际上掌握了城中村主要的资源和权力:管理村庄所有的土地和房屋,兴建城中村内部的基础设施,负责股民的分红,监管村民私房建设,代管村内的水电供应,办理城中村的公共事业和村民的社会福利,安排村民在股份公司就业,并负责村内的治安、卫生等等。政府很多社会管理工作,都需要依托股份合作公司开展。在政府接管前,股份合作公司还要负担原村落开办的学校。

由于股份合作公司在经济上和社会管理上的主导地位,董事长实际上是城中村的一把手,股份公司在原住居民中拥有比城中村居民委员会更大的影响力。

股份合作公司这种经社合一、政企不分的情况,也影响了股份公司专注于经济发展。配合股份合作经济的发展,股份合作企业正在逐步地实行政企分开。

三、城市建设的三种力量

作为一座迅速崛起的城市,深圳的城市建设主要来自三种力量。

第一是政府规划的力量,其主体是政府。政府通过城市规划、土地供应、公共设施投资以及少数政府物业的开发,成为城市建设的一支主导力量。

第二是市场资本的力量,其主体是企业和开发商。经济特区成立之初,政府财力非常薄弱,无力进行城市开发建设,于是采取了将土地划拨给大型企业,由这些企业进行开发建设,如著名的蛇口工业区、华侨城就是通过将大片土地划拨给招商局和华侨城集团,由这些大型企业开发建成的。之后,则主要通过出让的方式,将土地使用权出让给企业,由企业进行开发建设。

第三是村民土地的力量,其主体是原住居民和村集体。在城市化过程中,深圳市在征用农村土地,推动村落城市化的同时,按一定标准给每个村留用了工商和住宅用地,作为原住居民居住和发展经济之用。只是不同时期、不同村落留用的土地面积有所不同。相对而言,前面被征地的村落,留用的土地面积较少;后来被征地的村落,留用的土地面积相对较大。如1982年深圳市颁布的《深圳经济特区农村社员建房用地的暂行规定》(深府[1982]185号),制定的留用土地标准为:新村(居民点)用地面积的计算以每户150平方米计算,每户住房的基地面积不得超过 80 平方米。建筑面积可增加 20% 做预留发展。凡已建新村（居民点）、新房者,原有的旧村、旧房则由政府统一规划处理。办事处和大队的工业用地,按每个社员 15 平方米计算划地。

1986 年 6 月颁布的《关于进一步加强深圳特区内农村规划工作的通知》(深府办[1986]411 号)制定的留用土地标准是:"农民建房的用地以每户为 200 平方米为综合计算标准(包括道路、市政公用设施、绿地、文化体育活动场地)。"每人的工商用地仍然为 15 平方米左右。

到 2004 年深圳经济特区外宝安、龙岗两区城市化时,留给村落使用的非农建设用地标准为:工商用地,按 100 平方米/人计算;居住用地,按 100 平方米/户计算;道路、市政、绿地、文化、卫生、体育活动场所等公共设施用地,按 200 平方米/户计算。

新村的位置,一般临近旧村划定。对于原住居民世代居住的旧村,按照《深圳经济特区农村社员建房用地的暂行规定》,在划定新村的同时,原村民住宅用地收归国家,但当时大多没有办理征地手续,仍然留归原住居民使用。

这样,掌握留用地的原住居民及其村集体,就成为深圳城市建设的第三大力量,从过去的"种地"变成了现在的"种房子"。按照当初的安排,留用的每户 100 平方米的住宅用地,主要是用于原住居民的居住用地,而工商用地则用于发展集体经济,解决村民的就业的生活来源。这些用地,都规定了建设标准。如居住用地规定的建筑标准是一户一栋,基地面积不超过 80—100 平方米,建筑面积不超过 240 平方米。兴办商业、服务业等建筑的工商用地,应按《深圳市城市建设管理暂行办法》,向市规划局办理申报审批手续,不得擅自占地乱建。

但随着物业升值,村集体和村民基本上突破了有关的政策和法规的限制。在住宅方面,原住居民对自家住宅纷纷进行了加宽、加高,使自家的私宅逐渐从 3 层变成 5 层、7 层甚至更高,建筑面积也从 240 平方米左右增加到 800 平方米甚至上千平方米,使城中村成为一片片密密麻麻的握手楼。有的实力较强的家庭还超越一户一栋的限制,建起了多栋私宅。

在工商用地方面,政府在征地的时候,都按照当时的标准给每个村支付征地款,并规定这些征地款不得分光用光,而是要求用于发展集体经济。很多村股份合作公司利用政府的征地赔偿款,在留用地上建起了厂房。后来,各个村通过自己的积累、银行借款或合作开发,陆续进行开发,除厂房外,建设了一些写字楼、酒店等经营性建筑。在留用地范围明确的村庄,这些建筑多数都被控制在留用土地的范围内,但是在那些留用土地范围不很明确、土地尚未征用的村落,村集体则超过留用土地的标准,未经批准,使用了大量土地用于建设厂房和经营性住房,大量发展物业经济,用于获取物业收入。

目前,深圳全市由村落实际使用的土地达数百平方公里。据 2007 年深圳市国土局所做的住宅调查显示,深圳"城中村"有农民房或其他私人自建房超过 35 万栋,总建筑面积约 1.2 亿平方米,占全市住房总量的 49%①,这尚不包括大量的厂房和经营性建筑。毫无疑问,城中村股份合作公司和村民是深圳城市建设的一支重要力量。

四、原住居民的生活

城中村通过村落公司化,将原住居民再组织起来。股份合作公司为部分村民提供了就业机会,为所有股民分红,并与社区居民委员会一道,为股民提供公共服务。原住居民通过股份公司的联结,成为一个利益和生活共同体,在城市化过程中使自身的利益得到维护,也使得村落社会的人际关系得以延续。这客观上减少了城市化对原住居民生活的冲击;同时,极大地提升了他们的收入和福利水平。

在改革开放以前,原住居民平均每天的收入不到 1 元,生活总体上处于较低的水平。改革开放后,随着非农产业的发展,原住居民的收入和生活水平迅速提高。1981—1982 年,在深圳经济特区建立后的一两年,深圳的罗湖村和渔民村等村,家庭年收入就超过了 1 万元,成为中国改革开放后最早的万元户村,生活水平迅速达到小康。随着深圳经济特区的发展,深圳其他的村落也陆续发展起来,收入和生活水平也得到迅速提高。

---

① 参见孙颖等:《旧改诞生十几个亿万富翁,探秘深各区小产权房》,《南方日报》2009
年 7 月 8 日。

目前,多数原住居民已经比较富裕。据统计,大多数原住居民家庭的月收入在1万—6万元,大约5%—10%的家庭月收入在6万元以上,月收入在1万元以下的家庭有约5%—10%。因此,原住居民家庭总体上已经步入比较富裕的水平。①

原住居民家庭收入主要来源于以下几个部分:

房租收入。原住居民家庭平均每户有一栋占地100—200平方米的楼房,面积多在500—800平方米,特区外一些家庭还建有面积不等的工业厂房,每月的房租收入在数千元至数万元不等。

分红收入。每个在1992年或2004年农村城市化时登记在册的合乎条件的村民,都是村股份合作公司的股民,享有从村股份公司获得分红的权利。平均每个股民每年大约有一两万元的分红收入。当然不同股份公司、不同年份的分红因为收入状况的不同而有所差异。

工作收入。有工作的原住居民可以从工作中获得一份收入,收入水平依不同工作而定。

其他收入。如炒股或其他投资收入,不少原住居民都有股票等方面的投资,可以获得一些投资收入,这部分很难统计。

原住居民的福利,主要包括如下几个方面:

社会保险。所有成年人都享有城市居民的社会保险,主要由公司、个人和政府三方负担。政府负担的主要是农村城市化时已达到退休年龄或者未达到退休年龄但按规定不符合缴费年限条件的人员,按照《深圳市宝安、龙岗两区城市化人员基本养老保险过渡办法》的规定,上述人员的养老保险费由区镇财政和城市化人员分别负担。其他年满18周岁的城市化人员,其养老保险费一般由村股份公司、工作单位或村民按照深圳市关于企业员工社会养老保险的有关规定缴纳。

就业和最低生活保障。按照深圳农村城市化的有关规定,农村居民在转为城市居民后,享受城市居民的各种就业权利和最低社会保障。如深圳市2003年

---

① 数据根据各城中村股份合作公司提供的数据统计。

发布的《关于加快宝安龙岗两区城市化进程的意见》明确规定,政府支持符合就业条件的原村民在全市范围内应聘就业,并要求市区劳动部门加强对原村民的就业培训,有关部门和社会中介机构加强对原村民提供就业信息和咨询服务。原住农村居民户籍转为非农业户口后,享受城市居民的最低生活保障。

社区福利。政府和村股份公司在每个村都建有社区活动中心、图书室、健身房和敬老院等机构,供居民使用,并组织居民开展各种社会文化活动。如渔民村社区居民委员会经常组织居民开展文化体育活动,股份公司每年组织村民外出旅游,一年到较远的地区旅游,一年在周边地区旅游。罗湖区湖贝村则组织村民开展全民健身运动,支持村内青年足球队、妇女业余舞蹈队开展活动;先后组织村民到南韩、内蒙、山西等各地旅游。

除了上述福利,深圳的村股份公司还推出了其他的一些福利。以下是罗湖区湖贝村推出的一些福利项目。

计划生育奖励。如婴儿出生,领取独生子女证的,从第一个月起到14周岁,每月发给营养费50元,并一次性奖励1000元。

学生的(助)奖学金计划。公司股东及其子女在读期间,从小学到高中分别给予每年300—1000元的助学金,考上大专、本科、研究生的,每年分别给予2000、5000、10000元奖励或报销学费,在校期间获得三好学生或省级以上奖励的,也给予一定奖励。

待业人员的待业金计划。凡年满18周岁的股东,在公司申请待业的,每人每月发放待业金350元。

退休金计划。凡男性年龄到55岁、女性年龄到50岁,均应退休。退休后领取在职时总工资(不含加班工资)60%左右的退休金。

殡葬补助。村民去世后,一律实行火葬,由股份公司发放丧葬费5000元,并提供车辆服务。

其他股份合作公司都推出了类似的福利项目,只是不同的村财力不同,推出了福利项目种类和涉及开支有所不同。如深圳市南岭村,由于财力更加雄厚,其各种福利也更为优厚。

从村民的社会福利可以看出,村股份公司不但负责村民的生老病死,也负责村里的社会管理和服务工作,以及村民很多日常的生活,它实行的福利制度比城市的一般企业都要丰富和优厚。完全可以说,在深圳城市化过程中,原住居民是最直接的受益者。

说起30年来生活的变迁,城中村原住居民充满了感慨。53岁的渔民村村民汤文彪每每谈起,都欷歔不已。

"想不到,完全想不到,现在回想起来都好像是在做梦。"

"改革开放前生活真的很苦,物质匮乏,没有衣服鞋子穿,没有肉吃。什么都要票,有票也不一定买得到东西。我小时候就试过晚上三点钟起来排队买猪肉。那时候有一种'傻猪肉',就是出口香港不合格,需要处理的那些'问题猪肉',也是深圳人的抢手货,没有门路的还弄不到。"

"那时候交通也非常不便,要么没有路,要么路况很差。不像现在这样道路四通八达,都是沥青路、水泥路。当时去深圳小学,好像很远,差不多要走半个小时。大鹏那边的人来深圳这边上中学,要走一天的路,好多人坚持不了,就中途退学了。"

由于深圳这边生活太苦,那些年逃港的人特别多。现在好了,深圳人再也不逃港了,很多以前逃到香港的人,也回到了深圳这边定居了。说起深圳的变化,汤文彪总有说不完的话。作为深圳市罗湖区渔民村渔丰股份有限公司的接待办主任,他几乎每天都要接待来自全国甚至世界各地的客人。虽然要反反复复地跟客人介绍渔民村以及深圳的变化,但他总是不厌其烦、兴致勃勃,甚至还透着一种满足和自豪感。

第四节　外来创业者的栖居地

一、创业者的栖初期居地

如果你走在深圳的大街上,随便问一些人,问他(她)们住在哪里?其中可能有一半以上的人会告诉你,他(她)曾经或仍然住在城中村。对于大多数外来的人口而言,城中村是他们来深圳的第一站。

原因很简单。首先是城中村廉价的房屋租金,城中村出租屋的租金普遍在同区位商品房小区的一半左右。这对于月薪不高、刚来到深圳的人来说,无疑是一个节约生活成本的最佳选择。特区内位置较好的出租屋,平均每平方米每月的价格在 30 元左右。如果你想租到更便宜的房子,那么特区外的出租房又比特区内低了一半以上。每个月 200 来元,你就可以在那里拥有一个落脚之地,四五百元,就可以有一个 50 平方米左右的不错的住处。

其次是其地处市中心的地理位置。各个独立的城中村片区,并不存在城市地理上的分隔,大多与工作地点毗邻,交通相对便利,这自然成为租房的不错选择。尤其是特区内的城中村,基本均衡分布在城市各个 CBD、商业中心点、科技企业集中点上,一般从住的地方步行不到 20 分钟就可以到达上班的地方,一来省去了车费,二来免去了车马劳顿,可以避免上下班高峰期潮水般的人流拥挤。

再次是较低的生活成本。城中村内遍布各式各样的餐馆、美容美发店、杂货店、摊贩,商品和服务种类非常齐全,价格也比城市其他区域便宜。可谓生活便利、成本低廉。

当初,政府没有足够的财力为每年几十万的外来人口建造合法的廉租房,为城中村居民违法建设私宅提供了市场空间。而城中村大量违法私房的建设,也客观上为广大的外来人口提供了廉价栖息之所。据统计,目前城中村居住了深圳市大约一半以上的人口,2007 年的一份统计数据表明,在特区内外城中村居住的人口,达到 637 万人。①

城中村租住人口呈现出如下特征:

第一,人口密度较高,尤其是特区内的城中村。福田区城中村面积约为 5 平方公里,居住的人口总数约 80 万人,平均每平方公里超过 15 万人,这也许是中国人口密度最高的住区之一了。

第二,女性人口多于男性。从对 15 个村租住的 58 万人的性别构成看,女性

---

① 参见张妍:《深圳城中村人口 637 万》,《深圳商报》2007 年 7 月 6 日。

人口为 55% 左右,男性人口为 45% 左右,女性人口比男性多 10%。① 对城中村租户问卷调查数据也表明,30 岁以下的租户当中女性所占比例高于男性,而 30 岁以上的男性租户多于女性。这与城中村的经济结构有关。

第三,学历水平较低,远未达到城市平均水平。无论是本地人口和外来租住人口的学历水平都普遍较低,特区内城中村大专以上学历的人口比例平均约为 5%,而据第 5 次人口普查(2000 年),深圳特区内大专以上人口占总人口的比例平均为 17.25%。特区外城中村人口的学历水平更低,超过 85% 的人口的学历水平为初中及以下。

第四,年龄较轻。由于职业选择和户籍制度的关系,城中村租住人口多是年轻人,老年人口极少。与前述人口的流动相一致,流入的多是年轻人,流出的(包括流回家乡)的多是年龄稍大的人,只有部分人会沉淀在城中村。这使得城中村人口一直保持在年轻的水平。与此相联系,城中村多数人口的婚姻状况为未婚,2004 年城中村租住人口调查结果表明,在城中村租住的 18 岁以上的成年人中,大约 70% 的人未婚,30% 的人已婚,已婚人员中 70% 为独自一人来深圳,30% 为全家人来深圳。在全家人来深圳的家庭中,2 口或 3 口之家占 90%,4 口之家大约占 10%。成年人中的未婚人员集中于 30 岁以下人群,其中 18—30 岁的租户中 70% 未婚,31 岁以上的租户中已婚人员的比例上升到 85% 以上。女性租户中未婚人员所占比例略高于男性。

第五,流动性强。据有关调查统计,城中村租户中,有 50% 的人在租住地居住时间不到 1 年,在租住地区居住 3 年以上的只占两成多。外来人口居住的流动性大与工作的流动性大或不够稳定有关。调查表明,城中村租户中在同一单位工作 3 年以上的只有 22.5%,近 45% 的人不到一年就换了一次工作。②

第六,城中村租住人口大部分是非户籍人口。按照 2007 年的数据,城中村 637 万人口中,有深圳户籍的人口为 42 万,非户籍人口与户籍人口之比约为

---

① 数据根据 2004 年 9 月各村房屋租赁管理所的数据统计所得。
② 参见《福田区城中村租户问卷调查数据统计》,2004 年 11 月。

15 : 1。①

第七，城中村租住人口来源多样，兼具同质性和异质性的特征。城中村的人口来自全国各省市、各民族，较多的来自广东、邻近省份和人口大省，如湖南、江西、湖北、四川、河南等。各城中村的人口总体上都来自全国各地，具有异质性的特征，同时，来自同一个地区（如一个县、一个乡、一个村）的人口又存在小范围相对聚居的情况，形成一些"同乡村"。这些人群又存在同质性的特征。因此，城中村人口在来源上兼具同质性和异质性的特点。从来源地的属性来分，城中村的租住人口来自农村占多数，来自外地城镇的占少数。

二、城中村外来人口的生活

城中村租住人口的职业，主要包括：

工人，主要是指在城中村及附近工厂从事制造业生产的人员。这类人员在工厂区的比例更高。

服务人员，主要是在商场、餐馆、歌舞厅等营业服务场所的就业人员。深圳特区内商住区这类人员的比例较高，其他区域也有分布。

公司职员。特区内这类人员比例更高，特区外一些工厂的管理人员也有部分居住在城中村。

政府、事业单位工作人员。这类人员在城中村居住的相对较少，邻近这些机构的城中村会有少数政府、事业单位的年轻工作人员居住。

个体户。每个城中村都有各式各样的店铺，并活跃着数量不少的经营者，他们是城中村最忠实的租户。

打零工者。打零工的人有的自己立个小牌子，上面写着活计；有的通过中介组织，有活的时候由中介组织安排，收入按一定比例返还中介组织。

摆卖者。这类人一般是自己租个房子，每天固定某个时间到城中村或周围摆个小摊，赚取微薄的收入。

收废品者，即在城中村或附近住宅区从事废品回收的人员。

---

① 参见张妍：《深圳城中村人口 637 万》，《深圳商报》2007 年 7 月 6 日。

其他职业，主要是在第三产业其他行业就业人员。

无正当职业者。除了上述各种职业，城中村里还居住了一定比例无正当职业人员，包括乞丐、小偷、从事非法行当的人。

无业人员，包括没找到工作的人，在家庭从事无酬劳动的家庭妇女，被异性（主要是男性）包养的人，等等。

据估计，无正当职业和无业人员占城中村租住人口的比例在20%左右。

总体而言，城中村租住人口的收入不高，每月收入在2000元左右的占了绝大多数，其他的多在每月2000—5000元，极少数月收入在5000元以上。城中村租住人口的年收入低于深圳市人均可支配收入的平均水平，但大大高于年度全国人均可支配收入的水平。

城中村不同类型人口的生活呈现出不同的景象。村外上班族的生活相对规律，他们一般早上上班，晚上下班，城中村只是他们歇息的场所。他们与城中村的关系比较淡漠，很少或几乎不与城中村其他居民打交道，就是住在同一楼层的邻居互相之间也不认识。这大概是由于城中村居住人员比较复杂，流动性大，互相之间难以了解和建立信任。上班族的工作在城中村之外，但日常生活消费很多是在城中村，如刚入住城中村时，要购买起居及生活用品，平时要购买一些日常消费品，一日三餐可能有两餐要在城中村住处解决，有时自己做，也有的自己从来不做，天天在楼下的餐馆里就餐。所以城中村的菜市场和餐馆都比较多。

足浴、按摩、舞厅、发廊从业者，其工作性质决定了她（他）们的工作时间和特点与一般从业人员有所不同。舞厅服务员都是晚上上班，白天不用工作；足浴、按摩一般中午才开始有生意，一直到第二天凌晨；发廊的营业时间则根据其不同情况，营业时间也各不相同。在这些行业中，有不少性工作者掺杂其中。她们的工作时间与普通工作时间正好相反，上班族"作"时候，正是上述行业要"息"的时候。

餐饮业，除了位于商业中心的城中村的餐馆，大多数城中村餐馆的一个主要特点是晚上的生意比较好。白天，包括中午，生意都非常清淡，有的餐馆中午吃饭时间只有三两个人在就餐。一到晚上，大大小小的餐馆就热闹起来了。城中村餐馆的生意有两波高峰，一波是晚餐时间，一波是11点半前后的夜宵时间。

前来就餐的有下班回家的上班族,也有城中村其他的住客。其他时间生意也还不错,一直延续到凌晨四五点,这满足了城中村一些非正式部门就业人员的消费需要。城中村餐馆的经营还有一个部分,即是早餐。城中村大部分餐馆自己不做早餐,都把档位租给做早点的,每月由他们分摊一定的租金,这对相关双方都有好处。

个体店铺经营者,主要包括杂货店、家具店、废旧家具电器商店、影吧、网吧,还有一些假冒产品和伪劣食品加工、生产、销售场所等。他们的作息各有不同:家具店一般晚上十一二点关门,有的杂货店关门较晚,少数的营业到深夜,影吧、网吧也大多营业到凌晨。一些制假造假的则主要是需要隐蔽作业,他们的活动较难捉摸。个体店主一般吃住都在店里,在店铺的里侧隔出一个做饭的地方,店铺的上面做一个阁楼睡觉和摆放一些商品。因此存在很大的安全隐患。店铺经营者还有一个很大的特点,他们是严重的超生游击队,有的甚至专门为逃避计划生育而来,他们租下一个铺位,生了一堆孩子,家乡掌握不了他的具体情况,所在城市也不知道他的底细。城中村主要道路边上的个体店铺房租贵,生意较为繁忙,因此工作也较为紧张,而小巷中的店铺则主要做附近几栋楼的生意,卖一些烟酒和日常用品,比较清闲,成为聚集牌友的好去处,从上午到晚上都有,有时店主自己参与,买东西时临时停一下,有时则是一帮没事的人在打发时光。

打零工、收废品、乞讨和其他无业人员。每个城中村都活跃着一群收废品的人,有男的、有女的。男的一般骑个三轮脚踏车,车厢可以装很多东西。他们什么都收,从冰箱彩电到废旧报纸。他们有时候踩着三轮车转悠,有时候就停留在村内的一条道上,等待卖主。在等生意的时候,打牌成了他们最大的消遣,你可以经常看到他们三五成群地聚在树荫下打牌,赌点小钱。总的来说,收破烂者还是规矩的,但在生意清淡的时候,也不排除有人顺手牵羊。你摆放在外面的东西,如果不多加留心,可能就要被当成"废品""收"走了。在一些城中村,乞讨者和小偷相对聚集。他们白天在外面捞世界,晚上回城中村居住,他们多是有组织的。家庭妇女主要是那些丈夫在外工作,需要有人做饭洗衣,而自己又找不到很合适的工作的那些妇女,她们除了做饭洗衣,平时则三五成群地聚在一起聊天、打牌。被异性包养者(多是女性)是一个独特的群体,她们与其包养人过着"地下夫妻"的生活,互相多以老公、老婆相称;被人包养,有的是将其作为一种生存方式,也有的是为了感情。由于是地下的夫妻生活,所以,"丈夫"多数时间是不在的,被包养的女子大都跟一帮姐妹在一起,聊天、打牌、消遣娱乐,有的难耐寂寞也可能另有情人,因此,生出很多的矛盾和社会问题。①

城中村租住人口的工作和生活可谓形形色色,不一而足。一方面,他们作为一个整体,为深圳的发展作出了巨大贡献;另一方面,他们收入较低,生活较为困难。这有赖于经济的发展,也有赖于社会保障和社会福利政策的改革。近年来,深圳市政府已经出台了多项政策,对外来人口的职业培训、子女教育,社会保险等都作出了种种规定,以维护外来人口的合法权益,提高他们的社会福利水平。如外来人口的子女可以享有免费的义务教育,在正式部门就业的人员都按规定纳入全市统一的医疗保险和养老保险体系,很多外来人口都得到了政府免费的培训,等等。随着社会政策的完善,外来人口的各项权益将能够得到更好的保障。

三、城中村人口的分布与流动

城市的人口分布总是遵循着一定的规律。芝加哥城市社会学者伯吉斯关于美国大城市人口的分布有这样的描述:

市中心的繁华商业区内,以及其相邻的街道上,是"游民世界"的主要集结地,是中西部季节性个人的聚集之地。市中心商业区的外围通常是"贫民窟"或称"退化地区",这是些贫困、堕落、疾病集中的地区,市内还有犯罪与恶习。堕落腐化地区内是一些可租单人房间的公寓地带,也是那些落魄者的炼狱。不远处,是所谓拉丁区,是那些有才能而又具有反叛性格的人聚居的地方。贫民窟拥挤不堪,大有人满为患,大多为移民区构成——赤贫区、小西西里、希腊街、唐人街等,还有一条黑人种族的分布地带,从此中心呈楔尖状向外延伸,内中的生活自由放任,杂乱无章。退化地区基本上是腐朽、没落、人口逐渐减少的地区,但它

---

① 参见涂俏:《令人心悸的内幕,卧底"二奶村"的 60 天》,《北京文学·精彩阅读》2004 年第 4 期。

同时是一个新生的地区，那里出现了新的教区、居住区、艺术家聚居的地方，同时成为激进思想的中心——这一切都意味着在努力建成一个新的、更美好的世界。与此相毗邻的下一个地区，是以工厂工人和商店职员为主的聚居区，一般是移民的第二代居民，这些人是从贫民窟中逃离、分化出来的，构成了自己的聚居区。

芝加哥和纽约这样的大城市每年所增加的数以万计的移民，其含义是很丰富的。他们涌入城市，像潮头一样首先淹没了移民地带，这是他们的第一个立足之地，并把那里的居民排挤到下一个地区，依此类推，直至这潮头的总冲量达到最后一个地区。总的影响是，加速了城市的扩展，加速了工业发展，加速了退化地区的"废弃"过程。①

深圳城中村人口组结与解体与伯吉斯描写的城市人口分布具有类似的特征。总体而言，城中村居住的外来人口多是低收入人口，他们进入城中村一个主要的原因是房租相对低廉。等到经济状况改善，他们就搬离城中村，从这个意义上说，城中村很类似于伯吉斯所描述的城市移民地带，进入的是新的收入或积蓄较低的人，出去的是收入和积蓄较高的人。从户籍来看，在既定的户籍政策下，由于新进来的收入较低的大多是非户籍人员，因此城中村外来人口也保持为基本上是非户籍人口的格局。当然，也有的户籍人口由于工作和收入等的变化，也会租住城中村，或在城中村之间流动，这是极少数。

城中村人口的流动情况可以居住和工作的处所分为如下两类：

一类是居住在城中村、工作在城中村外的人口。这类人口在城市其他的区域工作，从收入上讲，多属中低收入的阶层，但也有部分具有较高收入的白领人士。收入较低的这部分人由于收入限制，只能租住在城中村，居住状况视收入状况和所在城中村的房租水平而定。收入较高的那部分白领大都因为刚刚工作不久，很多是毕业不久的大学生，尚没有足够的积蓄购买商品房，又没有在城中村外找到合适的住房，虽然他们不喜欢城中村的出租房，但也只能暂时居住在城中村内。这类人在城中村的住房一般较为宽敞，居住环境和条件也相对好些。

另一类是居住在城中村，工作也在城中村的人口。这类人口多在城中村从

---

① 参见［美］帕克等：《城市社会学》，华夏出版社 1987 年版，第 54—58 页。

事饮食、商业、劳务、美容美发、娱乐等服务工作。他们以城中村作为他们谋生的主要场所。除非改变生计外,他们是城中村的忠实居住者。

具体而言,城中村外来人口流入后,其流动方向大致呈现以下的情形。

一是流动到城市的其他地区。在城中村居住的那部分收入较高的人士,随着积蓄的增加,在居住几年后,在城市其他区域购买了商品房,或者在非城中村地区租用别的商品房,从而告别城中村。

二是城中村之间的人口流动。居住在城中村的人由于工作变动、生活需要或其他原因,从这个城中村搬到另一个城中村居住。这是城中村之间的流动,因为仍然没有离开城中村。在笔者接触的在城中村的人员中,搬家非常频繁,两三年期间内很多都搬迁住处达2—3次。

三是流回家乡。由于外来人员绝大多数都没有所在城市的户口,他们在身份上仍然属于家乡,如果发展不好,或者考虑到未来生活的需要,外来人员可能会考虑返回家乡发展。很多在深圳工作的人,在积累了一定的资金、技术和工作经验后都返回家乡发展,也有的因为家庭原因或因为失去工作,被迫离开居住的城中村,返回家乡。

四是沉淀在城中村。上述以城中村为谋生处所的外来人口,由于城中村就是他们的生活和收入来源,离开城中村他们就没有了生活来源,因此,他们会选择一直生活在城中村,除非生活出现大的转机或变故。

城中村的人口处于分化过程中,但阶层化和分隔现象还不特别明显,不像美国内城不同人种和收入的人群在居住区域上界限分明。这一方面因为中国城中村人口虽然来自不同省份,但毕竟都是同一国家,语言也都相通,不像美国城市移民,属不同种族,语言也不一样,自然形成了相互隔离的区域。同时,由于房屋(租赁)市场的分级也不成熟,因此城中村人口的住房呈现混合而不是明显的分隔现象。

伯吉斯的人口分布是以同心圆理论为基础的,但中国城中村的人口分布虽然有组结和解组的现象,但却不是明显的同心圆结构,而是多点的分散的结构。这主要是因为美国很多大城市开始是从一个中心点发展起来的,从中心向周围推移发展。而中国的一些新兴城市是从多点发展起来,城中村作为自然村没有经过分解就存在于城市中间。因此,人口的分布除了分工、分化等因素外,还有城市历史空间结构的影响。

至于城中村外来人口流动的长期趋势,一份关于城中村租户的调查问卷统计数据表明,总体上,46.1%的人倾向于继续留在深圳,40%表示"说不准",明确打算要离开深圳的为14.1%。当然,这类统计随着城市的经济发展和有关政策的变化会出现很大的波动。

第五节　城中村个案分析

一、上沙村:创新产业聚集区

上沙村位于福田区西南部,北倚滨海大道,与深圳著名的天安数码城一路之隔,南临深圳湾,由东村、塘晏、椰树、龙秋、九园5个自然村组成,隶属于沙头街道办事处。①

上沙村是深圳的一个古老村落,始建于南宋时期,至今已有八百多年历史。该村的原住民皆为黄姓一族,发源于湖北江夏,称为"江夏黄"。东汉末年,为躲避战乱,江夏黄氏后裔迁移至河南固始。大约在唐朝时期,其中的一个支系,即黄峭山的祖父黄惟淡又带领家人,迁徙到福建邵武一带。黄峭山有3位夫人、共生21子。晚年的黄峭山为了保全家族,命三房各留长子一人,其余各子自行出外谋生。南宋时期,黄峭山后裔黄金堂经江西辗转来到上沙拓荒建村,由此形成了上沙村。

上沙村民世代以农耕为主业。深圳特区成立时,共有耕地面积一万多亩。20世纪80年代,土地陆续被征,现社区面积为38.6万平方米,有常住人口560户,1384人。外来暂住人口超过10万。村内现有私人住宅楼1100余栋,出租房

---

① 本部分内容参考了《上沙实业股份有限公司产业发展规划》(2009—2020年),2009年9月。

屋 3.5 万套,社区建筑面积共约 115 万平方米。

20 世纪 80 年代,上沙村的土地陆续被征,上沙村没有分光政府的征地款,而是利用这笔上千万元的征地款和留给村里使用的土地,兴办集体经济。1992 年 11 月,上沙股份合作公司——上沙实业股份有限公司正式成立,当时注册资金 10097 万元,原始股东 1092 人。上沙村的集体物业有上沙工业区、村内商铺、集资楼等,其中村内商业物业面积为 37000 平方米,工厂物业 78236 平方米,在东莞市清溪工业区有厂房面积为 42000 平方米。经济收入主要来源为上述物业出租收入及红线土地开发获取的收入。

2005 年以前,上沙村的集体物业主要是 20 世纪 80 年代建造的旧式厂房,驻有 65 家企业,均从事制衣、汽车修理、装潢装饰、广告、小家电等劳动密集型行业,效益低,社会成本高。主要表现为:(1)低租金、低收入、高能耗、高污染,存在一定安全隐患。(2)园区企业综合产值 8200 万元,年税收 492 万元。(3)物业综合平均租金是每平方米 17 元,年租金收入仅 1030 万元。(4)企业员工总数 4000 人以上,人口结构复杂,文化程度不一。(5)园区管理机制、配套、服务不完善。

为了适应特区内产业发展的需要,2005 年开始,在深圳市、区政府"厂房改造,产业置换"科学决策的指引下,股份公司对上沙村工业厂房进行改造。一期改造面积共约 61000 平方米,包括原工业区 1—3 栋、5—16 栋等 15 组建筑,新增园区配套停车场 3 个、210 个车位。项目总投资为 6688 万元(其中,49% 为政府扶持资金,51% 为公司自筹)。2007 年 4 月,一期改造工程全面竣工,10 月正式投入运营。此外,2007 年,股份公司还对原上沙卫生院地块进行了科学整改,成功引入中苑城、麦当劳等品牌商贸,初步形成了上沙区域商业中心,推动了社区物业和消费环境的优化升级,增值了集体经济。

经过改造,上沙创新工业园的产业结构和经济收入发生了巨大变化。

在产业结构方面,新入驻企业 80 家,都是以手机、电子信息、软件开发、集成电路(IC)、系统集成、光机电一体化等为主的设计、研发、生产型企业,附加值高、绿色环保。其中,通过区科技局入驻审批的科技企业 76 家,占入驻企业的 95%。通信及关联企业占 60% 以上,由市科信局认定的高新技术企业约占

40%,园区配套能力超过30%,产业结构进一步优化。

在经济实力方面,2008年,园区企业综合年产值10.59亿元,是改造前的17倍,税收5100万元,是改造前的10倍。

在公司收入方面,公司物业综合平均月租是每平方米55元,2008年租金总收入2700万元,是改造前的2.6倍。园区出租率已达100%,综合平均闲置率仅2%。

在人口结构方面,2008年,园区企业员工人数2811人。其中,博士28人,硕士103人,本科及以上1111人,占总人数的44%,专科及以上员工达到75.5%,人口结构进一步优化。

在管理方面,引入科学规范的现代管理模式,配套服务不断完善,极大地改变了村落的面貌。

同时,产业园区的改造也带动了社区私人物业的出租。一是环境改变;二是租金提高;三是人口结构改变,吸引了更多在创新工业园和天安数码城工作的人员居住。

为了适应深圳特区内的产业升级,上沙村成功地转型为创新工业园和高科技园区的生活配套区,完成了城市化中的第二次大的转型,经济收入也得到了大的提升。2007、2009年,科技园先后被认定为"深圳市移动终端创业园"和"福田区(手机)创新产业孵化基地"。

当然,上沙村的产业升级仍然是引进企业的产业升级,而不是自营企业的升级。上沙村自有的产业仍然主要是物业,自营经济十分薄弱。如何在进一步提升物业经济的同时,发展自营经济,拓展自身发展空间、提升自身经济实力,是上沙股份合作公司下一步需要解决的问题。为此,上沙股份合作公司已经制定了相关的规划。

与特区内其他股份合作公司一样,上沙股份合作公司承担村集体资产的经营管理、股民分红,负责股民的社会福利,也承担社区内物业管理、市政环卫、安全防火等各项社会事务管理。现有员工总数390人,其中,本地员工151人,占总数的39%,大专及以上员工43人,占总数的11%。

上沙村民继承了先民的拓荒精神,除了留居本村的一千多人外,历来移居海外的共有四千多人。与福田区下沙、福田、梅林等黄氏一样,上沙黄氏非常重视宗亲,这些黄氏后裔在香港注册成立了"香港上沙侨寓股份有限公司",这是一个非营利的、类似宗亲会的机构。公司理事会每两年改选一次,成员都是义务的,没有报酬。职责是负责组织每年的两次活动:一次是农历正月十五的宗族联谊会;一次是重阳节的祭祖仪式。

上沙村的文化设施主要有"怀德黄公祠",位于村子的中央,是上沙宗族的祠堂。公共场所主要是上沙文化广场,位于祠堂的外面,是现代化的露天舞台、花圃、长廊,这是村民和租客们休闲的好去处。聊天的、散步的,三五成群,活泼好动的孩子们在广场上嬉戏玩耍。此外,村里还建有敬老院和体育活动设施。

上沙村系从中原和福建迁居而来,并且在每一地都居住了较长时间,不可避免地吸收了各地的风俗习惯,如上沙黄氏传统的婚礼习俗中,既保留了中原的传统习惯,如新娘出嫁坐花轿等,又吸收了客家人的风习,如少女出嫁时唱"哭嫁歌",特别是在南粤数百年的长期生活中,融入了南粤本地的风俗习惯,最终形成了上沙人独特而有趣的婚俗。

二、南岭村:共同富裕的典型

南岭村位于深圳经济特区布吉二线关外,隶属深圳市龙岗区,建村于清朝初年,土地面积4.12平方公里。得益于改革开放政策,南岭村自20世纪80年代开始,积极发展集体经济,逐步实现了工业化和城市化,改变了世世代代以农耕为生的历史,成为富甲一方的文明村和共同富裕的典型村。[①]

30年间,南岭村创造了20个"全国第一"。如1983年,南岭村在全国第一批实行"一张白纸选村官"、第一个实行"农民工资制";1987年,在全国第一个推行农民退休金制度;2007年,建成全国第一家村办五星级酒店。从2000年至

[①] 本部分内容参考了如下文献:《南岭村志》,海天出版社2005年版;张育彪:《光辉的历程》,广东教育出版社2004年版;《南岭村的变迁》,《深圳改革开放纪事1978—2009》,海天出版社2009年版;刘强:《对深圳市龙岗区布吉镇南岭村的考察报告》,《乡镇企业科技》2002年第9期;叶枫等:《天下第一村精气在何方》,《南方都市报》2009年11月3日。

今,有一百多万人次到南岭村参观。

30年来,南岭村先后获得"全国模范村民委员会"、"全国文明单位"等六百多项荣誉,其中国家级荣誉25项。

2000年2月22日,江泽民同志到南岭村视察,勉励南岭村"致富思源、富而思进"。

2003年4月12日,胡锦涛同志视察南岭村,希望南岭村"不自满、不松懈、不停步",继续"发扬南岭的好传统,为南岭这面旗帜增光添彩"。

1. 大力发展集体经济

改革开放前,南岭村是一个贫穷的山村,隶属宝安县布吉公社沙西大队,有134户、576人,分4个生产队。当时,南岭的集体财产共有二十多头耕牛,十多台打谷机,一个小型粮食加工厂,几间泥砖饭堂改建的生产队仓库,合计固定资产价值约2.7万多元,人均年收入不足一百元,粮食不能自给,是一个"生产靠贷款、生活靠救济"的穷村。每年过了春节,生产队长就须外出为社员们购买番薯以补充口粮,社员们说生产队长是"番薯队长"。因为贫穷,村容村貌不够美观,曾被人称为"鸭屎围",附近村的姑娘都不愿嫁到南岭,说"脚趾无爪,莫做南岭亚嫂"。从1956年到1979年,全村逃到香港的共五百多人。1979年5月,还发生了一起大规模的逃港事件,一百多村民一同逃到了香港。

贫困的面貌,激发了当时的村干部把经济搞上去的决心。

1980年3月下旬的一天,和平无线电厂表达了到南岭村办厂的意愿,当时以张伟基为代表的村干部喜出望外,他们费尽周折,使和平厂成功落户南岭村。是年7月,南岭村与和平电子厂联合开办的"南和电子厂"在南岭村破土动工。为了建好工厂,全村党员干部和群众一道,奋战了二十多天,平整出一块土地。没有水,打井;没有电,想办法架线;工人住房不足,南岭人腾出自己的房屋。1981年9月,南和公司投产。这是改革开放以来南岭村的第一个工业项目。1982年5月,南岭村利用4间旧仓库,引进外资20万港元,同港商合作办起松果丝花厂,加工丝花出口。

南岭村原是沙西大队的四个生产队,1983年,撤销人民公社、建立乡村制度时,南岭自然村的四个生产队组建为一个行政村。这一年的7月3日上午,全村人聚集到村里的大榕树下——村民们平时聚会活动的场所——召开村民大会。会场上摆着一张从业余学校搬来的书桌,村民们以无记名投票的方式选举了村委会的干部,这也许是最早通过海选方式选举村干部的尝试。

当选的村长张伟基在大会上表示:只有集体奋斗,才能有集体富裕,从现在起,实行统一生产经营,资金集中使用,年终统一分配。他向村民庄严承诺:保证10年之内让全体村民吃饱饭、住新房、有钱用、健康长寿。

1983年开始,南岭村花大力气搞好基础设施,为客商创造良好的投资硬环境,经济发展步入快车道。1983年,全村工农业总收入达109.4万元,纯收入67万元。人均收入超过1000元,是1978年的10倍,南岭村实现了脱贫。到1984年末,南岭村办起30个来料加工厂。有外引,更多的是内联。这一来,使南岭的590人,一下子上升为4000人。光是由内地招来的正式职工,就多达800名。农业收入,加上来料加工业的收入,人均收入高达3500元,比罗湖区渔民村的人均收入还高。尤其使人高兴的是,农民变成了工人。工人利用业余时间承包农活。前人所设想的亦工亦农,在南岭得以实现。1984年,南岭村获得政府补偿的200万元征地费。当时,有些人想把钱分掉,党支部组织村民讨论,在统一认识的基础上,村里把这笔钱集中起来,用于发展生产,然后将赚来的钱,加上向银行贷款,兴建了一批标准厂房和职工宿舍,扩大生产规模。1984年,南岭村跻身广东省文明建设的先进行列。

到1990年,南岭村通过外引内联共创办企业13家,拥有标准厂房13栋20000余平方米,全村固定资产从1979年的2.7万元增至1990年的530万元。

1991—1992年,南岭村投资4000万元兴建6万平方米工业用房,平整20万平方米工业用地,并兴建沙湾水厂工程,铺设水泥公路,进一步完善基础设施。同时,村党支部提出把南岭村建成"广东第一村",投入一千多万元进行第一次旧村改造。改造后,每户村民家庭拥有两座小楼。1992年,以邓小平南方谈话为契机,南岭村开展了新一轮创业,兴建了南岭村第二工业区,投资9000万元,按外商要求建设了标准厂房13栋,引进大型外资企业8家。1997年,投资8000万元兴建了第三工业区,引进了10家技术含量高的企业入驻南岭村。

2002年,南岭村开始进行第二次改造,通过拆旧建新,建成了一批商业物业,形成了商业一条街。至 2002 年底,南岭村建成各类厂房和配套设施五十多万平方米,引进"三来一补"企业五十多家,创办内联和自营企业 10 家。此外,南岭村还陆续兴建了度假村、酒店等产业。

到 2008 年,南岭村社区共有企业五十多家,吸引了 5 万名外来工。净资产达到 13 亿元,年总收入达 2.3 亿元,800 名村民人均纯收入达 15 万元。全村没有贷款,没有负债。30 年间,实现了经济的一次又一次飞跃。

表 11－2　南岭村 1978 年与 2008 年各项经济指标对比表

年代 项目	1978 年	2008 年	2008/1978
村总人口	595	800	1.34：1
村集体固定财产(万元)	2.7	130000	48148：1
村年总收入(万元)	9.8251	23000	2340.9：1
村人均收入(元)	86	150000	1744.2：1

2. 共同富裕的典型

与很多村落社区在城市化过程中原住居民出现贫富分化不同,南岭村树立了一个村民全体走向共同富裕的典型。

在深圳很多村落社区,由于每个家庭的情况不同,集体经济不够发达,导致了村民间出现了贫富分化。有的家庭由于经济实力较强,建设了更多的物业,用于出租,这些家庭则更加富裕。而有的家庭则由于经济实力弱,或家庭出现了一些变故,或者其他原因,一直没有物业,仅靠股份公司不多的分红或工资收入为生,总体收入较低,与其他有物业的村民相比,更是差距巨大,这类人的生活比较拮据,有的处于贫困线下。

而南岭村则是共同富裕的典型。在南岭村成立行政村之初,村集体就提出了全村集体奋斗,集体富裕的工作目标,走的是"统一生产经营,资金集中使用,年终统一分配"的路子。1994 年,南岭村实行股份合作制,将集体资产转换为村民股权,其中 60% 作为村民分配股,每个村民平等地拥有一份股份,30% 作为集体股,收益用于扩大再生产,10% 作为村民福利股,收益用于南岭村的各项福利。

按照上述股份安排,村民每年都享有丰厚的分红,并享有住房、医疗、退休金、旅游和各项福利待遇。目前,原住居民每户都拥有两栋住房,2008 年,平均每人的分红收入达 15 万元。全村没有一个贫困户,真正实现了集体共同富裕。

3. "致富思源、富而思进"

在城市化过程中,深圳很多家庭拥有出租屋,不用工作每年也可以坐收数以万计的房租。生活富裕后,一些青少年不思进取、游手好闲,甚至沾染了一些不良习气。不读书、不务农、不做工、不经商的所谓"四不青年"一度成为一个社会问题。

生活富裕后怎么办?南岭村给出了自己的答案。

"村里不养闲人。"《南岭村股份合作章程》中明确规定:学生初中没毕业,不安排工作,不参加分配;有劳动能力不参加村集体工作,取消分配。这条规定,杜绝了学龄人口不读书、劳动人口不劳动的人。现任村股份公司董事长解释说,如果村民在外面找不到工作,大部分情况下村里都会安排其就业;但如果此人自身游手好闲,尸位素餐,便宁可"给外地人这个机会",也不会给这个人面子。"我们这里,不劳动的人,地位再高,也不会被人看得起。"而那些四五十岁难以就业的妇女,她们也有工作,比如在村里做清洁工。村股份公司董事长和很多村干部的妻子都在村里做清洁工,一做十几年。

除了参加工作,南岭村还留下了二十多亩稻田和一些山地,作为村民参加农业劳动的基地。所有村民包括青少年,都要到农田和山地参加耕作劳动,插秧割稻,挑粪施肥,并到村筑路队铺路修渠砌护坡。通过劳动锻炼,使青少年体会父辈创业的艰辛,懂得创业难,守业更难,培养村民敬业爱岗、富不忘本的村风、民风。

"富口袋,更要富脑袋"。为了提高村民文化素质,1983 年,南岭开始聘请老师、开办村民夜校,给已经错过上学年龄的村民一个提高科学文化素质的机会。1986 年,村委会在《南岭村规民约》中规定"人人要尊师重教,少年儿童一律入园、入学读书,初中毕业后村委方给安排工作"。是年,全村 197 名儿童实行免费入园入学。1993 年到 1999 年,分别投资、投地,兴建了市一级水平的南岭幼儿园、布吉高中和南岭小学。1994 年实行的《南岭股份合作公司章程规定》:"大中小学生受校警告或记大过者,只能享受当年股金分配的50%,开除学籍者,取消当年的股金分配,并视其表现能否保留股民资格由董事会决定。"为了鼓励村民学习,南岭村建起了图书馆,为每个家庭订了一份以上报纸,要求每个家庭建起了一个书柜。制定了《南岭青年学习制度》,要求青年每天阅报半小时,每月读一本书、看一本杂志,写一篇学习心得。为鼓励村民深造,南岭村规定只要学生考上本科,就奖5000元,考上重点名牌大学的还可以奖10万元。如今,村里的800人中,大专以上学历的达130多人,占村民总数的17%,每个家庭的藏书超过300册。

"围着群众转"。南岭村神话般的崛起,其中一个主要经验是南岭村每一项工作都是"围着群众转,顺着民心办,合着民意干"。面对十多亿元的固定资产,南岭村没有一个党员干部出现经济问题,这是"穷时有穷志气,富时没富毛病"最好写照。在南岭村的发展历史中,十分重视集体的利益,发挥集体的作用。对南岭村来说,集体的真正含义,是一个大智慧的象征,一个靠山的大依托,一个前进的大动力,一个创新的大锦囊。30年来,南岭村正是以集体的魅力,集体的睿智,集体的光彩,集体的合力,登上了中国新农村富裕的风云排行榜上。

"让外来务工者有家的感觉"。南岭村有三万多外来打工者,南岭村人一直把他们当成"自家人"看待。在南岭村,每一个外来打工者都有一张医疗卡,与村民同样享受每年一次的体检。南岭村建起500套标准的福利住房,安排给卓越的外来打工者居住。同时,在人才引进和使用上,股份公司打破农村常有的宗族观念、地域观念,南岭村许多重要部门的负责人,都不是南岭村村民。他们中,有的是高薪聘请的"海归",有的是在内地挖过来的人才。现任董事长张育彪说:"光靠本村800多人干不了什么事,外来工是给我们做贡献的兄弟姐妹,我们应当感激他们。"

致富不忘回报社会。2008年,南岭村分别向雪灾灾区和地震灾区捐款43万元和630万元,其中党员缴纳特殊党费达52.18万元,学生还把压岁钱捐出来,共50万元,帮助灾区失学孩子上学。据统计,30年来,南岭村为国防和贫困地区捐款超过5000万元。

4. 建设美好家园

30 年来,南岭村加强社区规划建设,建成了大批现代化的工业厂房和村民住宅。大力加强水电道路等基础设施和公共设施建设。建成了完备的道路、水、电等市政基础设施,先后投资一亿多元兴建了学校、图书馆、影剧院、酒店、农贸市场、商品市场、邮电所、银行、灯光球场、足球场等一系列生活、文化娱乐设施。投资三千多万元,建成占地 2.8 万平方米,建筑面积达 1.8 万平方米的南岭医院,于 1993 年投入使用,医院设急诊、内科、外科、医技科等 10 个科室,拥有一系列先进的现代化医疗设备和 200 张床位,先后被评为"一级甲等医院"和"爱婴医院"。1996 年投资 6000 万元建成求水山公园,占地 53 万平方米;园内有水上乐园、儿童乐园、高尔夫练习场、滑草场等娱乐设施。求水山顶高 18 米的观光塔和长 400 米的观光缆车,以及按 1∶1 比例修建的长 1000 米的长城,使南岭村成为全国首家拥有此旅游项目的行政村,为村民和远近的打工一族提供了娱乐设施,也吸引了大量的观光客。投资数千万元,建成求水山度假酒店,占地 1.5 万平方米,有客房 300 间,还设有别墅、健身中心、保龄球馆、网球场、会议室、中心餐厅及云顶美食城等,周围绿草成茵,环境幽雅,是一家高标准的酒店。

在建设新社区的同时,南岭村重视加强客家村落的历史文化保护。村里还保留了过去村里的炮楼和老屋村,制定了《老屋村后续管理办法》。为了保持村落的风貌,村里原则上不允许建设超过 5 层以上的楼房。为了集中保护客家非物质文化,南岭村还建设了南岭村客家民俗园和博物馆,里面陈列了反映客家农业时代生产生活的各种工具、家具和器皿,并用蜡像栩栩如生地重现了反映当年生产、生活的场景。这不仅表现了南岭村城市化变迁的历史,而且还通过这些历史文化,将南岭村的历史和现实连接在一起。

5. 不自满、不松懈、不停步

虽然南岭村兴办了一些自营的酒店和旅游业,但经济收入的主体仍然是物业。2008 年金融危机以来,南岭村的经济受到了冲击,收入增长放缓。面对这一形势,南岭村加快了产业升级的步伐。

一是实行产业的优胜劣汰。除了部分工厂因为经营困难或者迁走的,南岭村还主动"劝走"了五六家高能耗高污染的企业;同时,加大力度,引进高科技、高产值、低能耗、低污染的企业,如将腾出的厂房供著名企业中兴通信公司使用,兴办一个珠宝产业园等。南岭村股份合作公司表示:"高能耗高污染的企业,盈利是快,但是对整个村环境的长远发展是不利的。我们以前穷时也没有因小失大,以后更不会。"

二是大力发展文化创业产业。南岭村董事长张育彪表示,南岭村的未来将会朝着文化产业的方向转型,其中大型雕像造型"长征园"、丝绸文化园等已经建了起来,特色旅游项目"南岭春色"曾获"深圳八景"提名。

三是提升自营经济的水平和层次。如进一步提升南岭的旅游业和酒店业层次,求水山度假酒店将建设成为五星级的旅游度假酒店。

通过产业的转型升级,并逐步发展自营产业,确保南岭村经济持续发展。

三、大芬村:农村变成油画村

这里,历史上没有什么书画传统,其时也没有什么书画家,除了曾经的田园风光外,谁也不会将油画与这里联系到一起。然而,改革开放却使这里成了一个举世闻名的油画村。①

这是一个充满艺术气质和斑斓色彩的小村落。欧式的建筑装饰,林立的画廊,充满岭南风情的街道,这一切都彰显着它的与众不同。村口,一座手握画笔的大型雕像耸立,画笔巨大,直指天空,成为标示这个村落特质最好的符号。

这里就是大芬油画村。

1. 油画村的起源

大芬村原是深圳市龙岗区布吉街道下辖的一个自然村,占地面积仅0.4平方公里,本村原住居民三千多人。过去,大芬村民一直以种田为生,年均收入只有几百元。

转变发生在1989年。这一年,香港画家黄江偶然来到大芬,看中了这个地方,并租用民房招募学生和画工进行油画创作、临摹、收集和批发,从此将油画这

---

① 参见温友平:《大芬村的崛起》,海天出版社2006年版;《国家文化产业示范基地——大芬油画村》,《深圳改革开放纪事1978—2009》,海天出版社2009年版。

个特殊产业带进了大芬村。

此前,黄江在特区内罗湖区的黄贝岭村进行油画生产和销售,黄江到特区外租房子,主要是想把画厂迁离到房租更便宜的地方,因为黄贝岭的房租较贵,同样面积的房子,在黄贝岭每月要 5000 元,但在大芬村这样的地方只要 1500 元;同时,大芬村交通也比较便利,又远离都市的喧嚣,一派田园风光,有利于画师专心致志进行绘画。于是黄江选中了大芬村,带着他的 26 名徒弟一起来到了这里。

一切都是机缘巧合,大芬村,这个在粤语里与伟大画家达·芬奇名字相近的村落,从此与油画结缘,逐渐成了专事油画生产和销售的产业基地。

2. 流水线生产油画

大芬油画村规模的迅速扩大,得益于其创造了流水线大规模复制、生产油画的模式。

大芬村销售的油画,大多都是名画的复制品。每接到一批订单,都需在规定的短时间内完成。而油画是一种耗时、耗工、价高的艺术品,欧洲古典时期的油画通常需要数月甚至几年才能完成。要在规定的时间内完成数以万计的订单并交货,必须有不同寻常的制作方式。黄江他们摸索出了流水线式的大规模制作油画的生产方式。这种流水线作业的生产模式是:一幅名画,几人分工,每人专画其中一部分,这样一来,可以使画工画得更熟练、更逼真,大大提高了效率和质量。一名熟练的画工一天可"克隆"十多幅凡·高的名画《向日葵》。低人工、流水线化的生产,大大降低了油画的制作成本,使大芬村的油画非常有竞争力。

除了自己招学徒生产油画,黄江还向别的地方发单收购油画作品。为了接单和交货方便,大量绘画人员纷至沓来,聚集到大芬村,租房子,从事画作的生产和销售。

最初,大芬村的油画制作和销售主要依靠黄江拉来的海外订单和销售渠道。黄江与画师的关系也较为松散灵活,主要是分配给他们一定的数量,由其在规定的时间内完成即可,画师的报酬依据其完成的数量来定。为了按时完成订单任务,最多时,黄江手下的画工多达两千多人。

为了承接更多的生产份额,1992 年,黄江的徒弟吴瑞球开始自立门户,开办行画培训。到1996年时,先后培训了六百多人。黄江的订单已经不能满足需要。1997年,吴瑞球只身来到广州,参加广交会,成功地拿到了一个来自世界最大的零售商沃尔玛的40万张的大订单,并要求在50天内交货。这40万张订单有40张样版,当时验货的人要看着画面验货,必须一模一样。他就想出了一个办法,用流水线画画,每二十来人一排,有人画蓝天,有人画白云,有人打底色,有人加亮色,有人画树,有人画绿色,有人画房子,一幅画不用换笔,就一气呵成了。采取这种流水线作业的办法,通常是上百人同时作画,画笔、画刀翩翩飞舞,场面壮观,效率惊人。在两百多人的共同努力下,40万幅油画仅40天时间即告完成,比交货时间还提早了10天,质量也让订货方十分满意。有了这次成功尝试,吴瑞球成立了自己的公司,开始与师傅竞争了。

吴瑞球的尝试打破了原先由黄江一个人跑市场拉订单,其他画工承担生产任务的商业模式。很多画师纷纷效仿,于是,画店、画廊在大芬村如雨后春笋般纷纷涌现。

3. 政府的引导和扶持

大芬村的名气越来越大,引起了政府的重视。1998年开始,大芬村所在的龙岗区和布吉镇政府决定在科学规划的基础上,引导和推动大芬油画产业向系统化、市场化发展,使大芬油画由自发形成阶段到政府推动阶段。区、镇政府委托东南大学规划研究所专家为大芬村油画发展进行了总体规划,初步将大芬村定位为具有油画交易、休闲旅游、培训教育等多功能的文化村;同时,利用新闻媒体和各类文化活动宣传推介大芬油画,打造大芬油画品牌,吸引全国各地绘画人才和画商来大芬村淘金。2001年6月,在区镇政府的强力推动下,大芬村开始了第一次大规模的改造和环境整治。改造完成后,村内乱搭乱建得到清除,铺上了彩色地砖,种上了热带风景树,安装了仿古休闲板凳,一条流经村内的100米长的污水横流的布吉河大芬支流河道变成了地下河道,河面上建成了一栋3层高共30间的油画门店和绘画工场,油画一条街呼之而出。第一次改造完成后,大芬村油画门店迅速增加,至2003年,大芬村书画、工艺门店发展到三百多家,以大芬村为中心从事油画生产经营的画师、画工及学员达七千多人,油画交易额达8000万元。

2004 年,大芬油画村又步入了一个新的发展阶段。这一年,油画村被确定为深圳国际文化产业博览会分会场,并被文化部命名为"文化产业示范基地"。中共中央政治局常委李长春、中央宣传部部长刘云山、文化部部长孙家正先后视察大芬油画村,并指示要进一步创造条件把大芬油画村做强做大。龙岗区成立了大芬油画村管理办公室和大芬美术产业协会。区、镇、村三级投入一千多万元,对大芬村进行第二次改造,建起油画艺术广场、油画展厅、画廊、咖啡厅等,还铺设了彩色路面、装饰民居墙面,增设艺术路灯、仿古座椅、街头花池及维纳斯、达·芬奇雕塑等,体现欧式风情,渗透人文艺术信息。2004 年 11 月,首届文博会举行,主办方邀请了大批国内外客商和从业人员参加,期间,举办了千人现场创作油画表演、书画精品拍卖会、油画购销合同签订仪式、中国美术产业发展论坛等多项活动,极大地扩大了大芬油画村的知名度。此后,作为深圳国际文化产业博览会的分会场,大芬村每年均举行油画产业博览会,吸引大批客商光临。

4. 规模与前景

至 2007 年底,占地 0.4 平方公里的大芬油画村,聚集了三十多家骨干企业,775 家经营门店,居住在大芬油画村内的画家、画师、画工有五千多人,为大芬供画的散居在周边社区的画家、画师、画工有三千多人。很多企业还把工厂设在龙岗、坪山及市外惠州、中山等地。大芬油画村的崛起,带动了周边地区油画产业的发展,形成了以大芬油画村为中心,辐射粤、闽、湘、赣及港澳地区的油画产业圈。2007 年,大芬油画交易额达 3.94 亿元,成为世界上最大的复制油画市场。

除了普通复制油画,近年来,越来越多的复制精品和原创作品也进入市场。一些艺术造诣深厚的画家、画师,不再满足于简单地复制名画,而是注重追求艺术与市场的结合,以提升产品的价值。艺术精品和原创作品的规模有所增大。目前,大芬原创油画艺术家数量已达一百多名。

为了吸引和稳定人才,给画家、画师创造更好的工作生活环境,政府出台了多项政策,如通过招调工考试,为优秀画师解决深圳户口,创造条件为画师、画工解决社会保障和公共租赁住房等其他福利待遇问题等。同时,继续改善大芬油画产业发展的内外条件,如兴建大芬美术馆和油画交易广场,建设大芬油画村商务网,并通过交易会、展览会或组织油画企业参观考察等各种途径和形式,加强对大芬油画产业的推介,提高大芬油画村的知名度和影响力。

随着油画村的发展,房屋租金和人工成本不断提高,2008 年以来的金融危机也导致订单大幅下滑,油画企业的生存压力增大,经营难度增加。面对日益激烈的市场竞争,政府、大芬村和油画企业必须面对并及时解决发展中存在的各种问题,才能实现油画村持续、稳定的发展。

第六节　城中村的社会本质

城中村客观上为外来人口提供了廉价的住房,降低了这些人口的生活成本。原深圳市规划国土局总规划师郁万钧认为,城中村还有个最起码的积极意义在于,它为大量外来人口的涌入提供了一个较低的进入门槛,从而保证了深圳的高速发展。而美国加州大学教授约翰·福瑞德曼甚至说,与华侨城相比,下沙(深圳的一个城中村)更代表着深圳文化,这里的社会风貌和社会氛围才是深圳的特色。城中村有其客观作用,但是,它本身的问题也非常突出。这些问题包括城中村建筑的合法性问题,城中村的环境、卫生和治安问题等。

一、农民房的合法性问题

城中村建筑,大多数都是违法建筑,不符合政府关于土地和建筑监管的法规。当初,政府由于没有能力按照当时征地的有关政策对原住居民进行就业安置,于是给每个城中村留用了土地,让村集体和村民自行进行住宅和工商业发展,发展生产。虽然对留用土地的开发制定了标准,但一开始对违反相关规定的做法没有进行严厉的制止。这一方面是因为起初的违法情形并不十分严重;另一方面也是对村集体和村民发展经济的冲动采取了默认的态度。但是,随着特区内外所有村落先后加入到违法建筑的行列,情形开始失控。由于面对的近两千个城中村,30 万原住居民的切身利益,在过去的 30 年间,深圳市虽然出台了多项规范城中村建筑的政策法规,并采取了多次查处违法建筑的行动,但法不责众,一直没有取得理想的效果。

城中村违法建筑损害了法律的权威,也不利于城中村的治理。城中村居民作为拥有土地和物业的阶层,他们往往抵制政府关于城中村建筑监管、出租屋管理、物业管理及其他的一些监管政策,成为一支难以约束的力量,既影响城市整体规划的实现,又影响城市的有效治理。

二、环境及卫生问题

由于大部分城中村建筑密度大,基础设施差,居住环境较为恶劣。

在空气方面,由于建筑和人口密集、空气对流不充分,城中村里的空气质量较差。有的直接在狭窄的巷道里用煤球炉煮食,含硫的煤气发出呛人的气味;有的餐馆的排烟口直接对着过道或邻屋的房间排放,油烟味到处飘散;有的地方垃圾成堆,污水横流,发出腐臭的气味;更不消说这么密集的人口在一起生活产生的各种气味,致使城中村随处弥漫着难闻的气味。在房间内部,有的房间没有一个窗户,关了门,就完全没有了通风的地方。

在采光方面,由于建筑过于密集,较高的楼层或毗邻较宽道路或某些朝向的房屋,采光相对充足。而较低的楼层或间距小的楼房,则终年没有阳光。而在那些过于密集的城中村,不说房间晒不到阳光,狭窄的巷道也是阴暗潮湿,终年不见阳光。很多房间更是光线不足,甚至没有窗户,导致"一日三餐要开灯"。

在卫生方面,城中村卫生状况差主要表现在垃圾遍地,污水横流。其主要原因是:(1)城中村里店铺林立,乱摆卖多,产生很多垃圾;(2)居住人员杂,有的住户没有良好的卫生习惯,随意丢弃垃圾,甚至将成包的垃圾不是丢到垃圾筒里,而是顺手丢在巷道里或者雨水沟里;(3)缺少垃圾堆放点和垃圾处理设施,垃圾到处堆放;(4)垃圾清运不及时;(5)市政配套设施不完善,雨、污水不分,明沟排放污水。

在环境污染方面,城中村还给整个城市的空气和河流、水渠造成了污染。由于城中村产生的生活污水,没有进入污水处理厂,直接排入河中,导致河流水渠严重污染。

三、社会治安与消防

社会治安是深圳的一大社会问题,而这一问题与城中村密切相关。深圳市有一半以上的案件发生在城中村,而大部分的犯罪嫌疑人则藏身在城中村的出租屋内①,成为深圳社会问题的一个根源。

城中村的治安案件主要有如下几种:

(1)色诱抢劫。色诱抢劫案件多发生在城中村的出租屋内,犯罪分子利用女色引诱受害者前往罪犯租住的房屋,然后实施抢劫犯罪,很多城中村都发生过这种案件。

(2)入室盗窃。入室盗窃案件的发案率与社区物业管理密切相关,很多城中村没有物业管理,或者物业管理差,使入室盗窃者有机可乘。也与城中村出租屋频繁的换房有关。有的城中村出租屋一年中经历了多批租客,有的租客利用私配的钥匙返回原租住房屋行窃。

(3)少数地方存在带黑社会性质的犯罪团伙和流氓恶势力。有的城中村的娱乐场所和市场存在黑势力看场收保护费的现象,黑恶势力不仅仅看场收数,还参与抢劫、偷盗、凶杀、贩毒、色情等犯罪活动。这类势力虽然只是少数,但对社会治安的危害很大。

(4)重大恶性案件以及涉毒案件,如入室抢劫、杀人。

(5)卖淫嫖娼。一些城中村发廊、按摩、桑拿洗浴场及出租屋内卖淫嫖娼活动比较严重。一些卖淫嫖娼活动还伴随诈骗、偷盗、抢劫甚至凶杀案件,对社会治安和社会风气影响较大。

(6)贩卖人口。一些不法分子利用城中村人口来源复杂、流动性大的特点,大肆拐卖人口。

(7)游手好闲、吸毒贩毒等。城中村有较大比例的无业人员,包括本地的所谓"二世祖"、无正当婚姻关系的"配偶"(二奶)和没有工作的外地人。这些人由于无固定职业,社会关系较为复杂,较容易出现社会治安问题。同时,由于城

---

① 参见张妍:《深圳城中村人口 637 万》,《深圳商报》2007 年 7 月 6 日。

中村人口和社会结构的特点,也是毒品犯罪较严重的区域。

(8)火灾的威胁也是城中村的一大问题。按照规定,城市建筑都要符合消防的要求。如建筑物之间要有消防通道,房屋间距要能容纳消防车通行,房间布局、设施布置等要符合消防规定等等,但城中村在上述方面都难以达到要求。在城中村,安全意识薄弱,堵塞消防通道,缺乏基本的消防设施,用火、用电不规范,私自搭建阁楼,居住过于密集,缺乏消防措施的现象非常普遍,致使城中村火灾隐患严重,常常发生火灾事故。

四、非正式经济与过度城市化

深圳(尤其是特区内)城中村建筑有一个重要的特点,就是几乎所有的城中村住房都呈现如下的结构:一楼(有的包括二三楼)是店铺,店铺以上的楼层是出租屋。这种建筑结构一个必然的结果是店铺林立,遍地的店铺又为各式各样的生意提供了舞台和场所。而这些生意又为这些店铺提供了消费保障。由于城中村房屋没有正式的产权证,并且多不符合有关的卫生消防要求,不完全符合工商注册登记的要求,并且多数经营者也无意办理执照,里面多数店铺都是无牌无照经营的。很多人在城中村经营各式各样的摊档,如肉菜水果、日杂百货、沐浴美发、酒楼茶肆、影吧网吧等,应有尽有。各式店铺摊档散布于城中村的各个角落,使得城中村像农村的集贸市场。

如果我们按每栋私房平均设置一个店铺,每个店铺容纳从业人员 4 人估算,那么整个深圳市(含宝安、龙岗、盐田)城中村三十多万栋私房里设立的店铺、摊档可能达到 40 万个,从业人口达 160 万人。由于这些店铺多数没有进行正式的注册登记,属于非正式经济部门,从业人口也属于非正式就业,因此,可以估计,深圳市城中村非正式经济的店铺、摊档数约为 40 万个,非正式就业人数达到160 万人。

非正式经济由于游离于政府监管之外,存在很多问题,尤其是某些地下经济,存在的问题更多:

一是制造贩卖假冒伪劣商品。由于管理不到位,城中村成为假冒伪劣产品的大作坊和集散地。从假烟、假酒、假证到电器产品、有毒食品、无证诊所,无所不包。

有的用自来水充纯净水,有的收集加工潲水油,有的制作黑心棉,有的卖假药,等等。采取的方式五花八门,如擅自使用与他人特有的商品相同或近似的名称、包装、商标或者标记;擅自使用他人特有的企业名称;在商品上隐匿依法应当标明的质量、产地、有效期限等,或对此做虚假的标示等,不一而足。假冒伪劣产品的存在,对城中村居民生活产生不利影响,甚至直接威胁到城中村居民的健康和安全。

二是偷税漏税、管理失控。城中村由于是无证经营,税收征管很不规范。工商部门只能收取一定的工商管理费,而没有规范的税收办法。流动摊贩更是无从监管。

三是非法经营。城中村有很多国家明文禁止的非法经营活动,如色情交易、毒品、赌场、地下钱庄等,尤其是色情活动在城中村十分猖獗。

四是涉黑经济活动,包括欺行霸市、收取保护费、开设赌场、放高利贷、绑架勒索等。[1]

这些问题的存在,直接影响着经济和社会秩序。由于非正式经济涉及很多低收入群体的生计问题,政府虽然有意加强监管,但要彻底取缔非正式经济,则存在很大的困难。

繁荣的非正式经济或地下经济对城市经济和社会造成了不利影响,同时也与过度城市化互为表征。

城市化的推拉理论(Push and Pull Theory)认为,人口的迁移是迁出地的推力与迁入地的拉力共同作用的结果。原住地的失业或就业不足、耕地不足、学校及医院等基本生活设施的缺乏、关系的疏远及紧张、自然灾害等构成了原住地的推力,推力因素促使人们向其他地区迁移。而迁移目的地更好的就业机会、更高的工资、更好的教育和卫生设施等则构成了目的地的拉力,拉力因素吸引人们前往此地。迁移就是原住地之推力与目的地之拉力相互作用的结果。[2]

---

[1] 参见黄庭满:《监管之外的经济黑洞》,《半月谈》(内部版)2002 年第 12 期。

[2] Cf. Donald J. Bogue. 1959. "Internal Migration," in Hauser and Duncan (eds), *The Study of Population:An Inventory Appraisal*, Chicago:University of Chicago Press;Bogue Donald J. 1969. *Principles of Demography*. New York:John Wileyand Sons,Inc.

但是,如果在没有拉力尤其是没有适当的就业机会的情况下,农村人口盲目地流入城市,则会出现过度城市化的局面,最终损害城市的发展。过度城市化是以城市人口过多、就业不足、城市贫困和城市住房状况恶劣为特征的,同时必然与非正式经济相伴随。

深圳在城市化过程中,由于城中村的存在,大量没有劳动技能的人口涌入城市,由于找不到工作或不愿意从事收入低、工作强度大的工作,纷纷进入非正式经济或地下经济部门。同时,由于非正式经济或地下经济以致非法就业的存在,使得新的人口仍然不断进入城市,继续导致城市人口的过量增加和就业的不足,加剧过度城市化。这就是非正式经济与过度城市化之间的内在关系。

国际劳工组织高级经济学家 Oberai 曾经详细考察了第三世界大城市人口增长、就业和贫困的问题,揭示了人口的过快增长、城市就业(非正式就业)和贫困的关系。[①] 显然,城中村在酝酿非正式经济和引致可能的过度城市化过程中起到了促进的作用。由于大量无正式就业或无业人员的存在,表明深圳存在着过度城市化的现象。目前,居住在城中村人口的比例,已经达到城市总人口的一半以上,与世界其他典型过度城市化地区居住在非法住房和贫民窟里的人口比例相若,如果没有户籍制度的因素(即要考虑包括外来人口在内所有城市人口的社会保障和社会福利等),这种人口结构对城市的影响将与第三世界一些过度城市化地区没有多少差别。

令人欣慰的是,深圳乃至中国经济仍然处于较快的发展时期,城中村人口向上流动的机会仍然很大。这使得城中村仍然具有较强的活力,它们只是较低收入人口的聚居、社会治安等有些混乱的区域,没有成为一些第三世界国家衰败的贫民窟。深圳的城中村,目前更像是雅各布斯所说的土地用途混合、多样化的、有活力的廉价居住区。这大概是约翰·福瑞德曼教授认为城中村更代表着深圳文化的原因了。城中村展现出了深圳这座城市的多元性、包容性、丰富性和各种经济社会形态之间的共生性。在本质上,它既带有不充分城市化的一些特征,也

---

① Cf. A. S. Oberai. 1993. *Population Growth ,Employment and Poverty in Third-world Mega-cities ; Analytical and Policy Issues* , New York , N. Y. ; St. Martin's Press.

带有过度城市化的一些特征。因此,是不充分城市化和过度城市化的混合体。

当然,如果经济发展停滞,工作机会减少,无业人口持续增加,人口向上流动的机会减少,城中村就会失去活力,就有可能成为贫民窟。这正是深圳政府正在研究并试图解决的问题。

第七节 城中村向何处去

城中村是解读深圳的一个重要视角,它是深圳城市发展之果,也是深圳城市问题之源。一方面,城中村极大地降低了深圳城市化的成本,它所提供的巨大的出租屋市场,是深圳快速发展的重要基础;另一方面,城中村造成了诸多的社会问题,也是过度城市化、不充分城市化和城市问题的根源。可以这么说,没有城中村,深圳不可能发展得这么快,形成现今的这个城市规模;同时,没有城中村,深圳城市发展也不会出现目前诸多的社会问题。

过去的 30 年,深圳创造了城市发展的奇迹。但是,未来的 30 年,深圳不能够再继续走过去粗放式的城市发展的道路。因此,大多数城中村,它的物理形态以及经济社会形态都必须实现转型。

一、城中村的更新

由于城中村在建筑和规划形态上不符合城市规划和人居的要求,同时也是社会问题的根源,因此,需要在规划建筑形态上进行更新改造。

城中村更新包括两个方面:一是推倒重建;二是综合整治。推倒重建是将城中村的现有建筑全部推到,对原有地块重新进行规划和建设。综合整治是不一定将城中村建筑全部推倒重建,而是采取建筑和基础设施改善及加强社会管理的办法,改善城中村的建筑和社会面貌。

鉴于违法建筑的泛滥和城中村规划建筑和社会形态等方面存在的问题,深圳市政府一直十分重视城中村的更新工作。从 20 世纪 90 年代末开始,罗湖、福田和南山区即酝酿进行城中村的改造。21世纪初,南山区的桂庙村、罗湖区的渔民村、福田区的田面村和水围村等城中村在市区政府的支持下,都先后成功地进行了改造。

2004年,城中村改造正式成为政府战略,列入了深圳市政府的工作日程。这一年,深圳市成立了城中村改造领导小组,并出台了《深圳市城中村(旧村)改造暂行规定》,明确了深圳市城中村改造的目标、方式、优惠政策、实施步骤和拆迁赔偿的办法等。同时制定了《深圳市城中村(旧村)改造总体规划纲要(2005—2010)》,提出了深圳市城中村改造的长远目标,即按照建设现代化与国际化城市总目标的要求,通过全方位的综合改造,促使全市城中村在居住环境、管理秩序、经济发展和文化心理等方面与城市全面融合。

从2005年到2010年,在特区内,重点开展各级城市中心区、重点产业片区、重点景观地区、重点水源保护区、重大基础设施建设范围等对城市整体利益具有重要影响的区域内的城中村,以及存在严重安全隐患的城中村的全面改造。在特区外,开展城镇中心区、重点产业片区、重点景观地区、重大基础设施建设区内城中村以及存在严重安全隐患、居住环境极差的城中村的更新改造。同时,加强特区内外城中村的综合整治工作。

根据这一目标和工作设想,深圳市重点推进了一些重点区域的城中村的改造工作。如在深圳市中心区推进岗厦村的更新改造工作,在罗湖区蔡屋围金融中心区,推进蔡屋围老围的拆除重建工作,在深圳市高新技术产业园区,推进大冲村的拆除重建工作,等等。目前,这些重点区域的更新改造取得了积极进展,一些项目已经达成了拆迁赔偿协议。

在城中村整治方面,引导各城中村开展环境综合整治工作,积极引入物业化管理,并大力推进这些村工商用房的整治,促进这些村工商业的升级转型,收到了积极的效果。

城市重建类更新最关键、最艰难的是拆迁赔偿问题。按照《深圳市城中村(旧村)改造暂行规定》,城中村改造项目实物(住房)赔偿的范围是480平方米,超过部分实行货币补偿,同时对容积率也作出了具体规定。由于目前城中村尤其是特区内城中村的容积率普遍较高,有的高达5层以上,原住居民的住房普遍在 7 层以上,有的高达近 20 层,并且原住居民普遍要求拆赔比在 1∶1 左右,导致工作难度很大。赔偿高了,开发商难以赢利,赔偿低了,原住居民不愿意,而城市基础设施又需要将开发强度控制在合理的范围;同时,原住居民的诉求也各不相同。这使得城中村的更新改造成为政府、开发商和原住居民之间的复杂的、艰难的博弈过程。

虽然深圳市政府希望加快城中村的改造,并且从 2006 年开始,每年都根据《深圳市城中村(旧村)改造总体规划纲要(2005—2010)》制定年度工作计划,并积极推动相关城中村的改造,将其作为政府的重要工作。但由于拆迁赔偿方案很难达成,实际推进比预期的更为艰难。

为了进一步完善城市功能,优化产业结构,改善人居环境,推进土地、能源、资源的节约集约利用,促进经济和社会可持续发展,在总结 2004 年《深圳市城中村(旧村)改造暂行规定》的实施经验的基础上,2009 年 10 月,深圳市又出台了《深圳市城市更新办法》,提出要对"城市的基础设施、公共服务设施亟须完善;环境恶劣或者存在重大安全隐患;现有土地用途、建筑物使用功能或者资源、能源利用明显不符合社会经济发展要求,影响城市规划实施;依法或者经市政府批准应当进行城市更新的其他情形"的区域进行以综合整治、功能改变或者拆除重建为内容的更新活动。

据深圳市规划国土委员会有关负责人介绍,《深圳市城市更新办法》(以下简称《更新办法》)较以前的政策在五大方面实现了突破。第一,城市更新项目用地可协议出让,不必按照普通商业用地实行招标、拍卖、挂牌出让。第二,实现了城市更新对象全覆盖,过去,城市更新主要集中在城中村全面改造和旧工业区升级改造两个方面。本次出台的《更新办法》从适用范围上看,包括了旧工业区、旧商业区、旧住宅区、城中村及旧屋村的所有城市更新活动。第三,首创"城市更新单元"概念。"过去的'旧改'一般是以行政单位或者地块为改造单元,'城市更新单元'的划分可以不为具体的行政单位或地块所限,而通过对零散土地进行整合,予以综合考虑,以此获取更多的'腾挪'余地,保障城市基础设施和公共服务设施的相对完整性。"因此,"一个城市更新单元可以包括一个或者多个城市更新项目"。第四,以城市更新年度计划控制城市更新节奏。第五,区别改造对象的不同情况,实行综合整治、功能改变、拆除重建三类更新模式并行。

根据新的《更新办法》,深圳市积极推进一批城市更新试点项目。目前,全市已经列入改造计划的各类拆除重建项目共计 200 项,其中城中村全面改造项目 137 项,旧城改造项目 32 项,工业区升级改造项目 31 项,计划改造用地面积 16.5 平方公里。目前,已批准各类改造专项规划 58 项。同时,深圳市加快了相关配套政策的研究。就城市更新中的土地收回收购、违法建筑处理、房地产登记管理、拆迁补偿、财政税收、住房保障等各项配套政策进行深入研究,以形成以《更新办法》为核心的完备的城市更新政策法规体系。还积极研究和推行深圳城市更新的低碳发展模式,在更新改造中坚持"生态化改造"原则,将低碳社会的建设理念当做城市更新发展模式的一场革命。

城市更新将推动深圳城市发展实现从增量发展为主向存量发展、从粗放式发展向内涵式发展的转变。

二、城中村改造案例分析

深圳最早对全村成功实现重建的村落是罗湖区的渔民村。作为最早建设的新村,渔民村在规划建筑形态上也经历了新村建设——加高、扩建——环境恶化的全过程。该村 1982 年新村落成,1986 年开始加层,加建到 5 层左右,1992 年开始加宽、加高、改建,到 1999 年普遍建到 7 层,迅速从环境优美的别墅式小区变成环境恶劣的"握手楼",并且有的建筑物结构出现问题,成为危楼。在这种情况下,2001 年,在深圳市、区政府的支持下,渔丰实业股份公司组建了旧村改造办公室,开始筹划渔民村的推倒重建工作。2001 年 8 月,渔民村重建工程正式开工,到 2003 年 1 月,新的渔民村全面落成。

渔民村重建工程是在深圳市政府和罗湖区政府的大力支持下由渔民村股份合作公司自行组织开发建设的。建设资金主要通过村民家庭向银行借贷筹集,每户投入约 300 万元。

按照规划,重建的渔民村由 11 栋三个单元的小高层住宅和 1 栋 20 层的高层公寓组成的建筑群体,总建筑面积为 64760 平方米,原有私房的每户家庭可以分得 1320 平方米住房,包括一套 240 平方米的顶层复式住宅(自住),其余为村民和村集体物业。新建的住宅有从 17 平方米到 155 平方米的 6 种面积不等的户型,均配备智能化的小区管理设施。除了住宅,重建的渔民村还规划建设了公共园林、绿地和各种文化、休闲、娱乐等公共设施。为了提升小区的环境质量,东南部位的楼房底层为 4.5 米高的架空层,与小区的庭院连为一体,扩大了居民的绿地和活动空间,成为一个现代化的"花园式"住宅小区。

在管理上,渔民村花园小区由村股份公司统一管理、统一经营,重建后的小区环境优美、管理规范、秩序井然,房屋供不应求,租金也有了较大提高,现在每平方米的月租金在 30 元以上,过去脏乱差的局面得到彻底改观。"渔民村花园小区建成以来,至今没有发生过一起治安案件。"渔民村接待办主任汤文彪自豪地对我们说。

福田区水围村则是另一个对传统旧村实施推倒重建的成功案例。

水围村位于深圳福田口岸区域,地理位置优越,是围海造田形成的陆地区域,由于地势低洼,雨季经常被水浸。2000 年,水围股份公司正式启动了传统旧村的改造工作,拆除了世代居住的近万平方米的旧屋,建起了现代化的新家园。

水围旧村的改造也是采取村股份公司自行开发的模式,由股份公司自拆、自赔、自建,拆赔比在 1∶1 以上。村股份公司利用多年来积累的集体资金共 1 亿多元投入改造,并请清华大学建筑设计院进行高标准设计。

新建的水围新家园由 4 座 16—20 层的塔楼组成,总建筑面积为 47000 平方米,建有地下车库二百多个。新家园造型美观、气势宏伟。除了 4 座楼房,新家园还包括一大批社区基础设施和公共设施项目。例如,投入 5500 万元修建了文化广场、庄子铜像、雅石艺术博物馆、图书馆、敬老庄、文化综合楼等一系列文化设施,为社区居民提供一个开展公共文化服务的平台,满足了社区居民的精神文化生活需求;其中水围文化广场占地七千多平方米,是一座设计新颖,集演出、娱乐、锻炼、休闲为一体的现代化文化广场,是社区居民休闲的主要场所。还投资两千多万元扩宽修缮了村内的道路,实施了村内街道和公共场所的绿化、美化、亮化工程;投资 1380 万元改造社区各类管线;投资 300 万元引进绿色环卫设施。

通过改造,彻底改变了水围旧村的落后局面,大大提升了村民的居住水平和生活水准。

三、股份合作公司的发展前景

以物业经济为主的经济结构,使得城中村股份合作公司的发展空间十分有限。目前,城中村的土地大多已经开发殆尽,经济增长的速度已经大大趋缓,由于物业是有限的,并且物业租赁收入随经济形势的变化波动很大,股份合作公司的收入增长也趋于停滞,甚至出现下跌。加之股权结构不合理,公司治理不规范,企业经营效益不高。虽然股份合作公司进行了诸多尝试,但总体效果并不理想。因此,拓展发展空间,完善股权设置,改善治理结构,改革企业制度,仍然是股份合作公司发展必须解决的问题。

近年来,深圳市区政府对股份合作公司的改革与发展进行了深入研究,出台了相关政策,通过资金支持、政策和产业引导等途径,推动股份合作经济的发展。

深圳市福田区政府制定的《福田区集体股份合作公司产业发展规划(2009—2020)》(凡下简称《规划》),对该区股份合作经济未来10年的发展进行了《规划》。《规划》提出的股份合作司产业发展的方向和重点包括:

(1)优化发展物业经济。逐步将全部出租经营为主的物业租赁经济转变为合营及自营为主的物业实体经济,成立或升级股份合作公司下属的物业管理公司。

(2)开拓发展中高端服务业经济。重点发展"微笑曲线"两端的研发、设计、材料、采购、品牌、渠道、物流、专利等生产性服务业,中高档连锁商贸及酒店餐饮业,大中型企业商务办公及文员居住租赁业,文化及创意产业等。

(3)引进发展中介专业经济。引进发展中介专业经济,高效引进各类学会、协会、研究会及会计、审计、律师、税务、人才培训、职业介绍等专业组织入驻集体物业。

(4)积极发展资本投资经济。采用专家团队理财的办法,投资银行、证券、基金、上市公司,积极发展资本投资经济。

(5)创新发展楼宇经济。主要侧重引进总部经济、网络经济、数字经济及金融、证券、基金公司等,创新发展楼宇经济。

(6)开拓发展园区经济。巩固发展专业园区经济,如上沙创新科技园、田面设计产业园、下梅成丰电子工业园等,优化园区平台增值服务、信息服务、配套服务等。同时,深化发展股份合作公司在异地兴办园区经济。

(7)鼓励邻近口岸、地铁会展中心的城中村配合发展口岸、地铁和会展特色经济。

(8)规范发展休闲文化及创意产业经济。具备条件的股份合作公司要规范发展经营连锁网吧、游戏机室、康乐休闲会所及旅游度假观光业。鼓励城中村股份合作公司优先引进文化及创意产业,创新发展文化产业园。

《规划》还制定了推动股份合作经济发展的目标和实施步骤,包括近期、中期和远期三个阶段。近期(2009—2012 年)力争全区集体股份合作公司实现产业优化升级,政企分开。中期(2013—2015 年)力争全区股份合作公司实现产业自主创新发展,在继续发展他营经济的同时,引导股份合作公司发展自营经济,并拓展投资领域和渠道。远期(2016—2020 年)力争全区集体股份合作公司实现联合投资持续发展,条件成熟时联合成立上市公司。按照上述规划,各股份合作公司也制定了本公司的发展规划。

除了产业发展规划,福田区还对城中村解决股份合作公司的产权设置、管理制度、人才引进和剥离社会管理职能等问题提出了设想,以改善股份合作公司的经营状况,实现城中村股份经济的持续发展。①

深圳市其他城区也出台了类似的股份合作公司发展的扶持政策。

股份合作公司的发展前景是转变为股权和治理结构完善,具有持续增长能力的现代企业。如果不能实现这一转变,城中村股份合作公司在触碰到物业经济发展极限这一"天花板"后,将陷于停滞乃至衰退,其生存也将面临很大危机。而城中村的改造模式,将极大影响股份合作公司的发展进程,因为不同的改造模式对股份合作公司发展空间的影响程度是不一样的。作为以物业开发为主的社区型股份合作公司,其向现代企业的蜕变,注定是艰难的,需要经历浴火然后重生。

---

① 参见福田区集体经济发展专家咨询委员会:《福田区集体股份合作公司社会管理职能剥离研究》,2010 年 3 月;福田区集体资产管理办公室:《关于城中村改造整治后推进集体股份合作公司可持续发展的对策研究》,2010 年 3 月。

第四部分

新都市文明的探索

第十二章

深圳新文化

"城市是文化的容器,用来存储和传播人类文明的成果。保存文化,普及文化,创造文化,这是城市的三个基本任务。"

——刘易斯·芒福德

《新周刊》与新浪网"25 城精神气质代言者"联合调查①显示,深圳代言人为"深圳人";代言物为 QQ。陈冠中说:"深圳现在有'深圳人'的意识了。我遇到的一些深圳年轻人,他们以'深圳人'为标签,希望表达深圳的文化,已经不想再认同其他地方了。"此语可谓道出了深圳文化的发展状态。这座城市没有历史沉淀,也没有沉疴痼疾。正是这一个个承载着无限光荣与梦想的"深圳人",在这个充满创造力和想象力的地方,酝酿着这座城市的"活的文化,新的传统"。30 年来,年轻的深圳,从战略高度选择了一条植根于自身城市特征,以"创新型"、"智慧型"、"力量型"文化为代表的新型城市文化发展道路。

---

① 共有 2334 人参加,调查时间为 2010 年 2 月 4 日到 2 月 20 日。

第一节　从草根文化到高雅文化

一、"大家乐"的诞生

深圳是一个"草根"城市,"草根"城市最初孕育的文化也是一种"草根"文化。最能代表草根文化的,莫过于"大家乐"这种由打工者创造的群众文化活动模式。

深圳经济特区创建初期人口约 30 万左右,劳动密集型的生产方式决定了其人口的猛增,到 20 世纪 80 年代中期,已有约百万的打工青年涌入深圳。广大外来打工者,白天大多在流水线上辛苦工作,晚上单调的生活加之浓浓的思乡之情无法排解,使他们萌生了对文化生活的强烈渴求,他们迫切需要构建一个温馨的精神家园。

在这种背景下,1986 年 7 月,深圳市青少年活动中心搭起了露天舞台,创办了被誉为特区文化奇迹的"大家乐"群众文化活动。每逢星期三、五、日晚上举行群众性的"大家乐"自荐表演晚会,由观众自荐报名,自选表演形式,表演者交5 角报名费,上台表演。就这样,一种自荐、自演、同乐的群众文化娱乐活动诞生了。夜幕降临,青少年活动中心广场上已汇集了数千名观众,就连舞台背面的小山坡上也挤满了人,场面十分壮观。在表演的过程中,台上、台下的气氛融洽而热烈,台上的"演员"放声歌唱,台下的观众拍手助兴。唱得好的观众报以掌声,唱得不好的观众则以欢快的笑声作回应。

据统计,到 1995 年,共有三万多人曾在这里上台表演,有四百多万人观看了表演。一位多次在"大家乐"演唱的打工妹说:关键是我们在"大家乐"舞台上获得了一种自信、开放的心态,这对我们今后的工作很有用。"大家乐"这种事先没有彩排、表演者临时报名自荐自演的文艺晚会,给深圳的文化生活带来一股清新的空气,得到越来越多的青年的响应和支持,并旋即向区镇村辐射。经过二十多年的发展,"大家乐"已遍布深圳各区、各镇、各村、各工业区。如今的参与者已不仅仅是打工青年,本地居民也融入其中。

"大家乐"之所以能长盛不衰,究其原因正如其活动的创办人云蔚成(原深圳市青少年活动中心主任)所说:"大家乐"舞台之所以能广受欢迎,在于它既能丰富深圳人的文化生活,又能为广大青年提供参与文化建设的机会,两全其美,所以富有生命力。深圳"大家乐"舞台广场文化开创了中国娱乐文化大众化的先河。

二、"歌舞厅"的兴盛

另一种形式的文化娱乐,从歌舞厅开始。1980年深圳第一家帐篷歌舞厅在西丽湖出现,1981年西丽湖歌舞厅诞生。此后,歌舞厅(包括歌厅、舞厅、音乐茶座、音乐酒吧、民歌酒廊、卡拉OK厅等)在深圳迅速发展起来。1990年年底,深圳共有歌舞厅二百多家,而到1999年年底已增至832家,从业人员为48300人。究其原因,与市场经济快速发展,外商、港商、企业家的联谊应酬增加,与商品经济加快了工作节奏,白领阶层对文化娱乐消费需求的增长等是密切相关的。

草创时期的深圳歌舞厅主要以国内民歌和电影流行歌曲为主要曲目。随着港资外资的介入,雨后春笋般兴起的歌舞厅,开始主要向港商、外商及其雇员开放。当时,从演唱曲目到表演风格,几乎全部走的是"港化"路线。

在歌舞厅向本土和内地人全面开放以后,为满足不同层次群众的文化需求,民族歌舞以其独特的魅力逐步开始与港台海外的劲歌劲舞同时占领舞台。据1999年抽样调查结果显示,在歌舞厅的演出中,民族歌舞最多的占整场演出的98%,最少的占到整场演出的34%。

深圳歌舞厅因对民族歌舞的推广而受到广泛的欢迎。特别有影响的是沙都歌舞厅,它们专门成立了民族歌舞艺术团,其因优美的表演而一度成为深圳歌舞厅行业的一面旗帜。1992年,以沙都歌舞团为主的深圳歌舞厅艺术团赴京汇报演出,受到一致好评。中央有关领导称赞演出"给首都舞台吹来了一股清风"。深圳歌舞厅以蓬勃发展的势头,带动了深圳文化娱乐业的发展。此后,电子游戏机室、桌球室、录像投影场等文化娱乐场所随着市场的需求而不断扩大。深圳文化娱乐业由此走上了从无到有、由小到大、从单一到多元的发展道路。

三、文化设施的建设

文化设施是城市空间格局的重要组成部分,是政府主导的公共投资的主要领域,它不仅能丰富城市高品质的生活,而且能够体现独特的城市文化特征与精神,对满足现代城市功能,彰显城市品牌形象,提升城市服务水平和核心竞争力等方面具有举足轻重的作用。①

深圳是一个"无中生有"的城市,由一个农业县一夜之间变身为一座城市。深圳城市化过程以超常的速度推进,而这样一座急速成长的城市对文化的需求,无论如何也不是一个农业县的文化积累所能满足的。

30 年前,当深圳建市和经济特区创办初期,其文化基础非常薄弱。全市只有一家戏院、一家小型电影院、一间百十平方米的新华书店和一个展览馆,许多区、乡、村的剧场与文化室因经济工作的需要,被改造成"三来一补"工厂;文化队伍极其薄弱,187 名工作人员中只有 3 名大学生,原有的1200 个农村文化室和130 个业余宣传队基本解体。当时的深圳被称为"文化沙漠"。

深圳特区成立伊始,百业待兴,所有的建设项目都需要资金的投入。深圳立足于长远发展战略,将文化建设纳入特区城市总体规划中。当时任市委书记的梁湘说过一句斩钉截铁的话:就是勒紧裤带也要把八大文化设施建起来。

1984 年,整个深圳一年的财政收入才四亿多元,深圳市委、市政府却先后拨款 6.5 亿元,兴建了深圳图书馆、博物馆、大剧院、电视台、体院馆、深圳大学、新闻文化中心和科学馆八大文化设施②,创办了深圳特区报、深圳广播电台、海天出版社、深圳交响乐团、艺术中心、艺术学校和深圳画院,并扩建了市粤剧团、美术馆、深圳戏院和新华书店。这种战略眼光为深圳文化后来的发展不仅奠定了良好的基础,而且起到了良好的示范作用。

---

① 参见魏宗财等:《深圳市文化设施时空分布格局研究》,《城市发展研究》2007 年第 2期。

② 参见易运文等:《给特区铸入文化的灵魂》,苏伟光主编《深圳文化 15 年》,海天出版社 1995 年版,第 413—414 页。

20 世纪 90 年代,深圳步入了新一轮文化建设热潮。以深圳书城、深圳特区报新大楼、关山月美术馆等为标志的"新八大文化设施"先后建成;同时在福田中心区启动深圳图书馆、深圳音乐厅、深圳少年宫、深圳广播电视中心和深圳博物馆新馆建设。

如今,深圳建成的市级文化设施共 32 个,除大型文化设施以外,全市共有群艺馆和文化馆 62 个,公共图书馆(室)577 个,文化广场 197 个,博物馆 19 个。更多更新的文化设施正在建设或规划之中,如当代艺术馆、新的深圳科技馆等。为 2011 第 26 届世界大学生夏季运动会的举办而兴建的一大批文化体育场馆,则会在 2011 年 8 月大运会之前如期建成并投入使用,深圳的文化设施建设由此而大步向前推进。经 30 年的努力,深圳形成了较为完善的市、区公共文化设施体系和基层公共文化设施体系,它们为市民参与各类文化活动提供了必备的空间。

四、高雅艺术的扶植

草根文化无论发达到什么地步,深圳都很难被认同为是一个真正有文化的城市。市民和城市决策者都意识到了这一点,对高品位城市文化的呼声越来越高。

历史进入 21 世纪,为倡导高雅艺术,政府相关部门推出了"文博会艺术节"、"中外艺术精品演出季"、"交响乐音乐季"等多种活动。这种艺术节和精品展现,虽然规模不大,但影响却很长远,既活跃了深圳的艺术舞台,又满足了群众的文化需求,并潜移默化地引领着高雅文化在深圳的出场。

"中外艺术精品演出季"是一个很有代表性的案例。第一届演出季从 2003 年 11 月 7 日开始,以一场深圳演出历史上最高规格的音乐会——"谭盾及国际音乐大师多媒体交响音乐会"为演出季拉开帷幕,引起强烈轰动。而由中央歌剧院特排的法国歌剧纪念版《卡门》作为闭幕演出同样辉煌,使深圳观众首次欣赏到正宗歌剧。从 2003 年 11 月 7 日至 2004 年 1 月 8 日的两个月时间里,二十多个中外著名艺术团体,为深圳观众献上了 32 场精彩演出,吸引了四万多深圳观众,被媒体誉为"艺术盛宴",并且被评为当年"深圳十大文化盛事"之一。第六届中外艺术精品演出季从 2008 年 9 月 25 日开幕,在历时 4 个月的时间里,为深圳市民奉献了共 15 个项目 37 场精彩纷呈的艺术演出,项目包括了昆曲、芭蕾舞、弗拉明戈舞、探戈舞、新年音乐会、金曲演唱会、人偶剧、话剧、小剧场话剧等,涵盖多种艺术形式。据不完全统计,逾 4 万市民在这一"季"里入场欣赏了来自多个国家顶级演出团体的高水准艺术演出。

高雅艺术不是"贵族艺术",不是"奢侈艺术",应当面向广大的普通市民。为了提高市民艺术素质和文化修养,引导市民文化消费,2008 年深圳市政府通过财政补贴,开启了高雅艺术演出大门,每场次保证 30% 的低票价面向普通市民,这使普通市民欣赏高雅艺术演出的奢望变成了现实。同时,深圳市政府还推出了一个又一个深受市民欢迎的高雅艺术普及鉴赏活动,从"戏聚星期六"、"美丽星期天"、"音乐下午茶"到"深图艺苑"等,它们对提高市民文化品味、培育文化消费新热点起到了积极的推动作用。

第二节　移民城市的文化精神

深圳是一座年轻的移民城市,不同的移民带来了不同的文化。美国学者奥格本认为移民文化的形成是文化变迁的过程,它包含四个因素,即发明、积累、传播和调适。其中,发明是指发明新的文化形式;积累是指有效用的文化形式的持久存在;传播是把文化形式传入新的地方;调适则是指文化的一个部分变迁时,其他部分的相应变化。[①] 当人们在考察移民社会的文化生成时,经常采用"熔炉"的比喻,类似于熔炉状态的移民文化的特质,是融合的、动态的、碰撞的,正是在此过程中文化的更新与融合才得以实现。

这种文化的更新与融合的过程,即是文化整合。到此阶段,还尚未形成移民

---

① 参见[美]威廉·费尔丁·奥格本:《社会变迁——关于文化和先天的本质》,浙江人民出版社 1989 年版,第 89 页。

文化的稳固形态,这里最为关键的是实现文化整合后的个体与群体文化认同的重构。加拿大哲学家查尔斯·泰勒认为,认同问题是哲学的基本问题。所谓文化认同,就共同体指向而言,意指个体对不同社会组织和不同文化传统的归属感。文化认同,其本质是寻求某种文化的一致性或同一性,但由于它缘起于文化的差异、流变和断裂,因而其进程、形态和内容都是复杂而多重的。[①] 文化认同是一种建立在分化、差异基础上的选择过程,是个体在经历文化比较、文化类属、文化辨识、文化定位之后,而获得、保持与创新自身文化的社会心理过程。

移民社会的文化认同从何而来? 来自不同文化区域的移民在一起工作、一起生活,原有的社会关系不复存在,人们在创建新家园的过程中,逐渐形成了对自身、生活及世界的认识,并据此形成诸种观念。它是一种移民文化精神,同时也成为深圳人身份的一个重要标志。可见,深圳精神是维系深圳人的纽带,是推动深圳城市不断发展的内在动力。

何谓深圳精神? 特区成立以来,人们一直在不断总结,从 20 世纪 80 年代的"开拓、创新、献身",到 20 世纪 90 年代的"开拓、创新、团结、奉献",到新世纪初,又进一步提升为"开拓创新、诚信守法、务实高效、团结奉献"。其实,这些似乎还不能完全囊括这座城市的品格和精神气质。敢闯敢试、开放包容、兼容并蓄、以人为本、宽容和谐、关爱互助、求学问道、竞争向上、崇尚卓越等,这些都是民间津津乐道的这座城市的人文精髓。事实上,深圳精神随着城市文明的演进在不断充实,它既是历史的,也是发展的。它承载着一座城市的蓬勃生机与美好憧憬……

一、开拓创新

不甘心"200 人辛苦一天,赚钱却不如修鞋匠"的侯为贵孤注一掷,用来料加工攒下的全部血汗钱,开始了中兴的创业;替人做代理、结果让人一脚端了的任正非,用两万元的全部家当投入研发,创办了华为。如今,"中兴"、"华为"成为

---

① 参见韩震、曲瑞华:《文化认同问题的凸显及其效应》,《学习时报》2004 年 3 月 25日。

全球通信行业的两朵"金花"。1983 年,32 岁的王石刚从机关辞职,来到深圳"下海",从玉米饲料贸易运输做起第一笔生意。现在,他麾下的"万科"已经坐上中国房地产界第一品牌的交椅。他们都是深圳移民中最早一批"草根"创业者和冒险家。深圳,无数的人在这里改写了自己的人生命运。

深圳城市建设的主体是移民,移民走出原生地的行为,本身便寄寓了实现自我、超越自我、向往新的生活方式的开拓进取的精神。坚定的理想信念和顽强的意志成为个体改造现实世界的推动力量,这种精神力量随着移民社会的形成,慢慢本土化而形成一种城市精神、一种力量型文化,内化为深圳人的价值观念,点燃了一代又一代人的创业、创新激情。从改革开放的盲区、禁区、难区中闯关夺隘,到在经济建设和其他各项事业中扬帆猛进,创造出"深圳速度"和一个个辉煌业绩,都承载了深圳人的勇于开拓、自强不息的精神风貌和理想追求。

创新是深圳发展的生命线和灵魂。深圳从创新资源匮乏的"飞地",一跃成为创新资源集聚的"高地",靠的就是制度创新、体制创新和理念创新,通过用人制度改革,较早实现了人才的自由流动;通过分配制度改革,极大地激发了科技人才和企业家的创新活力;通过要素市场改革使创新企业得以按照市场规律配置创新资源;通过文化立市战略,把文化发展与城市发展有机地统一起来,保证了深圳文化能沿着正确的、理性的轨道发展。倡导创新、支持创新已成为深圳人最为重要的价值取向之一。

深圳是国家发改委批复的首个创建国家创新型城市。我们无愧于这个荣耀!体现一座城市科技创新能力的重要指标是专利申请量。让我们来看看深圳的数字吧。

深圳 PCT① 国外专利申请保持活跃,2009 年全市 PCT 申请量达 3800 多件,连续 6 年居全国首位,占全国申请总量的47.5%。2008 年华为 PCT 申请量跃居全球第一位,中兴通讯居第 38 位;2009 年这两家企业 PCT 申请量约占全国 PCT

---

① PCT 是《专利合作条约》(*Patent Cooperation Treaty*)的英文缩写,是有关专利的国际条约。根据 PCT 的规定,专利申请人可以通过 PCT 途径递交国际专利申请,向多个国家申请专利。

申请总量的 40%。在国际专利申请量增长的同时,2009 年深圳的国内专利申请量同比增长 16.63%,达 42279 件;其中,发明专利申请量为 20520 件,增长 9.4%,占国内专利申请总量的 48.53%。深圳获得的专利授权量也不断增多,2009 年深圳全市国内专利授权量 25893 件,同比增长 37.69%;其中发明专利授权 8132 件,同比增长 50.34%。

深圳,既是创新的产物,同时,也在创新中不断创造更多的奇迹。

二、开放包容

深圳地处珠江三角洲地区,是内地唯一与香港接壤的城市,是内地与香港乃至世界联结线上的一个重要的交通枢纽。这样一个地理环境,使得开放精神早就内在地蕴涵在深圳文化之中。当深圳成为中国改革开放的"试验场"、"窗口"时,成千上万的建设者来到了这里。他们带来了我国内地多种地域文化,加之深圳原有的岭南文化,以及香港多元西方文化对这里的辐射,使得深圳犹如一个会聚中西方文化的"蓄水池"。这种开放的文化特性为深圳继承中华民族优秀传统文化,汲取先进外域文化的成果,实现自身文化创新也提供了良好的条件。

开放,是这座城市 30 年来发展变革的一根主线,包容则是这座城市的气质。深圳的包容性强,在于对各种进步文化的兼收并蓄,对各种进步观念和生活方式的尊重、接纳,显现出"海纳百川,有容乃大"的宽容气度。深圳移民都没有自己是"外地人"的感觉,同时也不会把别人当做"外地人"加以排斥;不以"非我族类,其心必异"的狭隘心理对待异质文化,不打压观念上的新奇,不歧视生活方式上的独特。只要遵纪守法,深圳接受和吸纳一切有差异的文化观念,尊重人们根据自己的需要选择的生活方式。同时,深圳的包容,还体现在对失败者的宽容:"支持改革者,容忍失败者,惩治腐败者";"善待挫折,尊重失败"。

2006 年《深圳经济特区改革创新促进条例》正式获审议通过,自此,国内首部改革创新法正式出台,也即意味着从此深圳改革创新出现失误,将免予追究。这一被人称为"试错条例"的法规,在第 42 条中明确规定,改革创新工作发生失误,有三个条件是可以免责的:一是改革创新方案制定程序符合条例有关规定;二是个人和所在单位没有牟取私利;三是没有与其他单位或个人恶意串通。对

"无罪免责"的坚持,是深圳"鼓励创新、宽容失败"城市精神在更高层次的写照。

三、关爱奉献

"请政府救救我……"2007年身患恶性淋巴肿瘤的打工女邓婉茹向政府有关部门发出呼救。两年的治疗、二十多万元的花费,化疗对邓婉茹已无多大作用,当时唯一的希望就是立即进行骨髓移植。虽然两个弟弟都完全符合捐髓条件,然而,高达三十多万元的手术费用让邓婉茹绝望了,她把最后的希望寄托于政府。一场从政府到民间的爱心接力开始了。市领导、来深圳建设者、公务员慷慨解囊,各界捐款达34万元。邓婉茹的医疗费用解决了,成功进行了骨髓移植的她深情地说:"是深圳这个温暖的城市,给了我第二次生命!"

这个偶发性的关爱事件后来演变成了一种常态化的救助模式——劳务工关爱基金。2007年3月,全国首个专门救助劳务工的"关爱基金"成立,专门为非深圳户口的劳务工在深圳遭遇重大疾病时提供救助。截至2009年12月,该基金资助劳务工及其子女达1637人次,资助金额1570多万元,被劳务工称作雪中送炭的"救命钱"。

这只是深圳关爱行动中无数个事件中的一个。还有,"燃料行动"、"资助劳务工春节返乡"活动、外来女工关爱工程、白衣天使关爱工程、深圳"募师支教"行动、关爱单亲特困母亲活动、"临终关怀"计划等,都激发了全民参与的热情。

据不完全统计,至今,先后有上千万人次参加了关爱行动,各单位及社会团体已实际开展的活动超过9000项,设在深圳的几大爱心账户共收到社会捐款十多亿元。

多年来,深圳人已逐渐形成了超越传统、走向现代的新型道德观念和人际关系。"关爱、感恩、回报"已成为深圳这座城市的精神特质,成为企业、家庭和市民的生活习惯,成为人们的一种生活方式。

关爱的同时,常常就意味着奉献。深圳人充满爱心,更乐于奉献。"赠人玫瑰,手有余香"——全国第一个义工组织诞生在深圳。深圳市现有注册义工近二十万人,各类志愿服务组织人数达几十万人,人均义工比例最高;截至2010年初,深圳市民捐血人次已达142万,无偿献血280余吨,走在全国前列;深圳还是我国自愿捐献眼角膜最多的城市,累计已达 140 多例;超过 1.3 万名深圳人的资料被收入中华骨髓库,全国骨髓成功配型的捐献志愿者中深圳占 1/10,并且从无一人拒捐。一次次"奉献"之举,让深圳人的精神在潜移默化中升华,让深圳城市的人文品格在真情付出中提升。

四、求知崇文

深圳人的平均年龄不到 30 岁,对于众多年轻的人来说,普遍存在着对知识的巨大需求,自我学习与自我提升成为化解生存与竞争压力的内在需要。这可以从以下数据中体现出来:

深圳人均购书量已经连续 17 年位居全国第一,深圳的图书销售总额位居全国大城市第四位;深圳市图书馆新馆日均人流量为 10000 人次,节假日达 30000 人次;深圳已形成一个包括市、区、街道、社区四级图书馆在内的,拥有六百多个各类图书馆的庞大网络。

同时,周末听各类专业讲座已成为深圳人一项重要的文娱活动。深圳人的求知精神正引领这座城市的价值导向和精神诉求,成为越来越多的深圳市民的价值追求和行为准则。

一个个在岗位上读书成才的知识型职工,用他们的成长印证了自己的求知精神,说明了"知识改变命运,深圳让人成才"的道理:杨广来自湛江遂溪县塘仔村,1998 年被招聘到中电物业管理公司当保安。由于勤奋好学,他先后取得了初级和高级电工资格,成为深圳出台农村户口人员招调入深政策后被招调的第一个农民。32 岁的熊永兰自学成才,从一名流水线上的打工妹成长为宝安区宝恒集团大洋服务有限公司主任助理……在榜样的带动下,深圳企业和广大职工中掀起了一轮又一轮争做学习型组织和知识型职工的热潮。

2007 年,在深圳全市范围内举办的"市民喜爱的深圳十大文化品牌"评比活动结果显示,市民文化大讲堂、深圳读书月、社会科学普及周等倾向于知识、理性与智慧型的文化活动深受市民欢迎。

深圳市图书馆报告大厅是"市民文化大讲堂"主讲堂。这个能容纳四百多人的地方却根本满足不了听众的需要。每到周六、周日开讲,这里都爆满。许多人只好挤在门外的走廊里,或坐在大厅的过道里听讲。这场面远比歌星在深圳举办演唱会还火暴。

为了引导与进一步提高市民对于读书的热情,深圳自 2000 年始就在每年 11 月举行"读书月"系列活动,10 年来共举办各类读书文化活动两千多项,市民踊跃参与。阅读本是个人行为,深圳以读书月的形式去推动全民阅读,一做就是 10 年。它所铸就的是"以读书为荣"的价值理念,"以读书为乐"的生活方式。书香掀起了整个城市求学问道的风气,书香凝练着一座城市的精神气质。

深圳这座城市正从"因阅读而受尊敬的城市"蜕变为"杰出的发展中的知识城市"。

第三节　尊重市民的文化权利

一、公民文化权利

作为一个深圳人,他的周末可能是这样度过的:周五晚上 8 点去中心书城聆听某位心仪已久的作家谈文学;周六下午陪孩子去音乐厅参与"音乐下午茶"或去大剧院听一场"戏聚星期六"戏剧普及讲座及表演;周日下午去音乐厅欣赏一场美妙的音乐会或聆听音乐讲堂。同样是周六和周日,还可以选择去图书馆"深图艺苑"欣赏一场艺术表演,或是在"市民文化大讲堂"听一场精彩的学者演讲;去美术馆参观各类视觉艺术展;去博物馆考察历史文物展览;去群艺馆参加艺术培训。而这样丰富多彩的文化生活,是每一个深圳人都可以享用的文化福利。

2002 年,深圳在全国率先开展公民文化权利研究,提出文化权利是公民的基本权利,具有与政治权利、经济权利同等重要的地位,必须得到保障和尊重。

概括来说,首先,深圳所诠释的公民文化权利主要包含如下五个方面的内容:一是享受文化成果的权利;二是参与文化活动的权利;三是开展文化创造的权利;四是文化创造成果受保护的权利;五是进行文化选择的自由权利。文化权利与政治权利、经济权利和社会权利一样,是基本人权的一部分,它们在公民权利结构中处于同等重要的地位,而公民文化权利的实现状况是社会文明与进步程度的标志之一。

对政府来说,文化权利概念的提出,首先意味着对自身文化职责的全面检讨,即应把公民文化权利的实现程度作为政府文化绩效考核的重要指标。而如何最大限度地维护和实现公民的文化权利,是政府必须承担的基本的公共责任。

其次,它还意味着政府相应承担五个方面的基本职责:一是政府有责任、有义务为公民提供基本的公共文化产品和服务;二是政府应该创造条件让公民能够参与各种文化活动;三是政府应该创造宽松的环境、建立完善的机制激发公民的文化创意,促进公民的文化创造活动的开展;四是政府应该制定切实有效的政策法规,保护公民创造的文化成果,确保其文化成果能够实现价值和价值增值;五是政府应该鼓励多元文化产品和服务的供给,创造宽容、多元的社会文化。正是在这种理念的指导下,深圳非常注重文化体制的改革;注重政府文化职能的转变;注重政府与社会的良好互动;注重公共资源更合理地配置。

对深圳市民来说,对文化权利的诉求,事实上是与市民文化需求的日益增长密切相关。经济高速发展的深圳,亟须文化给予精神上的滋养。因此,近年来,在政府的推动下,深圳日益形成了以促进学习型城市建设为重点的"深圳读书月",以提高市民文化鉴赏品位为重点的"市民文化大讲堂",以普及社会科学知识为重点的"社科普及周",以倡导高雅文化为重点的"深圳大剧院艺术节"和"中外艺术精品演出季",以促进市民创新潜能发挥为重点的"创意十二月",以及面向外来建设者的"外来青工文化节"、面向社区居民的"鹏城金秋社区文化艺术节"、面向中小学生的"少儿艺术花会暨学校艺术节",以保护文化遗产、弘扬历史文化为重点的"文化遗产日"系列活动等一批文化活动品牌,通过品牌的影响力、辐射力、凝聚力,保障市民参与和享受文化的权利。

二、公共文化服务体系

如何保障公民文化权利并确保其得到充分的实现?关键在于制度和体系。必须通过一种切实有效的制度设计和体系建设来保障公共资源的合理配置,满足公民基本文化需求。这种制度设计和体系建设就是我们通常所讲的公共文化服务体系。

让我们先感性地了解一下公共文化服务体系为市民带来的种种好处：

深圳市福田区已建立了"一公里文化圈"，市民走出家门一公里内就能尽享图书馆、文化馆、艺术馆、文化广场等公益性文化设施提供的各类便利服务，参加大家讲坛、享受视听盛宴。

深圳的"图书馆之城"建设初具规模，目前深圳市、区7个公共图书馆全部实行联网，读者只需要在其中一个图书馆办理借书证，并开通"通借通还"服务功能，就可以在任何一个图书馆借书、还书，同时还可以在线查询7个公共图书馆的书目数据和读者借阅信息。

来深圳的建设者再也不用担心周末无处学习、消遣。他们在食堂就可以观看共享工程的节目，还可以使用"阳光网吧"，通过电脑上网"冲浪"。不出工业区，流动图书车即可把图书馆的书籍送到他们手上。他们的子女还可以获得政府提供的舞蹈、声乐、美术等各种艺术培训，培训课程和学习用具全部免费。

……

这些也都是每一个深圳人可以享受的文化福利。

近年来，深圳为完善公共文化服务体系建设，在公共文化产品及服务的公平性、便利性、多样性、公益性、基准性和公民参与性等方面做了积极努力。深圳坚信只有让公共文化服务体系具备以上6个基本要素，才能为市民文化权利的实现提供有效保障。

在公平性方面，深圳统筹规划布局，合理配置资源，初步建成市、区、街道、社区四级网络。截至2009年，基础图书馆覆盖率达到86%，社区文化活动室建设率为84.5%，文化广场建设率为70%。有针对性地组织以来深圳的建设者为服务对象的文化活动。如实施"外来劳务工文化服务工程"，组织流动演出、电影、讲座、展览等"流动系列"文化活动，深入社区、厂区。各类公益文化场馆和丰富多彩的文化活动为广大市民和来深圳的建设者提供了公平的文化服务。

在便利性方面,深圳探索在工业厂区开辟文化活动场所,运用屋村会所等良好的硬件设施开展文化活动,多触角、多层面地为市民和来深圳的建设者提供近距离的、经常性的公共文化服务。通过多种媒介提供文化信息服务,让市民和来深圳的建设者方便快捷地获得文化信息。实现图书借阅的通借通还服务,图书馆开设盲人阅览室。多种文化场馆均安排了导览服务,还开辟了残疾人无障碍通道。

在多样性方面,深圳根据服务和产品的多样性以及服务对象的多样化,创新推出"周末"、"流动"、"高雅艺术"等三大系列公共文化活动,推出公益电影、文化大讲堂以及文化进社区等服务。

在公益性方面,深圳推出免费和低价优惠服务。继2007年市属公益性文化场馆全面免费开放后,深圳音乐厅、大剧院推出"音乐下午茶"、"美丽星期天"、"戏聚星期六"系列免费音乐鉴赏活动。群众艺术馆为来深圳的建设者子女和老年人提供免费艺术培训。文物考古鉴定所定期为市民提供免费文物鉴定服务。高雅艺术演出实行票价补贴机制,票价最低降至50元,使市民能够以低门槛观赏高品位的艺术精品。

在基准性方面,深圳创设各种载体平台,如市民文化大讲堂、读书月、4·23世界读书日系列活动、周末系列活动和数字电视等,确保市民看电视、听广播、读书看报、公共文化鉴赏、参加大众文化活动等基本文化权益的实现。超出这些基本文化需求的更高要求,则引导市民进行文化消费,从文化市场上获取。

在公民参与性方面,深圳创建平台,充分调动市民及社会力量参与文化建设。例如:每届"创意十二月"推出市民创意设计大赛,激发市民的创意潜能;深圳美术馆策划开展艺术关爱行动——画梦,在全市范围内寻找20位民间书画家,免费为他们举办个人艺术展览,帮助他们实现文化创造的梦想。目前深圳全市143家文艺团体已经成为公共文化服务的重要骨干力量。从社会上招募的三百多名高素质的文化义工在市属文化场馆发挥着导览导引的作用,成为深圳文化的一道亮丽风景线。

第四节　文化产业的异军突起

一、华侨城主题公园

20 世纪 80 年代后期到 90 年代初,深圳将旅游与文化相结合的尝试,取得了巨大成功,其标志为华侨城集团推出的主题公园——"锦绣中华"微缩景观、"中国民俗文化村"和"世界之窗"。

深圳华侨城位于深圳市南山区东侧,占地面积 4.8 平方公里,靠山面海,隔深圳湾与香港新界相望。1985 年经国务院批准设立"深圳特区华侨城",由香港中旅(集团)公司负责开发经营。在充分调查和科学论证的基础上,华侨城的开发者们逐渐形成了文化与旅游相结合的指导思想。据华侨城建设指挥部主任马志民回忆说:1985 年秋筹建华侨城时,深圳已有蛇口、南油等开发区,各具特色。我们怎么搞? 当时定的总方针是"工业为主,形成贸易、旅游、文化教育等综合性开发区",同时兼顾侨务。我们的口号是"城市规划科学合理,城市建设具有特色,城市环境清洁优美,城市风貌高尚文明",以新加坡为模式,以文化旅游为突破口。

1985 年,华侨城建设指挥部主任马志民率队前往欧洲考察。当参观荷兰那座著名的小人国时,他顿时获得灵感。他想,我们何不把古今中外的名山大川、建筑文化、文物古迹通过微缩的方式集中到华侨城来呢? 华侨城的决策者们从文化找到了突破口,发展文化旅游的思路就此打开。

1986 年华侨城着手制定"锦绣中华"微缩景区的总体规划,1987 年破土动工,1989 年 11 月建成。"锦绣中华"占地 33 公顷,景区选取了最能代表我国历史文化、古代建筑、名山大川的景点 82 个,采取微缩手段,集中概括地展现了我国古代建筑的精美和大好河山、民族村落的秀丽。1991 年 10 月民俗文化村建成,其占地 33 公顷,选取了我国 21 个少数民族的 24 个村寨和二十多个景点,按照实景比例建造。它荟萃了我国多个民族的民间艺术、民俗风情和民居建筑特色。1994年6月"世界之窗"建成，其占地48公顷，投资五亿多元，集纳世界奇观、历史遗迹、文化艺术和民俗风情的景观达118个，亦采用微缩为主的手法表现。以上三大景观，实现了人们"一天历览华夏五千年历史，一日游遍祖国960万平方公里"和"国人看世界，洋人看中国"的梦想。

华侨城主题公园的成功开发，取得了惊人的经济效益。据资料显示："锦绣中华"开业仅6个月即收回了8000万的成本，其中99天接待游客100万；"中国民俗文化村"投资逾亿元，开业仅9个月即全部收回成本。锦绣中华和中国民俗文化村仅1992年即赢利1.5亿元。由锦绣中华、民俗文化村为骨干企业组成的香港中旅国际投资公司在香港招股上市，获得超额认购380倍的佳绩，创香港有史以来新股上市纪录。世界之窗仅国庆节一天游客数即达6万人之多，光门票收入就有四百多万，创造了中国旅游史上的奇迹。

1998年，华侨城创立注重参与体验的新型文化旅游品牌，成功推出"欢乐谷"，树立了中国现代主题公园发展史上的里程碑。"欢乐谷"以其阳光气息、动感魅力、体智参与和欢乐无限的旅游风格得到了广大游客的喜爱，接待游客人数迅速攀升。2002年，欢乐谷二期完成，当年入园人数达230万人次。2005年5月1日，深圳欢乐谷成功推出三期"欢乐时光"项目，当年接待游客达三百多万人次。

2007年，由华侨城集团投资35亿元人民币精心打造的"东部华侨城"隆重开业。"东部华侨城"坐落于深圳大梅沙，占地近九平方公里，在山海间巧妙规划了大侠谷、茶溪谷、云海谷三大主题区域，集生态动感、休闲度假、户外运动等多项文化旅游功能于一体，体现了人与自然的和谐共处。同年，国家旅游局、国家环境保护总局共同授予东部华侨城"国家生态旅游示范区"的荣誉称号，"东部华侨城"成为中国首个获得此项殊荣的旅游区。

进入21世纪，华侨城为实现主题公园产业化的构想，一直致力于做大规模，实施主题公园布局全国的发展战略。华侨城集团先后进军北京、上海、成都等重要中心城市，构建了"1+3"全国战略布局——以深圳本部为中心基地的珠三角区域发展平台、以北京为中心的环渤海区域发展平台、以上海为中心的长三角区域发展平台、以成都为中心的西部区域发展平台，将"以旅游为核心、互动发展关联产业"的区域发展模式从深圳推向全国。2006年北京欢乐谷开园。世纪华侨城总经理高军说:北京欢乐谷的建设,一方面是华侨城集团旅游板块实施全国战略布局的关键一步,同时也是中国自主创新的主题旅游品牌"欢乐谷"连锁发展的起步。就在北京欢乐谷交出营业满意的答卷后,成都欢乐谷又于2009年1月开业,而上海欢乐谷也于2009年的暑期建成开放,至此,华侨城集团旗下的欢乐谷将全面完成在全国东西南北的战略布局。

"华侨城主题公园"群落则是深圳的文化地标。"锦绣中华"微缩景观、"中国民俗文化村"、"世界之窗"、"欢乐谷"、"东部华侨城",这一完美组合,其意义不仅在于创造了客观的经济效益,而且在于通过其不断积累的文化内涵,创造了深圳文化产业的一块优质品牌。

二、文博会

2002年11月,深圳市主要领导提出,能否参照"高交会"的做法,在深圳举办一个具有重大影响和作用的文化产业博览交易活动,以推动全省、全市文化产业的发展。

2002年12月,由深圳市文化局完成了《关于举办"深圳文化产业博览交易会"的可行性论证报告》。2003年3月底,深圳市文化局课题组制定出《首届广东(深圳)国际文化产业博览会总体方案》。2003年6月2日,深圳市政府三届第91次常务会议原则同意首届"文博会"总体方案。

2003年6月6日,深圳市委召开常委会,通过《关于实施"文化立市"战略的决定》,将"文博会"列入深圳实施"文化立市"战略的重要举措。2003年10月29日,深圳市政府三届第103次常务会议,审议通过了《深圳国际文化产业博览会总体方案》。

深圳市对于举办"文博会"的总体思路和目标已十分清晰,即以"文博会"带动深圳乃至全国的文化产业发展,以市场培育一批文化产业品牌,以文化品牌提升深圳的城市形象和影响力;并确定了筹办文博会的指导思想,即按"政府支持、社会参与、市场运作、规范管理"模式运作,走国际化、市场化、社会化道路,以博览、交易、论坛和活动为主体内容,创办综合性文化产业展会,为中国文化产业的发展搭建一个展示平台、交易平台和信息平台;调动社会力量广泛参与,引导民间资本大量投入,吸引公众广泛参与。

2003年12月26日,广东省文化厅正式向文化部提交"文博会"立项申请报告。2004年1月30日,国家文化部批准"文博会"立项。广东省人民政府、国家文化部、广电总局、新闻出版总署先后批复同意与深圳市人民政府共同主办"文博会"。从2004年开始,先是确定每两年一次,后根据中央领导指示并为打造"文博会"品牌的实际需要,决定一年一届在深圳举办"文博会"。

首届深圳国际文化产业博览会于2004年11月18日至22日在深圳高交会馆举行。到2009年,"文博会"在深圳共举办了五届。首届"文博会"以"文化产业博览、文化产业论坛、文化产业交易"为主题,包括博览、交易、论坛、主题宣传活动等多项内容。据不完全统计,展会期间参观文博会各项展览和参加文博会各项活动的总人数超过47.7万人;有五十多个国家和地区的四百多名来宾参加了博览、交易、论坛和各项活动;有五十多个国家和地区的102家企业参加了文博会。而到了2009年5月15日至18日在深圳会展中心举行的第五届文博会时,观众则多达351.75万人次;来自56个国家和地区的海外专业观众超过1.5万人次;海内外参展商数量达到2171家。与首届只设大芬村一个分会场不同的是,第五届文博会光是分会场就设了30家。首届文博会的合同交易额达31.4亿元人民币,而第五届文博会的合同成交金额已经达到174.63亿元人民币。文博会真是一届比一届办得好。"文博会"已经成为一个国际性的文化产业交易平台。而"文博会"带动深圳本地文化产业高速发展的事实也是显而易见的,首届"文博会"时,深圳文化产业增加值占GDP不到3%,而到第五届"文博会"的时候,深圳文化产业增加值已经占到GDP的7%左右。

中国(深圳)国际文化产业博览交易会已经成为我国唯一的国家级、国际化、综合性文化产业博览交易会,深圳正致力于把"文博会"打造成为国际知名名牌,为推动中国的文化产业发展、为中华文化走向世界提供平台。

"文博会"的辐射作用主要体现在典型文化企业"以点带面"的扩散效应上。

大芬村是借"文博会"名扬世界的。首届"文博会"时,大芬村的油画销售额为1.4亿元,2006年的销售额就突破5亿元。即使是受金融风暴袭击的2008

年,大芬村的交易额也超过 4 亿元。目前,大芬村占有世界油画装饰品市场 60%的份额,享有"中国油画第一村"的声誉。在苏黎世,餐馆老板指着墙上的油画告诉中国客人,"大芬油画"让他知道了深圳。而依托大芬村的市场资源,浙江义乌、福建厦门、广东东莞及中山等地都开展了相关业务。

而在第四届、第五届"文博会"上跑出的震撼世界的"黑马"是深圳华强集团。近年来,深圳华强集团成功打造了"创、研、产、销"一体化的产业链,探索出一条"文化与科技紧密结合,创意与创新水乳交融"的发展道路,是深圳文化产业发展的标杆企业。在第四届"文博会"上,华强文化科技集团(深圳华强集团旗下的企业)展示了其创意产品"方特欢乐世界"主题公园,引起伊朗山曼·高斯达公司的浓厚兴趣,双方通过谈判,最终达成将"方特欢乐世界"主题公园引入伊朗的协议。该项目总投资达 8000 万欧元,伊朗方面以现金方式支付软件、品牌、专利等费用,公园建成后华强文化科技集团还将长期获得主题公园经营利润分成。在第五届"文博会"期间,深圳华强集团在会展中心茉莉厅与国家开发银行、中非发展基金、南非约翰内斯堡市政府、南非国家工业开发公司(IDC)签约,将共同在南非约翰内斯堡投资文化科技主题公园"方特欢乐世界",项目总投资达 2.5 亿美元;深圳华强数码电影有限公司(深圳华强集团旗下的企业)与株洲市签订的文化科技产业园项目达到 50 亿元人民币,该集团与株洲市签订的方特株洲主题产业园项目,单项签约达到 45 亿元人民币。深圳华强集团拉开了中国大型文化产业项目走向世界的大幕,其对深圳及全国数字电影、数字动漫业的发展都具有带动效应。

三、设计之都

2009 年 6 月 15 日下午,联合国教科文组织全球创意城市网络内部成员会议在法国里昂市政厅举行。当深圳代表团团长黄发玉陈述完"2010 年全球创意大会方案"时,联合国教科文组织创意产业发展部主任乔治·普萨立即走过来对深圳表示祝贺。这一祝贺,是对深圳"设计之都"建设工作的肯定。

此前半年多的 2008 年 12 月 7 日,深圳被联合国教科文组织正式批准为全球创意城市网络的第 16 名成员,并颁发给深圳"设计之都"称号。联合国教科文组织认为,深圳在设计产业方面拥有巩固的地位,其鲜活的平面设计和工业设计部门,快速发展的数字内容和在线互动设计,以及采用先进的技术和环保方案的包装设计,均享有特别的声誉。深圳还把设计作为战略工具,指导城市转型,同时与社会文化相关领域,尊重经济发展机会的平衡,这一战略性眼光也受到专家小组的高度重视。

实际上,"设计之都"称号是对深圳长期坚持自主创新战略、发展文化创意产业的最佳褒奖。深圳是一个敢于创新、富于创意的城市,创新是深圳的根、深圳的魂。深圳提出申请联合国教科文组织"设计之都"称号,源于深圳自主创新战略和以创新推动城市发展的理念,与联合国教科文组织创意城市网络的理念不谋而合、高度一致。

"设计之都"是与深圳的城市气质最相吻合的品牌。这些年来,在这座充满创新氛围的城市里,深圳设计行业得到了突飞猛进的发展。深圳的设计行业在全国已具领先优势,特别是在平面设计与工业设计领域的领导地位,使深圳成为亚洲设计的重镇以及中国现代设计的核心城市。这为深圳建成"设计之都"打下了良好基础。

被称做中国现代平面设计发源地的深圳,拥有众多的中国优秀设计师。有人认为,平面设计是最具有深圳特色的文化现象。"深圳出品"以无可争议的优势,代表了国内现代印刷和平面设计的文化水准。

从20世纪80年代后期开始,深圳印刷业的发展造就了国内无可匹敌的平面设计师群体。1992年,深圳的设计师自发举办了中国第一次平面设计专业展——"平面设计在中国",第一次提出了"平面设计"的概念,同时也首次确立了深圳设计在国内的领军地位和国际影响。1996年,更大规模的第二届"平面设计在中国"将"深圳设计"这一品牌推到了顶峰。1995年,中国第一个平面设计协会在深圳成立;同年,陈绍华为世界妇女大会设计的邮票被大会采用,在全国发行。这标志着深圳设计师的影响力从业界走入公众视野。在随后的10年间,深圳的设计师几乎获得过世界上所有顶级设计赛事和国际展览的奖项,如法国肖蒙海报节、墨西哥国际海报双年展、日本国际海报展、纽约字体指导协会大赛、国际平面设计社团协会奖、巴黎国际海报展等,以及入选国际设计界所有权威设计刊物,如美国的 *GRAPHIS*、*NYADC*,英国的 *EYE* 等刊物。

深圳活跃的经济氛围产生了众多杰出国际级设计大师。在全球最权威的设计师组织———国际设计联盟(AGI)中,中国内地共有 4 位会员,深圳便占了 2 位———王粤飞与陈绍华。

如今,在深圳活跃着一支 2 万人的平面设计师队伍。这支设计队伍与深圳的印刷业相互依托,形成了完整的产业链条。设计评论者黄治成曾经说过:自"1992 平面设计在中国"展出之后,深圳已成为中国现代设计的一面旗帜,成为新生代设计师心中的巴黎蒙玛特区。深圳这座城市虽然年轻,但却是全国最早为海外加工动画片的城市、全国最早的动画制作基地之一,也是我国的动漫影视重镇之一。

早在 20 世纪 80 年代中期,许多海外加工制作动画片的公司就已经落户深圳,如曾具有相当规模的太平洋动画、翡翠动画、彩棱动画等,吸引了众多动画从业者。这使得深圳动画加工曾经盛极一时,每年形成的加工出口产值过亿元。很多著名的动画片都曾在深圳制作,甚至连迪斯尼的《狮子王》、《人猿泰山》这样的大片,也有深圳动画公司参与。而当年深受全国小朋友喜爱的《海尔兄弟》,也是深圳京红叶公司创作的。"深圳动漫"实际上在当时已成为了世界的"动漫制作加工基地"。

90 年代中后期,动画业出现了萎缩,深圳动画在国内业界的优势开始淡化。但深圳人很快意识到症结所在:没有原创动画人物或形象,永远只能为他人做嫁衣。近两年,深圳涌现了一批坚持原创的动画企业,像深圳光彩动画事业文化传播有限公司动画基地制作的大型动画系列片《一万一绝对拯救》已在全国一百多家电视台播出,环球数码出品的 40 集动画大片《奥运故事》获北京奥运会组委会授权,拍摄工作已经启动。此外,深圳创造的魔力猫、憨八龟等一批原创动画形象也纷纷亮相各大动漫展,并悄悄在电子辞典、儿童药品等商品外包装上频频露脸,以创新的"形象授权"商业运作模式搅热了中国动画业界。

"原创"使深圳的动漫重新崛起,整个行业呈现出欣欣向荣的局面。近年来,一批科技含量高、技术手段先进的且颇具规模的动画公司相继在深圳诞生。如创作完成了中国首部全三维动画电影《魔尔比斯环》的环球数码媒体科技研究（深圳）公司，创作出《小糊涂神》、《小虎还乡》、《我的家园》等多部国内外获奖动画的日中天动画、太阳卡通、唐人动画等。目前，深圳的影视动画业已经形成一定规模，据粗略统计，深圳有三维动漫制作公司千余家，有影视动漫制作能力的不下百家，从业人员近万名，每年为深圳创造约 2 亿元产值。

除了平面设计、动漫设计以外，深圳在展示设计、工业设计等方面也显示出了其独有的特色。这些年来，深圳设计师的作品服务了遍及全国的大型企业集团和文化机构，从"2008 北京申奥"标志，到竖立在纽约时代广场的三九集团标志，从中国第一家股份制银行深圳发展银行行徽到康佳与创维电视品牌，以及平安保险、海尔集团、五粮液集团、酒鬼集团、华为技术、中国海外等数不胜数的众多企业与品牌形象，"深圳设计"为中国特别是深圳经济建设与企业发展作出了杰出贡献，产生了巨大的经济与社会价值。深圳"设计之都"的轮廓，已经渐渐浮出水面。

为何年轻的深圳能屡屡在设计领域出佳绩？是因为市场经济催生了深圳设计行业。作为改革开放的第一块试验田，深圳较早实践市场经济，迅速发展的经济孕育着庞大的设计需求，吸引了大批设计师到这里淘金，做"文化商人"；城市的气质激发了创作的灵感。深圳的气质与设计的灵魂是一致的，这个灵魂归根结底就在于创新；政府的重视为设计业发展提供了平台。深圳每年都要举办各种各样的设计展，如"工业设计市长杯"、深圳美术馆每年的数个设计类展览、"2003 年深圳设计展"等，为年轻的设计师提供了展示的平台；城市审美水平的提升，促进了设计的发展。著名设计师王粤飞说：在设计师们频出精品的同时，深圳人在相关领域的审美水平也大幅提高。

设计与文化之间有一种比较复杂的关系，设计和文化之间并不总是正相关的。比如，当设计的追求局限于解决制造问题与功能问题的时候，当设计仅仅被当做装潢门面、诱导消费的手段的时候，文化往往就会淹没在物质的洪流中。但是，具体到深圳这样一个新生的城市的语境中，其对深圳城市文化的影响是积极的。

"设计之都"建设为深圳提供了一个重要的文化生长点，也丰富了这座城市的文化多样性。从文化生态上来说，深圳的异质文化的多样性仍然不够，而设计的背后潜藏着的巨大的文化能量,在多元文化的传播上具有一种超越意识形态的、无影无形的力量,是传达不同风格、不同流派的文化理念与文化观点的良好载体,并且能够形成。

"设计之都"建设可以强化深圳文化的创新特质。一方面,深圳文化的根基在于移民文化,其最根本的特质是创新。而设计的灵魂归根结底也就在于创新。从一定意义上来说,深圳文化的这种创新特质,就是在城市发展的诸多方面,通过不断提高、不断壮大的设计能力得以体现的。另一方面,发达的设计业,由于其注重创新的行业特点,可以强化"鼓励创新,宽容失败"的文化氛围,使创新内化为城市的集体意识。

"设计之都"建设可以提升深圳城市文化品位。设计是可以同时作用于生产过程、生活过程和文化过程的前端性产业,当设计作用于城市文化时,可以潜移默化地形成我们城市的创意环境,让城市接受审美的熏陶,能释放深圳的城市想象力,使这座城市的文化拥有"智慧"和"力量"。

四、文化产业发展战略

文化和科技结合,文化和旅游结合,创意和创新结合,是深圳文化产业发展的基本经验。前面介绍的腾讯和华侨城主题公园都是深圳文化产业发展模式的重要代表。近年来,深圳文化产业的迅速发展有四个环境因素起到重要的促进作用。

首先是深圳经济基础较好,文化市场活跃。深圳是国内经济最发达的城市之一,人民消费水平较高,为文化产品与服务提供了巨大的市场空间。

其次是深圳高新技术产业发达,创新环境优越。深圳科研开发和技术创新、产业配套能力在国内处于领先地位,这对推动深圳文化产业结构升级形成了关联优势。深圳已建立了以市场为导向、以企业为主体、以国内高等院校和科研院所为依托的研究开发体系。

再次是深圳创业环境宽松,政府服务意识强。深圳市场经济体制较为完善,市场化程度高,灵活的市场机制和活跃的市场主体,更以其包容、创新的精神内核,为发展文化创意产业提供了宽松的创业氛围与和谐的人文基础。深圳政府服务意识较强,产业发展受行政干预较少,是全国创业和投资环境最好的地区之一。

最后是政府扶持力度大,政策路径明晰。深圳继 2004 年提出"文化立市"的重大战略决策后,2005 年,深圳市委三届第 11 次全体会议又提出要把文化产业发展为深圳继高科技、金融、物流之后的第四大支柱产业。2005 年 12 月,成立了专门的管理部门——深圳市文化产业发展办公室。① 2006 年,深圳市委、市政府又正式颁布了《中共深圳市委深圳市人民政府关于大力促进文化产业发展的决定》(以下简称《决定》),提出了一系列推动文化产业发展的具体举措和体制机制保障措施,并决定在"十一五"期间市政府将投入 3 亿元支持资助文化产业发展。与此同时,还正式出台了《关于加快文化产业发展若干经济政策》、《关于建设文化产业基地的实施意见》、《关于扶持动漫游戏产业发展的若干意见》、《深圳市文化产业发展专项资金管理暂行办法》等政策法规文件,从不同角度对《决定》中提出的各项举措加以细化和落实,为促进深圳文化产业发展营造了良好的环境和氛围。2007 年 5 月,《深圳市文化产业促进条例(草案)》(以下简称《条例》)获得市人大常委会审议通过,对进一步改善深圳市文化创意产业的投资环境,完善其管理服务机制,培养培育规范和繁荣文化市场具有重大意义。《条例》的针对性和可操作性很强,设置了市场主体培育、创业发展扶持、出口扶持、资金支持、人才培养和引进等制度,着眼于解决深圳市在促进文化产业发展过程中所需要解决的主要问题。2007 年底,以文化产业发展为核心内容的两大纲领性文件正式出台。《深圳市文化产业发展"十一五"规划(2006—2010)》提出了深圳文化产业中期发展目标和主要任务、结构调整方案、扶持措施等,为深圳"十一五"期间文化产业的发展指明了方向。《深圳市文化产业发展规划纲要(2007—2020)》确定了深圳文化产业发展的长期目标和步骤,明确了深圳文化产业发展的六大战略,提出要将深圳建设成为国内文化产业发展中心城市和先锋城市之一。

---

① 此后,2009 年 9 月深圳政府部门在进行大部制改革后,深圳市文化产业发展办公室划入深圳市文体旅游局管理。

深圳获得联合国教科文组织"创意城市网络"的"设计之都"称号,这为提升城市创意水平建立了发展契机。随后,政府成立了"设计之都"品牌运营管理执行机构——深圳创意文化中心。以该中心为策源地,启动了包括《深圳全民创意行动纲领》和高端学者访问计划、创意书籍出版计划、创意人才培训计划、全民创意活动计划、城市品牌推广计划、创意氛围营造计划在内的"1+6"规划。为了更好地促进创意设计产业发展,2009年9月24日,深圳市四届人大常委会第33次会议上,将每年12月7日设立为深圳"创意设计日"。这是国内唯一通过人大立法形式确定"创意设计日"。在深圳首个"创意设计日"当天,中共深圳市委、深圳市人民政府颁布了《关于促进创意设计业发展的若干意见》(以下简称《若干意见》),提出了以建设国际创意文化中心为总体目标,将创意设计业打造成为深圳市文化产业支柱行业,增长速度高于全市GDP增速和文化产业平均增速的具体目标。《若干意见》在营造氛围、人才引进和培养、资金支持、拓展发展空间、知识产权保护等方面都有明确规定,在现有政策的基础上进一步向创意设计业倾斜。

第五节　企业的文化追求

总部位于深圳的万科集团,如今已经稳坐中国住宅房企的第一把交椅。在中国众多房地产企业中,万科与掌舵人王石一直以其积极的文化追求和深厚的人文情结著称于世。

在专注地产发展之前,万科就有着多次涉猎文化产业的历史。1992年8月17日,以万科影视部为基础,深圳万科文化传播有限公司成立,专门从事电影电视的策划和制作,将文化视为一种产业,把文化作为一种产业来经营,致力于实践和探索市场经济条件下文化产业经营的新思路。在万科文化传播有限公司成立后的短短两年里,其资产总额就已经达到1900万元,1993年利润近500万元,推出了电影《过年》、《找乐》,影碟《歌迷乐》等一批文化精品。

1995 年,万科文化传播有限公司筹资拍摄《兰陵王》,亏损 1000 万元左右,受到沉重打击,甚至造成万科集团的股票波动。1996 年, 急于挽回损失的万科文化传播有限公司与香港娱乐公司合作拍摄《减肥旅行团》等娱乐片,票房收入良好, 但万科集团觉得其文化品位与自身风格格格不入。其后, 万科文化传播有限公司逐步确立"面向大众的精品意识",1999 年和深圳市委宣传部联合拍摄电视连续剧《钢铁是怎样炼成的》, 2002 年又联合拍摄电视连续剧《林海雪原》等。万科文化传播有限公司所出品的电影和电视剧在国内外获得过不少奖项。

万科集团经营文化产业在经济效益上取得的成就并不十分突出,但作为一家民营企业,万科集团的这份文化情结具有较强的示范和引导意义;而且万科集团在展览、时装、表演、广告、光碟等领域进行过经营文化产业的多种尝试,其中万科集团早期所成立的国际企业服务公司曾经在广告设计等方面成为深圳乃至全国的龙头,吸引和培育了一大批开拓性广告设计人才。

1993 年开始,万科将大众住宅开发确定为公司核心业务,但万科依然坚持打"城市文化牌",就像新时代人们在努力寻找着"新能源",房地产企业关注城市文化已经成为一股不容忽视的城市文化新动力。

像万科一样,深圳的不少品牌企业正努力成为城市文化与市民生活之间的纽带,是因为他们已经意识到,企业提供的不仅仅是产品,还应该努力去找寻产品以外的东西,寻找社会、城市层面中缺失的东西。像华为、中兴、中国平安、招商银行等有建树的品牌企业在引导人们生活文化品位上的造诣越来越深,对城市文化的导向作用也发挥着积极的影响。

随着像万科这样一大批具有品牌观念、文化融入意识的企业,将更多不流于形式、长期开展的文化熏陶带给城市,企业这股文化新动力也许会为城市文化的积淀增添更多的可能。而企业对城市文化的关注和身体力行,感染的不仅仅是市民生活,以及城市生活方式的惯性养成,也同样为企业本身找到了一条更具底蕴的发展之路。

第六节　原住居民的文化自觉

深圳原住民文化，在地域上大致可以归属为岭南文化一系，其中又可分为广府、客家和潮汕文化三个支脉，而客家文化占很大比重，福田、罗湖、龙岗等区的一些城中村，从前都是非常典型的客家村落，至今仍有很多客家文化遗存。从原住民的生活方式（如饮食文化）、语言文化、建筑景观等方面，都可以找到传统文化的踪影。走进原住民聚居的深圳城中村，不熟悉深圳的游客们往往会惊奇地发现，原来这座年轻城市竟有着悠久绵长的文化传承。

据学者李培林先生观察，"'城中村'有一个共同的特点，在非常拥挤的建筑群中，似乎只有三处豪华建筑具有空间的'特权'，可以超越'租金最大化'逻辑，这就是宗祠、小学幼儿园和老年活动中心，它们是作为村落里敬祖同宗、尊老爱幼的共同价值观象征存在的。"①比照深圳城中村，这一特点也非常突出。以福田下沙村为例，在下沙村口的牌坊附近，黄思铭公世祠（黄氏祠堂）、下沙幼儿园和老年活动室比肩相邻，围绕着下沙文化广场，成为下沙名副其实的"地标建筑"。

深圳城中村的宗族文化源远流长。例如，下沙黄姓的始祖可以追溯至南宋时期，峭山公姒郑氏所生井公（黄井）的第十四代孙黄默堂在深圳湾畔创立下沙村，成为深圳下沙的一世祖。② 目前下沙村内保留的第九世祖黄思铭公世祠，建于明代，距今已有近五百年历史。1993 年重修，是深圳保留最大的宗祠建筑之一，被列为深圳市的重点文物保护单位。至今下沙村建村约八百年，今日的下沙村民中辈分最大的为第 23 世，辈分最小的为第 29 世。

---

① 李培林：《巨变：村落的终结——都市里的村庄研究》，《中国社会科学》2002 年第 1 期。

② 据黄氏后人推断，默堂公应该是南宋时期从江西经广东韶关珠玑巷到深圳的。

　　城中村原住民浓厚的宗族情结不单体现在内部亲缘、宗缘关系的紧密上,还体现在对城中村以外的宗亲的召集联络上。下沙人的宗亲遍布港澳、东南亚、美国、加拿大等十几个国家和地区,每年元宵节都要回乡团聚,共叙情谊。2002年2月23日,下沙村举办了具有浓郁南粤风情民俗的"黄氏宗亲会"元宵节,以"大盆菜"3800桌,6万人共尝的规模获得了吉尼斯世界之最的纪录。2004年11月7日,来自世界各地14个国家、逾5000名黄氏宗亲聚首深圳下沙村下沙祠堂,召开了一年一度的世界黄氏文化联谊会。

　　深圳城中村最典型的客家民俗当属"大盆菜"。农历春节正月十五之前,上沙、下沙、沙嘴、沙尾村都会举办规模各异的盆菜宴。规模大的上千桌,规模小的也有上百桌。盆菜的由来据传说与南宋末年逃亡到岭南沿海的宋少帝有关。所谓"盆菜宴",就是一桌人只吃一盆菜,其用料包括蚝、鸭、猪肉、鳝鱼、鱿鱼、油豆腐、支竹、牙菇、鳝干、肉皮、云耳、冬菇、芹菜、萝卜等15种食材。"大盆菜"是南粤沿海地区一个古老的习俗,已成为深圳客家文化的重要组成部分。对于福田区沙头的下沙村黄氏客家人来说,"大盆菜"不单是饮食习俗的一种,盆菜宴更可以成为文化开放和文化交流活动,连接家族的历史、现实和未来,沟通海内外黄氏子孙。下沙"黄氏宗亲会"祭祖活动的最大特色就是吃"大盆菜"。沙尾村的春节盆菜宴则由该村大姓——莫姓家族张罗,有150桌左右,宴设在莫家祠堂内外,来吃"大盆菜"的大部分是该家族的宗亲,除沙尾本地村民外,还有来自广州、香港的宗亲。

　　除了"大盆菜"这项民俗,深圳城中村原住民深受岭南文化影响,非常重视清明、端午、中秋、重阳、冬至等传统节日,并有很多庆祝习俗。每到传统节日及喜庆活动,很多城中村中还会举办舞龙、舞狮及唱演传统戏等活动,盼望来年国泰民安,五谷丰登。上沙、下沙和皇岗等村都或多或少保留着宗祠祭祀习俗和传统娱乐。另外,虽然多数城中村街道的景观已被城市同化,但有些依然是历史悠久、民俗文化气息浓郁的客家、广府等传统民居群落。如深圳接近半数的城中村都有牌坊、宗祠等传统建筑,还有的村落保留有清代炮楼,如福田的岗厦村(现已被拆除)①和石厦村。

---

① 参见唐洁、秦鸿雁:《旧村没了,原住文化何处去》,《南方都市报》2007年8月27日。

以下是福田区城中村的文化遗产统计表,从中可以窥见深圳城中村的传统文化遗存情况。①

表 12 - 1 福田区城中村文化遗产统计表

村　名	祠堂	牌坊	其他文化遗产
下梅林	郑氏祠堂		
上梅林	黄公祠	1 座	龙母宫
下沙	黄思铭公世祠	1 座	祖庙、"大盆菜"、陈杨侯庙、佛祖像
上沙	怀德黄公祠	1 座	天后宫
沙尾	梁氏、温氏、莫氏宗祠		
沙嘴		1 座	
新洲	简氏宗祠	1 座	
石厦	赵氏宗祠、潘氏宗祠		杨侯宫、炮楼
水围			龙球百年古井,"庄子后裔"、镇村榕树
岗厦	文氏宗祠	1 座	
福田		1 座	长廊

长期以来,人们对深圳原住民积累了一种偏见,认为他们思想观念落后,文化素质低下,好逸恶劳,重视物质享受,缺乏精神追求。20 世纪 90 年代大批产生的城中村"四不青年"(不做工、不经商、不学习、不回家)就是这种生存状态的典型代表。然而,随着时间的推移,整个社会转型后的大环境和价值标准发生变化,深圳原住民也早就加快了文化追求、文化改造、文化建设的步伐。

越来越多的城中村开始建立图书馆、博物馆和村广场。以福田水围村为例,该村是深圳城中村改造的先行者,于 1992 年开始农村城市化建设。十多年来,经科学规划,先后兴建了敬老庄公园、教师楼、图书馆等文化综合场所。水围文化广场是全村的文化中心,占地七千多平方米,拥有一流的灯光、音响设备。文

---

① 参见福田城中村课题组:《走近城中村》,《福田区城中村改造研究报告》第 4 卷,内部印行,2005 年 6 月,第 38 页。有改动。

化广场旁还建有一个包括雅石艺术博物馆、图书馆、收藏室、舞蹈室、健身室等建筑面积达 2500 平方米的多功能文化综合楼。

下沙村、上沙村、上步村、福田村、皇岗村都有免费开放的图书馆,其中皇岗图书馆投资 800 万元,藏书达到 16 万册。皇岗村和下沙村还建设了博物馆。皇岗村、下沙村、上沙村、水围村有自己的文化广场,下沙村的广场集休闲、娱乐、运动、观赏于一体;上沙文化广场是继皇岗、下沙和水围文化广场之后,福田区的"城中村"建成的又一个大型社区文化广场。这些广场的建成和启用标志着都市文化圈逐步向农村城市化社区延伸、辐射,也将有力地推动社区建设,繁荣社区文化。更重要的是,由于环境的逼仄,城中村社区中的居民们并没有太多的公共活动空间,广场几乎成了他们休闲、锻炼、交流信息的唯一场所,在这个意义上,城中村广场就比很多城市广场更具有哈贝马斯意义上的"公共领域"(public sphere)色彩,有利于培养居民的公民意识。

原住民对下一代教育问题的关注和年轻人的文化态度转变。当"四不青年"的称号还没有被所有深圳人遗忘时,原住民已经悄然开始用自己的方式缩短和外部世界的差距。表面上看,中老年原住民仍在打牌讲古,过着如"农闲"般的日子,然而城中村的第二代、第三代却已经被父母委以了绝不亚于城市青少年的读书重任。有富裕的村民在村外另购住宅居住,是因为觉得与外来打工者混居的环境不利于孩子的成长。经济条件优越的父母,舍得为子女教育花大本钱,越来越多的城中村青少年被送去国外留学,也有越来越多的年轻人从大学毕业,走上了创业之路。据皇岗股份公司董事长庄顺福说,目前村里的后生仔普遍都是大专以上毕业,出国留学的也很多,有的在外开公司、办工厂,有的则回到股份公司担任中高层,利用所学知识为村里发展服务。①

青年日渐提高的文化素质,与城中村中日趋向好的文化氛围相辅相成。例如,皇岗给考上大学本科或出国留学的学生每人每年奖励 1 万元;沙嘴给考上大专以上的学生,每学期报销往返机票;石厦针对青年不读书的难题,着手建设

①　参见刘伟、罗雪燕、邱晶晶:《深圳:新一代青年人创业自立蔚然成风》,《深圳特区报》2007 年 6 月 18 日。

"教育品牌",党支部和董事会成员带头上电大,孩子教育与股份分红挂钩。① 随着时代变迁,穿梭在麻将台、游戏厅、台球厅的原住民"四不青年"已经近乎绝迹,从出生起就经受都市文明洗礼的城中村下一代,都在我们目力所不及的某个角落,为理想默默奋斗。

原住民的文化建设中最具意义,也最有特色的一环,当属原住民对自身文化的文化自觉。"文化自觉"这个概念在中国最早由费孝通先生提出,是指生活在一定文化中的人对其所处的文化要有自知之明,要明白自己所处文化的来历、形成过程、所具特色和发展趋向等。文化自觉,是不同文化实现多元共生的基本前提。

深圳城中村原住民对自身文化的自觉,表现在保护本村文物、挖掘本村村史、联谊同族宗亲和向外界展示本村历史文化风貌等各个方面,其中最直观的莫过于村博物馆的修建。皇岗村和下沙村的两座村博物馆,就是城中村原住民文化自觉的最集中体现。皇岗博物馆位于深圳市福田区皇岗村中心广场,占地3000 平方米,建筑面积 1700 平方米,总投资 2000 万元人民币。该博物馆以皇岗村有二百余年历史的祠堂为样本,是一座大型的具有广东传统风格的民间宗祠仿古建筑。该馆的基本陈列《皇岗昨天、今天与明天》,着重展示了皇岗村史、皇岗村改革创业和发展史、皇岗村的文化风情以及皇岗的美好前景,表现了皇岗人发愤图强、艰苦创业的精神,是深圳农村改革开放成就的一个缩影。它的面世,首开全国村办博物馆之先河,拓展了博物馆的发展道路。2002 年至 2006 年,深圳福田下沙村股份有限公司投资数千万元,建成占地一千多平方米的深圳福田下沙博物馆,则是深圳投资最多、规模最大的社区博物馆。该馆由黄氏村民修建并管理,分为四大展厅,从不同的侧面展示了下沙村黄氏家族悠久的家族历史和深厚的文化底蕴。开馆以来,每天都有不少游客慕名前来参观,其中有下沙村人,也有"外村"人,更有外国客人。皇岗和下沙这两个村博物馆,都是免费进入的公益性文化设施。它们的建立,不仅起到弘扬传统岭南文化、激励下一代艰苦

---

① 参见刘伟、罗雪燕、邱晶晶:《深圳:新一代青年人创业自立蔚然成风》,《深圳特区报》2007 年 6 月 18 日。

奋斗的作用,更显示了城中村原住民对自身文化身份的敏感、认同和荣誉感。从文化自卑到文化自觉,深圳原住民在这 10 来年间的巨大进步,理应被世人所发现和尊重。

第十三章
公民社会在成长

　　"城市是由公民组成的,公民的本质决定着城市的本质。"

——亚里士多德

　　来到深圳,在通往市区的高速公路上,"公民社会,共同成长"八个大字就会映入眼帘。这不是一般的宣传标语,而是深圳城市发展的自觉追求!在这里,市民正渐渐成为具有社会责任感、具有民主参与意识、善于对话与包容的现代城市公民;在这里,政府与社会组织正在携手共建新型合作关系,努力形成多元治理格局。

第一节　城市公民意识的形成

　　公民意识,是一个城市公民社会发展的灵魂与核心。现代城市公民意识,是现代民主法治下形成的公民意识。一个现代城市公民,应当尊重社会中其他个体的价值观,善于维护并争取自身的自由和权利,勇于维护社会正义,追求真相和真理,自觉监督和参与公共事务,崇尚人与社会、人与自然的和谐,勇于担当对国家和社会的责任。现代公民应当具有法治意识、诚信意识、自主意识、参与意识和关爱意识。

一、理性维权：公民意识的萌发

深圳，作为改革开放的前沿地带，较早建立了市场经济体制，深圳的市民在市场经济的浪潮中学习到了产权观念与契约精神，渐渐有了尊重自我价值、维护自我权利的现代公民意识。当拥有了私有产权的深圳市民开始用法律武器理性地维护自己的权利时，公民精神中的权利意识、法律意识等开始在此萌芽。当一个个原子化的市民有序组织起来，建立公民自治的社会组织时，公民精神中的参与意识、合作意识开始在此生根。

正如商品房最早出现在深圳一样，物业管理、业主、业主委员会也最早出现在深圳。1991 年罗湖区天景花园成立了业主管理委员会，成为中国第一个业主自治机构。此后，业主自治的观念逐渐深入人心，通过业主委员会合法理性地维护自己的权利成为业主自治的重要内容。

说到业主维权，不能不提到邹家健及其所在的振业景洲大厦的业主和业主委员会。[①]　早在 1998 年 8 月，邹家健就购买了振业景洲大厦高层住宅一套，然而入住之后，他和邻居却多次亲身经历过电梯坠落的惊吓，原来开发商实际提供的包括电梯在内的很多配套设施都与售楼书的承诺存在一定差距。邹家健被业主推选为景洲大厦业主委员会主任后，开始了漫漫维权路。2001 年业主委员会将开发商告上法庭，开发商败诉向业主赔了钱，邹家健又带领业主炒掉了开发商的物业管理公司，首开深圳商品房业主招标自主选择物业管理公司的先河。2003 年，在原物业管理公司到期后，邹家健和业主们依据国家《物业管理条例》所赋予的"业主自主选聘物业管理公司"的权利对几家中意的物业公司"邀标"，重新选聘物业管理公司。2003 年 10 月，景洲大厦业委会组织召开业主大会，就小区选聘物业管理公司进行业主投票表决，负责发票、收票、统计的是业主委员会邀请的参加社会实践的硕士研究生，负责监票的是辖区居委会、律师、学者和

---

① 参见陈敏：《邹家健：中国第一业主——业主邹家健的维权心路》，《中国改革》2005年第 5 期；孟伟主编：《深圳社会变革大事》，海天出版社 2008 年版，第 103—120页。

媒体记者。此后,景洲大厦与选定的物业管理公司就合同的具体条款进行谈判,吸收香港和台湾物业管理的经验,在明晰产权和权利与义务对等方面作出明确规定。选聘物业管理公司的整个过程完全公开透明,无懈可击。然而由于整个事件没有邀请政府有关部门参与和专家评审,景洲大厦业主自主行使权利的行为违反了深圳市 2000 年颁布的《加强物业管理招投标管理工作的通知》。对此,区级管理部门没提出什么异议,但市级有关管理部门从控制全市商品住宅区物业管理秩序的角度,对景洲大厦业主的自主行动进行了严厉斥责,并随后发出红头文件《责令振业景洲大厦业主委员会限期改正违规选聘物业管理企业行为》,最终甚至作出了"罢免"邹家健业委会主任、委员的决定。

面对有关部门的压力,邹家健及其业主委员会一次次地拿出法律武器为自己辩护。一方面,业主自主选聘物业管理公司是有国家颁布的《物业管理条例》为法律依据的,当地方行政法规与国家法律相冲突时,当以国家法律为准绳;另一方面,业主委员会是业主自治性组织,业主委员会主任是全体业主选举产生的,不能由政府部门任命或者撤销。

恰逢此时,经国家司法部、公安部等八个部委及中国消费者协会、中央电视台等多个单位推荐,邹家健获得2004年"3·15消费者权益日"个人贡献奖。推荐理由指出:"2001年,邹家健带领深圳景洲大厦业主一举炒掉了原有物业管理公司,率先打破了'谁开发谁管理'的物业管理模式。2003年,因坚持执行《物业管理条例》成为全国第一个被住宅部门罢免的业主委员会主任。在法律框架下,邹家健的热情与理性并存,开创了一种依法维权的模式。"称他是"为维护业主私有财产权而不懈努力的先行者",这无疑成为对景洲大厦维权业主以及邹家健本人的最大肯定和支持。此后,相关政府部门停止了对景洲大厦业主自主行为的"追究"。

尽管目前深圳全市成立业主委员会的小区仅占到全部住宅小区的三成左右,尽管目前业主委员会依然存在着诸多问题①,尽管业主委员会尚未完全从维

① 参见乐正、邱展开主编:《深圳社会发展报告2009》,社会科学文献出版社2009年版,第246页。

护权益上升为社区治理、社区自治的层面，但我们无法抹杀业主委员会在维护业主权益、提升社区公民意识方面所起到的积极作用。试想，如果没有业主委员会，单靠邹家健一个人的力量，任凭他有多大的能耐和热情，估计都难以撼动开发商及其物业管理公司的垄断；如果没有业主委员会，邹家健和邻居们可能只是抱怨、愤怒，可能只有当某天真的发生电梯坠落造成人员伤亡事件后，才会引起开发商、媒体、政府的关注，而因电梯安全失去的生命将永远无法追回。当公民作为一个个体，在面对强大的政府、企业时，是那么的弱小，无法保护自己的权利。这时，需要一个团体，通过集体的力量来保护自己的价值、信念和权利。这个团体，不仅仅将原本处于原子化的个体凝聚起来，更重要的是，它采取理性的、合法的手段进行抗争。这个团体无意于对抗政府，也无意于对抗市场，它的行动不在于侵略和破坏，而是取得原本属于自己的权利，致力于建立新的和谐关系。

邹家健和他的邻居们在作出维权决定时，一定是出于对自己房产权的保护，一定是要成为自己房产的主人。他们也许并没有意识到，在组建业主委员会并开始维权的那一刻开始，他们已经从纯粹的私人领域走进了公共领域，萌发了公民精神中最重要的"自主意识"；他们也许并没有意识到，在维权的过程中，他们已经逐渐地学会了用法律武器理性维权，已经慢慢培养起了协商、对话、参与的民主精神，已经开始从普通老百姓成为具有公民意识的城市公民；他们也许并没有意识到，他们的维权行为，虽然最初惹怒了开发商和政府，但是他们的行为已经在悄悄地改变着政府、市场与公民社会的谱系格局，改变着政府的思维方式，完善着市场秩序中的规则。

二、唤醒公民：一所学校的实验

如果说邹家健及其业主委员会的理性维权是不自觉的公民意识的培养过程，是成为人们在走向社会、走向市场之后逐渐孕育起来的公民意识，那么对于深圳的下一代，让他们从小接受公民教育，就是塑造这座城市未来新公民的希望。

地处华侨城内的中央教科所南山附属学校则正在小范围内全面探索现代公民的培养模式！在这所公办学校里，五十多岁的校长李庆明致力于"在课堂上渗透公民意识",向下一代推行他的"五公"教育主张,即追求公民人格完善,培育学生的自我意识;遵循公德基本伦理,养成学生的尊重意识;倡导公益精神,树立学生的关爱意识;学会公共事务参与,发展学生的民主意识;促进公理世界认同,增强学生的和平意识。而这背后的精神内核是尊重。①

每天早上7:15—8:00,校长李庆明都会身着西装,打着领带,在校门口迎候学生。每一个学生走近校门口,他就一边鞠躬,一边说"早上好",学生也一一回礼、问好。2003年以来,一千多个日子,风雨无阻,他就这样向学生鞠躬。日复一日、年复一年,形成了学校一道感人的风景。"我就是要让孩子从一进校就感到受尊重。"李庆明说,"要用行动告诉学生,什么是平等和尊重。"参观过附属学校的专家说:"我们在附属学校学生的眼里看到了都市孩子少有的纯净。"更重要的是,孩子们真正感受到了尊重,也学会了尊重。他们懂得了如何尊重别人,这其实就是尊重自己。

为了培养理性节制、现实清醒、积极主动的现代公民,这所学校创造条件,让孩子们在学校过上"热烈而理性"的民主生活,变得积极参与、勇于担当。第一件事就是让每个孩子都有"事"干,"我们进行班级自主管理,每个孩子都有岗位,都尝试当'领导'"。这是培养孩子们自我管理、自我服务的基础工作。为了要激发孩子关心、参与公共事务的热情,学校的策略是举办各种各样的辩论、论坛,结合社会热点引导孩子关注社会公共事件。例如,从四年级开始的"每月一辩"活动,就是让每个班每个月都围绕身边生活的某个主题,组织一次辩论会,学校每个月推荐一个年级作为代表进行辩论展示。学生们不是为辩论而辩论、为论坛而论坛,而是要真正影响学校的生活。曾经有一个班以是否要穿统一的校服为题,展开了激烈的"每月一辩"。那次李庆明也参加了。"听完之后,我们就根据学生的意见,作出了一个新规定:每周五可以不穿校服。"

热心公共事务的民主意识,往往是以社团精神为依托的。一百多年前,托克

---

① 参见赖配根:《唤醒儿童的道德生命——中央教育科学研究所南山附属学校公民教育探索实践》,《人民教育》2009年第11期;刘芳、林天宏:《"冰点特稿":一所学校的公民实验》,《中国青年报》2010年1月6日。

维尔在《论美国的民主》中写道:"美国人不论年龄多大,不论处于什么地位,不论志趣是什么,无不时时在组织社团","要是人类打算文明下去或走向文明,那就是要使结社的艺术随着身份平等的扩大而正比例地发展和完善。"①哪里的社团组织健康活跃,哪里就有勇于担当的热心公民。这所学校特别重视大量发展学生社团,他们的学生社团分三级:第一级是校级的,如学校的合唱团、管乐团、网球俱乐部等,这些是具有专业色彩的精英社团;第二级是班级的,如从 2004 年开始,以班级为单位成立读书社,学校给予专门的活动时间;第三级则完全是学生自由组合的社团。"只要愿意,三个孩子就可以组成一个社团,只要向学校备案就行。"自由、自愿是社团组织的精髓,唯有如此,学生才能完全对自己的行为负责,他们才可能真诚地学会过"联合的生活"。学生们自己选择志同道合的同学,自己选择社团导师,自己订立组织章程,自己制订活动计划,自己安排活动地点、时间。由于学校大胆向社团开放,学校的学生社团遍地开花,已有大大小小120 多个。正是这些"官方"的和"民间"的社团,为学生营造了无处不在的民主氛围,大大激发了他们的自主、担当的责任意识。

让孩子们过上完整而有魅力的民主生活的,是"年度竞选"。每年 10 月中旬至 11 月中旬,附属学校都要组织"年度竞选"活动,历时长达 1 个月:海选班级导师小助理、年级主任小助理、少先队大队长、学生自主管理委员会会长、校长小助理。其中,校长小助理的竞选最为激烈,经过当场投票出结果的班级竞选、年级海选、年段海选后,进行全校海选,一周后出来选举结果,隆重举行校长小助理就职暨新一届学生自主委员会成立仪式。选举监察委员会宣布当选者名单及其得票数,落选者向对手祝贺;校长向小助理颁发聘书;小助理宣誓、发表就职演说。整个过程程序完整严谨,一切都按照真实的民主竞选运作,一切都公开透明,俨然是一个压缩版的"总统"竞选!这样充实、完整、热烈而又理性的民主生活,到底给了学生什么呢?"感谢竞选,它让我战胜了怯懦,找到了自信;感谢竞选,它让我懂得了人与人之间可以竞争,但不可以忌妒;感谢竞选,它让我知道我是一个公民,我可以自豪地拥有选举权和被选举权。"八年级学生、现任自主委

---

① [法]托克维尔:《论美国的民主》,商务印书馆 1997 年版,第 635、640 页。

员会会长孙晓峰,自从五年级开始参加竞选,他屡败屡战,4 年后终于成功。第一次失败,他向对手祝贺后,一个人躲到角落里流泪。"七年级那次,我就差 4 票。"他至今还有些惋惜,但他不后悔,因为经过这样的磨炼,不爱说话的他,现在演讲才能已是全校数一数二。

《人民教育》杂志的专题报道在结尾中这样写道:"是的,我们可以期待,从附属学校走出的孩子,将成长为个性丰满、思想独立、理性平和、民胞物与的有担当、有教养、有高贵精神的现代公民;将成长为底蕴丰赡、心胸开阔、面向世界、大气博爱、文明高尚的——大国公民!"①

三、关爱教育从娃娃抓起

中央科教所南山附属学校的公民教育无疑是成功的,但能够享受到如此全方位公民教育的孩子毕竟只是极少数。如何让深圳的中小学生都加入到公民教育的行列中,培养现代公民意识,是深圳市政府的领导一直思考的问题。平等、博爱是现代公民社会的核心理念之一,参与公益事业,接受慈善教育,是培养关爱精神的有效途径。深圳中小学的关爱教育就从慈善教育开始。

"慈善教育从娃娃抓起",这是深圳民政局局长刘润华经常说的一句话。自2007 年 3 月开始,深圳市民政局和市慈善会在市救助站联合启动"深圳市慈善教育计划",并挂牌成立了 5 个"慈善教育基地",其中,有 4 个设在深圳市,包括市慈善会、市救助管理站、市社会福利中心和市社会捐助接收管理服务中心,还有 1 个设在深圳对口帮扶的河源市社会福利中心。这 5 个"慈善教育基地"共设有 15 个慈善活动项目,其中市慈善会设有慈善行、慈善一元捐、一元献爱心等3 项活动;市救助站开展邀请高中以上学生假期参与护送流浪儿童返乡、鼓励学生向流浪儿童图书室捐赠图书等 5 项活动;市社会捐助接收管理服务中心则举办爱心捐献(如捐旧文具、书籍、校服),帮助将市民捐赠的物资护送到贫困山区等 3 项活动;市社会福利中心则举办让家庭参与使孤残儿童重返家庭和社会等

---

① 赖配根:《唤醒儿童的道德生命——中央教育科学研究所南山附属学校公民教育探索实践》,《人民教育》2009 年第 11 期。

4 项活动。这些基地已成为深圳市大、中、小学生奉献爱心的平台,让大、中、小学生在生动活泼的慈善活动中培养慈善意识。

2007 年 4 月 1 日上午,福民小学学生李佳文小朋友参加市慈善会举办的"关爱劳务工学生募捐"活动。他在日记中写道:"今天我和爸爸、妈妈参加'关爱劳务工学生募捐'活动。我和其他一百多名小学生一样,抱着一个小小的捐款箱,头戴印着'慈善'两个金灿灿大字的红帽子,参加募捐活动。很快,有一位小弟弟向我们走来,这是我募捐的第一块钱,心里别提有多高兴了。我们抱着箱子,来到人流更多的地方,一位老奶奶微笑着捐了一块钱,还向我们伸出大拇指。一位阿姨从商店里面跑出来,往捐款箱投进 5 元钱……在活动快要结束时,妈妈为了增加我的'业绩',掏出 100 元往箱子里投。忽然,慈善会的阿姨跑过来,硬是把那 100 元还给我妈妈。我百思不得其解,疑惑地看着阿姨。阿姨笑了:'这是一个特别的筹款活动,不是为了筹款而是要让孩子懂得关心他人。'我明白了,从妈妈手上接过一枚一元硬币,郑重地投入箱子。今天的活动,让我这个'饭来张口'的'少爷'第一次张口向别人'要钱',还让我尝试了捐钱的'乐趣'。在我从妈妈手中接过一块钱投入捐款箱的那一刻,我感到很神圣,真的。"①

考虑到学生的承受能力,慈善教育计划活动的一个显著特点就是,所有活动都安排在课余和假日举行,学生的捐赠和募捐标准为 1 元,倡导让孩子们象征性地捐出 1 元钱,多余 1 元钱不收,从而达到既可以帮助困难孩子,又能培养青少年一代增强社会关爱责任感,乐于助人,美化心灵,同时避免捐赠中不适当的攀比心理。尽管每次活动的捐款数额并不多,甚至还比不上活动的成本,但却是"划算"的。因为孩子们手捧捐款箱害羞地向路人募的情景,将会在他们的脑子里留下永恒的记忆;因为孩子们想到活动的使命,就会更加关注与他们同样生活在蓝天下的其他群体;因为公民意识就是这样润物细无声地印在孩子们的心灵中。

业主委员会维权、中央科教所南山附属学校的公民教育、遍及全市中小学的

---

① 刘润华:《安民立政》,深圳报业集团出版社 2008 年版,第 6 页。

慈善教育……这些仅仅是深圳公民意识形成过程中的点点滴滴。深圳人的公民意识更多的不是在于某个人或者某些组织的刻意培养,而在于这座城市所赋予他的公民们的特质!在深圳这座移民城市中,因为打破了基于血缘和地缘的熟人社会,深圳人在交往中更加遵守游戏规则,重视契约精神,培养诚信意识;因为独在异乡,远离了自己的那个"同心圆"结构,深圳人更加需要志愿、互助和博爱精神;因为每一个来此闯荡的人都有一番酸甜苦辣,深圳人更加独立、理性、宽容。这些孕育了深圳人的公民意识,构成了深圳公民社会的精神基础。

第二节　深圳公民在行动

　　邹家健及其业主的维权行动,生动地诠释了公民意识与公民行动的辩证关系。他们在维权的公民行动中产生了公民意识,而不断成熟的公民意识又推动公民行动更为理性和成熟。如果仅有公民意识,公民社会的成长只能停留在学者专家的高谈阔论中,只能是虚无缥缈的空中楼阁;只有当公民意识付诸行动,变为公民行动时,公民社会才会向前迈出坚实的步伐。一个真实的公民社会不是存在于学者的数据中,也不是存在于市民的臆想中,而是存在于脚踏实地的公民行动中。公民行动是围绕公共利益的行动,深圳市民不以善小而不为,不以恶小而为之,他们从点滴的公共事务中履行公民的职责,彰显这座城市公民的力量!

　　从2003年12月开始的关爱行动,是深圳公民行动的集中体现。关爱行动以动员社会各界积极参与奉献爱心,扶贫帮困为基本形式[1],7年来共开展了近万项活动,使一大批外来务工人员和困难群众得到有效帮助。连绵不绝的关爱行动,不仅让深圳人们心手相连、心气相通,更把"关爱·感恩·回报"镌刻在城市的精神坐标上,让年轻的深圳成为一座闻名遐迩的爱心之城。关爱行动已经

---

　　[1] 参见深圳百科全书编委会:《深圳百科全书》,海天出版社2010年版,174页。

成为深圳这座全国文明城市的亮丽名片。①

一、做义工的时尚

2010 年,深圳义工服务迎来 20 华诞。在这座年轻城市里,已经拥有注册义工 18 万。② "参与、互助、奉献、进步"的义工精神逐渐深入人心,"有困难找义工、有时间做义工"渐成时尚。③ 20 年来,"红马甲"形象深入人心,义工已成为一张深圳人引以为豪的城市名片,成为市民最为自豪的一项精神文明建设成就!

深圳市义工联的成立起源于一项热线电话服务。深圳经济特区成立后,祖国各地的热血青年来深圳创业,远离家乡,无依无靠,遇到困难束手无策。面对这些问题,团市委于 1989 年 9 月 20 日组织了 19 名热心人士组成义工队伍,开通面向外来务工青年的"为您服务"热线电话,为遇到困难的来深圳创业者提供帮助,从此开创了中国义工服务的先河。④ 1990 年 4 月 23 日,由 46 名义工组成的深圳市义工联在市民政局注册成立,成为中国内地第一个义工团体。到 1993 年底,深圳市义工联已经成长为拥有四百多名个人会员、具有一定影响力的社会团体。1994 年,深圳市义工联采取拓展服务项目、健全服务组织、取消入会年龄和学历限制等一系列措施,使义工规模迅速扩大。1999 年注册义工达到 3 万人,已发展壮大为社会各阶层积极参与、拥有相当服务力量、服务社会各个领域的社会群众性团体。⑤ 2005 年 7 月 1 日,《深圳市义工服务条例》(以下简称《条例》)出台,这是中国内地第一部规范义工工作的地方性法律,从法理上进一步明确义工服务概念、规范义工工作。该《条例》提高了义工及其组织的社会地位,从而增强其影响力和号召力,为义工队伍建设和义工活动的开展奠定了坚实

---

① 参见时任深圳市委常委、深圳市代市长王荣于 2010 年 1 月 13 日在第七届关爱行动启动仪式上的讲话。

② 18 万是 2010 年深圳义工的最新数据。而《深圳改革开放纪事》中 17 万义工的数字是截至 2007 年底的。

③ 参见《18 万"红马甲",深圳的自豪》,《深圳特区报》2010 年 3 月 5 日。

④ 参见深圳市史志办公室编:《深圳改革开放纪事 1978—2009》,海天出版社 2009 年版,第 525 页。

⑤ 参见深圳市义工联合会简介,http://www.sva.org.cn。

的基础,标志着深圳义工事业迈上崭新的台阶。2008 年 12 月 25 日,在"我们铭记——改革开放初期最具影响力的深圳十件大事评选揭晓仪式"上,"1989 年创立内地第一个义工团体"被评为十件大事之一。① 截至 2008 年底,全市共有义工组织 1525 个,义工 18 万名,成为全国人均义工比例最高的城市,建成以四级义工组织网络为主体、法人义工社团和团体义工为辅助的义工组织体系。

作为深圳义工的典型代表,丛飞的事迹可谓家喻户晓。丛飞作为一名歌手,初闯深圳时,他也曾两手空空,露宿街头。但凭着对艺术的热爱,他刻苦钻研,精益求精,以出色的男高音和小品、口技等多方面的艺术才华,赢得观众的喜爱。执著追求事业,打牢艺术根基,使丛飞有能力去爱更多的人,他的人生也因此有了更加广阔的内涵。他 1994 年来深圳,1997 年加入深圳市义工联,任深圳市义工联艺术团团长。先后二十多次赴贵州、湖南、四川等贫困山区义演,帮助失学儿童和残疾人,认养孤儿,被誉为"爱心大使"。十多年来他累计参加义演四百多场,义工服务时间 3600 多小时,捐助失学儿童和残疾人 146 人,认养孤儿 32个,捐赠钱物超过 300 万元。他的诚信友爱、扶困助弱、无私奉献被誉为"丛飞精神"。② 2005 年 1 月,在重病缠身的情况下,丛飞强忍剧痛多次积极参加东南亚海啸赈灾义演。2005 年 4 月 16 日,民政部部长李学举致函丛飞:"发展慈善事业,需要社会的广泛参与,树立乐善好施的慈善意识,同时也需要唤起受益人回报社会、不忘恩人的感恩良知,形成我为人人、人人为我,今天我为人、明天人为我的社会氛围。这对弘扬慈善精神、发展慈善文化、推动慈善事业至关重要。中国慈善事业的发展,需要有更多像丛飞同志这样的慈善人物。"③同年 6 月,丛飞被共青团中央授予中国青年志愿者服务金奖奖章,10 月被评为第十届深圳市十大杰出青年。2006 年 2 月 9 日,丛飞被中央电视台评为"感动中国——2005 年度人物"。他的颁奖辞是:"从看到失学儿童的第一眼,到被死神眷顾之前,他把

---

① 参见深圳市史志办公室编:《深圳改革开放纪事 1978—2009》,海天出版社 2009 年版,第 438 页。

② 参见深圳百科全书编委会:《深圳百科全书》中的"丛飞"条目,海天出版社 2010 年版,第 642 页。

③ 刘润华:《安民立政》,深圳报业集团出版社 2008 年版,第 13 页。

所有时间都给了那些需要帮助的孩子,没有丝毫保留,甚至不惜向生命借贷。他曾经用舞台构筑课堂,用歌声点亮希望,今天,他的歌喉也许不如往昔嘹亮,却赢得了最饱含敬意的喝彩。"①2006 年 4 月 11 日,病榻上的丛飞决定捐献眼角膜,4月 20 日,丛飞匆匆走过了他 37 载的一生,令整个城市为与这个高尚灵魂告别而哭泣。

2010 年,深圳义工迎来 20 华诞之际,深圳市团校与《深圳窗》进行了"深圳市义工服务状况"大型调查,根据《深圳市义工状况调查报告》,有超过九成的人知道"红马甲"是深圳义工的标志;有超过六成的受访者愿意把闲暇时间用来服务他人和社会;有近九成的受访者认可个人对社会应有感恩之心。调查还显示,非深圳户籍义工已占到深圳义工总人数的 50.7%,在这其中"80 后"新生代农民工正在成为义工的主要群体。昨日,他们的生活状况和需求曾受到过义工组织的关注,今天,他们正主动积极地融入深圳,以主人公的姿态为这座城市传递爱心!②

"送人玫瑰,手有余香",深圳的义工服务伴随着深圳的腾飞风起云涌,感恩与回报的理念渐渐深入人心,他们从精神层面为这座"民生幸福城市"做注脚。

二、募师支教的呼唤

在深圳的公益人中,除了有无数义工外,也有一些我们可以称之为"公益先锋"的志愿者。最初,他们凭着一腔热情,开辟出一片公益天地;渐渐地,他们的行动带动了整个城市,成为政府与社会共同的公益行动!

2010 年 3 月 5 日,深圳"募师支教"行动第八批的 35 名志愿者从深圳启程,奔赴贵州遵义、江西井冈山和安义、广东湛江等地的十余所乡村学校,开展一个学期的支教活动。自 2006 年 2 月首次启动以来,深圳"募师支教"行动八批共362 名支教志愿者的足迹遍及湖南、贵州、四川、江西、河南、陕西、甘肃、广东、广

---

① 深圳市史志办公室编:《深圳改革开放纪事 1978—2009》,海天出版社 2009 年版,第577 页。

② 参见《深圳市义工状况调查报告》,2010 年 3 月。

西、西藏等全国 10 省区的山区,遍及 130 多所乡村学校,惠及山区学生近 4 万人。① "募师支教"已成为深圳许多企业和市民奉献爱心、捐资助学的自发行动,成为深圳人感恩改革开放、回报全国人民的一个具体行动。

"募师支教"行动源于四年前"一个人的努力"。2005 年秋天,深圳一家普通公司的老总许凌峰到湖南塔山瑶乡参加助学活动。由于当地偏远贫困,学校师资严重缺乏,为孩子上课的大多数为当地也没有读过多少书的农民。那一刻,他突然萌生了个念头:"我要帮助孩子们请几名爱心教师,来学校支教。"2006 年2 月,许凌峰个人出资二十余万元,面向全国招募支教老师;同年 4 月,公开招募的 5 名志愿者奔赴湖南塔山瑶乡支教。民间出资招募教师扶贫支教,这在全国尚属首次。许凌峰也因此成为中国民间个人出资招聘教师支教的"第一人"。②

之后的四年间,"募师支教"已成为深圳关爱行动的品牌项目之一,吸引了三十多家大企业争相参与,全国各地数千人踊跃报名,有多位志愿者都是连续几次参加支教活动。在最近一次出发的 35 名志愿者中,有 25 名都曾经有过支教的经历。"是贫困山区里孩子们渴望知识的眼睛触动了我们,让我们再次踏上奔赴山区支教的路,从而将我们的'爱心接力'延续下去。"一位曾两次参加支教的志愿者这样说道。

"募师支教"行动一次又一次地从深圳出发,走向全国广阔的山区乡村。深圳市委常委、宣传部部长王京生说:"'募师支教'行动及其数百名志愿者,用关爱、感恩、回报,书写着深圳这个城市精神文明的新坐标,塑造着这个城市的灵魂和品格。"③

三、生命救助的赞歌

从我的心到你的心

---

① 参见岑志利:《深圳"募师支教"第八批:35 名志愿者昨启程》,《深圳特区报》2010年 3 月 5 日。

② 参见易运文:《深圳首创民间出资"募师支教"新模式》,《光明日报》2009 年 9 月 9日。

③ 李红、张清华、艾建琪:《募师支教大山深处播种希望　支教归来话感动》,深圳新闻网 2010 年 2 月 8 日。

真情又一次鲜红的旅行

从我的梦到你的梦

生命搭成了温馨的彩虹

………

这一首《生命的彩虹》是深圳的无偿献血者之歌。①

在无偿献血事业上,深圳有许多"全国第一":深圳在全国率先开展无偿献血工作,率先为无偿献血立法,率先无偿献血100%满足临床用血,率先以基因检测技术建立骨髓库,率先把核酸检测作为血液常规检测,率先通过竞争建立中华骨髓库国家质量控制实验室,率先在血站系统通过国家实验室认可,确保血液质量。

一系列数字书写着深圳无偿献血的辉煌历程:1993年,深圳只有55个人无偿献血;而2009年全市已超过9.2万人次无偿献血,献血总量超过31吨;从1993年到2009年已有142万人次捐血,无偿献血284吨;2009年,深圳成分血的捐献突破了1万人次;深圳已连续六届蝉联全国无偿献血先进城市,先后有两千多名市民荣获了国家无偿献血金奖。无怪乎深圳的网友将"无偿献血"推举为"深圳人最引以为豪的文明行为"!

深圳无偿献血的历史要追溯到1993年。1993年5月8日,深圳市第一位无偿献血者捐出200毫升鲜血。至此,全市开始推行无偿献血活动。1995年9月15日,深圳市人大颁布《深圳经济特区公民无偿献血及血液管理条例》,这是中国内地第一部有关无偿献血的地方法规。这部法规的出台,对深圳无偿献血事业的健康发展起到推动作用,1996年,全市就有16933人次参加无偿献血。1998

---

① 参见深圳百科全书编委会:《深圳百科全书》中的"深圳经济特区公民无偿献血及血液管理条例"条目,海天出版社2010年版,第182页;深圳市史志办公室编:《深圳改革开放纪事1978—2009》,海天出版社2009年版,第346页;余海蓉等:《深圳无偿献血"元老"十年后再聚首》,深圳新闻网2009年12月28日;余海蓉:《深圳131.5万人次无偿献血263吨》,《深圳特区报》2008年6月17日;王小可:《无偿献血:深圳一道美丽风景》,《深圳特区报》2009年7月27日;徐佳丽:《五星级义工带动全家无偿献血,陈小青一家三口同获国家无偿献血金奖》,《南方都市报》2009年7月9日;张伟嘉:《献血就像喝水一样自然平常》,《深圳晚报》2010年3月2日。

年 10 月深圳市实现了无偿献血 100% 满足临床用血的目标。短短 3 年时间,深圳就完成了由有偿献血制向无偿献血制的平稳过渡。而这种过渡,国外发达国家用了 10 年甚至 20 年才完成,深圳人又一次用爱心创造了"深圳速度"。

1999 年 12 月 27 日,在北京人民大会堂,27 名无偿献血超过 3400 毫升的深圳市民,获得了国家卫生部无偿献血金杯奖的表彰。10 年后的 2009 年 12 月 27 日,这些无偿献血的"元老"们再次相聚。10 年间,无偿献血已成为了这些深圳无偿献血"元老"们生活的一部分,他们中绝大部分献血都在七八十次以上,甚至超过了 100 次! 陈小青是他们中献血次数最多的"女状元"。从 1995 年第一次献血至 2009 年,陈小青已经献了 20 次全血、92 次机采成分血。在她的带动下,家人、朋友、同学、邻居、同事纷纷走上了无偿献血和参加义工服务之路,她们姐妹几人常常一起躺在采血椅上,奉献爱心,不久前,她们一家三人更同时荣获"国家无偿献血奉献奖金奖"。他们中间年纪最大的吴开风老人,已经 65 岁,依然坚持献血。自从 5 年前退休后,他几乎每天都去南山的捐血车上做义工,风雨无阻,已达千余小时。

回首 10 年路,这些无偿献血"元老"们最值得骄傲的一件事就是:在他们的倡议下,2000 年 5 月 9 日,成立了深圳市红十字会无偿献血志愿工作者服务队,这也是中国首支无偿献血志愿工作者服务队。无偿献血志愿工作者,用自己多次献血的亲身经历现身说法,积极参与献血的宣传、咨询、招募和服务工作,成为推动深圳市无偿献血事业发展的一支生力军。现在,这支服务队已有注册捐血志工 1360 人,非注册志工数万人,累计义务服务达四十多万小时。服务队的队员们组成了无偿献血志愿服务分队、机采成分献血服务分队、无偿献血宣传服务等分队,结合自身的任务分头开展各种活动,使无偿献血在深圳形成了吸引市民广泛参与、积极参与、乐于参与的爱心奉献活动。如今,"无偿献血,举手之劳"、"给人间一份爱心,给自己一份快乐"等格言警句被众多无偿献血者传颂。无论刮风下雨还是烈日当空,无论是企业老板、普通市民还是打工者,也无论献血车停在哪里,都会有热情的深圳人排着队上车献血,无偿献血已成为深圳一道亮丽的城市风景线。

深圳的无偿骨髓捐献也走在全国前列。2000 年 8 月 1 日,深圳正式创建深圳骨髓库(现称中国造血干细胞捐献者资料库广东深圳分库)。2001年8月27日至28日,深圳的青年设计师潘庆伟无偿地捐献出造血干细胞救助一名素不相识的白血病患者毛佐财。这不仅仅是深圳第一例非亲缘关系无偿捐献骨髓移植手术,也是全国第一例非亲缘关系无偿捐献骨髓,它标志着深圳的无偿献血事业进入了一个更高的层次:从献血到献造血干细胞。① 2007年4月,在深圳打工的韶关人屈先生为美国的华裔白血病少女捐献骨髓,成为2006年中美两国骨髓库签署合作协议后的首例跨国捐献。② 截至2008年5月,深圳造血干细胞志愿捐献者资料库入库志愿者数已达23000人,实施骨髓移植68例,约占全国非血缘关系外周血造血干细胞骨髓移植的10%。深圳骨髓移植呈现出回报率高、采集率高、反悔率低的可喜局面。③

由于受传统观念的影响,愿意在身后捐献器官的人凤毛麟角,即使有人想捐献,他们的家人也未必同意。但是这一现象在深圳开始破冰,人们已逐步从传统的观念中剥离出来,正确地认识生命,越来越多的人走入捐献器官者的行列。

1999年6月13日,年轻教师向春梅在生命的最后时刻,留下遗言"献出我一切有用的器官",她捐出的角膜使两位盲人重见光明。④ 向春梅成为深圳第一位角膜捐赠者。向春梅立遗嘱捐献角膜的消息在媒体报道之后,各界人士为之感动,有许多人通过多种途径,表达对这位道德高尚女子的敬佩。20日,深圳商报社、市卫生局、市红十字会联合发出《留下光明在人间——关于捐献角膜

---

① 参见《深圳骨髓库资料过万,39名骨髓捐献者受表彰》,《深圳商报》2005年8月22日。

② 参见《潘庆伟爱心骨髓点燃生命之光,音乐声中献骨髓》,金羊网2001年8月28日;《深圳捐献骨髓人数居全国前列》,《深圳商报》2008年11月17日;《深圳打工仔捐髓救华裔少女,此为中美骨髓库签约后首例跨国捐献》,南方网2007年4月7日。

③ 参见深圳市史志办编:《深圳改革开放纪事1978—2009》,海天出版社2009年版,第346页。

④ 参见深圳市史志办编:《深圳改革开放纪事1978—2009》,海天出版社2009年版,第236页。

的倡议》。① 现在,深圳眼科医院几乎每天都有志愿者前来领取捐赠书。人之将去,能将光明长存于人间,成为逝者及其家人自发的美好愿望。截至 2010 年 2 月,全市已有六千多人自愿登记捐献器官。市红十字会已经接收了 372 例角膜捐献,45 例多器官捐献和十多例的遗体捐献。捐献者们以他们的大爱已经让近千名患者受益,无数垂危的生命因此得以重生,许多眼疾患者从此走出黑暗。2005 年以前,申请捐献器官的有 60% 以上具有本科以上学历,且年轻人占大多数。但是近年来这种局面发生了很大变化。一些深圳老年人也加入器官捐献行列。2009 年初还出现了父子同签遗体捐献志愿书的感人事件。②

无论是角膜捐献还是多器官捐献的数量,深圳都在国内城市中排名第一,深圳器官捐献事业已经走在全国前列,并成为了深圳市精神文明建设的爱心品牌。2006 年,深圳市血液中心获得中国南方地区唯一的"中华骨髓库 HLA 高分辨分型实验室"资格。③ 2007 年中华医学会器官移植分会决定将中国的器官捐献组织总部办公室落户在深圳。深圳器官捐献事业的良好局面得益于慈善机构、媒体、相关医务人员的多方努力,更得益于深圳的法律保障。在众多公益人士、医生及人大代表的推动下,2003 年 8 月 22 日,深圳市人大通过了《深圳经济特区人体器官捐献移植条例》,这是国内第一部关于人体器官捐献移植方面的法规。这一法规引起了法律、卫生、新闻界的高度重视,中央电视台新闻录制组对常委会审议该项法规的情况进行现场直播,《人民日报》、新华社等二十多家新闻媒体也进行了专题报道,在全国引起较大反响。④ 这一法规规范和约束了医生和捐献者的行为,也构造起了一个受捐及医疗的平台:市红十字会负责受理人体器官捐献的申请,建立人体器官信息库;医院负责受理人体器官移植的申请,并对患者的资料进行登记。在红十字会和医院之间,设有一名专职器官捐献协调员,

① 参见深圳市史志办编:《深圳改革开放纪事 1978—2009》,海天出版社 2009 年版,第 236 页。
② 参见《深圳器官捐献试点启动,热心市民踊跃申请》,深圳新闻网 2010 年 2 月 2 日。
③ 参见深圳市史志办编:《深圳改革开放纪事 1978—2009》,海天出版社 2009 年版,第 346 页。
④ 参见深圳百科全书编委会:《深圳百科全书》,海天出版社 2010 年版,第 182 页。

负责将角膜捐献的信息传达到医院,将医院患者的需要反馈到红十字会。正是在《深圳经济特区人体器官捐献移植条例》这部法规的推动下,深圳的器官捐献工作大跨步地发展,器官捐献已逐渐被市民所接受。

正如深圳关爱行动的口号"用爱拥抱每一天,用心感动每个人"一样,深圳正逐渐形成了超越传统、走向现代的新型道德观念和人际关系,关爱与奉献正成为这座城市人文精神的一大显著特质。充满爱心,乐于奉献,正成为深圳人的自觉行动。

第三节　我们是这座城市的主人

如果你没有深圳的户籍,没有关系;如果你没有自有住房,也没有关系;只要你热爱这座城市,愿意为这座城市贡献自己的力量,关心这座城市的发展,你一定可以在这座城市找到自己的位置和价值。你来自广东,我来山东,你来自湖南,我来自湖北,我们来到了深圳,就是深圳人,我们就是这座城市的主人。

一、虽败犹荣的自荐竞选

"凡有权参加议事和审判职能的人,我们就可说他是那一城邦的公民。"[1]两千多年前,亚里士多德首先强调的是"公民"要有参与城邦权力机构的权利。今天,深圳的公民可以大声地说出"我要人民代表大会的选举!""请投我一票!"

关心人大选举制度的人都不会忘记2003年深圳区级人大代表的换届选举。这一年,在深圳市区级人大代表换届选举中,出现一个又一个自主参选的竞选者,吸引了人们关注的眼球。为了区分他们与其他众多候选人的不同,有人将这部分人统称为"独立候选人",也有人与组织推荐的候选人相对应,将他们称为"体制外候选人"。总之,这些候选人都是自主参选,并由选民推荐,而不像过去

---

① 亚里士多德:《政治学》,商务印书馆1997年版,第113页。

那样主要由组织提名、上级确定。据不完全统计,深圳这一年区级人大换届选举中这样的人物有7位,他们是罗湖区的肖幼美,福田区的王亮、徐波、邹家健、叶原百,南山区的吴海宁、谢潇英。这7名自主参选人中,有4名是没有得到提名也没有得到推荐的非候选人自荐参选人大代表,他们与正式候选人展开激烈竞争。①

第一个"吃螃蟹"竞选人大代表的是48岁的肖幼美女士。2003年罗湖区人大换届时,她已经当了3年深圳市人大代表,在此期间有过可圈可点的维权事迹。原来进出罗湖区天景花园的碧波一街是一条土路,脏乱差现象严重,摩托车抢劫案时有发生。2001年,肖幼美联络了十多名市人大代表提交议案,要求市城管办尽快进行综合整治。市城管办的答复是,该路不属于市政道路,应由小区开发商负责。但事实上,碧波一街已建成众多小区,早已担当起市政道路功能。肖幼美不气馁,第一次不行,再提第二次,通过近两年的努力,最后终于得到市城管办的重视。市城管办用本部门预算外资金近300万元对碧波一街进行了大规模整修,安装了路灯,并由罗湖区环卫所定时定点清扫卫生,社会治安得到明显改善。

2003年3月,罗湖区人大代表换届选举进入候选人提名阶段,天景花园及附近小区居民一致推荐肖幼美为本选区候选人。4月中旬,一张张内容相同的宣传海报先后出现在深圳罗湖区12选区多处公共场所。海报的主人叫肖幼美,是深圳市有色金属财务公司高级会计师,一位成功的职业女性。为了角逐区人大代表,已经成为正式候选人的她率先在深圳以张贴海报的形式作自我宣传。海报上既有她的自我介绍和她担任市人大代表以来的有关新闻报道,也有她对

---

① 参见黄卫平、唐娟、邹树彬:《2003年深圳市区级人大代表竞选现象的政治解读》,《北京行政学院学报》2003年第6期;黄卫平、陈文:《公民参政需求增长与制度回应的博弈——从深圳、北京人大代表"竞选"看修订〈选举法〉的政治意义》,《深圳大学学报》(人文社会科学版)2005年第22卷第2期;《深圳人大代表竞选幕后》,《中国青年报》2003年5月28日;《民主意识的自觉实践,深圳人大代表竞选现象透视》,《法制日报》2003年5月29日;《民主需要竞争——"2003年深圳区级人大代表竞选案例学术研讨会"综述》,中国选举与治理网。

当选区人大代表后的承诺。尽管肖幼美最终落选,但24%的得票率远远超出了她的预期。

35岁的民营科技企业家吴海宁,在深圳集资房业主中有口皆碑。由于他的努力,曾改写了深圳集资房的政策。为了维护凯丽花园乃至更多的集资房业主的利益,从1998年至2001年长达3年的时间里,吴海宁带领广大业主四处奔走,以锲而不舍、不屈不挠的精神,终于使有关部门修改了原有的条例,通过补交地价的办法,将集资房转为商品房。南山区人大代表选举开始后,吴海宁决定效仿肖幼美的创新举动,在上门向肖幼美讨教后,也自行制作了大幅彩色海报在所在选区内张贴。海报顶头写着两行大字——"做一个无私无畏、敢于为民说真话、办实事的人大代表"。吴海宁还向所在选区居民挨家挨户派发公开信。因此赢得了小区七百多户、三千多人的衷心拥护。2003年3月,凯丽花园151个选民集体签名,推选吴海宁为区人大代表候选人。按照法定程序,吴海宁成为正式候选人。尽管吴海宁最终未能如愿当选,但这种民主参与意识却是十分可贵的。

竞选高潮出现在深圳最后一个进行人大代表换届选举的福田区,该区出现了深圳从未有过的自荐参选人,而且人数达到了4名。他们中除了深圳高级技工学校校长兼党委书记王亮和深圳市政工程设计院副总、高级工程师徐波是以所在单位身份参选,另两位非正式候选人邹家健和叶原百,分别以"深圳振业景洲大厦业主委员会"和"深圳益田村105栋楼长"的身份参选。4名非正式候选人中,王亮当选,徐波、邹家健和叶原百3人落选,但他们获得了不少选民的理解和支持,3人都得到了比个别正式候选人更多的选票。

尽管这次大多数自荐参选者落选,但他们虽败犹荣,自荐参选这一行为产生的积极影响,已非胜负结果所能衡量。选举制度专家李凡认为,这些非正式候选人的做法,对他们个人来说是迈出了一小步,但对推动中国选举制度改革进程,可能是促进了一大步。① 一个城市一次出现一个自荐候选人也许算不上什么稀奇,而深圳一下子出现了几个自荐候选人,的确是值得关注与思考的。

① 参见邹树彬:《民主实践呼唤制度跟进——深圳市群发性"独立竞选"现象观察与思考》,《人大研究》2003年第8期(总第140期)。

这些自荐候选人大多数属于所谓的"中产阶级"人士,他们均受过高等教育,有较强的适应市场经济的能力,有较高的经济收入。同时,他们又通过在社区内的业主维权,获得了本社区选民的支持与拥护。他们在某种程度上是被部分选民推上竞选舞台的,自荐参选人这一角色已经获得相当部分选民的认同。在市场竞争中,他们学到了规则意识与契约观念,并把这些观念带到了社区生活中;从小区业主维权到人大代表的竞选舞台,这些民间领袖们又将在社区事务中学习到的对话、参与、合作等精神带到了更广阔的公共领域。小区业主维权的过程,激发了他们的政治参与热情,锻炼了他们的政治参与能力,获得了特定利益群体的坚定支持。他们及其支持者的出现,表明一个自觉追求和实现自己民主权利的社会基础正在生成,这是一个城市公民社会成长的关键要素之一。

民间自荐竞选人的出现将竞争机制引入人大代表选举中,还人大代表作为人民利益代言人的本色,强化人大代表利益代言人的角色意识,实现由"荣誉"到"责任"的转变,并推动选举程序与结果更加公开、公平和公正。他们的举动为城市基层民主注入了生机,表明城市政治发展的主题也正在由"单位人"政治向"社区人"政治转变。

深圳自荐参选人的出现是在原有人大代表选举基础上的新的突破,而且是性质上的突破;是在不损害人民群众既有政治利益的前提下,最大限度地增加了政治利益。这一现象表明民主发展还有很大的制度创新空间,在不改变制度文本的前提下,落实、细化现有规则即可大大提高中国的民主发展程度。

二、人大会议的旁听者

尽管自荐人大代表候选人大多并未成功,但他们依然可以通过多种方式参与到深圳的政治生活之中,依然可以走近人大,看看这一权力机构是如何运作的。人大会议及人大常委会的旁听制度就给了所有普通市民这样的机会。

2009年2月22日下午,深圳市民中心A区人大会堂大厅,是深圳市四届人大六次会议的报到地点,一个印度人的面孔格外引人注目。来自印度的Sunny先生,是作为旁听人员代表参加本届会议的。Sunny 1990年即在深圳创业,在近二十年的时间里,他频繁奔波于深、港、穗之间从事电子产品出口贸易。如今,他在深圳和香港都开设了公司,操着一口流利的广州话,并且还成了"深圳女婿",太太何女士是地道的深圳人,这次也陪同他来开会,为的是在他的广州话"卡壳"时充当他的"翻译"。Sunny 说,他是第一次来旁听,不是要议政,而是要"研究研究"政府与公众怎么沟通,"看看政府对于应对金融危机有没有好的方法"。①

Sunny 不是第一个参加人大会议的外籍人。2002 年起深圳市三届人大三次会议就规定,在本市投资、工作的港、澳、台同胞和外籍人士可报名旁听人大会议。当年美国籍的罗恩惠女士就成为深圳市人大首位外籍旁听人士。② 因此,Sunny 这样的外籍人参加人大会议,在深圳可以说是平常事。与 Sunny 一起参加这届人大会议的旁听人员还有 39 人,来自深圳的各行各业。市人大专门为旁听代表召开了座谈会,市委常委、常务副市长李锋参加了旁听席座谈会。在 3 个小时的座谈会上,旁听代表发言热烈而欢快,涉及政治、经济、社会、文化、教育、医疗等方方面面。③

自 1995 年开始,深圳市人大开始市民旁听人大制度;自 2004 年 12 月深圳市三届人大常委会第 35 次会议开始,市民旁听制度从每年的人大全体会议扩展到市人大常委会会议;2008 年以后陆续有一些区人大会议也设旁听席。最初,人大会议规定旁听市民必须具有深圳户籍,后来扩展到具有居住证的常住人口。每年人大会议召开前,市人大常委会都会在召开全体会议之前发布公告,邀请市民报名旁听人大会议。④ 由于受场地限制,市民旁听人大会议的名额一直是有

---

① 参见《老外旁听　研究"沟通"》,《羊城晚报》2009 年 2 月 23 日。
② 参见《深圳市领导参加人大会议旁听代表讨论》,《深圳商报》2002 年 3 月 5 日。
③ 参见刘永新:《市四届人大六次会议旁听人员座谈会场面热烈,市民代表诚恳建言市领导热情回应》,《深圳特区报》2009 年 2 月 25 日。
④ 例如,2005 年 9 月 12 日深圳市人民代表大会常务委员会办公厅发出公告,"深圳市第四届人大常委会第二次会议将于 2005 年 9 月 22 日至 27 日举行。为增加市人大常委会议事的透明度,本次会议继续设立市民旁听席"。公告指出,旁听名额 10 名,报名条件是:1.年满 18 周岁并具有完全行为能力。2. 具有深圳市常住户口,或持有深圳市暂住证,或在本市投资、工作的港、澳、台同胞、外籍人士。依法被限制人身自由或被剥夺政治权利者除外。

限的,报名人数总是远远超过名额限制,越来越多的市民要求增加旁听名额,不少市民为了争取旁听,在规定报名时间后一大早就赶到报名地点。在深圳,很多人连续多年报名参加旁听,如人大代表杨剑昌从 1995 年开始每年都报名参加旁听,直到 2000 年当选人大代表。68 岁的深圳石化集团的张永利是连续 4 年报名参加旁听,直到 2005 年真正参加旁听。"如果今年没有排到我,明年我还会来。"①尽管旁听市民没有投票权,但人大常委会会专门听取他们的建议和意见,市政府、市检察院、法院也都会派领导参会。会后,人大常委会会把旁听市民的意见和建议进行整理后交由有关单位或部门处理,有些意见还会由领导亲自批示。用一位参加旁听市民的话说:"公民旁听人大会议究竟有什么意义?我认为,公民旁听人大会议,实际上是追求一种内涵更为丰富的政治参与权,这中间当然包括知情权和监督权,但更重要的是话语权,即表达意见、观点、愿望的权利。在言论畅通信息共享的今天,这就是对权力机关最有效的监督。"

深圳旁听人大会议的人员有三个显著特点:第一,报名人员涉及行业广,年龄跨度大,知识层次高。前来登记的市民中,有律师、医生、工人、学生,也不乏董事长、总经理。这些年来,报名旁听的人中年龄最小的 19 岁,是在校大学生;年龄最大的 83 岁,是位老中医。普遍拥有高学历,具有硕士及以上文凭的约占三成。第二,参加旁听的目的有了质的转变。早年参加旁听的市民,大多是带着个人诉求来参加会议的;最近几年,这种现象已经很少见了,参加会议的旁听代表都是从关心深圳发展的角度,从整个深圳的经济社会发展出发,针对政府工作报告和人大、两院的报告发表自己的看法,为深圳未来的发展献计献策。第三,旁听人大会议市民能够正确认识自己在人大会议上的角色,不以言微而不鸣。这些旁听市民无论是有深圳户籍的还是外来建设者,无论是操着山东口音还是广东口音,对这座城市强烈的归属感、自豪感和责任感都溢于言表。

人大旁听制度,作为一项市民政治参与的重要形式,未来将继续发扬光大。在 2008 年 6 月颁布的《关于坚持改革开放推动科学发展努力建设中国特色社会主义示范市的若干意见》中明确指出:"完善区级人大代表直接选举制度,增强

---

① 张永利:《旁听人大会议市民"不以言微而不鸣"》,《深圳商报》2006 年 6 月 1 日。

人大代表的民意基础,扩大人大会议市民旁听人员的范围和数量。积极探索人大代表与市民沟通的方式。"①

除了自荐人大代表候选人、人大旁听制度外,深圳还在基层民主方面做了很多尝试。如 1999 年深圳龙岗区大鹏镇"三轮两票"选镇长,2010 年开始的党代表公推直选试点以及 2010 年新一届人大代表换届选举中出现的市民上书希望留下"真正为老百姓说话办事的人大代表",都是深圳基层民主发展的生动体现。

三、网络议政的三剑客

人大旁听、民主选举,只是深圳市民参与政治生活的一个很小方面。那么,更广大的深圳市民是如何参政议政,表达对这座城市的关心的? 互联网的发展为广大市民提供了广阔的参政议政空间,在这个完全平等、公开的空间里,市民们发挥着以往不曾想象的政治热情。在深圳待了 8 年以上的人,或者 2002 年到 2003 年曾经待在深圳的人,或者关注深圳的人,都还对当年发生的一件事记忆犹新。

2002 年 11 月 16 日下午,一个署名"我为伊狂"的网友,在《人民日报》"强国论坛"和新华网"发展论坛"分别发出了一篇长达 1.8 万字的文章《深圳,你被谁抛弃》,从深圳发展的许多方面旁征博引,逐一述评,字里行间充满忧时伤怀之情。

这个帖子在网上迅速走红,引起了网上对于深圳未来发展的大讨论,不久之后《南方都市报》等传统媒体也加入讨论行列,这些讨论引起深圳政府的重视。2003 年 1 月 19 日,时任深圳市长于幼军与"我为伊狂"在广州进行对话,就深圳面临的挑战和未来发展进行讨论,"开创了中共省部级高官与网民对话的先河"。2003 年 7 月 28 日,由国务院体改办综合试点司司长范恒山和国家发改委经济体制综合改革司副司长带队的国务院调研小组来到深圳,点名约见"我为

---

① 中共深圳市委、深圳市人民政府:《关于坚持改革开放推动科学发展努力建设中国特色社会主义示范市的若干意见》第二部分,2008 年 6 月 6 日。

伊狂"。这一消息得到《南方都市报》、《北京青年报》、人民网等著名媒体的广泛报道。① 网络从此成为深圳政府非常看重的平台。市长与网民对话,激起网民网络议政的热情,从此网络议政成为深圳市民民主参与社会管理的重要途径。

"我为伊狂"的真名叫呙中校,当时只是一个证券咨询公司的分析员,他的这篇网文主旨如此宏大,显然超出了他的日常工作。这个年轻人因为这篇网文,结识了同道——一群"深圳主义者"。这些人聚集在一家叫因特虎②的 BBS 上网议深圳,这个青年与两位年纪稍长的资深网络议政者"老亨"、"金心异"被深圳市社会科学院院长乐正称为"因特虎三剑客"。由于对深圳问题不约而同的关注,"老亨"、"金心异"、"我为伊狂"先后走到一起,在因特虎这个研究平台上纵论深圳经济社会发展问题。"老亨"真名黄东和,1997 年来到深圳成为公务员,2001 年自费创办了因特虎网站,后来离开政府,现在供职于《深圳青年》杂志社。"金心异"真名金城,在一家企业工作。"因特虎三剑客"自 2004 年以来每年推出一本《因特虎深圳报告》,既纵横捭阖地探讨深圳的区域定位和发展战略,又探讨这个城市发展中遇到的种种问题,诸如城市化、治安困境、人口问题、建立公共财政体制等。现已出版《城市论争备忘录》、《深圳选择突围》、《深圳向南》、《香港+深圳升级中国引擎》等。这一系列报告从民间视角总结了过去一年中深圳发生的一系列重大时政、经济事件,并对深圳的未来走向进行展望,被称为民间版的深圳蓝皮书。因特虎深圳发展报告的出版标志着深圳民间智囊机构的成熟,也标志着深圳民间思想力量的崛起。

现在,政府在一些关乎深圳未来发展的重大决策的调研阶段都会征求"因特虎三剑客"的意见。从 2004 年起,每年的两会之前,深圳市政府办公厅召开征询意见的座谈会,都会邀请因特虎的代表参加。

从因特虎的发展中可以梳理出来一条深圳公民网络参与公共事务的主线:热爱深圳——研究深圳——参与深圳的公共生活。因特虎和它的虎友是一个关

---

① 参见深圳市史志办公室编:《深圳改革开放纪事 1978—2009》,海天出版社 2009 年版,第 575 页。

② 以下有关因特虎的资料根据因特虎网站 www.interhoo.com 介绍整理而成。

心深圳命运的群体;他们以"彻彻底底的深圳主义者"、"一切与深圳有关"的口号相互勉励。有人评价说:"他们代表着深圳一股民间思想的活水,代表着一种正在生长的力量,一股任谁也不能轻视的力量。"①因特虎和它的虎友自觉思考、自主议政,逐步成为具有社会责任感的公共知识分子,开辟出具有"批判功能的公共领域"②,成为民间自发的有序政治参与的典范。因特虎坚持以深圳的发展和市民的公共利益为依归,理性和建设性地对政府施政进行评议,体现了公民的权利,更体现了公共知识分子的责任。

尽管因特虎现象始于民间,但政府海纳百川的态度却是"因特虎"们得以蓬勃发展的催化剂,当有社会责任感的现代公民遇上以人民利益至上的现代政府时,公民的政治诉求得以上升为政府的公共政策。现在,有越来越多的"因特虎"们通过网络为政府献言献策,深圳政府也越来越重视网民的真知灼见。每周一早上9点,市委宣传部都要召开舆情分析例会,邀请信访、公安、报业集团、深圳电视台等不同单位汇报上一周所收集到的民情民意,其中就包括网络论坛上市民对当前热点问题的评析,这些来自普通民众的声音往往在第一时间就整理成专报送到了市委、市政府领导的手中。2009年12月1日,时任广东省委常委、深圳市代市长王荣通过网络发帖"我们一起当市长",诚邀网民为2010年政府工作报告的起草以及深圳未来5年发展建言献策,在不到一个月的时间里,该帖已吸引十几万网民点击,"真材实料"的回帖数达两千多条,成为当之无愧的"当月深圳网络最热话题"。正是在与深圳政府领导的互动中,正是在积极的政治参与过程中,深圳公民享受到一座城市主人所得到的尊重。

四、城市建设的主人翁

2010年是深圳经济特区建立30周年,深圳市政府决定在莲花山公园内东南角建设"深圳经济特区纪念公园"。市规划国土委、市城管局委托相关单位设

---

① 《三网民出书思考深圳未来,民间思想崛起备受关注》,《南方都市报》2004年10月19日。

② 参见(德)哈贝马斯:《公共领域的结构转型》,学林出版社1999年版,第3页。

计了《深圳经济特区纪念公园规划设计方案》，已通过专家评审。但专家与政府的意见并非最终定稿，深圳市政府在最终拍板之前还要征求广大市民的意见。从 2010 年 3 月 6 日到 3 月 20 日，所有市民都可以通过莲花山山顶规划展厅或是深圳市城管局的网站察看纪念公园的规划设计方案，市民的意见和建议既可以通过书面形式邮寄，也可以发送电子邮件。①

城市规划征求市民的意见，这在深圳可不是第一次。几乎所有涉及民生的重要城市规划方案在正式出台之前都要充分听取广大市民的意见，充分吸纳合理性建议。2005 年 8 月 5 日，市政府发布深圳建市以来规模最大，也是第一个系统、完整的交通发展规划——《深圳市整体交通规划》和《深圳市公共交通规划》，并向社会各界广泛征求意见。② 2006 年 3 月 15 日，深圳市交通局公布了当年即将新增的公交线路，总共将新增 38 条公交线路，这一计划的确定就是市民充分参与的结果。2006 年 2 月 6 日，深圳市交通局就《2006 年度深圳经济特区新开公交线路计划草案》公开征询市民意见，在征求意见期间，市民提出了 1293 条意见，这些意见有的是对原定新增线路的优化建议，有的是提出额外的新增建议，市交通局吸纳了其中 339 条建议，形成当年的新开公交线路计划。③

根据市民的意见和建议，对新增加的公交线路规划进行调整，交通部门已形成一种较完善的公众咨询制度。这是市民主动参与和政府积极采纳的共同结果。事实上不仅是公园规划、公交线路的调整，深圳这座城市中几乎所有的重要规划项目，如城市更新、道路规划、路名调整等，在制定过程中，都少不了市民参与这一环节。此外，一些重要文件在出台前也都要征求广大干部群众的意见。例如，在《关于坚持改革开放推动科学发展努力建设中国特色社会主义示范市的若干意见》的起草过程中，几次征求社会各界意见，共收到各类意见和建议超

---

① 参见深圳市城市管理局网站：http://www.szum.gov.cn。
② 参见深圳市史志办编：《深圳改革开放纪事 1978—2009》，海天出版社 2009 年版，第 393 页。
③ 参见《深圳新开公交线路增至 38 条》，《南方日报》（网络版）2006 年 3 月 16 日。

过 500 条,其中采纳吸收了 350 多条。①

现在,在市民中心的行政服务大厅、各区政府及新区的办事大厅,以及规划、国土、城管等有关部门的办公地点等,都常常可以看到大型的城市规划项目展示牌,它们向市民展示了深圳这座城市即将发生哪些变化;同时,市民也以饱满的热情、理性的思考关注着城市的这些变化,为这座城市的发展建设献计献策!

第四节　社会组织的幼林

公民社会的重要载体是社会组织,种类齐全、覆盖广泛的社会组织是构建公民社会的组织基础,社会组织的数量及发育水平将直接关系到公民社会的活跃程度。

一、深圳社会组织群像

2000 年深圳市社会组织仅为 968 家,到 2009 年底,依法登记注册的社会组织总量达到 3760 家,其中社团 1521 家,民办非企业单位 2238 家,基金会 1 家,市级社会组织 1175 家,区级社会组织 2585 家;每万人拥有社会组织数量为 3.9个,远高于全国每万人拥有 2.7 个社会组织的整体水平。深圳的社会团体和民办非企业单位涵盖了工商服务、科学研究、社会服务、文化教育、体育卫生、生态环境等各个领域,其中经济类社会组织占 8.29%,科学研究类社会组织占 6.86%,社会事业类社会组织占 57.51%,慈善类社会组织占 13.56%,综合类社会组织占 13.54%②,基本形成了门类齐全、层次不同、覆盖广泛的社会组织体系。特别是近年来,为了进一步发挥社会组织的作用,重点培育了人民群众急需

---

① 参见深圳市史志办公室编:《深圳改革开放纪事 1978—2009》,海天出版社 2009 年版,第 472 页。

② 以上数字由深圳市民间组织管理局提供。

的工商经济类、公益慈善类、社会福利类社会组织,不断完善社会组织结构。

公共服务、动员资源、社会协调与治理、社会倡导等是社会组织的四大主要功能。① 30 年来,深圳的社会组织从无到有、从小到大,在社会中发挥中了越来越重要的作用,成为政府与市场之外不可或缺的主体。

在公共服务方面,社会组织可以弥补市场失灵和政府失缺所引起的公共服务的不足,提供更为多样化、多层次的社会服务,满足不同群体的需求。在深圳有一家由一些特殊父母发起成立的社会组织——深圳自闭症研究会。发起人之一廖艳晖,是一位自闭症孩子的母亲,在她治疗自己儿子期间,通过网络认识了不少自闭症孩子的家长,她发现很多自闭症孩子的家长不仅心理上很脆弱,在对孩子的治疗方法上也存在误区。然而整个深圳,乃至广东省都没有一家为这些孩子提供治疗和服务的机构。2001 年 7 月,一群自闭症儿童的家长不畏艰辛自发组织"深圳孤独症人士家长资源中心",创立了深圳市自闭症研究会,并于 2005 年 1 月,正式在深圳市民政局登记注册为社会团体。深圳自闭症研究会以"代表自闭症群体倡导及争取其共同权益,推动自闭症服务行业的发展,整合社会资源,促进社会融合"为使命,开展家长培训、亲子联谊、社区支援、康复训练、个案辅导、学术研究等 16 项服务内容。现在研究会的老师有二十多个,大都是学医或学幼儿教育的专业人员。老师分为小组老师和个训导师,个训导师根据孩子不同的情况,对孩子进行单独治疗,小组老师则负责集体训练。自闭症研究会已拥有一个庞大的专家顾问库,囊括了与自闭症儿童康复相关的深圳有关医学、教育、法学、社会学和心理学专家等。此外,研究会还与北京、香港、台湾等地的专家建立了广泛的联系,得到了相关机构的资金资助与智力支持。② 发展几年来,自闭症研究会不仅关注和帮助深圳自闭症儿童和家长,还将实践中的康复经验和研究心得传达给其他地区的自闭症康复机构。虎年伊始,自闭症研究会正在组织珠三角的学习网络,让自闭症儿童服务机构在分享中共同成长。"以前,我们自闭症孩子家长最怕自己变老,'死不瞑目',但现在随着社会组织登记

① 参见王名:《非营利组织的社会功能及其分类》,《学术月刊》2006 年第 9 期。
② 根据深圳自闭症研究会网站介绍整理。

管理的逐步放开,我相信这方面的服务机构会越来越多,到二三十年以后,我的孩子可以享受到更好的服务,我们可以不必再担心孩子的将来!""服务机构的增多对于我们公益领域来讲是好事,我们要通过互助达到资源共享,共同壮大。要相信我们NGO是有能力解决问题的。"①

在资源动员方面,社会组织广泛动员社会慈善资源。一方面通过发动来自社会各个方面的志愿者参与到各种慈善公益活动或互助共益活动中,从而动员社会的志愿服务资源,深圳义工联及其18万注册义工就是对社会组织这一功能的最佳诠释;另一方面,以基金会为代表的社会组织动员社会的慈善捐赠资源,将社会中的财富用于公益事业,如在2008年的"5.12"抗震救灾捐款中,深圳市区慈善会筹集抗震救灾款超过10亿元,列全国城市慈善会之冠。② 不仅广大民众通过社会组织自愿向有需要的人们捐款,富裕起来的深圳企业家还选择成立基金会这类社会组织来履行社会责任。中国的001号非公募基金会③就发源于深圳的一家民营企业。2005年6月14日,由全国知名民营企业——香江集团出资5000万人民币设立的"香江社会救助基金会"正式在民政部登记注册,这是全国第一个国家级非公募基金会,国家民政部批号是"001"。基金会的宗旨是"发扬人道主义精神,扶贫济困,发展社会公益事业",使命是"奉献爱心,回报社会",愿景是"使慈善成为一种文化、一种风气、一种时尚"。成立5年来,基金会围绕着教育、扶贫、救灾三个方向开展工作。2007年,基金会开始启动"5个1000"爱心计划,即"建立1000个香江爱心图书室、资助1000个孤儿、帮助1000个贫困家庭、帮助和奖励1000个贫困学生、组织1000个义工"。如今已建立了图书室六百余家,资助孤儿一千多个,贫困地区小学生受惠人数达30万人之多,义工一万多名,多数任务都超额完成。5年来,香江集团每年都会向基金会捐款,几年累计已近1亿元人民币。④ 由于有了翟美卿这个发迹于深圳的民营企

① 2010年3月25日访谈深圳自闭症研究会会长廖艳晖。
② 参见乐正、邱展开主编:《深圳社会发展报告2009》,社会科学文献出版社2009年版,第50页。
③ 非公募基金会是指不得面向公众募捐的基金会,详见《基金会管理条例》。
④ 参见香江社会救助基金会网站:http://www.hkf.org.cn。

业家,深圳不仅成为民营企业家的摇篮,也成为企业慈善的先锋!之后,腾讯公益慈善基金会、桃源居社区公益基金会、郑为民慈善基金会等一批深圳本土基金会相继登记注册,且成为中国基金会界的领军者。企业家成立非公募基金会是企业和企业家履行社会责任的新形式,彰显了他们从财富领袖到公益领袖的跨越,标志着企业从被动地、临时性、随意性、以突发事件为主的捐助走向主动地、独立地、长期地、系统性资助的模式。

社会协调与治理功能是各类社区组织及行业协会、商会等组织发挥的典型作用。它们成为公民表达意愿、维护权益、协调关系、化解矛盾、实现价值的最为广泛和直接的形式。深圳市场经济的发展孕育了深圳的行业协会,而行业协会则充分担当起了政府与企业的桥梁,履行行业协调管理职能,在维护企业利益、反映企业诉求、提供产业信息、创建企业品牌,以及建立从业规范、促进公平竞争、加强行业自律、解决贸易纠纷等方面发挥了重要作用。2004 年的"银商之争"就是典型事件。① "银商之争"的交战双方分别是由深圳国内银行同业公会带领的各大商业银行与由深圳市零售商业行业协会带领的 46 家大商场。交战的导火线是商家交给银行的刷卡手续费,商家希望双方协商降低手续费率,而银行方认为前期投入大,没有下降空间,否则银行就会亏本。深圳市零售商业行业协会在几次向银行业同业公会交涉未果后,该协会的 46 家会员拉开了拒绝刷卡消费的战幕,"拒绝刷卡"成为这些商家的共同行动。10 天后,深圳银行卡专业委员会开始探索制定根据不同行业的利润率来确定刷卡的手续费率。2004 年 8 月,"银商之争"出现转机,深圳商家与银行已达成书面协议,深圳银行将与商家进行一对一谈判,决定具体的刷卡费率。这意味着一直由官方统一制定的刷卡费率开始打破"一刀切"的垄断状态,走向市场化。

在提供公共服务、参与社会协调与治理的过程中,深圳的社会组织也开始努力倡导和影响公共政策,关注公共政策的公益性与普惠性,发挥社会倡导功能。

---

① 参见《行业协会充分发挥桥梁和纽带作用——深圳市零售商业行业协会》,内部资料;《银商之争背后:商会破壳而出》,《南方都市报》2004 年 6 月 2 日;《银行卡费率不再一刀切——深圳刷卡事件追踪》,《京华时报》2004 年 8 月 2 日。

例如,前面提到的"银商之争"不仅是两个行业之间的争论,还影响到了相关公共政策的制定。2005年4月24日,中国人民银行等9部委联合颁发《关于促进银行卡产业发展的若干意见》(银发[2005]103号文),对深圳商家反垄断的意愿给予肯定。此后,针对该意见如何在深圳"落地",两家协会又多次与政府部门沟通。2005年12月23日,《深圳市人民政府办公厅转发市银行卡产业发展协调小组办公室关于贯彻落实国家九部委局〈关于促进银行卡产业发展的若干意见〉的实施意见的通知》(深府办[2005]173号)明确指出,"要确保银行卡业务参与各方的利益","按照市场化发展的要求,由服务机构与商户协商定价,商户可自主选择服务机构签订受理银行卡协议"。"在银行卡发行、受理、专业化服务和机具布放等环节引入竞争机制,防止垄断,鼓励符合条件的机构和组织积极参与市场建设,营造公平竞争的市场环境,坚持银行卡服务合理收费的原则,综合考虑成本、利润和风险因素,兼顾各方利益,建立科学、合理的收费定价机制。"于是,两个行业间的利益协调上升到了政府的公共政策,进而影响到整个市场规则的制定与完善。

二、放权与赋权的探索

深圳市零售商业行业协会、香江社会救助基金会①、深圳自闭症研究会只是深圳几千家社会组织的代表。为什么深圳的人均社会组织量远远高于全国平均水平?为什么深圳的行业协会能够肩负起代表行业利益的重任?为什么深圳的公民意识与公民行动能够迅速成长?这与深圳发达的市场经济相关,与深圳特殊的人口结构有关,与深圳浓厚的公益慈善文化相关,也与深圳市政府培育和发展公民社会的一系列重要政策相关!带领"银商之争"的深圳零售商业行业协会会长花涛说:"之所以深圳的民间组织能够发展,离不开深圳政府的领导对市

---

① 香江社会救助基金会是在国家民政部登记注册的,严格说,它不算深圳的社会组织。在2009年之前,基金会的登记注册是在国家和省级民政部门,深圳市无权登记。2009年深圳市政府与民政部签署了《关于推进民政事业综合配套改革合作协议》后,才赋予了深圳登记基金会的权力。但香江社会救助基金会的发起人是深圳的企业家,代表了深圳公民的公益精神,闪耀着深圳公民社会成长的光辉。

场经济发展的把握、对民意的尊重,而且这是一个领导集体的智慧,而不仅是某一位领导或几位领导。否则,我们协会早就死了!"①

公民意识的觉醒是公民社会形成的思想基础,公民意识的萌发带动了自觉性的公民行动,进而逐步形成了自治性的公民社会秩序,这些源自民间的自下而上的力量对公民社会的影响是深入而持久的,但也是缓慢的。而来自政府的自上而下的政策引导与宏观监管则是公民社会成长的重要推动力,可以迅速地点燃蕴藏在民间的自治火花,引导社会资源进入政府退出的领域,构建政府与社会的新型伙伴关系。

自下而上的公民意识与公民行动,自上而下的政府扶持,是深圳公民社会得以快速成长的两股力量。如果只有前者,那么深圳的公民社会可能转瞬即逝,"小荷才露尖尖角"就已经夭折;如果只有后者,那么深圳的公民社会可能变为没有灵魂的空壳,只有社会组织之形,而缺少社会组织之神。幸运的是,在深圳,草根的公民意识和公民行动与官方善于创新、勇于改革的政策紧密地结合在了一起,二者共同构筑了深圳公民社会的成长。

在"银商之争"论战时,花涛说,为商家奔走的原因很简单:"以前我是经贸局下属的一个事业单位的工作人员,但我主动选择成为协会的专职工作人员,我的工资来源于商家给的会费。现在这么多商家有这样的诉求,如果我们不出来说话,他们选我们还有什么价值和意义?""创建协会之初,我们就有设想,那就是不能再让协会成为二政府,而是要民间化,按市场规律办会,要成为会员、行业与社会各界沟通、谈判的代言人,要成为行业自律的组织。"②

花涛秘书长所说的民间化正是深圳市推进社会组织改革的第一个"半步"!③ 2004 年,深圳市成立行业协会服务署,统一行使行业协会业务主管单位的职责,并以此为契机,强力推动行业协会民间化改革。其主要内容是:各行业

① 2010 年 3 月 24 日访谈零售商业行业协会会长花涛。
② 2010 年 3 月 24 日访谈零售商业行业协会会长花涛。
③ 关于三个"半步"策略的提法以及社会组织的数据,参见深圳市民间组织管理局申报"第五届地方政府创新奖"的材料。

协会在机构、办公场所、人员和财务等方面与原业务主管单位全面脱钩,切断了各行业协会与政府各职能部门的行政依附关系,使行业协会真正拥有独立的社团法人地位。当年共有 201 名党政机关公职人员辞去在行业协会兼任的领导职务。

之后,政府开始推进第二个"半步":行业协会无主管。2006 年底,深圳市将行业协会服务署和市民政局民间组织管理办公室合并,组建市民间组织管理局。从此,深圳市实行行业协会由民政部门直接登记的管理体制,在全国最早也是最彻底地实现了行业协会单一登记。

2008 年 9 月,深圳市加大改革步伐,开始第三个"半步",扩大直接登记范围,出台了《关于进一步发展和规范我市社会组织的意见》,规定对工商经济类、社会福利类、公益慈善类社会组织实行由民政部门直接登记管理的体制。

这三个"半步走"构成了深圳社会组织管理体制改革的核心。2010 年 1 月 17 日,深圳市民间组织管理局申报的"社会组织登记管理体制改革"从全国 358 个申报项目中脱颖而出,在全国 10 个获奖项目中占有一席之地,获得第五届"中国地方政府创新奖",这也是广东省唯一的获奖项目。

为什么需要这三个"半步走",这是源于长期困扰社会组织发展的双重管理难题。中国的社会组织管理所采取的是业务主管单位与登记管理机关双重管理的体制,这一体制一方面造成了一些官办色彩浓厚的社会组织依附于业务主管单位,蜕变为"二政府",失去了民间性和独立性;另一方面造成了一些民间自发的社会组织由于找不到业务主管单位难以登记注册,严重制约了公民社会的成长。

三个"半步走"体现了政府的适度退出,建立政府与社会的边界。"放权"是这一过程的关键词。建立了行业协会发展署,推动行业协会民间化改革,探索行业协会及其他组织直接登记,都是政府给社会组织让渡空间,保障社会组织实现独立化和自主化。过去,与全国大多数的社会组织一样,深圳的社会组织也大都脱胎于政府体系,由政府部门发起成立,政府官员兼职现象严重,社会组织实质就是"二政府",难以成为真正的民间力量。深圳市政府主动地推动社会组织民间化改革,通过一系列政策,强制性地将过去那些与政府体系联系密切,政社不分的社会组织从政府系统内分离出去,成为独立的个体,还社会组织以独立权、自主权、自治权,实现了政府与社会的分离。放权,有力地推动了深圳公民社会的成长。一大批民间发起的社会组织获得了合法身份,行业协会领域更是适度突破了一业一会的限制,促进了行业协会优胜劣汰及服务质量的提高。据统计,2004 年之前,深圳市共有 146 家行业协会登记注册,平均每年增加 7.7 家。在最近的 5 年内,深圳市新增行业协会 82 家,平均每年新增 16.4 家,全部由民间自发成立。以深圳市最具代表性的电子行业为例,最初深圳市只有一家电子行业协会,2003 年成立了电子商会,现在已经有包括蓝牙技术产业协会、LED 产业联合会、平板显示行业协会等十余家专业性强、适度细分的行业协会。① 放权,增强了社会组织的能力,促进了社会组织作用的发挥。例如,深圳市物流与供应链管理协会,在 2003 年只有 7 名专职工作人员,现已扩展到 61 名专职工作人员,并与多个部门建立了良好的合作关系,每年来自政府购买服务的资金高达 450 多万元,占协会收入总额的 2/3。再如,上面提到的零售商业行业协会,多次向政府反映行业诉求,影响政府决策,并参与行业标准制定,建立行业规范。该协会组织深圳市零售业的龙头企业编制了《零售业基层岗位技能要求——防损员、收银员、营业员、生鲜工、收货员》5 个行业标准,并已于 2009 年 8 月 1 日起正式实施。这是迄今为止商务领域首次由地方行业协会编写的系列行业标准。②

通过"放权",社会组织获得了自主权,但社会组织独立运作并不意味着社会组织可以脱离政府的支持,事实上,在中国社会公益资源尚不丰富的阶段,政府扶持是社会组织发展壮大不可或缺的推动力。问题的关键在于政府如何扶持。过去,政府往往采取直接建立、安排人事、给予编制、财政拨款等行政化方式来扶持本系统的社会组织发展,这种行政化的方式直接损害了社会组织的自治性与独立性。政府主动放权就是要改变这种政社不分的状态,还社会组织的独

---

① 参见深圳市民间组织管理局申报"第五届地方政府创新奖"的材料。

② 参见《行业协会充分发挥桥梁和纽带作用——深圳市零售商业行业协会》,内部资料。

立自主;同时以市场化和社会化的方式来扶持社会组织。因此,探索扶持社会组织发展的新方法,成为深圳市政府的另一重要举措,"赋权"是这一过程的关键词。赋权包括了赋予职能、给予资金、政策保障。

赋予社会组织职能。深圳市将社会组织管理改革与行政管理体制改革和事业单位改革相衔接,以"大部门制"改革后,政府转移职能为契机,将一些本应由社会组织承担或者由社会组织完成效果更好的职能转移给社会组织来完成,推动社会组织成为承接政府职能的重要主体,成为公共服务的重要提供者。2010年1月,市政府常务会议通过了《深圳市社会组织发展规范实施方案(2010—2012年)》和《推进政府职能和工作事项转移委托工作实施方案》,明确落实"四个凡是"的精神,从体制机制上拓展社会组织的发展空间,即"凡是能够由市场机制调节的事,坚决放给市场;凡是应由企业自主决策的事,一律交还企业;凡是能够由社会组织解决的事,积极移交社会组织管理;凡是应由政府承担的职责,要切实履行好"。在2009年深圳大部门制改革中,31个部门共取消、调整和转移284项职责和行政审批事项。① 从2009年下半年开始,已在征求社会组织对承接有关职能和工作事项的意见,努力将社会组织打造成为公共服务的主要提供者。

探索财政支持的新方式。以购买服务的方式将相应的经费转移给社会组织,通过"费随事转",将过去的行政性拨款改为项目性资助。同时,为推动政府职能转移的顺利进行,加快转移委托步伐,加速被剥离公共服务项目的前期培育,加大应对改革风险的资金积累,特别是一般预算资金的使用风险,政府将近年来稳健增长的政府基金——福利彩票公益金作为创新资金,在1—3年的指导期内,扶持社会组织培育和发展公益项目。在试运行两年以后,经考核、评估、验收合格并经市政府同意作为公共服务项目列入部门年度预算,从而实现福彩公益金与财政资金的无缝对接。

为社会组织发展构建良好的政策保障,引导社会组织健康有序发展。例如:

---

① 参见深圳市史志办公室编:《深圳改革开放纪事1978—2009》,海天出版社2009年版,第596页。

建设"深圳市社会组织信息网",构建社会组织的公共信息服务平台;实施"行业协会管理职业化"人才培养项目;开展"大学生公益实习计划";完善社会组织评估体系;努力推动党代会、人大、政协增加社会组织的代表比例和功能界别;等等。

"放权"是政府主动地与社会分离的过程,通过放权,社会组织获得了生存的空间;"赋权"是政府主动地赋予社会组织职能与资源,通过赋权,社会组织获得了发展的动力。放权与赋权,政府主动地建构公民社会,需要相当大的勇气和魄力。放权,意味着政府减少对社会组织的干预,主动为社会组织让渡发展空间;放权,体现出政府对社会组织的信任,敢于让社会组织独立成长;放权,意味着政府主动地放弃在某些社会组织中的既得利益,还资源于社会。放权,并不意味着发展上放任,不是单纯地将社会组织推出去,任其自生自灭;放权也不意味着管理上的放任,盲目地任其自由行事。在现阶段,如果政府只放权不监管,不但不会形成健康有序的公民社会,还会要么导致公民社会的无序,要么导致公民社会的消失。因而,政府有的放矢的"赋权"就显得尤为重要,通过创造宏观制度环境,完善社会组织人才引进和社会保障机制,购买社会组织服务等方式给予支持;通过完善评估体系,开展业务培训,严格执法,来加强对社会组织的监管,引导社会组织健康发展。总之,"放权"为社会组织释放出大量"自由活动空间",为社会组织提供了生存的土壤;"赋权",为社会组织给予相当多的各类"自由流动资源",为社会组织提供了发展的动力源泉。民间化改革,让社会组织有自主做事的权力;赋予社会组织职能,让社会组织有事可做;给予社会组织财政扶持,让社会组织有资源做事;各类其他制度保障,让社会组织有能力做事。

放权与赋权,是政府对社会组织管理方式的改变,从过去的控制式管理过渡到引导式监管,从过去的政治管理过渡到法律管理。过去,在双重管理体制下,政府对社会组织的管理模式是重登记、轻管理,以控制代监管。深圳自探索社会组织直接登记管理以来,逐步通过评估、治理指引等方式,引导社会组织自愿、主动、积极地遵循相关原则;通过规范章程,建立社会组织的法律意识,让章程成为社会组织的宪法,让社会组织成为自我负责的民事主体;在降低了准入门槛的同时,明确了各部门的监管责任及社会组织自身的责任,改进监督管理方法,着重于行业管理和政策指导,从而实现社会组织的健康有序发展。

放权与赋权,是政府与社会组织关系的改变,从过去的行政性依附关系过渡为契约式合作伙伴关系。政府通过职能转移,与社会组织合作,形成功能互补机制,由社会组织提供具体的公共服务和社会管理,由政府履行宏观监管和政策引导责任,从而构建新型的公共服务多元供给体系;政府通过购买服务,实现"费随事转",以项目性资助扶持社会组织发展,从而形成了政府与社会之间的契约式合作伙伴关系。

放权与赋权,是行政管理体制改革与社会组织管理体制改革的有序衔接。深圳市深化行政管理体制改革的各项工作正在有序推进。深化行政管理体制改革要以转变政府职能为核心,而发展社会组织、构建公民社会是转变政府职能的有效途径,因此,其改革应当同时发挥社会组织的积极性。过去历次行政管理体制改革之所以不彻底,一个重要的原因就是社会组织发育缓慢、能力薄弱和运行不规范,政府的职能转移缺乏社会组织这一承接载体,因而在很大程度上制约了政府职能转变的深度和进程,导致行政管理体制改革基本在政府自身内部兜圈子。深圳政府主动为社会组织发展创造良好的政策环境,把转变政府职能与优化政社之间的资源配置结合起来,让社会组织更好地承接从政府转移出来的部分职能,推动行政管理体制改革向纵深发展。

放权与赋权,为构建多元治理格局奠定基础。一系列培育和发展社会组织的公共政策给深圳的社会组织插上了腾飞的翅膀,社会组织的数量和质量都迅速提升,在公共服务和社会管理中发挥了越来越重要的作用。随着社会组织独立性和自主性的增强,以及政府购买服务的规范化和常态化,社会组织提供了多元化多层次的优质服务,使会员企业及各类服务对象的满意度不断提高,促进了社会公共服务水平的整体提升。社会组织的发展带动了公民民主意识的提升,各种社会组织代表不同的利益阶层,成为扩大公民参与民主管理的有效渠道,以及培养公民意识和民主精神的土壤;通过对社会组织的引导,将公民对社会管理和公共事务的关注和意愿表达纳入法制化、有序化的轨道,使社会组织成为推进和谐社会建设的积极力量,初步形成多元治理的新格局。

在政府的大力推动与公民精神引领下,深圳社会组织正在朝着健康积极的方向快速有序发展,深圳的公民社会在社会和政府的共同努力下已粗具雏形。2009 年《深圳市综合配套改革方案》以及深圳市政府和国家民政部签署的《关于推进民政事业综合配套改革合作协议》接连颁布实施,赋予了深圳在社会组织管理体制改革方面先行先试的"尚方宝剑";大部门体制改革及基层管理体制改革的不断深化,给深圳社会组织带来前所未有的施展空间和机遇;2010 年 1 月颁布的《深圳市社会组织发展规范实施方案(2010—2012 年)》和《推进政府职能和工作事项转移委托工作实施方案》为未来几年深圳社会组织的发展指明了方向,注入了活力;2010 年 1 月"深圳社会组织管理登记体制改革"项目获得第五届"中国地方政府创新奖";2010 年 3 月,国家民政部与国务院法制办来深圳调研社会组织管理体制改革……这些既是对过去经验的总结和肯定,又为深圳社会组织未来的发展提供了动力支持。这一切都表明,深圳政府在推动和引导社会组织发展,构建公民社会方面,有望实施更大更有力的举措,深圳的公民社会将会再迎来一个蓬勃发展的新时期!

第十四章

创造服务型政府

　　"政治社会和政府没有别的目的,只是为了人民的和平、安全和公众福利。"

——洛克

　　在深圳中心区的南北中轴线上,北靠莲花山,南向中央商务区,坐落着深圳最大的市政建筑——市民中心。红黄两色巨塔,如擎天巨柱,支撑着蓝色屋顶,宛如大鹏展翅、气魄宏大。它体现着深圳展翅飞腾,象征着中国传统的屋顶飞檐。

　　市民中心分为东、中、西区三大部分,西区主要是市政府办公机构所在地,中区主要是以包括行政服务大厅在内的公共活动空间为主,东区主要是人大办公及博物馆所在地。2004年5月31日,深圳市政府办公新址深圳市民中心正式启用。

　　过去,人们习惯将政府所在地称之为"衙门",市民与政府之间好像始终有一道难以逾越的鸿沟。而深圳市政府将行政中心改称为市民中心,其中所蕴涵的行政理念的转变则具有标志性意义。市民中心没有围墙,行政服务大厅、地下停车场、市民中心餐厅以及银行、邮局等公共服务设施向全社会开放,凸显了深圳市政府有限政府、开放型政府和服务型政府的三大理念。

第一节　八次行政机构改革的突进

　　特区成立 30 年来,深圳不仅仅在市场体制改革中发挥了"试验田"和"示范区"作用,在政治体制改革中也勇于探索,率先垂范。在从计划经济转变为市场经济建立社会主义市场经济体制的道路上,深圳较早遇到了行政管理体制对经济改革的掣肘问题,没有先例可循,只能适应经济社会发展需要,逐步转变政府职能,通过行政机构改革为市场经济的发育创造条件,解决体制障碍问题。在当今的中国,行政管理体制改革恰恰是"社会主义"与"市场经济"的一个结合点,也是经济体制改革与政治体制改革的一个结合点,意义非同小可。

　　1981 年开始的第一次行政机构改革撤销了一批专业经济管理机构,实行简政放权;1986 年的第二次行政机构改革精简了政府管理层次;1988 年改革实行大系统管理;1992 年深圳市被列为国家和广东省机构改革试点城市,重点通过"三定"转变职能,理顺关系;2000 年的改革进一步转变政府职能,完善和巩固大系统大行业管理;2001 年至 2004 年的第七次改革是中央编办决定在深圳进行深化行政体制改革,创新公共行政管理体制改革试点,完善政府运行机制,加快电子政务建设;2009 年的第八次机构改革则以"大部门制"为突出特色。与全国政府机构改革相比,深圳历次行政管理体制改革比全国的行动更早、力度更大,更具前瞻性。[①]

　　深圳政府为适应市场经济所作出的改革远远早于全国的改革实践,与经济体制改革基本同步。例如,1986 年 9 月到 1987 年 8 月历时近一年的第三次机构改革使深圳市的行政管理在面向市场经济方面实现了重要突破。通过这次改革,政府进一步撤离微观经济领域,比全国提前 12 年基本完成了撤销专业经济

---

　　① 参见深圳市史志办编:《深圳改革开放纪事 1978—2009》,海天出版社 2009 年版,第124—127、593—596 页。

主管部门的任务,将传统计划经济体制下越分越细的电子工业局、化学工业局、纺织工业局、机械工业局、煤炭局及第一轻工业局、第二轻工业局之类工业部门性主管局全部撤销,转为经济实体。这一改革不仅初步解决了企业的市场地位,而且也使政府开始从直接指挥企业、直接参与企业生产经营的职能中摆脱出来,实现了由部门管理向行业管理的转变。再如,早在 1993 年深圳第五次机构改革完成时,深圳就切断了政府与企业的行政隶属关系,全面取消了企业的行政主管部门,同时明确政府与国营企业的资产管理关系,把政府对企业的行政管理职能、国有资产管理功能与企业的经营管理职能分开,彻底实现政企分开,而全国层面到 1998 年才实现。

深圳几次政府改革都是大刀阔斧。例如,1981 年开始的第一次机构改革以精简机构为核心,将市政府工作机构由原来的 53 个减少为 18 个,减少 66%,市委常委、副市长以上领导由原来的 19 人减少为 8 人,机关工作人员由原来的 1778 人减少为 738 人(定编数,不含公检法 3 个部门),均减少了 58%,力度之大,可见一斑。再如,2009 年的大部制改革,政府部门的数量由原来的 46 个减少到 31 个,共减少 15 个;31 个政府工作部门及相关部门共取消、调整、转移 284 项职责及行政审批事项。

2009 年深圳第八次行政体制改革的核心是"大部制",但事实上大部门、大系统在深圳并不是新提法,深圳历次改革一直将大系统大管理的思维贯穿始终。早在 1988 年 2 月至 1988 年 9 月的第四次机构改革时,深圳就开始探索大部制的工作模式。此次改革将工业办公室、贸易发展局、引进外资办公室 3 个单位合并为经济发展局,对全市工业、贸易和外资引进工作实行统一领导。合并精简经济管理部门,不再按产品或小行业设置政府机构,强调大行业管理。例如:把与交通运输系统有关的局合并为一个运输局,建立"一城一交"的管理体制;把工业、贸易和引进外资等有关经营管理局合并起来,统一成立经济发展局,建立"大经济"管理体制;把农、林、牧、副、渔五个部门的机构合并,统一成立农业局,建立"大农业"管理体制;把新闻出版、广播电视和文化等几个部门合并起来,统一成立文化局,建立"大文化"管理体制;把高教、普教、成教等机构合并起来,统一成立教育局,建立"大教育"管理体制;等等。这种大系统管理方式,有效地精简了人员和机构，促使政府管理进一步由微观转向宏观，明显加强了政府的协调功能，也减少了部门间互相扯皮的现象。

新世纪开始的第六次行政机构改革进一步完善了大系统管理体制。这次改革按照职能上下对口以及"一件事由一个部门主管、相同或相近的职能由一个部门承担"的原则，通过大系统大行业配置政府各部门的职能，理顺了30个单位22项职能交叉问题；在机构设置上，将港务局与运输局合并，组建交通局，建立大交通运输体系；继续完善大城建、大农业、大文化管理机构；将三个保税区管理机构予以合并，设立一个综合的管理机构等，进一步巩固和完善了深圳市原有大系统、大行业管理体制。

而2009年7月31日启动的深圳市政府机构大部制改革作为深圳建市以来规模和力度最大的一次机构改革，更将大系统大管理的管理理念推向高潮。此次改革打破原有政府行政架构的局、办模式，探索建立决策权、执行权、监督权既相互制约又相互协调的运行机制。其中，"委"主要承担制定政策、规划、标准等职能，并监督执行；"局"，主要承担执行和监管职能；"办"主要协助市长办理专门事项，不具有独立行使行政管理职能。例如，将物价局中属于宏观调控的"定价"职责和统计局中与经济社会发展规划密切相关的"统计分析和信息发布"职责，划入发展和改革委员会，该委员会的重点也转向统筹深圳经济社会全面协调可持续发展。再如，整合组建了市场监管局，统一承担原工商局、质量技术监督局、知识产权局的职责，以及卫生局餐饮环节的食品安全监管职责，第一次历史性地实现了多部门市场监管职能的有机统一，做到包括食品安全监管在内的各类商品质量监管的统一、行政执法的统一、市场准入的统一和对外服务的"四个统一"。力求通过这样的权力结构的重组和再造，实现决策科学、执行顺畅、监督有力。

为什么深圳的政府机构改革能够比内地其他城市走得更快，步子更大？这在一定程度上是因为深圳的政府机构改革一直与经济体制改革如影相随，特别是早期的体制改革服务于经济体制改革，市场经济发展中出现什么问题就解决什么问题。例如，第一次政府机构改革中，把属于经济性质的行政局改为公司，这是"因为当时外商到中国来投资，有对口企业的就找企业，没有的就跟政府谈，但政府是不能跟外商签订合营合同的。行政局改为公司，可以与外商签订合同,为加快引进外资创造条件"。① 如电子局改为电子工业公司,轻工局改为轻工业公司,等等。这样既有利于精简了机构,又有利于引进外资。正是早期这种颇有些"实用主义"色彩的行政体制改革既促进了深圳的经济体制建设,又推动了深圳的行政管理体制变革。深圳正是按照市场经济要求不断重新定位政府职能,并以此为契机推进一波一波"釜底抽薪"式的配套改革,不仅冲破了传统体制的樊篱,而且催动着新体制的萌生。深圳的改革者们不仅仅在经济领域敢闯敢试,摸着石头过河,也把这股精神带到了行政管理改革之中,逐步形成了深圳政府一代代领导们勇于创新、真抓实干的改革精神。

深圳政府机构改革能够行动早、步伐大的另一个重要原因得益于中央赋予深圳的特殊使命。深圳作为改革开放的特区,不仅仅在经济改革领域肩负着先行先试的使命,在行政改革中也具有不可推卸的历史责任。2001 年至 2004 年,中央编办决定在深圳进行深化行政体制改革、创新公共行政管理体制改革试点,深圳"一城一交"的大交通体系就是这一改革试点的产物。这次改革试点要求深圳尝试建立"决策、执行、服务"相对分离、相互监督制约的管理模式,健全完善政府运行机制。2009 年 5 月获批的《深圳综合配套改革总体方案》对深圳行政体制改革再次给予厚望,要求深圳构建新型的政府机构,积极探索一级政府三级管理的行政层级架构,实施公务员分类管理和聘用制改革,继续深化事业单位改革。如果说,前 30 年,人们记住深圳,是因为深圳在经济建设方面的成就;那么后 30 年,也许深圳将因政治体制建设、法制建设吸引人们的目光。

第二节 四次审批制度的革命

深圳市行政服务大厅,坐落在市民中心大鹏展翅的"巨翅"的正中下面。政

---

① 周溪舞:《我所经历的深圳发展的几件大事》,深圳市政协文史和学习委员会编:《一个城市的奇迹》,中国文史出版社 2008 年版,第 148 页。

务大厅的标志由两个环抱的人组成,看起来就像一张微笑的脸,象征着政企、市民平等互动。行政服务大厅紧紧围绕"便民"、"提效"这个核心,对所有进驻项目进行整合,完善、简化办理程序,以成"龙"配套确保"一站式"。一方面,从信息共享与加强协作着眼,重点推进涉及两个部门以上审批业务的协调;另一方面,从业务和内设机构层面引导进驻部门整合业务,大大提高了办事效率。行政服务大厅设置 127 个服务窗口,现有 32 个主要政府部门受理 390 多项审批项目,覆盖市政府主要部门的审批项目。大厅里设有休息座椅、电脑指引系统,还有大型等离子彩电和公用电话等便民设施,市民可以随意出入。①

这里每个工作日都是人来人往,川流不息。330 名窗口工作人员,更是用自己热情的服务和紧张的工作,把小窗口演绎成集中体现政府形象的大舞台。自 2004 年 5 月 31 日正式对外办公以来,市行政服务大厅充分发挥集中办理行政许可的效应。截至 2009 年 4 月 30 日,市行政服务大厅 5 年共受理各类审批 635 万件,居全国同类机构前茅;日均业务量由 2004 年的 1474 件增长到 8639 件,同比增长 469%;人均业务量由 2004 年的 1374 件增长到 8152 件,同比增长 493%;业务即来即办率由 2004 年的 47% 增长到 69%,历年提前办结率均在 85% 以上,按时办理率 100%,较好地发挥了服务型政府的窗口作用、平台作用、示范作用。②

近 6 年来,市行政服务大厅通过建立新的行政审批运行机制,打破了"条块分割"的行政管理格局,使政府的行政审批方式由过去的部门分散审批转变为窗口集中审批,由串联审批转变为并联审批,由部门内部审批转变为窗口公开审批,由无限时审批转变为即时承诺审批,由分散多次收费转变为统一集中收费,整合了政府行政资源,规范了窗口服务,建立了部门之间协同运作、资源共享、规范服务的新型行政审批模式,提高了政府行政执行力,确保了权力的阳光运行,提高了群众的满意度。

---

① 参见深圳市行政服务大厅简介,http://www.szzw.gov.cn/jgsz/dtjs/。
② 参见张苹:《市领导出席市行政服务大厅成立五周年总结会》,《深圳特区报》2009 年 5 月 21 日。

在深圳市行政服务大厅里发生的这一切,主要源自四次审批制度改革以及电子监察系统。

一、大刀阔斧的审批制度改革

"行政审批制度改革是转变职能,预防腐败,规范市场秩序,建立社会主义市场经济体制的一个根本性的东西。腐败是批出来的。""从建立特区以来,凡是局长、处长出问题的,基本上都是因为审批权。所以我说,如果我们领导是聪明的,你也要主动地去搞行政审批制度改革。在座的领导,趁这个机会,自我革命,能够不要的就不要,能减少的就减少,要保留的,还要有一套监督措施来加强监督。"①

从1988年开始,深圳先后进行了四次审批制度改革。其中针对行政审批项目的第三次审批制度改革和针对非行政审批事项的第四次审批制度改革力度最大。

第三次行政审批制度改革从2003年8月到2004年7月,历时近一年之久。在这次改革中,有的部门行政审批权限一削到底,如地税局无一项行政审批;建设局改革前有各类审批事项61项,改革后只剩下了"建设工程施工"1项行政许可;国土局原来面向社会审批86项,只保留20项。同时制定实施办法,创新地对保留的239项行政许可进行法定化,按统一格式,对设定许可的法律依据、许可时限、许可证件及有效期限、许可的法律效力等14项进行法定化,并建立了电子监察系统,进行全面实时的监察。事实上,在这次审批制度改革前,根据2001年市政府第105号令公布保留的审批事项有395项,但经过前期调研,发现各部门实际办理的事项远远不止这么多,第二次审批制度改革取消的事项有些又重新出现,最后发现有701项之多。通过此次改革比较全面的清理,明确规定凡未经清理确定的审批事项,一律不得再进行审批。"如果说前两次行政审批制度改革是伤了筋,那么,这次改革就不仅伤了筋,而且动了骨。"一位参与了深圳第

---

① 谭国箱:《发扬改革创新精神,深入推进深圳非行政许可审批制度改革》,在全市"非行政许可审批制度改革"动员大会上的讲话。

三次行政审批改革的专家如此评价这次改革的力度。①

　　第三次审批制度改革开展公开征询活动,为了贯彻"开门改革"的方针,在"深圳政府在线"上开通了"审批制度改革专题网站",把各部门自我清理的情况在网站上公示,广泛征集社会各界的意见,并在各新闻媒体上进行大量宣传报道。② 一位专家透露,信鸽饲养审批、房地产项目设计图纸审批等社会意见集中的项目取消审批都是"开门改革"的成果。③ 此次改革还组织专家讨论研究,逐项审议审批项目。经过公开征求专家人选,从人大代表、政协委员、科研机构、行业协会和相关企业中聘请了43位专家,组成专家审核小组,分基本建设、经济管理、社会事务三大类,对各部门的审批项目从合法性和合理性两个方面逐项逐条进行审议。④ 一位专家说:"清理中,没有一位领导替部门说情,没有一位领导为自己分管的部门利益和专家叫板。""有些项目还是市领导亲自提笔砍掉的呢。"清理过程中,按照《中华人民共和国行政许可法》,某部门一个审批项目应该取消,但其上级部门又下了文件保留;这个部门在左右为难时,也想极力保留此审批,便以上级文件为由向市政府申请保留。市领导笑笑,问该部门领导:"你说是法大,还是部门红头文件大呀?"该部门领导二话不说,只能收回申请报告,走出会议室。⑤

　　第三轮审批制度改革完成了行政许可项目的清理工作,实现市政府各部门行政许可实施的法定化和标准化,并纳入了电子监察系统。但审批制度改革的任务远未完成,非行政许可审批和登记在行政审批中还占有相当大的比重。以《深圳市非行政许可审批和登记若干规定》(深府令第152号)为标志,深圳市于2006年7月在全国率先启动了以清理和规范非行政许可审批和登记为目的的第四轮审批制度改革。2008年1月9日发布了《关于发布深圳市非行政许可审

---

① 参见方常君、张国栋:《谁动了行政部门的"骨"》,《南方都市报》2004年7月20日。
② 参见深圳市人民政府法制办公室、深圳市法制研究所编:《深圳市第三轮行政审批制度改革情况报告》,《深圳市行政审批制度改革资料汇编》,2008年9月。
③ 参见方常君、张国栋:《谁动了行政部门的"骨"》,《南方都市报》2004年7月20日。
④ 参见深圳市人民政府法制办公室、深圳市法制研究所编:《深圳市第三轮行政审批制度改革情况报告》,《深圳市行政审批制度改革资料汇编》,2008年9月。
⑤ 参见方常君、张国栋:《谁动了行政部门的"骨"》,《南方都市报》2004年7月20日。

批和登记事项清理结果的通知》（深府［2008］7 号），公布了非行政许可审批登记事项清理结果。此次改革，市政府 37 个部门共上报非行政许可审批登记事项697 项（合并处理后数字）。经清理，共保留非行政许可审批登记 348 项（其中审批 270 项，登记 78 项），不属非行政许可审批登记的其他类事项 251 项。①

二、黑脸包公——电子监察

"既然（腐败）是批出来的，那采取什么办法呢？采取两个办法。第一个办法，能够让市场去配置的，我们就给市场去配置，不批了。要保留审批的，怎么办呢？中央的规定，就是要简化手续，简化程序。还有要公开期限，也要阳光作业。最后，还要有监督，程序要公开。"②经过了几次审批制度改革，深圳市最大限度地减少了政府审批事项，那么对于保留的审批项目如何规范和监督，是决定审批制度改革能否落到实处的关键。深圳首创的"行政审批电子监察系统"给出了答案。这一系统利用信息技术手段，使用"电子眼"，对深圳第三轮行政审批制度改革后全市 31 个部门保留的 293 项行政许可项目的实施情况进行实时监督，使行政许可的办理过程"看得见，管得住"。③

早在 2003 年，深圳市监察局就承担了监察部与联合国开发计划署的国际合作项目"中国廉政建设"项目的试点研究任务。2004 年 4 月，借第三轮行政审批制度改革之际，市监察局提出了建设"行政审批电子监察系统"，该系统经多部门开发建设后，于 2004 年 11 月 1 日投入试运行，2005 年 1 月 1 日正式启动。这不仅是深圳特区行政监察工作信息化的开端，更是翻开了深圳行政审批工作机制乃至政府运行机制的新篇章。

2005 年 12 月的一天，深圳市建设局的小曾正在窗口柜台办理张先生申请

---

① 参见深圳市人民政府：《关于发布深圳市非行政许可审批和登记事项清理结果的通知》（深府［2008］7 号），2008 年 1 月 9 日。

② 谭国箱：《发扬改革创新精神，深入推进深圳非行政许可审批制度改革》，在全市"非行政许可审批制度改革"动员大会上的讲话，略有整理。

③ 参见深圳市史志办编：《深圳改革开放纪事 1978—2009》，海天出版社 2009 年版，第499 页。

"建设工程施工许可证"的业务。小曾输入的每一个汉字,询问的每一个问题,乃至她的语气、表情,都显示在 5 公里之外、市监察局监控中心大屏幕上。倘若小曾的工作不够利索导致这一申请超过法定时限仍未办结,或者她仅仅是在打字的时候出现一处"笔误",监控系统都会自动亮出"黄牌"。几乎在同一时间,小曾主管处长的手机会出现"告状"的短信和铃声。小曾这笔业务最终的结果是,张先生当天拿到了许可证,他的工人们在晚些时候就可以合法开工了。①

深圳行政审批电子监察系统由内网系统、视频监控系统、行政审批网三大部分组成,具有实时监控、预警纠错、绩效评估、信息服务等四大功能。电子监察系统利用现代信息技术手段,使用"电子眼"系统全程监督政府各事项的受理、承办、审核、批准和办结出证等各个环节。通过该系统,任何市民只要能上网,都能看到这些业务的申请人、申请内容、办理状态、办理结果等内容,实现了最大限度的政务公开,方便社会对政府实施监督。对一些非敏感的许可事项,甚至每笔业务的具体内容都在网上实现了公开。全市各个办事业务大厅都安置了摄像头,现场工作人员受理业务的一举一动均纳入视频监控。"故意刁难"、"暗箱操纵"等违纪违规违法行为在"电子眼"的监督下无所遁形。

实施电子监察系统后,政府办事效率得到提高。2005 年全市行政许可业务提前办结率平均达到 75.13%,6 月达到最高的 85.3%,而系统运行前提前办结率只有 3%。② 系统运行后,显示出强有力的监督作用。2004 年 11 月"电子眼"试运行的前几天,15 名政府公务员就吃了"黄牌"。"黄牌"发出后,有人打电话说情、想注销掉"黄牌"记录,但"电子眼"对谁也不买账。但在试运行的两个月内,"黄牌"数就由前 19 天的 54 张下降到后 20 天的零张;2005 年正式运行后,除了 1 月份发出过两次"黄牌",此后就再也没有出现过。这意味着深圳每月两万多笔的行政许可业务没有一例超期办结。资料显示,深圳市几年来,行政许可

① 参见贺信:《深圳行政许可电子监察员显身手,"黑脸包公"紧盯审批程序》,《南方日报》2005 年 12 月 7 日。

② 参见深圳市发展和改革局编:《深圳国民经济和社会发展回顾与展望 2006》,第 171—172 页。

审批按时办结率达到100%,最重要的是深圳市民和企业满意度大幅提高,来自监察局的统计显示,现在九成以上的申请人都对审批办理情况表示满意。①

实施电子监察系统,这对监察系统内部来说,也是对十几年来传统工作观念的一次革新。以前在进行行政过错责任追究的时候,监察局工作人员往往"磨不开面子",现在可以告诉在电话里求情的人,"电脑自动生成记录,我也改变不了"。同时,深圳行政许可电子监察系统的开发和应用,是检查方式的变革,通过网络技术打开了一道切口,进入办事程序的各个环节进行监督,弥补了"事中监察"这块空白,有利于变事后检查为事前、事中、事后监察相结合。

作为国际合作"中国廉政建设"研究的成果,深圳行政审批电子监察系统对树立中国及深圳市在国际社会的形象不无益处。2005年4月,以中国工程院院士张乃通为组长的国家级专家评审组对系统进行验收,专家组一致认为系统的成功应用对贯彻落实《中华人民共和国行政许可法》、规范行政许可行为、提高行政效率、推进政务公开、强化行政监察职能和促进政府运行机制创新起到了积极作用。

深圳的四次行政审批制度改革以及电子监察系统的运用,是一场政府职能定位转型的"自我革命"。过去,在计划经济体制时期,中国政府形成了以强制性为主的政府管制模式,它强调一切从管制出发,对社会和公民进行管理和控制;一些政府官员形成的意识是,管理就是审批,审批就是权力,把许可和监管作为权力、地位、利益的来源,权威的象征,甚至是寻租的资本。行政审批制度改革就是政府主动地放下手中的权力,主动地公开办事流程,从体制上割断公共权力和部门利益联系的纽带,"夺官之方便以为民之方便,使权力为百姓造福而非为官谋利"②。

行政审批制度改革是构建服务型政府的有效途径。党的十六届三中全会通

---

① 参见贺信:《深圳行政许可电子监察员显身手,"黑脸包公"紧盯审批程序》,《南方日报》2005年12月7日。

② 董伟、任彦宾、李玉波:《呼市政务大厅,真能为民办事儿》,《中国青年报》2010年1月20日。

过《中共中央关于完善社会主义市场经济体制若干问题的决定》,要求增强政府服务职能,首要的是深化行政审批制度改革。并指出,要完善政府社会管理和公共服务职能,"切实把政府经济管理职能转到主要为市场主体服务和创造良好发展环境上来"。这表明深化行政审批制度改革是政府职能转型的切入点和突破口,使政府从审批型政府转向服务型政府,从行政审批"主角"转变为服务社会和公众的"配角",从而确立服务型政府的新定位。

第三节　构建多层次的公共服务体系

一、公共服务供给方式的多元化

八次政府机构改革和四次审批制度改革精简了政府机构,转变了政府的职能,减少了政府的审批事项,但这并不意味着政府责任的减轻。通过改革,改变的是政府提供公共服务的方式,要求政府从运动员变成裁判员,从划桨人变成掌舵人,调动社会资源,实现公共服务和社会管理供给方式的多元化;同时政府加强在监督管理、制定公共政策等方面的职能。

1. 购买市场服务,构建"花园街区"

宝安西乡,地处深圳西部、珠江口东岸,海陆空立体交通发达,107 国道和广深高速纵贯其中,宝安国际机场驰名中外,西乡码头连通珠江三角洲各港口,是内地进入深圳特区出入香港的重要门户,具有直通珠三角腹地、辐射泛珠三角地区的区位优势。2008 年末,常住人口 46.2949 万人,其中户籍人口 7.7353 万人,暂住人口约 50 万人。街道辖区共有企业(含商业)4251 家,其中工业企业 3520 家,规模以上企业 533 家。①

城市化的发展给西乡带来了生活水平的提升,但城市管理却一直面临困境,

---

① 宝安区西乡街道基本情况,参见西乡街道网站,http://www.xixiang.gov.cn/ShowArticle4id_XX.aspx?id=101907。

体现在"六个缺失":公共服务缺失,绿化带、人行道、卫生环境等服务设施提供滞后于城市发展;公共秩序维护缺失,乱摆卖、乱张贴、职业乞讨、公共绿地滞留的盲流等"城市痼疾"积重难返;市政设施管理缺失,电缆、光纤被盗,路灯、电话亭遭破坏屡见不鲜;数字化城市管理缺失,信息"塞车",事后处理多于事前预防,疲于亡羊补牢;开放式社区活动缺失,社区活动模式封闭,居民缺失开放的公共活动空间,画地为牢;市政投入缺失,人员、财物投入面对庞大的市政管理开支杯水车薪。

如何在城市化过程中,以全新管理理念适应新形势,不辜负百姓对城市管理的新期待?2007年,经专家多次论证和会议讨论分析,西乡街道党工委、办事处正式启动了"花园街区"试点。在西乡大道以东、锦花路以南、新安四路以西、广深公路以北约2.07平方公里范围内,开展多元共治城市管理试点工作,努力打造一个环境优美、管理有序、功能完备的"花园式街区",逐步从市政管理向平安街区纵深管理迈进。①

2007年10月29日,西乡花园街区城市综合管理服务中心成立,首批170名街区综合管理巡查员正式进驻试点街区。花园街区城市综合管理服务中心是街区的管理指挥中枢,由西乡执法队、西乡城管办及鑫梓润公司进行联合办公。

花园街区的管理采用政府购买服务的方式,以合同约定的形式确定了企业提供的13项服务内容。之后,随着试点成功,花园街区的管理模式向全街道推广,服务范围也有所扩大。现在,西乡街道被划为5个片区,聘请了5家企业作为"城市保姆",以每年每平方米9.38元的花费完成了包括社会治安维护在内的8大类26项社会管理:街区24小时综合巡查管理;协助公安机关治安防控;协助交通部门维护交通秩序;市政市容养护,协助城管部门落实门前三包工作;国有土地管理;协助街道开展专项整治、救灾抢险、应对群体事件等应急工作;组织街区文化娱乐及宣传活动;向商户及市民提供便民服务等社会综合治理的

---

① 参见西乡花园街区城市综合管理服务中心:《西乡·开放之乡》,2008年2月(内部宣传资料)。

工作。①

西乡街道购买服务的效果如何？西乡街道城管部门负责人算了一笔账：以西乡市政中心为例，该单位职工、临时工、日工共计300余人，每年所需的工资、福利、办公经费开支等于一个物业公司1500名员工的工资（以人均每月2000元为标准）。而按照相关标准，城管执法队员按人口万分之五比例分配，100万人口就要有500人来执法，按标准应配备500名以上的执法人员，但目前街道执法队员、协管员编制合计只有156名，缺口达2/3以上。推行"花园街区"管理后，目前西乡建成区40平方公里，5家进驻企业总计1173名巡查员。从2008年11月到2009年11月，西乡计划共投入3800多万元将"花园街区"管理覆盖全街道所有片区。"我们在不增加人员编制的情况下，以相同的运行成本，增加了4倍社会管理力量，实现了从一人一岗向一人多岗、一岗专职向一岗多能的转变。"②

"花园街区"管理模式实施两年来，西乡街道的市民街区管理委员会不断完善，管理和服务内容得到不断扩充，并逐步向综合性的城市社会管理模式转变。据统计，街区路面案件平均发案率下降49%，市民安全感持续增强；暴力抗法事件"零发生"，街区市政管理投诉下降60%以上。③

从表面上看，购买服务，引进社会管理力量，是西乡街道"花园街区"管理模式的主要特征。而更深层次的意义在于理清了政府与社会、政府与市场的关系。凡是可以由市场和社会完成的事情，就以契约方式交给市场与社会，这是购买服务的出发点。但与此同时，更要强调的是由市场提供具体的公共服务绝不是弱化政府在提供公共服务和社会管理方面的职能；相反，这些还是必须要加强的。在2004年的国务院《政府工作报告》中，提出各级政府的主要职能是在"继续搞好经济调节、加强市场监管的同时，更加注重履行社会管理和公共服务职能"。西乡街道聘请的物业管理公司所起的作用是及时发现问题、通报问题，并尽可能

---

① 参见刘钢：《花园街区，花香街美民安》，《宝安日报》2009年5月11日。

② 崔嵩：《政府购买公共服务，"城市保姆"责任到位：宝安西乡"花园街区"管理让脏乱差变洁净美》，《深圳特区报》2009年6月17日。

③ 参见花园街区管理办：《西乡召开2009年度花园街区管理工作表彰大会》，西乡街道办网站，http://www.xixiang.gov.cn/ShowArticle4id_XX.aspx?id=6295。

采用劝说、疏导的方式解决问题,将矛盾处理在萌芽状态。而政府一方面要加强执法,集中力量解决一些更为棘手的问题,避免因人手不足,应接不暇,胡子眉毛一把抓的现象;另一方面要加强对具体履行职责的企业的监管,担负起最终的管理责任。

2. 购买社会组织服务:引入社工制度

西乡花园街区引入的是企业市场化的服务,除了企业,社会组织也是提供公共服务的重要主体。深圳的社会工作者以及几十个社会工作者协会就是这方面的典型代表。从 2009 年起,深圳全面推行社工制度。截至 2009 年 8 月底,深圳市新成立的 36 家社工机构引进和培养了 734 名社工人才,在养老、心理咨询、教育、法律援助等多个领域多个层级广泛开展社工服务。共开启个案工作 6061 个,结案 1625 个,开启小组工作 1443 个,开展社区活动 5368 次。①

深圳社会工作的起步可以追溯到 1992 年 12 月深圳市社会工作者协会的成立②,从这时开始,深圳开始关注、思考和探索社会工作。然而深圳社会工作真正发力则是在 2006 年末。2006 年 12 月,民政部在深圳召开"全国民政系统社会工作人才队伍建设推进会",这成为深圳社会工作的新起点。

2007 年 4 月起,深圳把推进社会工作作为拓展公共服务、改善民生福利、构建和谐深圳的重要途径。2007 年 10 月,深圳市委、市政府颁发《关于加强社会工作人才队伍建设　推进社会工作发展的意见》及七个配套文件(简称"1+7"文件),提出一系列推进社会工作发展的政策思路和措施。具体包括推进社会工作人才队伍的职业化、专业化;开发社会工作岗位;发挥社会公益性民间组织的作用;实行社工、义工联动模式,形成"社工引领义工服务,义工协助社工服务"的运行机制。③

深圳市民政局局长刘润华将深圳社会工作的基本架构概括为政府主导发

---

① 参见深圳市民间组织管理局申报第五届"地方政府创新奖"的材料。
② 参见刘润华著:《安民立政》,深圳报业集团出版社 2008 年版,第 72 页。
③ 参见深圳市史志办编:《深圳改革开放纪事 1978—2009》,海天出版社 2009 年版,第 500 页。

展、民间运作体制和培养专业化、职业化的社会工作人才三部分。这个架构决定了深圳社会工作的格局、路径和队伍。①

政府主导发展是深圳社工发展的格局定位,主要表现在深圳市政府主动走上前台,开展试点,构建制度,引领发展。首先,强化决策系统,成立由市领导和相关职能部门组成的领导小组,并在民政局增设社会工作处作为统一管理全市社工的常设机构。其次,形成市属部门和区、街道的"上下联动的机制"。再次,民政部门先行先试,早在"1+7"文件颁发之前,市民政局就发挥其与社会工作关系密切的优势,率先试点,在系统内 11 个服务领域开发了 33 个社工岗位,为制定"1+7"文件和推进全市社会工作提供了宝贵的第一手经验。最后,设立"种子基金"。将福利彩票公益金作为向社会组织购买公共服务的"种子基金",探索购买的服务领域、投入方式和价格标准等,待项目运作成熟之后,再从公益金项目转为财政预算项目,形成公益金与财政预算资金的对接机制。

民间运作,是深圳社会工作发展的路径定位。为了避免政府主导所可能带来的行政化倾向,深圳市政府一直特别注意时刻落实民间运作,将民间运作作为最基本的制度要求。为了确保运作主体的民间化,深圳着力打造独立于政府架构之外,并与政府没有直接利益关联的社工机构。2007 年初,市民政局原计划为深圳首家社工机构——鹏星社工服务社无偿提供办公场所,后来,为了清晰界定政府与社工机构之间的关系,改为以较低的价格出租,并把时间限定为一年。一年后,鹏星社工服务社如约从该办公场所搬出。为确保公开透明,深圳市民政局选择市场化运作模式来选择合适的社工机构。2007 年 7 月 11 日,市民政局公开采购社工服务,安排其直属的 11 个试点单位与 3 家社工机构面对面洽谈,并授权各试点单位自行选定服务机构,此乃深圳首次以市场化运作的方式购买社工服务。从 2009 年 5 月开始,深圳将购买社工服务纳入政府采购中心的招投标系统,实行阳光操作。

专业化职业化是深圳社工队伍的定位。"1+7"文件高度重视社工的专业化:把社工纳入专业技术人才序列,制定专业等级标准,确定社工的专业地位;制

---

① 参见刘润华:《深圳社会工作研究》,《广东民政》2009 年第 9 期。

订社工成长计划,设立社工实习基地,加强对社工专业技能培训,引入香港督导服务,确保社工的专业水平不断提高;鼓励传统社会服务人员通过学习和考试取得社会工作的专业资格,打通传统队伍转换成为专业队伍的路径。明确社工的职业资格,制定政府指导下的社工薪酬制度,保障了社工的职业薪酬待遇;建立社工登记注册管理制度,实行长效的规范管理,保障了社工的职业地位。

深圳市推进社会工作的实践引起了积极反响,得到民政部、中组部等国家部委的肯定。在 2008 年全国"两会"答记者问时,国家民政部李立国常务副部长表示:"深圳是社工制度创新的城市,对全国起了带头和示范作用!"[1]

建立一个有限政府,要求公共服务和社会管理的主体和供给方式应当多元化,充分发挥市场与社会的积极性;同时,公共服务和社会管理的责任应当明晰化,政府必须责无旁贷地承担起来。具体地说,在市场监管方面,应当通过行业协会对所属行业的主体及其行为进行监管,维护本行业公平竞争的市场秩序,但政府必须对更高层面、更广泛领域的市场主体进行监管,特别加强涉及人民群众身体健康和生命安全的食品药品的监管;在经济调节方面,政府通过货币政策和财政政策进行宏观调控,通过产业规划促进经济结构调整和优化,而具体到某一微观领域,则要发挥市场和行业协会的调节作用;在社会管理方面,应当充分发挥社会自治力量,着力增强社会自治功能,把劳资关系中的利益矛盾与冲突化解于企业,把涉及弱势群体的矛盾与冲突化解于基层,把群体性社会矛盾与冲突化解于社会[2],同时,政府必须担负起处理这些矛盾的最后责任,若处理不好,则会危及社会秩序;在公共服务方面,政府通过制定就业和社会保障政策来提高人民生活水平,通过制定科教文卫政策来提高人民整体素质,而这些政策的落实需要依靠大量的、根植于基层的社会组织和企业来完成。这样,构建一个"小而强"

---

① 深圳市史志办公室编:《深圳改革开放纪事 1978—2009》,海天出版社 2009 年版,第 502 页。

② 参见中国行政管理学会:《行政管理体制改革的思路和措施——"落实科学发展观推进行政管理体制改革"研讨会暨中国行政管理学会 2006 年年会综述》,《中国行政管理》2006 年第 10 期。

的政府①,实现国家与社会的相互增权(mutual empowerment)②,形成一个国家行政能力强大、社会和市场富有活力的新局面。

二、公共服务覆盖范围的广泛化

在中国内地绝大多数城市,地方政府公共财政所提供的公共服务,诸如医疗、教育等,都是面向户籍人口的。在深圳,这样一个非户籍人口占到4/5的移民城市,却将她的公共服务惠及所有在这座城市奋斗的建设者们。在这里,来自五湖四海的建设者们用智慧与汗水见证了这座城市的腾飞;在这里,城市的公共服务普惠到每一个人身上,让他们感到自己是"深圳人"。

1. 义务教育全面免费

2008年秋季开学起,在深圳的劳务工子女上学也可以免费。凡符合深圳市人口管理"1+5"③文件规定就读条件,在深圳义务教育阶段学校就读并取得学籍的所有内地非深圳户籍学生,都将与深圳户籍学生一样,享受义务教育免费政策,免收义务教育杂费和书本费。④ 该政策使2008年受益学生达到77.2万人次,累计免费3.22亿元。⑤ 2010年春,深圳在所有公办学校暂停收取借读费的基础上,全面取消义务教育阶段的借读费,全市将有超过55万非户籍学生受惠。⑥

---

① 参见[美]弗朗西斯·福山:《国家建构——21世纪的国家治理与世界秩序》,中国社会科学出版社2007年版。

② Cf. Xu Wang: "Mutual Empowerment of State and Society: Its Nature, Conditions, Mechanism, and Limits", *Comparative Politics*, Vol. 31, No. 2 (1999): 231–249.

③ "1+5"文件是指深府[2005]125号文:《深圳市关于加强和完善人口管理工作的若干意见》及5个配套文件。

④ 参见深圳市史志办编:《深圳改革开放纪事1978—2009》,海天出版社2009年版,第581页。

⑤ 参见《2009年深圳市政府工作报告》,许宗衡:《2009年深圳市政府工作报告》,2009年2月23日。

⑥ 参见罗莎:《深圳取消义务教育借读费 55万非户籍学生受益》,《南方日报》2010年2月24日。

2. 全民医保真正实现

"吃药打针只花了 7 元钱,真的很实惠!"作为深圳市劳务工医疗保险制度的第一位受益者,荣丰电器厂的女工王江月在持深圳市劳动保障卡看病后,发出了这样的感慨。①

深圳最早将劳务工纳入社会保险体系。2006 年 6 月 1 日,深圳正式颁布实施了全国首个劳务工医疗保险办法《深圳市劳务工医疗保险暂行办法》,在全国率先探索建立了"低缴费、广覆盖、保基本"的劳务工医疗保险制度,成为全国劳务工参保覆盖面最广、参保人数最多、参保比例最高的城市。② 2009 年,劳务工医疗保险参保人数达 700.01 万,农民工养老、工伤和医疗保险参保数量均名列内地大中城市之首。③

惠及包括非深圳户籍少年儿童在内的少儿医保是深圳医疗保险制度的又一特色。早在国务院提出逐步建立城镇居民基本医疗保险制度目标之前的 2006 年,深圳就开始探索少儿医疗保险制度。经过多个部门的调研论证,2007 年 6 月 18 日《深圳市少年儿童住院及大病门诊医疗保险试行办法》(草案)出台,自当年 9 月 1 日起正式开始实行少儿医保制度。这标志着深圳在全国率先实现了"全民医保"。少儿医保是深圳市政府 2007 年民生十大实事之一,具有覆盖面广、财政补贴比例大、医疗保障待遇高的特点。深圳少儿医保的覆盖范围涵盖了住院和门诊大病,保障对象为具有深圳户籍的所有未满 18 岁的少年儿童及父母任一方参加深圳市社会保险满 1 年,在深圳各中小学、幼儿园就读的非深圳户口少年儿童。缴费标准为每人每年 150 元,其中财政补助 75 元,低保家庭的少年儿童参保费用由民政部门统一缴纳。少儿医保年度最高支付限额为 20 万元,报销比例为全国最高。这一政策将使包括 30 万劳务工子女在内的 70 万深圳少年

---

① 参见林勤:《深圳劳务工参保数全国第一》,《深圳商报》2008 年 6 月 16 日。

② 参见深圳市史志办编:《深圳改革开放纪事 1978—2009》,海天出版社 2009 年版,第 527 页。

③ 参见深圳市统计局:《深圳市 2009 年国民经济和社会发展统计公报》,2009 年 4 月 26 日。

儿童受益。①

2008 年深圳继续大力推进全民医疗保险工作,3 月发布实施《深圳市社会医疗保险办法》。截至 2008 年底,全市医疗保险参保人数达到 104.3 万人,列全国大中城市榜首,初步建立了全民医保基本框架。②

3. 让老年人生活得更有尊严

申请养老服务,只要打一个电话,服务员在短短几分钟内便能走进家,做饭、打扫、按摩、陪聊,只要老人需要,个性化的服务项目都能全部覆盖。如今在罗湖,已有近 2000 名老年居民正在享受这种居家养老"十分钟服务圈"带来的生活便利,而这一全新养老模式也已开始渐渐走进更多市民的生活。③

居家养老是深圳市于 2006 年 10 月开始的一项面向深圳户籍的居家老人的服务项目。社区居家养老以"立足社区、面向老人、专业服务"为特点,主要提供包括生活照料、家政服务、康复服务、日托服务、心理咨询、精神慰藉、临终关怀等。根据不同情况,80 岁以上高龄老人和 60 岁以上特困老人每月可以享受到 200—500 元不等的补助。④ 自 2009 年开始,深圳的社区居家补助采用居家养老服务券的形式发放给补助对象,补助对象凭服务券向经区民政局或街道办事处确认的服务机构购买居家养老服务。⑤

居家养老服务的补助对象是户籍老人,而非户籍老人则可享受到"老有所乐"、"老有所学"等服务。"老有所乐计划"是 2006 年 11 月启动的一项公益活动,其主要内容是资助深圳的户籍老人,包括非户籍老人开展文体活动,对较有规模的活动资助约 1 万元,对经常活动的老人团队,如舞蹈队、歌唱队等,每人每

---

① 参见深圳发展和改革局编:《深圳国民经济和社会发展回顾与展望(2007—2008)》,第 149—150 页。

② 参见深圳市统计局:《深圳市 2009 年国民经济和社会发展统计公报》,2009 年 4 月 26 日。

③ 参见戴晓蓉:《吸纳社区自有人员参与服务,打造居家养老"十分钟服务圈"罗湖养老服务"速递"到家》,《深圳特区报》2010 年 3 月 21 日。

④ 参见《深圳市社区居家养老服务实施方案》(深民〔2008〕213 号)。

⑤ 参见广东省深圳市民政局关于印发修订的《深圳市社区居家养老服务实施方案》的通知(深民〔2008〕213 号)。

年资助 500 元。① 2006 年,第一批 100 万资助金使 100 个老年活动团体受益。② "老有所学计划"是 2007 年 1 月启动的一项资助计划。从 2007 年开始,每年从市民政局福利彩票公益金中安排 700 多万元资金,对全市的社区老年协会和经合法注册的老年教育机构进行资助,以推进深圳老年教育事业发展。③ 其中,每个社区老年人协会每年 1 万元,用于购买供老年人阅读的书报,老年教育机构每个学位每年获得 500 元的教育经费补助。④

经过了 30 年的经济建设,深圳地方政府的财力基础日益雄厚,2009 年深圳一般预算收入全年达到 880.82 亿元,比上年增长 10.1%,规模稳居全国大中城市第三位。⑤ 深圳的财政实力为政府提高公共服务水平奠定了经济基础。深圳的财政收入不仅仅是深圳户籍人口创造的,大量的流动人口更是深圳经济发展的生力军。他们为这座城市挥洒了汗水,深圳则以良好的、普惠的公共服务来回报他们。2008 年 8 月 1 日起,深圳市全面推行居住证制度。实施居住证制度的目的之一就是为非户籍人口提供全方面的公共服务,使流动人员凭证能够获得享有社会保险、子女教育、职称评定、职责资格登记等城市公共用品的权利。希望通过居住证制度缩小流动人口与户籍人员之间的差距,从而激发他们积极参与城市管理与建设,促进社会和谐发展,共享改革创新的成果。

虽然他们的户籍还在家乡,尽管他们依然会说,"我是韶关人","我是安徽人",但他们的确心系深圳。因为深圳每一项公共政策的制定都越来越关注到包括非户籍人口在内的全市人民,因为他们确实在深圳享受到了比在户籍所在地更为优越的公共服务。在这里,他们可以走进免费的市政公园⑥,他们可以免

---

① 参见刘润华著述:《安民立政》,深圳报业集团出版社 2008 年版,第 57—61 页。

② 参见《"老有所乐计划"再添 200 万资金》,《深圳特区报》2007 年 1 月 22 日。

③ 参见《深圳 700 万专款助老有所学》,《晶报》2007 年 1 月 23 日。

④ 参见刘润华著述:《安民立政》,深圳报业集团出版社 2008 年版,第 57—61 页。

⑤ 参见深圳市发展改革委员会、深圳市统计局:《2009 年深圳国民经济平稳健康发展》,深圳市统计局网站,http://www.sztj.com/main/xxgk/ywgz/tjfx/201002045300.shtml。

⑥ 自 1995 年开始,深圳市政公园均免门票对公众开放,只有带有旅游性质的仙湖植物园仍收取门票。

费在全市 597 座公共图书馆借书①,他们可以免费地聆听市民文化大讲堂里大师的讲座,他们可以免费地走近高雅音乐。② 还有什么比这些看得见摸得着的实实在在的公共服务更能吸引一座城市的市民呢? 无怪乎 2007 年 2 月,在中央电视台"春暖 2007"颁奖晚会上,深圳荣获"中国最受农民工欢迎的城市"称号。

第四节　发展价值观的演进

曾几何时,三天一层楼的深圳速度是深圳人手中一张值得骄傲的王牌。凭着"发展就是硬道理"的理念,深圳人在 30 年间创造了一个又一个经济奇迹:30 年间,深圳的经济以年均 28% 的速度增长,本地生产总值从 1979 年的 1.96 亿元跃升到 2009 年的 8201.23 亿元;工业总产值从 1979 年的 6061 万元增长到 2008 年的 16283.76 亿元;地方财政一般预算收入从 1979 年的 1721 万元跃升到 2009 年的 880.82 亿元。③

美国学者约翰逊在分析第二次世界大战以后日本经济发展时,为区别于苏联的中央计划型模式和美国的自由市场模式,率先提出了"发展型政府"这一概念。④ 这种模式的主要特征是政府以推动经济发展为主要目标,以长期充当经济发展的主体力量为主要方式,以经济的增长作为政治合法性的主要来源。⑤

---

① 在深圳,市民可以自由进出各图书馆,凭身份证可以办理借书证,免费借书。参见深圳市史志办编:《深圳改革开放纪事 1978—2009》,海天出版社 2009 年版,第 101 页。

② 如美丽星期天、音乐下午茶活动等。

③ 参见深圳市统计局:《深圳市 2009 年国民经济和社会发展统计公报》,2010 年 4 月 26 日。

④ Cf. Chalmers Johnson: *MITI and the Japanese Miracle: The Growth of Industrial Policy*, 1925 – 1975, Stanford: Stanford University Press 1982.

⑤ 参见郁建兴、徐越倩:《从发展型政府到公共服务型政府——以浙江省为个案》,《马克思主义与现实》2004 年第 5 期。

在 20 世纪末的二十多年间,中国各级政府即具有典型的发展型政府的特质,也正是在这种观念的指引下,中国各级政府带领人民大干快上,奋起直追,强调 GDP 的增长,强调速度是第一要务,能快则快,整个社会呈现出增长主义的价值观。深圳也不例外。

然而,这种经济的跨越式发展一定是非均衡发展,非均衡发展一定有其不合理、不和谐的一面。这一时期,市场不仅调配了各种经济资源,也调配了许多社会资源,而且使许多社会资源向市场强者聚集,出现所谓"市场社会"现象。在这种社会中,市场强人和财富巨人成为社会敬仰的英雄,而市场的弱者难以享受文明进步的成果。于是,在社会财富不断增加的同时,社会差异放大和加剧,利益群体间矛盾冲突加深,出现由发展不平衡、利益不平衡所导致的社会失衡、失序和失控的趋向。现代化起飞阶段以工业化拉动现代化的这种非均衡发展模式,并不是一个社会所追求的最终目标。

进入 21 世纪以后,党的十六大报告中第一次将"社会更加和谐"作为重要目标提出;十六届三中全会提出坚持以人为本、树立全面协调可持续发展的科学发展观;十六届四中全会又把构建社会主义和谐社会作为我们党的执政目标,在党的文件中第一次把和谐社会建设放到同经济建设、政治建设、文化建设并列的位置。党中央提出了以人为本的科学发展观和构建社会主义和谐社会的战略指导思想,努力把我国全面建设小康社会的发展目标建立在科学与和谐的坚实基础上,实现经济、社会和生态的健康协调发展。

深圳第一时间响应了党中央的号召。在 2005 年 1 月召开的中共深圳市委三届十一次全会,首次提出用科学发展观统领经济社会发展全局,建设"和谐深圳"、"效益深圳"。以此为标志,深圳进入以科学发展观为统领的新的发展时期,开始由"深圳速度"转向建设"效益深圳"。① 2005 年 7 月 28 日,在深圳召开的经济工作会议上,时任深圳市委书记李鸿忠表示要用"三个舍得"的精神推进"效益深圳"。"一是要舍得投入。要敢于把改革开放 25 年积累的财政实力,大

---

① 参见深圳市史志办编:《深圳改革开放纪事 1978—2009》,海天出版社 2009 年版,第 21 页。

胆投入到产业结构调整的着力点上去,舍得用改革开放取得的成果为今后的可持续发展奠定坚实基础。二是要舍得时间。推动发展模式的转变,不可能一蹴而就,要用足够的时间来印证、来检验。只要看准了,就要沉得住气。三是要舍得声誉。调整了经济发展思路,不再攀比经济规模和总量了,如果有人还是单纯以 GDP 论英雄,很可能会觉得深圳辉煌不再了。对此,我们要敢于为转变经济发展模式承受外界的压力,承受暂时的误解,坚持下去。"①深圳政府领导在转变发展价值观上的决心之大、力度之强可见一斑。正是在这样的思路指引下,深圳各级政府领导的发展思路悄然发生变化,深圳各项社会事业悄然迈进,深圳社会和谐程度悄然提升。

文明指数、效益指数、和谐指数、民生净福利、幸福感等一系列与社会和谐相关的测量指标相继推出,使得效益深圳、和谐深圳从一种理念变为一系列可操作、可测评的实践载体。

2005 年 4 月,深圳市在国内率先完成"城市文明指数评价指标体系"的编制,包括关爱指数、安全指数等 82 个指标。从 2003 年深圳首度发布文明指数起至 2007 年,深圳市文明指数年均增长率为 10.66%。② 经济发展水平是实力,文明发展水平是魅力。文明指数测评结果说明,深圳开始从增创经济发展硬实力向增创文明发展软实力转变。③

2006 年 8 月 4 日,深圳市首建"效益深圳"统计指标体系。2007 年 7 月 11 日,"效益深圳"指标统计结果首度公布。2006 年"效益深圳"综合指数达 114.08%,较 2005 年上升 5.71 个百分点,经济、社会、生态效益和人的发展四大指标全线飘红,显示深圳经济运行的质量和效益进一步提高。④

---

① 李鸿忠在《深圳经济工作会议上的讲话》,2005 年 7 月 28 日。

② 参见深圳市史志办编:《深圳改革开放纪事 1978—2009》,海天出版社 2009 年版,第 477 页。

③ 参见乐正、邱展开主编:《深圳社会发展报告 2009》,社会科学文献出版社 2009 年版,第 340 页。

④ 参见深圳市史志办编:《深圳改革开放纪事 1978—2009》,海天出版社 2009 年版,第 404 页。

2006 年 10 月 26 日,深圳市社会科学院公布"和谐深圳社会创新工程"课题报告,正式推出"和谐深圳评价体系"。该评价体系由一套客观统计指标和两套主观满意度评价问卷组成。其中,指标体系包括社会发展、社会公平、社会保障、社会关爱、社会安全和生态文明六大类的 35 项指标。这些指标构成一个社会和谐度的综合监测体系。两套主观满意度评价问卷是反映市民对社会和谐程度评价以及个人幸福状况的《社会和谐量表》和《个人幸福量表》,用以检验和谐深圳宏观调控指标与老百姓心理感受的吻合度。和谐深圳指标体系与《社会和谐量表》、《个人幸福量表》构成一对互检关系,通过定期测量,修订和谐深圳的宏观调控指标。和谐量表与幸福量表将以问卷的方式每两年向包括非户籍在内的深圳常住人口进行调查。2005 年 5 月至 6 月完成的第一份《社会和谐量表》结果显示,"整体的社会和谐程度"的满意度评价为 63.8% ;2006 年 3 月 6 日至 11 日完成的第一份《个人幸福量表》结果显示,受访深圳居民的综合幸福指数为 63% 。2008 年第二次幸福指数调查显示,受访居民的综合幸福指数略有上升,达到 68% ,对工作生活抱着积极乐观的态度,对未来幸福有着很高的预期,家庭生活和人际交往关系具有很高的满意度。①

2006 年 11 月 20 日,时任市委书记李鸿忠提出"民生净福利观"。② 2006 年12 月 30 日闭幕的市委四届五次全会上,"深圳市民生净福利指标体系"获得一致通过。2007 年 1 月 31 日, 市委下发了《中共深圳市委深圳市人民政府关于制定"深圳市民生净福利指标体系"的意见》(深发〔2007〕2 号),突出民生净福利是该指标体系的重点。指标突出反映全体人民特别是中低收入人群的生活状况以及人民群众能分享到的社会公共产品和改革开放的成果。民生净福利指标体系力求突出四个统一, 即政绩观与民生的统一, 效率与公平的统一,事实与价值的统一, 被尊重与受称赞的统一;着重以政府财政支出及政府行为

---

① 参见乐正、邱展开主编:《深圳社会发展报告 2009》,社会科学文献出版社 2009 年版,第 345—360 页。

② 参见深圳市史志办编:《深圳改革开放纪事 1978—2009》,海天出版社 2009 年版,第 486—490 页。

为导向，使社会公共财政真正惠及全体人民的民生福利，使社会责任感进一步增强。①

民生净福利以物质财富的增长为基础，以政府有效提供公共产品和公共服务作为保障社会公平的重要条件。物质财富增长涉及如何把"蛋糕"做大，做绿色环保"蛋糕"；提供公共物品和公共服务以及关注全体市民的安全感与幸福感是强调公平，关注如何把"蛋糕"分好。"民生净福利指标体系"力求从收入分配、政府公共产品和公共服务等多环节反映深圳市民的生存、生活和福利状况，从国民收入三次分配、群众能分享到的直接福利和间接福利等多角度反映深圳市民公平分享经济社会发展成果的水平。②"民生净福利指标体系"基本内容主要涵盖收入分配与公平、安全水平、社会保障水平、公共服务水平、人的全面发展水平等五个方面，共 21 个指标。

2006 年，深圳市把民生净福利作为年度政府投资的重点，按照民生净福利指标体系的分类标准，在项目选择、投资规模以及建设进度等方面，更加关注改善民计民生项目、提高市民福利项目、解决市民关心的热点难点项目，重点向学校、医院、食品安全、精神文明建设、同富裕工程等项目倾斜。③ 据 2006 年深圳民生净福利指标体系的统计结果显示，如果以 2005 年为基期，2006 年深圳市民生净福利总指数为 107.0%。

"民生净福利指标体系"对于全面推进和谐深圳、效益深圳以及国家创新城市的建设，都具有重要的现实意义。该指标体系已经成为深圳市党政领导干部工作决策的"指挥棒"，成为考核各级领导班子工作业绩的"标尺"，是检验领导干部是否为民办实事的重要标准。

2010 年 1 月，在深圳市委四届十三次全体会议上，刘玉浦书记提出"切实提

---

① 参见深圳市发展和改革局编:《深圳国民经济和社会发展回顾与展望 2006—2007》，第 74—81 页。

② 参见《中共深圳市委深圳市人民政府关于制定"深圳市民生净福利指标体系"的意见》（深发［2007］2 号），2007 年 1 月 31 日。

③ 参见深圳市发展和改革局编:《深圳国民经济和社会发展回顾与展望 2006—2007》，第 74—81 页。

升民生福利,努力建设民生幸福城市"①。深圳成为中国第一个提出要建设"民生幸福"的城市。② 建设民生幸福城市,是深圳转变发展模式的基础和前提,表明深圳各级党委和政府将"民生"问题提到前所未有的高度,各项工作将更多地向民生倾斜,将加大公共财政对民生和社会事业的投入,提升公共服务水平,加快建立全口径人口管理和服务机制,着力扩大民生保障覆盖面,促进民生事业均衡化发展。建设民生幸福城市,就是要"不断提升市民的幸福感和家园意识,让老百姓感觉深圳就是'家'"③。

和谐深圳、效益深圳的提出,表明深圳在取得经济持续高速增长,人民生活水平明显提高之后,深圳政府更加关注社会发展、社会和谐与社会安全,更加关注社会公平正义目标的实现。从淡化 GDP 到重视人民幸福感的提高,深圳正在一步步把科学发展观变成实实在在的行动,切实提高居民的生活质量,增强其幸福感。④

构建和谐深圳和效益深圳,需要加快社会体制创新,实现经济发展、社会发展及生态平衡的统筹协调;需要树立深圳人的新市民观念,提高包括外来劳务工在内的全体市民的家园意识和城市认同感;需要调节社会分配差异,用市场、政府和社会这"三只手"来共创社会公平;需要加强特区内外规划、建设、管理的协调统一,实现特区内外平衡发展。改变过去以 GDP 总量、GDP 增速、财政收入等单一经济指标为考核依据,代之以人均 GDP、地均 GDP、社保覆盖率、幸福指数、单位 GDP 能耗、单位 GDP 温室气体排放等新的评价指标。在科学发展的天平上,我们应选择去做和谐发展适度增长的"好政府",而不做以破坏社会和谐为代价,片面追求高速度的"坏政府"。

---

① 刘玉浦:《在市委四届十三次全体会议上的报告》,2010 年 1 月 8 日。
② 参见杨宜勇:《建设民生幸福城市,要突出深圳特色》,《深圳特区报》2010 年 2 月 22 日(作者为国家发改委宏观经济研究院社会发展研究所所长)。
③ 刘玉浦在深圳市委四届十三次会议第三小组讨论上的发言。
④ 参见乐正、邱展开主编:《深圳社会发展报告 2009》,社会科学文献出版社 2009 年版,第 359 页。

第五节　与民共治的执政探索

和谐社会要求建立民主、合作、高效、开放的城市公共治理体制。和谐社会应该是一个社会对话协商机制逐步健全,公民参与逐步扩大,社会治理主体逐步多元化的社会。随着"新公共管理"模式的形成,政府的角色逐渐从"划桨"转为"掌舵",政府不再是唯一的公共服务提供者,也不再是唯一的公共管理者,现代公共治理需要政府、企业、社会组织以及公民的共同参与。在公共治理框架下,多层次、多主体的对话、协商、参与、合作,日益成为现代城市治理的核心内容。

探索与民共治的执政理念,一方面需要政府转变执政理念,勇于让权于民;另一方面需要一批有社会责任感、有公共意识、愿意并有能力参与公共事务的现代公民,以及一批独立自治、有社会公信力的社会组织。通过几次行政体制改革和审批制度改革,以及发展价值观的演进,深圳市政府的执政理念逐渐从管制到服务;通过公民社会的建设,深圳市民的公民意识逐渐形成,深圳社会组织的能力逐步增强。这些都为与民共治的执政方式奠定了社会基础。

一、探索政府与公民沟通的新机制

建立与民共治的执政理念,政府首先要广泛倾听来自基层的声音,善于从群众意见中吸取营养,让公民、企业和社会组织参与到政府公共政策制定过程中。建立人大代表工作站、重大公共政策进行公示和听证等,都是政府与公民沟通、对话的有效渠道。

2001 年 5 月,月亮湾片区居民得知原位于西丽的垃圾焚烧发电厂将迁址到美丽的大南山脚下月亮湾附近时,反应强烈。这一片区多年积累的污染、交通、治安的多重矛盾也随之集中爆发出来。为了平息事态,南山区政府把月亮湾片区的业委会负责人以及各个相关政府部门请到一起,共同磋商。为了让业主了解垃圾焚烧发电对环境影响的程度,2002 年 11 月,南山区政府组织一些人大代表、政协委员和居民代表到韩国、日本、澳门的垃圾焚烧发电厂考察,并将考察结果向居民展示。在保证居民参与环保监督的前提下,垃圾焚烧发电厂最终顺利开工。

通过这一事件,业主代表意识到要维护社区居民的权益,必须与社会各层面人士沟通,而人大代表是沟通的渠道之一;同时,政府也意识到有必要充分发挥人大代表的作用,让基层人大代表发挥作用。南山街道办创造性地提出了设立人大代表联络员的方案,2002 年底,月亮湾片区 5 名业主委员会主任或副主任,担当起该片选区产生的区、市两级人大代表的义务联络员,以"月亮湾片区人大代表工作站"的名义开展工作。2005 年 4 月 25 日,"月亮湾片区代表联络工作站"正式挂牌。

现在,人大代表工作室的做法现已在南山区推广。人大代表工作室由区人大和街道党工委安排区人大代表通过定期定点接访、约访、走访、代表全面参与和联络员跟进五种工作方式,了解社情民意,解决社会矛盾。人大代表联络工作站则采取聘用人大代表联络员的机制,由人大代表联络员负责联系人大代表和居民,定期到社区与居民交流,搜集民情民意;受人大代表委托对社区内一些公共问题进行研究分析,并通过人大代表形成提案,提交政府职能部门解决。①

听证是政府与公民对话协商的另一重要形式。听证是政府根据利益相关性原则,透过信息开放、平等对话等方式,广泛沟通、充分论证、化解矛盾、达成理解、形成共识的对话协商形式,是一种重要的民意表达和参与公共决策的方式,是现代公共治理活动的基本手段。深圳的听证制度可以追溯到 1989 年。这一年,深圳市建立有关水价调整的价格听证制度。② 1989 年 12 月 15 日,深圳市物价局正式成立的价格咨询委员会,这是一个具有广泛代表性的价格咨询审核机构,在一定意义上可以说是中国价格听证制度的首创。此后,市价格咨询委员会

---

① 参见深圳市史志办编:《深圳改革开放纪事 1978—2009》,海天出版社 2009 年版,第500 页。

② 参见深圳市史志办编:《深圳改革开放纪事 1978—2009》,海天出版社 2009 年版,第129 页。

先后对全市立法行业、有线电视、医疗、公厕、教育、停车场、自来水、公共汽车等多项收费及燃油价格等各项重大价格决策进行了制度化的咨询或听证。1998年4月4日深圳发布了《深圳市价格听证暂行办法》,正式建立了价格听证制度。

之后,听证制度广泛地应用到深圳各类公共政策的决策过程中,成为社会各界了解乃至参与政府公共决策、提高公共决策的民主性和科学性、促进政府职能转变的一个平台。例如,2002年《深圳市行政事业性收费管理若干规定》中指出,行政事业性重要收费开征须经听证程序。2006年国内首部改革创新法——《深圳经济特区改革创新促进条例》第24条规定,涉及公众利益的重大改革创新,有关单位应当举行听证会。听证会的有关情况应当向社会公布,听证会上的主要意见应当作为决策的重要依据。《深圳经济特区高新技术产业园区条例》第52条规定,市政府实行高新区重大决策听证制度。有关高新区改革、发展的重大决策事项,涉及高新区组织和个人利益的,决策机关应当举行听证。听证制度还拓展到立法、司法等领域。2000年11月28日,深圳市人大常委会举行首次立法听证会。① 2005年3月11日,罗湖区法院首创刑事案件听证制度。②

此外,建立领导接访日制度,搭建"民心桥",开通领导公务电子邮箱,完善投诉、咨询电话服务体系等都是政府与市民的对话机制,使政府领导能直接听民声、察民情、解民忧,使普通市民透过与政府领导对话,了解并理解政策意图,支持政府工作。

二、构建多元治理主体

探索多元共治的执政局面,政府不仅要倾听公民的声音,还要让公民、企业、社会组织等多种主体共同参与治理。在"公民社会的成长"一章中提到的深圳

---

① 参见深圳市史志办编:《深圳改革开放纪事1978—2009》,海天出版社2009年版,第283页。
② 参见深圳市史志办编:《深圳改革开放纪事1978—2009》,海天出版社2009年版,第391页。

政府对社会组织的"赋权",赋予社会组织承接政府转移出来的职能,也是构建多元治理主体的探索。深圳市民政局在 2010 年公共服务白皮书中,第一条目标即为:"加强社会组织承接政府职能的能力建设,安排 2500 万福彩专项资金向社会组织购买公益服务,提升社会组织运营能力和社会公信力,将社会组织培育为公共服务的主要提供者。"①奥斯特罗姆夫妇等人所创立的多中心理论②,意味着在公共物品生产、公共服务提供和公共事务处理方面存在着多个供给主体,政府、市场的共同参与和多种治理手段的应用。在现代公共治理模式中,政府与社会组织可以构建"伙伴关系"③,其中一项主要内容就是由社会组织提供具体的公共服务,由政府通过采购的方式给予资金支持并对服务进行监管。政府与社会组织之间的伙伴关系,有利于政府转变职能,推动政府由公共服务的直接提供者,变为公共服务政策的制定者、购买者和监督者,实现了社会权力的回归和政府角色的转换。由于社会组织具有根植于社会,贴近群众、贴近基层的特点,它们机制灵活,反应迅速,能为群众提供多样化、个性化的公共服务,因此由社会组织提供具体服务可以既降低成本又提高质量,而政府可以将更多的精力投入到宏观政策制定和监管中。

前面提到的西乡街道花园街区引入市场机制,购买服务,也是治理主体多元化的典型;不仅如此,花园街区的另一特色——市民参与,则凸显了市民在治理中的作用。2008 年 1 月 3 日西乡街道办成立了"花园街区"市民管理委员会,来自花园街区内的 5 名市民代表成为首批街区管理委员会会员,市民代表通过街区管理委员会参与街区管理,对街区管理整治提出建议并进行监督。花园街区市民管理委员会的成立使得城市管理既表达政府的意志,又体现民意,激发公众参与城市管理,共同管理家园的热情,构建"多元共治"的城市管理模式。深圳大学的课题组研究认为,西乡街道花园街区这一新制度设计的焦点在于,打破城

---

①《公共服务白皮书专刊》,《深圳市人民政府公报》2010 年第 10 期,第 48 页。

② 参见[美]埃莉诺·奥斯特罗姆:《公共事务的治理之道:集体行动制度的演进》,上海三联出版社 2000 年版。

③ 其典型是英国的 COMPACT 协议。参见贾西津:《"伙伴关系"——英国政府与社会关系的启示》,《学会》2006 年第 6 期。

市管理中的政府单中心格局,吸纳社会力量包括企业、草根组织、志愿组织、居民群众参与到城市公共管理中来,从而形成公私合作、多元共治的新格局。①

　　深圳盐田区的社区管理体制是另一个基层社区多元主体治理的典范。在盐田区的每个社区,有三个功能不同的主体:承担自治功能的居委会、承担行政功能的社区工作站和承担服务功能的社区服务站。这三个组织的人员、办公场地、经费、职责、运作模式等,全部独立。社区工作站作为街道办事处在社区的工作平台,专门承担政府交办的行政性工作,做政府的"腿";居委会成员由差额、直选产生,成员属地化和兼职化,居委会回归居民自治组织的法律地位,做全体常住居民的"头",主要功能是进行基层民主建设和开展自治活动;社区服务站由居委会作为举办主体,进行民办非企业单位(属于社会组织)的法律登记,做居委会的"手",开展社区公益服务活动。② 盐田区的社区管理体制改革理顺了基层政府与社区的关系,既增强了基层政权的执政能力和行政能力,又提高了居委会的自治能力,拓宽了公民参与政治生活和社区生活的渠道,在基层民主法制建设上迈出坚实的一步,建立起政府、社会组织、公民共同治理社会的多元社区治理模式。2006 年 1 月,盐田区社区治理体制荣获第三届"中国地方政府创新奖"优胜奖。国内 150 多批次考察团先后来盐田进行考察,并在各地有不同程度的推广。

　　与民共治的执政探索是发展现代民主政治的途径之一。民主不仅意味着投票,现代民主政治关注到更多样化的公民参与。不同政治体制下有不同的公民政治参与模式,比如选举、听证、志愿组织倡导、表达、民主监督等。探索政府、公民、企业和社会组织等多元主体的现代治理模式有助于扩大公民的有序参与,尽可能地将公民自发的、零散的、无组织的政治参与吸纳到有序的城市治理中,是中国"增量民主"③的鲜活案例。由政府单一统治到政府、企业、公民社会多元治

---

① 参见西乡花园街区城市综合管理服务中心:《西乡·开放之乡》(内部宣传资料),2008 年 2 月。

② 参见深圳市史志办编:《深圳改革开放纪事 1978—2009》,海天出版社 2009 年版,第497 页。

③ 参见俞可平:《增量民主与善治》,社会科学文献出版社 2003 年版,第 156 页。

理,这是政府理念的革新,是城市管理方式的变革;各主体之间的关系由层层贯彻落实变为对话协商,由管理与被管理变为平等的合作伙伴。建设和谐深圳,创建一个服务型政府,需要政府、企业、公民社会的共同参与!

第十五章

绿色文明的追求

> "永续的发展是在保持当代人的福利增加时,也不会使后代的福利减少。"
>
> ——D. W. 皮尔斯

第一节 创建生态文明新都市

一、跨越式发展面临环境挑战

深圳经济特区创建 30 年来,经济发展取得了举世瞩目的巨大成就。深圳创造了世界城市发展史上的"速度"奇迹。从 1979 年到 2003 年,深圳的 GDP 平均以 31.2% 的速度增长,而人口年均增长 22.4 万人,年增长率达到 69.6%。① 深圳速度也加快了其城市化的进程,2004 年,深圳成为中国第一个没有农村的城市。深圳以不到 30 年的时间完成了西方国家需要二三百年才能完成的城市化过程。深圳由一个昔日的边陲小县发展成为欣欣向荣的现代化大城市。

然而,随着资源消费量的急剧增加,"速度深圳"在创造发展奇迹的同时,也

---

① 参见中国环境科学研究院等:《深圳市生态建设规划研究报告(2005—2020 年)》,2005 年 10 月,第 3 页。

陷入了发展的瓶颈。从一定程度上来说,深圳经济的高速增长,是建立在资源低效率开发利用、人口迅速膨胀以及环境严重透支的基础上,尤其是到了 21 世纪之初,深圳发展与环境的矛盾日趋严重,深圳的资源环境承受能力面临着严峻挑战:一是急剧膨胀的人口压力;二是资源瓶颈日益突出;三是环境形势更加严峻;四是土地资源十分有限。

21 世纪,经济快速增长的深圳遭遇到难以承受的环境恶果,不加快转变经济增长方式,资源难以为继,环境难以承受。显然,对于资源奇缺、环境容量极其有限的深圳,建设生态城市,选择环境友好型的发展模式,无论从哪个角度讲都有着十分的紧迫性。

二、确立"生态立市"新战略

1971 年,联合国科教文组织在第 16 届会议上,提出了"关于人类聚居地的生态综合研究"(MBA 第 11 项计划)。1987 年苏联城市生态学家杨诺斯基(O. Yanistky)提出了"生态城市"的概念,由此,国际上关于生态城市的研究蓬勃发展。生态城市主要是指社会、经济、自然协调发展,物质、能量、信息高效利用,生态良性循环的人类聚居地,即高效、和谐、持续发展的人类栖境。建设生态城市不仅是人类的共同愿望,并且也是现代城市发展的必然趋势。

建设生态型城市,必须树立和落实以人为本、全面协调可持续的科学发展观,实现经济增长方式的根本性转变,以提高资源利用效率为核心,进行经济结构调整,以制度创新与技术创新为动力,实现以较少的资源消耗和废物排放达到较好的经济社会发展。2003 年,深圳市委三届六次全会确定了建设"生态城市"的目标。2005 年,深圳市委三届十一次全体会议,对过去 25 年的"速度深圳"模式以及所产生的后果进行了总结,明确指出深圳的发展受到"四个难以为继"的制约:一是土地、空间有限,剩余可开发用地仅二百多平方公里,按照传统的速度模式难以为继;二是能源、水资源难以为继,抽干东江水也无法满足速度模式下的增长需要;三是按照速度模式,实现万元 GDP 需要更多的劳动力投入,而深圳已经不堪人口重负,难以为继;四是环境容量已经严重透支,环境承载力难以为继。深圳市委提出要下决心,实现从"速度深圳"到"效益深圳"的历史跃进,提出了"四个下降、三个提高"的控制要求。四个下降即：一是在城市总体面积不扩大的条件下，实现单位产出占用土地的显著下降；二是不断降低单位产出的能耗和水耗，实现资源消耗的增长相对于经济的增长显著下降；三是以现有实际管理的1000万人口为限，在人口总量略有下降的基础上，优化调整人口结构，使初级劳务工在劳动人口中的比例大大下降；四是实现经济增长对生态环境的污染程度显著下降，并逐步重返生态状态。三个提高即：一是经济增长中科技的贡献率有显著提高；二是经济增长中教育和人力资本的贡献率有显著提高；三是经济增长中绿色GDP和循环经济的贡献率有显著提高。深圳还进而制定了《深圳市落实科学发展观调控指标体系》，作为今后一段时期全市经济社会发展和"十一五"规划的指导和依据。2007年，深圳市委一号文件《关于加强环境保护建设生态市的决定》，确立了"生态立市"的城市发展战略。2008年，深圳市委在《关于坚持改革开放，推动科学发展，努力建设中国特色社会主义示范市的若干意见》中提出，要"创建生态文明示范城市"。作为全国改革开放试验田和经济发展先发地区，深圳率先探索资源紧约束条件下的现代化道路，在生态城市建设、生态城市技术研发等方面作出积极的贡献，为全国的生态城市建设发挥着示范作用。

三、构建城市生态安全保障体系

在建设生态城市的过程中，深圳以比较完善的地方法规政策体系，稳步增长的环保投入，法定的基本生态控制线，严格的生态监察机制，科学的生态资源测算系统构成了深圳城市生态安全保障体系。

一是构建比较完善的地方法规政策体系，为生态城市建设提供法律支撑和政策保证。深圳经济特区在生态环境立法实践中勇于探索，大胆创新，先后制定了《深圳经济特区环境噪声污染防治条例》、《深圳经济特区饮用水源保护条例》、《深圳经济特区机动车排气污染防治条例》、《深圳经济特区循环经济促进条例》、《深圳经济特区环境保护条例》、《深圳经济特区实施〈中华人民共和国固体废物污染环境防治法〉规定》、《深圳经济特区水土保持条例》等法律法规。这些法规借鉴了香港及国外在生态环境建设方面的立法经验，以生态环境保护为主线，为深圳生态城市建设提供了监督保障。

为加快建设生态文明示范市,深圳市政府还先后制定了一系列促进节能减排的政策。如2008年,深圳市出台全国首个专题围绕生态文明建设制定的地方政府文件——深府[2008]42号文件,推出一个行动纲领即《深圳生态文明建设行动纲领(2008—2010)》,9个配套文件即《关于建设绿色政府的行动方案》、《关于提升城市规划品位与内涵的行动方案》、《关于打造最干净最优美城市的行动方案》、《关于推进节能减排的行动方案》、《关于打造绿色建筑之都的行动方案》、《关于水资源可持续利用的行动方案》、《关于推进住宅产业现代化的行动方案》、《关于建设绿色生态一体化综合交通体系的行动方案》、《关于打造安全深圳的行动方案》等,以及中心区完善工程等80项生态文明建设工程项目,统称深圳生态文明建设"1980文件"。该文件推动深圳创建生态文明城市从各个层次展开。

二是保持环保投入稳步增长,为城市生态建设提供资金保障。改革开放以来,深圳经济特区在经济快速增长的前提下,始终保持不断加大对环保投入的比重,政府提出,到2010年,全社会环保投入的比重应占同期GDP的3%以上。即使在受全球金融危机严重影响的2008年,深圳经济形势异常严峻,但深圳市委、市政府仍然保证对生态环境保护重大项目建设的资金投入。2008年,水源保障重大建设项目7个,年度计划投资2.2亿元;环保生态重大建设项目11个,年度计划投资8.1亿元,而实际累计完成投资额分别是7.6亿元和11.6亿元(见表15-1)。由于政府充分提供资金保障,从而使水源保障和环保生态建设项目实现了突破性进展,全市生态风景林完成4230公顷建设目标,东部水源二期工程形象进度65%,北线饮水、公明供水、燕川污水处理厂配套干管等工程都取得顺利进展。

表15-1　2008年环保重大建设项目表

名称	项目数（个）	年度投资计划（亿元）	累计完成投资（亿元）	完成投资计划比例（%）
水源保障	7	2.2	7.6	347.6
环保生态	11	8.1	11.6	142.6

资料来源:深圳市发展和改革局编:《重大项目建设(2008)》,《深圳国民经济和社会发展报告2008—2009》(内部资料),2009年8月,第80页。

三是实施法定控规,通过"铁律"、"铁线"、"铁腕"确保深圳生态安全。控规是法定规划,对于维护城市生态安全,具有法定效能。2005年11月1日,深圳市在全国率先划定基本生态控制线,并颁布实施《深圳市基本生态控制线管理规定》。在执行国家"四线"(绿线、蓝线、紫线、黄线)控制规定的基础上,以有关法规和规划为依据,参考国内外生态建设的标准,将全市49.88%土地面积(974平方公里)划入基本"生态控制线"范围,除市政公用和旅游设施外,禁止任何开发行为,并定期通过卫星进行监测和管理。

划定基本生态控制线和一系列与之相配套的管理规定的实施,使"铁线"、"铁律"、"铁腕"的概念深入社会各个层面,城市建设无序蔓延的趋势得到有效遏制,"违规操作"成本大大提高,有效地保障了深圳基本生态安全,维护了城市生态系统的科学性、完整性和连续性,实现了空间资源管制的统筹性。①

四是建立深圳生态环境监测系统,提高生态环境保护和生态灾害预防应急能力。2003年6月,深圳市被国家环保总局和广东省环保局选为国家首批生态环境监察试点城市。深圳紧紧围绕生态环境保护的根本任务,查处生态破坏案件,督促生态环境建设,探索建立生态环境监察的工作机制。

深圳市成立了由市领导任组长的专门工作组,印发《深圳市生态环境监察试点工作方案》(深府[2004]14号),在全国率先建立由政府实施的生态环境监察工作模式。深圳市政府生态环境监察和生态保护的管理手段被写进2004年由市人大常委会提出的《关于加大执法力度保护生态环境的议案》。试点期间,深圳市编制了《深圳生态市建设规划》;深圳市人大加快地方立法的速度,出台4部法规;深圳市政府印发了2部生态保护的政府规章、3个重要规划、6个重大决定及一批规范性文件,解决生态环境监察的权力、方式、内容、队伍及处理等五大问题。同时,确立了8项生态监察制度,制定了6项生态监察规范,建立了全市范围的生态破坏投诉机制。组织职能部门开展生态环境执法4500多次,联合执法12次。实施"点、线、面"的生态监察,使深圳水库等饮用水源氨氮指标大幅

---

① 参见深圳市史志办编:《深圳改革开放纪事1978—2009》,海天出版社2009版,第519页。

下降,水质大为改善。森林资源得到保护,毁林种果现象得到遏制。为加强水土保持工作,关闭了15家采石场;启动水土保持社会监测工作,建立水土流失防治信息系统,裸露山体缺口整治工程进展加快,雷公山等生态景观明显改善。海洋环境保护取得成效,形成了覆盖全市的海洋环境监测网络,建立了海上污染应急反应体系、海上防污染政府设备库等。2005年7月,经国家环保总局考核评估小组核定,深圳市获得97分,成为全国首座通过考核验收的城市。2007年4月,深圳市荣获全国十大"生态环境监察试点示范单位"称号。①

五是规范指标,保证深圳环境资源安全。深圳市编制的《深圳市生态资源测算技术规程》,标志着其在生态资源测算方面取得了重要突破。其主要是引入先进科学技术作为测算手段,运用高分辨率遥感解译技术,初步核定了深圳市和各行政区域的生态资源指数,为深圳率先试行环境资源审计奠定了基础。②

四、构建生态经济体系

目前,西方发达国家在工业污染防治方面,着重点不在治理上,而是积极实现产业生态化,致力于探索并采用物耗、能耗少的新技术、新工艺,大大减少排污量,从根本上改善生态环境。借鉴西方发达国家的经验,深圳在创建生态城市的过程中,积极构建生态经济体系。其主要表现在:一是环保准入门槛逐步提高。万元 GDP COD 排放量和万元 GDP SO_2 排放量等生态经济指标已逐步纳入了环保审批和验收标准,有力地推动了深圳产业结构、能源结构的持续优化。二是重污染企业优化升级全面启动。2008年编制了重污染行业减排和优化升级工作方案,出台了重污染企业污染防治绩效评估管理办法和优质工程建设指引,动用了环保专项资金2200余万元,对环境效益好的19个项目进行扶持,带动企业总

---

① 参见深圳市史志办编:《深圳改革开放纪事 1978—2009》,海天出版社 2009 年版,第506—507 页。

② 参见深圳市发展和改革局编:《生态城市建设(2008)》,《深圳国民经济和社会发展报告 2008—2009》,2009 年 8 月,第 67 页。

投资 1 亿多元,43 家企业完成了升级改造。三是清洁生产和鹏城减废推进取得新成果。强化了激励政策,发布了一系列重点行业的清洁生产技术指引,2008年,奖励减废成效显著企业 64 家,对 20 家自愿和 30 家强制清洁生产企业完成了验收。全市参与"鹏城减废行动"的企业共削减 COD 708.4 吨、SO_2 9128.4吨、废弃物 15505.7 吨,节约水资源 452.7 万吨,节约用电 3917.5 万度。[①]

五、发展生态农业

深圳实现生态农业发展,主要突出了以下几点:

一是以绿色产品和绿色产业为开发重点,实现都市生态农业的规模化。深圳坚持发展高产、高质、高效的"三高"农业,形成了都市农业生产体系的集约化、规模化、企业化。目前,深圳共建立了 542 个农产品生产基地,其中蔬菜基地171 个,种植面积 18.73 万亩,年产量 100.42 万吨;生猪生产基地 263 个,年出栏生猪 567.74 万头;水产品生产基地 108 个,养殖面积 23.1 万亩,年产量 27 万吨。据统计,2008 年生产基地回运蔬菜 79.5 万吨、生猪 203.8 万头、水产品10.3 万吨,回运的农产品占深圳市场农产品消费量的 40% 以上。改造后的深圳农田,已达到"田块方格化、灌溉硬底化、道路网络化、管理责任属地化、监督管理信息化"的现代标准。现在深圳有市级农业龙头企业 20 家,省重点农业龙头企业 11 家,其中有 6 家是国家级农业龙头企业。据统计,截至 2008 年底,深圳有农业类的中国名牌产品 4 个、省名牌产品 21 个、中国驰名商标 1 个、省著名商标 5 个。[②]

二是加快生态示范园区建设,实现生态环境与经济的双重优化和协调发展。在我国大力提倡生态示范区的建设中,深圳将集中连片、成规模的农业保护区作为农业园区进行规划建设,取得了丰硕的科研成果。现有农业生态园区 4 个,即

---

① 参见深圳市发展和改革局编:《生态城市建设(2008)》,《深圳国民经济和社会发展报告 2008—2009》,2009 年 8 月,第 65 页。

② 参见深圳市发展和改革局编:《深圳国民经济和社会发展报告 2008—2009》,2009年 8 月,第 128 页。

深圳现代化农业示范区、深圳市河源现代化农业示范区、大鹏高新技术农业园、碧岭生态科技园。

现仅以碧岭生态科技园为例:碧岭生态科技园坐落在龙岗区坪山街道的碧岭山北麓,其创办于1995年,是一个集生态农业、农业科研实验示范、农业实用技术培训、农业科普教育及观光等功能于一体的生态农业发展示范基地。碧岭生态科技园主要发挥着对农业新品种、新技术和农业标准化生产的引进试验示范作用,其成果越来越引起国内外专家学者的广泛关注,每年都有许多专家学者前往碧岭生态科技园参观考察。碧岭生态科技园先后推广了蝴蝶兰温室栽培技术和连拱式法国产温室大棚无土栽培技术,引进了超级杂交水稻、转基因国兰、转基因抗虫棉、法国莩兰王等新品种。开展了果菜有机栽培及病虫害生物防治研究、超级杂交水稻培育、转基因红掌等科研工作。其超级杂交水稻研究是将传统的杂交水稻技术与分子生物技术有机地结合起来,加快新一代高产优质的超级杂交水稻的培育,促进杂交水稻技术的研究朝纵深方向发展,进而巩固了我国杂交水稻技术的优势地位。目前超级杂交水稻已累计推广二十多万亩,亩产近900公斤。碧岭生态科技园现有150亩优质龙眼荔枝园、50亩菜场及无土栽培温室大棚40亩,全部实行无公害标准化生产,其产品大部分销往香港。现在,碧岭生态科技园是广东省、深圳市农业科普教育基地和现代农业示范基地,还是国家农业综合开发试验基地,每年都能吸引近万名深圳市民入园参观。

三是创建生态旅游示范区,使其成为国内外游客向往的度假旅游胜地。深圳"东部华侨城"被认为是世界级度假旅游胜地。2007年,由华侨城集团投资35亿元人民币精心打造的"东部华侨城"隆重开业。这表明其开创了国内开发世界级生态旅游区的创新实践。

"东部华侨城"坐落于深圳大梅沙,占地近9平方公里,在山海间巧妙规划了大侠谷、茶溪谷、云海谷三大主题区域,集生态动感、休闲度假、户外运动等多项文化旅游功能于一体,体现了人与自然的和谐共处。2007年,国家旅游局、国家环境保护总局共同授予东部华侨城"国家生态旅游示范区"的荣誉称号。联合国世界旅游组织秘书长 Francesco Frangialli 认为:东部华侨城是融合了生态保护、绿色旅游以及度假旅游为一体的"世界级度假旅游目的地"。如今,"东部华侨城"在生态旅游方面已走在了全国的前列,并取得了非常可观的经济效益和社会效益,成为全国旅游界参观学习的楷模。

六、建设城市绿地系统

园林绿地是城市生态系统的重要组成部分,既是城市生态系统的初级生产者,也是城市生态平衡的调控者。根据联合国有关组织标准,生态城市的绿地覆盖率应达到50%,居住区内人均绿地面积28平方米。2009年,深圳城市绿化覆盖率45%,人均公共绿地面积16.1平方米。深圳始终坚持环境优先理念,不断优化城市空间结构,把绿地系统分解为"区域绿地—生态廊道系统—城市绿化用地"三个基本组成部分,构筑了全市点、线、带、面相结合的完善的绿地系统,营造出"林在城中,城在景中"的美丽深圳绿色景观图。深圳先后获得了"国家花园城市"、联合国环境规划署授予环境保护"全球500佳"、"国家绿化模范城市"、"国家生态园林城市"、"国家环保模范城市"、全国"十佳绿色城市"、"中国人居环境奖"等一系列荣誉称号。

森林绿化系统建设是生态城市建设的基础。据研究,德国的鲁尔和科隆—波恩地区,在近郊区土地中,森林绿化用地要占到1/4;英国伦敦,在1938年颁布《绿带法》以后,在市区周围逐步形成了一条宽16公里,占地5780平方公里的环城绿化带;美国纽约州各大城市,其近郊土地有90%是森林绿化用地,这表明加强森林绿化系统建设乃是大城市发展的共同要求。深圳编制了《深圳市绿地系统规划(2004—2020)》等一系列规划性文件,其森林绿化系统建设,主要是有系统地营造宏观、中观和微观三个层次上的三大景观。

宏观层次:城市大环境绿化景观。以营造地带性的生态风景林为平台,不断扩大总体绿量。从2000年开始,以自然山体和城市绿地为重点,每年植树500万棵。中观层次:大尺度道路绿化景观。对城市主干道、国道、铁路、高速公路、河流的绿化带进行统一规划设计,增植地带性植物,营造色彩丰富、季相变化明显的乔、灌、草复层混交结构,突出各绿化带的主导树种和特色景观。微观层次:社区园林景观。在城市园林绿化细部处理上,强化精品意识,推出一批富有岭南风格的特色现代园林景点,营造一路一景观、一街一景点的格局。

七、深圳湾滨海生态景观带建设

随着工业化和城市化的发展,人们需要回归大自然、享受大自然,以满足精神文化上的需求。世界上许多大城市往往将郊区的森林绿化系统开辟为森林公园与观光农业区。深圳市在成功地推出了光明华侨农场的生态观光项目后,又全面启动深圳湾滨海生态景观带建设。

2008 年,深圳市政府批准实施《深圳湾滨海生态景观带景观规划设计总体方案》,正在建设中的"深圳湾滨海生态景观带"长达 15 公里。其由深圳湾湿地生态走廊、南山城市中心和滨水娱乐公园区、西部口岸红树林生态走廊、深圳湾大桥和海湾风景公园、蛇口港与海上世界五大部分组成。深圳湾滨海休闲带建设的总体目标是打造一条具有时代性、标志性和生态性的绿色滨海长廊,一张体现生态与人文相融合的城市文化新名片。建成后的深圳湾滨海休闲带项目,将成为一个功能完善的公共滨海地带、特征鲜活的城市地区、人与自然和谐统一的生态体系,将为市民和游客提供一个集休闲娱乐、健身运动、观光旅游、体验自然等多功能活动区域。

在"十五公里滨海长廊",四座人工山将为游人提供眺望海湾和城市的绝佳观景制高点。沙河口附近的圆形露天剧场,将给人带来类似于古希腊露天剧场的梦幻感受。一条人工主沙滩,将再造一个"大、小梅沙"。海上世界附近将新建一条深圳人自己的"渔人码头";……而以生态环境特征和人文活动场所为特征的"深圳湾湿地生态走廊",由红树林保护区、四座人工观景山、海岸生态教育中心、滨海休闲区、海岸水上活动中心等组成;作为深圳湾滨海生态景观带上重要的滨水区段的南山商业文化中心,将成为南山最重要的城市开发空间,其内侧将设置体育公园、水族馆、博物馆、美术馆、音乐厅、游乐场、步行商业街、餐厅、酒吧街、会议展览中心等;外侧将布置商业办公、酒店、公寓等。深圳湾大桥所在的区域构成了"十五公里岸线"的第三段,即西部口岸红树林生态走廊;蛇口港与海上世界区域将建成集商务办公、商务公寓、酒店、居住、滨海休闲、旅游观光于一体的具备国际水准和深圳特色的综合性地区。其空间环境特征是充满活力、安全、有序、优雅，同时具有历史感和现代感①。

八、适度开发的东部滨海区

利用森林绿化系统，利用黄金海岸线，使旅游者走向森林，回归大自然，欣赏山海景观，陶醉于生态旅游的体验。这就是深圳东部滨海区的未来图景，不久的将来，它会成为国内外旅游者的首选。

东部滨海地区是从三洲田到大鹏半岛山海一线，目前被纳入深圳东部生态保护开发区。深圳贯彻生态优先的原则，坚持对东部滨海区进行以自然资源保护为主的适度开发。法定图则规定，东部滨海区重点发展以商务度假、生态休闲、滨海娱乐为主的山海旅游度假胜地。三洲田、大小梅沙、马峦山和溪涌以自然风光为特色，发展公众型山海旅游业；南澳绿色半岛作为旅游资源储备区，以国际商务会议、国际海滨度假、地质公园和山地探险为特色，中远期建设成为世界级旅游度假胜地。深圳对于东部滨海地区实施特殊的财政转移和产业政策，建立有效的资源保护补偿机制，同时法定图则提出严格控制建成区扩大和房地产业发展，统一规划海洋生物及海洋养殖业发展，力求使东部滨海地区成为开发、保护、发展三者和谐共进的示范区和深圳市民的"后花园"。

第二节　大力发展循环经济

循环经济思想的萌芽可以追溯到 20 世纪 60 年代初期，美国经济学家鲍尔丁(K. E. Boulding)在其"宇宙飞船理论"中提出，他认为地球就像一艘在太空中飞行的宇宙飞船，要靠不断消耗和再生自身有限的资源而生存，如果不合理开发资源，肆意破坏环境，就会走向毁灭。他在《宇宙飞船经济观》一文中，把污染视

---

① 深圳市史志办编：《深圳改革开放纪事 1978—2009》，深圳海天出版社 2009 版，第 518 页。

为未得到合理利用的"资源剩余"。20 世纪 70 年代由两次世界能源危机导致的经济增长与资源短缺之间的矛盾日益突出,使人们开始对经济增长方式进行深刻的反思。罗马俱乐部于 1972 年发表了著名的研究报告《增长的极限》,向人类发出了 100 年后将会由于资源短缺和环境污染而导致经济增长停滞的预警。由此,世界各国开始重视对环境污染的治理。20 世纪 80 年代,以德国为代表的发达工业国家,在为保护环境而对废弃物进行处理的过程中,开始思考减少经济源头的污染产生量。20 世纪 90 年代以后,可持续发展战略成为世界各国的共识,发达国家开始从提高经济效益、避免环境污染的思路出发,以生态理念为准则,重新布局产业发展,形成了循环经济发展模式。

深圳进行循环经济的理论研究和实践探索始于 20 世纪 90 年代末。21 世纪以来,借鉴国外发展循环经济的成功经验,深圳循环经济的实践活动取得显著成效。目前,深圳市已是广东省第一批循环经济试点城市、国家第二批循环经济试点城市。

一、追求绿色 GDP

30 年来,深圳经济一直保持高速增长的势头,创造了世界城市经济发展速度的奇迹。进入 21 世纪,深圳城市脆弱的资源环境承载着庞大的产业规模和急剧膨胀的人口,面临着土地、资源、人口、环境的四个"难以为继"。大力发展循环经济,建设绿色 GDP,从产业源头降低污染负荷,成为全社会的共识。

深圳市委、市政府明确提出,深圳要全面落实科学发展观,在紧约束条件下求发展。深圳以不断提高自主创新能力,促使经济增长方式开始向"低投入、低能耗、高产出、高效益"的方向转变。深圳在推动发展模式转变的过程中,舍得投入、舍得时间、舍得声誉,不惜把发展速度暂时降下来,确保在科学发展观的轨道上建设"效益深圳"、"和谐深圳"。如深圳已启动了最为严格的土地管理制度,取消除"城中村"改造外的各类地价优惠政策、按不同容积率计收地价、对闲置土地收取"闲置费"。又如在提高市场准入"门槛"中,深圳市坚持污染型企业一个不引进,资源损耗型项目一个不审批,同时利用行政、法律和市场调节等手段,关停了中冠纺织印染、赛格日立、永新印染 3 家国控重点污染源,逐步淘汰转移不符合循环经济要求的传统制造业企业,仅盐田区就淘汰转移传统企业 110多家。另外,深圳还加快了重污染行业的减排和优化升级。2007 年,深圳市统计局发布了《关于 2006 年"效益深圳"统计指标统计结果的通报》,2006 年全市每平方公里土地产出 GDP 为 2.98 亿元,比上年提高 0.44 亿元;全市万元 GDP水耗为 29.79 立方米,比上年下降 4.21 立方米。到 2008 年,深圳市每平方公里GDP 产出已达到 4 亿元,万元 GDP 能耗继续下降,万元 GDP 水耗下降 10.5%。2009 年,根据中国社会科学院城市竞争力课题组报告,深圳的城市竞争力仅次于香港,排名中国城市第二名,地均 GDP 列内地城市之首。同天津、上海、广州等大城市相比,单位土地面积的能耗、水耗、电耗、资源消耗也相对较低。深圳经济成功地由"速度深圳"转向了追求经济增长质量的"效益深圳"。

实践证明,只有采用循环经济发展模式,追求绿色 GDP,深圳才可能以较小的资源环境代价来赢得较高的经济增长。

二、实现城市垃圾循环再利用

18 世纪中叶,世界人口仅有 3% 住在城市。到 1950 年,城市人口比例占29%。1985 年,这个数字上升到 41%。预计到 2025 年,世界人口的 60% 将住在城市或城区周围。[①] 事实证明,城市化的迅猛发展,已经造成了严重的城市环境污染,其中城市生活垃圾问题已成为全球城市建设和人类生活最严重的公害之一。

对于深圳这座人口急剧膨胀的城市来说,诸多环境问题中,垃圾问题是显得特别"突出"的一个,因为它在每天产生,还必须每天解决,因为它太直接,与人们的生活联系在一起。

据 2008 年底公布的数据显示,深圳垃圾量为每日 12074 吨。对深圳的垃圾构成进行分析可以看到,被我们抛弃、填埋的废弃物,其中有 20%—25% 属于可回收利用物,它们分别是纸张、塑料、玻璃、金属等。分析还显示,造成垃圾总量持续上升的主要原因除了人口膨胀的主要因素之外,就是对这部分物品的消耗

---

① 参见《世界资源报告》(1990—1991),中国环境科学出版社 1991 年版,第 85 页。

持续增加。20世纪90年代初曾占到深圳垃圾总量较大比例的厨房剩余物,到90年代末以来比例明显下降,而塑料、纸张所占比例则明显上升。这些废弃物许多来自商品的包装和一次性用品的大量增加,这表明,由包装引起的垃圾问题已成为深圳垃圾问题中最引人注明的新焦点。多年来,深圳在应对垃圾的困扰上,主要运用循环经济的减量化、再利用、再循环的3R原则,试图把垃圾对自然环境的影响降低到尽可能小的程度。主要通过两种途径:

一是对垃圾的回收利用。2000年建设部确定深圳、北京、上海等8个城市为"生活垃圾分类收集试点城市"。而深圳的生活垃圾分类收集试点工作始于1998年,当时深圳在大头岭住宅区建立了示范点,环卫部门在这个小区放置了6组三种颜色的垃圾收集箱,并向居民宣传和发放垃圾袋。居民须按可回收垃圾、一般生活垃圾和有害垃圾分类投放。然后可回收垃圾由分类收集员收集后,统一集中细分拣后再利用。从1999年开始,深圳市在主要街道、公园、住宅区和公共场所设立了垃圾分类收集容器。为将垃圾分类工作引向深入,深圳设计、制作、印刷图文并茂的垃圾分类方法说明书一万多份,并采用横幅标语、宣传车、电子显示屏等方式进行全方位的宣传。深圳以社区、企业为平台,构建资源回收系统,最大限度地使生活垃圾得到回收利用,也已经取得成效。一些绿色社区、绿色企业成为典范。如华侨城社区,兴建了深圳市首座日处理量60吨的生活垃圾分类处理压缩站,全面实行了垃圾分类接收,彻底消除了二次污染。又如,2004年深圳报业集团建立了"废旧报纸回收体系"。深圳市民家中的废旧报纸堆积如山了怎么办? 只要拨打印在深圳报业集团发行的各大报纸扉页上的回收电话,报业集团的发行员就会立即上门回收。回收后的报纸经过分拣、称重、打包,卖给纸厂再利用。据统计,深圳报业集团日均回收旧报三十余吨,最高峰时一天回收近百吨。2005年底,深圳报业集团成为国家第一批循环经济试点企业。

二是实现垃圾的资源化、减量化。深圳对生活垃圾的治理已从以末端治理为主转向以减量化、资源化为主。如深圳通过对城市生活垃圾的焚烧处理,利用焚烧的热能发电,走出了一条垃圾资源化、无害化、减量化的新路。目前,深圳已建成并投入运行的生活垃圾焚烧发电厂6座,总投资额约17.8亿元,垃圾焚烧发电量达1.46亿度。如宝安白鸽湖垃圾焚烧发电厂日处理垃圾1000吨,龙岗大工业区垃圾焚烧发电厂日处理垃圾 800 吨。而宝安松岗的老虎坑发电厂规模最大,日处理垃圾 1200 吨,每月发电 200 多万度,除 1/3 自用外,其他并入市政电网,统一调度使用,每天可实现收入 20 万元。深圳在建筑垃圾减量化、资源化方面,也取得突破性进展。目前已有 4 个建筑垃圾综合利用项目投入使用,资源化利用率达 1/3。深圳正在规划建设建筑废弃物综合利用产业园,预计在两到三年的时间里可全面实现建筑废弃物的综合利用。

三、循环经济的法律支撑

德国早在 1986 年就制定了《废物管理法》,政府强调要通过节省资源的工艺技术和可循环的包装系统把避免废物产生作为废物管理的首选目标。20 世纪 80 年代中期,美国的俄勒冈、新泽西、罗得岛等州先后制定促进资源再生循环法规以来,现在已有半数以上的州制定了不同形式的再生循环法规。日本政府于 1993 年 6 月实施《能源保护和促进回收法》,强调要有选择地收集包装废弃物加以再生利用。德国、美国和日本发展循环经济的经验表明,完善的循环经济法律制度是发展循环经济的基本依据和保障。

深圳是我国第一个为循环经济立法的城市,2006 年 7 月 1 日《深圳经济特区循环经济促进条例》正式颁布实施,先后又颁布了《深圳经济特区建筑节能条例》、《深圳市清洁生产审核办法》、《污水处理费征收使用管理办法》。目前,深圳市已基本建立了比较完善的发展循环经济的政策法规体系,其正在为循环经济的发展保驾护航。

第三节　从低碳建筑到低碳城市

低碳城市建设已成为全球的热点之一。低碳城市就是在城市发展中推行低碳经济,走一条"低能耗、低排放"的可持续发展道路。2010 年,深圳市人民政府与住房和城乡建设部签署共建国家低碳生态示范市合作框架协议。深圳成为全国首个低碳生态示范市。深圳在发展低碳城市的过程中,始终把低碳建筑作为基础。

低碳建筑即绿色建筑,是指为人类提供一个健康、舒适的活动空间,同时最高效率地利用资源,最低限度地影响环境的建筑。① 目前,建筑产业及建筑体本身都是能耗和排放大户,是温室气体的主要来源。世界可持续发展工商理事会最新发布的《行业转型:建筑物能源效率》的研究报告认为,目前,全世界建筑物能源消耗占全社会能源消耗总量的40%,是工业能源消耗的1.5倍。在中国,建筑物能源消耗也已占到全社会能源消耗的27%,且每年呈快速增长态势。深圳是一座高楼大厦鳞次栉比的现代化城市,遵循绿色低碳标准,积极发展绿色低碳建筑,实现节能技术创新,在环保与城市美观中探寻平衡,实现人与自然和谐共生,不仅有助于解决深圳自身发展的碳排放瓶颈问题,更能为缓解我国环境压力作出巨大贡献。

一、中国低碳建筑的先行区

以绿色低碳建筑为突破口,从追求繁荣转向低碳、绿色,从工业文明的排头兵到争做生态文明的先锋,是深圳新世纪一贯坚持的城市发展战略。2001年开始,深圳市开展建筑节能与绿色建筑工作,相继组织编制了我国首部地方节能标准《深圳市居住建筑节能设计规范》、《非承重砌块墙体设计规范》等9部地方标准、规范和图集。2006年7月,出台我国首部建筑节能法规《深圳经济特区建筑节能条例》,规定从2007年1月开始推行建筑节能设计标准和节能专项验收制度,所有新建筑执行建筑节能标准。

从2002年开始,深圳市先后完成两批共19家政府机构及财政支持单位的节能改造项目,总投资601万元,项目综合节能率达到20%以上,被国家选为"国家机关办公建筑和大型公共建筑监管体系建设示范城市"。2004年,深圳市成立"太阳能与建筑一体化应用技术研究与推广工作组",安排专项资金支持技术研究和示范建设,建立4个太阳能与建筑一体化产业基地;同时,深圳还大力

---

① 参见绿色建筑论坛编:《绿色建筑评估》,中国建筑工业出版社2007年版,第3页。

推广应用绿色建材及建筑工业化,已有 10 个项目被国家财政部、建设部确定为可再生能源建筑应用示范项目。[1] 在 2007 年至 2009 年,深圳共有 765 个项目进行建筑节能专项验收,704 个项目通过建筑节能专项验收,建筑面积达 3250 万平方米,并于 2009 年完成了大型公建动态能耗监测平台首期试点工程。2009年,深圳还全面启动了既有建筑的节能改造。首批改造试点项目包括市民中心、市委办公楼在内,共 35 个项目,改造建筑面积约 129.1 万平方米;同时,36 个大运会体育场馆维修改造项目,也全部增加了建筑节能改造的内容。目前,深圳已成为全国唯一新建建筑节能达标率达到 100% 的城市。2010 年,深圳即将建成绿色低碳建筑面积 1000 万平方米。为了推进国家级可再生能源建筑应用示范城市建设,深圳正在积极推行太阳能屋顶计划,将强制推行 12 层以下住宅强制安装太阳能装置,目前已有 800 万平方米建筑实现太阳能应用,计划在两年内完成可再生能源建筑应用面积 712 万平方米。

凭借深圳与住房和城乡建设部共建第一个国家低碳生态示范市的契机,深圳在全国率先试点建设绿色低碳建筑项目。以光明新区为例,目前在 156 平方公里的区域内,正在全力推进绿色低碳建筑示范区建设,新区所有新建筑均按照绿色低碳建筑标准进行建设;同时,对重点区域进行绿色改造,将绿色低碳建筑技术从单体建筑推广至绿色社区、绿色市政、绿色城区。不久,绿色低碳建筑形成规模的光明新区,将会呈现给我们一张绿色地图和钢结构的生态走廊。此外,正在建设的南方科技大学、深圳大学新校区也正按照校园节能减排的建设标准,将打造成为具有世界影响的绿色校园。

发展绿色低碳建筑、建设低碳生态城市成为新一轮深圳城市建设的重要内容。

二、中国低碳建筑的新标杆

目前,在国内外范围,采用高新技术的绿色低碳建筑尚处于发展初期,而能

---

[1] 参见深圳市史志办编:《深圳改革开放纪事 1978—2009》,海天出版社 2009 年版,第 332 页。

称得上绿色低碳建筑典范的更是数量不多。然而,它们对于世界建筑业走上绿色低碳的健康发展之路具有引领作用。翻开深圳建筑业的篇章,泰格酒店公寓、万科中心、建科大楼以其节能技术创新、建筑低碳排放、资源循环利用的崭新面貌成为深圳乃至全国绿色低碳建筑的方向标,成为低碳深圳的新亮点。

绿色低碳建筑典范之一:泰格酒店公寓——华南最"绿"建筑。

招商地产的泰格公寓获得美国绿色建筑评估标准 LEED 银级认证。泰格公寓作为华南地区最"绿"的建筑,为招商地产赢得了美国绿色建筑委员会颁发的卓越贡献奖。

泰格酒店公寓在设计中,采用了多项建筑节能措施,运用绿色技术和产品,包括建筑固定遮阳、LOW-e 中空玻璃、加气混凝土块、变频技术、中心空调能量分户计费系统、计算机能耗模仿、建筑小区热岛效应模拟、建筑小区风环境模拟、出挑花池结合绿色藤蔓、屋顶遮阳飘架、空气源热泵热水器、节能感应灯、太阳能灯、外墙浅色涂料、固定遮阳百页、节能电梯、屋顶绿化技术等,使泰格酒店公寓达到绿色、节能、环保的高舒适、低消耗、低污染物排放要求。

泰格酒店公寓单位平方米年耗电量约为 60 度,仅为深圳市同类建筑的 1/2,每年可节电 300 万度,全年节约标煤 1230 吨,其节能率高达 63.7%。同时,在二氧化碳、二氧化硫、烟尘等污染物的减排方面也有显著效果,与国内外同类项目相比,其节能效果达到国际先进水平。美国《新闻周刊》曾以"中国绿色建筑发展令人鼓舞"为题,对深圳泰格酒店公寓进行了报道,并指出:总有一天,深圳泰格酒店公寓会在环境史上占据重要地位。因为其对住户来说是健康的,对所有者来说是节能的,对地球来说是可以承受的。

绿色低碳建筑典范之二:万科中心——躺着的摩天楼。

新近落成的深圳万科中心,被誉为"漂浮的地平线,躺着的摩天楼"。这座摩天大楼建筑造型颇为奇特,并不是高耸入云,而是水平式的。如果把它竖起来,可以与美国帝国大厦比高低。而美国帝国大厦的高度是 381 米,位居世界十大高楼的第八位。

呈现在我们面前的万科中心实际上是一个"虚"的中心,6 万平方米的建筑基地,除 8 个支撑主体的交通核外,整个是悬空、漂浮的,可以让海风、山风流通,并营造出一个良好的微气候环境。

这座躺着的摩天楼是中国绿色低碳建筑的标杆。它的立面表皮是会"呼吸"的半透明强化轻质碳纤维组成物;每个方向的墙面都经过年度太阳能采集量计算,来控制百页的开关和调度,保证采光和温度。建筑外观有利于防御海啸袭击,腹型屋檐将雨水、中水汇集,通过湿地的自然过滤后流入池塘;还可以将水循环到地底 100 米深处,再将冷能经过建筑底部反射,在悬空地带形成局部气候。万科严格地贯彻了 LEED 认证对施工管理以及材料使用的方针。如建筑使用的可再生环保产品和材料,在本地方圆 500 公里范围内生产,以减少运输过程中的能源消耗,其再生材料的应用率高达 23%。

万科中心相对同类型建筑节能 75%;水冷每年节省电费约 50 万人民币;自然采光使 75% 的区域达到 400 勒克斯的照度,节能 5%;太阳能光电系统提供 12.5% 的能耗电量;中水利用率达到 100%;通过节水洁具和耐旱景观植物,进一步节约 30% 的用水;垃圾分类收集率达到 100%。

万科准备将建摩天楼的绿色低碳建筑理念,应用于未来商品房的大规模建设之中,使万科对于绿色低碳建筑的梦想成真。

绿色低碳建筑典范之三:建科大楼——"中国式"的绿色建筑。

建科大楼是我国首创以自主创新技术体系为核心的低成本、"中国式"的绿色建筑。建科大楼作为"国家首批可再生能源示范工程",通过了中国绿色建筑三星级认证,荣获"深圳市循环经济示范工程"、"深圳市可再生能源利用城市级示范工程",被联合国开发计划署(UNDP)誉为"低能耗和绿色建筑集成技术示范与展示平台"。

建科大楼的外观不同于传统办公建筑四面都相同,它的外立面造型非常独特,不仅东南西北四个立面完全不同,垂直方向上使用的外立面材料也各不相同。其科学的根据是以建筑空间的不同功能、朝向和位置来选择最适合的材料和构造形式。例如大楼高区人员密集的区域需要更多的采光和通风,因此朝东和朝南的立面便采用了水平带窗;而低区的实验室需要便于控制温度湿度和光线,立面形态就相应地体现出围护严密和凹窗遮阳构造。又如开窗的位置及大小也根据大楼内部的功能需求而灵活设置,外观显得自然而富有创意。西侧的墙面针对西晒问题,结合不同的内部功能选择不同的防晒、通风措施。中部的楼梯间采用垂直遮阳格栅,但并不影响通风和观景。北侧的楼梯间和层层的平台组合在一起,种植的绿色垂吊,既遮阳又增加了建筑的立面绿化。高区东南角的西墙设置的半透明的薄膜光电通道幕墙,在阻挡强光的同时,还将光能转化成电能,为大楼提供能量。

建科大楼的地下空间,也不同于传统地下室那样给人以黑暗、封闭的感觉。阳光通过大楼入口两侧的玻璃水池被引入地下室,使得地下一层白天完全采用自然光照明竟然不需要开灯。而车道部分采用光导管技术,通过安装在地面的光线采集装置,将阳光导入地下车库的车道,解决了白天的照明。雨水回收利用也成为建科大楼的一大亮点,经处理后的雨水用于室外景观绿化浇洒。建科大楼的中水利用率49%,相当于每年减少用水量4760吨。

建科大楼从设计到建设共采用四十多项绿色建筑技术,经初步测算分析,相对常规建筑大楼每年可减少运行费用约150万元,其中节约电费145万元,建筑节水率43.8%,节约水费5.4万元,节约标煤610吨,每年可减排CO_2 1622吨。[①]

建科大楼的成功实践,为企业树立起对社会负责、对环境负责的良好形象。2009年,建科大楼被确立为"全国科普教育示范基地"。

第四节 创造可持续的消费模式

建立环境友好的生活方式对于深圳实现现代化有着重大的现实意义。深圳为实现现代化国际化大都市图景选择了绕过西方国家的过度消费陷阱而直接进入可持续发展的健康社会。深圳选择了资源节俭、适度消费、环境友好的发展

---

① 参见深圳市建筑科学研究院有限公司编:《共享设计》,中国建筑工业出版社2009年版,第47、58、125页。

模式。

一、可持续发展的消费观念

1992年6月,在巴西里约热内卢召开的联合国环境与发展大会通过的《21世纪议程》明确指出:"全球环境不断退化的主要原因是非持续性消费和生产模式",应"促进可减少环境压力和满足人类基本需要的消费和生产模式",应形成关于财富与繁荣的新观念,"以便通过改变生活方式提高生活标准,减少对地球有限资源的依赖,并与地球的支撑能力取得更好的协调"。这表明,可持续发展极为关注的是改变生产和消费中的不可持续模式。

联合国环境署1994年在肯尼亚首都内罗毕发表的报告《可持续消费的政策因素》中指出了可持续消费的定义:"提供服务以及相关的产品以满足人类的基本需求,提高生活质量,同时使自然资源和有毒材料的使用量最少,使服务或产品的生命周期中所产生的废物和污染物最少,从而不危及后代的需求。"该报告指出,可持续的消费是一种新的消费模式,它适用于全球各国各种收入水平的人们。

1994年,联合国在挪威奥斯陆召开的"可持续专题研讨会"指出,对于可持续消费,不能孤立地理解和对待,它连接着从原料提取、预处理、制造、产品生命周期、影响产品购买和使用、最终处置诸因素等整个连续环节中的所有组成部分,而其中每一个环节的环境影响又是多方面的。

二、可持续发展的消费文化

可持续的生活方式是一种新的消费文化,它是人类追求的一种更高级的生活结构。

工业革命以来,随着经济的迅猛发展和物质财富的剧增,人们相信,凭借科技和经济手段,人类可以实现更多、更高的满足物质欲望的梦想。正是在这种科技至上、经济至上的主导下,产生了寻求致富,忽略道德追求的经济主义。法国著名经济学家弗朗索瓦·佩鲁认为:沉迷于消费品和作为取得消费品之手段的金融利润,社会生活必需品日益加快的步伐和道德松弛、世风日下,导致了那种粗制滥造的功利主义的出现,这种东西有助于"经济主义"这一术语的产生、应用和广泛传播。

　　消费主义是指当代国际社会中存在的一种把消费数量与种类日益增长的物品和服务视为至高无上的生活目的的价值观(或文化态度)。① 就追求物质享受来说,消费主义与经济主义是一对孪生姊妹。第二次世界大战以后,消费主义开始从美国向西欧、日本等工业发达国家迅速扩张,并逐渐影响到正在进行现代化建设的国家。在消费主义的影响下,"能挣会花"、"用过即扔"逐渐成为时尚。法国巴黎高等社会科学研究学院纳尔·斯蒂格勒博士在接受记者采访时说:就像吸毒,消费也会"上瘾"的。一项调查显示,81%的美国人认为过度消费是一种不好的行为,但他们仍然抑制不住过度消费的冲动。比如在美国,很多家庭里几乎无一例外地有从来没有穿过的衣服,没有看过的书,没有佩戴过的饰品。这些东西之所以被买回来,完全是因为莫名其妙的个人占有欲所致。消费者花费在商品包装上的钱越来越多,以美国为例,其每人每年花在包装上的钱达到225美元;以重量计算,仅用于食品上的包装就达人均130公斤,占城市固体废弃物的1/5;就体积而言,包装构成了城市固体废弃物体积的一半。据研究人员按照生态足迹理论的推算:如果地球上所有的人都达到现在北美人的消费水平,那么我们还需要两个地球来为我们提供所需的物质与能量,消化人们扔掉的废弃物。可是,那两个地球我们到哪里去寻找呢?② 纳尔·斯蒂格勒博士认为:2008年信贷危机的大爆发,就是"消费型资本主义"中的过度消费、"寅吃卯粮"的必然结果,同时也标志着以美国过度消费生活方式为代表的消费型资本主义的终结。

　　可持续发展的适度消费是指:首先是满足人的基本需求,使人过上体面的生活。人的基本需求,按"巴里洛克模式",是指食品、住房、教育、保健等,是人的物质需求的安全线。其次是适当考虑与人的审美和创造性活动相关的物质需

---

① 参见艾伦·杜宁:《多少算够——消费社会与地球的未来》,吉林人民出版社1997
　　年版,第122页。

② 参见沈国明等主编:《生态型城市与上海生态环境建设》,上海社会科学院出版社
　　2001年版,第67—68页。

要。这种需要高于生存需求,即要求更多符合需要的高质量商品,过更好和更舒适的生活。

适度消费赞同随着经济发展不断提高消费水平,但它提倡以节俭为主,它要求人类自觉地给物质追求设定一个控制阀,建立一种与环境相协调的低资源和低能源消耗、高消费质量的消费体系。

三、深圳选择绿色消费

为了建设生态城市,深圳必须树立可持续发展的消费观。

改革开放以来,深圳经济迅速增长,许多经济指标已经达到世界中等以上收入国家的水平。2008年,深圳实现本市生产总值7806.5亿元,位居我国前列;人均GDP达到13153美元,继续居内地大中城市首位。经济的发展使深圳市民具有较高的消费能力和拥有较好的生活质量,但同时也提醒我们,应该在不断改善市民生活质量的前提下,提倡适度消费的观念,提倡适度消费并不是抑制消费和过苦行僧的日子。因为在市场经济不断拓展的情况下,抑制消费是不现实的。但我们发扬中华民族的节俭美德,反对盲目攀比和高消费的不良倾向,建立起适度消费的现代节俭生活模式则是完全可能的。实际上,深圳为实现"生态型城市"的建设目标,已经走出了一条绿色消费之路。

20世纪70年代,世界兴起"绿色风云",迫使人们采取绿色行动,终于在80年代末期的欧洲大陆呼唤、孕育出一个"绿色市场",即以销售"绿色产品"为宗旨的市场。绿色市场的出现标志着人类探讨、摸索出一种同自己的生存环境和谐相处、同步前进的物质文明发展的道路,具有深远的意义。如今绿色市场已在世界大部分地区存在。深圳在创建绿色市场的过程中,主要着重推动绿色产品生产销售和"绿色宾馆"、"绿色医院"服务的各项工作。

深圳市无公害农产品质量始终走在全国前列。1999年以来,深圳市先后制定了《深圳市无公害蔬菜生产环境》、《深圳市无公害蔬菜生产技术规程》、《深圳市无公害蔬菜检测技术规程》和《深圳市无公害蔬菜》等4个农业地方标准。2001年开始,深圳在万佳、岁宝、山姆、天虹、沃尔玛、华润、万方超市等各大商场,推出绿色蔬菜专柜。在绿色蔬菜专柜所销售的蔬菜,要由指定的蔬菜基地提供，并经农林渔业局、经贸局、市质量技术监督局的检查和监督，在生产环境、生产过程和配送过程都有严格的要求，不仅农药有严格控制，还要保证有机肥的含量，真正达到没有农药等残留物。经过对这些蔬菜专柜进行的专门调查，结果表明，深圳大多市民愿意支付较高的价格来购买绿色产品。深圳市民正在走向一种符合生态平衡与生态规律、有利于人类自身的生命规律和生活质量提高的生活方式。

深圳旅游业发达，全市星级酒店 152 家，未评星级酒店 118 家。深圳从 2001 年开始创建"绿色宾馆"。深圳市创建绿色宾馆的主要内容包括：一是保护环境，生活垃圾实施分类收集，固体废弃物综合利用、处理率达 100%。客房内采用环保型空调、环保型冰箱等"绿色"设备和用品。二是降低物耗，一次性客人用品和床单、毛巾等客用棉织品均配设"能源节约卡"，征询客人意见，尽量减少物耗。不使用塑料垃圾袋，餐厅不使用泡沫塑料饭盒，不使用一次性木筷及难以降解的一次性餐具。三是提供"绿色产品"，引导客人进入"绿色消费"，为客人提供绿色食品打包服务和存酒服务。严禁出售野生保护动物，能够为客人提供 30 种以上的"绿色食品"等。深圳市"圣廷苑酒店"已经建成国家级绿色酒店。

北京大学深圳医院于 2003 年 2 月被深圳市政府授予"绿色医院"的称号和"行业卫生标兵"称号。其主要经验有：一是通过应用高科技实现了分诊和收费的数字信息化管理，改善了就医流程，大大提高了工作效率，缩短了病人的等候时间；银行借记卡加载个人账户，成为具有支付功能的诊疗卡，简化交费手续，缩短等候时间，方便病人就诊；挂号分诊合二为一，减少就诊环节；利用电话、手机、Inter 网、Wap 网等多种通信手段，实现预约挂号，合理分流病人；实现电子处方、电子病历、电子申请、电子日志等，减轻医生的书写负担，将时间留给病人；电子自动排队叫号，杜绝了插队行为，规范了就诊秩序。二是建立了节能降耗管理制度，使用清洁能源，使用节能装置。节能照明器具、节能开关的使用普及率达到了 100%。鼓励无纸化办公，打字、复印一纸两面使用。三是为了严格区分生活垃圾和固体医疗废弃物，而分别设置了防渗漏、防雨淋、防丢失、防流失的独立生活垃圾转运房和固体医疗垃圾转运房，房内专门设有收集箱，分别、分类收集生活垃圾和医疗废弃物。还建立了一套独立的医疗废弃物收集管理系统，把使用后的一次性输液器、注射器、针头、输血器等医疗废弃物严格按照国家要求实行分类收集、称重登记、统一回收、统一集中清运,并交由政府指定的医疗垃圾处理的专业部门进行统一处理。

四、绿色生活成为时尚

21 世纪,追求绿色生活已成为时尚。在英国,5 个消费者中至少有 2 个在购物付款前要考虑和询问该产品在生产与使用过程中是否破坏生态,是否污染环境。在美国,绿色产品是市场上的销售热点,大多数美国人都能从避免破坏生态和污染环境的角度来选择消费。据有关资料统计,90% 以上的美国消费者购物时都关心自己付款买到的东西是不是绿色产品,他们愿意支付更高的价格购买绿色产品。德国是生态觉悟最高、环境意识最强的国家,绿色已成为德国人生活的主要方面和基本色调,消费者普遍视维护生态健全为己任。每年德国绿色食品进口量约为 50%。据国外经济学家分析,绿色产品已成为 21 世纪国际市场消费的主导。调查资料显示:深圳白领职业女性占深圳职业妇女的 10% 左右,但由于她们的社会地位和经济收入水平较高,所以她们是引领绿色产品消费的一支主力。

深圳市 2002 年在全国率先开展绿色机关、绿色企业、绿色商场、绿色酒店、绿色医院、绿色公交(线路)、绿色村镇、绿色家庭、绿色学校、绿色社区等内容的"建我绿色家园"系列活动。该活动开展至今,在全社会已经形成了"建绿色家园、创生态文明"的良好氛围。例如,2008 年被国家环保部授予"国家生态区"称号的盐田区,全区 18 个社区全部建成了绿色社区,所有学校都建成市级绿色学校,其中国家级绿色学校 1 所;全部星级酒店被评为省级绿色酒店;建成市级绿色企业 3 家;有 3 个街道通过"生态优美街道"考核验收。

深圳还涌现出一批环保自愿者团体、环保义工和环保先进个人,他们积极地为深圳的环保事业贡献出自己的力量。如唐春妮在深圳一家公司做文秘工作,她认为绿色生活是一种时尚。作为一名"低碳人",她会义不容辞地纠正各种"高碳"的生活习惯:电视没人看就别开着;任何电器一旦不用要立即拔掉插头;家里的灯泡坏了,一定要换为节能灯;工作上要多用电邮、MSN 等即时通信工具,少用传真、打印机;外出购物多步行,尽可能坐公交车并自带环保购物袋……除此之外,她还"科学"地为自己的生活贴上低碳的标签。在唐春妮的家里,冰箱内存放的食物一般不会超过容积的 80%,因为这样是最合理的,放得过多或过少,都会耗费更多的电量。在炎热的夏天,她一般是睡前开一下空调,关掉后马上开电风扇,一个夜晚可以省电 50%。唐春妮对于如何降低使用电脑时带来的碳排放量也费了心思:在短时间不用电脑时,她会启用电脑的"睡眠"模式,这样可以使能耗下降 50% 以下;主动关掉不用的程序和音箱、打印机等外围设备,适当降低显示器的亮度;使用笔记本电脑时,她也会尽量少用外接设备,关闭暂时不使用的设备和接口,使用 Speed Step 技术,让 CPU 自动降频,可以使功耗低40%。如今,她正准备把各种低碳技巧和经验总结出来,放到个人网上跟大家交流和分享,把低碳生活传播开来。①

五、追求精神生活境界

可持续发展的消费观,不仅是要我们对地球环境资源的有限承受力加以考虑,而且,还要求我们重新思索生命的意义,并赋予生活文化的内涵。

对生命意义的思考,人类历史知识宝库中有许多精辟的记载。我们翻开宗教的篇章,发现大多数宗教都用不同的语言表述了对精神生活的肯定,对物质生活的节制。汤因比说得好,历史上各宗教的创立者在解说宇宙本质上存在分歧,但他们在道德律条上却是一致的,"他们都用同一个声音说,如果我们让物质财富成为我们的最高目的,将导致灾难"②。佛教的"这个世界上不论谁克服了自私的欲望,他的悲伤就会离他而去"的言论,孔子的"过犹不足"之说,老庄的"清心寡欲"、"知足常乐"的主张,耶稣的"人不是单靠面包活着"的名言,等等,他们在反对过度追求物欲方面对我们有着深刻的启发性。

然而,更多的对生命意义的深层思考来自当代。罗马俱乐部创始人佩西表

---

① 参见吴向阳等:《深圳人的低碳生活》,《深圳特区报》2010 年 3 月 27 日。
② 转引自艾伦·杜宁:《多少算够——消费社会与地球的未来》,吉林人民出版社 1997 年版,第 108 页。

达了自己的观点,他认为当代人类必须从陶醉于物质革命的状态中清醒过来,进行一场新的人的革命,"人的革命可以给物质革命带来意义和目的性"。否则,人们就无法摆脱物欲的诱惑,从而"抛弃了任何精神的乃至伦理的灵魂,忽视了自己所具有的伦理、社会和审美的最杰出的才能"①。中国学者何怀宏在他的《共识与分歧》一文中指出:"对于人类和地球的危机状况的根本解救之道,可能还是有赖于价值观念的转变,即人类能否不再以不断满足增长的物欲和不断提高物质生活的水平为主要乃至最高追求。"

植根于人类已有的文明成果之中,可持续发展提出了关于节制物质需求的主张。按可持续发展的生活观,物质需求是人的基本需求,但不是唯一的需求。追求精神需求比追求物质需求是更高一个层次的目标。深圳市民选择可持续发展的生活观,他们用"适度消费"代替"过量消费",为满足自己的精神需求来合理安排自己的闲暇生活,主要表现在:

一是积极参加文化科学知识的学习。随着深圳科学技术的快速发展,社会变迁的速度加快,深圳市民必须及时更新知识,才能跟上时代的步伐。他们利用闲暇时间或是主动参加各种讲习班、培训班,以提高自己的文化技术水平,扩大知识面;或是通过考取经济师、会计师、律师等专业技术职称,为拓宽自己的事业提前做好准备。

二是踊跃投入丰富多彩的文体活动。改革开放以来,我国人民的闲暇时间大大增加。1995年起实行五天工作制,1999年实行了春节、五一、十一3个长假,2007年又将清明节、端午节和中秋节设为国家法定节假日,并推出了职工工作满一年可享受带薪年休假的新规定,这样人们已有1/3的闲暇时间可以自主支配,导致生活方式发生变化。深圳市民充分利用每年115天的国家法定节假日和10天左右的带薪年休假时间。他们参加艺术类活动,如唱歌、跳舞、作画以及书法、摄影、摄像等,以激发情感,使生命更具有创造力;他们参加体育性活动,热衷于打球、跑步、登山、游泳以及健美、体操等,以锻炼身体,增强体魄。他们当

---

① [日]池田大作、奥锐里欧·贝恰:《21世纪的警钟》,中国国际广播出版社1988年版,第179、158页。

中一部分人还利用拥有私人轿车的便利,策划家庭出行游,使自己完全置身于绿色旅游消费的享受之中。

三是满足个性化的精神追求。深圳市民还注重根据个性化的需要,去追求完善和健康的心理生活、道德生活、网络生活、家庭生活等。如在深圳开展"向丛飞学习,自觉践行社会主义荣辱观"的活动中,深圳市民以丛飞为楷模和学习的典范,学习丛飞为人民、为社会无私奉献的精神,学习丛飞关爱他人、扶困助弱的高尚情操。他们主动开始从我做起,从自己身边的事情做起,从点点滴滴做起,自觉遵守"八荣八耻"的行为标准,他们当中有的利用周末作为义工到深圳旅游景点大、小梅沙参加捡垃圾的活动,有的为救助贫困地区捐钱捐物,还有的作为志愿者去支持贫困地区的教育事业。总之,他们以极大的热情为弘扬社会主义荣辱观,为推动全社会形成知荣辱、树新风、促和谐的文明风尚而贡献自己的一份力量。

第五部分

历史的创造者

第十六章

特区早期的改革勇者

"看准了的,就大胆地试,大胆地闯,深圳的重要经验就是敢闯。"

——邓小平

第一节 创建特区离不开谷牧

在改革开放时期,谷牧曾任中共中央书记处书记、国务院副总理兼特区办主任,他作为邓小平的得力助手,既是中央决策层的重要一员,又是经济特区建设实践的具体执行者。不论是指导思想还是实际工作,他都为创建深圳特区作出了重要贡献,被誉为"特区建设总工程师"。

原深圳市委常委、市委副书记林祖基认为,如果说邓小平是改革开放的总设计师,那么谷牧就是总工程师。邓小平思想,就是靠他来实施的。深圳特区的设立和发展,都是他一手具体实施和指导,特区几乎所有重大决策都是在他的参与下制定和实施的。[1]

---

[1] 参见刘晓燕、吕婷:《谷牧 10 年 12 次赴深圳勾勒特区政策轮廓》,《南方都市报》2009 年 11 月 8 日。

一、改革开放的闯将

改革开放前夕，谷牧作为分管经济工作的国务院副总理，曾带队考察了西欧五国。他的这次出访是新中国成立之后，中央向西方国家派出的第一个，也是最高级别的政府经济代表团。谷牧对西方国家的先进与当时国内现状形成巨大反差，感到很震撼，他大胆提出了向西方学习、引进技术的建议。

谷牧在特区建设上是顶着压力的。他曾回忆当年国务院特区工作组建立之后，他第一次召集工作人员开会时，除了布置工作以外，他还特意讲了一番交心的话。他说，对办特区的认识并不是那么统一，议论很多，很敏感，他是准备让人家"火烧赵家楼"的。但是，他也说大概不会出现这样的前景。工作人员中谁要有顾虑，不愿做这个工作，及时提出，可以另行分配。他说这项工作不勉强任何一个人。不过，他也告诉工作人员，不论出什么问题，板子不会打到他们身上，只算他一个人的账。

对于广东干部，谷牧更以激进改革者的姿态，给予更多的支持和鼓励。谷牧在特区建立之初，曾对习仲勋和吴南生等广东党政领导干部强调说："中央是要广东先行一步，要广东大搞，小脚女人小步走就起不了这个作用。广东要快马加鞭，抢时间走在全中国的前面。办特区，就看你们广东的了，你们要有点孙悟空那样大闹天庭的精神，受条条框框束缚不行。"①后来谷牧的"孙悟空"一说被广东干部广泛沿用，以激励自身改革。

在提起特区创建不久，人们经常说起的一件事情是，当时中央有位老同志从深圳回来后说，那里除了挂五星红旗，剩下都资本主义了。据谷牧后来回忆说：他当时的压力也很大，本该进入草木芳菲阳春季节的经济特区，却有点风雨萧瑟的味道。

当时甚至出现了一场有关"租界"的风波。当年4月，国内某知名报纸刊登以《痛哉！〈租地章程〉》为题的文章。文章表面上告诫人们不要忘记历史，实际上是怀疑甚至不赞成中国试办经济特区。而谷牧也被称为"李鸿章"，"洋务运

---

① 谷牧：《广东要做大闹天宫的孙悟空》，《南方日报》2009 年 11 月 7 日。

动卷土重来"等说法接踵而至。当时甚至有人把特区比做是"国际资产阶级的飞地"、"香港市场上水货之源"、"走私的主要通道",直至比拟为"旧中国、上海的'租界'"。

谷牧后来回忆说:他在中央书记处讨论批转一个对外开放的报告时,曾经与一位大理论权威面对面发生过一次激烈的争论。当时这位大理论家说转发对外开放报告可以,但要附一个材料"上海租界的由来"。最终这个报告没有批转出去。

时任深圳市副市长的邹尔康说:"记得1982年,有一次我们正在开会,突然来了个文件,《旧中国租界的来由》,北京一个研究机构发来的,上面有中央的领导批示:办经济特区的人要特别警惕。"当时,谷牧同志就说:"不要管它。"邹尔康说,正是谷牧为大家顶住了压力,让大家坚定了信心。①

二、特区建设总工程师

在建立经济特区的概念提出之后,是谷牧到广东等一线地区去,处理特区建设的具体事务的,早期的特区建设完全离不开谷牧。

1979年5月,谷牧曾率领一个工作组到广东、福建调查。二十多天的调研结束后,谷牧勾勒出了特区政策的轮廓:经济计划以省为主;赋予这两省较多的机动权;财政上划分收支,新增收益较多地留给地方;在深圳、珠海、汕头、厦门各划出一定区域办出口特区,优惠税率,吸引外资,发展出口商品的生产。

作为当年国务院特办主任,谷牧从1980年到1990年的10年中,他到深圳12次,足迹几乎遍布深圳的每寸土地。② 他关注着发生在深圳特区的每一个变化,不失时机、事无巨细地关心、支持深圳特区的每一个创举,可以说,深圳特区创建初期的种种探索之所以能够进行,是与谷牧同志等党和国家领导人所开辟的"绿色通道"分不开的。谷牧对深圳特区怀有深厚感情,自称是"深圳人民

---

① 参见温文锋:《深圳市老领导方苞邹尔康追忆谷牧》,《晶报》2009年11月8日。
② 参见深圳市史志办公室编:《深圳改革开放纪事1978—2009》,海天出版社2009年版,第96页。

的老朋友"。

林祖基当年曾任职市委秘书长,他常在谷牧来深圳时根据指定的提纲准备特区建设情况的相关材料。"那10年中,他经常来深圳,来的目的就是搞调查研究,看特区建设中存在哪些问题和困难。"林祖基说,谷牧了解的主要是特区发展过程中需要中央解决的重大问题,从政策层面给予支持。

特区一路走来,经历了重重困难和压力。1981年,由于走私现象的出现,反对改革的声音越来越大,甚至出现了"深圳除了国旗是红的,别的什么都没有了"的话,而谷牧领导的特区办则在次年成立了,并发出了一份专讲特区工作的文件,后来被称做"新50号文件",这个文件进一步明确了特区的性质和功能作用,深圳人当时还为此放鞭炮庆贺。

第二节　特区的第一个"孙悟空"吴南生

吴南生是广东经济特区的主要拓荒者。在深圳特区还没有正式成立之前,时任广东省委书记的吴南生被广东省委第一书记习仲勋"点将",习仲勋看中吴南生出生于本土,对汕头、深圳沿海地区的基本情况熟悉,就对他说:"南生,你就去当特区的第一个孙悟空吧!"同年8月26日,深圳经济特区宣布成立,吴南生成为深圳经济特区首任市委书记。1980年6月至1981年3月,吴南生任深圳市长。1981年后虽然调离深圳,但仍然是广东省委分管特区工作的第一责任人,直到1985年9月转任广东省政协主席,才不再分管特区工作。

"他是一个儒官。"这是外界对吴南生极为一致的评价,他的思想也极为开放。吴南生主动向省委请缨办特区,发出"要杀头就杀我"的豪言;在中央和广东省的大力支持下,大胆突破死水一潭的旧的计划经济模式,在深圳特区闯出一条以"引进外资、实行市场经济为主"的新的发展道路。

一、我去办，要杀头就杀我①

在广东，最早提出"先走一步"并率先实践、经营经济特区的，是时任广东省省委书记的吴南生。党的十一届三中全会后，1979年初，省委分工吴南生到汕头地区传达三中全会精神。汕头曾经是一个经济繁荣的海港城市。新中国成立之初，汕头与香港的差距还不大，可是，30年过去了，香港成了亚洲"四小龙"之一，而汕头却是满目苍凉，穷得叮当响，在吴南生眼里，甚至比不上儿时的生活水平。为此他感到十分心痛。此前多次见到同是广东人的当时国家主要领导之一的叶剑英元帅时，叶帅总是焦虑地对他说："南生啊，我们的家乡实在是太穷啊，你们有什么办法没有？快想想办法，把经济搞上去啊！"②回想到这情景，吴南生更感到焦虑。此次回汕头，吴南生前后待了两个多月。吴南生海外关系较多，他通过对我国香港、新加坡、我国台湾等地发展情况的了解，对海外、港澳朋友的访谈，对如何突破计划经济的条条框框，引进市场经济，大胆进行改革开放有了初步的设想。

1979年2月21日晚9时，正在感冒发烧的吴南生，按捺不住激动的心情，给主政广东省委的习仲勋、杨尚昆及省委发出了1300多字的电报，汇报汕头当地的情况、存在的问题，并提出了打破条条框框，下放一些权力，在汕头划出一块地方，彻底开放，利用外资发展经济、扩大对外贸易等建议。

2月28日，吴南生回到广州家里。当天晚上，广东省委第一书记习仲勋来到吴南生家里，两人交谈了很久。习仲勋对吴南生的意见表示大力支持。3月3日，广东省委召开常委会，吴南生说道："建议广东'先走一步'，在汕头划出一块地方来搞试点，用各种优惠的条件吸引外资来办企业，把国外先进的东西吸引到这块地方来。"他还发出了掷地有声的誓言："假如省委同意，我愿意到汕头搞试

---

① 参见深圳市政协文史和学习委员会编：《回眸：1979，中国特区——原广东省委书记兼深圳特区第一任书记、市长吴南生访谈录》，《深圳，一个城市的奇迹》，中国文史出版社2008年版。

② 中共广东省委党史研究室：《广东改革开放决策者访谈录》，广东人民出版社2008年版，第213页。

验,要杀头就杀我!"

习仲勋对吴南生的意见表示大力支持:要搞,全省都搞。当年 4 月 8 日,习仲勋借在中央工作会议发言机会,正式向中央提出了广东的想法与请求。他代表省委强烈要求中央给予广东改革开放的特殊政策,请中央授权或放权,让广东先走一步,放手干,在邻近港澳和沿海地区划出一些区域专门对外合作交流和吸收外资,利用毗邻港澳、华侨众多、国际交流频繁便捷的优势,在"四化"中带个头,加快发展。

在向中央政治局常委汇报时,习仲勋陈述了广东独特的发展优势,大胆地提出自己的意见:"现在中央的权力过于集中,地方上感到事情很难办。没有权,办事很难。"

当时主持会议的华国锋问:"仲勋同志,你们广东究竟想要什么权?"会场气氛显得有点紧张。

习仲勋说:"我代表省委,请求中央允许在毗邻港澳边界的深圳、珠海与重要的侨乡汕头市各划出一块地方,搞贸易合作区。"接着他说出一句发聋振聩的话:"如果广东是一个独立的国家,可能几年就搞上去了,但是在现在的体制下,就不容易上去。"①这种针对束缚生产力发展僵化体制的大胆"出格言辞",别人都不会说、不敢说或者不能说,作为广东当家人的习仲勋如此说,显示广东在建设特区上面的决心和信心。

1979 年 4 月 14 日,习仲勋和广东省委第二书记、广州市市长杨尚昆又为建设特区之事,利用著名澳门企业家马万祺率澳门工商界贸易团前往广州出席广交会之机,向他征询意见:"想在邻近香港澳门的地方,划出一块土地设立一个经济出口货物特区。马先生,你看是否可以呢?"

"这是一个好主意。"马万祺爽快作答:"我十分赞成。"②马万祺的态度基本代表了港澳方面的立场,也就更坚定了广东办特区的决心。

---

① 吕雷、赵洪:《国运——南方记事》,人民文学出版社 2008 年版,第 87 页。
② 《深圳特区设立往事:廖承志习仲勋曾问计马万祺》,《北京晚报》2008 年 10 月 9 日。

二、为经济特区创立铺路

1979 年 12 月 16 日吴南生代表广东省委在向党中央和国务院汇报的《关于广东建立经济特区的几个问题》中,第一次使用了"经济特区"之名,而且在"谈谈特区规划的一些情况"里,用几百字阐发使用这一称谓的必要:"中央批转广东省委的报告是说要办'出口特区',我们同各方面的同志和朋友交换了意见,都觉得改称为'经济特区'较好。特区固然要以办工厂为主,但也要搞楼宇住宅和其他经济事业。比如在深圳特区,拟规划工业区、科学技术研究区、住宅区,以及商业、行政和文化区……"

吴南生还在推动全国人大出台《广东省经济特区条例》(以下简称《特区条例》)上起着不可或缺的重要作用。1980 年 4 月 14 日,吴南生向省人大常委会汇报设置特区和制定特区条例的问题时,提出"办特区是件大事,特区条例的立法程序要尽可能完善些,所以在作这次修改时,改为报全国人大常委会批准"。但在广东将《特区条例》送到全国人大时,有些人不同意,说从来没有一个地方的条例拿到全国人大讨论。但吴南生坚持,"特区是中国的特区,不是广东的特区,如果条例没有在全国人大通过,谁都不敢办特区"。尔后,在时任全国人大常委会委员长叶剑英主持下,当时在国家进出口委员会任职的江泽民代表国务院在会上作了有关建立特区和制定《特区条例》的说明,随后条例获得通过,深圳特区得以正式出炉。事后吴南生在回忆这段历史时说:"那时,我们已深深地认识到,我们是社会主义国家,要搞特区没有先例。如果条例没有在全国人大常委会通过,正式授权,是无法创办的。"他说:"没有法律可依,不但投资者不敢来,对我们这些'冒险家'来说,什么工作都寸步难行,甚至杀了头还找不到可以平反的根据。"

在 1980 年至 1981 年,吴南生还顶住压力,排除干扰,在深圳特区试行以"引进外资、实行市场经济为主"的发展方针,突破死水一潭的旧的计划经济模式,硬是闯出一条新的发展经济的路子来。在此期间,吴南生力排众议,决定首先开发罗湖,使罗湖成为深圳著名的中心商业区。

第三节　袁庚的蛇口试验

　　袁庚创建了蛇口工业区,做了深圳最早的"红顶商人",也成为深圳最早的拓荒牛。

　　随着 1979 年 2 月的一声"炮响",仅仅 2.14 平方公里的蛇口工业区成为中国改革开放的标志性地域。袁庚在这个"特区前的特区"里推行了一系列创新试验:实行新的用人制度、新的工资政策、新的管理方式、新的住房制度……他要"先行一步",为中国的改革开放闯出一条新路。袁庚还进行了民主政治试验,包括在 1980 年提出"公开招聘"干部,开了新中国人事制度改革史上的先河;之后又在蛇口开展了一场引起国内外关注的群众投票直选干部的民主试验。

　　袁庚在主政蛇口 14 年的时间内,经济建设成就显著,包括将一个资产 1 亿家底的招商局发展壮大到了身家 200 亿,还创建了中国第一家股份制中外合资企业——南山开发股份有限公司、中国第一家由企业创办的保险机构——蛇口平安保险公司、中国第一家股份制银行——招商银行。

　　不过,如今提起蛇口、提起袁庚,人们记忆最深刻的还有思想解放、观念创新方面的成就和贡献。

一、喊出口号"时间就是金钱,效率就是生命"

　　最早提出"时间就是金钱"的是富兰克林的《致青年商人》一书,后来恩格斯在《暴力在历史中的作用》一文中也说过。可真正让这话成为响亮的口号,还要追溯到袁庚在深圳蛇口思想解放的试验。

　　让这话成为口号,最早源于袁庚在香港招商局任常务副董事长的时候所做的第一单生意。深圳经济特区建设早期,作为蛇口工业区领导人的袁庚在香港代表招商局要买下一位香港老板一栋价值几千万的楼房,而且和对方约好了在周五下午 2 点钟签约。当天,香港老板的车开到律师楼底下,发动机不关,上来马上签,签完以后拿上支票,陪同老板的人拿上支票就走了。剩下老板和袁庚坐下来聊一聊。袁庚事后得知,他们是要在星期五3点之前把支票存进银行。星期六、星期天是假期,星期五3点的时候你放到银行去,当时的浮动利率大概是14%。2000万块钱的话,就多出几万块钱。香港老板不能把几万块钱就这么丢了。后来袁庚觉得这个事情是在香港上的第一课,给他一种"时间就是金钱"的教育。受到港人周末抢时存款的启发,回到蛇口便提出了"时间就是金钱,效率就是生命"这一口号。

在1984年这句口号就烙在了蛇口,到1985年时已传遍中国。有人说,中国走向市场经济是从这句口号开始的。然而,这句口号却一度成了"姓社姓资"争论的火力集中点。袁庚说:"写这标语时,我是准备'戴帽子'的。"①在计划经济思想还牢牢占据人们的头脑时,袁庚借用资本主义社会的观念,引入社会主义建设,无疑是要胆识和勇气的。这句口号在中国争论时间之长、影响之大,史上罕见。1984年1月,争论最终在邓小平视察南方时结束了。袁庚把那块写有"时间就是金钱,效率就是生命"的大牌子指给邓小平看,邓小平只说了一个字:对。这就肯定了这个口号。

1984年2月24日,邓小平在与中央领导谈话时,也曾说过:"深圳的建设速度相当快……深圳的蛇口工业区更快,原因是给了他们一点权力,500万美元以下的开支可以自己做主,他们的口号是'时间就是金钱,效率就是生命'。"1984年国庆,这个口号出现在北京游行的彩车上,从此闻名海内外。② 后来,这句口号被收藏入中国人民革命博物馆,成为一个时代的文化坐标。

"时间就是金钱,效率就是生命"的口号从蛇口到整个特区,进而风行全中国,不仅引发和震动了人们的时间观念、效率观念,更多的是确立了一种商业行为观念。此后这种观念冲击了更多的地区、企业,中国很多地区、很多企业的车

---

① 深圳市史志办编:《深圳改革开放纪事1978—2009》,海天出版社2009年版,第110页。

② 参见深圳市史志办公室编:《深圳改革开放纪事1978—2009》,海天出版社2009年版,第110页。

间和办公室常常可以看到这句口号。深圳创业者们则对"时间就是金钱、效率就是生命"的口号有着更为深刻的理解,并且渗透在深圳经济特区建设的全过程之中。

二、"蛇口风波"的价值观碰撞

"蛇口风波"具有其价值观背景,它标志着深圳创业者接轨国际价值体系的发端。

1988 年三个社会专家到深圳召开蛇口座谈会,批评人们的淘金心态,劝告大家讲贡献,讲无私。可当时蛇口的年轻人并没盲目听从,反而举事实讲道理,说淘金者好,淘金者建设了深圳。由此引起当年的一场激烈争论,成为陈腐说教与现代意识的一次激烈交锋,后来被称为"蛇口风波"。

1988 年 1 月 13 日,深圳蛇口举行了一场"青年教育专家与蛇口青年座谈会",70 位蛇口青年与 3 位著名青年工作者——北京师范学院德育教授李燕杰、某部调研员曲啸、中央歌舞团前舞蹈演员彭清一参会。然而,这场座谈会不自觉地发生了激烈的对话、辩论,出现了出乎人们预料的新情况。①

争论的焦点之一是关于"淘金者"的认识。曲啸在会上说,内地青年有很多人向往特区,想到这里来。但是这些想来的人中间有两种人:有创业者,也有淘金者。他对所谓淘金者颇多批评。然而,蛇口青年代表却对"淘金者"认识表示异议。由此引起一场激辩,并且最后使座谈会有点不欢而散的感觉。

座谈会结束的第二天,青年教育工作者的随行人员写了一份题为《"蛇口座谈会"始末》的报告,报告中还点了发言者的名字,火急从深圳密送中央领导。这份报告给整个座谈会下了从头至尾充满"明显的错误言论"、已经走上"邪路"的定语。

袁庚得到消息后,首先对点名上报的做法作出了评价:不能只允许一家之言,这种作风连我这个老头都不能容忍。你们既然是来这里座谈的,你讲你的,你有你的观点,也允许有不同的观点存在。座谈大家都可以说,这个很正常,蛇

---

① 参见深圳市史志办公室编:《深圳改革开放纪事 1978—2009》,海天出版社 2009 年版,第 103 页。

口人就是这个样的。当时袁庚就这个问题表态："我不同意你的意见,但是我誓死捍卫你发表不同意见的权利。"对曲啸把蛇口青年当做反面材料批判,并动辄向中央"写黑材料告状"的做法,蛇口人并未示弱。12天后,《蛇口通讯报》以《蛇口:陈腐说教与现代意识的一次激烈交锋》一文愤然反击。这篇通讯以尖锐的态势把"蛇口风波"提到了中国人民面前。

随后,蛇口招商大厦9层一个普通会议室这场即兴的对话如一声思想惊雷震撼了神州大地,引起中国的震动和世界的关注。《人民日报》意识到这场"风波"有着重大的深入探讨价值,迅即派人采访各当事人,并以罕见的篇幅和力度推出记者调查《"蛇口风波"答问录》及39封读者来信。很快,美国的读者们从《纽约时报》、《华盛顿邮报》、《美国新闻与世界报道》、《新闻周刊》上读到了曲啸与蛇口青年就"淘金者"的辩论,读到了彭清一问发言的青年叫什么名字,读到了争论双方对特区发展的不同看法……《新闻周刊》还刊登了该刊敏锐的女记者艾鼎德从"淘金者"的争论分析中国今后走向的文章。

"蛇口风波",看起来事情并不大,却蕴涵着深沉而凝重的历史意义。个别史家甚至把它赞誉为"第二次关于真理问题的大讨论"、"蛇口五四运动"。深圳前体改办官员徐景安认为,这是一场价值观的较量。他在《"蛇口风波"的启示》一文的评价说,像"淘金者"与"建设者"的问题,如果没有商品经济的意识,确实很难使两者统一起来。古今中外的物质文明差不多都是由"淘金者"建设起来的。今天看来,"蛇口风波"反映的是两种价值观念冲突的开端,也是商品经济观念在深圳的萌芽。随着改革的深化,商品经济的发展,这种风波所传递的观念逐渐为中国人民所接受。到如今,人们再看这种风波,实在不以为然,说明商品经济已经深入人心了。

第四节　风口浪尖的创业者梁湘

梁湘是深圳特区早期建设的重要人物之一,尽管正是因为常有大手笔策划和基建而使他成为争议人物。

"在深圳真正打开局面的,是梁湘。"原广东省领导刘田夫对媒体坦陈。① 梁湘这个大刀阔斧在荒芜的土地上竖起了近千幢大楼的人,一生都在"革命"。

1981年3月,已经62岁的梁湘,调任深圳市委第一书记和市长,投身到没有硝烟的"第二次革命"中。梁湘曾说他是抱着破釜沉舟、背水一战的决心来到深圳的。

一、建筑工程公开招标

早期的深圳特区的每一步都是艰难的、都需要冲破旧体制的困扰。建筑工程公开招标,是梁湘不怕招致争议,打破旧制度的一个典型例子。1981年夏天,广东省建工部门把深圳"国际商业大厦"的施工任务分配给了省内一家建筑公司,该公司漫天要价。梁湘听说后大为恼火,拍板要借鉴香港经验面向市场公开招标基建工程,而这等于把省里上级部门手中的权给剥夺了。

据有关人员回忆,当时广东省建工部门火速来深圳斥责这是"主权问题",梁湘回应道:"竞争促改革,不管省内还是省外,谁能干就该谁来干。什么叫国家主权,大家都清楚,请别拿大帽子吓人!"

该项工程公开招标最终就这样在"主权问题"的压力下展开了,竞标的结果换来了"深圳速度"。"中国第一高楼"国际贸易中心大厦的施工层层承包,三天建一层楼,成为"深圳速度"的典范。而建筑工程公开招标也从此开始在中国得以推行,成为一项重要改革举措。

二、贷款搞基建

在那个仍处在计划经济的年代,国家规定"买酱油的钱不能用来买醋"。而梁湘"斗胆"拍板,要把"死钱用活",自己担保,向银行贷款,把当时只能用来办工业的贷款搞了基建。他的这种被认为"透支"的方式遭到内部通报批评。然而挨了批的梁湘没停住脚步,他跟相关人员说:"你们大胆办下去,如果错了,要

---

① 参见梁湘:《开创特区最初局面》,《深圳特区报》2010年4月4日。

追究责任,由我来负责!"

1985 年 1 月起,全中国推行梁湘的做法——中国各地的基建投资由原来的国家拨款改为向建设银行贷款。

"卖裤子也要把深大建起来。"深圳大学的老同志记得梁湘说的这句话。在梁湘的倡议下,特区计划兴建大剧院、博物馆、图书馆、科学馆、体育中心等"文化八景"。梁湘主政深圳时,几年来拿出了占地方财政开支 1/3 的资金,办文教卫、科学和体育事业。办起了《深圳特区报》、《深圳青年报》等 8 家报纸杂志。创办了深圳大学、教育学院、电视大学以及各类中专和一批中小学。"勒紧裤带也要把文化科学建设起来",这是当年梁湘立下的军令状。

就这样,深圳宝安国际机场、盐田深水港口等基础设施建设,开拓高科技产业,都是在梁湘时代打下基础的。

三、迈出向市场经济转轨的步伐

在深圳特区早期改革方向不明时,梁湘以实际行动推动深圳建立市场经济的框架,明确了特区的发展方向。深圳在没有任何经验可循的情况下,"摸着石头过河",迈出了由计划经济向市场经济转轨的步伐——取消购物票证、粮票,推行劳动合同制,对劳动合同制工人实行社会劳动保险,拍卖国有土地使用权,成立中国第一家外汇调剂中心,实行统一的所得税税率。

中央对特区"只给政策不给钱",梁湘推出"国有土地有偿使用"政策,港商投资的竹园宾馆、翠竹苑住宅楼宇在香港销售一空。开发罗湖小区、八卦岭工业区等,引进外资 80 亿港元。

梁湘所推行的经济改革促进了深圳的发展,也引发了一些争议,出现了"变天论"。曾经有外省一高官考察深圳后痛哭流涕:"深圳已变为香港,成了资本主义世界。"也有人甚至说:"姓梁的把国土主权卖给了外国人。"

1981 年 11 月前后,梁湘到深圳任职不到一年时间,中央纪律检查委员会很快派来了调查组;有关深圳的"告状信"也交到了调查组手中。此后不久,北京有人在知名报刊上发表文章《旧中国租界的由来》,含沙射影地批评深圳、批评梁湘。

直至 1984 年 1 月 29 日，邓小平在视察了深圳之后，为深圳特区题词："深圳的发展和经验证明，我们建立经济特区的政策是正确的。"梁湘才渡过险滩，并且再次成为万众瞩目的焦点。当年《人民日报》称"深圳城市建设是现代化建筑史上的奇迹"，对梁湘给予了高度的赞扬。

第五节　李灏的改革创新

一、有了改革权限，当市长才有点意思

有了改革权限，当市长才有点意思，这样的话来自前深圳市长李灏之口，也说明这注定是位一定要干事创业的市长。1985 年，国务院决定派李灏去深圳工作。据李灏回忆，一天中央领导找他谈话，交代他要把工作做好，用两年左右时间帮助梁湘把深圳的工作调整好。他提出要明确一个问题："深圳还是不是改革开放的试验田？"中央领导说："当然是啊。"这时，他想起了一件事，1984 年深圳推出工资改革方案，改革了劳动分配制度，可是广东省认为标准太高了，要求停止执行，这说明改革也是可以否定的。他就问："改革是个系统工程，不能这可以改那不可以改，可不可以突破现行一些不合时宜的做法？"中央领导点头同意。李灏回忆说，有了这个权，我觉得来深圳就有点意思啦，否则一点意思没有。

二、推动四项重要经济改革创新

第一项创新是成立外汇调剂中心。这是一项大的突破。根据当时外汇管理条例，结算实行双轨制。有一个礼拜天，深圳市纪委和市检察院的同志到李灏家里，要李灏批准对深圳特区发展公司总经理孙凯风、副总经理张西甫立案审查。特区发展公司当时是深圳最大的公司，出口一批商品，赚了一笔外汇，按规定应去银行将这批外汇换成人民币，他们却私下将这笔外汇卖给另外的企业了。李灏跟他们解释说，这件事是合理不合法，外汇只在企业内部调整，老总个人没有从中牟利，因此不能抓，很快就会建立一个新制度，它就合法了。

1985 年,深圳市就成立深圳经济特区外汇调剂中心,委托深圳市人民银行具体操作。这是中国第一家外汇调剂中心。深圳市规定只要是深圳的企业,搞出口创汇,就可以到外汇调剂中心去参加调剂,用汇单位也必须是深圳企业,要严格审查,买卖双方可以到外汇调剂中心参加调剂,价格随行就市,双方协商决定,不搞统一价格。当时深圳市人民银行行长罗显荣背着"违法"的思想压力,李灏就对罗显荣说,出了事由市政府负责。深圳的这项改革后来得到了中央的首肯,1987 年国家外汇管理局正式下文确认合法。后来,中国四十多个城市都这样做了,一直到 1995 年中国外汇结算并轨。

第二项措施是成立投资管理公司。李灏当市长后,提出成立深圳市投资管理公司,把所有市属国有企业统统归它管理,一个投资管理公司管一百多家国有企业。对这一改革,财政局就首先反对,说把财政权夺了,省里也不赞同。经过一年多的努力,1987 年 7 月,中国第一家国有资产管理机构——深圳市投资管理公司才正式挂牌成立。又花了一年多时间,到 1989 年,深圳完成了全市国有企业清产核资,第一次查清家底,从建特区到 1989 年,深圳国有资产净资产达到32 亿元。深圳投资管理公司演变到现在,发展成为国有资产管理大系统,并直接推动各地乃至中国国有资产管理体系的建立。

第三项措施是成立监察局。这也是中国首例。为什么成立监察局?目的就是把队伍管好。这中间有个小插曲,李灏刚到深圳不久,第一次接待新加坡前总理李光耀,他问:你们这里有没有贪污?李灏回答说,深圳也是整个社会的一部分,怎么可能完全没有?再完善的社会也有,不过深圳不厉害就是。李光耀又问,你们怎么对付?李灏说,我们准备参考你们的做法,成立监察局,新加坡有反贪局,香港有廉政公署,但深圳不一样,不能照搬。深圳监察局有三个方面的职能:第一是监督执行党的路线、方针和政策的水平,这是政治性的;第二监督党风和政风,监督党和政府与人民群众的关系,是不是实行民主集中制;第三,监督党政官员的操守,这才是监督重点。

监察局紧锣密鼓地筹备,过了几个月,开市委常委会,李灏就问,监察局筹备简报怎么不发了,近来无声无息了?怎么回事?当时大家鸦雀无声,都不说话。追问到最后,梁湘同志说,人家不赞同搞这个东西,说是胡闹嘛。李灏说:"谁说我是胡闹？得说出个道理来,我是认真地做改革实验,怎么是胡闹!"就这样停顿了一阵子,一直到 1987 年 5 月,深圳市监察局正式成立,当年中央监察部门主要负责人何勇同志还发来贺电。① 当时对监察局的干部要求很严,李灏主张同级别的干部加一级工资,反对声音很大,后来加了半级。

第四项举措是成立规划委员会。那时深圳还没有国土局。李灏认为必须将规划作为城市发展的龙头,一个城市的市长必须把城市规划权抓在手里,因为随着城市经济总量渐渐大起来,必须对城市的土地利用、发展布局作出更详细的规划,否则就乱套啦。李灏当市长不愿兼职,但规划委员会主任他是当仁不让,市长是当然的规划委员会主任,主要部门负责人都是规划委员会的委员,还聘请了国内外有名的专家。这个机构成立得最顺利,第二年 1 月,也就是 1986 年 1 月,市规划委员会就成立了,聘请国家建设部副部长周干峙做首席顾问,另外还有来自英国皇家规划学会、日本东京大学、澳大利亚堪培拉规划局在内的 30 位中外规划设计权威人士担任规划委员会顾问,规定每年都要召开一次大型的规划委员会工作会议,审议和批准涉及土地开发、城市规划的重大事项。

李灏记得很清楚,那时深圳正在搞旧城改造,规划委员会开会时,英国专家提出意见,说旧城改造把什么都拆掉,就等于一个人失掉记忆一样,他反对把旧城什么都拆掉。市政府就采纳了他的建议,停止不必要的拆迁。李灏又提出,规划不能光在特区内搞,还要包括宝安县。李灏后来回顾说,现在大家都认为深圳的城市规划是不错的,其实当时的认识不够,如果经验多一点,精力多一点,也许城中村、乱占乱搭建就不会那么多。

李灏的这几项改革,有的很顺利,有的从决定到成立,经历了两年时间,其中的艰难可想而知。在改革推进过程中,化解了矛盾风险,站稳了脚步,管好了队伍,管好了资产,就为下一步经济发展铺平了道路。

---

① 参见深圳市史志办公室编:《深圳改革开放纪事 1978—2009》,海天出版社 2009 年版,第 118 页。

第六节　厉有为的思想锋芒

2003 年 9 月,在纪念改革开放 25 周年之际,中国社会科学院等单位以"25年、25 人"为主题在上海评选"新时代中国改革之星",前深圳市委书记、市长厉有为赫然位列其中,被称赞为具有超前理念和创新精神的改革风云人物。

从 1990 年到 1998 年,厉有为历任深圳市市人大常委会主任、市长和市委书记。在这 8 年里,作为深圳市的主要领导,厉有为在推动深圳经济社会快速发展方面政绩很多,然而最值得称道的却是他所参与的两场事关深圳特区发展、事关中国改革开放方针的两场引起全国轰动的大论战,以及在论战中他所展示的思想锋芒。这两场论战一场是 1994 年学者提出的特区不能再"特"论,另一场是1997 年对厉有为一篇所有制问题论文的批判。

一、争论特区之特

1994 年仍然处于早期发展阶段的深圳特区遭遇到一场论战,一场关系其发展前途的论战。当年 3 月,有北京学者在一个报告中提出,特区不能再"特"了,不能再无限制地享受优惠政策,认为这样不利于缩小地区差异。他的观点和报告以新华社内参形式上呈中央。6 月,该学者在中央党校讲授"中国地区差别问题"时,更第一次将其特区不能再"特"的观点公开,认为凡市场经济就该全中国一个政策,这才叫公平竞争。这种说法正好迎合了部分地区一些领导人的情绪,尤其是在当时一些欠发达地区的领导人那里引起了共鸣,可能对特区发展造成影响,当时广东的省长朱森林借开会之机向当时中共中央总书记江泽民询问了此事。

1995 年 8 月,时任深圳市委书记的厉有为发表长篇访谈,系统盘点深圳特区建立以来对国家的贡献,算是对特区之"特"观点的正面回应。随后《深圳特区报》连续发表了《办特区是搞特权吗》等 3 篇文章,其中两篇是厉有为修改定稿的,一篇是他直接起草的。于是关于特区之特的争论全面打响,直至当年秋天才停止下来。

按照厉有为事后的分析,这场论争,把当时一些地区和一些人对特区的一些不同意见,摊到了桌面上说,公开讨论,对改革开放发展是有利的,经过辩论,特区在改革开放道路上的方向更明确了,人们在改革开放发展、建设特区上的思想更明确,贯彻邓小平路线的决心也更坚定。

二、所有制改革的论战

1997 年爆发了有关深圳发展的第二场论战。这场论战的起因是当年初厉有为在中央党校学习时提交了一篇《关于所有制若干问题的思考》的毕业论文,该文遭到号称"首都理论界人士"的"围剿"。这表面上看是对厉有为本人的批判,如一本著作称,"这是自'文革'结束以来对一个领导干部的最严厉的政治批判",实质上是对深圳特区的批判,对改革开放有关方针政策的批判。事后厉有为曾回忆说,当时国家的改革和国有企业的改革,总是跨不过生产资料占有的问题。他认为是时候必须在这个问题上动刀子了,回避不了了,究竟要走什么路。因而他写了这篇文章,试图从深圳改革开放的经验出发,提出和探讨这个问题,并希望上升到理论。可这样做是出乎意料地踩了当时所有制的雷区,碰了"公"与"私"的高压线,顿时掀起了激烈争论。

最早出现的一份匿名批判厉有为的"白皮书",说厉有为这篇文章是"精心准备抛出的一份企图彻底改变我国社会主义改革方向的政治宣言和经济纲领",并指名道姓地直斥厉有为是"反马克思主义的修正主义浊流"。随后,来自中国各地的批判接踵而至。更有党的领导机关干部认为他的文章是"干扰"、是"杂音"。1997 年 2 月 10 日,北京某学会出的《通讯》刊登了《厉有为意欲何为?——首都理论界人士批评厉有为同志所谓的"一些新认识"》。《通讯》说,厉有为的文章"包含有严重的理论错误和极有害的政治主张","文中提出的问题关系重大,事关改革开放的正确方向要不要坚持,事关我们党和有中国特色的社会主义事业的前途和命运。加之这些话出自他这样的领导干部之口,并在筹备党的十五大期间散布,因而具有非同寻常的意义,决不能等闲视之"。全文在对厉有为进行了严厉批判后提出,与会的专家学者建议并要求:像厉有为这样思想和政治素质的共产党员,不够共产党员的条件,更不适宜作为中央候补委员进入党的中央委员会,也不适宜担任任何一级党政组织的重要领导职务。这话暗含意思是要对厉有为撤销一切职务并被开除出党。

多年后,厉有为回忆起当时的一幕,"骂得很厉害","压力很大,感觉到改革很难"。"说我是'反马克思主义的修正主义浊流'。当时我就蒙了"。厉有为回忆说。事件将厉有为推到了政治生命的悬崖边。

据有关人士分析,这场论战批评一方是意有所指、有备而来的。一是以厉有为作为大批判的对象和突破口,是经过缜密的策略上的考虑的。二是厉有为所提出的看法,在当时的改革理论中具有很强的代表性。批判厉有为,可以对很多人施加压力,封住很多人的口。三是党的十五大即将在当年召开,批判者们力图通过这些舆论,给中央施加压力,并企图进一步影响十五大的决策,使私营经济政策发生倒退。

争论引起最高领导人的注意。1997 年 4 月,江泽民在中南海找厉有为谈话,讨论他的这篇文章。据厉有为介绍,江泽民与他谈了四十多分钟,临别时对他说:"你回去安心做你的书记。"而胡锦涛在一次会议上提到厉有为的文章时表示,在党校内要发扬理论的探讨精神,不要乱扣帽子。①

1997 年 9 月 11 日,就在中共十五大召开的前一天,国务院发展中心办的《中国经济时报》发表了对厉有为的专访。专访文章刊登在"十五大代表访谈系列"的专栏里,说明厉有为不仅还是深圳市委书记,而且已经成为中共十五大代表。这是厉有为第一次公开回答对他的批判。厉有为列举了深圳发展的巨大成就反驳了对他的批判,坚持认为自己没有错。

---

① 参见马立诚:《厉有为蒙难记:所有制改革的插曲》,《交锋三十年——改革开放四次大争论亲历记》,江苏人民出版社 2008 年版。

第十七章

面向世界的现代企业家

> "创新应当是企业家的主要特征,企业家不是投机商,也不是只知道赚钱、存钱的守财奴,而应该是一个大胆创新敢于冒险,善于开拓的创造型人才。"
>
> ——约瑟夫·熊彼特

第一节　深商风云人物

一、马志民:中国微缩景观之父

对于许多来到深圳的游客来说,有一个地方是一定要去的,那就是华侨城,一个环境优美、独具特色的现代化海滨旅游区。这里汇集了欢乐谷、锦绣中华、民俗文化村、世界之窗等闻名于世的主题公园。如今的华侨城其价值已然不仅是旅游,而且已经是深圳的生态居住区。而奠定这一地区发展基础的就是马志民及其所执掌的香港中旅集团。马志民享有"中国主题公园之父"的美誉,是深圳早期不可多得的现代企业家之一。

原深圳市委书记、市长李灏曾回忆说:"他在组创华侨城以及之后的工作中所表现出的创新精神,符合我们深圳的特区精神,深圳不会忘记马志民。"原深圳市政协主席周溪舞也说:"我认为,经他一手开创的华侨城是深圳最好的企业。"马志民创办的华侨城景区经得起历史考验。现任深圳华侨城集团总裁任克雷评价说,马志民对华侨城事业的发展起到了开创和奠基的作用。①

马志民出身岭南,籍贯广东台山,是深圳早期从"干部"转型为企业家的拓荒者之一。1985 年秋,国务院批准由香港中旅集团投资开发占地 5 平方公里的深圳华侨城。马志民以香港中旅集团常务副董事长兼总经理的身份出任华侨城建设指挥部主任,领导华侨城的建设和发展。

面对深圳湾畔的荒芜海滩,该建设怎样的一个华侨城? 马志民从荷兰"小人国"的考察中受到启发:如果能让中华五千年文明和其丰富的旅游资源浓缩一园,让中外游客在短时间内领略中华民族的博大精深,定然会有很大的吸引力。1986 年锦绣中华开始策划和建设,没有人才,没有经验,更难的是不为人理解,有人说不符合侨城的开发方针,有人说不建高楼大厦却栽花种草,也有人说拿出 1 亿的资金修建旅游景点,深圳湾那么荒凉,在那里搞旅游,无异于将钱扔到深圳湾里。②

面对困难和非议,马志民以当年深圳所特有的"敢闯"精神,态度坚定,行动迅速,在两年内建成"锦绣中华"主题公园。锦绣中华以"一步迈进历史,一日游遍中国"的神话一炮打响,开创了华侨城主题公园的先河。它开业后轰动海内外,1 个亿的投资当年就全部收回,这也促使华侨城建设者找到了一条发展旅游产业的全新道路和华侨城的总体发展方向。

马志民以锦绣中华收入接着滚动开发了"中国民俗文化村"主题公园,该园于 1991 年 10 月开业,再掀热潮,1 年半后又收回了 11 亿元的投资。接着以 58亿元兴建"世界之窗",1994 年 6 月开业,又创辉煌,投资在 3 年内全部收回。1998 年 10 月 1 日,深圳欢乐谷建成开业。华侨城的四大景区全部成功,曾经一度年接待的游客人数和旅游收入占深圳市旅游业的 60% 以上,居中国第一。③

---

① 参见《深圳惜别马志民,全国政协、国务院侨办敬献花圈》,《南方都市报》2006 年 6月 12 日。
② 参见老亨:《深商的精神》,海天出版社 2007 年版,第 164—167 页。
③ 参见老亨:《深商的精神》,海天出版社 2007 年版,第 164—167 页。

马志民以"不要国家拿钱,自筹资金组织力量"的魄力,整合了当时最雄厚的资源,"锦绣中华"、"中华民俗文化村"、"世界之窗"、"深圳欢乐谷"相继建成开放,这四大主题公园开阔了中国人的视野,开辟了中国主题公园的先河,并成为迄今为止无人能够超越的里程碑。

马志民在华侨城开发上,有两点最能反映深圳企业家特色:一是敢于坚持旅游为主的方针;二是敢于坚持规划先行的原则。这两点正是后来人对马志民最敬服的,也奠定了华侨城的基本发展格局。

在将近二三十年前的中国,旅游被看成是一种奢侈的生活方式,政府对公民旅游实行"不鼓励,不提倡"的政策,当时华侨城的定位就是工业为主,连"旅游"两个字都不敢响亮地提出来。但是马志民坚持旅游为主的发展道路。

马志民还具有"规划就是财富"的理念,敢于坚持规划先行,这一点在其重金延聘孟大强一事上表现得最为突出。华侨城开发之初,马志民就以年薪 11 万美元,请来新加坡著名华人建筑师孟大强,担任常年规划顾问,主持制定侨城的总体规划。11 万美元,以 20 世纪 80 年代中期中国人的收入水平,这无疑是令人咋舌的高薪。而这 11 万美元的代价,只是孟大强每月来深圳两天。如今,即使当初对此事颇有微辞的人,也认为马志民礼聘孟大强是物有所值。

有了孟大强的参与和帮助,马志民就华侨城的规划建设中特别强调对自然生态的尊重和景区文化内涵的注入。华侨城成立的第一个公司,就是绿化园林公司。"锦绣中华"原址上有一个海上小岛,华侨城建设者就专门开会论证是否保留,一部分人的意见是要把拟建的千手观音放到小岛上去,但为了小岛本身的形态和岛上的红树,硬是把它原封不动地保留了下来。华侨城中学的选址处有一块天然成就的大石头,为了保留它,一定要设计单位更改设计。民俗村的锦绣阁,为了一棵天生的大榕树改变设计。荔枝园住宅区,为了保留一棵荔枝树改变设计。杜鹃山公园,保留原来天成的山体,而把原来的冲沟建成湖泊。

马志民在注重建筑设计与自然环境相协调的同时,始终坚持景区建设的高品质、高品位。在建设"锦绣中华"时,注意原建筑用什么材料,他们就用什么材料。原用汉白玉,他们就用汉白玉,原用真金箔,他们就用真金箔。建"长城"时,他们摒弃了用水泥做干墙面勾缝的简易做法,而是烧了 650 万块小砖将其建成,达到惟妙惟肖的效果。之所以这样做,就是为了保证每座景区的总体品质。

马志民自己说:"我搞了深圳的锦绣中华以后,现在主题公园遍地开花,总体上看,败多成少。我总结锦绣中华、中国民俗文化村和世界之窗的成功经验,无非是6个字:创意、个性、品质。"①

就这样,马志民带领华侨城在中国旅游产业的发展史上创下了多项奇迹:锦绣中华微缩景区是中国的第一座人造旅游景区,它的建成被誉为中国旅游产业发展史上的重要里程碑;由"锦绣中华"、"民俗文化村"、"世界之窗"和"欢乐谷"等共同组成的华侨城主题公园群被誉为中国主题公园的第一品牌,无论是接待人数,还是销售收入和企业利润,都连续多年位居中国主题公园之首。

二、王石:中国地产界的思想者

王石,中国最大的房地产上市公司万科集团的董事长,然而提起王石,人们对他最突出的印象却不是大地产商,而是他作为中国地产界思想者的角色。

作为特区第一代市场经济的弄潮儿,王石把和深圳千万个贸易公司一样开始的万科一步步发展成为中国地产业的一面旗帜。作为中国房地产龙头企业的万科,是中国地产的"黄埔军校";作为其领军人的王石,是中国地产界的思想者、一种偶像。

王石这个偶像代表的是理想、坚持、特立独行,更重要的是他带着他的企业让人们看到,在社会转型期,一个遵守商业规则的企业成长壮大的可能性。而对商业规则的尊重,正是构建成熟商业社会所必需的。

这个成功的企业家就像一个娱乐偶像一样,吸引着人们的注意力。这位几乎和深圳特区同时成长起来的企业家,在某种程度上还承担着这个城市的偶像功能。在2007年中央电视台举办的中国最具活力城市的颁奖典礼上,王石曾作为城市的代言人向观众推荐深圳。

王石显然是个理想主义者,1983年他带着理想主义来到深圳经济特区,就

---

① 《专家纵论举办西湖博览会——西湖博览会主题创意专家评审意见》(根据录音整理),
　　http://focus.zjol.com.cn/gb/node2/node88796/node89534/userobject15ai921263.html。

像肩负着历史使命的特区早期主政者,试图在这里打造自己梦想中的乌托邦一样。

其实,在他更早的军旅生涯和上大学期间,就体现出了理想主义色彩,他丝毫不想掩饰自己的才华。王石承认在部队时的磨砺对日后创业有帮助,但是他很快发现自己不适合当兵。"因为我比较喜欢出风头,喜欢有自己的独立见解,但军人是以服从命令为天职的。"所以在当了5年汽车兵之后,王石离开了部队,而他在当兵期间,竟然沉迷于黑白摄影。在此后以工农兵学员身份进入兰州铁道学院给排水专业的王石,却下工夫自学英语和政治经济学。在到深圳之前,王石本在广东省某机关任职,而且妻子女儿都在广州,但他选择了下海来到深圳。

如同巨大建设工地的深圳,到处是冒险者的乐园。那时香港大量需要玉米饲料,而香港本土并不产玉米,王石干起了倒卖玉米饲料的买卖。为什么是饲料而不是其他,这还是他自学的经济学派上了用场,他找到了需求的缺口。当时深圳有两个饲料厂,但是主要原料运输途径不畅,王石于是做起了饲料中介商。

但无论怀着怎样的理想主义,和其他所有在20世纪80年代来深圳淘金的人一样,最初也只能是碰运气,那个年代谁都不知道怎么做企业。王石的"第一桶金"是冒着破产的危险掘得的。香港一种鸡饲料发现致癌物质的报道让他倒赔了70万元,然而逆流飞扬的他却买下了更多的玉米,后来一个更正报道让他补回赔掉的钱,就这样不到一年的时间,赚了三百多万元。

初创时的万科,就在这一年里悄悄地聚集自己的原始积累。20年后万科在王石的带领下成为中国房地产的第一品牌。

1984年5月,王石用倒卖玉米赚的钱创建了深圳现代科教仪器展销中心,后来更名为万科。那时的万科和深圳成千上万的贸易公司并没有太多的区别,进口日本的家用电器、服装、手表等等。用王石的话来说,"除了黄、赌、毒、军火不做之外,其他万科都涉及了"。20世纪80年代,外贸是深圳最火的生意,王石这个理想主义者一度也做着打造"贸易王国"的梦。

万科、华侨城、平安,这些如今在中国响当当的深圳企业,也是在20世纪80年代开始杀出自己的血路,站在这些企业后面的是一代满怀激情、有着冒险精神的理想主义创业者,作为深圳第一代企业家的标杆,他们身体力行,在自己的企业创下一个又一个制高点的同时,也推动着深圳经济体制创新。

在中国企业界,王石最大的特点是一直坚持专业化的发展战略,从1992年起就已经坚定地专注地做一个行业。时至今日,王石很骄傲地说,只需要10秒钟就能说清楚万科是个什么公司,也正是这样,万科才逐渐发展成为中国房地产业响当当的品牌。

为了专注做房地产业,从1994年开始,一些曾经运作得很好的项目相继被调整出去,这也是业内人士所称的"做减法"。在王石的坚决主张下,被减掉的有日后在零售业占据一席之地的万佳百货,有知名的"怡宝"饮用水。在"做减法"的同时,地产却在深圳、上海、北京的多个城市成功运作。

在中国,房地产是个容易产生暴利并且腐败多发的行业,这是个公认的事实。近年来,房地产领域"官商勾结、钱权交易"案件被媒体频频曝光,而且涉及土地、规划、开发等房地产开发的各个环节。事实证明:有暴利的地方,就有人铤而走险,逐利的商人是很难经得起诱惑的。据了解,"官商钱权交易"案件多发生在"拿地"这个环节。但据媒体报道,万科一直遵循阳光拿地原则。因此,该公司虽然是国内最大的地产企业,但很多项目都处在"荒郊野外"。有一次,王石曾对前来采访的记者说:"万科能取得现在的成绩恰恰是坚持规范经营的结果。万科上市较早,应该说自股份制改造以来始终坚持规范化治理、规范化经营,不做违规的事,这是万科的底线。"

如果说理想主义和坚持让王石能够成功的话,坚持制度化生存,则将王石和很多其他的成功者区分开。王石一直坚持透明化运作,遵循制度规则,他多次总结说,房地产业发展初期或许有很多不规范交易,但万科能取得现在的成绩恰恰是坚持规范经营的结果。

万科作为中国房地产企业的老大,作为一家上市公司,它具有完善的法人治理结构及现代企业制度。而王石本人就是个知进退、有担当的职业经理人。他在工作之余还拍广告、去南极、攀登珠穆朗玛峰……一个过着如此潇洒生活的人,王石完全不像一个专权独断的企业领袖;在2008年万科年报出现净利润下降时,他本人则也自减年薪440万元,与公司共克时艰。

更令人想不到的是,1999年,王石自己主动把万科"卖"了,寻找到了有海外背景的"婆家"华润。被华润收购,意味着王石本人也有被炒掉的可能性,但是王石认为,万科要发展,必须建立现代企业制度,而华润能够在将来如何运作大企业及融资方面起到作用。当年参与收购的香港华润创业有限公司总经理黄铁鹰感慨说,公司在并购前曾请会计师事务所审计万科的账目,得到的答案是,"这是所建账目最清楚的中国公司"。

三、任正非:"华为教父"

2009 年末,著名财经杂志《福布斯》中文版首次推出由 12 个人组成的年度人物榜,华为技术有限公司总裁任正非位居最受国际尊敬的中国企业家榜首。[①]此前 2008 年美国商业周刊选出当年的 10 大最具影响力企业,生产电信设备的深圳华为集团上榜,与苹果公司和新闻集团一样表现抢眼。而在美国《时代》周刊评选出的 2005 年度"全球 100 名最具影响力的人物榜",在"建设者和巨子"的年度排行榜上,一向低调的华为总裁任正非榜上有名。《时代》周刊的评价说,当年 61 岁的任正非显示出惊人的企业家才能,他在 1987 年创办的华为公司已重复当年思科、爱立信卓著的全球化大公司的历程,如今这些电信巨头已把华为视为"最危险"的竞争对手。

实际上,就在 2010 年 3 月 31 日,华为正式公布了经过审计的 2009 年年报,显示 2009 年华为全球销售收入 1491 亿元人民币(约合 218 亿美元),同比增长 19%,营业利润率 14.1%;净利润 183 亿元人民币,净利润率 12.2%。按照收入规模计算,华为已经成功超越了诺基亚西门子(约合 1155.32 亿元人民币)和阿尔卡特朗讯(约合 1398.35 亿元人民币),成为仅次于爱立信(约合 1940.48 亿元人民币)的第二大电信设备商。[②]

十多年前,华为总裁任正非提出"10 年之后,世界通信行业三分天下,华为将占一份",今天,华为实现了这个目标。

---

① 参见《任正非:〈福布斯〉中文版年度人物榜首》,新浪网 2009 年 12 月 22 日。
② 参见马晓芳:《华为 2009 年净利 183 亿元,跃身通信设备业全球第二》,《第一财经日报》2010 年 3 月 31 日。

20 世纪 80 年代任正非刚来深圳时,曾在深圳国有企业南油集团打工,他像在军队给上级首长写请战书一样给南油老总写"军令状",要求将其旗下的一个公司交给自己打理,结果石沉大海。后来,任正非做电子产品生意时被人骗了100 万,商业经验之不足,由此可见一斑。事实上,任正非确实不是一个"好"的打工仔,也确实不是一个一般意义上的精明生意人。用任正非自己的话说,他是因为在深圳无处就业才不得不创办华为公司的。

任正非具有他们那一代人特有的经历和品质,在他驯服的外表下掩藏的是一颗永不安分、永不屈服的心。他不会容忍自己的人生履历中竟然会有被骗100 万的污点,被骗的 100 万任正非花 2 年时间最终将它追了回来。青少年时代的任正非是在贫困与饥饿中度过的,艰苦的生活环境、崎岖的心路历程成就了任正非别样的性格和人格。从上大学到参军,他按照父亲的嘱咐,啃书本,钻技术,并且凭着过硬的本领获全军技术成果一等奖,参加 1978 年的中国科学大会,并在 1982 年被选举为第十二届全国人民代表大会代表。他注定不会是一个"一般"的人,他也不会容忍自己创办的企业最终只是一个庸庸碌碌的小公司。不流俗,不平庸,做一流企业,这种内心的呐喊始终在左右着任正非的决策。从活下去、与狮子角逐,到做中国最好的企业、做世界第一流的企业,任正非超越了一个又一个目标。①

1987 年 10 月,在深圳湾畔一处杂草丛生、两间只能被称为"简易房"的地方,已经 43 岁的任正非和其他 5 个人一起用 24000 元钱创办了一间小小的公司,员工只有 14 人,这就是华为,注册为集体企业,实则为私人或合伙企业。②企业经营范围不过是小型程控交换机、火灾警报器、气浮仪开发生产及有关的工程承包咨询。但在华为诞生不久,任正非就提出"做一个世界级的、领先的电信设备提供商"的目标。这个被著名政经评论员秦朔认为是中国知识企业的发展史上最宝贵的梦想,在当时看来是如此不可思议,以至他被人称为"任疯子"。

① 参见老亨:《深商的精神》,海天出版社 2007 年版,第 172—177 页。
② 参见深圳市史志办公室编:《深圳改革开放纪事 1978—2009》,海天出版社 2009 年版,第 194 页。

正是这个"疯子的梦想",引领华为技术有限公司在移动通信(含3G)、数据通信、光网络、固定通信、业务与软件、终端等诸多领域取得辉煌成就。当时光跨过2009年,华为已经发展成为全球第二大通信设备提供商,它的产品和解决方案已经应用于全球一百多个国家,服务全球运营商50强中的45家及全球1/3的人口。[①]

任正非有着令其他民营企业家们艳羡不已的雄才大略,这一点突出地表现在他的"知本"战略上。华为从成立之日起,看重的就是知识,而不是资本。在华为人看来,机会、人才、技术和产品是公司成长的主要牵引力。在这4种牵引力中,人才所掌握的知识处于最核心的地位,而资本则被搁置在牵引力之外。这是一种与传统资本理论完全相反的知本理念。任正非有一段著名的话:资源是会枯竭的,唯有文化才会生生不息。一切产品都是人类智慧创造的,华为没有可以依存的自然资源,唯有在人的头脑中挖掘出大油田、大森林、大煤矿。如果说,在粗加工业,中国企业的成本优势在于廉价劳工,那么在高新技术产业,中国知识员工的待遇较之国外同行则存在着更大的落差。在论资排辈、行政本位的计划经济体系中,知识分子是"臭老九",是被教育、被排斥、被讥笑和被愚弄的一群,他们的脑力劳动甚至还不如农民工的肩挑手提有价值。这个巨大的成本落差被本身就是技术型知识分子的任正非瞅准了,他要在脑海中开发金矿,他在商海中发现了"人黄金"。

任正非还有一套与众不同的路子来培养他的员工队伍。曾是军人的任正非极为注重训练出有特别战斗力的"华为军团"。"华为军团"的来源主要是一些刚从学校出来的毕业生,他们素质好、可塑性强。任正非给了这些其实啥都不懂的大学生提供白吃、白喝、白学习的机会。他还用充满现代意识、挑战精神的一套科技思辨理论"华为基本法"来武装他们的头脑。经过华为的历练,这些"学生军"逐渐成长为既懂业务又懂管理、既做过研发又做过市场、既做过国内又做过国际、既骁勇善战又有极高忠诚度的"商业雄师"。任正非就像是这支军队的

---

① 参见《华为公司简介》,华为公司官方网站,http://www.huawei.com/cn/corporate_information.do。

最高统帅、总教头、精神领袖,指挥着这支科技军队在全球攻城略地,所向披靡。

2009 年在华为成为全球设备供应巨头之时,任正非在这家企业同步展开了组织结构及人力资源机制的改革,宗旨是从过去的集权管理过渡到分权制衡管理,让一线拥有更多的决策权,以适应情况千变万化中的及时决策。用任正非的话说就是:让听得见炮声的人呼唤炮火,授予一线团队独立思考和追求最佳的权力,后方只是起保障作用。任正非要在华为建立以客户经理、解决方案专家、交付专家组成的工作小组,形成面向客户的"铁三角"作战单元。这种"铁三角"的精髓是为了目标而打破功能壁垒,形成以项目为中心的团队运作模式。

今日的华为已经是庞然大物,任正非已年过六旬,但给人印象是华为在不断焕发新春,创造出不竭的战斗力。

2010 年 4 月初,据英国《金融时报》报道,华为正在展开游说美国政府活动,为该公司竞购摩托罗拉旗下业务,以及今后有可能在美国展开的其他并购作准备。① 任正非带领下的华为公司前景不可限量。

四、马明哲:对得起 6000 万年薪

从汽车司机到一度中国最贵 CEO,这就是深圳商界叱咤风云的企业家马明哲。2007 年 7 月《福布斯》中文版首度推出"中国上市公司最贵老板"榜单,即非国有上市公司薪酬最高的高管人员。中国平安保险董事长兼首席执行官马明哲夺冠。2008 年初的平安保险公司年报显示,马明哲年薪达到了人民币 6000 多万元,再度成为当时中国上市公司中最贵的老总。马明哲是否该拿这么多薪水,当时引起了社会广泛讨论。面对质疑,马明哲底气十足地说,作为职业经理人要履行自己的职责,董事会根据我的表现给我薪酬,最重要的是贡献和表现对得起这份薪酬。② 平安保险是从总资产 5312 万元、总收入只有 418 万元、员工只有

---

① 参见是冬冬:《华为就收购摩托罗拉网络游说美国政府》,《东方早报》2010 年 4 月 6 日。

② 参见王雪瑾:《马明哲:薪酬制度合法合规,我对得起 6000 万年薪》,《京华时报》2008 年 7 月 18 日。

13 人的公司起步的,二十多年来已经进入世界 500 强。一直伴随着平安成长的马明哲说,他不是完全为了收入从事这份工作,把平安带入世界 500 强,是他最大的荣耀。

保险圈子里的人说:"马明哲不是人,是神。"一位国内保险公司的董事长称马明哲是其"偶像",他说:"我最佩服的人是平安的董事长马明哲,我想的事他肯定想到了前面,我没有想到的事他也想到了。他做事总是具有前瞻性。"①

1986 年,创办蛇口工业区的招商局长袁庚接受马明哲的建议,决定重拾 100 年前招商局的保险业梦想(1875 年即有保险招商局),为此他亲笔写信给中央领导,详述成立平安保险的必要性。1988 年 3 月 21 日,中国人民银行发文批准成立平安保险公司。当年 4 月 28 日,平安一届一次董事会在蛇口举行,确定工行深圳分行行长刘鉴庭为董事长,马明哲为总经理。

被领导授意创办深圳平安保险公司,对于曾是袁庚私人司机的马明哲,那时他的经验仅限于在蛇口工业区社会保险公司工作过几年。1994 年至今马明哲担任中国平安保险股份有限公司董事长,此外他还是亚洲唯一出任美国中央高科技保险公司独立董事的中国人。

在深圳特区开始建设的那个年头里,或许大部分中国人还不知道保险是什么意思,而马明哲二十多年带领着中国平安保险不断创新,创下了一系列的业界之最,把这个当年从蛇口发家的平安保险公司发展成为中国第二大保险公司,其增长速度为中国大保险公司之首。马哲明在深圳打造出一艘新的"金融航母"。

马明哲在自己的著作《繁荣危机》一书扉页上写的一句话:"谨以此书献给我愿一生为之奉献的中国保险业。"对此,他解释说:"这才能代表我的心声。我非常热爱保险事业。保险是一份综合理财计划,它为个人和企业提供稳定的保障。1988 年,我曾在纽约保险学院学习过一年,那里培养了我对保险事业的感情。经过 12 年从业,现在,即使不给我工资,我也一样愿意在保险业工作。"②

---

① 参见《马明哲:从司机到平安保险集团董事长》,《世界经理人》2009 年 4 月 20 日。
② 马明哲:《繁荣危机》,香港华光报业有限公司 1998 年版;《挑战竞争》,商务印书馆 1999 年版。

业界流传着"平安是中国保险业黄埔军校"的说法,有两重含义:第一,平安的人事制度及海外引进的专业化培训,造就了大量的保险人才;第二,平安近年来的员工跳槽,客观上为保险业输送了大量的保险人才。

很多人感觉,平安员工身上常常呈现出一种与众不同的气质,既有国际化大企业赋予的现代感,又不乏中国传统文化打下的烙印。这便是平安企业文化长期熏陶的结果。

在马明哲看来,一个企业要成功,必须建立成功的企业文化。把产品价值与文化价值结合在一起,把经营与文化结合在一起,是一个成功企业的最高境界。

平安对员工行为规范的培养十分重视,要求员工"举手投足,莫不遵于君子之道"。从"上班必须穿西装打领带"的要求,到鞠躬礼仪、姿态礼仪、仪表礼仪、职业礼仪、公共礼仪、电话礼仪、沟通礼仪、商务社交礼仪等十几项内容的完整规范。

通过晨会、礼仪、司庆、寿险高峰会、产险明星会等形式,平安文化在表层上得以展示和感染。再深入一步,以各项经营管理规章制度的贯彻实施来实现企业文化的内核精神。而平安文化最受称颂的部分,则是其融合了中华传统文化和西方管理思想,在平安文化中占据核心地位的"道德诚信、追求卓越和创新意识"。

马明哲的用人哲学在平安公司内部颇为流行:"有发挥的平台、有成就感、有合适的收入、工作虽然有压力但很开心。"

平安造就了一种关注能力、重视业绩、不打击、不压制的氛围,年轻人在这里没有关系不要紧,只要埋头苦干、有成绩,就不愁没有进步的机会。

五、马蔚华:以精致服务赢得效益

诞生于深圳的招商银行及其带头人马蔚华,是互为名片的知名"深圳品牌"。

招商银行于1987年4月8日在深圳蛇口正式成立,是改革开放以来中国第一家完全由企业法人持股,严格按市场经济规律运作的现代化商业银行。它以技术创新支持服务创新,使人们看到了中国新兴金融企业的活力与希望。

　　而在中国银行业的历史上,马蔚华应该发能占一席之地,这是因为他所倡导的服务创新理念给整个体系带来的巨大冲击。自 1999 年起,马蔚华担任招商银行行长至今。在加入招商银行之前的经历是典型的政府官员轨迹,包括中国人民银行总行的高级官员。进入企业家角色之后,他领导招商银行实施"网络化、资本市场化、国际化"的三大战略,使其在国内、国际都独树一帜。

　　马蔚华是中国极具创新意识的银行家,是新技术、新理念的引领者。他给中国的银行业带来的冲击,在于推出了"一卡通"、"一网通"等知名金融品牌,树立了招商银行技术领先型银行的社会形象。招商银行率先利用信息化网络技术改造银行业务,建立网上银行,抢占了金融领域的制高点,一度成为中国电子商务最主要的支付银行。

　　"不能因为自己身处银行就只去研究银行。"马蔚华最近经常这样说,"银行家不应该是一个只懂金融的人,你必须跟谁都能交流,这样你才有足够的视野。"马蔚华有着银行家典型的翩翩风度,而且时常在 IT 圈人士聚集的互联网大会等活动上出现,畅谈银行信息化。早在第一轮 IT 热时,马蔚华就已经与圈里的王志东、张朝阳等熟识,现在的 IT 新贵马云、李彦宏、马化腾等也都是他的老朋友。招商银行也正是因为对信息技术的敏感和善用,甚至贯彻"科技兴行"的根本战略,从一家后起的小银行,成长为外刊评论的中国最健康、最有潜力的银行新锐。

　　做银行的,不能仅仅懂银行的那点事儿。一次,马蔚华与摩根大通的全球 CEO 杰米·戴蒙聊天,内容从中国的宏观调控到金融改革,从三峡大坝到中国电力建设,从松花江建设到怒江开发,一直聊到中国的计划生育。

　　还有一次,马蔚华去法国会见阿尔卡特的全球总裁。一开始,阿尔卡特接待的人员都很冷淡。当马蔚华与对方的总裁见面后,拉开话题,谈中国银行改革、宏观调控,气氛逐渐热烈。后来马蔚华开始和对方讨论3G,那位总裁兴奋不已。最后,当马蔚华离开时,对方甚至冒着蒙蒙细雨将马蔚华送上车。

　　事实上,马蔚华有一个同学是信息产业部的副部长,另外有时候和李嘉诚吃饭,也老有机会听到关于 3G 的事情。"其实我也只是一知半解",马蔚华笑着说,"不过这个对银行行长来说足够了"。

六、马化腾："QQ 小企鹅神话"的主角

在中国互联网,马化腾跟陈天桥、马云、丁磊、张朝阳、李彦宏这五个互联网精英同时过招。他长相斯文、行止儒雅,却被叫做互联网产业的"全民公敌",掌管着中国市值最高的互联网公司。腾讯公司董事会主席兼首席执行官马化腾就是这样一个人,一个毕业于深圳大学、深圳本土"出产"的、伴着"QQ 小企鹅神话"的风云人物。

在享誉全球的《机构投资者》(Institutional Investor)杂志公布的 2008 年度"亚洲最佳 CEO"年度评选结果中,马化腾入选"2008 年亚洲最佳 CEO"7 人名单。其余 6 位入选者分别为招商银行 CEO 马蔚华、现代汽车 CEO 郑梦九、香港利丰 Bruce Rockowitz、新加坡凯德置业廖文良、印度 Infosys S. Gopalakrishnan、中国移动王建宙。《机构投资人》是美国金融界最具权威性的专业期刊之一,其每年的"全美最佳分析师排名"在华尔街金融机构极具影响力。

马化腾显然是凭借腾讯 QQ 成长的神话取得这项荣誉的。今日的腾讯 QQ 无论从营销还是利润上看都是中国最大的互联网网站。

现在几乎人手一个的 QQ 曾经是腾讯总裁马化腾的业余爱好之作,10 年以前,互联网首选 IM(即时通信工具)是 ICQ。ICQ 是英文软件,当然在国内的市场占有率不高,这时候程序员出身的马化腾编写了一款功能相近的 OICQ 的软件,是简体中文界面,面世以后效果非常好,马上就被许多年轻人接受。当时国内同时做类似软件的还有 TICQ,但是先入为主的 OICQ 还是占据了绝大部分市场。后来 ICQ 曾经以侵犯知识产权起诉过 OICQ,马化腾把 OICQ 改版为 QQ,以减少侵权嫌疑。这次更名成为腾讯事业增长的一次助推器,显然 QQ 这个名字更可爱,更容易被人接受。

直到 2003 年以前,腾讯都只干一件事:QQ 即时通信(IM),QQ 会员、QQ 服装、QQ 小窝……给公司带来了不菲收益,并且依靠和移动运营商的合作获得无线收入。自创始 5 年来就专注于此,腾讯 QQ 占有 IM 市场 70% 以上的份额,堪称垄断。但 2003 年微软旗下的 IM 平台 MSN 进入中国,成为腾讯的转折点。此前,捆绑在 Windows 平台上的 MSN 占有中国 IM 市场一成的用户,是 QQ 的最大

对手。

"当你发现根本没办法跟 MSN 硬拼,就不得不想其他办法。"马化腾说。所谓硬拼,就是仍然不做其他业务,独独在 IM 上跟 MSN 一较高下。不过,MSN 有微软旗下的 Office、Windows 等强大业务线滋养,如果要打一场消耗战,腾讯可能只会坐以待毙。这个时候,腾讯朝多条业务线的扩张摆上桌面。

腾讯利用自己 QQ 黏性而巨大的客户开始四处出击:做新闻而今有替代"163"进入三大门户之势,进军 C2C 市场做起了拍拍,做休闲游戏,联众的市场份额被 QQ 拿走不少,网游有凯旋、QQ 幻想,也有了 pplive 一样的 p2p 视频,然后与 baidu 做起了搜索引擎 soso……

2006 年,《中国企业家》有篇题为《马化腾:中国互联网上的"全民公敌"》的文章,指出互联网"四大天王"Google、eBay、Yahoo、MSN 干的所有业务,腾讯都干了。实际上,目前互联网有的商业模式腾讯都有,无论从电子商务到搜索引擎,包括后来杀入到门户网站,腾讯什么业务都做,一不小心就当上了网络公司的"全民公敌"。

其实腾讯一直在酝酿一个转变:从单纯的 IM 提供商转向依托腾讯网的综合 ICP。腾讯 QQ 所拥有的 4.3 亿注册用户和社区氛围,为腾讯网"门户+IM"模式发展提供了最佳原动力,网络社区不但能够活跃用户,更重要的是具备极强的黏度且延展性强,能够为其他业务扩张提供有利的平台,如今腾讯已经形成了 IM、QQ.com、3G.QQ 和 QQ 游戏四大平台,"在线生活"产业布局初定。腾讯已形成了互联网业务、无线和固网业务、广告业务、企业服务和品牌授权等五大业务体系,并逐步向个人即时通信、企业实时通信和娱乐资讯三大战略方向发展。

马化腾一直强调创新,如果没有技术创新,将丧失很多机会。他说:你永远不会知道有什么东西会突然发展起来,腾讯不能丧失机会,所以我们要及时决策,很多尝试都必须做。

腾讯最早做这些业务时被大家戏称为"全民公敌",现在看来,"全民公敌"是趋势,也意味着这个时代已来临。从这个角度来看,不是你想进攻别人,而是想稳定你的用户群,这样就需要高水平的、全方位的服务,这是很自然的过程。每个企业都会想办法做全业务,但这并不代表他会很冒进地把现在的主营业务丢掉,全力扑向其他业务,主营业务能否顺利发展会决定你未来的走向。

这是一只危险的小企鹅,它是对手眼中的强敌,因此它也时刻处在危险之中。无论在投资者眼中,还是竞争对手的视野里,腾讯都是比较强悍的对手,因为它最有可能实现沟通、门户、商务、搜索和支付这五类互联网业务组合。如今,做了"全民公敌"网站领路人的马化腾,从起家时言语平淡、不爱表达的技术员也变成了低调、务实的企业家,腾讯发展十多年来,他始终保持着对产品的执著和随时都可被超越的惶恐心态,在公司的未来发展战略和管理中他也显得越发清晰和警醒。

其实"全民公敌"之称还有另一面含义。无论马化腾愿不愿意,几乎所有互联网公司都在立稳脚跟、完成原始用户积累之后自动向腾讯宣战。IM 对用户有着邮箱、游戏等其他任何服务都无法比拟的巨大黏性,谁不眼馋?!

"的确是被市场逼出来的。"马化腾说。因为互联网市场太新太快,往哪里走都有很多的可能。如果由自己来主导可能没有办法证明所选择的就是对的,几个月内都有很多新东西冒出来,凭什么判断哪个是热点? 有竞争对手了,人就开始有了斗志;看看别人哪些做得好,哪些做得不好,如果别人杀过来,应该怎么办? 是硬顶,还是去别的地方迂回作战?

对手疯狂的围剿催促腾讯由守转攻,成就了最后的"全民公敌"。马化腾带着幸运的口气说,"如果说真的没有压力,我就不思进取,耗死了"。

马化腾说,在中国,互联网行业变化也非常快,不管企业做到什么样,作为创业者都要保持一种诚惶诚恐的心态才行,腾讯在很多方面很敏感,一有什么新东西就赶紧跟进、先去尝试,因为我们不知道什么东西会火起来,在探讨过它的前景之后,如果好,就会及时决策。

马化腾说,在中国,早期做互联网的人开始都没有想太多,只要你有眼球、有注意力,就会有收入。以前我们肯定没想过要做门户网站,但只要有用户群,最后做哪些业务,其实只是一个不断摸索的过程。现在要吸引用户不是说用一板斧、一个应用就圈得住的,竞争很激烈,为吸引更多新增用户,就需要做各种业务的整合应用,所以腾讯不是在盲目追求大而全,这样做是为了更好地留住原有用户并发展新用户。

2010 年 3 月初,腾讯公司宣布,腾讯的即时通信服务活跃账户数达到了 10 亿,而 QQ 的最高同时在线用户又突破 1 亿,进一步印证了在即时通信的应用领域,中国已经走在了世界的前列,依托 QQ 所形成的即时通信社区已经成为了全球最大的单一文化社区之一。毫不夸张地讲,如果把腾讯比做一个国家,那么腾讯是世界上第三人口大国。①

依托于庞大的忠诚的客户资源,凡是他认为能够为大众带来便利,为他们自己带来利益的事情,他们都有兴趣去尝试,这几乎是挑战国内所有的面向大众的互联网公司。

基于即时通信社区的"在线生活"将在未来一段时间内成为中国互联网用户的应用主流。马化腾说,他就是要尝试定义在线生活,在互联网普及、融入生活的情况下,互联网在任何时间、地点,用任何终端、任何接入方式都可以通过网络满足人们的各种需求。

由此可以看到,"从表面上看,大家可能觉得腾讯什么都想做,但实际上,我们一切都是围绕着以即时通信工具 QQ 为基础形成的社区和平台来做的。"在马化腾看来,腾讯最有价值的就是超过 10 亿的 QQ 注册用户总数,这也是马化腾在线社会生活战略,提供一站式和全价值链的互联网服务解决方案的逻辑所在。"比如我们做电子商务,肯定不是像 eBay 易趣、淘宝等传统方式那样,而是跟我们社区契合,强调增强社区的黏度。在这个社区中,用户因为沟通与娱乐建立起了与这个社区的关系,我们会再为他们提供商务的功能。"

在中国互联网有一个广为流传的"定律"解释腾讯的成功:有庞大的 QQ 用户做支撑,腾讯扩张新业务几乎是撒豆成兵,做什么成什么。用 TOM 在线 CEO 王雷雷的话说:那么大的活跃用户群,插根扁担都开花。

"拥有庞大用户群的平台多了,像游戏、邮箱、门户。为什么扩张成功的却很少?"马化腾对这种颇有市场的说法有点不屑。上亿 QQ 用户对产品推广的确是优势,但也可能是陷阱。无论游戏还是新闻,如果做得不好就推送出去,等于

---

① 参见《腾讯 QQ 同时在线用户数首次突破 1 亿的解读》,新华网(http://news. xinhuanet. com/internet/2010－03/13/content_13162028. htm)2010 年 3 月 13 日。

骚扰用户,留下很恶劣的印象。这把双刃剑起作用的前提是,自己的产品质量要过硬。

其实中国互联网横跨多个业务线的企业不在少数,但几乎没有一家互联网公司能在两条以上的业务线同时做到领先,除了腾讯。

马化腾是个沉静型领导者,每一步都有计划。当年一起创业的几个伙伴至今都还在腾讯抱团发展,团队之稳定,互联网少见。腾讯有集体管理的传统,亲情、朋友之间的关系多过于上下级、铁的纪律这些东西。女员工喜欢叫老板"小马哥",男员工多叫他英文名 Pony,是"小马驹"的意思。如果放回三国乱世,马化腾可算是"诸葛亮",为人谦恭,但"坐在办公室就能胸怀天下"。

当年相邀四位伙伴共同创业,由马化腾出主要的启动资金。有人想加钱、占更大的股份,马化腾说不行,"根据我对你能力的判断,你不适合拿更多的股份"。因为未来的潜力要和应有的股份匹配,不匹配就要出问题。什么问题?拿大股的不干事,干事的股份又少,矛盾就会发生。

不过,虽然主要资金由马化腾所出,他却自愿把所占的股份降到一半以下,47.5%。"要他们的总和比我多一点点,不要形成一种垄断、独裁的局面。"而同时,他自己又一定要出主要的资金,占大股。"如果没有一个主心骨,股份大家平分,到时候肯定出问题,同样完蛋。"①

当年创立腾讯之初,他就和四个伙伴约定清楚:各展所长、各管一摊:技术、业务、行政和信息部门。因为都是多年的同学,彼此特长都知根知底。

如此设计,使创始团队能在维持张力的同时保持和谐。没有人能够独断,保证了意见不和、讨论甚至互相泼冷水的空间,但彼此多年同学,不好意思一不和就撕破脸不认人;被逼着去说明别人,就需要提炼、把问题想得更清楚。彼此定位不同,就从不同的角度来判断,保证认识全面;最后马化腾有一大股,该做决定的时候还是有一锤定音的能量。

这就是马化腾,7 年前就在为今后可能的陷阱筹谋。到今天,五位伙伴都留在腾讯,不离不弃。

---

① 《马化腾和他的 QQ 帝国》,《重庆晚报》2009 年 9 月 27 日。

到 2005 年的时候,还基本是几个创始人各管一块,但腾讯的业务变得多样化也更专业化,不可能靠一个人掌管。马化腾对伙伴们讲,一定要培养出下一层接班人。"我们的责任是更多地支持接班人去做,更多在跨部门之间协调,更多的决策,具体的事情都是交给他们去做。"现在,公司有两个 CTO,一个是创始人张志东,另一个是从微软空降的熊明华。9 人的核心高管团队里有 4 人为外部空降。

这些人做研发出身,但业务和推广不在行,逼迫他提高也不现实,往往是拔苗助长。所以只能是先把产品做好,让业务自身滚动成长,市场推广暂时搁置。在内部挑选,很可能选出来的人在业界比较算不得最好的人才,所以要在团队上做些补偿,尤其是进入到需要强力市场推广的阶段。要让他去找很强的副手,内部找不到,就去外面挖。每个中层干部都一定要培养副手,这是硬性的"备份机制"。

"你一定要培养,否则我认为你有问题。"在这点上,马化腾显出少见的强硬。"忍你半年可以,但一年你还这样;那我就帮你配了,你不答应也得答应。"

"没办法",马化腾说,"因为有些专业知识,无论怎么补课,就是到不了那个级别。指望你的提高去迎合公司发展的风险太大,所以一定要请人来替换你的功能。"比如 CFO 曾振国,比如行政总裁网大为,要搞资本运作、要跟国际大公司合作就是要靠空降兵们积累很多年的专业知识能力。

现在,市场和销售交给刘炽平,各条具体业务线交给各高层,马化腾最大的工夫下在跟踪前沿。每天晚上马化腾都泡在网上,各大门户的科技频道,donews、techweb、chinalab 这些国内的 IT 社区都去看看;以及国外的新兴的服务,有意思的产品,要下载下来用一下;新上市的网络游戏,也要进去玩一玩。

作为 CEO,在腾讯内部,马化腾也被叫做"首席体验官"。一个新产品出来,他会首先以一个普通网民的身份第一次去感受,哪里不方便,哪个按键用起来别扭,哪里颜色刺眼,要对很多细节提出建议。用户界面和人机交互的设计,也是他的兴趣所在。

马化腾说,未来 5 年,腾讯最大的挑战就是执行力。市场怎么样,大家都看得见,但不一定都拿得住。通过完整的指标体系和组织结构保证压力的传导;通过严格考核和末尾淘汰制留住好的人才。而所有这些,能把腾讯造成一个不依赖个人精英而是依靠体制化动力的成熟机器。不依赖孙忠怀,也不依赖马化腾。

与此配合,有相应的结构调整。原来不同业务的渠道以及财务工作都放在公司平台上,分享资源、降低成本、有协同效应,不过却为每一个部门留下了借口,比如资源分配可能不公等。现在,渠道分开、每个部门里都派入类似"小CFO"似的财务管控人员,每个系统都像一个自成一体的公司。"当有问题的时候,要能够容易地找到是哪一块的问题,是产品、研发,还是业务、渠道? 总要找一个屁股打板子。"马化腾说,"一个一个比,总能找出来,找出来了,就能保证执行到位。"

很多人都想问同一个问题,这个面如冠玉、谈吐斯文的"小马哥"难道真有一统网络江湖的野心? 憨笑、腼腆的"企鹅"(腾讯公司的形象标志),有何魔力成为微软式的垄断机器?

七、高云峰:自主知识产权的追求者

在深圳"地标"地王大厦的楼顶,每个夜晚,由深圳大族激光公司生产的两束绚丽的激光,将这座"创新之城"打扮得分外妖娆。空中神奇之光,带给人们无限遐想,更让人对未来充满希望。

深圳市大族激光科技股份有限公司,就是凭借一束神奇的激光,书写了一家创新型企业的发展奇迹。从创业元年的70万元销售收入起步,到2008年最高峰时的17亿多元,大族激光十多年"裂变",以几何级数一路走来,如今已稳坐亚洲激光设备的头把交椅。[①]

10年前,当大族激光的创始人高云峰带着伙伴到各皮鞋厂、服装厂、家具厂、纽扣厂推销时,人们几乎异口同声:"我们又不生产飞机武器,这些激光玩意儿哪用得上啊,不要不要!"

如今,大族激光研发的逾万台激光设备,已成功进入中国工业领域各大分

---

① 参见《深圳市大族激光科技股份有限公司2008年度报告摘要》,《证券时报》2009
年4月28日。

支,实现了关键设备的进口替代,武装和引领着民族工业;同时还漂洋过海,成为众多跨国公司生产高端产品的工作母机,让素来向中国输出重大装备的跨国巨头也换了"胃口",开始习惯向中国采购装备。

激光打标机产销量世界第一,印制线路板钻孔机产销量世界第三,激光切割机增长率业界第一……这些来自中国工业经济联合会的权威统计调查结论,给大族激光的传奇故事做了最好的注解。

今天,大族激光以世界知名的激光加工设备生产商的身份,将自行研制生产的激光打标机、激光切割机、激光钻孔机、激光焊接机、激光演示系统、激光医疗设备、激光制版机等尖端设备,变成了一些跨国公司新建生产线的必需品。许多国际名牌家电、手机、IT、汽车等产品,都在生产过程中启用了大族激光设备。这些设备,或用于切割材料,或用于激光防伪,或用于镂空刻花,或用于焊接,或用于钻孔。人们虽不能从这些高档名牌产品的实物中看到大族激光的影子,但这些名牌的某些印记及其价值构成,准少不了大族激光的贡献。

目前,排名前500位的中国工业企业,几乎无一例外地采用了大族激光的设备,从华为、中兴通讯的通信设备、海尔家电到青岛啤酒、红塔山香烟、五粮液、椰树椰汁,甚至连人间美味阳澄湖大闸蟹,也要用一百多台大族激光设备,用于大闸蟹的激光防伪和身份识别。

不掰指头就能随口说出数十个知名用户的大族激光董事长高云峰格外自豪:"去年我们光是激光打标机,就销售了2500台,是名副其实的世界第一。很多传统产品用我们的设备加工后,身价就翻了番。这要是在10年前,想都不敢想。"

1996年以来,高云峰率领一班志同道合的伙伴,凭借自有的激光光源核心技术和关键数控软件,成功开发出包括激光切割机在内的一系列激光设备。这些设备售价一般只有进口设备的1/3,技术水平和工艺性能却毫不逊色。

谈起大族激光的成长历程,高云峰感慨万千:"我们早期做激光雕刻机时并不出色,在与北京大恒、华工科技的竞争中,我们压力很大,日子也过得苦。"最困难时,高云峰甚至将公司一台金杯面包车拿来典当,当期1个月,这样才换回几万元给员工发过年回家的路费。

"但我们有自己的核心光源技术和数控软件,这是我们坚持下来的重要支柱。在我们最困难、最需要帮助的时候,市政府的大力扶持和深圳高新投风险资金的注入,都起到了'雪中送炭'的效果,帮助我们渡过了难关。"

1998 年,深圳市政府专为扶持中小科技企业而出资设立的高新投公司,决定投资参股前景广阔、但当时经营状况不佳的大族实业(大族激光前身),并提出了两个条件:一是以净资产作价;二是由高新投控股。双方在控股权问题上经过半年多的反复商谈,高云峰同意接受两个条件,并附加一条:如果企业在一年半内净资产从 860 万元增加到 2000 万元,大族实业创始人有权以净资产的价格回购控股权。

1999 年 4 月,大族激光注册成立,432.6 万元现金从高新投流入大族激光,为企业发展壮大提供了宝贵的资金,解了燃眉之急。

2000 年 9 月,一年半到期了,大族激光净资产达到 3400 万元。高云峰要求回购控股权,但因涉及国有资产对外转让,市国有资产管理部门批准高新投将大族激光 46% 的股权拿出来公开拍卖。在激烈的竞拍中,高云峰以 2400 万元购得,成为当时深圳个人购买国有股权成交额最大的一案。而高新投其余的 5% 的股权,目前市值高达 1 亿多元。[1]

风险投资不仅把大族激光"养"成了一棵"摇钱树",也使高新投获得了丰厚的回报,实现了国有资产的保值增值。这宗"双赢"的风险投资交易,已成为国内外知名风险投资机构竞相研习的经典案例。

此后,随着 2001 年的第二轮融资和 2004 年的成功上市,大族激光股权越发清晰,机制更加灵活,经验日渐丰富。该公司进一步明确产品和市场定位,把所有资金都集中用于发展激光设备主业,不断开发新产品,提高规模化生产能力,并把战略重点放在市场普及推广和深度开发上,而不是一味拼市场份额。为此,该公司制定了"四化"产品策略:小型化、耐用化、廉价化、方便化。这一系列举措在国内对激光设备还比较陌生的市场环境下起到了立竿见影的功效,大族激光在与国内外竞争对手的较量中屡奏凯歌,并逐渐确立了行业龙头地位。

---

① 参见林海慧:《高云峰和他的大族激光》,《证券时报》2007 年 8 月 31 日。

目前,大族激光已是世界知名的激光设备生产商,2000 名员工中有 500 人是研发人员,拥有 5 项美国发明专利、数百项中国发明专利,以及一系列激光打标控制软件的著作权。仅 2005 年,该公司就申报各种专利和软件著作权 112 项,各项技术研发项目继续走在同行前列。

回首十年风雨路,高云峰动情地说,商道无常,缘分可贵。企业家应该用商业的成功来回报社会。尤其像做我们这一行的,更要有振兴民族装备业的使命感和抱负。我们一家企业成功了还算不上成功,必须要让中国工业、中国整个经济强大起来、获得成功。

八、万捷:视觉艺术的经营者

深圳雅昌公司万捷董事长是中国印刷界最高荣誉奖"森泽信夫奖"最年轻的一等奖获得者。近年来,雅昌公司印制的大量精品在各种国际赛事评比中先后取得了瞩目成绩。2000 年至 2002 年,一直蝉联"香港印制大奖"多项冠军及 SMEloan 全场冠军;2002 年,首次参加代表世界印刷最高水准的"美国印制大奖"便得到国际最高水准的公认而获得两项大奖;2003 年,在第 53 届"美国印制大奖"中雅昌公司选送的 5 部作品全部获奖,共获 1 项金奖,2 项二等奖,2 项三等奖。其中选送的《梅兰芳藏戏曲史料图画集》更一举荣膺 Benny Award 金奖,捧回一座金灿灿的"小金人";《康定》、《中国摄影》分别荣获二等奖;《天山古道东西风》、《稻城亚丁》分别荣获三等奖。雅昌公司此次荣膺 Benny Award 金奖,是中国内地企业首次获得此项殊荣。

万捷带领的雅昌在印刷艺术出版物方面一直保持高标准、严要求、高质量,这使其在中国艺术市场如鱼得水,多年耕耘之后,便顺理成章地开拓出一条服务于艺术市场的通途。有一次,一本画册已经制完版,客户也表示满意,但万捷看完打样稿后并不满意,责令重新制版。虽然此举令雅昌损失 7 万多元,但重新制版的画册却被印刷界公认为亚洲最精美的画册。

在雅昌创始人万捷看来,印刷业的本质是服务业,企业既卖产品又卖服务。他于 1995 年在印刷界首次提出了"印刷业是服务业"的全新理念,并在集团公司内确立了以"为客户提供增值服务"为特色的服务理念。在这样的理念指导下雅昌公司取得了惊人的发展。

万捷随后发现,客户在完成传统印刷业务之后,会产生大量高质量图片,若不重印或再版,图片数据资料就不会再发生作用,甚至成为"垃圾",浪费极大。2000年,按照帮助客户管理图片资料的初衷,万捷在雅昌建立起"雅昌艺术网",犹如一个电子图书馆,把曾经印制过的艺术品图片整合成网络数据中心,并根据客户需要对外发布拍卖信息,这便是"传统印刷+IT+文化艺术"的雏形。

经过近6年的发展,现在的雅昌艺术网业已成为全球最大的中国艺术品拍卖图文数据库,也是目前国内访问量最大的艺术品门户网站。其中,共搜集有从1993年至今的拍卖记录,收录近二千个专场、五十多万件中国艺术品的图片及拍卖信息,以及四万余名古今艺术家作品,并提供每年四百多次的中国艺术品拍卖专场,发布十三万余件艺术品网上预展信息等。现在,雅昌艺术网的注册会员已达三十多万,日均访问量近400万人次,点击量稳居美国alexa评测的中国艺术类网站排行榜首位。其设立的雅昌艺术市场指数(AAMI)更成为艺术品投资爱好者信赖的投资分析工具,被誉为反映中国艺术品市场行情的晴雨表。

九、陈志列:叫响"中国芯——研祥INSIDE"

2009年初,在全球性金融危机影响仍在蔓延的情况下,却传出深圳研祥智能股份有限公司准备斥资7亿元人民币赞助曼联这一全球价码最贵的俱乐部的消息,不仅中国社会为之震动,世界体育商业界也为此瞪大了眼睛。要知道曼联之前的赞助商美国国际集团(AIG)正是因受金融危机影响,终止了对曼联的赞助。

然而此事并非可以只看做一个炒作性商业消息。深圳研祥与曼联此前已经有真实的商业合作,这次对于深圳研祥,又是曼联主动上门寻找东主,而后双方已经两轮成功谈判,具体报价与合同条款已经摆上谈判桌面了。

而这一切,对于研祥的掌门人陈志列来说,没有什么意外成分。这个已经进入国际特种计算机行业第一梯队的企业家,还要在"国内第一、国际第三"的基础上更上一层楼,他的最新计划是在5年内,打败西门子,成为全球老大。

不仅如此,"国外有'INTEL INSIDE',我们要有'研祥INSIDE'。"这是陈志列新的目标,研祥要让这个"中国芯"叫响全球!

执著甚至有点倔犟的陈志列就这样带着他骄人的业绩和宏大的目标走入人们的视野,成为深商的又一代表人物。

"三十而立",有人曾用这个词描述国内特种计算机行业龙头企业研祥的掌门人陈志列。1993 年,彼时已届 30 岁的陈志列是单位最年轻的科研干部之一,但他却决定辞职下海,"背水一战"去创业,在深圳创办了一家工控公司。由于最初的创业团队几乎都是研究生,"研祥"这个名字也就应运而生——研祥的意思就是"研究生的发祥地"。

"天道酬勤",这是刻在研祥深圳公司门口的四个大字,也是陈志列自己的座右铭。百折不挠的意志力,让从代理起家的研祥羽翼渐丰,让陈志列积累了"第一桶金"。

1995 年研祥成立了产品研发部,开始一边卖自己开发的产品,一边继续做代工,随后还成立了成都、北京、上海等地的分公司,初步形成全国销售网络布局。1993 年到 2000 年,国内工业智能化行业迅猛成长,在这段时期内,研祥也快速发展,成为国内最大的特种计算机研究、开发、制造、销售和系统整合于一体的高科技企业。2003 年,研祥智能在香港创业板上市,成为了国内特种计算机领域唯一一家上市企业。而今诞生仅仅 16 年的研祥已经在同行业排在了世界第三的高位,但前面还有西门子、美国通用两大世界级巨头。不过陈志列早在2007 年的时候,就曾经公开表示,10 年后研祥要打败这些老前辈,成为世界第一。

陈志列不仅"说"了,也着手"做"了。2008 年 7 月 5 日,陈志列在深圳出席研祥的新生产基地奠基仪式,这个斥资 10 亿的生产基地将成为全球特种计算机行业最大、具竞争力的生产研发基地。仅仅 5 天之后的 7 月 10 日,研祥又在西安投资 5 亿元兴建研发生产中心,再向"世界第一"之路迈出了一大步。

陈志列的成功,用他自己的话说在于勇当时代弄潮儿,他说:"我是一个顺大势的人——1978 年的科学大会让我弃文从理;1992 年邓小平南巡讲话时,我趁势下海,创办研祥;2003 年香港 H 股首次接纳内地民营企业,研祥是第一个实践者。"

第二节　深商的特质

在改革开放大潮中、在移民文化背景下、在经济特区这块土地上成长起来的深圳企业家,有着显著的市场意识、创新意识、忧患意识、国际视野及追求卓越的品质,已经形成了一个不可忽视的深商群体,造就了一种影响力强大的深商文化。今日的深商不同于中国历史上曾经出现过的浙商、晋商等商帮,它处于中国现代企业家的第一雁阵,带动这个新兴经济大国企业家创造出新的全球商业文化,催生人类新的财富生活。

事实上,深圳企业家目前确实取得了高看一眼的待遇,人们的普遍评价是深圳企业管理先进、运作规范、富于创新精神。深圳企业和深圳企业家在中国经济中的特点确实是异常鲜明的。首先,从产品上而言,"深圳制造"眼下已被公认为精品。以房地产市场的万科品牌和旅游业的华侨城主题公园,都是走精品化路线,成为深圳最有竞争力的产品。其次,从企业文化而言,深圳企业家最重视创新,追求在同行中先行一步,比如华为、比亚迪、招行这些企业,创新性、敢为天下先是他们最基本的特征,包括敢于挑战的国际强手。再次,就是深圳的企业家有着鲜明的文化个性。华为当家人任正非,具有深刻的忧患意识,进而通过严格管理将之变成每个员工的压力、动力;万科董事长王石则比较洒脱,在冒险活动中展示的个人魅力,这些已经成为深圳企业品牌价值的一部分。

北京同道新文出版发行有限公司总经理臧去鹏曾说,一大批深圳本土企业在市场竞争中成长壮大与企业家们的创业精神和经营智慧成为国内企业书系创作源泉。近年以来,国内出版界相继推出以华为为题材的《华为真相》《华为经营理念》、《走出混沌》、《炼狱》,以万科为题材的《王石是怎样炼成的》、《万科的观点》,以创维为题材的《博弈危机——创维16年实战案例剖析》,以中兴为题材的《中兴通讯》,以富士康为题材的《虎与狐》等一批图书,在出版界形成了阵容强大的深圳企业书系,摆上中国城市乡镇书店、书摊的最显眼的位置,并纷纷列入畅销书的排行榜。出版界的深圳企业现象,不仅是一种市场经济的发展动向,更是深圳文化崛起的一个信号。

深圳是改革开放的特区,市场经济在这里的试验吸引成千上万的探索者涌向这片热土;思想的解放和观念更新,带来市场经济的新潮理念和环境,使得深圳成为最具活力的创业城市,众多中小企业如雨后春笋般成长;对外开放,吸引外资,深圳成为港资、外资的桥头堡,让深圳企业较早把市场触角探向世界的同时,吸收国际企业经营管理的经验和理念;创业和竞争的胆略,国内外两个市场的营养,伴随着城市日新月异的扩张和财富神话般地积累以及忘我的拼搏和探索,让企业迅速强大,品牌远播。

一、市场意识:要做就做市场好卖的

深圳特区建立时率先进行的是市场取向的改革,直至建立社会主义市场经济体制,所以深圳企业很早就开始适应市场竞争,树立市场意识,而事实上深圳的市场环境也在全中国是有良好口碑的。

华为公司作为深圳闻名全球的科技公司,研发投入大、成效突出,人所共知,然而华为最具竞争力的杀手锏并不是技术研发,而是市场开发。华为在技术研发方面摆足了比肩全球的架势,但是现实中表现得更为显著的是中国人的务实风格。做市场开发,华为在研发顾客需要的技术方面,做得既专注,又快速。产品不一定性能最优,但一定适用;技术不一定最先进、最前沿,但一定可以满足客户急需,并且帮助其获取想要的效率和利润。华为就这样坚持以客户需求为目标,以最前沿的市场意识指导产品开发,最终在市场开发上获得极大成功。

华为人的忧患意识也是为业界同仁所共知的。华为老总任正非有一篇文章曾经在业内流传甚广,题目是《华为的冬天》,他在里面这样写道:"10 年来我天天思考的都是失败,对成功视而不见,也没有什么荣誉感、自豪感,而是危机感。也许是这样才存活了 10 年。"从这篇文章可以看出,作为华为领军人任正非有多么强烈的危机感和忧患意识。"华为成长的道路上一直面临以小搏大、虎口夺食的压力,到今天都是如此。一路上都在充当鲨鱼堆里的'鲇鱼'角色,公司压力以及员工压力可想而知。"一位华为员工评价说。

很多人都习惯了这样的局面,那就是中国企业遇到困难时,往往会求助于政府,"找市长"成为习惯做法,但在深圳,强烈的市场意识已经使企业家们有了很大的行为转变,"不找市长找市场",这是对深圳企业市场实践的形象总结。2004年年底,年近七旬的电子产业老将王殿甫,在退休后再度出山,出面执掌陷入困境的创维公司,可以说是深圳企业家市场精神的一个活生生的例子。

"老牛不怕夕阳红,不用扬鞭自奋蹄",王殿甫在创维数码面临黄宏生事件临危受命时是这样自勉的。王殿甫说,本来不想重新出山的他,深知中国电子行业创业艰辛,但创维毕竟是深圳培育起来的四大品牌电视机产业之一,倒下去真的很可惜,几番考虑他才义不容辞、义无反顾地接受了这个任务。

王殿甫从1961年开始涉足中国电子产业,他征战南北,有着经营彩电、显像管、半导体等电子纵深产业的丰富经验,曾任深圳市赛格集团有限公司首席执行官,首个在中国的电子行业里成立集团公司。在为创维掌舵之前,王殿甫曾任中国电子商会副会长、深圳电子商会会长,是中国电子企业的代表人物,曾两度获得中国"五一劳动奖章"。正是市场经验、管理阅历让创维选择了王殿甫,而经历过一次重创的创维集团重新站起来,王殿甫可谓功不可没。

二、创新意识：要做就做最新的

经济学家温元凯把"深商"概括为中国新经济浪潮的排头兵。他说,深圳的企业有强烈的自主创新精神,深商代表了一种新的商业精神,创新的内核不只是管理方面的创新,更具有科技创新的特点。

从1992年开始,深圳的高新技术产业每年都在以40%以上的速度成长,从业人员也从最初的两万骤增至百万人,如此迅猛发展的关键就是"创新"二字。目前,深圳高新技术产业创新体系完善、创新人才荟萃、创新投资活跃,不仅成为深圳改革开放以来的又一个亮点,更受到全世界关注。这些主要就归功于深圳企业家有一股创新精神,华为、中兴等一批企业之所以能快速成长,可以说就是源于不断的创新。

侯为贵把一个原始投资200万的小厂办成国际知名科技企业中兴通讯公司,靠的也是自主创新。

自主创新一直是中兴通讯发展的主旋律。"一个国家、一个民族,要想在世界上真正立足并赢得国际社会的尊敬,必须在高科技领域占据一席之地。"中心通讯创始人、董事长侯为贵的这句话锁定了中兴通讯的"创新战略"——创新才是独立发展、长远发展的根基所在。

1985 年中兴通讯的前身深圳市中兴半导体有限公司主要依靠开展来料加工业务获取原始积累,先后组装过电话机、电子琴、冷暖风机等产品。如果,中兴通讯一直以开展这样的加工为主或者开始生产类似的电子产品,那么到了今天,中兴通讯或者早已不存在,或者还在生产低端的电子产品。但是,中兴通讯看到了通信行业大发展的机遇,选择了通信行业,选择了自主研发之路。1987 年,中兴通讯研制出第一个技术产品 ZX－60 模拟空分用户小交换机。1989 年,中兴500 门用户数字程控交换机通过邮电部的全部测试,并由航天部主持进行了部级技术鉴定,被认定为具有自主产权的国产化第一台数字程控交换机 ZX500,此后 ZX500A 数字端局交换机获邮电部入网许可证。

从技术追随到自主创新,而今侯为贵领军的中兴通讯已经在 3G、NGN、数字集群、CDMA 等多个领域跻身国际先进行列。目前,中兴通讯在 3G(包括 WCDMA、CDMA2000、TD－SCDMA)、NGN、IPTV、宽带接入、数字集群等通信领域的技术和应用已居于国际先进水平。如果说在 20 世纪 80 年代末、90 年代初国内厂家程控交换机的群体突破中,中兴通讯与欧美厂商尚存在 10 年的技术差距,90 年代末国内厂家 GSM 移动通信的群体突破上,中兴通讯与欧美厂商有四五年的技术差距的话,那么,到今天,在 3G、NGN、GoTa 数字集群等高端技术上,中兴通讯已能做到与欧美厂商保持同步,甚至部分产品还领先于欧美同行。

任正非所领导的深圳华为公司,目前已是世界上专利申请最多的企业。华为公司在欧洲、美国、印度以及国内的上海、北京、南京、西安、成都和武汉等地设立研发机构,充分利用全球和全中国的人才与技术资源平台,建立全球研发体系。公司的中央软件部、上海研究所、南京研究所和印度研究所已通过软件质量管理最高等级 CMM 5 级认证。

华为还积极参加国际标准化组织的工作,已加入了 91 个国际标准组织,并在这些标准组织中担任了 100 多个职位,积极参与国际标准制定。2008 年,华为在光纤传输、接入网络、下一代网络和安全领域提交了1300多篇提案;在核心网络、业务应用和无线接入领域提出了2800多项提案。

从专利申请上看,来自中国专利保护协会的数据显示,2009年中国企业专利申请数量排名中,深圳公司中兴通讯、华为、鸿富锦分列前三名。

中兴通讯公司以5719件申请量首次占据榜首,同比增长逾20%。与此同时,中兴通讯2009年海外专利申请量更同比增长超过200%,达1164件,增长量居全球首位。在中兴通讯全年6000多件国内外专利申请量中,九成以上为发明专利,其中无线专利申请量达三成。

在2008年之前,华为连续6年蝉联中国企业专利申请数量第一,并且所申请专利绝大部分为发明专利,连续3年中国发明专利申请数量第一。截至2008年12月底,华为累计申请专利35773件。

而根据世界知识产权组织最新公布的数据,2008年全球专利申请公司(人)排名榜上,深圳华为公司以1737件申请首次占据榜首,同时也结束了菲利浦连续10年的榜首地位。紧随华为身后的是日本松下、荷兰菲利浦、日本丰田和德国罗伯特博世。根据华为公司的惯例,为保持在技术领域的领先,华为每年坚持以不少于销售收入10%的费用和43%的员工投入研究开发,并将研发投入的10%用于前沿技术、核心技术以及基础技术的研究。

根据世界知识产权组织的初步统计,2009年中国申请人共申请专利合作条约(PCT)国际专利7971件,同比增长30.1%,增速居世界各主要国家之首。其中,深圳企业华为居全球第二,而中兴、腾讯等企业均进入全球申请排名前200名。[1]

三、国际意识：要做就做世界级的

由于深圳特区最早对外开放的缘故,深商也是中国最开放、国际化程度最高、与国际接轨最好的群体。

---

[1] 参见马晓芳、孙进:《中兴、华为、富士康分列2009年中国专利申请前三》,《第一财经日报》2010年2月9日。

目前深商的事业版图,早已经突破深圳的地域局限,拓展到了全中国乃至全世界。从深圳产品品牌万科地产、华侨城主题公园、天虹商场等在国内多城市落地开花,到以华为技术、中兴通讯为代表的深圳高科技企业在海外市场攻城略地,无不反映出气势磅礴的"深商力量"。得改革开放之先而异军突起的深商,正把自己迅速地融入并成为全球经济的弄潮儿。

深圳富士康集团可以说是其领军人物郭台铭功成名就的主要依托,而在深圳的郭台铭正是因为做到全球视野才有了其今日的辉煌成就。

1988年,郭台铭的鸿海公司成立14周年时,营业额不过2.5亿元。这一年鸿海的深圳厂开幕,鸿海正式进军内地。当年,郭台铭一口气在深圳龙华买了500亩厂房用地。那里曾经是一片农田,在深圳境内,还鲜有前去投资的台商,即使有,也是一些实力并不雄厚的小企业,抱着投石问路的心态去投资,规模很大的公司去投资的还不多。那时的港台到内地发展的企业,绝大部分还停留在"三来一补"模式,依靠内地的廉价劳动力、土地、厂房以及各项政策优惠扩大业务。郭台铭却没有简单地走这样的路线,现在无法猜想他当时是否想到了中国"世界制造工厂"这个概念,但他显然看到了中国内地不仅有廉价劳动力,更有优秀的一流技工。1988年富士康在深圳创立开始,郭台铭便将富士康定位于鸿海的生产基地。

如今在深圳龙华,一平方公里内,富士康旗下18家企业厂房依次并排。40万人的富士康工业园区就是一个完整的社区,有深圳一流的足球场,有繁华的商业街,有深圳最大的网吧,有容纳数千人的餐厅。

这么大规模的工业园区,在全球也不多见。当郭台铭决定在深圳建厂时,他也没有想到,自己将在深圳创造一个如此庞大的制造企业。

"要做就做世界级",凭着先进的设备与技术,鸿海的合作方都是世界一流企业,如苹果(Apple)、康柏(Compaq)、戴尔(Dell)、IBM等计算机大厂,思科(Cisco)、诺基亚(Nokia)等通信大厂,以及消费电子大厂SONY等,都是鸿海重要的战略客户。

2001年,美国摩托罗拉还是中国内地创汇最高的"三资"企业,但是2002年就被一家来自深圳的富士康所取代,富士康的母公司,正是台湾最大的民营制造公司——鸿海精密。

根据中国商业部 2002 年公布的 10 大创汇企业中,富士康以海外贸易 56 亿美元,创汇 30 亿美元勇夺冠军,其销售额占了整个深圳海关的 1/10。这家一年生产全球 1/10 桌上电脑、1/3 PC 零组件的科技公司,掌握了全球 PC 的命脉。IBM 副总裁就曾经留下一句名言:"深圳到香港的公路如果塞车,全球 PC 就会缺货。"郭台铭自己也常向朋友自豪地介绍:"鸿海工厂就像是连接广州和深圳的广深高速公路,生产线种类既广、技术又深、速度又快。"这时的鸿海精密已经是华人制造业最大规模的全球化企业了。

四、卓越意识:要做就做最好的

王传福创办的比亚迪科技有限公司,从生产手机电池到开发电动汽车,无不体现出深商的卓越意识。你无我有,你有我优,追求卓越,正是比亚迪成功的秘诀。

作为比亚迪公司领军人的王传福,在商场上的表现,也让人留下深刻的"超级自信"印象。比亚迪生产的核心模式是"半自动化加人工",也有人称为"小米加步枪"。从电池生产线到随后的电动汽车模具,王传福所做的就是把人力资源利用到了极致。

进军手机电池领域时,王传福不畏该领域现有跨国公司在技术、市场方面的强势地位,充分利用自身优势取得发展空间。为了节省成本,王传福分解了生产过程,自主开发部分关键设备,以半自动、半人工来完成生产,将电池生产成本削减至比日本厂商低 40%。有人曾用"师夷之长技以制夷"来概括王传福对技术的狂热,他通过拆解、学习、改造、创新,最终成为中国"电池大王"。

1997 年的亚洲金融风暴促使拥有成本优势的比亚迪从一个名不见经传的小角色,成长为一个年销售近 1 亿元的中型企业。到 2000 年前后,比亚迪发展成了世界上最大的手机电池生产商。

比亚迪目前以近 15% 的全球市场占有率成为中国最大的手机电池生产企业,在国际市场上正与日本三洋一决雌雄。在镍镉电池领域,比亚迪全球排名第一,镍氢电池排名第二,锂电池排名第三。

深商的卓越意识还体现在服务上。"深圳服务"一直是深圳企业的响亮口碑,而其背后所反映的也是深商不断进取,提供卓越服务的精神。从一家小小餐馆到曾经高高在上的银行,不断进步、令人感叹的深圳服务无不透露出深圳企业家的这种精神。

深圳招商银行如何从国有大银行的包围中杀出来,在很大程度上靠的就是优质服务。以往人们对银行的印象是,威严肃穆的银行大厅、名目繁多的各式单据、不苟言笑的工作人员、黑压压的等待队伍,总会让我们觉得自己的渺小和无助;柜台内外、储户满脸堆笑地问过去,小姐冷若冰霜地回过来:自己看说明去!等到招商银行出现的时候,人们才感受到:我们到银行是接受服务来的。在招商银行,有引导员站在门口,笑眯眯地指点迷津;大厅里不见了长队,人都拿着顺序号靠在沙发上看报纸;柜台前面放了张高脚凳,坐等办手续的时候,您可以从手边的小碟子里挑一颗糖吃……这些说大也大、说小也小的细节昭示:招商银行一点也不把自己当衙门,而是服务顾客的第三产业。

实际上,银行在中国很多年来一直不是企业的形态,也没有客户的概念。招商银行正是通过树立以客户为中心的理念,"顾客就是上帝",才打开了自己的银行服务新局面。这中间深受客户欢迎的"一卡通"、"一网通"业务是最好的例子。

1995年2月,招行成立了个人银行部,开发并倾力营销"一卡通"。"一卡通"卡片将原始的服务手段与先进的管理理念进行了"嫁接","一站式"服务让每一个客户都感受到了招商银行的独特之处。

"一卡通"的设计思想包含了一次重要的观念变革。传统的银行储蓄实行的是账户管理,用户手里定期存折一张单子、活期一张单子,而对银行来说,客户的银行账户分散在各个系统之下,客户办理业务存在诸多麻烦,而银行也不知道客户的全面信息。招行提出了"客户号"概念,即以客户为中心的综合账户管理——一张卡里包括个人所有账号。在此基础上推出的"一卡通"具有通存通兑、一卡多账户、消费等功能。用户只要用密码进入,账务管理都交给银行来办。

"一卡通"获得了极大成功。看一看"一卡通"的发展速度:1995年发卡量是9.2万张,1996年约34万张,1997超过150万张,1998年超过300万张,1999

年超过 600 万张,2000 年达到 1100 万张。在《人民日报》和中央电视台进行的一次调查中,"一卡通"被认为是"最受客户欢迎的品牌"中三个银行业品牌之一。①

在成功推行"一卡通"的基础上,招商银行率先推出"一网通",由此成为国内首家经监管当局正式批准开展在线金融服务的商业银行。凭借"一网通",招商银行在网上银行的虚拟世界与招商银行的现实空间架上了桥梁,利用信息化网络技术改造银行业务,抢占金融领域的制高点。这样招商银行利用所拥有全行统一的电子化平台,率先开发了一系列提高客户服务水平的金融产品与金融服务,利用所打造的"一卡通"、"一网通"、"金葵花理财"、"点金理财"等知名金融品牌,吸引了大批高端用户。

---

① 参见老亨:《深商的精神》,海天出版社 2007 年版,第 188—189 页。

第十八章

港商在深圳

"改革开放30年,是一首伟大的史诗,演绎了香港与祖国血浓于水的故事。在生逢其时的大时代长袖善舞,抒写出香港与祖国同在的辉煌文章。"

——曾荫权

30年前,改革开放之初,香港美心集团董事局主席伍沾德父女二人在中国大陆注册了第一家内地与境外合资企业,持有001号经营执照。

30年后,在广东的港资企业近八万,仅深圳地区就占据了1/8以上,并突破了一万家①,投资领域由从事初级产品加工业务和制造业发展到制造、批发零售、物流、金融等多行业。

第一节　许章荣:小枕头里的大文章

在深圳乃至全世界,很多家庭的床上用品都来自一个香港的品牌——雅芳婷,它因时尚、大方的设计和高品质面料赢得了众多家庭的心。

---

① 参见陈岩:《深圳港资企业税收收入大增》,《深圳特区报》2008年8月6日。

雅芳婷——属于许章荣,一位勤于思考和勇于创新的香港人。

这位赫赫有名的"枕头大王",却有着不一般的经历。出生于广东揭阳的许章荣年仅 1 岁就跟随父母移居去香港,然而仅剩的一点家底也被贼抢光了。由于生活窘迫,中途被迫辍学,十几岁他就出来打工挣钱养家,先后做过送货员、推销员、采购员。然而尽管如此,他并没有放弃学习,工作之余还去夜校学习英语,很快就能够与外商进行交流,甚至谈生意。勤劳换来财富,20 世纪 70 年代初期,他积攒了下 5 万元。一次偶然的机会,他用这 5 万元创办了手工制作棉花枕头的"章记"小厂。

一、抢占先机勤钻研

章记小厂取名"章记枕头床垫公司",是一个微型枕头和床品布艺加工厂。枕头的材料是木棉花,掰开之后,雪白的木棉花呈现眼前,然而让人苦恼的是,如果直接拿来做枕头,里面的绿豆大小的木棉籽就会让睡着的人感到很不舒服,这就要求在生产的过程中必须有一道工序:把木棉籽去掉。同时由于木棉籽也经常被老鼠啃咬,这让许多枕头商人都为之困扰。根据土方法,只能拿粗木棒不断地捶打,待到木棉花都蓬松起来籽掉落后,才装进枕头套里面,既费人力又费时间。爱动脑筋的他凭着自己的钻研和热情,在从事机电工程的朋友帮助下,发明了"枕头机",解决了木棉花籽难以去除的问题,极大地提高了枕头制作的效率,省下了大量的劳力,枕头销量急剧上升 10 倍,第一次尝到了创新科研的成果,也从此开拓了"枕头"之路。

1979 年,许章荣的生意也日益红火起来,与此同时香港的竞争也很激烈,床上用品因其较为庞大且工序复杂,需要占据较大的空间,更多人愿意给电子、玩具等小件的老板做厂,而不愿意做这样"大件"的厂。

改革开放到来,中国颁布了《中华人民共和国中外合资经营企业法》,使得在中国合资经营的企业有了法律依据,1980 年 8 月,深圳、珠海等经济特区相继成立,中国利用外资、侨资进入探索和试验阶段。目光敏锐的他准确地把握了这一次机会,跨过了罗湖桥,创办了深圳第一家床上用品工厂,成为第一个在深圳创办床上用品工厂的港商。那时厂房的四周都是瓜果地,条件也比较艰苦,据港商刘天就回忆:"那时坐单车如同现在的打的,坐一趟颠簸的单车之旅,费用也就六七毛钱。"①李文富也证实了初期投资的经历:"在来往港深途中,在深圳路段,由于当时香港的汽车还不能开过来,李文富——百事可乐香港业务代表的交通工具就是自行车,他就用自行车把百事可乐驮到深圳。"②

可见当时环境有多么差劲,更别提设施简陋、基础建设有多落后了,可许章荣毅然决定来深圳办厂。"深圳特区有25年的发展历史,而我在深圳经商已有26年了。当年我得知深圳马上要搞来料加工,就带着10个工人从香港来到深圳蔡屋围开业生产。可以说,我是第一批来深圳'吃螃蟹的人'。当时可没有现在这么多的优惠政策,前景也并不明朗,一切都要自己开拓。现在想来确实太冒险,但如果没有冒险,也就不会有今天的'雅芳婷'。"③回想起当初的情景,许章荣颇为感慨。④

正是当初这个看似冒险的决定,尽管经历了当初的艰辛,却为雅芳婷未来的发展奠定了坚实的基础。

二、看准商机创新品

1983年,欧美床上用品因其典雅的设计和优良的品质大获市场的青睐,然而昂贵的价格却让人望而却步,许章荣看准这一商机,当机立断全面引进欧洲市场的设计、样式、风格投入生产,极大地满足了香港消费者的消费需求。他充分考虑到未来开发内地市场的可能性,并充分考虑到广东话市场、普通话市场及英语系市场的发音问题,将"章记"正式更名为"雅芳婷",一举打开市场,最终确立品牌名称。他还不失时机地利用广东沿海观众能接收香港电视节目的机会,率先聘请李美凤、佘诗曼等香港当红女星出任广告形象代言人,20世纪90年代初,收看过"翡翠台"和"本港台"的人一定记得一句广告词——"雅芳婷,睡之锦

---

① 康殷:《我在深圳赚钱赚到笑》,《南方都市报》2010年3月5日。
② 徐明天:《春天的故事——深圳创业史》(上),中信出版社2008年版,第27页。
③ 高宏丽:《创新造就新一代枕头大王——许章荣》,中国家纺网2006年4月29日。
④ 参见中国家纺网:《小枕头成就大王国》,《中华工商时报》2008年12月11日。

囊”,铺天盖地,家喻户晓,不断地把“雅芳婷”品牌推向内地市场,最终确立了自己稳固的品牌名称和地位。

在许章荣的市场开发理念中,产品创新是一个不断满足顾客需求的过程。

细心的他发现生活中有一个小细节:由于被芯在被套里面经常会出现移位,甚至缩成一团的情况使得很多人在冬天被冻醒。这或许只是生活中的一个小问题,然而用心的他却认真研究起来,发明了“连芯扣”和“睡之锦囊”棉被套装,使得被芯更换就像换衣服一样容易,与此同时还不会出现被芯移位的问题。

“说者无意,听者有心”这话用在“智能枕”的开发上是最贴切不过的形容了。这源于一次许章荣与朋友的聊天,这位比较习惯侧睡的朋友,由于他肩膀宽,所以当他在侧睡和仰睡之间转换时,就需要不断地更换不同高度的枕头以满足不同的睡姿需要,这让他十分的苦恼。许章荣留心地观察了一段时间,发现不少人在侧睡的时候,都会把手垫在枕头上,以满足侧睡时枕头不够高的问题。这个情况促使他不断地思索:市场上的枕头都是标准化生产,统一的高度尺寸,然而每个人的头、颈、肩都是不同的,自然需要不同高度的枕头,如何才能解决一个枕头同时满足侧睡和仰睡不同高度的需求呢? 一次,他在旅游中看到寺庙里佛祖侧睡的雕像,状态安详,这使他猛然有了创作的灵感。韧劲十足的他请来物理治疗师做头型研究,经过几百人的测试,长达9年的反复试验,耗资将近800万元,终于创造出48种型号的中间低四周高的“智能枕”。然而,如果让顾客试完48款枕头再购买的话非常浪费顾客的时间,显得非常不靠谱,他马上联系生产力促进局协助研制电脑枕头扫描仪,远赴德国聘请专家设计生产线,历经2年终于研制成功,现在,这个扫描仪器在30秒内就能扫描出顾客的数据,让顾客找到最适合自己的智能枕。

这一“全球首创”发明不仅使得他荣获了“国际发明金奖”等多项荣誉,更让他获得了可观的经济效益和良好的口碑,可谓名利双收。2004年后陆续推出专利产品“真丝羊毛被”和“连心被”、“鸳鸯被”和“数码婚庆床品”等,多次荣获殊荣,深受消费者的喜爱。获奖还进一步激发了他的创造发明欲望——睡眠科技馆,这是包括有“身”体验的试睡室、枕头历史博览、颈背护理教育等的科技馆,别具一格,面积巨大,再次成为了“全世界第一个”。他的“枕头王国”也在不断的创新中腾飞。

三、依托内地谋发展

远见卓越的许章荣看准了中国内地庞大的市场,他还把雅芳婷的总部也设在了深圳。

改革开放初期,许章荣就成为了深圳投资办厂"冒险试水"的先遣部队,获得了长足发展的基础。1992 年,邓小平视察南方发表了重要讲话后,他当机立断扩大再成产,在 1993 年投资 2 亿元,在海口设立"海口欧化印染有限公司",从而实现了从布料印花、染色、车缝、包装、销售等产、供、销一条龙生产。继而2005 年雅芳婷以合资方式,投资 3 亿港元在山东济宁市建设大型生产基地,不断扩大国外市场份额;2006 年,又在惠州斥资 1 亿元设厂,扩展车缝及床褥生产规模。到 2008 年,雅芳婷的销售额超过 8 亿元,并继续保持稳定增长的态势。①据悉,2008 年起,雅芳婷每年将以 40% 的速度增长,到 2012 年销售额将超过 16亿元。②

从 1974 年的 5 万元投资,到 2008 年销售额 8 亿元的成绩,短短 34 年的时间,雅芳婷从一个土生土长的香港小厂,发展成为一个遍布惠州、海口、山东等地的生产基地。它的成功与中国的发展息息相关,脉搏相通,是伴随着改革开放的步伐一起发展的,用许章荣的话说就是"与时俱进",这是雅芳婷成功的秘诀,也给予了我们一些启示。

雅芳婷准确透析中国的发展脉络,尽管当时改革开放初期,深圳还只是果树田地、瓜果满地,但许章荣及时地把握住了改革开放的机遇,利用国家给的优惠政策,极具前瞻性地抢占了先机建立了基地,这比大批在 80 年代、90 年代才进入内地的港商来说,雅芳婷早已"水土相服"了,更为雅芳婷 80 年代初即建立自己的品牌企业奠定了厚实的平台。进入 21 世纪,随着金融危机的到来,深圳乃至珠三角都面临着转变发展模式的迫切需求,改变以往粗放式的经济发展模式、

---

① 参见中国家纺网:《小枕头成就大王国》,《中华工商时报》2008 年 12 月 11 日。
② 参见吕镇缜:《91 届中针会展商之雅芳婷》,中华纺织网 2008 年 12 月 22 日。

优化产业结构必然要求对于低增值、高耗能、高污染的企业进行升级和改造,政府也必将对整个珠三角企业进行重新规整和部署,如何适应内地环保的要求和符合产业升级转型的趋势,如何配合政府发展战略需求,及时调整发展方向,积极拓展生存空间,是现代企业面临的新挑战。雅芳婷坚持走品牌化的发展方向,坚持紧跟市场的需求自主研发新产品和核心技术,每年拿出 5% 的销售额,近3000 万元进行研发[①],开发多元化的市场,使得企业的软实力和硬实力不断增强,抗风险能力不断加强,这是雅芳婷近年来能够持续保持强劲增长,并且在金融危机时出口量还一直保持呈现增长趋势的奥妙所在。可见,只有拥有强大的品牌实力,掌握主动的技术,才有可能在激烈的竞争中和产业升级更新中立于不败之地。

紧贴改革开放与国际市场发展的轨迹,及时解读市场发出的信息是雅芳婷制胜的关键。当许多加工业老板还在满足于自身利润的情况下,深圳的变化悄然而至,有客观的因素,也有市场的因素,还有国际因素:一方面由于加工行业本身的高模仿性,所以竞争异常激烈,利润急剧下降,这是低附加值加工贸易行业发展的必然趋势;另一方面尤其是在近几年,国际市场对产品安全、产品标准等方面的要求越来越严格,部分港资企业甚至卷入产品回收风波的不在少数。那么如何生产出符合国际市场品质标准要求的产品,避免被市场淘汰,也就成了加工业老板面临的“瓶颈”问题,甚至有的企业倒闭,如 2007 年 8 月,就有一家生产玩具的大企业因召回风波遭受严厉打击,其拥有者也自缢身亡。许章荣的成功在于不仅仅满足于代工、接活等形式的初始生产方式,而是不断地根据市场的需求、消费者的需求创造出新的产品,“不断地创新——不断地满足客户的需求——赢得市场——再不断地创新——再不断地满足客户的需求——再次赢得市场”的良性循环缔造了 12 个第一,创新成为雅芳婷品牌的核心,是雅芳婷屹立床上用品市场 30 年不倒的法宝,是雅芳婷畅销内地、欧美、澳洲、东南亚等十多个国家、地区的秘密所在。

依托深圳这一桥头堡,依托内地市场,是雅芳婷发展的坚强后盾,也是许章

---

① 参见中国家纺网:《小枕头成就大王国》,《中华工商时报》2008 年 12 月 11 日。

荣未来发展规划的重头戏。据介绍,雅芳婷进入内地后,最初内销的产品只占30%,但目前内销的比例已经提高到50%左右,从内地市场的布局看,深圳今后将成为雅芳婷开拓内地市场的一个重要基地,将集营运、设计、创新为一体,山东则将成为雅芳婷的生产和物流基地。"目前雅芳婷也正选择性地进入西部地区,如云南、成都等城市都已有了我们的销售专柜"①。这也是港商陈丽华的心声:"我的成功首先要归功于邓小平的远见卓识,感谢中国政府改革开放的政策。"②可以说,港商与香港的快速发展,很大程度上得益于内地的政策与发展,30年来,改革开放为香港经济的繁荣提供了巨大的发挥空间,更为香港进一步转型腾飞提供了广阔的舞台。

第二节　文伙泰:我是政协委员

2001年1月1日,"中华正气龙"剪彩仪式在北京举办,随后赠送给澳门,其活动的组织者和发起者之一就是文伙泰,他是全国侨联委员,深圳市政协第一、二、三届常委,市政协经科委副主任,香港新界原居民。

一、最早提出河套开发的人

关于文伙泰个人的报道不多,能够搜索到的信息几乎都是他与"深港合作"、"深港一体化"、"河套开发"、"一河两岸合作开发"、"两制双城"等报道相关,到处都有他的身影。早在20世纪90年代初,眼光独到的文伙泰就开始组织港商到深圳参观、考察,积极推动深港两地的交流与合作,是最早提出开发河套

---

① 李钦:《小枕头拼出大市场》,深圳新闻网2007年7月9日。
② 张舵、温雅萍:《港商陈丽华:我的成功归功于中国改革开放政策》,新浪网2004年8月29日。

的人。1992 年 4 月,他通过政协,提交了"五号提案"①,会后,政协副主席委托中国综合开发研究院市场研究所成立了一个课题组,在边境进行徒步考察,并使用了航拍图,最终形成了深港双边合作保税区的设计方案。1994 年,他个人出资 1000 万元港币,成立了"深圳特区促进深港经济发展基金会"。新福港公司作为承办商,开通皇岗—落马洲过境穿梭巴士线路。目前,该线路日均客流量从最初的 2000 人次达到现在的 5 万人次以上,占皇岗口岸总客流量的 40%,是深港过境交通的一个重要组成部分。②

二、和祖国脉搏一起跳动

说起文伙泰确实不容易,他几乎是在一片非议声中坚持走下来的。1979 年,作为首批来深圳投资的港商,他一下拿出 1000 万元现金投到深圳,遭到了许多人的误会,认为他不投设备投资金是很傻的事情,万一内地政策改变,资金就会被大陆银行冻结,是很大的风险。但文伙泰一如既往地坚持着,1981 年开发改造东门老街也受到了许多人的劝诫,认为当时深圳的房地产没有希望,还是趁早撤回资金的好。然而事实证明,文伙泰的选择是正确的。用他的话说就是:"这可能是因为我始终把自己当成是中国人吧,我身上流着祖先的血,我们家好多代虽然生活在香港的新田,但是一说起来,我们都说我们自己是江西吉安人,那也是先祖文天祥的家乡。我觉得一个人的护照不等同于他的国籍,更不等同于他的血统。因为我是中国人,我自然时时刻刻关注着祖国的一举一动,我的心和祖国的脉搏一起跳动,我怎么会判断失误呢?"

三、深港一心谋发展

在推动"深港一体化、深港同城化"的过程中,文伙泰多年来不遗余力,奔走相告。据报道,就"一河两岸合作开发"的设想他还多次与深圳市各届领导建议,1997 年香港回归之际,文伙泰与原深圳市市长介绍这一设想,李市长对其大

---

① 参见杨柏、蒋明、袁磊:《一个"思想公司"能走多远》,脑外脑网 2006 年 3 月 21 日。
② 《首届深圳港商风云人物公示》,参见新浪网 2007 年 6 月 30 日。

加赞赏:"文先生的想法有很长时间了,见到每一位市长都要讲,能坚持努力到今天,拿出成果真不容易,真是流水的市长,铁打的文生。"①

深圳市政协中像文伙泰这样的爱国知名人士不在少数。"中国体育休闲第一人"朱树豪从1998年以来就提交了许多重要的提案,2002年以来每年平均提案多达三四个②,2008年的《关于我国慈善事业应全面民间化、职业化的提案》③荣获"政协第十届全国委员会优秀提案"。与此同时,荣获此殊荣的还有李贤义的《关于严厉打击刑事犯罪的提案》;马介璋的多个提案也被采纳,如《要搞科技含量产品、重视工业产业结构升级》的提案获得了深圳市政府的高度重视和认可。1990年深圳市政协创立以来④,香港、澳门等知名人士就被特邀担任政协委员,各种提案累积高达近千件,还有数千条的意见和建议,涉及治安、金融、医疗、科技、房地产、环保、两岸关系等方方面面,许多提案都已付诸实施或在国家、省、市的有关政策和法律法规中有所体现。

众多的提案都耗费了委员们的大量时间、心血和财力,生意场上已经十分忙碌的他们本可以全心全意打理自己的事业,但仍然忧国忧民,提出大量有益于国家社会、经济发展的建议。是什么原因促使他们如此尽心尽力?"从1978年开始到内地投资,多年来的心愿就是把个人的经验、事业融入国家的发展中。可以说,参与提案委员会这个大集体,大家在经验、履历和资源方面取长补短,让我感到和国家发展的脉搏贴得很近。"⑤这是朱树豪的心声,也是所有委员的心声,他们积极参政议政,凸显出高度的政治素质,他们当中大多数的人所具备的西方政

---

① 刘骆生:《丹心一片向祖国——记全国侨联委员深圳政协常委文伙泰》,《中国统一战线》2000年第2期。

② 参见王平:《2005聚焦两会——朱树豪今年提案内容更有创意》,《人民日报》海外版2005年3月8日。

③ 参见廖恒:《全国政协表彰优秀提案,港澳委员十提案获奖》,中国新闻网2007年11月22日。

④ 参见钟志谦:《政协港澳委员对深圳的七大贡献》,《特区实践与理论》2009年第2期。

⑤ 王平:《2005聚焦两会——朱树豪今年提案内容更有创意》,《人民日报》海外版2005年3月8日。

治、经济、文化及教育背景,以及他们的理念、国际视野和思维方法,通过提案等方式反映民情民意,为国家、省、市改善民生、发展经济、城市建设等方面提供富有建设性的信息和意见,极大地开拓了决策机构的视野和眼界,为社会进步作出了巨大的贡献。

第三节　蒋丽婉：知识型的工业强人

蒋丽婉,是第二代港商出色的代表之一,她于 2004 年 4 月 1 日正式接手其父亲蒋震先生所创下的基业——震雄集团,并出任行政总裁一职,那一年,她 38 岁,成为了香港工业界中的一朵奇葩。

一、孜孜不倦勤读书

与第一代港商困苦的打拼经历不同的是,蒋丽婉没有面临贫寒辍学或负担家庭经济压力的问题,从小独立的她 14 岁那年就前往美国完成了高中学业,随后毕业于美国卫斯理女子大学,主修英国文学,并获得文学院学士——这所宋庆龄姐妹、冰心在美国留学时的高等学府,更吸引了众多的名门淑女,前总统夫人希拉里也毕业于此。

回首从前,蒋丽婉说小时候对自己未来的路并没有太多的设想,也没有想过要成为一名企业家,只是从小就立志要用功读书,入读优良学府,成为一个有本事的人。

现如今,她"读书"更有方向性和针对性,现在她每年抽出三周的时间读书,已成为了她的一个习惯。2005 年,她就前往美国斯坦福大学上短期课程,内容是经济趋势和科技走势,其中有纳米科技一章,很多人认为纳米技术和注塑机生产为主的企业没有关系,但是她却认为："虽然与我们目前一点关系都没有,但你都要知道,它是一种趋势嘛,外面已经在讲纳米化原料纳米塑胶等了,以后我们的技术会不会因此而改变呢? 当然是可能的。要看到长远的事。"①

也许,正是由于这样广泛的知识面,最终使得她继任后,震雄依然焕发光彩,依然傲立于工业界的秘诀之一。

二、基层做起有实力

大学毕业后的蒋丽婉本打算再修读法律课程,然后回到香港进军金融界。但她的父亲却建议她先回香港做暑期工,累积工作经验再做打算,让她想不到的是,她在震雄的工作从1年的计划变成了20年的事业。

作为"蒋家六千金",常被人冠以"太子女"等的称呼,误认为她是依靠了父亲这棵大树。但她凭着自己的踏实和努力,最终获得了父亲的赞许、同事的信任、公司的认可,最终接替父亲掌管这一"注塑机王国"。

1988年毕业的蒋丽婉,由基层干起——担任营业部主任,在生产部门工作了5年,先后参与计划、设计、生产、测试、质量控制和后勤计划,掌握了企业运作的整个流程。刚开始,许多人对她的身份有所避讳,对她讳莫如深,怕在言语间开罪高层。但她却说:"但这不影响我的工作。我认为无论是创业还是守业,最重要是令企业交出成绩,让管理层的能力有目共睹。以能力去衡量企业的成绩是最好的,不应受家族因素牵制。"②凭着出色的业绩,她于1993年擢升为市务及生产部执行董事,随后2000年又被提升为总经理,并于2001年被提升为震雄集团副行政总裁,开始全面负责集团国内外市场的整体运作、市场定位和业务推动,最终在2004年正式接替父亲掌管企业,成为香港上市公司工业股中屈指可数的40岁以下的CEO之一。

三、守业之道靠勤奋

那时候的震雄集团已经历经45年,早已从一个小型机修厂蜕变成一个拥有超过20亿元港元市值、年销售额达18亿人民币的上市公司。作为二代守业的

---

① 戴萍:《蒋丽婉书中自有无尽才》,文汇报网2004年12月27日。
② 《旭茉JESSICA》杂志:《成功女性——蒋丽婉》,搜狐网2009年5月28日。

蒋丽婉凭借个人卓越的能力获得了父亲的赞许、公司的认可,但"创业难守业更难",可想而知,这是一个多么重的担子。

然而蒋丽婉一直坚持谨言慎行,带领震雄不断扩大发展。她上任以来,集团业绩表现良好,总营业额由2000—2001年度之12.4亿港元增加至2004—2005年度之18.6亿港元,公司股价亦由2001年每股1.25港元攀升至现时每股超过3.8港元。

尽管忙碌,蒋丽婉却坚持每周周末都陪伴自己的家人,成功演绎了一个女儿、一个妻子、一个母亲的角色。她的成功来源在哪里? 据她本人说,就是来自父亲的影响和培养,来自良好的家庭教育。

蒋震的教儿方法更多的是"言传身教",他的谆谆教导,对子女们灌输正确的人生观和道德观,尤其在父亲公司工作的时候,父亲会引导他们对问题的分析、宏观把握和对困难锲而不舍的精神。在父亲的影响下,她很自然地复制了这套管理方法,秉承着父亲的教诲,她一步步走向更广阔的空间。最突出的就是她对人才的重视,她发掘人才,重视人才,培养人才,因材而用,重用人才。一方面,她持续推广企业文化的建立,培养企业的团队精神,大胆改革,静心制定完整的考评制度和奖励机制,致力加强员工的培训,不断整合公司资源和提升员工能力;另一方面,举办各种活动巩固活动,开拓良好的人力资源管理。这种精益求精的精神,在她的不断积极推动下,企业产品研发、销售取得了卓越的成就,业务拓展至中国、海外市场,业绩不断攀升。

四、扎根内地大发展

值得一提的是,早在2000年,震雄集团就将总部设在深圳,蒋丽婉也开始参与内地事务的管理工作,但却遇到了由于深港两地员工的生活方式、思维模式、处事方法、文化背景等多方面的差异带来众多问题。这位深受西式文化影响的女企业家坦言在深圳的管理工作是一个"高难度"的适应过程,这是由于深圳的员工大多属于外来人口,不像香港员工下班后可以回家,这就要求管理要更全面、更细致,从员工的工作环境到生活细节,都要逐一考虑到,给予员工"家"的感觉。经过蒋丽婉女士历经3年不断的学习、考察和探索,终于建立了符合中国企业管理特色的管理方式。这是一个智慧的结晶,是国外管理思想与深圳内地实际的有机结合;这是一个集体的成果,是领导与管理团队、深港两地员工共同磨合、融合渗透探寻的回报;这为震雄保持亚洲领先地位、成为"注塑机王国"、未来快速发展奠定了坚实的基础。

作为一名女性,蒋丽婉不仅发挥了自己作为女性的细腻特点,在把握商机、把握注塑机未来发展等方面有着全面、敏锐的认识,她不仅沿袭父辈一直以来倡导科技的理念,更先人一步地确立了信息化管理的发展战略,还坚持直销的服务模式,凭借三大法宝——高科技、高品质、优质服务,震雄集团屹立在全球注塑机市场上始终保持领先的地位。

震雄集团的成功给予了我们很多启示:随着第一代港商打下的经济基础,家境相对优越,他们的子女日渐长大,他们目睹自己父辈艰苦创业的过程,耳濡目染,父辈们的言传身教,使得他们天然就拥有一个经商的良好氛围和课堂;赴国外留学高等教育的背景和经历,训练了他们观察世界的思维方式,拓展了他们的视野,为他们企业进一步进军国际化市场奠定了更开阔、更远大的全球化眼光和基础。虽然他们都没有创业的经历,却凭借良好的基层锻炼基础、个人的能力和努力,稳打稳扎,逐渐登上主流的商业舞台,走上管理第一线,守业有成。

1997年开始,金融危机爆发,全球经济不景气,2003年"非典"爆发……经济环境的突发性、国际环境风云变幻,港资企业和港商面临前所未有的挑战,危机和机遇交替出现,身处其中的新一代港商,在全球经济的波涛汹涌中日渐成熟,国际化的管理制度和对国内市场的准确把握和理解,成为新一代港商经营之道。这种全球化的本土适应性,使他们所经营的企业在危机之中愈加强大,强大的背后则是中国经济的强大这一后盾,这才是他们制胜的真正原因。香港立法会主席范徐丽泰在香港回归10年的讲话有一段肺腑之言:"十年间,最困难时,中央政府站了出来,不惜一切支持香港。的确,在这些考验中,香港市民深深感受到祖国对香港的关怀,我们不能忘记,在金融风暴时,我们国家的领导人为了捍卫香港地区的金融地位而曾经表态'不惜一切'的重要讲话精神。"①在介入

① 广文:《范徐丽泰:回归十年港人对中央信任程度稳步上扬》,搜狐网2007年5月21日。

内地的事务中,他们更多关注的是管理和人才方面,他们沿袭上一辈的管理经验和理念,却又有所突破,在全面理解国内市场、企业、人才等因素的基础上,全面引进更为科学的国际化管理方法和先进的信息化技术,中西管理思维与方式的完美结合成就了全面进军内地市场和全球市场的最优战略组合,他们的灵活与坚持、圆通与融合的管理理念,最终在中国扎根、发展壮大,从而游刃有余地走在全球化市场的最前线。

第十九章
城中村的屋檐下

> "人民,只有人民,才是人类历史的真正创造者,才是人类社会过去和现存一切的'造物主',才是推动历史前进的真正动力。"

——马克思

短短30年内,深圳的人口激增了近40倍——在这片近2000平方公里的土地上生活着1400万①人口,而其中1200多万②为流动人口,多么惊人的数字!

这些庞大数据的人口都住在哪里呢?根据深圳职业技术学院经济与社会发展研究中心主任查振祥博士的精确抽样显示,其中城中村的270万间(套)房子容纳了九百多万外来人口,大量的职工宿舍里容纳了一百多万外来人口,剩余的部分则被一百二十多万套商品房容纳。③ 主要由原著居民、外来劳务工、城中村里的从商者、白领等各种人群组成的城中村的人口结构,演绎着一段段精彩的故事。

---

① 参见秦鸿雁:《深圳人口突破1400万,外来人口超过1200万》,腾讯网2007年9月20日。

② 参见张妍:《深圳流动人口总数已达1200多万人》,《深圳商报》2008年11月26日。

③ 参见彬彬:《2007深圳人口观察与分析》,企博网2007年10月13日。

第一节　"流水的市民"

在中国,有一句谚语"铁打的营盘,流水的兵",意思是营房是固定的,而住在里面的士兵则是不断地更换着。用这句话来形容城中村的市民是再贴切不过了。

一、马俊：搬家是常事

在靠近沙河西路和深南大道这一带,有一个名叫白石洲的城中村。这里,因靠近深圳高新技术科技园,交通便利,加上房租低廉,成为了这一带工作的人群首选之地,白石洲仅有7.4平方公里,但却居住了十二万多的人口。① 马俊就是其中的一员。

马俊,这个来自四川的小伙子,很年轻,才22岁,但是他来深圳已经有4个年头了。他说,因为他高中的时候贪恋网络游戏,所以耽误了学习,没考上大学,又不想复读再考,因为舅舅在深圳,于是他就选择来深圳闯荡一番。

虽然马俊不高,但他的皮肤很白很细腻,他开玩笑说:"辣椒吃多了所以皮肤特别好。"一件休闲的黑色小西装配上一条略显褪色的深蓝色牛仔裤,底下是白色的波鞋,圆圆的脸蛋上一副黑色胶框的眼镜,整个人都是肉乎乎的,小小年纪的他早已有了肚腩,里头的衬衫有点被挤开的感觉,三尺二的裤头还略显拥挤,他笑呵呵地说:"深圳太养人了,我来深圳3年,就胖了二十多斤。"

碎发的发型和他的性格一样,开朗带一点安静,随和带一点调皮,灵动带一点不服气。他点上一根烟,从中学就开始抽烟的他娴熟地弹着烟灰:"我们村子有一个很不好的风气,每一个家长都互相攀比自己的小孩,所以我不愿意在家呆着。我妈一给我打电话就说谁谁家的孩子寄回来多少钱了,这让人很郁闷,我

---

① 参见李勇:《白石洲　埋葬多少打工传奇》,奥一网 2009 年 11 月 11 日。

挣不到钱，我就不回去。"

　　刚来深圳，由于学历不够，加上没有相关的技能和技术，找工作并不顺利。曾经桀骜不驯的他第一次遇到了挫折，但想到老家人的眼光，好强的他决心闯出一番天地来。他意识到在深圳这个竞争激烈的环境中，如果没有学历，如果没有职业技能是很难有好的发展的。他向上喷了一口烟，继续说道："深圳是一个年轻人的舞台，大家都差不多，没有谁比谁更厉害，只能比谁比谁更努力，拼的是实力，这很适合我，我自信我能成功。"也许这就是他选择来深圳的原因之一。

　　他说他自己仿佛就是为电脑而生的，有电脑可以待上十天半个月不出门，只要叫外卖就可以了。有一次连续 72 个小时在网吧待着没有出来，困了就眯一会儿，饿了就吃饼干外卖，他说要是没电脑，最多 15 分钟，他就会坐不住，想抽烟，想走来走去。在考察了一下整个深圳就业市场行情之后，考虑到自己的兴趣，没征求任何的意见就决定去报一个网页设计和平面设计的培训班。由于没有任何收入来源，他暂时住在舅舅家，每天从布吉坐车到培训中心，中午就在楼下的穆斯林店吃上一碗拉面。很快，为期半年的培训结束了。通过熟人介绍，他找到一份帮人加工产品图片的工作，试用期一个月 1000 元，不包吃住不含保险，但不到两个月，马俊就辞职了："没意思，天天就做那么几样工作，待遇又低，学不到东西。"

　　马俊是幸运的，很快就找到了第二份工作，在一家外贸公司做产品图处理，待遇一个月 2000 元，还有保险。从领了第一份工资后，好强的马俊就从舅舅家搬了出来，在梅林关外那边租了一个房子，一个月 400 元的租金。"那时候很爽的，每天上下班几乎都是从始发站上下，我经常在车里头睡觉，一觉醒来，到了。"他迄今回忆起他生命中第一份实际意义上的工作仍然很是兴奋，看得出来，他很感激他的老板对他的培养："我老板教会了我很多东西，技术上的，做人上的，没有他，我进步不会那么快。"随着日益熟悉工作，加上他聪明勤劳，派给他的活越来越多，他下班的时间也越来越晚："太赶了，不够时间睡觉，我老迟到，如果不是老板开恩，我想我早被炒鱿鱼了，我单位的小陈就是这样被辞退的。没办法，我就找了个人和我一起合租一个房间，上下铺这样，反正都是回去睡一觉而已，无所谓了，要学东西是这样的了，不能讲究那么多。"就这样，他搬到了岗厦村住了将近一年。尽管金融海啸爆发的时候外贸公司受到了很大的冲击，但他依然没有离开，这让他获得了更多的重视，他已经能独立完成一个普通网站的设计了；与此同时，这家公司也无法再满足他所需要的进一步提升和积累的要求了。他又点上一支烟，习惯性地向右上侧喷了一口："我还很年轻，需要学的东西太多了，要积累的东西也很多，虽然老板给我开了挺高的工资，我也挺舍不得他的，但是没办法，学不到东西了，只好走了。"

"学不到东西了"是他的口头禅，他来深圳尽管时间不长，但已经换了差不多 5 份工作了，几乎每换一份工作，就会换一个住的地方。换工作的理由很简单，"学不到东西了"。他说有的同事说他忘恩负义，教会徒弟没师傅，老板对他那么好，他没良心，诸如此类的风凉话。但是他没有把他们放在心上，因为老板理解他，临走前，还鼓励他多认识人，保持学习。"这个老板让我很感动，说真的，在深圳，我舅舅对我都没那么好，我现在逢年过节都会去看他或者给他打电话。我想，有一天，我也要成为我老板那样的人。"

但接下来就没那么幸运了，他连续地投简历，不是被忽悠一直等待，就是皮包公司，另外一家公司"对个人发展没什么作用"，而他想去的公司一直就没有回应，他摊开了双手，有点激动，语速有点快："人倒霉就是喝水都塞牙，真的没错，不过也可能是我太自信了吧，开的工资太高了，你想一个高中毕业，又只有一年半不到的工作经验，要 4000 块钱还是有点过分的。最惨就是我住关外，有一次一觉醒来，发现怎么房门大开，钱包早就不见了踪影，好惨啊，差不多顿顿吃方便面。"幸亏平时他也不乱花钱，总算熬过了将近半年的失业期，这半年迫于经济的压力，他又搬出关外，住在白石龙那边。2009 年 4 月初，他终于找到一份他认为可以给他学习机会的电子商务公司，从事网站设计一职，月薪 3500。他背起行囊辗转到了白石洲住，行李很简单，他买东西都喜欢买一次性的，连床都不买，只买一个床褥，加上被子不到 150 块钱，直接扔在地上睡："我是很懒的人，越简单越好，反正到处都有得卖，干嘛背来背去，用坏了再买，用完了再买，又省钱，又节省人力。"

谈起他在深圳的这 3 年，他说他从来没想过离开过，因为他感觉在深圳很多机会，尤其是像他这样热爱与计算机相关行业的人，在这个行业里头很多有思想的人,能够很自由地交流,这让他成长很快。而且马俊有自己长期的目标,他的下一个目标是参加自考,而不仅仅是网站设计。他说:"没有大学生活的经历,还是有点遗憾,让我觉得值得的是,我的社会经历比我的同班同学多了很多,我没有哪一点比他们差。"

像马俊这样的人还有很多很多,像幼师唐艳、护士刘丽彤、送快递的万新民、酒店服务员时锋、收银员侯婷婷……尽管没有数据显示这些人群在城中村的置换率和职业更替频率,但是,每一天,甚至每一刻,城中村里都会走进一些身影,走出一些背影,他们都不约而同地定时不定时地倒腾换地,这些频繁地在城市中流动的人,因为各种原因不停地搬家,主要是来自由工作和经济的压力所带来的迁徙和流动。这些候鸟一样的人群总是在"成本和时间"之间痛苦抉择:一方面,为了节约生活成本,不得不搬到关外去住;另一方面,漫长的公交旅程既耽误了休息的时间,又耽误了上班的时间,于是在找了新工作后,就马上找离公司近的居住地方。然而,昂贵的租金使得他们的工资捉襟见肘,又不得不找一个更偏远或更便宜的居住场所或换工作。

在深圳,除非你买了商品房,一般来说,这些外来人口在城中村居住的时间大概都是一年左右,由于各种原因换了一份工作,为了方便上班自然就要换住的地方。每一天,喧闹的城中村,狭窄的过道中时不时会穿梭着他们的身影,从罗湖的玉龙新村,到福田的上沙村、下沙村,南山的田厦村……协助一个个来深建设者从深圳的这个村搬到另一个村。

不知道马俊下一个住的地方又在哪里呢?

二、方达伟:更新的喜与忧

上沙村位于滨海大道与下沙路交界的地方。那里因靠近天安数码城,成为了白领们的首选租住区。住在里面的张璐就是其中的一员,她很高兴上沙得到了较好的改造:"你看,环境好多了,以前这条街,有一个小摊档,专门卖'重庆酸辣粉',那气味500米远都闻得到,尤其是夏天,别提有多难闻了。而且租金也只上涨了一点点,总比每天上班挤公交车强多了。"由于租金还是相对比商品房社区较为实惠,张璐看到环境改善了,又从小区房搬了回来:"一个人单身公寓总是自由一些,以前和人合租三室两厅,生活上还是有些不方便的。"

可是,卖烧烤的方达伟却高兴不起来:"改造环境是好了,可是租金也加了不少,像我们这种小本生意,都不知道又要搬去哪里了,我已经搬过两次家了。"像方达伟这样的低收入者,还有很多,像保安、送水工、快递员、清洁工等,他们的收入大概最少是800,最多的也是3000不到。他们无法承担过多的生活成本,只好再次寻找租金更为低廉的房子,有的搬到关外,甚至有的搬离了深圳,否则他们就难以维持生计了。

改造城中村有人欢喜有人愁,环境改善了,道路变宽了,绿化覆盖率高了,卫生良好了……这些都是数不胜数的好处,但是随之而来的是租金的上升,如渔民村的单房租金就高达1200元。尽管有村民表示改造后自己的收入反而增加了,但是,那些低收入者他们将"租何以堪"?低档房的缺失使得他们的租房价格底线被拔得越来越高,他们只有被逼着更多地走向那些租金更低的地方或者住得更为拥挤。当他们越走越远的时候,谁又为我们送外卖和送水呢?

第二节 创业者的苦与乐

深圳,宽松的创业环境,蓬勃发展的各行各业,让许多怀着自己的梦想的年轻人有了一个施展拳脚的机会。

一、黄栋天:要有自己的事业

2月的深圳,有点阴冷,空气潮湿得几乎能拧出水来,但生性乐观的黄栋天丝毫没有受到天气的影响,他说话嗓门挺大,充满阳光,很直爽,和他斯文的外表并不十分相衬,他毫不掩饰地谈论着他的过去和未来的规划。

小黄的家庭并不富裕,家住农村,父母还在耕田,两个姐姐早已经出嫁了,他是最小的。客家人读书刻苦,他以全县第一名的成绩考入广东省某名牌大学,欣喜之余,全家都在为他的大学学费而发愁,幸亏国家推出了贷款制度,学校也推出了奖学金制度,靠着亲戚的东拼西凑、东借西挪,才解决了自己的燃眉之急,顺利入学。家庭的清贫培养了他吃苦耐劳的品质,大学期间,他做过家教、做过促销员、做过问卷调查员、做过勤工俭学……但让他津津乐道的是他和同学合伙赚的第一桶金。他说在宿舍,晚上11—12点睡觉睡不着,几个男生就在宿舍讨论,说着说着就说到了创业,没想到几个人一拍即合,就张罗了起来,成立了一个专帮校内同学组装电脑和维修电脑的小工作室,还给起了一个组合名称——"COMPUTER BOY",根据各自的特长进行分工,他主要负责去采购材料和找供应商,办公室就是大学宿舍。他们在校园内贴广告、发帖子,凭着公道的价格,随叫随到不分昼夜的上门服务态度,赢得了许多的口碑和"客户"。他说起一个小笑话,他的舍友就因为老上门服务而且人又帅,成为了许多师妹心目中的暗恋对象,一到情人节收到的巧克力多得吃不完,他也跟着沾光。靠着兼职、靠着创业赚的钱、靠着奖学金,他4年来,不需要家里掏一分钱,缴纳了学费,养活了自己,还清了部分贷款;临毕业,他的舍友们坚持要把所有的赢利拿给他还贷款,他说这帮哥儿们是一辈子的朋友,最后在他的坚持下才没有拿去还贷。

"刚来的时候,找不到工作,我做过快递员。"他推开他的房间,所有的东西尽收眼底,90厘米宽的折叠床,一张小矮板凳,一张可折叠的四方形小桌子,墙壁上钉了好几个铁钉,来回拉了一些编织好的尼龙绳,挂了好几件衣服,还有一串黄金果——他说预祝自己早日发财。好几个纸箱,还有各种包装材料、切割器、胶纸、剪刀、美工刀等堆满了他的房间,有些凌乱,他不好意思地笑了笑,赶紧胡乱收拾了一下;还用布擦了擦另外两面瓷砖的墙,因为今天回潮比较早,也比较严重,墙壁像出汗一样,加上不通风,整个房间雾气腾腾,他打开了风扇,吹着潮湿的墙。

"开始我还是想老老实实、踏踏实实打工,毕竟工资是稳定增长的嘛。"但因金融海啸爆发,加上所在公司的老板经营理念不对,公司一直处于亏损的状态,所有的员工被拖欠了好几个月的工资,从这件事上他就认识到,给人打工只能解决生存问题,甚至连生存问题都无法解决,更谈不上改善自己和家人的生活了。从去年下半年开始,深圳的经济开始回暖,最为明显的是华强北电子市场重新又焕发了新的活力,他的新工作就是与之有关,他在某公司负责货物发送等流程管理,用心的他在一次偶然的机会中发现自己的同事在单做,他很受启发,"我来深圳,就是听说深圳的创业环境比较好"。曾经的创业成功经历让他对创业意犹未尽。他开始了解整个流程,从开通账号开始,采购、发货逐一学习,白天上班,晚上自己做,每逢周末华强北就多了一个身影,他已经在里头如鱼得水,四处转悠一圈,就知道哪个产品适合做,他还特意从他的大肩包中翻出一本软皮笔记本,上面记满了他的心得和体会,有的潦草,有的工整,有的是一段文字,有的只有一行字,有的画图,有的密密麻麻填满了数字:"自己做不是那么容易的,你要控制成本,像我这样,资金又不多,只能慢慢做,慢慢体会,和大学创业的时候很不一样了,环境变了,人变了,要与时俱进,才能有所突破。"

小黄是一个有想法和理想的人,第二学位是金融学的他对经济更有一份专业的认识,操作起来相对就更得心应手一些。"在深圳这个行业挺好的,利润挺高,我现在都打算自己做了,或者合伙。男人嘛,总要做点事,我希望将来会有一家属于自己的公司,反正我年轻,大把机会,哈哈,而且老帮人打工,只能解决生存问题,但要想生活得更好,不受剥削,还是要自己干。"谈起他的感情生活,他有点伤感,大学毕业,由于各自选择的方向不同,他的初恋在毕业典礼那天结束了,现在忙得两头黑,根本没时间谈恋爱:"也有人向我抛出绣球,家里也开始催了,可是现在房价那么贵,借的钱刚刚全部还清,现在又那么忙,没时间谈哦,等有了自己的事业再说吧。"

二、梁丽婷:双手创出新天地

随着深圳"创意市集"日益兴旺,其以低成本的优势和引人注目的创意吸引了许许多多的创意达人,其中就有心灵手巧的梁丽婷姐妹俩。

梁丽婷和妹妹当初为了深圳户口,报考了深圳大学。大学毕业后,就和妹妹一起在田面村合住在一起,她在银行做客服,妹妹则做网络编辑。楼道虽然每天有人清洗,但每一家门口堆放的饭盒,还是在炎热的夏天散发出一股酸馊味,水泥地上也潮潮的、黏黏的,走起来很不舒服,仿佛地上有些胶水。

她伸手到铁门的背面反开门,因居住在里面的人不断地更换,锁头早已失去了意义,防盗门贴满了一张张巴掌大的广告条,白底黑字或红字,布满"通下水道13×××××××××"、"东南亚证件26××××××"字样的"牛皮癣"。房子是典型的"房中房",被分割成左右两边,左边三个房间,其中有两间由客厅改造而成,右边两个半房间,中间一个过道,这个房子原本是三室两厅的,大概85平方米的样子,分隔后的每个房间面积不到10平方米,有一间紧挨厕所边,只能够容下一张床和大概35厘米宽的空间,一共住了不下10个人,"有时候有的人还带一些人回来,男的带女的,女的带男的,哎,没个停。"丽婷住的房子稍微大点,大概10平方米,月租900元,不含水电及管理费。她住在最里间,左手边一个房间里头,有2个男人光着膀子,大声地放着音乐,喇叭有点破,音响效果很差。

但作为一个刚刚离开校园的大学生,作为一个刚刚踏入社会的新人,相对廉价的租房是一个不二的选择,虽然对环境有些意见,但她回应道:"生活就是这样,你不适应,也只能自己找罪受。你只能不断地融入这个环境中,这就是现实。"话音刚落,楼下传来了吆喝声:"高价回收手机、电视、冰箱。"劣质的喇叭录制出来的效果——刺耳的噪音。她的妹妹描述着在老家新盖的平房,很大:"厕所都比我们现在住的房间宽。不过,我们是不会回去的,回去没事情做,我们学的专业,在老家没什么用处,也没什么前途,而且老家的人都出来了,回去会被人笑话的。""况且在深圳,工资也挺高,只要你有工作经验,只要你奋斗努力,工资会涨很多的,我师姐在银行,工作7年,现在年薪都十几万了。"

姐妹俩是典型的"宅女",每天早出晚归,回来就上网逛逛,就这样过了一段无所事事的日子。在一次公交车上,看见关于"创意市集"的报道,丽婷就萌发了兴趣,回来和妹妹商量,两人找资料发现创意市集是政府支持的民间创意活动,主办方和协办方不仅给予免入场费的资助,而且还提供价格很低的场地租金。

姐妹俩特意去看了周末定期举办的创意市集活动,热闹非凡的场面让她们直叹自己"眼光狭窄得犹如井底之蛙",这些怀揣着各种梦想的年轻人,尽情地展示着自己独一无二的作品,姐妹俩决心不再做"宅女"。

但到了选项目,俩人又为难了。有的项目成本太高,无法承担,有的项目又早已被人抢占先机,有的项目又不是自己的兴趣……正当苦恼之际,朋友送给她妹妹的一个生日礼物——用袜子缝制的娃娃,让她俩顿时茅塞顿开,经过多次的对比和考虑,姐妹俩最终选择了袜子娃娃。万事开头难,姐妹俩马上遭遇第一个问题:去哪里买材料？怎么缝？但既然选择了就要坚持下去,这是她们的念头。第一次参加创意市集就遇到了大雨,虽然活动如期举行,但是由于天气原因,几乎没有什么人来,销量可想而知。姐妹俩扛着一堆娃娃又回到住处,只能互相安慰着"贵人出门招风雨"。如果你有时间,可以去南山、福田各类创意市集活动中看到她们的身影,充满创意、俏皮的布娃娃,让姐妹俩不仅仅有了金钱上收获的喜悦,更多了与人沟通、交流的机会,产品的销量日渐提升。但是由于越来越多的人参与,加上活动本身的低门槛,让姐妹俩的生意难做起来,但她们没有气馁,不断地找原因,从"原创"出发,保质保量,更多地关注产品本身的可观性、可塑性和特色,把自己对创意、对生活的理解融入其中,根据不同的时节,推出"情侣娃娃"、"亲子娃娃"、"水果娃娃"、"生肖娃娃"等一系列产品,获得了很多人的青睐和喜爱。最近,她们正在筹办淘宝网店的开张。"以前觉得这里很吵,但是做了这个娃娃之后,可能因为精力分散了,反而觉得不吵了,生活也觉得充实,遇到一些我们无法忍受的事,比如有人上厕所不冲厕所,但我们想想自己还有更重要的事,也就过去了。"

频繁见诸各大媒体的创意市集,给深圳创意人提供了一个孕育梦想的土壤,给深圳的创意人展现自我的舞台,也给深圳创意人提供了承载商业的平台。在这间廉价的斗室里,放飞着姐妹俩的梦想,有谁知道有一天这间斗室没准儿会飞出一对金凤凰呢？

三、潘杰：婚庆公司老板

"不开心的时候,我就回到这边转悠一下,这里是我创业的起点,想到创业时的艰辛,我就会重拾信心,重整旗鼓。"潘杰说这是他忆苦思甜的地方。

抬头顺着他指的方向望过去,有一栋正在加建的楼房。这栋房子有8层楼高,大概分三段色,应该是不同时间加建上去的。这是一个有趣的现象,一位在街道办工作的人聊起"查违"的问题:"房子的加盖速度和层数与深圳人口的增长、经济的发展、房价上涨是有关系的(尽管他没有做过实际的统计),城市人口的急遽攀升,房价的飞涨,使得房子如同紧缺的物资一般,一直处于紧俏状态,经济利益驱动下,能加盖当然加盖了,而且政府的查处力度有限,即使被发现拆除了也没有太多损失,每平方米的平均造价是800元人民币,一旦遇到改造升级,又能获得巨额赔偿,何乐而不为? 只有在金融危机的时候,由于经济的萎缩,租房子的人下降,现象就自然滑落了,我那段时间,工作相对轻松很多,真不知是喜是忧,哈哈……"他略带无奈地说。

"从早上6点钟开始,就开始切割、捶墙,叮叮咚咚,最恐怖的是周末,一刻也没停过,这些才不会管你休息日或者什么,他们为了避开查违的人,总在休息时间抢建,吵得人都快神经衰弱了。"已经开着自己私家车的潘总对这种噪音经历深有体会:"你看,到处遍地开花,人人都在抢建,东家不建西家建,李家不抢王家抢,没个停,快的10天就一层楼了,里面水电样样齐全,只要搬点家具进去就可以埋锅造饭过日子了。"有一幢楼正在钉铁皮,仿佛要把房子包裹起来形成一个大油铁桶,"咔咔哗"的声音让人的耳膜几乎要爆掉,这可不是为了安全着想或是为了防尘或防止噪音,只是掩耳盗铃地为了挡住一下视线以便尽快地加盖起来。右手边的抢建应该快收尾了,有两个人在拆卸铁皮和铁管,固定用的铁管撞击在一起,"叮咣当、叮咣当",随着每扔下一条铁管,都是如此;另外,有个30岁出头的人在安装塑料水管,还有一个20岁出头的小伙子则在敲磨墙钉,这是上次预留下来的钢筋头加建后还遗留了一点点尾巴需要磨平。顺着往上看,这层楼的顶端,也有预留出来的钢筋,长约一尺,略向外翻——这是为了下次加建做的准备。还有妇女和小孩,大概一共也就六七个人,也各有分工,他们连安全帽也没带,安全装置也极为简易,吊在外面,安全问题令人担忧。

"90年代初我就来深圳了,我在内地是有职位的,那可是铁饭碗啊,一个月工资二百多块钱,也算是中产阶层了。但那时候不是很流行下海吗? 我也跟着一起来了,住在城中村,条件比现在艰苦多了,但那时候赚钱挺容易的,尤其是服装,但一开始,因为我学的是工科,对服装其实压根就不是很懂,经营了半年,都是亏本,从家里头带来的钱也快用光了,为了省钱,我一天就吃两顿,那时候才二十几岁,很饿的。看着别人大把大把的钞票进账,我就不信我做不来,不过做生意这个东西是其实要靠自己慢慢摸索的,例如款式的买进、时机和价格、市场的需求、地段、资金回笼、成本控制等等方面，以为做生意就是投进钱就有钱收，那是一个错误的想法，关键是要有一份坚持，只要你认为对的，就一定要做下去，那时候能够有50万资产的人还是很牛的，我也买了第一辆属于自己的私家车。我突然想去旅行，于是，我花了两年多的时间游遍祖国各大河川，游遍世界各地，当然我还有一部分钱投在了股市里面。"等游历差不多后，他就回来了，也看准了一个市场——旅行社，随后又投资了其他的行业，有成功也有失败，甚至打回原形，但他从来没有放弃过，他仿佛不愿意多说过去的事情，他说人要向前看。他说全国的经济总体是好的，尤其是深圳，又有国家的政策，深圳先流行起来的行业，肯定最后也会蔓延到全国，只不过深圳先行先试，只要有信心、有眼光，就一定能成功。

就像他现在的婚庆公司一样，他看到了现在深圳"80后"年轻人结婚的多，但由于都忙于工作，自然都无暇顾及婚礼的操办，他就提供中西式的婚礼一条龙服务，从婚纱拍照到婚礼现场布置再到活动，他说那时候还不是很多人像他那样想做婚庆公司，他找了几个朋友合作，因为前期投入大，都没有谈成，后来他干脆自己组建公司，但基本上已经把他的流动资金都用完了。但刚开始拿不到单，心里头很着急："将近上百万的设备、道具、车就放在那'发霉'，也请不到人，像婚礼主持人，专业的因为很稀缺，所以很贵，……为了节省成本，只能自己客串。遇到刁蛮的客人，要求又多，本来'一分钱一分活'，给了区区几万块钱，又要鲜花布置，又要多机位拍摄现场，根本做不来，还不能反驳人家，否则人家连账都不给你结，一天下来，白干。刚开始基本都垫钱，跟我的几个工仔有的忍不住都走了；又辛苦，通常广东人喜欢晚上摆酒，我们就要3点过去布置现场，有时候根据客人的需要和布置的复杂程度还要提前大半天，很多时候，一整天连口水都没喝，一口饭也没吃。但不管怎么说，总比第一次卖服装好，至少我现在是有固定资产的，变卖了也有一些钱。特别是后面，市场打开了之后，还要赶场，最可怕就是接到东西两边的单，肠子都要跑断了，为了节省时间，像那些曼纱材料，有时候就提前做好一大堆，满屋子都是。可是你想啊，人一辈子就结婚那么一次，肯定不能胡来，每一场都要很认真地对待，换了你自己结婚，你肯定也喜欢自己的婚礼现场非常完美，将心比心嘛。"就是这样"将心比心"，使得他的婚庆公司口碑越来越好，也逐渐做起了品牌，虽说偶尔他也会到现场去指点、视察，但充足的人手已经让他的公司运作流畅，而且他也将业务逐步扩展延伸到广东其他城市。

"深圳给了我很多机会。"这是他最后总结的一句话。目前，他正打算把业务拓展到全国其他大型城市中去……短暂的停留只是为了有一天能够离开，这是许多住在里头每一个人的奋斗目标之一。他们会为了离开而欣喜，也会为了拆迁而伤感，虽然那不是自己的家，当踏上新的旅程，与她挥手告别之时，坚定地告诉自己搬走后不会再回来居住，但却一样有着深深的情感，在每一间房间里头，一个个年轻鲜活的灵魂，都曾在这里种下了梦想，收获了喜悦与悲伤……

"创业"，是许多在城中村起步的年轻人的梦想；与此同时，深圳市政府也推出许多有利于创业环境的优惠政策和资金支持，为创业者提供基础设施和软环境的大力支持，营造了良好的创业氛围和创业理念文化。这一梦想，组成了深圳的"创业"活动源源不绝的动力。他们拥有深厚的创业欲望，具备一定的知识水平，年轻又有实力，集技能、智慧、胆识为一体，这便是深圳发展的秘诀之一。深圳是一个靠创新起家的城市，许许多多的奇迹都蕴涵在创业过程之中，也将深圳的创业推向一个又一个新的高潮。

第三节　蟹居在农民建的廉租房里

城中村的建筑状况和居住情况，有很形象的代言词"握手楼"、"亲嘴楼"、"贴脸楼"，但如果不深入其中，很难体会到其中的格局。

一、高晓辉：寻梦者的暂居地

"我住亲戚家……"

"人才市场一个当保安的老乡那里……"

"先住同学那……"

　　刚毕业的大学生、来淘金的人等外来人口的第一个落脚点多数是城中村,他们首选租房的目标多数是城中村。

　　学汽修刚毕业的高晓辉,很顺利地在深圳找到了工作,但马上就面临住房问题。他本打算是提前来了深圳之后找个地方住下修整一下,他下了车直接背着行李找房子。"像我这样刚来没什么钱的,住那么贵的房子是根本不可能的",可是由于他对深圳不是很熟悉,找起房子来颇为困难,"问了好多地方,都好贵。可是如果再不找到住的地方,晚上就要睡天桥了,公司又没那么快上班,后天才报到。没办法,实在走投无路了,我在吃快餐的时候,只好厚着脸皮问服务员,没想到她随便一指,说这附近就有便宜的房子!"他直言自己犯了一个很"傻"的错误,认为商业地带租房就一定会很贵,没想到,离上班地不远就有,这比他问到一两千租金的房子便宜多了。他走到那边,打通了刷在墙上的电话,没想到,当天就可以入住,而那时候已经是傍晚了,楼层还很不错,5楼,是两室一厅一卫一厨一阳台的格局,大概50平方米左右,四个人合租,两个人一个房间,每人每月450元,干净的自来水总是不间断供应,供电系统、网络、有线电视网、排水系统等一切生活必需的基础设施一个都不缺,同宿舍的舍友一点都没有排斥他,反而帮助他一起购买了日用品,平常还会有清洁工阿姨打扫楼道的卫生,他感到很满意,而且最让他自豪的是"我就住在市中心"。

二、老板皮鞋店：一双皮鞋 45 元

　　无论是福华路东,还是铜鼓路,抑或南新路,每一条穿越城中村的街道附近两旁,大到人人乐、沃尔玛、家乐福大型超市,小到报刊亭、小卖部各色零售商业遍布四周,既有天虹、岁宝百货、海雅百货等大型卖场,百安居、乐安居等一系列家居用品大型建材超市,又有沙县小吃、烤羊肉串小店、细弟潮州粥等许多特色饮食,应有尽有。

　　大新村里头的巷子里的"老板皮鞋店",大致有 20 平方米,老板可能是为了省电,只开了一个灯管,有些昏暗。鞋子分别放在左右两侧的货架上,左边是女式鞋,右边是男式鞋,中间是促销产品,价钱从外向内逐渐提高,货架的底下放满了鞋盒子,大概半米高,上面有 5 层,各种款式的男装、女装,高跟、中跟、低跟、靴

子、皮鞋,系鞋带的、不系鞋带的,尖头的、方头的、圆头的,黑色的、棕色的、白色的,皮革纹的、亮皮的,至少有上百种款式。老板服务态度很热情,"靓女,买鞋吧? 我们这里的鞋质量好,款式好,价格实惠,回头客特别多哦。"店里头有 3—5 个人在挑选,其中一位先生选购了一双皮鞋:"老板,多少钱?""60 元。""那么贵,便宜点啦,上次来都才 35 元。""老板,现在材料上涨啊,没办法,我们很微利的啦,看你是老顾客,55 元啦。""45 元,行,那我穿上就走。"这位做房地产中介的小伙子向他的同伴介绍这鞋子的耐磨性:"我上次在这里买了一双,35 块钱,天天穿,足足半年底才坏。"

顺延一直往里走,零售、服装、餐饮、洗浴、理发、娱乐、修理电动车自行车、网吧、卡拉 OK 等应有尽有,价格都徘徊在中低档消费水平,满足了中低薪人群日常消费需求,也给许多来深创业的小投资商人、商贩创造了许多就业机会和创业机会,每一条巷道,每一个城中村都人气十足,一派繁荣景象。

城中村的消费水平普遍不高,用时髦的话说,就是恩格尔系数较低,基本都属于中低档次。举个例子,一份手撕鸡是 15 元,一份蛋肉炒桂林米粉是 8 元,麻辣烫素菜 1 元一份,只要不是过于讲究,一个月下来的生活费约为 750 元左右,而在市中心一份外卖,至少要 15—20 元。

第四节　街市里的新移民

继北京之后,深圳成为中国仅有的 2 个聚集了全国 56 个民族的大都市之一。

深圳自南宋末年就陆续有移民落脚,其历史就是一部移民史,源远流长,倒挂式人口比例是这个城市的典型特色,来自湖南、四川、湖北、东北三省、山东、甘肃、西藏、新疆等省市的"乡亲们"组成了一股股庞大的移民洪流,以至于形成了特有的"城市名片"——同乡村。根据有关统计,在深圳的自然村里面,属于"同乡村"概念的群体有 643 个,近 200 万人;其中聚居人数 3000—6000 的达 140

个,万人以上的"同乡村"有 15 个。①

在深圳,初次见面的人往往都会有这样一句寒暄语:"你是哪里的? 什么时候来的?"夹杂着各种口音的普通话协助彼此辨识地域之间的差异,与此同时,也在确认着一个共同的身份——移民。

或从农村,或从小城镇,或从大城市,来到了深圳;

或被亲朋好友引领,或孑然一身,闯向了深圳;

或是为了理想,或是为了朴实的想法,选择了深圳;

……

一、清远美莲妹

美莲应该算是第一代打工妹,来自广东清远。1988 年,她 18 岁,来到了新基德科技有限公司,是一家港资企业。

"我跟我姨妈来的,她去她女儿那,她女儿给我介绍了这份工作。"刚来深圳的她根本不习惯离家那么远,哭了好几次,慢慢才好起来。现在 40 岁的她已经没有去打工了,她和她的先生开了一个小商店,因长期久坐身材不断发福。时不时有人过来找她买包烟、买点日用品,她俨然已经和这些人很熟悉,打着招呼,她说她甚至记得一些老朋友喜欢抽的烟的牌子。

"开始住亲戚家,后来就自己和工友一起合租,我们租当地居民的房子,后来住集体宿舍啊,也是本地人自己盖的,很吵啊,挺脏的,一个房间 16 个人。不过上班很累,大家一回去都是睡觉。那时候吃饭,都是到楼下的肥姨那买,2.5元一份,有一个肉菜和一个青菜,上班很辛苦啊,油水又少,吃一大盆饭都觉得饿。"她讲述着那段打工的日子很苦,体重从刚来时的 110 斤降到了 100 斤。《特区打工妹》中有一个镜头对话是一个拉长不允许员工上厕所的,她说她们也有这样差不多的制度,每天上班 12 小时以上,中途只可以上 1 次洗手间,上洗手间要"领牌",只有领到牌的人才可以上,否则就会被扣工资。有的人吃不了这个苦,就辞职走了,有的人熬得都晕倒了,天天都是上班下班吃饭睡觉,单调的重

---

① 参见《网易与南方都市报关于深圳同乡村问卷调查》,网易 2005 年 11 月 16 日。

复。尽管如此,她还是坚持留了下来,她说至少比干农活好一些,不用雨淋日晒,收入也比种田高。

"我老乡还好点,她在酒楼做嘛,还包吃,不过也是很辛苦,这边人喜欢喝早茶,早上5:30就起床,根本吃不下,一直要忙到晚上9点多,后来她就回老家嫁人了。"其他一些小姐妹的情况,大部分都回去嫁人生儿育女了,还有部分留了下来,"最好就是阿凤了,长得漂亮,嫁给了本地人;阿英也不错,自己考上了一个什么大学,现在都自己当老板了。"美莲在深圳结婚,她老公是湖南的,两个人合计租了个店面做点小本生意,没想到一做就做了十多年;她偶尔会回去一次,但更多时候她只是寄钱回家给父母,她说她接过父母来住,但是父母不习惯,又回去了。

不同人有不同的境遇,也在不断的分化,在足足30年现代化的进程中,深圳见证了她们的艰辛与困扰,见证了她们的付出与牺牲,见证了她们的梦想与现实。

20世纪80年代初,成千上万和美莲一样的年轻人,随着"三来一补"企业的兴起,香港等地技术转移、产业升级这一巨大的改革开放历史洪流而涌向深圳。当时,许多香港人看准深圳经济特区的政策和廉价的房租、人工以及各种开支成本,积极"北上"找寻厂房创业或实现扩大再生产,急需大量的熟练工人,而来自四川、贵州、湖南、江西等省市的劳务输送公司就给这些企业"输送劳动力",还有自己结伴而来成群结队的。但这些人马上面临一个最严峻的问题——住在哪里?

陆续有工人向当地的人求租,村民开始把自己的房子出租给这些打工者们,但这仍然不能满足以几何倍数增长的外来人口,村民只有不断地改建和兴建自己的房子,开始是增高,之后是推倒重建,在原有的基础上悄悄地向外扩张一些,甚至把房前屋后的庭院或空地也利用起来,建成两栋楼;过了一两年,由于市场需求急剧扩张,村民只能又再加高楼房加大面积,最大限度地利用空间。按照现在一房一厅的租金900元来算(其实还远不止这个价格),1栋楼共8层,1层4套,计算下来一年也有345600元。甚至有村民开玩笑说:"打断了腿都不愁没吃的。"在这样易得的收入下,尽管政府有规定不能超过3层半,但巨大的经济利润促使这些村民不断地加盖加建,形成独特的"违法建筑"。据不完全统计,如今深圳城中村自盖的楼房,高度从10—20多层不等,配备电梯、独立卫生间等,遍布屋村的每一个角落,每一寸土地上都"种上了房子",公共绿化用地和交通道路等被大量蚕食。终于,一片片密密麻麻如火柴盒一样的楼房,成为了这个国际大都市当中最独特的风景线——"城中村"最终形成。

二、河南修鞋伯

来自河南的修鞋伯伯口音挺重,他显得有些苍老,或许是因为经常在外面摆摊风吹日晒的结果。他的面前有一个缝纫机,一双拖鞋供前来等待补鞋的人穿,两张一指宽的小板凳,一个生了锈的月饼盒里头装满了各种钉子和高跟鞋跟,还有一台擦皮鞋机,挺新的,可能是近期买的。在他的身后有一大瓶用2.5升可乐瓶子装的水,是洗手用的,还有一个喝水的水壶,下雨天,只要不是特别大的雨,他都会撑起一把太阳伞,兢兢业业地等候着。

他说他来的时候还是壮年,30岁刚出头,他的第三个小孩出生不久,家里很困难,为了讨生活,他跟着村里的年轻人一起来到了深圳。刚开始他是做建筑泥水工,但是很快,他发现在城中村没有人修鞋子,而他正好有这门手艺,于是闲暇的时候,他就开始帮人修鞋,逐渐固定在一个地方摆摊,生意越来越好:"以前整条街就只有我一个人在做,生意可好咧,我还在老家盖了平房,现在不行了,好多人做。"到现在他还坚持每天早上8:30到,晚上9:00走,哪怕是冬天,他说晚上下班的人回来晚,如果自己早走,那些需要补鞋的人就没法子了。

过往的路人都在和他打着招呼,他时不时抬起头和他们寒暄几句,这时一个女孩走了过来,要换底跟,他熟练地拆开、用小刷子认真地刷走泥沙,然后粘上胶水:"现在的鞋子都不耐穿,尤其是这个跟。"他说他以前补得更多的是凉鞋、波鞋、球鞋,塑料的凉鞋是没法补的,补了也不好看,后来慢慢补得最多的是皮鞋和靴子,各种款式越来越多,随着季节的变化也有不同。正说着,一个拎着毛茸茸的靴子的女孩走了过来,他摸了一下,说这是PU皮,没法补了,补了也不好看,老化了,这鞋应该至少有1到2年了,女孩有些失望,但老人家实诚的话还是让她很满意。老伯从来不坑人,十几年了,价格几乎没涨过,一次鞋跟2块,钉掌根据材料不同收费5—10块,有橡胶的、牛筋底的,各式各样,从他来深圳到现在,已经十七八年了,早已数不清帮多少人补过鞋,有多少双鞋子在他的手中起死回生,而他自己则总是只穿一双千层底的鞋子,他说这种鞋子耐穿又舒服。

但他不打算让他的小孩从事修鞋的工作,他说他就是吃了没书读的亏,不能再让小孩走他的老路,现在"我娘,我老婆,三个小孩都在这,以前就是过年的时候回去一下,半个月左右的样子,有时候站着回去三十多个小时,腿都肿了。现在有条件了,孩子们都大了,出来工作了,农闲的时候就干脆把我娘、老婆都接下来。"不过他说虽然老大、老二已经出来工作了,但是老三还在上学,东西也贵了,方方面面开销还是挺大,一家5口人在这里租了一房一厅,一个月1200元,所以他打算老了之后,回老家"叶落归根",但如果小孩要他回来帮忙,他也一定会回来的。

像修鞋老伯这样在城中村的做小生意生活的人不在少数,甚至有的人把自己的家眷也迁来城中村。来自东北的蛋糕大姐,她长得很漂亮,眼睛大大的:"我嫁了个湖北人,这是我儿子,现在我妈帮着带。"还有"江西理发店"阿姨:"我在深圳22年了,以前我在发廊帮人洗头,我老公就帮人剪发,后来我们结婚了,就自己租了个店面自己做,现在我三个儿子和儿媳妇在别的地方也是做理发,他们还给我们生了小孙子,但还是要做,多挣点钱。"像许许多多住在城中村的祖孙们、父子们、母女们、兄弟姐妹们,尽管住得不是很舒适,甚至有些拥挤,但至少能够一家人团聚在一起,相互帮助,相互照顾,分享着成功的喜悦,分担着共同的痛苦。

三、湖南姐妹花

张甜甜20岁,张美美19岁,姐妹俩在东门一家服装店打工,她们来自湖南,一双明亮的眼睛透露着可爱,衣着简约大方,散发出青春的魅力。虽然年纪小,但是她们淡淡的微笑、伶俐的口齿让人印象深刻。姐妹俩来深圳的理由很单纯:"家里困难嘛,为了让弟弟能上大学,爸爸、妈妈也很辛苦,想来赚点钱,等有钱了,就回家自己开个服装店。"

这是许许多多来深圳打工的人共同的想法,简单而纯真,他们就像深圳的过客一样,对于他们当中大多数的人来说,这里只是生命中短暂的一个驿站,然而他们却是建设国际化城市过程中的主力军和生力军。他们为深圳的经济发展贡献了自己最美好的青春与才华,为着一份平凡的想法默默奋斗,或成功或失败,但无论如何,他们始终坚持着一种吃苦耐劳的精神,依旧保存着一份希冀,努力将未来把握在自己的手中,用行动创造了自己与深圳的未来,他们都带着同样一个念想:希望生活过得更好。

四、广西小店主

"桂林米粉店"铺面不大,大概有 40 平方米的样子,中间 6 张圆桌子,旁边 4 张长方形桌,白色的瓷砖显得比较整洁,还没到下班时间,人不是很多,老板人很热情,40 岁出头的样子。菜牌上的价格都不是很贵,一个排骨罐罐粉,只要 12 元,里头有面、有肉、有青菜,还送一小碟酸菜或花生。

来自广西百色的他,做过保险、保安等工作,看到许多下班一族的人晚饭没有着落,萌生了开店的想法,曾经在部队做厨师的他亲自操刀,把在工厂打工的老婆叫来一起帮忙。刚开始租了很小的一个店面,里头只可以放 3 张小桌子,但生意挺好,不久就换了一个更大的地方,而且他选在村口位置,还增加了送外卖的服务,后来,请了 4 个小工都忙不过来:"一般我到凌晨 2 点才关门,2 个小工,月薪 1200 包吃住,我和我老婆、孩子住一间,他们住另外一间,扣除成本、房租,每个月能赚点小钱,只是现在做小吃店的人太多了,竞争很激烈。"

谈及回家的话题,老板有点缄默,眼神有点茫然:"回去? 不回去咯。唉,说真的,虽然现在深圳挣钱不容易,但是回去也没意思,都出来十几年了,还不如这里好。上次回乡下,他们都笑我不像广西百色人了,哎,都不知道自己算哪里人了。"

这是一部分城中村居民的写照,他们年纪很小就走出了乡村,却徘徊在城市边缘,又无法走回原来的乡村,成了"边缘人",他们缺乏城市认同感和身份认同感,也许更大程度上是一种心理暗示。如学者所说,城市认同是城市公共生活的主体性依据,是城市秩序的社会心理基础。在某种前提下,不认同便意味着不合作或破坏。显而易见的是,城中村的卫生管理问题很突出便在于此,由于没有家园感,很难让这些缺乏认同感的居民产生保护、爱护的意识。因此,如何唤起包括外来人员的各种人群对城市的认同感,提升移民人群的城市家园意识,是一个不可回避的时代课题,也是政府面临的亟待解决的重大问题。近些年来,深圳市政府做了大量的工作,包括提倡充分就业,针对就业环境创造公平就业机会、社会培训等;建立涉及社会保险、劳动保险等方面的后续保障制度;完善人才评价机制、引进制度;提倡对劳务工等全方面的尊重,肯定外来人口的制度,已赢得了外来人口的赞誉和认同。

五、潮汕二房东

坤哥是潮汕人,以前他是租本地人的房子卖米和油的,如今他换了,因为现在不少的本地人都改变了自己直接担当"包租婆"、"包租公"的出租模式,改为委托或承包的"合作出租"形式,说白了他就是"二房东"。

由于房子多,现在大部分城中村居民楼的出租和管理都由房东转承给他人进行管理。"我通过熟人关系,和房东签了一个包租协议,10万全包一栋楼,一共包租下了三栋楼,我和我兄弟三个人,一个人负责一栋,大概将近100套房子,我们都住在这里,方便管理嘛。另外,我们请了维修工人,他老婆就搞卫生,我每个月给他们1000元包住,其他就没什么费用了,反正维修水电的费用都由租客出,一年差不多能挣1—2万的。"

这是一种新兴的看似简单而又符合现在形势的商业模式,类似坤哥的收入,无须注册,无须登记,无须缴税,本地居民房东也实现了自己最轻松的利益收入,双方达成了"双赢"的空间。这种承包制的出现,无疑保证了廉价出租房的低成本运作与存在。

六、香港邝老板

田面村的白切鸡饭可能是最正宗的白切鸡饭,邝老板的店位于田面村中间一楼不起眼的地方,没有太多的装修,有点像快餐店。"我是香港人,现在退休了,回深圳(他原本是深圳本地人)反正房子也在,可是下楼一看,都是湘菜馆啊、鸡煲店啊,没有一家是我们广东人自己的店,有家茶餐厅的白切鸡饭也不正宗,我就开了个店,也算弘扬了一下广东美食吧。我不求发达,在上海还投资了一个咖啡店,上千万的。做生意同做人一样,要有诚信,所以你看我的白切鸡和别的地方不一样,虽然贵点,但是我坚持品种要好,不然怎么那么多回头客啊?"其实一点都不贵,一份白切鸡才十几元,两个人,一个芙蓉煎蛋、一份青菜、一份白切鸡,两碗米饭,肯定不超过 45 元,还有汤送。这便是邝老板发展起来的原因了,他不仅在街这边开了店,在对面也开了专门吃饭的地方,很实在。

据统计,有逾 6 万香港人在深圳生活,有的是和邝老板一样的,根在深圳;有的则是移民,大部分居住在深圳中高档的小区里,像邝老板这样的,可以说是凤毛麟角。但有一点是相同的,那就是深圳越来越优越的环境吸引了他们的移居,随着深港一体化的深入,将会有更多的香港人在深圳创业和居住。

第五节 农民屋里的心事

一、冯凯:想建一所学校

老冯说话之前,总是会无意识地把下巴往下用力地撑一下,好像说话总是很吃力的样子,他说是因为他一直有轻微的自闭症。大学的时候,他一直不喜欢和人交往,但是大四临近毕业要找工作了,他很担心因为自己不爱说话而找不到工作,为了克服自己的缺点,他强迫自己要和人不断的沟通,锻炼自己的性格。

1999 年就来到深圳的老冯一直拒绝透露自己的年龄,安静的他说话语速不快,尾音有点长:"深圳是一个年轻人的城市",他停顿了一下说,"这是一个有挑战性的城市,我要挑战自己,所以我选择了深圳,一毕业就来了。"由于专业不是很对口,所以工作很不好找。为了解决生存问题,他在流水线上当过普工,给老乡的饭店打过杂,甚至还摆过地摊,卖过甘蔗:"甘蔗的成本不是很高,一把削刀,一辆小型三轮自行车。刚开始,从布吉农批市场扛回一把甘蔗,因为长,连公共汽车都上不了,只好砍成两节。后来我买了小型三轮自行车,把每一根切成一尺多长,载着走街串巷,一块钱一根,一把甘蔗能挣大概 20—30 块钱,可是太重了,一次最多只能扛两三把。"他说在深圳肯定饿不死,只要你勤劳,不怕吃苦,肯定有活干,养活自己是肯定可以的。后来,他还做过保险业,安利也做过,现在在房地产做房产中介,兼职炒股和炒外汇,他总结他的生意经,就是要严格控制成本。他说,只要你的成本比别人低,哪怕是一毛钱,那你就是赚了。

看得出来他很注意自己的形象,头发一丝不苟地用摩丝定了型,打着黄蓝相间的领带,黑色略微紧身的西裤显得他的腿很是修长,一双擦得很干净的皮鞋。他憨厚地笑了:"其实我的鞋底已经有个洞了。"他很老实,"鞋垫是我以前的一个皮质背包坏了,我就剪做三双鞋垫用。"他对自己近乎苛刻,每天上班时间超过12个小时。他的床头有一份作息表:上午6:45分起床自己做早餐,通常他会提前晚上切好猪肉或腊鸭腿、辣椒、白菜,拌好腌着,早上一起床就可以做,一边吃早饭,一边上网看新闻,8:30正式踏出房门。晚上9—10点才回来,回来后一般就看新闻研究股市、外汇、期货等金融,一直到12点方才休息。生活上也非常节约,洗澡用的桶早已不见了一大半的角,成了实际意义上的"短板"塑料桶,喝的水和冬天洗澡的热水就靠"电老鼠"来烧。他几乎不买什么衣服,来回就那几件,袜子也只有两双:"有一次水龙头爆了,喷得到处是水,我第二天就没袜子穿了。"但正是这份坚持,使得他这几年就拥有十几万的积蓄。

老冯是一个善良的人,他选择房地产行业和炒股也是因为:"我喜欢投资,也喜欢帮助不懂得投资的人过得更好。"不仅如此,他对于来找他帮忙的亲戚、老乡、同事,他都很热心地去帮助他们。在深圳流行着这么一句话:"我可以请你吃饭,但我不可以借钱给你,因为我不知道明天你会在哪里?"然而老冯却多次借钱给同事,尽管遭遇过好几次"明天"就不知道在哪里的人,损失了好几千元,他依然如故地帮助他们,他的理念就是"人人都会有困难的时候,尤其是刚来的时候"。也许是初来的艰辛,让他深刻地体会到帮人一把是多么可贵,尽管他的钱也来得很不容易,甚至是自己一分一厘省下的伙食费,这是多么朴实而又崇高的思想。在深圳,他显得多么渺小,但他的形象却又如此的伟大!

可是随着年龄的增长,家里不断地催促他回去相亲结婚,看着年迈的父母还在为他操劳,他感到很内疚,可是他并不想回去。他觉得自己已经是这个移民城市中的一员,这里有他洒下的汗水,"我不是没有回去过,可是我们家那边的思想和想法太落后了,至少比深圳落后了10年。我有自己的理想,我有自己的理念,我是为了我的理想走出家门的,我不想就这样在老家平淡地过完这一辈子。"原来内向而又细腻的老冯有一个美好的愿望——自己在老家建一所学校,尽管这个想法很遥远,但他一直都没有忘记这个曾经拥有的梦想。这个拥有如此宏大愿望的老冯是千万默默无闻的城中村人的代表,使得繁华的深圳多了一份内涵,多了一份朴实,更多了一份人文关怀。

可是,当他回到老家过年,同龄人的小孩喊他叔叔的时候,他的心还是被深深地触动了,是该成一个家了,可是在哪儿成家呢?

二、邱晖：做五星级义工

在深圳市儿童医院总有邱晖的身影,每到周末,只要有空,她都风雨无阻地从布吉村乘车到这家医院义务给"脑瘫"的小孩按摩。从 2006 年到现在,累计义务工作超过 1000 个小时,早已被评为五星级的爱心义工。但是她却很谦虚:"可惜自己能力有限,给不了他们太多帮助。"

她很少提及她在布吉城中村的生活,她说:"比起很多连家都没有的人,我已经很幸福了,至少我有一份工作,有一个健康的体魄,有一间属于自己的房间。"话题内容更多是关于她参与的义工服务。参加义工缘于大学的时候她就想参加义工,但由于家里经济困难,只好不断地做兼职,看着义工联的同学们经常去福利院,自己感到很遗憾。大四第二学期,她找到了工作,一次去上班的路上,她看见一个盲人阿姨在等车,可是却没有车愿意停下来,她就走过去问这个阿姨去哪里,正好是在她上班的前一个站,她就带着阿姨一起坐 38 路车。阿姨是去学电脑的,逢周二、周四去,她得知后,坚持要接送阿姨上下课,并约好时间。每一次,她都提前到,送阿姨到了学习点后,她再乘车坐回公司这个站。虽然比较辛苦,但是这更坚定了她要去参加义工的想法,她上网了解了具体申请流程后,就去银胜大厦交了相片,递交了材料——成为了 187××号,也就是深圳市第 187××名义工。

在分组的时候,她选择了儿童组——快乐成长组:"孩子是父母的希望,也是社会发展的未来。如果能够帮助到她们,一定很有意义。"尽管做好了充足的心理准备,也经过了一些培训,但当她看到"脑瘫"患儿的时候,她还是大吃了一惊:"太可怜了。那些孩子,那么小,有的一出生就是脑瘫,从来都没到过外面玩,有的才几岁,有的整个身体硬邦邦的,有的整个身体软绵绵的,坐都坐不住,他们无法表达自己想要的东西,而他们的父母充满了无奈,一种被命运压垮认命的表情时刻挂在脸上,很让人心酸。"

个子不高的她,鬼点子特别多,她很有耐心,经常想办法激发孩子们训练的兴趣和欲望。有一个小男孩留给她的印象特别深刻,孩子才4岁多一点,但并不是很严重,只是有点走不稳,大脑发育迟缓。然而这个行为受阻的小男孩兼患有自闭症,心思特别敏感,总是拒绝配合治疗。有一次,她的手机响起,当她低头想接电话的时候,却发现小孩笨拙的手动了一下,原来七彩的铃音吸引了孩子的注意力,细心的她发现了这个细节,故意把手机调出音乐,放在离孩子手够得着的地方,好奇心驱使这个孩子不自觉地想去触摸它,想抓起它。由于她的手机比较重,她就去买了一款质地比较轻的,每次她都会把手机放在手掌上,然后伸出自己的手说:"来,握握手,做个好朋友。"当孩子抓住手机的时候,她都会立即给予他有力的鼓励,小男孩每天都在进步,开始逐步接纳她,接受治疗。这让她很欣慰,也很开心:"我觉得我为社会做了贡献,以前我困难的时候,也有很多人帮助了我。现在是我这个小人物逐步回报社会的时候了。"她还有个爱心小钱罐,每天投一块钱进去,每年送一个生肖钱罐给一个最困难的孩子。这些无助的父母对于她的义务帮助很是感激,也让他们从绝望之中看到了希望。

当有人问起她做这样的事值得不值得的时候,她总会笑眯眯地说:"当然值得啊,还赚了一个男朋友,以前我妈最担心我了,因为我个子矮,就怕我嫁不出去。"原来,正是因为她的爱心和善良感动了一个男孩,两人最终走在一起。她说:"很多人借着周末去创业,做兼职,会有很多收获,我的周末也有收获。"

一个社会的进步与否,文明与否,很大程度上与整个社会的互惠性有关。邱晖用她的实际行动向我们证明了深圳为什么是一座"关爱"城市的内在原因所在,正是由于千千万万深圳人拥有如此真挚的爱心和愿望,才使得深圳充满了感动与大爱。

三、阿庄:为了孩子,搬家

"啊,做过多少事啊",阿庄把头往后面的沙发一靠,有点吃力地回忆着他曾经做过的生意:"太多了,从1981—1982年高中毕业,我种过田,开过的士,开过泥头车,拉土方,组建过车队,现在又做节能产品和奥蒂斯电梯。"1963年出生的他好像一部书,充满了妙趣横生的故事和哲理。

"那时候的'的士'很便宜的,2块4角起表,当时很有意思。'的士'是从香港捡回来的,一辆的士3000块钱,回来卖3万。当时国家有指标,我们可以每个月去香港捡一点东西回来卖,一个月可以捡一万多条轮胎,倒轮胎,然后卖去东莞啊、惠州啊,美的就是这样起家的。还有布匹,香港政府也有政策,一船布,不管是完整的还是碎布,一船过来,三天结账。"

阿庄谈得更多的是孩子的教育:"我现在就感觉被社会淘汰了,以前很有优越感的,好像做什么都可以,一百多辆泥头车是我的,只要我说一声不开工就不开工,开的士也是,白天兜几圈,有钱晚上就去玩。"步入中年的阿庄,已没有了年轻的冲动与傲狂,他很感慨自己年轻的时候,在所交的朋友中,没有人给他启发:"有什么样的朋友就有什么样的眼光,当时那么多的机遇却没有人给我指点。"青年时期的遗憾让阿庄非常重视孩子的教育:"有一天,我的小孩回来跟我说,爸爸我有三个拜把子兄弟。我当时大吃一惊,什么叫拜把兄弟,我问孩子,可是孩子却说不知道。我马上意识到,不行了,一定要走,离开这个环境,让环境改造孩子。"所以阿庄以高价9000元/平方米买进一套带学位的商品房:"我老婆很不赞同我的做法,我坚决要搬。"我经常和我小孩讲:"你们读书想读到哪里,我就供到哪里,想出国就出国,想读研究生就读研究生,但是读到大学毕业后不再读的话,我就不管了。社会才是一个真正的学堂。"他认为孩子既不是自己的,也不是谁的,而是社会的,应该回到社会中去。他坚持让孩子学习中国传统的武术和乒乓球,让他们从传统的文化中获得健康的体魄和深邃的智慧,超前的育子理念来自于他多年来对生活的感悟和积累,懂事的孩子没有让阿庄失望,现在他的两个小孩一个在念大学,一个准备6月份参加高考。

像阿庄这样为了孩子走出去的本地人越来越多,他们充分意识到简单出租这一经济结构的高度依赖性和畸形化发展带来的隐形后果,特别是由于金融危机的出现,促使一些年轻人也开始走出"坐吃租金"的"围墙",为了有利于孩子的成长选择了搬出城中村,选择更为优越更为有利的环境,甚至不少人出国留学。环境的影响力是巨大的,尤其在没有太多判断力的孩子面前,当这种潜移默化的环境力量不断渗透的时候,孩子呈现出不同的个性、不同的行为习惯,甚至不同的价值观和人生观。随着一个个本地人的不断迁出,我们期待更新一代的本地人会给出更多的惊喜,更多的新一代本地人融入社会,筹划未来,实现自己的价值。

四、郑美仪:是但啦,冇所谓啦

BOBO,她习惯别人喊她的英文名字。20世纪80年代初,本地居民很喜欢给自己的孩子取一个港台明星的名字,像少芬、德华、楚红、少秋、美宝、裕玲、文强、倩玉,只要听这些孩子的名字,就大概能估计出她们的出生年份,也肯定能猜到他父母更钟爱哪个明星或歌星。通常,一个班上三十多个学生,会有1/4到1/3的"小明星"会聚。但随着这些明星逐渐过气,虚荣的心情逐渐被一种失落和土气感替代。

单从外表上看,BOBO完全没有"村姑"的感觉,一头烫过的头发,染上一点酒红色,披肩自然散落,显得略微有些成熟。定期去美容院和按摩院的她保养得很细致,她会化一点点的淡妆,喜欢去香港买化妆品,因为她觉得她习惯了那个牌子,尤其是她的双眼,单眼皮,不大,所以她会比较重视那部分,这个牌子能够很好地弥补她双眼略小的缺陷。她偏好宽松的韩版衣服配上一条精致的皮带,时尚杂志常备在包包里头,她很少关注国家大事,她说:"和我没什么关系。"

"生活很没趣。"说这话的时候,她的眼神显得有些空洞。她常去电影院看最恐怖的鬼片,电影院的女孩总会吓得尖叫,可是她每次都觉得不够刺激,别人都说她胆子很大、很勇敢,她说是:"看多了也麻木,没什么意思。"她说她可能属于感官迟钝的人,别人因为一个笑话笑个半死的时候,她却一点都不觉得可笑。

每天上午9:00她开着华晨骏捷车到股份公司上班,总是显得有点无精打采地敲打着键盘,等5:30下班。从澳大利亚留学回来的她,因为怕太累,所以就没有去企业上班,但她又不想待在家里,正好股份公司要招一个学金融的人,她就去了,但她又觉得"工作没激情"。她其实很聪明,被封以"股神"称号,可是她并不是由于缺钱炒股,而是为了"找点事做,不然更无聊"。为了打发时间,温和的她养了一只温和的"金巴",但家人更愿意她找一个伴,她自嘲说:"我也步入剩女行列了。"但说起择偶标准,她自己也说不清楚:"也不知道自己想要什么样子的,没感觉。"每次她都应付似地去相亲:"不来电。"她只是隐隐约约地觉得不想找自己村里的人,但外面的人又不怎么认识,也不想找不同地域的人:"两个人天南地北,要我每年坐飞机坐火车跟他回去过年,有点麻烦了。"弄得家里人也无所适从,家里人有时候也催她,说见到村里的人都不好意思说起她,还特意去黄大仙帮她求了一个姻缘签,但温温的她依旧"贵族"一个。对未来也没有太多的想法:"未来?没想过啊。随便了,到时候再说吧。过一天算一天。"她的口头禅就是:"是但啦(随便啦),有所谓啦(没所谓啦)。"

没有太多生存的压力和生活的压力或许是新一代本地人没有生活目标、没有工作动力的根源,与出生直接伴随而来的财富没有赋予他们更多的精神追求,他们的财富与创造无关,与工作无关,与意志无关。尽管上一辈父母有过辛苦耕耘的经历,但总是由于各种原因忽略了对他们的引导,下一代丰富的物质生活与显得平淡苍白的精神生活形成鲜明的对比,以"压力"著称的深圳仿佛与他们并没有太大的关系,这是缺乏社会感知的表现之一。由于对金钱与劳动所得缺乏应有的认知,从来不为钱发愁的他们没有年轻人应有的危机感,更没有年轻人应有的热血和斗志,直接导致了他们努力劳作动力的缺失。

但如果有一天,这种由政策和社会环境带来的惊人回报不再属于他们,这样的福利不再重现,BOBO们也许会重新建构对金钱、对竞争、对社会的认知,重新走上社会,走上找工作面试的路,开始艰苦工作的旅途。这一天会有多远?

第六节　从外来人到新市民

一、王文海:我是深圳人

来自西北兰州的王文海是家里的独生子,比较瘦,长得精干精干的,172厘米的身高不到110斤,大概因为休息不好的缘故。他总是喜欢把左腿跷到右腿上，可以嵌得很深很深，感觉可以拐一个弯。2005 年研究生毕业的他正好赶上深圳某计算机公司（应王文海的要求，公司名称隐去）直接去到他们学校招聘，他觉得待遇还不错，而且他喜欢海，于是就签约来了深圳。

由于喜欢学校氛围，经济暂时还不是很宽裕的他选择下榻在深大新村，一个月的租金也就 500 块钱，不包括水电："霸王条款我第一次遇到，我那天交水电费，我看到附加水一吨、电一度，我很奇怪。我就问房东，为什么要附加水电，她说到处都这样。我算了一下，我住的那栋楼一共 7 楼，每一层楼就有 5 间，每个房间附加水电，就一共至少 35 吨水和 35 度电，完全可以供他们自己家的水费了。钱虽然不多，但是给人印象很不好，我不知道其他人是不是已经非常认同这种潜规则了，但我个人对这种明显不合理的附加霸王条款感到很气愤。"他很用力地甩开他的手掌。但这对于试用期只有 2500 元的他来说，一个月不到 600 元的房租开支还是一个蛮不错的选择。不过，他对那里的环境卫生和噪音甚为不满，本就有些神经衰弱的他，有时候因为隔壁的夫妻打架或楼下的喝酒吆喝声彻夜未眠："太痛苦了，那些人半夜音乐都会放得很大声，小孩哭，上夜班回来的人走路脚步声重得很，打牌的声音，什么声音都有，几乎没怎么睡觉。太痛苦了。"

他描述他曾经的住处，虽然也是单间，但总是感觉诸多不便，没有电视，如果要看电视，还要另外交钱，更谈不上有网络了，要上网，还要自己找电信公司拉线，要不就在楼道贴告示找人一起分享。也没有阳台，晾晒衣服都是挂在防盗网上，最怕的就是下雨，肯定全部打湿，回来要重新洗过。厨房和卫生间应该是以前的阳台改装的，一平方米不到的厕所正对着一平方米左右的厨房："我很少自己做饭的，很麻烦，又不方便，一炒菜，房间里头全是油烟味，又不通风，一个窗户在厕所那边，一个就在厨房那边。对面的人炒菜，我都要赶紧关窗关厨房门，很呛人。"

转正后，带点洁癖的他马上搬到了一个较为高档的公寓——西海明珠，也是深大附近，他偶尔会去深大食堂吃吃饭，散散步，也会去深大的图书馆看书。他说在深圳不进步就意味着退步，只有自身素质提高了才能符合深圳发展的趋势和潮流，才能在激烈的竞争中永葆活力。

西海明珠那边的租金从 1500 元一直上涨到 2500 元，加上水电管理费、网络费一个月要将近3000元,他只能另辟新居。现如今,他在海雅百货那边租了间单身公寓,一个月1800元,带家私,他笑说:"总算苦尽甘来了。"在他的枕头一侧的墙壁上,贴着一些蓝色、绿色、橙色等各种颜色报纸大小的硬卡纸,上面黏着一些照片,中间橙色是父母的,左边黄色是同事的,右边绿色是大学时候的同学的,左下角紫色是户外活动认识的朋友的,右下角绿色是自己的,唯一在中间空出一个位置,他说,那是留给未来的"那一位"的。他从来都不管自己住的地方叫"家","那只是宿舍",他说仿佛在提醒自己还一直没有稳定下来,还没有一个真正意义的"家"。

让他高兴的是,他说他已经是一个深圳人了。2007年6月份,工作满2年的时候,公司有通知:凡本科学历以上,在本公司工作满两年的员工,均可申请深圳户口。他马上了解相关的程序和信息,随后向公司人事部递交了身份证、学历证、学位证、工作证明等材料,没想到一个月后批复就下来了,让他回户籍所在地"开调令",之后他根据指引,到深圳市公安分局提供了办理户口迁入证,再回到户籍所在地办理了户口迁出、档案调令等手续,一个半月后,户口正式办理完毕。

尽管过程有些麻烦,但他还是坚持去办理,他开玩笑地说:"虽然我现在连女朋友在哪里都不知道,但是我还是考虑到将来我的小孩上学等问题,有个户口肯定方便很多,养老医保也都可以享受深圳的福利啊,至少去香港申请也方便嘛。"从来没想到办理深圳户口会这么顺利,这让他很满意,他说他妈妈在老家很自豪,因为她的儿子在深圳,是深圳人了。

二、许湛胜:我不知自己是哪里人

"我出生在湛江,2岁后跟我爸妈来到深圳,就一直在深圳生活了。"20岁的许湛胜来深圳后他只回过他的家乡几次:"家里都没什么人了,我爸我妈早就出来了,就清明回去拜下我爷爷、奶奶。我爸爸以前是当兵的,很早就来深圳了。干过建筑工人什么的,后来他听说1992年开车赚钱,他就开的士了,现在他的年纪大了,他看我没找到工作,我自己又不喜欢被人管,他就叫我来开了,自己开自由一点。"

虽然出生在深圳,但是却没有解决读书问题:"我就是在深圳上的学,不过那时候上学挺麻烦的，因为我没有户口，所以要交借读费什么的，比他们有户口的要多交几百块钱。还好那时候还有买房送蓝印户口，但我们又没有钱，只好读高价书。"而最让小许印象深刻的是："以前那些本地人都看不起我们的，老是叫我们外地人，也不和我们玩，后来才慢慢好了，现在我和他们经常还聚会呢。"

但身份问题，一直让小许有点犹豫，当被人问起是哪里人的时候，他总会介绍说："我出生在湛江，生长在深圳。"他觉得自己既不完全是湛江人，也不完全是深圳人。但他的小侄女洋洋就没有这样的困惑，小洋洋出生在深圳，并开始在城中村的一所幼儿园里上学，她没有经历过迁徙的场景，在她的意识中，她就是一个"深圳人"。小许说有时候他会逗他的小侄女说："谁说你是深圳人了？你是湛江人。"可是小洋洋会一脸困惑地说："我出生在深圳，怎么不是深圳人呢？"问她是否喜欢深圳，她肯定会回答"喜欢"，每天她都和很多同她一样的孩子玩耍嬉戏，如果你说要带她回湛江生活，她就会撅起小嘴，一副很不高兴的样子。

这是很典型的城市移民心态，尤其对于成年人来说，家乡的水土养育了他们，根深蒂固的乡情仿佛烙印一样一直跟随着他们，他们更认同自己是家乡人的说法，尽管有些人已经获得这个城市的户籍，然而，"深圳人"的身份认同却很适合他们的下一代，这些孩子出生在深圳，对现在生活的城市很认同，理所当然地认为这是他们的家。因为这里有他们的父母、有他们的玩伴，更有他们快乐的童年，家乡已经成为他们模糊的记忆，尽管他们没有深圳户口。

从中央到地方，从 2006 年开始对来自祖国各地的劳务工进行了更为科学的统一的称谓认定——新市民。小许说："这个称呼听起来更顺耳。"他们更为认同自己的身份是深圳的"新市民"，这是对自己在深圳社会角色定位的核心认定。他们曾被形象地形容成"一只脚在故土，一只脚在城市"的城乡复合矛盾体，"外来者"的称呼让他们也深感置身其外，城市也难以获得他们的认同；作为"人口严重倒置"城市的生力军，新市民的称呼在更大程度上是对这些来深圳建设者多年来付出的肯定和尊重，这是让每一个来深圳建设者活得更有尊严和更有收获回报的起点。

深圳，这个在经济上发挥极致的中国大城市之一，拥有各项惊人的数字和成就，然而最吸引人目光的却是高密度的人口，这些庞大的人群均衡地居住在深圳的 CBD 等商业中心,最密集的人口就居住在深圳最核心的地带,成为深圳城中村最具特色的典型之一,与上海改造产生的低收入阶层居住边缘化局面形成鲜明对比。在现代都市文明高度发达的深圳,它在小商业上的繁荣甚至超越了城市中心商业区的特点,低廉的房租和包容性,成为容纳广大中低收入层级的广阔天地,为城市化的发展提供了巨大的拉力和推力。

然而,在这种高度城市化过程中所产生的"夹生饭",源于对城市化的估量不足,当工业化来临,大量的剩余人口涌向深圳,直接导致了城乡结合不充分混合体的产生,使得城中村处于现代法制的边缘和灰色地带;同时也在最大限度上保障了社会各阶层在高、中、低消费层次居住区域的共处,这对形成一个和谐社会是相当重要的。由此可见,深圳特区城中村的存在,对保持深圳特区的竞争力、增强城市活力、缓解大城市病发挥了不可替代的作用。

第六部分

新兴都会的国际比较

第二十章
世界的深圳

　　"深圳和其他经济特区、浦东新区的发展,是改革开放以来我国实现历史性变革和取得伟大成就的一个精彩缩影与生动反映,也是对党的正确领导和社会主义制度优越性的一个有力印证。"

——江泽民

　　1978 年 12 月 18 日,深圳轻工业进出口支公司及宝安县石岩公社上屋大队与香港怡高实业公司签署了"三来一补"协议书,并设立了深圳历史上的第一家外资企业。正是 001 号协议的签署和第一家外资企业的设立,揭开了深圳波澜壮阔发展历程的序幕。从 1979 年至 2009 年的 30 年间,深圳累计实际利用外资454.02 亿美元,累计进出口总额 121186.62 亿美元。如今,深圳已经成为中国拥有口岸数量最多、出入境人员最多、车流量最大的口岸城市,也是中国海陆空口岸俱全的城市。2009 年,经过一线口岸入出境人数 1.85 亿人次,入出境交通工具 1483.48 万辆(艘)次。① 深圳与世界的联系,前所未有地紧密。

　　如今的深圳,已经成为中国版图上一颗璀璨的明珠。

　　在不到万分之二的国土面积上,深圳创造了全国 2.6% 的 GDP;外贸进出口总额占全国出口总额的 12.6%,连续 16 年位居中国大中城市榜首;人均生产总

---

① 依据《深圳市统计年鉴 2009》和《深圳市 2009 年国民经济和社会发展统计公报》相关数据整理。

值达到 13581 美元,全年居民人均可支配收入达 4000 多美元,居全国大中城市第一位,已经达到"发达"状态标线……

深圳全市自主品牌已达五万多个,拥有的中国世界名牌数量已占全国的三成,居内地大城市第一位;三十多种工业产品产量居全国前列,硬盘驱动器、基因工厂乙肝疫苗、黄金饰品等的市场占有率更是超过了 50%,程控交换机的市场占有率也超过了 40%……

深圳是"全国文明城市"、"国家卫生城市"、"国家环境保护模范城市"、"国家生态园林示范城市"、"全国绿化模范城市"、"全国优秀旅游城市"、首个国家创新型城市试点……

深圳属于中国。对中国而言,深圳是改革的一块"试验田",开放的一扇"窗口"。深圳作为一座城市,从其诞生之日起,就始终走在中国改革开放的前列。从率先实行土地有偿使用、实行股份制改革,到率先实行人事制度改革、削减行政审批事项等,深圳建市 30 年来,创下了二百多项全国第一。从外资的大量涌入,到"中国制造"遍布世界,深圳都扮演了先驱角色。

对世界而言,深圳也是一个发展的奇迹。

从一个边陲渔村发展成为拥有近千万人口的风景秀丽、环境优良、经济发达的现代化城市,深圳只用了不到 30 年的时间。2009 年,深圳的城市竞争力在全球城市中排名第 64 位,城市经济总量更是排名第 36 位。2003 年,深圳宝安国际机场旅客吞吐量突破千万人次大关,步入世界百强机场之列;2007 年,深圳机场旅客吞吐量已经突破 2000 万人次,2009 年更是达到了 2448 万人次,机场客、货排名已分别跃升至全球第 63、33 位。而在 2009 年全球港口集装箱吞吐量排名上,深圳港更是以 1825 万 TEU 雄踞第四(仅次于新加坡、上海和中国香港)。

深圳是全球最重要的制造业基地之一。传真机、打印机、复印机、数码相机等办公自动化产品似乎仍然是日本企业一统天下,不过这些日本产品的 60% 以上都在深圳制造,理光、东芝、富士施乐、奥林巴斯、爱普生、佳能等产品的主要工厂都在深圳,深圳是全球最大办公自动化产品基地。依托诺基亚、摩托罗拉、三星、爱立信、西门子等国际手机巨头的研发基地,深圳每年都能生产数千万台手机。深圳在国际市场上占有重要地位的产品还包括:计算机磁头占全球近

60%,激光唱头占全球超 60%,钟表占全球的 45%,集装箱占全球的 38%,硬盘驱动器占全球的 10%……

跨国企业巨头在深圳的发展,加速了深圳融入世界的步伐。1981 年 2 月,百事公司与深圳罐头食品公司正式成立深圳饮乐汽水厂,百事可乐成为第一个在深圳投资的《财富》500 强企业。截至 2009 年底,在深圳投资的世界 500 强跨国公司总数累计达 166 家。这些跨国公司中,有十余家设立了地区总部。27 家跨国金融巨头在这里投资兴办金融分支机构、保险公司和办事处,外商投资的研发中心有近 70 家,多数也为世界 500 强企业所拥有。

依托自身乃至珠三角地区发达的制造业和顺畅、便捷的物流系统及发达的海陆空立体运输网络,深圳吸引众多跨国企业设立了采购中心;2001 年,世界零售连锁巨头沃尔玛和家乐福的全球采购中心相继落户深圳并正式启动;2002 年,全球最大的办公用品零售和分销商美国史泰博公司(Staples)将其在中国的全球采购中心设在深圳,常年进行规模性采购,而这是除美国本土之外唯一的全球采购中心;2004 年,百安居母公司翠丰集团的亚洲采购分中心和质检分中心正式落户深圳;2006 年,IBM 公司宣布将其全球采购总部从美国纽约迁往中国深圳,这是 IBM 公司首次将集团的某一部门或机构的总部迁移到美国总部以外的其他国家和地区;此外,宜家、永旺(吉之岛)等世界著名商家也已在深圳设立采购中心,并将深圳列为重要的采购基地。跨国巨头采购中心在深圳采购到质量、包装、价格等方面均具竞争力的优质产品,并将它们送往世界的每一个角落,让人们享受到"深圳制造"带来的便捷和实惠。

深圳本土企业也在逐步走向世界。华为和中国平安是深圳本土企业中的佼佼者。华为 1988 年成立之初,主要是从外国进口电信设备,但很快开始生产自己的产品,并逐步成长为全球领先的电信解决方案供应商。华为在美国、德国、瑞典、俄罗斯、印度以及中国的北京、上海和南京等地设立了多个研究所,87000 多名员工中的 43% 从事研发工作。截至 2008 年底,华为已累计申请专利超过 35773 件,连续数年成为中国申请专利最多的单位,PCT 国际专利申请数居全球第一,并被美国《商业周刊》评为全球十大最有影响力的公司之一。2009 年,华为全球销售额达到 218 亿美元,国际市场收入所占比例超过 75%,无线接入市场份额已经位居全球第二①,华为的产品和解决方案已应用到全球一百多个国家,服务全球1/3的人口。1988年成立的平安保险公司是中国第一家股份制、地方性的保险企业,中国金融保险业中第一家引入外资的企业,也是第一家在海外设立分公司的中资保险公司。20年后,《财富》"世界500强"排行榜公布,中国平安以180亿美元的营业收入,首次进入全球500强,位列第462位,并成为入选该榜单的中国非国有企业第一名。2009年4月,《福布斯》2009年度"全球上市公司2000强"公布,中国平安凭借稳固的业务基础、优秀的经营管理及综合金融的优势,第三度入围,排名第141位。

　　深圳,正在以其独特的方式影响着世界。作为全球化浪潮中涌现出来的明星城市,深圳与新加坡、洛杉矶、旧金山、迪拜、班加罗尔一道,吸引着全世界的目光。

---

　　① 分别依据《华为年报》、Informa 的咨询报告和 ABI 提供的数据。

第二十一章

科技助推城市经济：深圳与硅谷、班加罗尔

> "历史告诉我们，最终战胜危机、实现经济复苏要靠科技的力量。科技创新不仅是应对国际金融危机的强大武器，也是经济持久繁荣的不竭动力。"
>
> ——温家宝

第一节　三个城市的共同选择

位于硅谷的美国企业遇到了需要解决的软件问题，可以在下班前发给班加罗尔，此时恰好是印度的上班时间。班加罗尔的软件工程师立即就可以着手应对美国企业交付的任务，并在下班前将结果发回硅谷，确保美方第二天的工作不会被耽搁。这是全球两大高科技城市之间的一次"典型交流"。

硅谷位于美国加利福尼亚州的旧金山至圣何塞近五十公里的一条狭长地带。第二次世界大战后，硅谷凭借高新技术产业，迅速从以农业为主的杏李之乡成长为"世界微电子之乡"，成为世界高新技术产业园区的代名词。硅谷是跨国公司诞生的摇篮，它创造出十余家世界性的跨国企业，如惠普、英特尔、思科、甲骨文、苹果电脑等，年销售收入均超过或接近百亿美元。硅谷1998年的产值大

约相当于当年中国国内生产总值的 1/4；2000 年硅谷地区的 GDP 总值超过 3000
亿美元,占美国全国的 3% 左右；2004 年地区人均收入 53000 美元,是美国全国
人均收入的 1.6 倍。

班加罗尔位于印度南部的卡拉塔克邦。班加罗尔的软件业是 20 世纪 80 年
代以后发展起来的。如今,四百多家国际著名的电子信息业公司在班加罗尔落
户,包括微软、英特尔、苹果、国际商用机器公司、西门子、惠普、康柏、摩托罗拉
等。印度本地的著名软件企业 INFOSYS、WIPRO 和 TATA 咨询公司也在这里成
长。班加罗尔占全印度软件出口额的 1/3 以上,是印度乃至亚洲最大的软件中
心,并跻身世界软件科技园的前 4 名,被誉为印度的"硅谷"、印度"计算机软件
之都"、"印度信息技术行业的麦加"。预计到 2010 年,班加罗尔 IT 企业软件出
口将超过 100 亿美元。

深圳和班加罗尔的高新技术产业差不多同时起步。20 世纪 80 年代后期,
深圳市制定了发展民营科技企业的规定,华为、中兴等科技企业逐步发展起来。
2009 年,深圳高新技术产品产值 8507.81 亿元,其中具有自主知识产权的高新
技术产品产值 5062.10 亿元,占全部高新技术产品产值比重的 59.5%。毫无疑
问,高新技术产业已经成为推动深圳经济发展的主要推动力之一。如今,深圳不
但引进了包括 IBM、微软、惠普、Oracle 等为代表的跨国高新技术企业,而且也培
育了华为、中兴、迈瑞、腾讯、同洲等本土高新技术企业的佼佼者。

第二节　政府支持和科技资源

政府的重视和支持,是硅谷、班加罗尔和深圳高新技术产业迅速崛起的重要
动力。

20 世纪 50 年代,美国联邦政府的军事订货吸引了高科技企业在硅谷的聚
集,奠定了硅谷在全球科技创新中的领先地位。

20 世纪 80 年代,被誉为"计算机总理"的拉吉夫·甘地在印度执行了一系

列刺激信息产业发展的政策。班加罗尔所在地卡拉塔克邦政府，对当地高科技企业给予了特别的支持，对企业科研实行财政资助，对企业科研成就颁发政府奖。印度邦政府在吸引外资和向世界宣传班加罗尔方面做了大量的工作，使班加罗尔成为世界企业界的进军目标。班加罗尔抓住这一历史机遇，先后申报建立了印度第一批计算机软件园区、信息技术园区、出口加工园区，短短几年间就成为印度信息技术行业的龙头老大。

同样在 20 世纪 80 年代，为了提升科技进步对经济发展的贡献率，深圳开始积极引进和发展高新技术企业。1990 年，从深圳市第一次党代会提出以"高科技产业为先导"起，历次市党代会始终如一地坚持以发展高新技术产业为目标。1993 年 5 月，深圳市人民政府发布《深圳市企业奖励技术开发人员暂行办法》等文件，以资金及政策优惠等形式鼓励企业加速科技成果商品化；当年 6 月，再次发布《深圳经济特区民办科技企业管理规定》，对内地科技人员来深圳创办科技企业给予优惠政策。1994 年，中国第一部涉及知识产权的条例《深圳经济特区无形资产评估管理办法》出台。1995 年，《深圳经济特区企业技术秘密保护条例》又开全国之先河。1998 年，深圳市政府发布《深圳经济特区技术成果入股管理办法》，成为国内最早制定技术成果可以出资入股的城市之一。深圳相继在研究开发、投资担保、人才引进、技术入股、人员出国等方面为发展高新技术企业给足优惠、做足文章，制定出创新的"游戏规则"，逐渐形成了适宜自主创新的"气候"和"土壤"。

重视对科研资源的利用，是硅谷、班加罗尔和深圳高新技术产业飞速发展的共同经验。

美国硅谷毗邻美国著名的斯坦福大学电子学研究中心，而且硅谷地区拥有 8 所大学，9 所社区大学和 33 所技工学校，聚集了大量的多学科的专门人才，集结着美国各地和世界各国的科技人员达 100 万以上，美国科学院院士在硅谷任职的就有近千人，获诺贝尔奖的科学家达三十多人。

班加罗尔是印度高等学校和科研机构的集中地。班加罗尔集聚了 7 所大学，包括创办于 1898 年的印度理学院，以及班加罗尔大学、印度管理学院、农业科技大学、拉吉夫·甘地医科大学等；此外，还拥有 292 所高等专科学校和高等职业学校,印度国家和邦一级的 28 个科研机构,以及一百多家企业内部和其他政府认可的科研机构。印度政府把航天、航空、电子、坦克和精密仪器的研究和生产基地建在班加罗尔,包括尼赫鲁科学研究中心、印度太空技术试验室、太空研究院卫星中心、空间物理研究所、火箭液体推进系统发展中心、陆上机动车公司(坦克、装甲车)等大型科研机构。较高的教育水平和大量的人才聚集,使班加罗尔具备发展以信息产业为核心、以出口为导向的高科技城市的条件。

与硅谷和班加罗尔不同,深圳并非传统意义上的科技和人才集中地。1983年,深圳才拥有自己的第一所大学——深圳大学。10 年后,第二所全日制高等学校——深圳职业技术学院成立;20 年后,"国家示范性软件职业技术学院"——深圳信息技术职业学院诞生。截至 2008 年底,深圳自身拥有的大学寥寥无几。由于自身的智力资源有限,深圳只能通过制度创新吸引人才和科研院所的聚集。深圳为了吸引内地大学资源,特别兴建了大学城,北京大学、清华大学、哈尔滨工业大学等中国一流高校都已经在深圳大学城开设研究生院。深圳虚拟大学园已经会聚 52 所海内外著名院校,在深圳培养硕士以上研究生 25220 余人,由 101 个国家级科研机构组成的"深圳虚拟大学园重点实验室平台"正在为企业技术创新提供支撑。虚拟大学园依托大学的有效人才、有效技术,在有效环境下形成有效贡献,已成为高层次人才培养、重点实验室建设、科研成果转化和产业化基地。此外,深圳还通过"院市合作"、建设高校毕业生实习基地等方式引进智力资源,为自身产业发展和技术创新创造条件。

第三节　差异化的发展路径

尽管都注重发挥技术对经济的推动作用,但在发展的路径和发展重点上,硅谷、班加罗尔和深圳却各具特色。

硅谷的主要特点在于持续的技术创新。分析硅谷的发展历程可以发现,每当美国经济出现衰退或者滑坡的时候,人们往往能在硅谷找到新的经济增长点。

20世纪50年代，IBM、通用电器、洛克希德、西屋等公司纷纷来硅谷设点，增强了硅谷的技术储备，也给硅谷带来了高技术的人才、管理经验和企业文化。国防电子工业刺激了电子、通信和材料等产业的发展。60年代，半导体、集成电路产业迅速发展，硅谷生产力又一次出现飞跃。英特尔、AMD等公司在集成电路芯片的设计上独领风骚。70年代，微处理器的出现，为计算机的微型化闯出了路子。半导体和集成电路产业的进一步发展，带动了上游和下游相关产业的技术进步。应用材料公司、苹果电脑公司等一批勇于创新的半导体生产设备制造商和个人电脑公司应运而生，使硅谷避开了石油危机的影响。至80年代，个人电脑的应用和普及，成为硅谷经济发展又一个新的增长点。与个人电脑的发展相呼应，软件产业悄然兴起。以甲骨文、升阳、思科公司为代表的一批软件公司相继诞生。90年代是互联网时代，雅虎、网景等龙头网络公司都产生在硅谷，众多网络公司一拥而起。

进入21世纪后，网络泡沫一度破裂，对硅谷乃至整个美国经济造成了沉重打击。与此同时，生物技术、新能源技术正在成为硅谷创新的新热点。在生物技术方面，硅谷是世界生命科学技术投资公司最集中的地方之一。位于硅谷的Affymetrix公司在生物芯片领域居领先地位，占有美国生物芯片市场的60%。该公司已经收购国家半导体公司在Santa Clara的一个基地，专门研发生物芯片。参加人类基因组图谱项目的Celera Genomics公司使用的信息技术手段，就是由硅谷Foster City的Applied Biosystems公司提供的。甲骨文、日立公司已经和Myriad公司合作，共同开展一项1.85亿美元的生物科学合作项目。在新能源技术方面，美中绿色能源委员会秘书长David Li Gong表示，硅谷已有超过100亿美元风险资金进入新能源领域，"这两年，每年约有40亿美元到50亿美元资金投向新能源"。在硅谷，"生物汽油"等涉及能源行业的词汇已经像当年的"芯片"等词一样成为新的流行词汇，而纤维素酒精的生产也已经成为硅谷的一个热门项目。

硅谷已经超越了单纯的地域概念，成为创新精神和发展机制的象征。"告诉我你的梦想，让我来帮你实现它！"一个想法、一个概念，在硅谷就能办一个公司，就能上市，就能成就一个百万富翁。硅谷是一个神奇的地方，只要能想到，就能做到。硅谷的地区文化鼓励承担风险，也容忍失败，最典型的就是硅谷拥有成熟的风险投资体系。虽然高技术产业发展面临源自技术、市场、财务等多方面的高风险,有"成三败七"和"九死一生"之说,但任何有价值的创意、技术在硅谷都能得到风险投资企业的投资和帮助。密集的社会网络和开放的劳工市场,以及不断试验探索和开拓进取的创业精神培育了"以地区网络为基础的工业体系"、"技术复合群体",使得硅谷能够有效促进企业能集体学习和灵活调整一系列相关的技术。

相对而言,班加罗尔的主要特色在于其对软件行业的专注。早在1991年,印度政府就开始大力扶持软件产业,推出了"零税赋"的政策,对软件和服务公司的银行贷款实施"优先权",因而引发了印度软件产业的一场革命。2001年,全球500强企业中有185家公司把部分业务外包给了印度的IT公司,有135家企业使用的是印度制作的软件。全球有5000家软件开发公司,对其评级的CMM(Capability Maturity Model)分为1至5等,5等为最高。全世界大约有75家资质为5等的软件研发企业,其中有45个在印度,而这其中又有将近三十个在班加罗尔。据业内估计,在海外外包日益增长的支持下,班加罗尔很有可能取代美国的硅谷成为全球雇佣IT人员最多的地区。

班加罗尔软件业的发展,很大程度上得益于其与海外市场的紧密联系和人才培养储备体系。印度的官方语言是英语,十分便于进入欧美市场,培养的众多软件精英不用为设计软件时的语言障碍而犯难。印度历来与美国等先进国家的先进软件企业接触密切,紧跟国际IT业的最新科技。据统计,班加罗尔软件出口中近80%的合同金额来自经济合作与发展组织国家。在海外的印度裔人士数量多、能量大,对印度IT产业帮助很大。目前仅在美国的印裔人就有约150万,在美硅谷由印裔人创办或管理的IT企业有750家。班加罗尔还拥有丰富的人才资源,大多数的软件工程师都拥有10年以上的经验,其中不乏一些从美国回国的高级技术人才和管理人才。此外,班加罗尔甚至可以让高中生参与软件编程工作,一方面可以降低开发成本,另一方面还可以提前让这些年轻人学习和把握软件的整体设计,进行大量的人才储备。

与班加罗尔重点发展软件业不同,深圳高新技术发展的重点在制造业上。在相当长的一段时间内,深圳都扮演了一个高新技术产品制造基地的角色。深圳的成功在很大程度上是外资的成功,深圳高新技术产业的发展则发轫于对传统发展模式的反思。鉴于初期引进的外资企业技术水平和附加值都比较低,对土地等资源的消耗却很大,为了摆脱发展的刚性制约,深圳选择了将高新技术产业发展作为重要突破口。深圳高新技术产业发展的过程,实际上包含了高新技术企业成长和传统企业改造两个方面的内容。在深圳高新技术产业发展过程中,"四个90%"尤其引人关注,即90%以上研发机构、90%以上研发人员、90%以上研发资金、90%以上发明专利均来源于企业。

截至2008年底,深圳市共有国家认定的高新技术企业3086家,已初步形成大、中、小三层创新企业梯队,其中华为、中兴、迈瑞、腾讯等企业通过自主创新,发展成为具有一定国际影响力的跨国经营企业。与此同时,一批中小企业迅猛崛起,成为各细分行业的佼佼者。由代工起步的比亚迪股份有限公司,通过垂直整合有一定基础的IT及电子零部件产业,实现技术上的无缝对接,促进在汽车产业掌握核心技术,提升完全自主研发和生产的能力。该公司不仅开发出传统燃油轿车,还成功研发了具有世界领先水平的双模电动汽车和纯电动汽车,有效连接汽车技术和电池技术两大平台。迄今为止,掌握双模电动汽车的只有通用、丰田和比亚迪,而比亚迪在电池技术上远远领先于其他企业。迈瑞研发出中国首台全自动生化分析仪BS-300、首台全数字彩超、首台五类血液细胞分析仪、高端监护仪等新品,在美国纽约证券交易所成功上市。好易通科技公司接连推出一串"全球第一",如全球第一款可收发中文短信的智能型对讲机、第一台TETRA数字集群对讲机、第一台国产防爆对讲机等,从名不见经传的小公司跻身于世界五大专业对讲机制造商之列。此外,迅雷在互联网下载软件中成为领军企业,蓝韵、安科、雷杜在医疗设备领域崭露头角,创维、同洲则在数字电视领域声名远播。

第四节 深圳的执著努力

逐步提高自主知识产权高新技术产品的比重,是近年来深圳市经济发展中的一个重要着力点。在传统上,外资、合资企将生产环节中的某个工序转移到劳动成本较低的国家,这些产品一旦涉及新兴产业,就被深圳统计为高科技产业的产值,而实际上当地添加其中的只是劳务性活动,仍然属于劳动密集型产业。除了华为等少数企业外,民营的高科技企业大多没有核心技术,产值中的70%来自于购买关键部件和原材料的成本,企业本身所得利润仅为几个百分点。产业结构虚高度化,导致了只有高科技而没有高效益的尴尬局面。2000年以来,深圳加大了技术创新的资助力度,并将"具有自主知识产权的高新技术产品产值比重"作为经济发展质量的重要指标进行统计,大幅度提高了产品的附加值。2009年,深圳具有自主知识产权的高新技术产品产值5062.10亿元,占全部高新技术产品产值比重达到59.5%。

通过加快软件行业发展,深圳正在努力克服高新技术产业发展软肋。2000年,深圳发出《印发关于鼓励软件产业发展的若干政策的通知》,将扶持软件产业发展提升到城市发展和经济发展的战略高度。并明确规定设立软件产业发展专项资金,在2000年至2005年间,每年安排1亿元专项资金用于对软件产业的扶持,每年安排5000万元用于深圳软件园的建设和安排不少于5000万元的科技发展基金用于软件研发。经过几年的发展,深圳共认定软件企业1228家,2008年软件产业年产值超过560亿元,约占全国的14%,居全国大中城市的第二名,对深圳市GDP的贡献约为10%,已成为深圳市电子信息产业的"核心力量"。软件出口额达18亿美元,占据全国出口额一半以上,连续第7年排名全国第一。深圳软件园已聚集了一批以软件外包、出口和委托IC设计加工为主的软件企业群,包括中兴、金蝶、腾讯、金证、奥尊、现代、迈瑞、大族、迅雷、同洲、迈科龙等一批国内知名龙头软件企业,以及与印度公司合作成立的"深圳软件园离岸开发中心",形成了统一对外承接项目开发的实力形象和品牌。随着瑞银、IBM、Oracle等一批跨国公司的争相入驻,软件园的"国际化"气氛愈来愈浓,新兴的软件服务外包产业正呈现出良好的发展势头。

紧跟世界科技潮流,深圳的生物技术、新能源技术等产业的发展已经取得了巨大成就。作为深圳高新技术产业重要的发展方向之一,生物工程产业正在扮演着越来越重要的角色。科兴、康泰、绿鹏、斯贝克等一批新兴的生物工程企业和项目,已将深圳生物工程产业推向了全国前列。2004 年,深圳生物医药产业产值达到 170.1 亿元,位居国内大中城市第三位,仅次于石家庄和上海。深圳生物医药企业有近二十个产品技术水平居全国第一,11 个生物医药项目被列入国家高新技术产业发展示范工程项目计划。预计到 2010 年,深圳生物医药产业规模达到年总产值 700 亿—1000 亿元。届时,深圳将培育出年销售额超 100 亿元的生物医药企业 1—2 个,培育出年销售额 50 亿—100 亿元的企业 2—3 个,培育出年销售额 10 亿—50 亿元的企业 10—15 个。2007 年 5 月,深圳着手在光明新区高新产业园区布局新能源产业,集中发展和培育太阳能光伏、LED 光电等新能源产业组团。园内不仅有以杜邦太阳能和拓日新能源为龙头的一批光电企业落成投产,还有以世纪晶源为龙头的"国家半导体照明工程产业化基地",形成了产业链齐全的 LED 生产研发基地。2008 年,深圳新能源产业已初具规模,总产值约 300 亿元,未来几年的年产值将突破 1000 亿元。

与硅谷相比,深圳的创新能力和高新技术产业规模还非常有限;与班加罗尔相比,深圳高新技术产业的国际化程度还不够高,尤其是软件产业的发展水平还存在较大差距。为进一步提升自主创新能力,深圳提出:至 2015 年,深圳全社会研发投入占全市生产总值的比重达到 5.5% 以上,科技进步贡献率达到 60% 以上,高新技术产业增加值占全市生产总值的比重达到 40% 以上。届时,深圳将成为创新型城市和具有国际影响力的区域创新中心。

第二十二章

城市管理的比较：深圳
与新加坡

　　"好政府比民主人权重要。没有人可以忽视一个社会的历史、文化和背景。一个国家必须先有经济发展，民主才可能随之而来。除了几个例外，民主并没有给新的发展中国家带来好政府，民主没有导致经济发展，是因为政府并没有建立经济发展所需要的稳定和纪律。"

——李光耀

第一节　万能政府与有限政府

　　新加坡是人民行动党一党执政的国家，李光耀也一直警告国人：新加坡是一个国土狭小、资源贫乏的小国，不能出现多党纷争政治，否则将难以生存。在经济管理上，新加坡实行混合型的市场经济体制，一方面奉行自由经济和自由贸易政策①，另一方面，政府也通过国家投资控制主要经济部门（新加坡国有企业主

---

　　① 早在 1819 年莱佛士占领新加坡，就开始实行"自由港"政策，除烟酒之外，一切进出口商品免征关税，使新加坡很快就发展成为东西方国家之间的重要贸易中心。此后，新加坡除了在独立初期实行过几年的贸易保护政策以外，绝大多数时期采取的是自由贸易政策配以适度的出口鼓励政策。

要有两种形式:一是政府所属的控股公司;二是半官方的由国会批准建立的法定机构)、间接调节通货膨胀水平等手段实施强有力的调控政策。

在新加坡工业化与现代化过程中,政府发挥了权威性的领导职能,在新加坡发展中扮演了决策者、干预者、生产者的角色。政府不仅制定了经济社会发展策略与社会发展目标,创造了有利于经济发展的环境,还直接对宏观经济管理与分配进行调控,并通过法定机构积极参与经济活动。

作为中国的第一个经济特区,深圳是中国特色社会主义市场经济体制改革的先行者。一方面,深圳通过税收优惠和廉价土地政策,吸引了外来资本的大量涌入。税收减免是深圳得以腾飞的重要推动力,但是受制于整个国家的经济制度和贸易政策,深圳不可能实行完全免税的自由贸易政策。另一方面,为了维护市场秩序、提升经济运行效率,深圳通过国有企业改革,推动国有经济退出一般竞争性领域、降低国有经济在城市经济中的比重。深圳是国内最早对国有资产管理进行改革的城市,形成了市国资委及其下属国资办、国有资产经营公司、企业"三个层次"的国有资产管理体制。深圳不但对涉及信托投资、房地产、旅游、粮食等业务的市属国有全资、独资企业实行产权多元化改革,并逐步减持机场股份、盐田港股份、深高速、能源集团等企业的国有股比例,而且在市政公用设施领域也大胆引进了战略投资者,如深圳市能源集团、水务集团、燃气集团、公交集团等。

在积极参与全球化、提升竞争力的过程中,深圳信奉"政府越小越好、市场越大越好"这一信条:市场能够解决的要让企业自己解决,政府决不能插手;企业难以解决的,政府要尽可能以市场的方法进行引导。在深圳,一个广为流传的典故是:坐上的士,要说去市政府,出租司机可能会反问"市政府在哪儿";如果说去市民中心,100%的司机都轻车熟路。其实市政府就在市民中心。深圳商界还有个说法:中国内地很多地方,一个企业家身边有 10 个官员;而在深圳,一个官员旁边有 10 个商人。这也从一个侧面证明了深圳"有限政府"、"小政府"策略的成功。

第二节　人本政府

不论强调"威权政府"的新加坡,还是强调"有限政府"的深圳,它们都在以人为本和维护社会公平正义方面作出了表率。

新加坡在社会保障、医疗服务、基础教育以及住房保障等社会公共服务方面都比较完善。以住房问题为例,针对民众忧虑的住房问题,政府成立了建屋发展局,专为民众建造廉价租屋。新加坡房屋发展局的整面墙壁上,用中文书写着"安得广厦千万间,大庇天下寒士俱欢颜,风雨不动安如山"。该局以公民的收入水平为标准,按照公平合理的原则进行分配。符合政府配房条件的住户一律排队依次等候政府分配住房,低收入者可以享受廉价租房待遇,中等收入者可以享受廉价购房待遇。新加坡拥有分布于全岛的近百万套组屋,86%的人居住在政府开发的组屋里,93%的人拥有房产权,基本实现了"居者有其屋"的蓝图,做到了连众多发达国家的名城都会都做不到的事情。

在深圳,随着经济发展和财力的增强,近年来政府也突出了其社会职能。2007年,深圳凭借给人的归属感,以及宽容、平等的就业环境,被评为全国"最受农民工欢迎的城市"。深圳近几年在解决农民工社保问题上创新措施频出,如在全国率先推出了劳务工医疗保险制度、工伤保险参保人数据全国最前列等,较好地解决了农民工的社保问题。此外,深圳多年来在为农民工提供就业机会、改善农民工就业环境、保障农民工合法权益、解决农民工子女义务教育问题以及解决农民工无助人员的社会救助问题上,都取得了巨大进步。来自农民工的褒奖,是对深圳市政府以人为本发展理念和维护社会公平正义努力的最高评价。

第三节　严格的公务员管理

再好的政府,也需要公务员来操持。重视公务员队伍建设,是新加坡和深圳的共同经验。

李光耀曾经指出,公务员关系到民主制度的存亡。有再好的民主和法律,如果没有好的公务员操持,这个国家也会面临困境。新加坡信奉精英治国,他们重视挑选、培养公务员的做法在其他国家很少见。政府会找各行业的优秀人才加入到公务员队伍。对进入公务员队伍的人虽然没有统一考试,但要进行高难度综合心理能力素质测试,要回答上千道题的问题。

为把优秀的大学生吸收到公务员队伍,新加坡在大学里设立了"总统奖学金"和"武装部队奖学金"等各种奖学金,对获得这些奖学金的优秀学生,根据政府需要的专业,帮助完成学业,有的送出国留学。受政府资助的优秀学生毕业后当公务员,为政府服务若干年后才得离开。

与此类似,深圳在中国所有城市中较早建立了公务员制度。深圳先后出台了一系列规章制度,成为构成公务员管理制度的支撑,从而建立起公务员人才选拔、人员流动和利益保障机制。在公务员选拔机制方面,深圳市规定:凡属需补充公务员的单位,必须根据编制和职位空缺情况申报计划,不搞各自为政,由市里统一招考;考试分笔试和面试,根据笔试成绩按 1:3 的比例确定进入面试的人员;面试考官实行持证上岗制度;坚持宁缺毋滥的原则,如果参考人员全部不合格,则下次再行公开招考;注重公开,做到招考职位、名额、条件、成绩、结果公开,实行"阳光下的竞争";同时还注意打破地域和身份的限制,优化人才的来源,使优秀人才能够脱颖而出。在公务员流动机制方面,深圳通过健全公务员的退休、考核、纪律奖惩、职务升降、辞职辞退以及交流回避等制度,增强出口渠道,使公务员能进能出、能上能下,建立起合理有效的流动机制。深圳通过公务员制度建立起一支高素质的专业化国家行政管理队伍,提升了政府行政能力。

2008 年开始,深圳开始在全国范围内率先推行公务员聘任制和公务员职位分类管理两项重大改革试点工作,这是涉及公务员晋升机制和优胜劣汰机制的重大改革。这次改革将按职位性质把全市公务员职位分为综合管理、行政执法、专业技术三大职类。这样,公务员的晋升渠道除了科长、处长等行政级别外,还有专业技术级别的提高,相应的待遇也随技术级别的提高而改变。这就打破了以往"唯官是贵"的单一职业发展模式。

第四节　法治政府的建设

建设法治政府,是确保政府行为规范透明、减少贪腐的必然要求。新加坡已经成为全球范围内建设法治政府和严惩腐败的典范。在新加坡政府部门,只能按规矩办事,而不能靠关系、人情和随情形办事;靠熟悉程序办事,而不是靠关系办事。这是新加坡社会的共识。所有人都依法办事,不干预别人行使职权。国会议员在处理选民的投诉时,涉及法律问题时,从不干预实体问题,而只是提出程序性的建议。如某人受警察处罚认为不公,议员只会帮他怎么申诉,并不干预警察的处理。

新加坡还建立了比较完善的防腐反腐制度。1960 年,新加坡政府就修改了早年殖民时期的《预防腐败法》。这个法律对贪污、贿赂行为做了广泛的规定;对各种腐败的形式做了明确的规定;在证据上,对官员腐败采取有罪推定,如果一个官员被发现生活阔气,消费明显超过收入,或拥有与收入不相称的财产,法院就可以此作为受贿的证据;法律还给予反贪人员很大的调查取证权,规定被控方家属和证人有提供实情的义务,否则将受到严重处罚。

深圳也在努力建设法治政府。深圳获得立法权之后,积极推进依法治市,建设法治政府,在经济立法、社会立法和行政立法方面都取得了显著成就。1999年 1 月,深圳市委作出《关于加强依法治市,加快建设社会主义法治城市的决定》,提出从九个方面实现行政机构和行为法定化,规范政府行为,提高行政效率,促进廉政建设,建立"高效、务实、廉洁"的服务型政府。2000 年 10 月,深圳市政府发布《深圳市行政机关规范性文件管理规定》,决定自 2001 年起,对市政府及其工作部门、各区政府制定的规范性文件实行统一审查、统一要求、统一公布的"三统一原则",凡不按"三统一原则"制定的规范性文件不具有执行效力。此外,深圳还建立了政府法律顾问制度,通过前移审查关口将政府行为导入法制轨道,为政府重大决策、行政行为及重大合同行为提供法律意见,有效避免了决策错误和行政违法。2005 年至 2008 年底,针对政令执行不力、行政执法不当、工作失职渎职等行为,深圳市行政问责 654 人,涉及 62 个单位。

　　2008 年,国务院法制办与深圳市签订《关于推进深圳市加快建设法治政府的合作协议》。这是国务院法制办第一次以协议方式支持地方法治政府建设。2008 年 12 月底,深圳市在全国率先试行《深圳市法治政府建设指标体系》。该指标体系共有 12 个大项、44 个子项、225 个细项,作为法治政府建设的重点和考评指标。这些指标都是刚性的,涵盖了法治政府建设工作的方方面面,包括政府立法、行政决策、公共财政管理与政府投资、行政审批、行政服务、行政监督等。2009 年 1 月,深圳市政府发布"一号文件"——《关于加快法治政府建设的若干意见》,提出"再用三年时间,实现法治政府建设目标"。

第五节　行政效率的提升

　　政府效率是影响城市商业环境的最重要因素之一。新加坡"带有家长制倾向的东方式民主主义",其中所包含的集权主义政治形态和放大的政府职能在一定程度上确保了政府决策的高效。新加坡政府还规定,凡属各部门、各公务员职责范围内的事情绝不允许推诿拖延,否则会严厉追究。各司其职、各负其责的工作作风使政府机构的办事效率大大提高。以新加坡反贪调查局(CPIB)为例,尽管只有七十多人的编制,但却能对全国所有公务员进行严密监控;工贸部统一管理全国的工业生产和国内贸易,也只有七十余人。在新加坡工作和生活过的人,肯定都对新加坡政府的高效有过切身感受:审批手续非常及时;对各种投诉,政府部门处理的速度也非常快。在全球营商环境和竞争力排名中,新加坡的政府效率总是名列前茅。

　　深圳市政府近年来在提升政府效率方面也取得了重大进展。2001 年上半年,深圳宣布推行一场声势浩大的"政府提速"运动,目标是洗涤官场上懒散和僵化的作风,提高政府的运作效率。此外,深圳率先在全国对行政审批制度进行了大刀阔斧的改革:对能够由市场调节的坚决取消审批;对继续保留的审批和核准事项依法进行规范;尽量减少审批环节,简化审批手续,改进审批方式,增加审批透明度,制定严密的审批操作规程。深圳前后共进行了七次机构改革和四轮政府审批制度改革,率先探索"大部门制"改革和行政决策、执行、监督相分离的体制改革。与内地不少城市相比,深圳的行政机构相对比较精简,效率相对较高。第一次改革将政府审批(核准)事项由原有的 1091 项减少到 628 项,减幅42.4% ;第二次改革在第一次改革的基础上(加上国家和省下放的 44 项),再减少 277 项,减幅41.2% ,两次改革共减少审批(核准)事项 740 项,减幅65.4% 。其中第二轮改革在市、区、镇(街道)三级同时进行,得到了社会各界的积极支持,在全国产生了较大影响。在前两次审批制度改革的基础上,深圳在 2003 年出台《关于深化我市行政审批制度改革的实施方案》的通知,正式启动深圳市第三轮行政审批制度改革,行政审批和核准事项在上两次改革减到 385 项基础上,再减 30% ,审批时限缩短 30% 。2006 年,深圳启动第四轮审批制度改革,在全国率先清理非许可审批。2008 年,深圳取消了 98 项非许可审批事项。

　　建设法治政府、效能政府是一个付之行动的承诺,一个坚持不懈的追求。与中国内地不少城市相比,深圳的行政机构相对比较精简,公务员数量相对较少,效率相对较高。不过,深圳的行政管理体制总体上依旧沿袭了内地的传统模式,在政府职能、机构设置、运作机制和工作方式等方面仍存在诸多问题。与新加坡相比,深圳的政府建设还有很长一段路要走。

第二十三章

理想与现实的调和：
深圳与迪拜

"对国家和民族来说，与竞争者的赛跑，胜利的奖赏惊人，而失败的灾难同样惊人。所以我们跑，为胜利而跑。一旦一个国家或民族失去了开创精神，要再找回，有如跛子爬山，但我说，我们将再次回归过去的光荣，我们眼前有历史性的机会，梦想将化为现实。"

——穆罕默德（迪拜酋长）

20 世纪 70 年代，深圳还是一个滨海的小渔村；到 20 世纪末，就已经成为世界最重要的制造业基地之一，并正逐步成长为一个具有区域影响力的国际化城市。20 世纪 60 年代，迪拜还是阿拉伯湾一个朴素的海滨小镇；到 20 世纪末，已经成为令人惊艳的高度国际化城市。如果说深圳是一个奇迹，那么迪拜就是一种"现象"。

第一节　物流带动城市

物流业发展在"深圳奇迹"和"迪拜现象"中，都发挥了至关重要的作用。推动物流业发展、扩展国际贸易被作为迪拜的重要突破口。迪拜港是连接亚洲、非洲与欧洲之间海运联络的重要支点,航海技术让迪拜的海港变成了海水河插入内陆腹地的重要码头,并成为重要的世界贸易周转港口。为充分发挥这一优势,迪拜实行了一系列优惠政策:货币稳定,与美元汇率保持30年不变,且无外汇管制,货币可以自由兑换;无须缴纳营业税、所得税;实行5%的低税率关税;进出口货物不实行货物配额限制;开放天空政策以及优越的航空监管环境。以上种种政策,提供了一个宽松和自由的贸易环境,使迪拜逐步发展成为国际著名的转口贸易港口城市。

迪拜的海港和国际机场都是国际水平的,海港共有102个泊位,可供巨轮随时停靠。在空港,货到几小时即可提货。东亚制造商将货物从海上运到迪拜,然后再通过空运运往欧洲市场,所需时间和费用分别是海运和空运的一半。《华尔街日报》曾经评述:"欢迎到全球的十字路口——迪拜来。不论你从什么地方出发,都不过一天的路程。它是全世界增长最快、最兼收并蓄的贸易中心之一。"迪拜国际机场正在逐渐发展成为一个全球货运枢纽,在国际机场协会的货运吞吐量排名中一直处于上升状态:2000年第29名,2001年第22名,2002年第20名,2003年第19名,2004年第18名。2007年,迪拜机场货运吞吐量排名上升到第13位,客运第27位,国际客运更是上升到第8位。此外,迪拜港口的吞吐能力也逐年上升,2007年港口的集装箱吞吐量排名世界第6位。

在深圳,物流业本身就是支柱产业,同时也是推动产业全面升级、建设区域性国际城市的战略产业。2000年,深圳市委、市政府将现代物流业列为继高新技术产业、金融业之后的第三大支柱产业。此后,一系列开中国先河的物流政策相继出台,成为促进深圳现代物流业迅速发展的强大"引擎"。2002年10月,《关于加快发展深圳现代物流业的若干意见》正式公布,对物流重点项目及企业给予土地、用电、资金、人才引进等方面的优惠,成为深圳物流业发展的蓝本。为使有限的资源发挥最大的效用,深圳将笋岗—清水河、龙华、平湖、盐田港区、西部港区、机场航空等六大物流园区作为发展的重点,并重点培育六类骨干物流企业:以仓储分拨为主的企业、以零担快运服务为主的企业、以特定客户服务为主的企业、以企业自我需求服务为主的企业、以第三方物流方案设计为主的企业、以整合物流服务为特征的第四方物流公司。

　　深圳提出了以"双港"为核心发展物流业的策略。深圳港的国际班轮航线达131条,包括全球前20位船公司在内的32家班轮公司在深圳设立了分公司或办事处,马士基海陆、美国总统轮船等知名巨头还将华南操作部从境外迁至深圳。现在,深圳已形成覆盖世界12大航区各主要港口的国际班轮网络,国际航线数量、航班密度、集装箱吞吐量和操作效率等均位居全国前茅。深圳空港的发展同样也是非常迅速。作为全国唯一能进行多式联运、可采取过境运输方式的机场,其华南枢纽机场的地位和功能逐步得以强化。

　　为优化物流产业环境,深圳启动了电子口岸建设,从物流通关、口岸电子执法、物流信息服务和物流电子商务等方面着手,全面提高通关效率和物流服务水平,实现物流信息共享,降低物流行业的成本。针对西部港区吞吐量连年猛增的情况,深圳在蛇口、赤湾两大码头实行入境船舶的预检,大大缩短了船舶在港滞留时间。2007年,深圳机场客、货排名已分别跃升至全球第63位和第33位。在2009年全球港口集装箱吞吐量排名上,深圳排名全球第4。

　　迪拜在航空运输上领先于深圳,深圳则在港口集装箱运输上略胜一筹;迪拜以石油资源丰富的中东为腹地,深圳则背靠当今世界最具活力的制造业基地——珠江三角洲。迪拜和深圳在全球物流链中的竞争还会持续较长一段时间。

第二节　创造现代美的城市

　　自20世纪80年代决定发展观光并成立观光旅游局以来,迪拜就立志将惊世骇俗的建筑作为吸引全球目光、提升城市品位的重要工具。迪拜世界贸易中心是迪拜最初的大型建筑,高37层,已经成为中东最重要的贸易展览中心。20世纪90年代,迪拜沿海的人工岛耸立起一座56层高的帆船形建筑,那便是造型独特的阿拉伯塔,高达321米,比法国艾菲尔铁塔还高上一截,当时被称为"最完美的豪华饭店"。2005年,安诚工程顾问公司在迪拜建成了室内高山滑雪场,成为世界上最大的室内滑雪场之一。此后,该公司又在迪拜范思哲宫殿酒店附近的海滩沙子下铺设安装吸热管,地表配合使用大型风力发电组人工制造岛屿清凉的海风,建设沙滩冷冻系统。2004 年,迪拜塔开始建造。建成之后的迪拜塔将创造所有建筑物的高度纪录,包括世界最多楼层建筑(前保持者芝加哥希尔斯大厦)、世界最高楼宇(前保持者台北 101)、世界最高大的独立建筑(前保持者多伦多 CN 塔)、世界最高的人造建物(前保持者北达科塔州 KVLY—TV 电台天线)。即便是美国在世界贸易中心遗址上复建的"自由之塔"(2011 年完工)也将在迪拜摩天大楼的高度面前"俯首称臣"。人工岛建设是迪拜城市建设的又一力作。棕榈岛是人工半岛,包括株梅拉岛、杰拜阿里岛、德拉岛。三个岛屿呈棕榈树状,再由一弯月形堤坝保护,岛上计划建造高档住宅别墅和度假区。正当人们为迪拜庞大的棕榈岛工程所惊叹的时候,另一个规模更大的人工岛计划——世界群岛悄然竣工了。世界群岛由一系列形状为地球各大洲的人工岛屿所组成的,分为四个级别私人屋宇、屋村、度假区以及社群岛。迪拜还在计划建设一个名为"ziggurat"的建筑群。这座宏伟建筑占地面积为 2.3 平方公里,可以容纳 100 万人居住。建筑将被打造成可持续的能源生态城,还将拥有一个高效率的公共交通系统,纵横交错的道路遍布于金字塔内中,组成了一个立体的交通网络。

如今,迪拜已经站在了世界建筑之巅。而奇妙的建筑,也正在吸引着越来越多的人们前往迪拜旅游观光。为数众多的时尚人士和腰缠万贯的富商,不但经常光顾这里的顶级酒店,甚至已经在此购置房产,成为顶尖建筑的主人。

深圳的诸多建筑,也曾经是这个城市的亮点,并成为时代精神的重要载体。国贸大厦于 1984 年 10 月兴建,次年 12 月竣工,楼高 160 米,共 53 层,是当时全国最高建筑,成为当时特区深圳的标志性建筑,并作为"深圳速度"的载体而闻名遐迩。1992 年,邓小平视察深圳,在这里发表著名的"南方谈话"。1996 年诞生的深圳地王大厦,是中国首次对境外招标拍卖,由美籍华人设计、香港公司负责投资和承建。它以"九天四层楼"的新深圳速度将建筑高度纪录拔高到383.95 米。地王大厦曾一度位列世界十大建筑,创造了垂直偏差度在世界超高层建筑中最小的纪录。在今天深圳的大街上,高楼大厦已经随处可见:华融大厦,32 层,楼高 135.8 米;安联大厦,地下 4 层、地上 34 层,高 150 米;大中华国际交易广场,38 层,楼高 195 米;深圳国际商会中心,58 层,楼高 216 米;金中环国际商务大厦,49 层,楼高近 200 米;新世界中心,总高度 230 米,约 60 层……

如今,深圳在建筑上的创新已经超越了对高度和外观的追求,而是将绿色、生态等要素融入到建筑中。深圳市从 2001 年开始推行绿色建筑。《深圳市建筑节能"十一五"发展规划》要求,"十一五"期间,深圳要达到所有新建建筑全面严格执行节能 50% 的建筑节能标准,其中 10% 的新建建筑达到节能 65% 的标准,每年 10% 新建建筑成为绿色建筑,同时完成既有建筑节能改造总建筑面积不少于 110 万平方米。2008 年,深圳出台《关于打造绿色建筑之都的行动方案》,并确定当年为"绿色建筑年"。龙岗区横岗振业城,是中国首个在设计规划阶段就通过建设部 3A 预审的住宅项目,也是深圳市首个获评"建筑节能和绿色建筑示范项目"的大型住宅区。这个住宅项目由风向导向决定窗户开启面积,来保证充足的自然风;大量使用低能耗玻璃、新型降热材料,以起到隔热作用;太阳能热水器;景观水、浇灌用水都是收集起来的雨水……采取这些措施后,振业城节能 52%。作为深圳建筑节能的又一个标志性建筑,蛇口泰格公寓通过增加通风口,降低热岛温度;采取围护结构的节能措施,如屋顶花园,LOW－E 中空玻璃等。该公寓每平方米的耗电量每年约为 40 度,仅为深圳同类建筑的 1/3,每年能节约 100 万—200 万度,节能率高达 63.7%。

迪拜以建筑吸引眼球,拓展发展空间;深圳则以建筑记录城市历史,追逐可持续发展的潮流。总之,建筑让城市更美好,城市让生活更美好。

第三节 传统与前卫的融合

俄罗斯的游客蜂拥而至享受着这里的阳光和沙滩,英国的度假者钟爱免税购物的愉悦,法国的商人则热衷光学纤维和信息技术的生意——接待他们的则可能是身披阿拉伯长袍的阿拉伯老人。保守的伊斯兰世界,却孕育了自由、开放的迪拜,这不能不说是一个奇迹。

迪拜既没有选举,也没有宪法,但却有灵活、深刻的伊斯兰教规和世俗法律的一套法律系统。迪拜的法律规定不许乞讨,而传统的宗教告诫人们要互相帮助,斋月时富人会拿出食物救济穷人,于是乞讨自然也就在这种规定与帮助中消失了。宗教约束和规范着人们的行为,造就了良好的执业精神和最淳朴的民风。迪拜人恪守伊斯兰教规,对异教徒却非常包容,摇滚音乐与清真寺的祷告共存。养在深闺、戴着面纱的迪拜妇女,可能已经穿上意大利的细跟皮凉鞋、牛仔裤,甚至能够与身穿露脐装、超短裙的女人和平相处。在迪拜街头,随处可见穿着长衫的孩子把玩装备先进的笔记本电脑或者游戏机的场景。《纽约时报》国际专栏的记者托马斯·弗里德曼用"卓尔不群"来形容迪拜,认为"阿拉伯世界里再也找不到另一个迪拜",也许迪拜会为世界的未来提供一个文化上和经济上的模板。

深圳在经济上的开放和自由众所周知。作为经济特区,深圳在吸引外资和学习国外经验方面,都走在了中国城市的前列。从城市土地制度改革到所有制改革,从投融资体制改革到资本市场的发展,深圳都发挥了先行先试的作用。在政治体制机制方面,深圳也进行了积极而又谨慎的改革。

2003 年 1 月,深圳尝试进行"行政三分制"试点改革,即决策局只有决策权而没有执行权,执行局只有执行权而没有决策权,监察局和审计局将作为监督部门直属市长管辖。但理想方案遇到现实问题,机构难以撤并,改革无果而终。2009 年 5 月,中国国务院批复《深圳综合配套改革试验总体方案》,宣布重启"行政权三分"改革,"探索城市行政区划及管理体制上改革","适当调整行政区划,推进精简行政层级改革试点,实现一级政府三级管理"。这一改革的前景和效果如何,能否起到先导和示范意义,仍有待时间来证明。

30 年来,深圳一直以学习和赶超世界先进城市为目标,迪拜则一直在谋划着建设全球领先城市。如果说迪拜运用科技炫耀财富,构筑了一座未来之城,那么深圳则多了几分现实主义,一步一个脚印朝前走。

第二十四章

由城市向都会的蜕变：
深圳与洛杉矶

"国家发展、民族振兴，不仅需要强大的经济力量，更需要强大的文化力量。文化是一个民族的精神和灵魂，是一个民族真正有力量的决定性因素，可以深刻影响一个国家发展的进程，改变一个民族的命运。"

——温家宝

洛杉矶，人口 952 万①，加州最大、美国第三大城市，美国西部最大的工商业中心，美国第一大、世界第十五大集装箱港口城市，每年接待过夜游客约 2500 万人，经济总量在世界城市中排名第三。

深圳常住人口为 891.23 万，中国的特大城市之一，中国第三大、世界第四大集装箱港口城市，每年接待过夜游客约 2600 万人，经济总量在世界城市中排名

---

① 此处为洛杉矶基本大都市区统计区的 2000 年人口数。美国早在 1910 年就提出大都市地区（Metropolitan District）的概念，1949 年正式建立具体的统计标准用于国情普查，命名为标准大都市区（简称 SMA），1959 年改称标准大都市统计区（SMSA），一直沿用到 1980 年，以后又改称大都市统计区（MSA）。人口在 100 万以上的包括有两个或两个以上城市化地区的 MSA 复合体，假如满足特别的标准，则要进一步定义出它们的组成部分"基本大都市统计区"（Primary Metropolitan Statistical Area，PMSA）。

第四十。

洛杉矶和深圳，都已经成为真正意义上的大城市、特大城市。

第一节 经济结构的优化

经济实力提升、结构优化是推动洛杉矶和深圳城市发展和转型的根本动力。

洛杉矶的发展史，就是一部产业转型和升级的典型教科书。1892 年，洛杉矶郊区发现了大量石油，石油开采业最先发展起来。随着港口、交通和基础设施的不断完善，钢铁、汽车、飞机制造等工业也迅速发展，20 世纪 50 年代开始，洛杉矶成为仅次于纽约和芝加哥的美国第三大制造业城市。洛杉矶的港口和机场承担了 60% 的美国与太平洋国家的贸易，货物进出口数量超过了东部大港纽约和新泽西之和，成为美国第一大港以及太平洋经济圈重要交通枢纽。洛杉矶经济日益呈现国际化特征，与日本东京一起构成太平洋经济圈的两极。此后，洛杉矶的生产性服务业获得了更快发展。在 1972 年至 1984 年间，服务业的雇佣增长了 63.5%。这种增长遍及商业服务业，诸如旅游、娱乐、法律服务、建筑和会计等的服务业，以及私人服务部门等。1990 年，洛杉矶服务业就业比例已达 69%。从 20 世纪 70 年代开始，洛杉矶逐渐成为国际金融和服务中心。36 家美国银行和 108 家外国银行以及许多著名的国际大财团在洛杉矶设有机构，洛杉矶不仅超过旧金山成为西海岸最重要的金融中心，而且成为美国国内仅次于纽约的第二大银行业集中地。生产性服务业的发展，推动洛杉矶从区域性和全国性的制造业中心，逐步向具有国际意义的全球性经济中心转型。

作为后起之秀的深圳，近年来深圳也一直大力发展服务业，推动经济持续发展和城市转型。早在 20 世纪 90 年代，能耗小、附加值高的会展业在深圳就得到了高度重视。市政府先后培育了一批世界知名的品牌展会，政府对会展业的支持，推动着深圳会展业的规模和影响力不断扩大。1999 年，深圳举办首届中国国际光电博览会时，参展企业仅三十多家，展出面积不到 3000 平方米。在不足十年时间内,其规模扩大 50 倍。中国光电博览会已成长为中国光电行业规模和影响力最大的展会。为鼓励金融业发展,市政府在 2003 年颁布《支持金融业发展若干规定》,2007 年又通过了《深圳市金融产业布局规划》和《深圳市金融产业服务基地规划》,进一步加大对金融业的政策扶持力度,力争为金融机构提供最优惠的政策、最优化的环境和最优质的服务。根据深圳市相关政策,对于总部设在深圳的金融保险机构,除获得 2000 万元市政府财政补助外,还有工商、税收、涉及办公用地返还 30% 地价等优惠政策,同时各区财政也会有额外奖励。金融业已经成为深圳市四大支柱产业之一,深圳市银行、证券、保险业机构密度,外资金融机构数量以及金融业从业人员比例均位居全国前列。据不完全统计,截至 2008 年底,深圳市共有国内金融机构 168 家,其中国内银行机构 62 家,证券交易所 1 家,证券经营机构 17 家,保险公司 50 家,基金管理公司 16 家。经过二十多年的持续发展,深圳市各类金融机构已先后与世界上一百八十多个国家和地区的三百多家金融机构建立了业务代理关系。预计到 2010 年;深圳市金融产业增加值达到 1350 亿元,金融产业增加值占本市生产总值的比重达到 15%以上。2008 年,深圳服务业经济总量在中国 23 个大中城市中位居第四,仅次于上海、北京和广州,以现代金融、现代物流、文化、商贸流通等为主体的现代服务业已成为深圳经济发展的重要组成部分。

　　当然,与洛杉矶相比,深圳无论是经济总量还是产业结构,都存在较大差距:2007 年,深圳生产总值仅相当于洛杉矶的 4% ;2008 年,深圳的第三产业比重为51% ,而洛杉矶在 20 世纪 90 年代就已经达到 70% 左右。

第二节　软实力的提升

　　强大的城市软实力,是国际大都会的共同特征。国际大都会往往都拥有自身独特的城市文化。在与其他城市的交往中,国际大都会的价值观会逐步渗透和传播到世界各地。

洛杉矶的文化与经济共生,随着经济发展,文化软实力也得到了极大提升。作为新兴都会,洛杉矶没有传统文化,如果论古典文化,与纽约、芝加哥当然存在很大差距,但这并不妨碍洛杉矶文化在美国乃至世界的独特地位。直到 20 世纪中期,洛杉矶还是以无文化而出名的,当时美国艺术界的人一听到洛杉矶就皱眉头,认为是艺术的沙漠。但这种情况已经成为过去,如今洛杉矶文化事业的发展已经可以称誉世界,它有世界上最大的电视事业,有可容 9.2 万名观众的体育场,也有世界上最大的电影工业中心好莱坞,已成为西海岸的文化中心与艺术中心。1986 年 12 月,洛杉矶当代艺术馆开幕,存有当代重要艺术大师作品六百余件,这个博物馆的英文缩写 MOCA 立即成了美国艺术界的"行话"。洛杉矶艺术博物馆、诺顿·西蒙艺术博物馆、保罗·盖迪博物馆等一批世界级的博物馆,分别收藏着来自日本、罗马等地的珍贵文物。众多的表演中心、音乐厅、话剧中心分布于整个大都会各区,使得洛杉矶成为许多外国大演出团体到美国的必经之地。

绝大多数的美国文化元素,都可以在洛杉矶找到踪迹。而好莱坞、迪斯尼乃至 NBA 洛杉矶湖人队,使洛杉矶在诸多方面站在了美国文化的巅峰。好莱坞位于洛杉矶市区西北郊,20 世纪初,电影制片商从美国各地陆续集中到此,好莱坞逐渐成为世界闻名的影城。以洛杉矶为中心,相继形成华纳、哥伦比亚、雷电华、共和、派拉蒙、米高梅、联美、福斯、环球等九大电影公司。20 世纪 30—40 年代是好莱坞的鼎盛时期,摄制了大量成为电影史上代表作的优秀影片,并使美国电影的影响遍及世界。众多的作家、音乐家、影星及其他人士会聚于此。为了奖励优秀的从业人员,一年一度的奥斯卡颁奖典礼应运而生。电影制作造就了好莱坞,而奥斯卡金像奖使好莱坞的名气锦上添花。每年颁奖典礼进行时,全球都会有超过 2 亿人通过电视直播观看,会有无数明星从世界各地赶到这里来参加盛会。迪斯尼乐园是全球第一家主题公园,它把动画片所运用的色彩、刺激、魔幻等手法与游乐园的功能相结合,通过"冒险世界"、"开拓世界"、"幻想世界"、"未来世界"等几大部分使人了解人类世界的存在和发展;同时它又有丰富的现代技术的形象化表演,使人在游玩之中对许多深奥的科学知识产生无穷的兴趣。如今,迪斯尼已经在奥兰多、东京、巴黎、香港建成了主题公园,上海迪斯尼也在紧锣密鼓的推进之中。NBA 是美国文化的重要组成部分,而洛杉矶湖人队是其中的一支强者,NBA 总冠军奖杯上曾经 15 次刻上该球队的名字。当好莱坞的巨星坐在看台上为湖人队加油时,洛杉矶群星荟萃的文化特质显露无遗。

深圳也曾一度被视为"文化的沙漠",但随着各方的日益重视,深圳迅速变成了"文化绿洲",成为东方文明古国文化传承和创新的热土。2003 年,深圳率先提出"文化立市",明确将文化体制改革作为"文化立市"的引擎;2005 年,文化与高新技术产业、金融业、现代物流业并列为深圳四大产业支柱。在"文化立市"进程中,深圳在全国率先成立负责编制产业规划、拟定配套政策的政府专门机构,率先为文化产业搭建服务平台,率先为文化产业立法,率先设立文化产业专项基金。2004 年 5 月,深圳市举办首届"文博会",为中国文化产业搭建起一个直面全球的舞台。2009 年第五届"文博会",交易额达到 880 亿元。如今,深圳活跃着二百多个社会文化团体、一万多家民营文化企业,从业人员超过 25 万人。已经建成的国际化音乐厅、现代化图书馆、全球单店经营面积最大的书城,建设中的深圳歌剧院、文学艺术中心、现代艺术中心,都已经或即将为深圳的文化事业增光添彩。深圳市歌舞团每晚在"世界之窗"的歌舞晚会成为游客绝不放过的"名牌",创下了演出场次、观众人数的国内纪录。深圳交响乐团面向全球招聘二十多名顶级人才,让这支中国的交响乐团走进了维也纳"金色大厅"。

主题公园、动漫设计等创意产业是深圳文化事业发展的最大亮点。1989年,深圳湾畔一片滩涂上,拔地而起"万里长城"、"长江三峡"、"桂林山水"……接着又有"埃及金字塔"、"巴黎凯旋门"、"美国大峡谷"。这些公园,让没有奇山异水、名楼古阁的深圳,将"锦绣中华"、"世界之窗"尽收"囊"中。此后,航空母舰"明斯克号"驶进深圳湾,成为中国第一个军事主题的旅游景点。华侨城集团先后建成八个主题公园,并在北京、上海、成都开设"连锁店","公园+表演"、"公园+酒店"、"公园+科技"……景点、内容、形式都在不断创新。2005 年 9 月,深圳华强文化集团决意打造"中国气派的'迪斯尼'",重庆、汕头、芜湖三个拥有自主知识产权的第四代主题公园和"星际航班"等二十多部原创"环幕立体电影",让华强集团"一举成名"。从设计到制造、从软件到硬件、从管理到运营,"中国迪斯尼"完全掌握在中国人手里。"创新"创造了更大的价值,2008 年 9—

10 两个月,仅芜湖"方特欢乐世界"的门票收入就达 4500 万元;"环幕立体电影"原创片全年的片租收入超过 2000 万元。2008 年,华侨城主题公园共接待游客 1000 万人次,相当于旅游大国英国每年游客人数的 1/3。此外,深圳在动漫方面也成就斐然,华夏动漫公司原创了《水果部落》等动画片,环球数码公司打造出中国首部三维动画片《魔比斯环》。

"企业运作,政府支持",结合旧城改造,深圳先后建起 54 个"行业集中、功能完善"的文化产业集聚区。"田面设计之都"创意产业园建园仅 1 年,就引进设计企业二百多家,其中美、德、日等国外企业二十余家。香港商人黄江走进"大芬",建起中国第一条复制世界名画的"油画生产线"。八百多家画店、画坊和六千多名画家、画商、画工迅速云集,"大芬"在中国首创"集中扎堆"、"流水生产"模式。2008 年,"大芬"的"行画"交易额超过 4 亿元,占有世界装饰油画市场 60% 的份额。2008 年 12 月 7 日,深圳正式获得联合国教科文组织创意城市网络授予的世界"设计之都"称号,成为世界第六、中国第一的"设计之都"。

当然,深圳缺乏世界级的文化品牌,在全球范围内的影响力和辐射力都还十分有限。对比洛杉矶文化的魅力,深圳要增强自身文化的生命力和竞争力,还需在充分利用现代技术、顺应国际潮流的基础上,突出"中国气派、中国风格"。

第三节　大都会的移民问题

移民是国际大都会发展过程中无法绕开的话题。一方面,国际都会以其独特的魅力,吸引着四面八方的移民;另一方面,移民的涌入,又为国际都会的成长注入了新的活力。

洛杉矶本身就是一个移民城市。1840 年,洛杉矶只有不足 1200 人。洛杉矶经济发展和交通的改善,吸引了大量移民的到来。1910 年前后,洛杉矶人口超过 500 万,超过旧金山成为西部第一大城市。20 世纪 70 年代下半期起,洛杉矶再次进入了一个人口膨胀期,移民越来越多。时至今日,洛杉矶仍然实行较为宽松的移民政策,每天处理的移民申请案子数以百计。随着外国移民的增加,拉丁语裔与亚洲裔的比例日增,大有追赶大洛杉矶区欧洲裔之势。据估计,2010年,欧洲裔比例将会下降到40%；黑人稍有增加,将达到10%；亚洲裔则会升至9.3%；最大的一支应是西班牙语裔,主要是墨西哥人,将上升到40%。中国人是此地最早的亚洲移民,他们已不只在唐人街一处。除黑人区、全西班牙语区和极贵的白人区之外,几乎整个洛杉矶都有华人踪影。蒙特利公园区由于台湾人多而被称为"小台北"。此外,如阿罕布拉、拉·豪地、林肯高地、帕萨迪纳也有成片的中国城。

在早期的移民中,大多数人的教育水准较低,语言不通,缺乏高技术技能,因而主要从事繁重的体力劳动。他们大多住在城区,使得洛杉矶变成名副其实的"第三世界城市"。由于洛杉矶的经济发展,一大批受过高等教育、中产阶级上层的欧洲裔技术人员、科学家、商人和其他专业人员近年也都移入该市。他们为此地更好的工作机会、更高的收入所吸引,从东海岸、中西部甚至从加州的另一大城市旧金山移入,不但为洛杉矶的经济发展提供了新的动力,而且也改变了这个城市新移入者的结构。

深圳是在中国改革开放过程中成长起来的城市,也是一座典型的移民城市。改革开放前,深圳市的前身宝安县的人口仅24万；到2009年,深圳常住人口为891.23万,而深圳本土的广府人、客家人已经不足总人口的5%。

不同时期、不同年代的深圳移民,在移民的动机、行为模式和心态等各方面都有很大的差异。20世纪80年代的深圳移民基本上是政策性的,带着群体性的特征；90年代之后越来越成为个人的自发行为,以低素质的廉价劳动力为主；2000年之后,随着深圳发展水平的提高,大批高素质人才涌入深圳,移民素质有了明显提高。由于中国特殊的人口管理体制,深圳不同移民之间还存在着社会身份的区别。作为户籍人口的移民和作为暂住人口的移民之间有明显的界限,2009年深圳的户籍人口仅为230万人,仅占常住人口的1/4。这种身份界限所塑造的是截然不同的移民文化心理状态,有合法身份的移民对深圳的认同感、归属感或家园感远远超过那些没有获得深圳户籍身份的移民。

数量众多的移民为国际都市的发展提供了必要的劳动力,不同生活方式、价值观念的碰撞增强了城市的包容性。然而,大量的"新市民"也给城市管理带来了困扰:对以国际移民为主的洛杉矶来说,面临的主要问题是如何消除种族歧视、消弭不同文化背景民众之间的分歧;对以国内移民为主的深圳来说,面临的主要问题则是如何改变户籍人口和非户籍人口之间的不平等待遇,使非户籍人口在社会保障等公共服务方面享受到平等的权利。

结　语
在创新中前行

孔子曰：三十而立——意思是 30 岁的人应该能自己独立承担自己应承受的责任，并已经确定自己的人生目标与发展方向。

于人如此，于城亦然。

2010 年是深圳经济特区成立 30 周年。"三十而立"的时刻，中共中央政治局委员、广东省委书记汪洋向深圳提出三个问题：而立之年的深圳特区，立起了什么？迎接 30 年，深圳要做什么？未来 30 年，深圳要干什么？

一、深圳再出发

时间已到了 2010 年，全方位的开放格局和社会主义市场经济体制在中国已然建立，中国特色社会主义道路正在逐步明晰。在国家未来的发展大局中，深圳的新定位又是什么？

事实上这样的叩问与反思在过去 30 年一直萦绕着深圳。自特区创设以来，尽管深圳的发展成就斐然，却一直争议不断。如果说早期的姓"社"姓"资"之争还带有比较明显的意识形态色彩的话，到了 20 世纪 90 年代出现的诸如"特区不特"等争论，利害平衡关系就已经取代意识形态之争成为交锋的重点。当下，深圳是否还有改革创新的动力和引领国家的能力，也时常遭到人们的怀疑。稍作分析，不难发现，随着经济的发展，争逐有限发展资源的地区竞赛已经开始。相对于其他城市，深圳早期先行一步并享有一定的优惠政策，"时间差"和"政策差"让这座城市一度领先太多，限制了特区经济与技术的外溢幅度，而发展资源在市场的调节下自然向更优的区域聚集，导致深圳"一枝独秀"，质疑经济特区的呼声曾经此伏彼起。进入 2000 年，随着国家开始注重将资源引至后发地区，中央区域调控的作用逐渐显现，全国形成了"万马奔腾"的局面，深圳不再"一马当先"，深圳人产生了"谁抛弃"的担忧。

"特区如何特"又一次成为我们的问题。

改革开放初期因为巨大的资源没有得到有效配置，产权与分配制度的改革不啻是国家、社会与公民的福音，生产效率的提升促使政府的财政收入得以增加，公民的绝对收入得以上涨，改革实现了帕累托改进。但是在这个快步疾进的年代，因为跨越式发展的非均衡效益，因为各地资源禀赋的差异等重重原因，有人落后了，有的区域落后了，有的领域落后了，出现了发展资源、社会财富两极分化现象，出现了资源与环境承载能力难以为继现象。发展不均的问题开始影响国家的现代化进程，社会矛盾、人与自然的矛盾、国际贸易摩擦正在增加，改革的共识正在消减，这些迫使我们在注重经济效益的同时必须更加重视社会效益，在注重经济增长的同时必须更加重视社会和谐，在注重经济建设的同时必须更加重视政治、社会和文化建设。

今天，我们同样持有和《纽约时报》一样的疑问，"廉价的劳动力＋宽松的环境政策"这样简单的模式真的可以让我们持续发展吗？尽管中国是世界人口最多的国家，尽管中国的国土面积位居世界第三，尽管中国的外汇储备、外贸出口全球第一，但是，中国的发展如何由靠比较优势支撑转为竞争优势支撑，如何由一个发展中的经济大国转为真正意义上的经济强国，如何在改善人们的生活水平的同时提高人们的生活质量？

道格拉斯·C.诺斯提醒我们："只有当资源相对于社会需要变得日益短缺时，才会出现改变所有权的压力。"①现在发展的压力再次到来，中国的改革远没有终结，而且更为紧迫。

实现科学发展，构建和谐社会——这是中国今天提出的发展新目标。如同

---

① ［美］道格拉斯·C.诺斯、罗伯斯·托马斯：《西方世界的兴起》，华夏出版社 2009
年版，第 30 页。

30 年前开启的改革那样,每次改革都不是与过去的轻松告别,利益分配的再调整必然会遇到既得利益者的阻挠,遇到过往意识形态和原有制度的羁绊。如何协调好改革、发展与稳定的关系,以低成本的方式让国家的再次转型实现卡尔多-希克斯改进?① 深圳作为一个经济特区,先行发展必会更早地遇到发展难题,因此也必须先行破题。

深圳再出发。2009 年初颁布的《珠江三角洲地区改革与发展规划纲要》明确将深圳发展目标定位为:要继续发挥经济特区的窗口、试验田和示范区作用,增强科技研发、高端服务功能,强化全国经济中心城市和国家创新型城市的地位,建设中国特色社会主义示范市和国际化城市。随后,《深圳综合配套改革总体方案》获得国家批复,其中明确提出:深圳与香港共同推动形成全球性的物流中心、贸易中心、创新中心和国际文化创意中心,提升深港在全球金融竞争中的地位。深圳从一个经济特区变为一个综合配套改革试验区,将在四个方面"先行先试":一是对国家深化改革,扩大开放的重大举措先行先试;二是对符合国际惯例和通行规则,符合我国未来发展方向,需要试点探索的制度设计先行先试;三是对深圳经济社会发展有重要影响,对全国具有重大示范带动作用的体制创新先行先试;四是对国家加强内地与香港经济合作的重要事项先行先试。

深圳要继续力争在中国改革开放的重要领域和关键环节取得新的突破,在全国率先形成科学发展的体制机制,为发展中国特色社会主义创造新鲜经验——这是"30 岁"的深圳对未来的一个庄严承诺。

二、未来之路

未来 30 年深圳要做些什么? 基于过去的历史和现状,基于未来的使命和目标,审视可能的选择,我们认为未来深圳需要重点关注七个发展的关键词,它们是创新、转型、和谐、法治、知识、国际和低碳。

关键词之一:创新

---

① 如果一种变革使受益者所得足以补偿受损者的所失,这种变革就叫卡尔多-希克斯改进。

30 年来，创新一直是特区的灵魂，"开拓创新"的深圳精神指引着特区人创造了中国改革开放以来一个又一个第一，实现了一个又一个奇迹。过去 30 年，因为深圳汇集了一大批极富创新和冒险精神的改革者和企业家，使深圳迅速成长为中国的创新先锋城市。未来 30 年，"创新"是深圳的核心战略定位。深圳作为全国第一个国家创新型城市试点，要在国家创新体系中继续扮演好排头兵、试验田的角色，深入实施自主创新的主导战略，以自主创新增强核心竞争力和发展后劲，成为创新体系健全、创新要素集聚、创新效率高的实践基地。特别要在观念创新、体制创新、科技创新、产业创新、商业模式创新、社会创新、文化创新、城市管理创新、政府创新方面作出新的探索，取得新的经验。

深圳要在高新技术、金融、物流和文化创意四大支柱产业上继续发挥自主创新精神，做大做强、做足功夫。过去 30 年，依靠自主创新，深圳成就了华为、中兴等一批高科技企业。未来 30 年，深圳要致力于依靠创新研发与现代服务产业的集聚，依靠产品与服务的创新，加快产业结构升级，提升自主研发能力，实现中国企业的产品从微笑曲线的最低端向两端延伸，提升深圳产品在国际市场上的议价权，彻底改变中国企业处于产品生产微笑曲线最低端、出口产品被动接受国际采购商定价的局面，从而增强对国际资源的配置能力，从根本上提高中国经济竞争力水平。深圳要打造中国创新研发产业基地与现代服务业集聚区，实现科工贸一体化，大力发展服务贸易，形成一个相对完备的创新产业供应链，打造中国南方"国际创新产业资源配置中心"。

过去 30 年，依靠自主创新，深圳诞生了平安、招商等一批金融品牌。未来 30 年，深圳将借助特殊的区位、高度市场化的资本市场环境和发达的高科技产业等优势，在金融改革与创新方面先行先试，建立金融改革创新综合试验区。与香港合作探索人民币国际化业务，在深圳设立国内外币债券市场，培育和发展债券市场、期货市场、产权市场，创新金融衍生工具和衍生产品，形成多层次的资本市场。将深圳全力打造成为内地高科技产业融资平台，与上海、北京、香港等金融中心城市实现错位发展。

展望后 30 年，深圳将致力于通过制度创新，建立起与新的经济发展模式相适应的创新制度体系，营造适应创新与创业的新环境，引导经济进入创新主导和服务主导的发展阶段,提升城市创新能力。深圳将成为拥有一批国际化创新型领军人才,聚集一批高水平研发机构和一批跨国创新企业,建成若干国际级创新中心和高技术产业基地的具有国际竞争力的创新型城市。

关键词之二:转型

30 年来,深圳在"发展就是硬道理"的指引下,经济快速增长,深圳城市急剧膨胀。然而,增长与发展不能画等号,增长只是发展的一个组成部分。以增长为主要目标的跨越式发展模式让中国迅速强大的同时,也暴露出非均衡的一面。

在未来相当长的一段时间内,深圳依然是发展中城市,发展依然是深圳的主旋律。深圳未来的发展将走科学发展之路,根据新的发展理念,解决经济发展中的深层次和结构性矛盾,依靠自主创新和技术进步形成新的经济增长点,构建环境友好型的产业结构、增长方式和消费模式,从而实现可持续发展。

未来的经济发展中,深圳应该坚持"三个不变",减少"三个依赖",做到"三个改变",实现四个"双轮驱动"。

坚持"三个不变"是:坚持制造业的主体地位不变,形成以制造业为主导,二、三产业协调发展的格局;坚持开放型经济的优势地位不变,始终做好提升开放型经济水平这篇大文章,以完善开放经济体系来统领全局;坚持深港合作的核心地位不变,更加有效地整合深港两地资源,发挥两地优势,进一步增强深港在高端产业领域的互补与对接,提升大都会区的全球竞争力。

减少"三个依赖"是:减少深圳经济对一般加工业的过度依赖,增加第三产业的比重;减少深圳经济对出口的过度依赖,增加产品内销的比例;减少深圳经济对一般蓝领劳务工的过度依赖,将深圳的蓝色人力资源"漂白"为白色人力资源,由以蓝领产业为主转为以白领产业为主。

做到"三个改变"是:改变评价指标体系,将以 GDP 总量、GDP 增速、财政收入等单一经济指标为考核依据,代之为"科学发展指标体系",这个体系由六项指标构成,即人均 GDP、地均 GDP、社会保障覆盖率、市民幸福指数、单位 GDP 能耗和单位 GDP 温室气体排放;改变经济增长方式,从加工型、粗放型、低附加值、劳动密集型向创造型、集约型、高附加值、资本密集型转变;改变经济发展特征,从"三高三低"(高投入、高能耗、高增长,低成本、低效益、低通胀)为特征向"次高成本、次高速度、次高通胀"转变。

实现四个"双轮驱动"是：先进制造业与高端服务产业的"双轮驱动"，抓住当前跨国公司高端制造、研发和现代服务业持续向中国转移的契机，推动从"深圳制造"到"深圳创造"和"深圳营销"的延伸；外需市场和内需市场的"双轮驱动"，在努力开拓国际市场的同时，支持主导产业和本土企业大力开拓日益扩大的内需市场，加强在国内市场的国际竞争力，形成内外两个市场并重的经济发展新格局；投资和消费的"双轮驱动"，降低经济增长对投资的过度依赖，消除制约消费的制度和政策障碍，让消费成为新的经济增长动力；实现国资和民资的"双轮驱动"，充分发挥政府引导、民间资金广泛参与模式，为鼓励民间投资创造良好的政策环境。

关键词之三：和谐

过去30年，深圳在全国率先建立了社会主义市场经济，取得了经济体制改革的瞩目成就。但与此同时，深圳也比全国其他城市更早地遭遇到了"发展中的烦恼"和"现代化的难题"。过去，深圳在发展市场经济的同时，也在一定程度上形成了"市场社会"，造成了局部的社会发展失调、社会差异失控、社会公平失灵和自然生态失衡的现象。现在，深圳已经清醒地意识到过去一段时期在社会建设中的缺失与偏颇，在旗帜鲜明地欢迎市场经济的同时，也理直气壮地拒绝"市场社会"，反对像运用市场杠杆支配经济资源那样，用市场杠杆支配社会发展的资源，支配人的全面理性的发展。

未来30年，深圳改革的重心应由建立现代市场经济为核心的经济体制改革转移到以构建和谐社会为核心的社会体制改革，改善社会分配体制和社会保障体制，强化社会事业发展、公共服务建设，消除目前社会发展中的诸多矛盾。重点目标是要使经济发展与社会发展趋向和谐，特区内外趋向和谐，户籍与非户籍人口趋向和谐。

着力解决人民群众对公共服务需求快速增加与供给严重短缺之间的不平衡。深圳是一个年轻的城市。随着深圳经济与人口的高速增长，深圳市民对公共物品和准公共物品的需求迅速增加。然而，深圳在优质医疗资源、优质教育资源等准公共物品的供给方面严重滞后，远远落后于国内其他大城市。要解决这一矛盾,需要平衡经济发展与社会发展的关系,完善公共物品供给制度,科学合理地制定和执行公共物品供给的公共政策,创新公共物品的提供方式,建立政府、市场与社会组织多元主体的公共物品供给机制,提高企业与社会组织在提供公共物品方面的积极性,并强化政府在提供公共物品方面的责任与义务。

着力解决特区内外发展的不平衡。30年来,深圳特区内与特区外,一市两法,特区内外的城市规划、基础设施、人文环境、公共服务、社会治安都存在巨大差异。有人称特区内是第一世界,特区外是第三世界;特区内是城市包围农村,特区外是农村包围城市。今天,站在特区30年的历史节点,随着经济特区向关外拓展,特区内外一体化即将从愿望变为现实。实现特区内外一体化,不仅仅要在硬件上打通阻隔特区内外的路网,加强特区外城市基础设施建设,缩小特区外在城市建设和管理水平上的差距,更要在软件上提升特区外的生活品质,包括统一特区内外法律政策,提高公共服务水平,提升特区外居民的整体素质,切实改变与城市化不相符的观念和理念,从而促进特区内外全面的一体化均衡化的发展。

着力解决深圳户籍居民与非深圳户籍居民的不平衡。户籍与非户籍人口倒挂是深圳特殊的人口结构,占总人口八成的非深圳户籍居民为这座城市的经济腾飞贡献了力量,但在过去很长一段时间里却难以充分享受到城市发展的成果。长期以来,小小的户口簿承载了太多的社会福利的内容,形成了户籍与非户籍之间的巨大差异,户籍人口是社会福利人口、社会保障人口、公共服务有效覆盖人口,而非户籍人口却成为二等市民。近十年来,深圳已经探索出台一系列政策,让非户籍人口在义务教育、社会保险、职称评定等方面与户籍人口享受同等待遇。在未来相当长的一段时间,深圳的实践将为中国的户籍制度改革探索出一条可行之路,一方面逐步淡化在户籍人口享受社会福利方面的附加值;另一方面积极扩大非户籍人口享受公共服务和社会保障的覆盖面,逐步剥离附加在户籍上的社会歧视,让户口不再成为公共服务的载体。

关键词之四:法治

过去30年,深圳在经济上所取得的一系列成就离不开法治,从深圳特区的创办开始,就是法治先行,积极利用法律为市场经济保驾护航,用法律规范政府的行为。自获得特区立法权以来,深圳市人大及其常委会遵循授权决定和立法法,把制度创新作为特区立法的重要使命,从实际出发,积极探索、勇于创新,充分发挥特区立法"试验田"的作用,在深圳市已制定的特区法规中约有 1/3 是在国家尚未立法的情况下,借鉴香港及国外优秀法律文化而先行先试或有重要突破的。① 但深圳与中国香港、新加坡相比,在市民的法律意识、政府依法行政等方面还存在着相当大的差距。

如果说过去 30 年,深圳主要向香港学到了如何实施外向型经济,如何建立市场经济体制,那么未来 30 年,深圳要向香港学习的重点就是如何建立法治政府、法治社会、法治城市,如何形成全社会全方位的规则意识。过去 30 年,深圳成为中国市场经济体制建设的标杆,未来 30 年,深圳应当成为中国法治建设的模范。我们期待着,30 年后,深圳像香港一样,让法治环境能成为这座城市最重要的优势之一。

深圳建设法治城市,要法制先行,继续用好用足特区立法权,依托特区内外一体化,解决"一市两法"问题;切实加强人大立法职能,推进科学立法、民主立法;大胆借鉴移植先进法例,推动先行性、创制性立法,探索法律法规专业化起草的新机制,全面加快立法步伐。

深圳建设法治城市,要以建设法治政府为突破口,利用好国务院法制办与深圳市政府签署的第一份关于国家和地方共同推进法治政府建设的协议,积极探索从制度建设、机构职责与编制、公共财政管理、行政决策、行政审批、行政处罚等重点领域实施法治化,全面规范政府行为。维护法律权威,强化严格执法,规范执法的自由裁量权,增强执法的力度和刚性;切实维护司法公正,建设公正、高效、权威的社会主义司法制度,保证审判机关、检察机关依法独立公正地行使审判权、检察权。

深圳建设法治城市,必须提升全体市民的法治观念。这是建设法治城市最为重要也是影响最为深远和持久的要素。只有增强全市公民的法律意识才能从

---

① 参见深圳市史志办编:《深圳改革开放纪事 1978—2009》,海天出版社 2009 年版,第 115 页。

根本上维护法律的尊严,才能使深圳从中国传统的人情社会向现代的法治社会转变,才能在全社会形成依靠法律、规则、程序办事,而不是靠关系、讲人情办事的氛围,才能最终实现一座城市的法治化。

关键词之五:知识

2009年,第二届世界知识城市大会授予深圳"成长中的杰出知识城市"称号,这表明,年轻的深圳在由一个经济城市向文化城市迈进的同时,又开始了向知识城市目标迈进的新旅程。

过去30年,深圳打造了"读书月"和"市民文化大讲堂"等一系列城市文化品牌,初步建成了"图书馆之城"和"钢琴之城",让人们对于深圳过去"文化沙漠"的印象不攻自破。但是,当下的深圳与世界先进城市相比,城市文化软实力建设还存在明显差距,市民综合素质还亟待提高。未来30年,深圳将继续大力实施"文化立市"战略,培育城市人文精神,塑造社会的核心价值,提升市民的文化素养,丰富社会的文化生活,加强创新型、力量型、智慧型文化建设,努力打造高品位的文化城市。

作为中国唯一的国家级文化产业博览会,中国(深圳)文化产业博览交易会已经成为深圳响亮的城市名片,成为中国文化产业的展示平台、交易平台和信息平台。未来30年,深圳将把"文博会"由国家品牌升级为国际知名品牌,带动全国的文化产业发展。深圳应加快完善创意设计产业的发展链条,推动创意产业成为特区未来发展的一个新的引擎,以市场培育一批具有国际影响力的文化产业品牌,以文化品牌提升深圳的城市形象和影响力,将深圳打造成为具有全球影响力的设计之都,让文化产业的增加值占到全市生产总值的10%乃至更高,成为深圳当之无愧的第四大支柱产业。

过去30年,深圳已建成了深圳大学、深圳职业技术学院等具有鲜明地方特色的高等学校,建立虚拟大学园,并与诸多国内知名高校合作,建立以研究生院为主体的大学城。但当下深圳的高等教育水平与其经济社会地位严重不相匹配,制约了深圳人才的培养与引进,也制约着深圳的经济社会发展。未来30年,深圳应尽快建立一个相对完整的高等教育体系,包括以深圳大学、南方科技大学为首的主导型大学,以医学院、师范学院、职业技术学院为代表的功能性大学,以一流的商学院、信息学院、外语外贸学院、设计学院为代表的具有本地发展优势的专业学院,以广播电视大学、成人教育学院、城市学院、网络学院为主的成人教育大学,形成学历教育、职业培训、终身教育的多层次全方位的高等教育体系。

关键词之六:国际

过去30年,深圳搭乘国际化的快车,迅速解决了自身资金不足、人才缺乏的发展"瓶颈",通过加工贸易将自身纳入国际分工的产业链,通过吸收和借鉴发达国家与地区的优秀成果,初步形成了与国际接轨的都市文明。2011年将在深圳举办的第26届世界大学生夏季运动会,加速推进了深圳的国际化进程。但是,与我国香港、新加坡相比,甚至与迪拜、曼谷、班加罗尔相比,深圳的国际化程度还有相当大的差距。深圳市民及政府的国际交流能力还比较低,深圳尚未成为国际游客旅行的主要目的地,深圳的国际影响力还相当有限。未来30年,深圳将以提高国际竞争力和影响力为核心,努力建设具有中国特色、中国风格、中国气派的国际化城市。

深圳建设国际化城市,就要学习追赶世界先进城市,这是深圳实现新一轮发展的历史抉择,是深圳进一步增强发展后劲、提升国际竞争力的内在要求。深圳应当树立世界眼光,敢于瞄准世界一流城市,以世界先进城市为标杆,加快国际化城市建设步伐。近期以新加坡、我国香港、首尔为主要学习追赶目标,力争用十年左右时间,在优势领域取得向亚太地区先进城市看齐的历史性突破。中长期将瞄准世界一流城市,力争到21世纪30年代,使深圳成为在全球城市体系中有较强集聚辐射能力和影响力的国际化城市,创造出具有中国特色、科学发展、和谐共生的城市文明模式。

深圳建设国际化城市,就必须推进与香港更紧密、全方位的合作。深圳不可能独立地建设国际化城市,一定是与香港在"一国两制"的框架下,优势互补,共同发展,共同推动"深港地区"形成五大中心——全球性的金融中心、物流中心、贸易中心、创新中心和国际文化创意产业中心,共同构建一个国际化城市。

深圳建设国际化城市,必须着力营造国际化的生活环境,充分利用特区立法权构建国际化生活环境规范;积极建设多元语言环境、多元文化背景的国际化社区,为国际友人提供国际化的生活服务网络和平台,使深圳拥有适合国际一流人才工作和生活的环境。从深圳的青少年抓起,进一步推动中小学双语教学,强化深圳适应全球化与国际化的能力,培育具备世界视野与国际对话能力的高级人才。

"深圳与世界没有距离"。未来 30 年,深圳将把城市发展目标与城市品牌的国际营销结合起来,加强与国际组织合作,举办更多国际级盛事盛会,强化国际媒体对深圳的关注。让深圳成为国际机构与国际活动的聚集地,成为具有较强的国际资源调配、增值和创造功能,成为能在国际舞台上扮演重要角色、产生较大国际影响力的城市。

关键词之七:低碳

特区早期发展的一段时间内,经济的高速增长,是建立在资源低效率开发利用、人口迅速膨胀以及环境严重透支的基础上。进入 21 世纪后,深圳已意识到过去发展中的问题,提出"生态城市"的发展目标,通过构建地方法规政策体系,划定基本生态控制线,确立生态监察机制,从而形成深圳城市生态安全保障体系。

低碳城市建设已成为全球的热点之一。低碳城市就是在城市发展中推行低碳经济,走一条"低能耗、低排放"的可持续发展道路。未来 30 年,深圳作为中国首个低碳生态示范市,将努力成为建设低碳城市的标杆与楷模。深圳应当实施低碳城区发展的总体战略,探索建立温室气体排放监测预警系统,有效掌握温室气体排放的翔实数据;应当加快低碳新兴产业规划布局,通过发展低碳经济,占领新一轮全球经济和产业增长的制高点;应当将低碳理念导入城市规划,坚持集约化建设理念,积极引入"低冲击"开发模式,做到城市建设不影响基本的地形构造,不影响碳汇森林容积量,不影响城市的文脉及其周边的环境等,最大限度减少能源消耗和碳排放。

城市是人类聚居地,是文明的载体和结晶。一座好的城市,不一定是大城市,不一定是时尚的中心,但一定是宜居的城市、和谐的城市、具有独特文化气质和富有创造活力的城市。而其中"宜人"是对一座好城市的最高评价,这也是城市发展的永恒主题。

我们可以给城市戴上各种桂冠,可以提出各种炫人的发展口号,国际化、现代化……其实,这些时髦的词汇都是城市发展的阶段性目标,都只是城市进步的手段,而"宜人"才是一座城市所追求的终极目标,就像"幸福"是一个人所追求的终极目标一样。

将"宜人"作为我们新的城市理想,就是要在城市发展中体现"以人为本"的价值观,满足人的全面需求,适宜人的全面发展,提升人的社会价值。"以人为本"的城市理想的本质意义,在于确立了人的全面发展在城市规划、建设、管理中的核心地位,要求政府首先把全体市民的公共利益与市场杠杆的资源调节有机结合起来,把改善民生、公平正义放在施政的首位。

宜人的城市,必然是和谐的城市。城市发展应是平和、从容,注重人与自然、人与人、精神与物质之间各种关系的平衡与协调,体现和而不同、自由平等、和衷共济的价值观,具有独特的文化气质并且积极进取、充满生机和朝气。将"宜人"作为城市发展的追求,表达了我们要把城市从经济舞台变成人居乐园的期盼,是城市发展理念的升华。我们在建设充满发展活力的现代化国际化城市的同时,要把深圳建设成为宜业宜居、和谐幸福、充满活力和品位优雅的美好家园。

三、未竟的探索者

最后,我们把目光投向中国特色社会主义。

当《时代》周刊原高级编辑乔舒亚·库珀·雷默在 2004 年 5 月 11 日发表《北京共识:论中国实力的新物理学》一文时,他也许还没有意识到他提出的"China Model"(中国模式)一词会在后来风靡世界。

尽管中国的复兴已经成为一个事实,但是,如何看待"中国模式"、"中国道路"?德国杜伊斯堡-艾森大学东亚学研究所所长托马斯·海贝勒(Thomas Heberer)就提出"中国正处于从计划经济向市场经济的转型期,因此我认为所谓的'中国模式'并不存在"[1]。

"中国模式"的实质又是什么?不同的人有不同的解读。俄罗斯联邦共产

---

[1] 参见俞可平、黄平、谢曙光、高健主编:《中国模式与"北京共识"——超越"华盛顿共识"》,社会科学文献出版社 2006 年版,第 113 页。

党主席久加诺夫指出,中国模式就是:社会主义+中国民族传统+国家调控的市场+现代化技术和管理。① 还有不少人将"中国模式"归结为渐进式改革。

中国对"中国模式"有着自己的解读。在中国共产党第十七次全国代表大会上,胡锦涛指出:"在改革开放的历史进程中,我们党把坚持马克思主义基本原理同推进马克思主义中国化结合起来,把坚持四项基本原则同坚持改革开放结合起来,把尊重人民首创精神同加强和改善党的领导结合起来,把坚持社会主义基本制度同发展市场经济结合起来,把推动经济基础变革同推动上层建筑改革结合起来,把发展社会生产力同提高全民族文明素质结合起来,把提高效率同促进社会公平结合起来,把坚持独立自主同参与经济全球化结合起来,把促进改革发展同保持社会稳定结合起来,把推进中国特色社会主义伟大事业同推进党的建设新的伟大工程结合起来,取得了我们这样一个十几亿人口的发展中大国摆脱贫困、加快实现现代化、巩固和发展社会主义的宝贵经验。""中国特色社会主义道路,就是在中国共产党领导下,立足基本国情,以经济建设为中心,坚持四项基本原则,坚持改革开放,解放和发展社会生产力,巩固和完善社会主义制度,建设社会主义市场经济、社会主义民主政治、社会主义先进文化、社会主义和谐社会,建设富强民主文明和谐的社会主义现代化国家。"②

中国特色社会主义道路尽管路基坚实、目标明确,但是它的实践却没有止境。作为中国现代化的窗口、试验田和示范区,深圳将再次出发,以创新的实践为中国特色社会主义的新发展提供实证,这不仅仅是为证明和推广"中国模式",更在于为人类的新现代文明模式做一块前进的铺路石。

深圳在不懈创新的路上。

中国在民族复兴的路上。

我们期待并奋斗着!

---

① 参见吴玉荣:《中国改革开放的世界解读》,《中国青年报》2008 年 8 月 3 日。
② 中共中央文献研究室编:《改革开放三十年重要文献选编》,中央文献出版社 2008年版,第 1717 页。

主要参考文献

一、著作

1.《邓小平文选》第1—2卷,人民出版社1994年版。

2.《邓小平文选》第3卷,人民出版社1993年版。

3.《江泽民文选》第1—3卷,人民出版社2006年版。

4.《十六大以来重要文献选编》(上),中央文献出版社2005年版。

5.《十六大以来重要文献选编》(中),中央文献出版社2006年版。

6.《十六大以来重要文献选编》(下),中央文献出版社2008年版。

7.《十七大以来重要文献选编》(上),中央文献出版社2009年版。

8.《改革开放三十年重要文献选编》,中央文献出版社2008年版。

9. 全国政协文史和学习委员会编:《经济特区的建设》,中国文史出版社2009年版。

10. 中国社会科学院社会学研究所编:《2002年:中国社会形势分析与预测》,社会科学文献出版社2003年版。

11. 中共广东省委党史研究室:《广东改革开放决策者访谈录》,广东人民出版社2008年版。

12. 深圳市政协文史和学习委员会编:《深圳——一个城市的奇迹》,中国文史出版社2008年版。

13. 深圳市地方志编纂委员会编:《深圳市志》(经济管理卷),方志出版社2007年版。

14. 宝安县志编委会编:《宝安县志》,广东人民出版社1997年版。

15. 深圳市政协文史资料委员会编:《深圳文史》(第三辑),海天出版社2001年版。

16. 深圳市政协文史资料委员会编:《深圳文史》(第四辑),海天出版社 2002 年版。

17. 深圳市政协文史和学习委员会编:《深圳文史》(第七辑),海天出版社 2005 年版。

18. 深圳市政协文史和学习委员会编:《深圳文史》(第八辑),海天出版社 2006 年版。

19. 深圳市史志办公室编:《深圳市改革开放纪事 1978—2009》,海天出版社 2009 年版。

20. 深圳经济特区研究会等编著:《深圳 28 年改革纵览》,海天出版社 2008 年版。

21. 深圳市史志办办公室编:《中国经济特区的建立与发展》(深圳卷),中共党史出版社 1997 年版。

22. 深圳博物馆编:《深圳特区史》,人民出版社 1999 年版。

23. 深圳市特区文化研究中心、深圳市文化娱乐交流中心主编:《深圳文化娱乐年鉴(1994)》,广东旅游出版社 1995 年版。

24. 深圳市文化局编:《市场经济与特区文化》,海天出版社 1995 年版。

25. 深圳市文化局主编:《深圳文化 15 年》,海天出版社 1995 年版。

26. 深圳百科全书编委会:《深圳百科全书》,海天出版社 2010 年版。

27. 绿色建筑论坛编:《绿色建筑评估》,中国建筑工业出版社 2007 年版。

28. 蔡强编著:《深圳优秀景观园林设计》,辽宁科学技术出版社 2004 年版。

29. 蔡禾主编:《城市社会学》,中山大学出版社 2003 年版。

30. 陈威主编:《公共文化服务体系研究》,深圳报业集团出版社 2006 年版。

31. 诸大建:《建设绿色都市:上海 21 世纪可持续发展研究》,同济大学出版社 2003 年版。

32. 董建中:《深圳经济变革大事》,海天出版社 2008 年版。

33. 范宏云、金玲:《深圳法制建设大事》,海天出版社 2008 年版。

34. 樊纲等:《中国经济特区研究——昨天和明天的理论和实践》,中国经济出版社 2009 年版。

35. 费孝通:《乡土中国 生育制度》,北京大学出版社1998年版。

36. 高鉴国:《新马克思主义城市理论》,商务印书馆2006年版。

37. 谷牧:《谷牧回忆录》,中央文献出版社2009年版。

38. 黄萍:《风景这边独好》,人民日报出版社2008年版。

39. 柯兰君、李汉林主编:《都市里的村民——中国大城市的流动人口》,中央编译出版社2001年版。

40. 何清涟:《现代化的陷阱:当地中国的经济社会问题》,今日中国出版社1998年版。

41. 胡秉熙编纂:《南岭村志》,海天出版社2005年版。

42. 华伟、王佩儒:《万科批判》,香港东西文化事业出版公司2008年版。

43. 贾和亭、倪元辂主编:《率先建立新体制》,中央编译出版社2000年版。

44. 孔祥露:《非一般的华为》,海天出版社2008年版。

45. 蓝宇蕴:《都市里的村庄》,生活·读书·新知三联书店2005年版。

46. 老亨:《深商的精神》,海天出版社2007年版。

47. 乐正、邱展开主编:《2003年深圳发展报告》,社科文献出版社2003年版。

48. 乐正主编:《中国深圳发展报告(2004)》,社会科学文献出版社2004年版。

49. 乐正、邱展开主编:《2009年深圳社会发展报告》,社会科学文献出版社2009年版。

50. 乐正:《2010年深圳经济发展报告》,社会科学文献出版社2010年版。

51. 廖明中:《深港区域经济融合与发展研究》,海天出版社2009年版。

52. 李岚清:《突围:国门初开的岁月》,中央文献出版社2008年版。

53. 李永清:《深圳行政变革大事》,海天出版社2008年版。

54. 李咏涛:《大道30年——深南大道上的国家记忆》(上),深圳报业集团出版社2009年版。

55. 李信忠:《华为非常道》,机械工业出版社2010年版。

56. 刘中国主编:《纪事——深圳经济特区25年》,海天出版社2006年版。

57. 刘润华著述:《安民立政》,深圳报业集团出版社2008年版。

58. 刘世英:《华为教父任正非》,中信出版社2008年版。

59. 鲁虎:《列国志——新加坡》,社会科学文献出版社 2004 年版。

60. 马立诚:《交锋三十年——改革开放四次大争论亲历记》,江苏人民出版社 2008 年版。

61. 孟伟主编:《深圳社会变革大事》,海天出版社 2008 年版。

62. 南兆旭:《深圳记忆:1949—2009》,深圳报业集团出版社 2009 年版。

63. 南翔、陈以沛、梁兆松、王鹏飞等:《青春的城市:深圳》,中国青年出版社 2008 年版。

64. 倪元辂、彭立勋、沈元章主编:《深圳:迈向社会主义市场经济》,人民出版社 1999 年版。

65. 倪振良:《深圳传奇》,海天出版社 1994 年版。

66. 潘维主编:《中国模式:解读人民共和国的 60 年》,中央编译出版社 2009 年版。

67. 彭立勋主编:《文化体制改革与文化产业发展:2003 年深圳文化发展蓝皮书》,中国社会科学出版社 2003 年版。

68. 沈国明等主编:《生态型城市与上海生态环境建设》,上海社科院出版社 2001 年版。

69. 史健玲:《走向可持续发展的深圳》,中国社会科学出版社 2002 年版。

70. 孙立平:《转型与断裂——改革以来中国社会结构的变迁》,清华大学出版社 2004 年版。

71. 陶一桃主编:《深圳经济特区年谱》,中国经济出版社 2008 年版。

72. 王京生主编:《文化立市论》,海天出版社 2005 年版。

73. 王为理:《从边缘走向中心——深圳文化产业发展研究》,人民出版社 2007 年版。

74. 王永章主编:《中国文化产业典型案例选编》,北京出版社 2003 年版。

75. 王雍君等主编:《循环经济论集》,经济科学出版社 2006 年版。

76. 王旭、黄柯可主编:《城市社会的变迁——中美城市化及其比较》,中国社会科学出版社 1998 年版。

77. 王熙远主编:《宝安崛起》(上册、下册),花城出版社 2008 年版。

78. 汪开国主编:《深圳九大阶层调查》,社会科学文献出版社 2005 年版。

79. 温友平:《大芬村的崛起》,海天出版社 2006 年版。

80. 魏昕:《万科真相》,中央编译出版社 2009 年版。

81. 项飚:《跨越边界的社区:北京"浙江村"的生活史》,生活·读书·新知三联书店 2000 年版。

82. 谢志岿:《村落向城市社区的转型》,中国社会科学出版社 2005 年版。

83. 徐明天:《春天的故事——深圳创业史》(上),中信出版社 2008 年版。

84. 徐明天:《春天的故事——深圳创业史》(下),中信出版社 2008 年版。

85. 许欣欣:《当代中国社会结构变迁与流动》,社会科学文献出版社 2000 年版。

86. 杨伟国、王雁芬:《迪拜——沙漠奇迹》,世界知识出版社 2006 年版。

87. 艺衡等:《文化权利:回溯与解读》,社会科学文献出版社 2005 年版。

88. 易运文等:《给特区铸入文化的灵魂》,苏伟光主编《深圳文化 15 年》,海天出版社 1995 年版。

89. 俞可平:《增量民主与善治》,社会科学文献出版社 2003 年版。

90. 俞可平、黄平、谢曙光、高健主编:《中国模式与"北京共识"——超越"华盛顿共识"》,社会科学文献出版社 2006 年版。

91. 周溪舞:《亲历深圳工业经济的崛起》,海天出版社 2006 年版。

92. 周永章等:《创新之路——广东科技发展 30 年》,广东人民出版社 2008 年版。

93. 郑永年:《中国模式经验与困局》,浙江人民出版社 2010 年版。

94. 张思平、高兴烈主编:《十大体系》,海天出版社 1997 年版。

95. 张育彪:《光辉的历程》,广东教育出版社 2004 年版。

96. 张坤主编:《循环经济理论与实践》,中国环境科学出版社 2003 年版。

97. 章建刚等主编:《中国公共文化服务发展报告(2009)》,社会科学文献出版社 2009 年版。

98. 邹东涛主编:《中国改革开放 30 年(1978—2008)》,社会科学文献出版社 2008 年版。

99. 朱喜钢等:《规划视角的中国都市运动——城市转型与有机集中》,中国建筑工业出版社 2009 年版。

100. [美]托马斯、[波兰]兹纳涅茨基:《身处欧美的波兰农民》,译林出版社 2002 年版。

101. [美]布莱恩·贝利:《比较城市化——20 世纪的不同道路》,商务印书馆 2008 年版。

102. [美]理查德·弗洛里达:《你属哪座城》,北京大学出版社 2009 年版。

103. [美]威廉·怀特:《街角社会——一个意大利人贫民区的社会结构》,商务印书馆 1994 年版。

104. [美]罗伯特·帕特南:《使民主运转起来》,江西人民出版社 2001 年版。

105. [美]戴维·奥斯本、特德·盖布勒:《改革政府:企业家精神如何改革着公共部门》,上海译文出版社 2006 年版。

106. [美]埃莉诺·奥斯特罗姆:《公共事务的治理之道》,上海三联书店 2000 年版。

107. [美]弗朗西斯·福山:《国家建构——21 世纪的国家治理与世界秩序》,中国社会科学出版社 2007 年版。

108. [美]艾伦·杜宁:《多少算够——消费社会与地球的未来》,吉林人民出版社 1997 年版。

109. [美]约翰逊:《洛杉矶》,辽宁教育出版社 2004 年版。

110. [美]帕克等:《城市社会学》,华夏出版社 1987 年版。

111. [美]刘易斯·芒福德:《城市发展史——起源、演变和前景》,中国建筑出版社 2005 年版。

112. [美]道格拉斯·C.诺斯、罗伯斯·托马斯:《西方世界的兴起》,华夏出版社 2009 年版。

113. [美]道格拉斯·C.诺斯:《制度、制度变迁与经济绩效》,格致出版社 2008 年版。

114. [美]劳伦·勃兰特、托马斯·罗斯基编:《伟大的中国经济转型》,格致出版社 2009 年版。

115. [法]托克维尔:《论美国的民主》,商务印书馆1997年版。

116. [法]孟德拉斯(Henri Mendras):《农民的终结》,社会科学文献出版社2005年版。

117. [法]潘什梅尔著:《法国》,上海译文出版社1980年版。

118. [古希腊]亚里士多德:《政治学》,商务印书馆1997年版。

119. [德]哈贝马斯:《公共领域的结构转型》,学林出版社1999年版。

120. [日]池田大作、(意)奥锐里欧·贝恰:《21世纪的警钟》,中国国际广播出版社1988年版。

121. [加拿大]简·雅各布斯:《美国大城市的死与生》(纪念版),译林出版社2006年版。

122. [英]艾比尼泽·霍华德:《明日的田园城市》,商务印书馆2000年版。

123. [英]彼得·霍尔、科林·沃德:《社会城市——艾比尼泽·霍华德的遗产》,中国建筑工业出版社2009年版。

124. [英]迈克·詹克斯编著:《紧缩城市———一种可持续发展的城市形态》,中国建筑工业出版社2004年版。

125. Chalmers Johnson, *MITI and the Japanese Miracle*: *The Growth of Industrial Policy, 1925 – 1975*, Stanford: Stanford University Press, 1982.

126. A. S. Oberai, *Population Growth, Employment and Poverty in Third-world Megacities*: *Analytical and Policy Issues*, New York, N. Y. : St. Martin's Press, 1993.

127. Pearce, David W. , *World without End*: *Economics, Environment, and Sustainable Developmen.* New York: Oxford University Press, 1993.

二、论文

1. 成思危:《论创新型国家的建设》,《新华文摘》2010年第6期。

2. 陈敏:《邹家健:中国第一业主——业主邹家健的维权心路》,《中国改革》2005年第5期。

3. 戴永红、秦永红:《印度软件企业国际化成功的社会文化因素》,《南亚研究季刊》2008年第2期。

4. 樊纲、胡永泰:《"平行推进"而不是"循序渐进":关于体制转轨最优路径的理论与政策》,《经济研究》2005 年第 1 期。

5. 葛洪:《深圳高新技术产业发展的特征与启示》,《南方论丛》2008 年第 4 期。

6. 韩忠:《后工业化城市与制造业——以旧金山市为例》,《城市问题》2008 年第 1 期。

7. 黄庭满:《监管之外的经济黑洞》,《半月谈》(内部版)2002 年第 12 期。

8. 贾西津:《"伙伴关系"——英国政府与社会关系的启示》,《学会》2006 年第 6 期。

9. 江振华:《深圳建设国际化城市的创新思路》,《特区经济》2004 年第 3 期。

10. 赖配根:《唤醒儿童的道德生命——中央教育科学研究所南山附属学校公民教育探索实践》,《人民教育》2009 年第 11 期。

11. 乐正、王为理:《文化立市发展战略与深圳文化建设近期走向》,《改革与战略》2003 年第 4 期。

12. 乐正:《迎接后特区时代的挑战——论深圳新世纪发展的路向》,《深圳大学学报》(人文社会科学版)2003 年第 1 期。

13. 李培林:《巨变:村落的终结——都市里的村庄研究》,《中国社会科学》2002 年第 1 期。

14. 李增军:《一城两港的美国洛杉矶》,《港口经济》2001 年第 4 期。

15. 李三虎:《洛杉矶与广州姐妹城市的比较》,《探求》2001 年第 4 期。

16. 刘志山:《移民文化与深圳精神》,《特区理论与实践》2002 年第 5 期。

17. 刘凌云:《万捷整合艺术品产业链》,《新财富》2006 年第 10 期。

18. 刘忠朴:《论深圳自主创新的形势和任务》,《中国新技术新产品精选》2007 年第 6 期。

19. 刘应力:《深圳自主创新的实践研究》,《中共中央党校学报》2008 年第 4 期。

20. 刘林平:《外来人群体中的家庭与家族网络支持——深圳"平江村"的调查与分析》,《广东社会科学》2005 年第 5 期。

21. 刘强:《对深圳市龙岗区布吉镇南岭村的考察报告》,《乡镇企业科技》2002

年第 9 期。

22. 马立诚：《"蛇口风波"始末》，《文汇月刊》1989 年第 2 期。

23. 潘一宁、罗雪雁：《新政府·新经济·"新新加坡"——2001 年的新加坡》，《东南亚研究》2002 年第 1 期。

24. 丘海雄、徐建牛：《市场转型过程中地方政府角色研究述评》，《社会学研究》2004 年第 4 期。

25. 涂俏：《令人心悸的内幕，卧底"二奶村"的 60 天》，《北京文学·精彩阅读》2004 年第 4 期。

26. 王子先、姜荣春：《对外开放 30 年：迈向开放型经济目标的过程及路径》，《国际贸易》2008 年第 6 期。

27. 王绍光：《学习机制、适应能力与中国模式》，《开放时代》2009 年第 7 期。

28. 王为理：《移民文化的当代图像：从全球到深圳》，《深圳大学学报》（人文社会科学版）2003 年第 5 期。

29. 王名：《非营利组织的社会功能及其分类》，《学术月刊》2006 年第 9 期。

30. 谢菲：《美国大都市的治理模式》，《城市问题》2008 年第 6 期。

31. 薛荣久：《我国开放型经济体系探究》，《国际贸易》2007 年第 12 期。

32. 杨春生：《广东省加工贸易产业转型升级战略》，《特区经济》2007 年第 3 期。

33. 郁建兴、徐越倩：《从发展型政府到公共服务型政府——以浙江省为个案》，《马克思主义与现实》2004 年第 5 期。

34. 张燕生、毕吉耀：《十一五时期的国际经济环境和我国开放型经济发展战略》，《宏观经济研究》2005 年第 11 期。

35. 张凤岐：《怡亚通：打造新商业模式》，《SMB 中小企业信息化》2009 年第 4 期。

36. 张国栋：《深圳：迁徙之城》，《小康》2007 年第 12 期。

37. 朱力：《论农民工阶层的城市适应》，《江海学刊》2002 年第 6 期。

38. 张文宏、雷开春：《城市新移民社会融合的结构、现状与影响因素分析》，《社会学研究》2008 年第 5 期。

39. 张蔚:《班加罗尔离硅谷还有多远》,《知识经济》2004 年第 10 期。

40. 浙江省发展改革委课题组:《构筑新的开放格局——对外开放新阶段新思路研究》,《浙江经济》2008 年第 1 期。

41. 周大鸣:《外来工与"二元社区"——珠江三角洲的考察》,《中山大学学报》(社会科学版)2002 年第 2 期。

42. 周明生等:《马克思与科斯产权理论在中国改革进程中的运用》,《江海学刊》2009 年第 1 期。

43. 邹树彬:《民主实践呼唤制度跟进——深圳市群发性"独立竞选"现象观察与思考》,《人大研究》2003 年第 8 期。

44. 中国行政管理学会:《行政管理体制改革的思路和措施——"落实科学发展观推进行政管理体制改革"研讨会暨中国行政管理学会 2006 年年会综述》,《中国行政管理》2006 年第 10 期。

45. Sebastian Heilmann:《中国经济腾飞中的分级制政策试验》,《国际发展比较研究》2008 年第 1 期。

46. Sebastian Heilmann:《中国异乎常规的政策制定过程:不确定情况下反复试验》,《开放时代》2009 年第 7 期。

47. Xu Wang, "Mutual Empowerment of State and Society: Its Nature, Conditions, Mechanism, and Limits", *Comparative Politics*, Vol. 31, No. 2 (1999): 231 – 249.

三、报纸

1. 孙君成:《平安回应税收检查传闻,马明哲称对得起这份高薪》,《南方日报》2008 年 7 月 18 日。

2. 张黎明:《腾讯 CEO 马化腾:腾讯成为"全民公敌"很正常》,《北京晨报》2008 年 4 月 7 日。

3. 杜啸天:《研祥欲 7 亿买曼联球衣广告,首轮谈判完成》,《南方日报》2009 年 3 月 26 日。

4. 吴小川:《研祥掌门人陈志列:让特种计算机全装中国芯》,《重庆时报》2009 年 7 月 16 日。

5. 陈其珏:《雅昌集团董事长万捷,"当代版"的毕昇》,《上海证券报》2009 年 4 月 30 日。

6. 黄发玉:《探索中国特色现代城市文化发展模式》,《深圳特区报》2009 年 1 月 8 日。

7. 李灏:《关于深圳几项重大改革的回忆》,《深圳特区报》2008 年 5 月 5 日。

8. 李杰等:《深圳城市人文精神解读》,《深圳特区报》2007 年 4 月 24 日。

9. 王京生:《创造一种高尚的城市文明样式——关于阅读与城市发展战略的若干思考》,《深圳商报》2009 年 11 月 30 日。

10. 杨丽萍:《关爱,塑造城市精神坐标——深圳关爱行动综述》,《深圳特区报》2010 年 2 月 1 日。

11. 杨国强:《朗科总裁邓国顺四年一梦:将专利费收到美国》,《第一财经日报》2005 年 3 月 15 日。

12. 张玮:《神奇的城市,永不停步的人》,《南方日报》2005 年 8 月 24 日。

13. 曾宪斌:《"蛇口风波"答问录》,《人民日报》1998 年 8 月 6 日。

后　记

搁笔付梓之时，我们有一种意犹未尽的感觉。原因之一自然是因为作者水平有限，对深圳与中国改革开放的整体把握或许尚欠精准，一些内容的表述还不够明晰；二则是深圳的发展实在太快，一些最新的变化还来不及写入此书。另外，这不是一部对深圳发展历程作全景式鸟瞰的书，肯定有诸多方面的内容没有包含其中。不过这些都是难免的，深圳的发展在路上，我们的思考也在路上。

从深圳出发去展望中国，从国情变化来解析深圳，这是我们在两年前纪念中国改革开放 30 周年之际萌发的一个想法。我们知道，中国的改革开放是史无前例的社会大试验，而先行先试的深圳经济特区在当代中国历史中当有其重要地位，有着不可忽视的影响。解读深圳不仅是为了纪念过去，更是为了昭示未来；不仅是为了这座年轻进取的城市，也是为了这个古老而焕发出青春活力的国家。

2009 年 2 月，深圳市社会科学院启动了这项课题，此后 14 个月，我们数易其稿，力求突破自己过往风格，让这本书不仅有理论的推演和史实的梳理，而且更要有鲜活的故事与人物——理论是灰色的，但生活之树常青。至于这种尝试效果如何则全由读者决定。

本书的写作分工如下：

导言"一个时代与一座城市"由乐正、洪智明撰写；

第一部分"国门的开放与特区的创立"由辛向阳撰写；

第二部分"深圳经济的奇迹"第一章由孔昭昆撰写，第二、三章由廖明中撰写；

第三部分"'一夜城'的传说"第一、二章由倪晓峰撰写，第三章由谢志岿撰写；

第四部分"新都市文明的探索"第一章由田欢、任珺撰写，第二、三章由徐宇

珊撰写,第四章由史健玲撰写;

第五部分"历史的创造者"第一、二章由袁义才编写,第三、四章由严丽娜撰写;

第六部分"新兴都会的国际比较"由李学锋撰写;

结语"在创新中前行"由乐正、徐宇珊、洪智明撰写。

此外,参与前期写作的人员还包括:李建新、董晓远、许鲁光、杨立勋、李朝晖、王增进、钭哲园、王为理、张军、高海燕、向静。他们为此书付出了艰辛的劳动,他们的研究成果为后面的写作奠定了重要基础,他们同样是本书的作者。

我们要特别指出的是,本书是深圳市社会科学院与中国社会科学院邓小平理论研究中心愉快合作的结果。中国社会科学院的夏春涛、辛向阳、李学锋同志参与了本书的写作和修改。在此,我们为这次合作的成功感到由衷的高兴。

全书由乐正负责策划、统筹和统稿。黄发玉参与了全书的统筹、审读和部分内容的统稿。王世巍参与了前期的统筹工作。

在这里,我们要特别感谢深圳市宣传文化事业发展专项基金提供的专项经费,让课题研究得以顺利进行;感谢中共深圳市委宣传部吴忠、王跃军同志的指导,多年的理论交流让我们对中国特色社会主义有了更深的认识;感谢人民出版社为这本书的顺利出版所做的辛勤工作,让我们的粗浅作品能够与广大读者见面。

本书定有若干不足之处,我们怀着殷殷求教之心,希望各界不吝赐教。

《深圳之路》编写组

2010 年 4 月 20 日

责任编辑:方国根

图书在版编目(CIP)数据

深圳之路/乐正 主编　黄发玉 副主编. -北京:人民出版社,2010.8
(深圳改革开放研究丛书)
ISBN 978 - 7 - 01 - 009094 - 8

Ⅰ.①深…　Ⅱ.①乐…②黄…　Ⅲ.①改革开放-研究-深圳市
　Ⅳ.①D619.653

中国版本图书馆 CIP 数据核字(2010)第 126834 号

深 圳 之 路
SHENZHEN ZHI LU

乐正　主编　黄发玉　副主编

人民出版社 出版发行
(100706　北京朝阳门内大街 166 号)

北京中科印刷有限公司印刷　新华书店经销

2010 年 8 月第 1 版　2010 年 8 月北京第 1 次印刷
开本:710 毫米×1000 毫米 1/16　印张:38.25
字数:602 千字　印数:0,001-2,500

ISBN 978 - 7 - 01 - 009094 - 8　定价:79.00 元

邮购地址 100706　北京朝阳门内大街 166 号
人民东方图书销售中心　电话 (010)65250042　65289539